Inhalt

Vorwort

Das vorliegende Buch ist die leicht veränderte Fassung meiner Promotionsarbeit, die im Wintersemester 2008/2009 an der Kirchlichen Hochschule Wuppertal als Dissertation angenommen wurde. Es ist nicht selbstverständlich, fachliche, finanzielle und emotionale Unterstützung für ein solches Projekt zu bekommen. Darum soll allem voran ein Dankwort stehen.

Zwar wusste ich, dass ich gerne über Humor schreiben wollte, war aber zu Beginn des Projektes der Meinung, dass das Thema auf meinem eigentlichen Gebiet, dem der Systematischen Theologie, bereits genügend behandelt worden sei und von meinem eigenen Zugang her außerdem eher in der Praktischen Theologie anzusiedeln sei. Ich danke Prof. Dr. Harald Schroeter-Wittke für das Gespräch, das mich auf die Idee brachte, dass Predigten der Untersuchungsgegenstand sein könnten, an den man die Frage nach dem Humor und wie er mit dem Glauben zusammenhängt, stellen kann.

Prof. Dr. Michael Klessmann danke ich herzlich für seine Bereitschaft, diese Arbeit anzunehmen und konstruktiv zu begleiten, für sein Vertrauen, sein Interesse und seine Kritik. Prof. Dr. Günter Ruddat danke ich für die Erstellung des Zweitgutachtens, für die Unterstützung bei der Beschaffung von unveröffentlichten Predigten seines eigenen Doktorvaters Henning Schröer und für seine Kritik.

Der Evangelischen Landeskirche im Rheinland danke ich für einen namhaften Druckkostenzuschuss.

Prof. Dr. Klaus-Peter Hertzsch, Antje Kenntner, Max Koranyi, Anton Straeten und Dr. Joseph M. Webb danke ich für ihre Predigten und Predigtmanuskripte. Ruth Margarete Seils und den Verlagen der veröffentlichten Predigten danke ich für die Abdruckerlaubnis in dieser Arbeit.

Sören Asmus danke ich sehr für alle anregenden und weiterführenden Gespräche, für seine konstruktive Kritik und für das Korrekturlesen der Endfassung. Für die Erstellung der Druckfassung danke ich Dorothee Schönau.

Doris Hüsken danke ich herzlich für ihre Begleitung und Ermutigung und für die Formulierung: »Wir können auch anders«. Elisabeth Hölscher und Ulrike Dedekind danke ich dafür, dass sie mich freundlich gedrängt haben, die Arbeit endlich einzureichen.

Meiner Mutter, Karsten Mehner und meinen beiden Kindern danke ich von Herzen für ihre Geduld und für alle Spieleabende und sonstigen Unternehmungen, bei denen wir zusammen gelacht haben. Ohne über etwas zu lachen hätte ich die Arbeit nicht schaffen können.

Düsseldorf, im September 2009 Gabriela Köster

Einleitung

»Der eigene Clown spielt im Herzen eines jeden Menschen,
und wird, leider viel zu selten und oft nur in tiefen Lebenskrisen,
um Hilfe angerufen. Er hat die unschätzbare Fähigkeit,
durch eine spontane Bewegung den Blickwinkel auf ein
peinigendes Lebensproblem so zu verändern,
dass es wie ein göttlicher Witz erscheint.«
Johannes Galli[1]

»Wir können auch anders. Humor und sein Potential für die christliche Predigt« – diese Arbeit habe ich in der Hoffnung geschrieben, Predigerinnen und Prediger zu ermutigen, humorvolle Predigten zu halten, wenn sie das möchten und wenn ihnen und ihren Hörerinnen der Gang zur Predigt dadurch »ein Gang ins Heitere, ein Weg in die Freude«[2] wird. Auf keinen Fall ist intendiert, dass Humor zu einer Pflichtübung wird oder zu einer Methode. Zum Potential des Humors gehört sicher auch das rhetorische Potential, aber um Funktionalisierung geht es beim Humor im Sinne dieser Arbeit nur nebenbei. Humor oder Humorgebrauch zu einer Pflicht zu machen, der sich die Prediger nun auch noch zu stellen hätten, halte ich für den Inbegriff der Humorlosigkeit. Es geht mir nicht um eine Pflicht, sondern um Befreiung, Erlaubnisse und Perspektivwechsel.

Wir *Christenmenschen können auch anders* – anders glauben, anders lieben, anders leben –, wenn wir durch eine »spontane Bewegung den Blickwinkel auf ein peinigendes Lebensproblem so ... verändern [können], dass es wie ein göttlicher Witz erscheint«.[3] Unser Möglichkeitsspielraum wird größer, wenn wir mit schrägem, ungetrübtem, staunendem Blick auf das schauen, was uns widerfährt. Der Ermöglichungsgrund dazu ist das Evangelium, denn ein göttlicher Witz, eine Komödie, kann das menschliche Leben nur sein unter der Bedingung *etsi deus daretur*. In der Gewissheit des guten Endes, das schon erhellend und erhebend auf die Gegenwart zurückwirkt, kann sowohl das Belastende und Abgründige als auch das Kleine und Unscheinbare unerschrockener wahrgenommen werden.

Wir *Predigerinnen können auch anders* – gewagter, ungeschützter, zweideutiger, eigensinniger, bilderreicher, konkreter, spielerischer, lebensnäher, in neuen Sprachspielen und Metaphern – von Gott und der Welt sprechen und uns so an der von der Predigt geforderten ›Arbeit am Symbolischen‹ beteiligen, wenn wir uns die innere Erlaubnis dazu geben. Die Erlaubnis zum Humorgebrauch im Blick auf die Predigt setzt vor allem die Klärung der Frage voraus, unter welchen Voraussetzungen und mit welchem Hintergrund Humor in der Predigt legitim und wünschenswert sei, also letztlich die Frage, was denn Humor überhaupt ist.

1 *Galli*, Clown, 132.
2 *Bohren*, Predigtlehre, 250.
3 *Galli*, Clown, 132.

Ich vertrete in der vorliegenden Arbeit die These: Humor und Glaube leben von der gleichen Grundannahme, nämlich, dass die Wirklichkeit, die vor Augen steht, »nicht alles ist«.[4] Glaube und Humor haben beide ihren Bezugspunkt in einer Wirklichkeit jenseits der alltäglichen Wirklichkeit. Diese Perspektive gilt es in der Predigt aufscheinen zu lassen. Als Darstellungsform und Kommunikationsmedium von Ambivalenzerfahrungen ist Humor ein natürlicher Verbündeter der christlichen Predigt und insofern legitim. Mir erscheint Humor in der Predigt aus mehreren Gründen wünschenswert. Zu dieser Sicht möchte ich mit dieser Arbeit einladen.

Im Groben gliedert sich die Arbeit in die vier Kapitel: 1. Was ist Predigt?, 2. Was ist Humor?, 3. Humor in der Predigt und 4. Analysen humorvoller Predigten.

Im ersten Teil (1) der Arbeit geht es um die Predigt, d.h. um den Kontext (1.1), in dem sie stattfindet, und um ihr Ziel (1.2), die Erweiterung des Möglichkeitsraumes.
Der Kontext im weiteren Sinne ist die Postmoderne (1.1.1), als deren Hauptkriterium »die Skepsis gegenüber den Metaerzählungen«[5] zu nennen ist. Wir leben in einer Zeit, in der jeder und jede die Grammatik des Lebens selber konstruieren,[6] die eigene Identität (1.1.2) aus unzähligen möglichen Rollen selbst (er)finden muss. Daraus ergibt sich das Paradox des Zwangs zur Wahl, denn man kann nicht *nicht wählen*. Die Situation heutiger Menschen ist durch zahlreiche Ambivalenzerfahrungen geprägt. Im Pluralismus ist auch der christliche Glaube nur ein Angebot unter vielen, das Leben zu deuten und zu bewältigen. Er befindet sich in der Konkurrenzsituation, ein Deutungshorizont unter vielen zu sein. Um suchende und fragende Zeitgenossen anzusprechen, wird sich die Predigt der Konkurrenz bewusst sein müssen und einen anderen Ton anschlagen als den der autoritativen Gewissheit.[7] Sie kann nicht mehr dogmatisch sein in dem Sinne, dass sie bestimmte Inhalte als fraglos voraussetzen würde,[8] sondern kann den Menschen nur da zum Wort Gottes werden, wo sich das Evangelium in seiner Relevanz zwanglos erschließt. Das Wort Gottes wird nur da als solches erfahren, wo es sich als für die eigene Lebensgeschichte relevant erweist. Letztlich entscheidet es sich am Wirklichkeitsbezug der Predigt, ob sie bei der Deutung und Gestaltung dieser Wirklichkeit eine Rolle spielen wird.
Der engere Kontext der Predigt ist der Gottesdienst (1.1.3). Der Gottesdienst wird in dieser Arbeit als Gespräch bzw. Unterhaltung zwischen Gott und Mensch verstanden, an dem die Predigt partizipiert. Für die Predigt bedeutet dies, dass sie ausgehend von den Rezeptionsbedingun-

4 *H. Luther*, Weltabstand, 29. Bei H. Luther bezieht sich die Formulierung auf den Glauben.
5 *Lyotard*, Wissen, 14.
6 Vgl. *Grözinger*, Sache, 183.
7 Vgl. *H. Luther*, Frech, 7.
8 Vgl. *Grözinger*, Sache, 186.

gen heutiger Menschen die Lebensmöglichkeiten, die sich durch den Glauben an das Evangelium eröffnen, zur Sprache zu bringen hat. Das eigentliche Ziel der Predigt, Glaube als Modus der Partizipation an diesen Lebensmöglichkeiten, ist letztlich eine unverfügbare Wirkung des Heiligen Geistes. Wie die Predigerin diesem unverfügbaren Wirken möglichst den Weg ebnen kann, um zu einer Evidenzerfahrung auf Seiten der Predigthörer beizutragen, führt zur Frage nach den Aufgaben der Predigt (1.2.1). Predigt darf keine abschließende Rede sein, sondern eine die Unterhaltung eröffnende Rede, eine Kanzelrede, mit der die Hörerinnen etwas *anfangen* können,[9] indem sie sie zum Ausgangspunkt des eigenen Nachdenkens – das auch den Widerspruch beinhaltet – machen. Entängstigung und Vergewisserung gehören zu den Intentionen der Predigt, jedoch nicht in einem abschließenden Sinne, sondern unbequem und ambivalenzverstärkend wie das Evangelium selbst wird die Aufgabe der Predigt als »heilsame Verunsicherung« verstanden. Predigt wird hier – mit Harald Schroeter-Wittke – auf den Begriff der »guten Unterhaltung« gebracht (1.2.2). Gute Unterhaltung ist etwas völlig anders als die seichte Zerstreuung, mit der sie in Deutschland immer noch oft verwechselt wird. Unterhaltung umfasst drei Dimensionen: die nährende, die kommunikative und die erfreuend-erhebende (delektarische). Diese Dimensionen werden hier nur kurz benannt und werden in einem späteren Abschnitt im Blick auf den Humor wieder aufgegriffen.

Während der erste Teil meiner Arbeit den Humor völlig außen vor lässt, bemüht sich der zweite Teil (2), die Predigt zwar im Blick zu haben, jedoch noch nicht explizit auf Funktionen und Potentiale des Humors für die Predigt einzugehen. Ich nähere mich dem Thema Humor auf sorgfältig gewählten Umwegen.[10]

Zunächst geht es um die Wortbedeutung (2.1) und die Physiologie (2.2), mit der sich ein Humorerlebnis sichtbar äußert, also Lachen, Lächeln und Weinen. Die zahlreichen von Humortheorien, die von den unterschiedlichsten geistes- und humanwissenschaftlichen Disziplinen hervorgebracht wurden, werden ganz kurz in ihrer Abfolge (2.3.1) und im Blick auf Eigenschaften, Wirkungsweisen und Funktionen betrachtet (2.3.2). Weil Humor ein zutiefst soziales Phänomen ist, schließt sich an die stärker individual ausgerichtete Betrachtung des Humors eine soziologische Betrachtung (2.4) an, die besonders die geschlechtsspezifischen Unterschiede (2.4.1) in den Blick nimmt und zwei besondere Rollenbilder im Bereich des Humors: Narren und Clowns (2.4.2). Da das Predigtverständnis dieser Arbeit stark seelsorglich geprägt ist, wird in einem weiteren Kapitel der Humor als psychologischer Wirkfaktor (2.5) näher betrachtet, der sein Potential gerade im Blick auf ein in der Postmoderne besonders virulentes Problem, der Scham, entfalten kann.

9 Vgl. *Engemann*, Predigen, 9.
10 Vgl. *Berger*, Lachen, XVIII.

Unter der Überschrift »Die Verwandten des Humors« (2.6) befasse ich mich mit den an den Humor angrenzenden oder auch von ihm abzugrenzenden Phänomenen, wie etwa das Komische, die Komödie, Kreativität, Spiel usw. Zu diesen Phänomenen im Bereich des Komischen zählen auch die Erscheinungsformen des Humors, also Witz, und Satire, Sarkasmus, Ironie und Spott als zu Angriffszwecken gebrauchter Humor.
Daran schließt sich in Anlehnung an Eike Christian Hirsch eine zusammenfassende Beschreibung des Humorprozesses (2.7) an, der das Verstehen, das Unbewusste, die Gefühlsebene und das körperliche Ausagieren betrachtet. Das Zwischenergebnis (2.8) bietet eine sogenannte »vorläufige« Humordefinition (2.8.1) an, die aber im Verlauf der Arbeit nicht zu einer endgültigen de*finiert* wird, sondern in ihrer Vorläufigkeit bestehen bleiben muss, weil Humor sich eben nicht abschließend festlegen lässt. Zum Zwischenergebnis gehört auch die Zusammenfassung der psychologischen, hermeneutischen und sozialen Funktionen von Humor (2.8.2).

Erst im dritten Teil (3) der Arbeit werden die beiden Bereiche Predigt und Humor explizit in einen Zusammenhang gebracht.
Während in der deutschsprachigen Predigtlehre keine einzige Monografie zum Thema Humor in der Predigt vorliegt, ist die Literatur auf amerikanischer Seite umfangreich. Ich referiere den Forschungsstand erst an dieser Stelle (3.1), weil eine Darstellung des amerikanischen Hauptzeugen dieser Arbeit (Joseph M. Webb) an früherer Stelle inhaltlich bereits zu viel vorweg genommen hätte.
Es kommen die Gründe für die in Deutschland noch immer fehlende Beschäftigung der Homiletik mit dem Humor zur Sprache (3.2): traditionelle Lachverbote, theologisch begründete und allgemeine Einwände gegen Humorgebrauch. Die Frage nach dem Humor in der Bibel (3.3), die in der relevanten Literatur regelmäßig verhandelt wird, fehlt auch in dieser Arbeit nicht, führt aber nicht unmittelbar zu einer theologischen Begründung des Humors.
In chronologischer Reihenfolge setzt sich das folgende Kapitel (3.4) mit der Sicht früherer Autoren auf das theologische Potential des Humors auseinander. Das Osterlachen wird erwähnt, weil bei seiner Initiierung Humor eine gewisse Rolle spielt. Die weitere Reihe derer, die den Humor zu schätzen und einzusetzen wissen, geht von Erasmus von Rotterdam über Martin Luther, Sören Kierkegaard, Reinhold Niebuhr bis zu Harvey Cox. In diesem Abschnitt werden die jeweils anderen Grenzziehungen aufgezeigt, die diese Theologen vornehmen um die Gebiete, in denen der Humor dann nichts mehr zu lachen haben soll.
Die Nahtstelle zwischen den früheren Autoren und meinem eigenen Ansatz ist das »Fest der Narren« von Cox, der das Gelächter als »der Hoffnung letzte Waffe« und innovative Kraft für Theologie und Kirche betrachtet, jedoch keinen expliziten Konnex zur Predigt herstellt (3.4.7). Da dieser Konnex bei allen anderen Autoren, die sich mit Humor oder Lachen in theologischer Perspektive auseinandersetzen, ebenfalls fehlt, habe ich mich entschieden, die konvergierenden Argumente der relevanten

Theorieansätze im Kernstück meiner Arbeit (3.5 bis 3.7) zu verhandeln: Gemäß meinem von Wilfried Engemann ausgehendem Predigtverständnis bringe ich die Lebens*wirklichkeit* der Predigthörer (3.5) und die Lebens*möglichkeiten* (3.6), die sich durch das Evangelium erschließen, auf Begriffe. Dabei charakterisiere ich die Lebenswirklichkeit als von Ambivalenzen geprägt (3.5.1 und 3.5.2), was durch den Glauben in mehreren Hinsichten verstärkt wird. Diesen Ambivalenzerfahrungen korrespondieren die drei Dimensionen, im Blick auf die ich das Potential des Humors für die Predigt zu systematisieren suche: das Heilige, die Eschatologie und die Rechtfertigung.
Die Heiligkeit Gottes bedeutet für viele Gottesdienstbesucher eine Ambivalenzerfahrung, denn Heiligkeit (3.6.1) ist *zugleich* ein Hindernis für Humorerlebnisse im Gottesdienst *und* der Ermöglichungsgrund für Humor christlicher Prägung. Ähnlich verhält es sich mit der anderen Ambivalenzerfahrung, die mit dem christlichen Glauben verbunden ist, der des eschatologischen Schon-Jetzt und dem Noch-Nicht des Reiches Gottes. Am ausführlichsten beschäftige ich mich unter dem Aspekt der Rechtfertigung (3.6.9) mit dem Humor in der Predigt. Nach einer Entfaltung der Rechtfertigungslehre als das Gutsein Gottes, das den Menschen im Spannungsfeld von Gerechtigkeit und Sünde gut macht, beschreibe ich unter den beiden Überschriften »Humor und Sündenerkenntnis« (3.6.10) und »Humor und Gnadengewissheit« (3.6.11) das jeweilige hermeneutische Potential des Humors und wie mit seiner Hilfe, Predigten zur Reduktion der Scham beitragen können.
Die Ergebnisse des systematisch-theologischen Abschnitts über Humor in der Predigt (3.7) werden im Blick auf die drei Dimensionen guter Unterhaltung benannt (3.7.1 bis 3.7.3). Am Ende dieses dritten Teils meiner Arbeit konnte ich auf ein kurzes »Unwissenschaftliches Nachdenken über Gottes Humor« (3.8) nicht verzichten.

Der vierte Teil der Arbeit (4) besteht aus der Analyse von sieben Predigten, bei denen Humor, wie er in dieser Arbeit verstanden wird, auf der Textebene der Kanzelrede eruierbar ist. Zunächst wird eine kurze Erläuterung zur Analysemethode gegeben (4.1), dann folgen exemplarisch ausführliche Analysen von Predigten zu den drei Eckpunkten des homiletischen Dreiecks: Bibeltext – Predigtsituation/Kasus – Prediger.
Als Bibeltext habe ich das Buch Jona gewählt, weil es aufgrund eigenen Humorgebrauchs humorvolle Predigten erwarten ließ, und analysiere zwei Predigten zu dieser Textgrundlage (4.2). Als Predigtsituation, die ebenfalls humorvollere Predigten als andere Sonntage erwarten ließ, erschien mir der Karnevalssonntag, der im Rheinland und einigen anderen Gegenden Deutschlands zu einem »Kasus«[11] geworden ist (4.3).

[11] Unter Kasus verstehe ich in diesem Zusammenhang ein Ereignis, das im Bewusstsein der Gottesdienstteilnehmerinnen als ein besonderes empfunden wird und anlässlich dessen Gottesdienste in besonderer Form gefeiert werden.

Zum Schluss dieses Teil (4.4) werden Predigten von zwei ausgewiesen humorvollen Predigern analysiert, und zwar dem Deutschen Henning Schröer und dem Amerikaner Joseph M. Webb.[12]
Mancher geneigten Leserin mag dieser Analyseteil sehr ausführlich erscheinen. Dennoch war es aus meiner Sicht nötig, den Weg der Predigt und ihre sprachlichen Merkmale so genau nachzuzeichnen, weil sich letztlich an der Form entscheidet, wie eine Predigt wirkt.
Aus Gründen, die ich zu Beginn des vierten Teils (4.1) kurz darlege, war es nicht möglich, Hörerbefragungen zu den Predigten durchzuführen. Weil aber nicht schon die gehaltene Kanzelrede, sondern erst als »Auredit«,[13] also die von der Hörerin selbst um eigene Assoziationen und Gedanken ergänzte Predigt als Unterhaltung im oben beschriebenen Sinne zu verstehen ist, war es notwendig, durch Nacherzählungen die Hörerperspektive nachzuvollziehen. Ich lege meinen eigenen, subjektiven Zugang zu den schriftlich vorliegenden Kanzelreden offen, um exemplarisch vorzuführen, dass zu Predigten ein anderer als ein stark subjektiv gefärbter Zugang nicht möglich ist und auch nicht nötig. Es kam mir wegen meiner Ablehnung eines vorrangig funktionalen Humorbegriffs auch nicht in erster Linie darauf an, den Humorgebrauch zu eruieren, sondern das Zusammenspiel von theologischem Gehalt und formaler – *unter anderem* humorvoller – Umsetzung.

Die vorliegende Arbeit ist kein »how to do«-Buch, trotzdem hoffe ich, dass die Analysen der Beispielpredigten en passant ein wenig das *Wie* der Humorproduktion kommunizieren und Lust darauf machen, sich nicht nur theoretisch, sondern auch in der eigenen sonntäglichen Predigtpraxis das Potential des Humors auszuloten – in aller Gelassenheit und Fehlerfreundlichkeit.

Noch zwei formale Hinweise: Aus Gründen der Lesefreundlichkeit übersetze ich fremdsprachige Zitate in der Regel und zitiere sie nur dann in der Originalsprache, wenn es um besonders prägnante Formulierungen geht. Zitate aus älteren Quellen wurden in der Regel der zurzeit gültigen Rechtschreibung angepasst.

12 »Ausgewiesen« heißt hier, dass sie sowohl Predigten als auch Aufsätze bzw. eine Monografie zu dem Thema veröffentlicht haben und mir als humorvolle Prediger empfohlen worden sind.
13 Vgl. *Engemann*, Predigen, 10.

1. Was ist Predigt?

In der Predigt geht es darum, »sich *anhand* eines Textes und im Lichte des Evangeliums mit der Lebenswirklichkeit des Menschen einerseits und seinen sich durch den Glauben eröffnenden Lebensmöglichkeiten andererseits zu befassen«.[14] Mit dieser Bestimmung ist der Horizont der Predigt aufgezeigt: die Lebenswirklichkeit des Menschen, die es mit dem Deutungsangebot des Evangeliums in Beziehung zu setzen gilt.[15]
Predigt wird in dieser Arbeit als Prozess verstanden, der mit der Vorbereitung der Kanzelrede durch die Predigerin beginnt, die gehaltene Kanzelrede umfasst und in die Predigten mündet, die sich die Hörer während und nach der Kanzelrede selbst halten. Wenn die Hörer und Hörerinnen aufgrund der Kommunikation des Evangeliums ihr Leben im Licht des Evangeliums deuten und so zu einem Perspektivwechsel oder zu einer Erweiterung ihres Verhaltensrepertoires kommen, bleibt dies nicht auf bestimmte sonntagvormittägliche Zeiten beschränkt und auch nicht ohne Auswirkungen auf die Gesellschaft außerhalb der Kirche.
Dabei soll die Hörerin nicht mit einer schon feststehenden Deutung über ihre Lage belehrt werden, sondern es soll ein offener Kommunikationsprozess eingeleitet werden. Die Predigerin macht dem Hörer Deutungs*angebote*, deren Alltagsrelevanz sich ihm »zwanglos« erschließt[16] oder eben nicht.[17] »Zum Wort Gottes wird dieses Deutungsangebot da, wo eine Lebensdeutung einen Menschen unbedingt anspricht und mit ihrer Deutung eine befreiende oder tröstende Lebensperspektive eröff-

14 *Engemann*, Homiletik, 421.
15 Vgl. *Lange*, Theorie, 58. Vgl. dazu auch die Definition des Glaubens von Ernst Öffner: »Im Glauben geht es um das Zur-Sprache-Kommen Gottes und um das Zur-Sprache-Kommen des Menschen (und das Zur-Sprache-Kommen Gottes *im* Zur-Sprache-Kommen des Menschen wie um das Zur-Sprache-Kommen des Menschen *im* Zur-Sprache-Kommen Gottes!), das sich beides in den Bereich der Handlungen verlängert« (*Öffner*, Kirche, 50).
16 Vgl. *Gräb*, Falltüren, 421.
17 Auch Ernst Lange schreibt: »*Er* ist und bleibt der Sachverständige und der Zuständige in dieser Sache [sein Leben]. Ich kann ihm nur zuarbeiten. Er bleibt der eigentliche Richter in der Frage nach der Relevanz meiner Predigt. [...] Meine Predigt – will sie relevant werden – muss nicht nur aus dem Gespräch erwachsen, sie muss es wiederum eröffnen. Und das Maß, in dem sie das tut, in dem sie den Hörer zum Fragen, zur Diskussion, zur Forderung nach weiterer Information, zur Kritik nötigt, ist, wenn nicht ein Kriterium, so doch ein Anzeichen ihrer Relevanz« (*Lange*, Aufgabe, 60).

net.«[18] Der Modus, sich auf eine neue Perspektive einzulassen, ist Glauben. In ihm erschließen sich aus neuen Lebens*perspektiven* neue Lebens*möglichkeiten*, der »Möglichkeitssinn«[19] wird geschärft, der »Möglichkeitsraum«[20] erweitert. Der Glaube als Ziel der Predigt ist nicht verfügbar. Zwar kommt nach Röm 10,17 der Glaube »aus dem *Hören«* (*ex akoes*) – darum übersetzt Luther hier »aus der Predigt« –, jedoch ist er eine Wirkung des Heiligen Geistes und nicht der Predigt als dem Produkt der Predigerin. Nichtsdestotrotz findet Predigtvorbereitung in dem Bewusstsein statt, dass die Kanzelrede teilhat am Gottesdienst als einer »öffentlichen Reizung zum Glauben«.[21] Der Begriff der Reizung impliziert mehrere Dinge: Predigt »darf ... nicht banal und schon gar nicht kitschig klingen«.[22] Reizung setzt darüber hinaus eine Absage an jedweden Absolutheitsanspruch voraus, weil absolute Ansprüche Zwang ausüben und daher völlig reizlos sind.

1.1 Der Kontext der Predigt

1.1.1 Die Postmoderne als Voraussetzung der Predigt

»Das Ganze ist das Unwahre.«
Theodor Adorno[23]

Das Theorem von der Postmoderne ist mit einiger Verspätung auch in der Theologie angekommen. Nach Wolfgang Welsch »[beginnt] die Postmoderne ... dort, wo das Ganze aufhört«.[24] »Die großen Systeme greifen nicht mehr, korrelieren nicht mehr mit dem fragmentierten Wirklichkeitserleben. Das Kleine zu achten, das Einzelphänomen präzise zu beschreiben, das Schlüsselerlebnis zu erschließen versuchen – gerade dann, wenn es mehr sein will als subjektivistisches Geplänkel und über Grenzen des

[18] *Klessmann*, Predigt, 33. Vgl. *Gräb*, Sinn, 346. Gräb kann den Glauben mit der Lebensdeutung gleichsetzen: »Glaube ist die im Vertrauen auf einen Gott der Liebe – auf den Grund der Welt – gelebte Lebensdeutung« (*Gräb*, Sinn, 347).

[19] Dieser Begriff stammt von Robert Musil. Er schreibt im »Mann ohne Eigenschaften«: »Wenn es Wirklichkeitssinn gibt, muss es auch Möglichkeitssinn geben.« »Wer ihn besitzt, sagt beispielsweise nicht: Hier ist dies oder das geschehen, wird geschehen, muss geschehen; sondern er erfindet: Hier könnte, sollte oder müsste geschehen; und wenn man ihm von irgend etwas erklärt, dass es so sei, wie es sei, dann denkt er: Nun, es könnte wahrscheinlich auch anders sein. So ließe sich der Möglichkeitssinn als die Fähigkeit definieren, alles, was ebenso gut sein könnte, zu denken und das, was ist, nicht wichtiger zu nehmen als das, was nicht ist« (*Musil*, Mann, 16).

[20] *Klessmann*, Pastoralpsychologie, 233f.

[21] *M. Luther*, zitiert nach *Schroeter-Wittke*, Predigt, 95.

[22] *Gräb*, Falltüren, 421. Predigt muss von Gott und also vom Unsagbaren sprechen und das Nichtdarstellbare inszenieren. Zwar muss sie das Erhabene ausdrücken, aber wenn sie selbst »versuchte, erhaben zu sein, gäbe [sie] sich er Lächerlichkeit preis« (*Reuter*, Predigt, 196).

[23] *Adorno*, Moralia, 57.

[24] *Welsch*, Moderne, 39.

Ich hinausweist –, das sind Aufgaben für die theologische Forschung, die der Mühe wert sind.«[25]
Um eine präzise Beschreibung der Wirklichkeit, in der Menschen heute als Individuen und als soziale Wesen leben, im Glauben *an*, in der Hoffnung *auf* Gott und zugleich im alles umfassenden Zweifel, geht es auch in der Homiletik.
Obwohl der Begriff »Postmoderne« eine eher unglückliche Formulierung ist, soll er hier als Oberbegriff über bestimmte Kriterien verwendet werden, wie sie bei Bernd Beuscher, Rolf Sistermann und Harald Schroeter-Wittke beschrieben werden und wie ich sie für die Gegenwart für zutreffend halte: »Das Ende der allumfassenden Systeme und Metaerzählungen monistischen Typs«, »Radikale, interferentielle Pluralität« innerhalb des Rahmens von Demokratie und Menschenrechte (die Folgen sind Abkehr vom Konsens als einem obsoleten Wert und Bemühung um die Idee und Praxis der Gerechtigkeit auf dem Wege der »immer neue[n] Versuche von gemeinsamen, fragilen Sinnkonstitutionen«, »Solidarität und Demokratie in Form ethischer Streitkultur«, »Fragmentarität«, »Analogisierung« und »Neostrukturalistisch-phänomenologische Methodik mit stark verzögerten und zurückhaltendem Einsatz von Wertungen«.[26]
Weil in der Postmoderne die Metaerzählungen ihre Plausibilität verloren haben und Sinn nicht mehr als etwas Vorgegebenes gefunden werden kann, sind heutige Menschen gezwungen, Sinnkonstruktionen in der Kommunikation mit anderen zu suchen: in ihrer Familie, ihrer Bezugsgruppe, ihrer Kultur. An der Konstruktion von Sinnzusammenhängen und der Interpretation der Wirklichkeit beteiligt sich die christliche Religion, indem sie Deutungsangebote macht. Die Predigt kann deshalb nicht mehr als Information über ein großes Welterklärungssystem angesehen werden, dessen Relevanz es anzuerkennen gilt, sondern steht in einem Konkurrenzverhältnis zu anderen Deutungsangeboten.
Und selbst die christliche Metaerzählung vom Heil, die »große Erzählung« vom Leben, Sterben und der Auferweckung Jesu Christi liegt in den Evangelien und im Werk des Paulus im Plural vor. Die großen Erzählungen des Neuen Testaments konkurrieren miteinander und lassen sich nicht miteinander harmonisieren. Insofern »[betrifft] der von Lyotard und anderen verkündete Niedergang der *großen Erzählungen* – einschließlich der großen dogmatischen Entwürfe christlicher Theologie – ... die biblische Überlieferung keineswegs in ihrem Kern«.[27] Vielmehr enthält die in der Postmoderne vorauszusetzende Entlassung der einzelnen biblischen Geschichten »aus der babylonischen Gefangenschaft der theologischen Systeme« und umfassenden »geschichtstheologische[n] Ideologien« die Einladung an Predigerinnen und Prediger, den *kleinen Geschichten* »ihr eigensinniges Wort, ihren eigenen Sinn zu lassen, sie ungeschützt – ohne Netz und doppelten Boden – der Konkurrenz anderer

25 *Schwarze*, Bausteine, 76.
26 *Beuscher/Schroeter/Sistermann*, Postmodern(e), 16.
27 *Bieritz*, Predigt, 109, Kursivierung im Original.

Geschichten auszusetzen«.[28] »Entscheidend ist ... nicht die Qualität des ›Endproduktes‹, sondern das *schöpferische Verhalten* beim Verarbeiten der Alltagserfahrungen, beim Entdecken der eigenen Bedürfnisstruktur, bei dem Entdecken von Analogien und Entsprechungen zwischen Mensch und umgebender Wirklichkeit, beim Finden von Metaphern und spielerischen Problemlösungen.«[29]
Mit Karl-Heinrich Bieritz gehe ich davon aus, dass der Glaube dahin tendiert, die einzelnen kleinen Geschichten schließlich wieder zu einer *großen Erzählung* zusammenzusetzen,[30] d.h. neu zu konstruieren. Aber eben erst dann, wenn sie ihre Plausibilität je selbst erwiesen haben. Die Predigt muss daher als eine zentrale Form religiöser bzw. kirchlicher Kommunikation »erlebnisorientiert und erfahrungsnah sein. Damit muss sie zwangsläufig dialogisch und interaktiv werden. Autoritäre, direktive und monologische Strukturen, die sich der demokratischen Partizipation, der Vernunftprüfung, dem Vergleich des Erlebniswertes entziehen, werden kaum noch akzeptiert.«[31]
Die Akzeptanz eines Deutungsangebotes unter den Bedingungen der Postmoderne hat Freiwilligkeit zur Grundvoraussetzung, denn nur jenseits von autoritären Herrschaftsverhältnissen und in einem Klima, in dem Differenzen erkennbar erlaubt sind, kann für die meisten heutigen Menschen überhaupt noch relevante Kommunikation stattfinden. Nach Lange entspricht das »alte Gegenüber von Pfarrern und Laien einer autoritären Struktur von Kirche, einem autoritären Verständnis von Predigt«. Relevant mit den Hörerinnen über ihr Leben – und das der Prediger – zu reden, erfordert »gleichberechtigte Partner eines Kommunikationsvorgangs, der nur im Hin und Her von Frage und Antwort, im Gespräch der Sachkundigen, in der gemeinsamen Bemühung um das Verstehen ... im Licht der Verheißung zu seinem Ziel kommen kann. Wir sind nicht zusammen wie Priester und Laie, wie Lehrer und Schüler, wie Obrigkeit und Untertan, wie Produzent und Konsument«.[32] Die Predigerinnen befinden sich mit den Hörern in einer gemeinsamen Suchbewegung von Versuch und Irrtum mit dem Ziel, Lebensdeutung zu gewinnen, die einen genügend großen Teil der je eigenen Realität umfasst Es geht also um Realitätsgewinn. Gemeinsam unterziehen sich Prediger und Hörerinnen der Mühe der Dekonstruktion des Vorfindlichen, um etwas Eigenes daraus zu konstruieren. In Aufnahme von Donald Winnicotts Beobachtungen zum Übergangsobjekt[33] kann man es so ausdrücken: »Realitätsgewinn entsteht, wenn etwas, was wir in unserer Phantasie zerstören, durch seine Widerständigkeit überlebt und uns dadurch gewiss macht, dass es anderes ist als unsere Einbildung.«[34] So entsteht Plausibilität und in ih-

[28] *Bieritz*, Predigt, 109, Kursivierung im Original.
[29] *Biehl*, Erfahrung, 57.
[30] *Failing/Heimbrock*, Religion, 167.
[31] *Klessmann*, Pastoralpsychologie, 79.
[32] *Lange*, Aufgabe, 61.
[33] Vgl. *Winnicott*, Spiel, 10ff.
[34] *Schroeter-Wittke*, Ahnung, 54.

rem Gefolge Relevanz für mündige Christenmenschen immer durch Dekonstruktion.

1.1.2 Identität in der Postmoderne

»Identitäten sind hochkomplexe spannungsgeladene,
widersprüchliche symbolische Gebilde –
und nur der, der behauptet, er habe eine einfache,
eindeutige, klare Identität – der hat ein Identitätsproblem.«
Heiner Keupp[35]

1.1.2.1 Der Zwang zur Wahl als paradoxale Struktur

Aufgrund der Skepsis gegenüber allen großen Erzählungen, ist die Postmoderne von einem Mangel an Quellen geprägt, aus denen die Einzelnen Vergewisserung gewinnen können für ihr Lebenskonzept, für ihre ethische Orientierung im Sinne von Rechten und Pflichten gegenüber der Gemeinschaft und für ihre Persönlichkeitsentwicklung. Nicht nur das gesellschaftliche und berufliche Leben wird als fragmentarisch erlebt, sondern auch die eigene Identität. Die Gesellschaft und persönliche Beziehungen erfordern heute ein höheres Maß an Rollenflexibilität denn je. Die Rollen, die Menschen in jeweils sehr unterschiedlichen Kontexten wie Herkunftsfamilie, Schule, Studium/Berufsausbildung, Partnerschaft, Freundschaften, eigener Familie, Arbeitsverhältnis, Freizeitgemeinschaften, Partei, Kirchengemeinde und Gesellschaft spielen, sind so unterschiedlich in ihren Anforderungen und Verbindlichkeitsansprüchen, dass die Einzelnen ständig gezwungen sind, je nach Rolle das Angemessene und Praktikable zu wählen und je andere Anteile der eigenen Persönlichkeit zu aktualisieren. Dabei läuft man Gefahr, sich selbst nicht mehr zu kennen. Dieses für frühere Generationen nicht vorstellbare Maß an persönlicher Autonomie und Freiheit ist »höchst zerbrechlich und gefährdet, weil sie fast nur noch auf der eigenen Subjektivität und kaum noch auf verallgemeinerbaren, Halt gebenden Strukturen und Lebensmodellen beruht.

Ein stabiles, abgegrenztes und aktives Ich wird als Illusion entlarvt, es gibt keine unmittelbar gegebene Selbstgewissheit mehr«.[36] Die Literatur und die bildende Kunst des Expressionismus und des ausgehenden 20. Jahrhunderts geben vielfältig Zeugnis von der Fragmentarisierung und Pluralisierung des Ich.[37] »Wer sich in wechselnden Sinnsystemen bewegen, sich unter divergenten Lebensaspekten bewähren muss, der darf sich nicht durch zu viel ›Identität‹ belasten, d.h. er darf sich nicht festlegen, sondern muss beweglich bleiben, offen und anpassungsfähig.«[38] Keupp beschreibt die Persönlichkeit derer, denen dies gelingt, als »Patchwork-Identität«.

[35] *Keupp*, zitiert nach *Hiddemann*, Idiom, 155.
[36] *Klessmann*, Pastoralpsychologie, 58f.
[37] Vgl. *Klessmann*, Pastoralpsycholgie, 59.
[38] *Keupp*, Chancen, 145.

Mit diesem Anspruch, für fast alles im Leben – von der Schulbildung und damit indirekt verbunden der Milieuzugehörigkeit bis zur Rentenversicherung – selbst verantwortlich zu sein, sind viele Menschen offenbar überfordert. Mit Michael Klessmann kann man die »zunehmende Neigung zur Gewalt und zur rechtsradikalen Vereinfachung und Regression ... als Reaktion auf die ›ontologische Bodenlosigkeit der Postmoderne‹ (*Zygmunt Baumann*)«[39] und den damit verbunden ständigen Zwang, frei zu sein, verstehen. Von Peter L. Berger stammt der Ausdruck »Zwang zur Häresie«, womit er den Zwang meint, in allen Lebensbereichen wählen zu *müssen* und damit notwendigerweise von allen traditionellen, jetzt nicht mehr gültigen Paradigmen abzuweichen.[40] Die Lage des Menschen, zur (Wahl-)Freiheit gezwungen zu sein hat eine paradoxale Struktur, weil man nicht die Freiheit hat, *nicht* zu wählen. Emotional wirkt sich dieses Paradox in der hohen Ambivalenz des dazugehörigen Lebensgefühls aus. »Metaphern wie der Landstreicher (*Keupp*), der Flaneur (*Grözinger*), der nervöse Prometheus (*P. Berger*) kennzeichnen« diese Ambivalenz.[41]

1.1.2.2 Doppelte Ambivalenz

Frauen erleben die Rollen- und Identitätsdiffusion noch einschneidender. Ihre Identität ist in der männerdominierten westlichen Gesellschaft in mehrfacher Hinsicht fragmentarisiert. Die Theorie von der »Vergesellschaftung«[42], weist darauf hin, dass Individuen der sie umgebenden Gesellschaft sowohl ausgesetzt sind, als sie auch an ihr teilhaben. »Individuen eignen sich zur Sicherung ihrer Existenz Verhaltensweisen und Orte innerhalb der Gesellschaft an«,[43] die ihnen Zugehörigkeit und Anerkennung ermöglichen. In diesem Aneignungsprozess liegt die Möglichkeit zur Entwicklung und Veränderung, denn Frauen können die ihnen vorgegebenen Strukturen reproduzieren, aber auch verändernd in sie eingreifen. Noch immer sind Frauen in vielen gesellschaftlichen Bereichen unterrepräsentiert, in manchen auch diskriminiert, so etwa in Bezug auf ihr Einkommen, in der Politik, in der Werbung. Dass dies immer noch so ist, ist zum Teil den Männern anzulasten, die das patriarchale System aufrecht erhalten wollen, und zum Teil den Frauen, die sich in die vorfindlichen (Unterdrückungs-)Strukturen einfügen und so zu deren Aufrechterhaltung maßgeblich beitragen.[44]

[39] *Klessmann*, Pastoralpsychologie, 60.

[40] *Berger*, Häresie, passim. Berger formulierte bei einem Vortrag auf der EKD-Synode 1993 in Osnabrück: »Es ist aufschlussreich, dass das griechische Wort hairesis ›Wahl‹ bedeutet. Der Häretiker ist einer, der die Tradition nicht gesamt aufnimmt, sondern darin herumstöbert, dieses auswählt und jenes nicht [...] die moderne Situation macht aus uns allen Häretiker [...]. Im amerikanischen Englisch gibt es einen treffenden Ausdruck: Die Zugehörigkeit zu einer religiösen Gemeinschaft heißt eine ›religious preference‹« (*Berger*, zitiert nach *Meyer-Blanck*, Häresie, 314).

[41] *Klessmann*, Pastoralpsychologie, 60.

[42] *Matthiae*, Clownin, 108.

[43] Ebd.

[44] Vgl. *Haug/Hauser*, Theorien, 120f.

In Bezug auf ihre Identität haben Frauen es doppelt schwer, denn zum einen sind sie stärker und dringlicher als die Männer seit zirka vier Jahrzehnten auf der Suche nach ihrer Identität und zum anderen ist diese weibliche Identität in weiten Teilen eine »vom Allgemein-Männlichen abgeleitete[...] Identität«.[45] Frauen sind es gewohnt, sich selbst durch die Augen von Männern zu sehen. »Von Anfang an werfen sie fremde Blicke auf sich und wissen darum. Insofern könnte man sagen, dass sie im Grunde ein solches (inneres) Selbst nicht besitzen.«[46] Wenn dies auch überspitzt klingen mag, ist es doch eine pointierte Problemanzeige. Was als schön gilt, wurde lange Zeit ausschließlich und wird bis heute überwiegend von Männern definiert, was als wissenschaftlich akzeptabel gilt, wird nach wie vor von Männern definiert, was theologisch von Gott gesagt und gedacht werden darf, wird – auch in der evangelischen Kirche – von Männern definiert.[47] Und da nach gängiger Auffassung Gott männlich ist, haben Frauen auch von der Begegnung mit Gott, da diese immer von menschengemachten Gottes*bildern* geprägt sein wird, keinen unmittelbaren Identitätsgewinn zu erwarten, sondern erneut den ›fremden Blick‹ als Umschreibung für Fest-stellungen, die ein freies Ich-Sein erschweren und sogar verhindern, solange sie nicht dekonstruiert werden. Von diesem Hemmnis sind keineswegs nur Frauen betroffen, denn die Unfreiheit der Frauen betrifft auch die Kinder beiderlei Geschlechts, die von ihnen erzogen werden und die Männer. Da Frauen jedoch strukturell betroffen sind und von Frauen die grundsätzlichere Kritik an kirchlicher Verkündigung und damit auch an der Predigt geübt wird, soll in dieser Arbeit die weibliche Sicht nicht ignoriert werden. Gerade im Blick auf die Predigt, ist vom Humor »weiblicher« Ausprägung noch zu sprechen. Ein neuer, fremder, schräger Blick auf die eigene Identität und auf die »Imperative der Alltagswelt«[48] kann aber auch etwas sehr Heilsames sein. Darum befasst sich das nächste Kapitel mit dem Gottesdienst als dem Ort, an dem Predigt stattfindet und in dem aufscheint, dass die profane Perspektive nicht die einzig mögliche ist.

1.1.3 Der Gottesdienst als Kontext der Predigt

1.1.3.1 Der Gottesdienst als Kommunikation des Evangeliums

Predigten finden in Gottesdiensten statt, sie haben einen liturgischen Kontext und stehen mit diesem in einem inneren Wechselverhältnis.[49] Die Grundbedeutung des Wortes »Liturgie« ist ein das Volk betreffendes

[45] *Matthiae*, Clownin, 296.

[46] *Hauser*, Privatform, 68.

[47] In der katholischen Kirche ist die Deutungsmacht ungebrochen männlich. Des Weiblichen als eigenständigem Wert entledigt man sich durch die psychischen Prozesse der Projektion und der Abspaltung: Frauen werden als sündhaft triebhafte Wesen diffamiert (Eva) oder als Heilige (Maria) in unerreichbare Höhen gehoben. In beiden Fällen wird eine Begegnung auf Augenhöhe vermieden.

[48] *H. Luther*, Grenze, 55.

[49] Vgl. *Engemann*, Homiletik, 420.

Werk – *leithos* und *ergon*.[50] Im Wort Liturgie schwingt also das Postulat des Öffentlichkeitscharakters des christlichen Gottesdienstes mit,[51] »die Botschaft von der freien Gnade Gottes auszurichten an alles Volk«.[52]
Was im Gottesdienst geschehen soll, ist nach Martin Luthers ›Thorgauer Formel‹: »dass unser lieber Herr selbst mit uns rede durch sein heiliges Wort und wir wiederum mit ihm reden durch Gebet und Lobgesang ...«.[53] Bei diesem Reden geht es wie bei jedem Reden um Inhalt, der nicht von der Form getrennt betrachtet werden kann, und um Beziehung, die sich in diesem Reden manifestiert und die durch die Kommunikation überhaupt erst geschaffen bzw. neu konstituiert wird. Der Dialog zwischen Gott und den Menschen findet im Gottesdienst in Form von Lesungen, Gebeten, Gesängen, Ritualen, Gesten, Musik, Raumerleben und in Form von Predigten statt.
Insofern ist die Predigt ein Teil des Gespräches zwischen Gott und den Menschen, dessen Inhalt der gleiche ist wie auch des übrigen Gottesdienstes: die *»Kommunikation des Evangeliums«*.[54] Gottesdienst ist keine in sich abgeschlossene Sache, die nur am Sonntagmorgen stattfindet, sondern hat Auswirkungen auf das Leben der Christen und Christinnen als »vernünftiger Gottesdienst« (Röm 12,1) auch außerhalb des Gottesdienstes als der liturgischen Veranstaltung. Menschen kommen zum Gottesdienst, weil sie spüren, »dass das, was ist, nicht alles ist«[55] oder wie es bei Dorothee Sölle heißt: »Es muss doch mehr als alles geben«.[56] Damit ist die Hoffnungs- und Verheißungsdimension des Gottesdienstes angesprochen. Die Botschaft von der freien Gnade Gottes beinhaltet immer auch ein Versprechen, etwas, auf das zu hoffen sich lohnt. Wenn ich dies für mich in einem Wort umschreiben sollte, dann mit dem Wort *›Auferstehung‹*. Da dieser Terminus bereits tief in die Christologie führt, möchte ich hier lieber von Erlösung oder Rettung sprechen (vgl. Jes 43,1; Röm 1,16). Erlösung und Rettung stehen noch aus und ereignen sich im Vollsinn erst nach dem Tod in der Auferstehung. Was jedoch für die Gottesdienstteilnehmenden schon – und sei es nur momenthaft – antizipierbar ist, ist Befreiung.
»Wenn unser Reden [das Reden der Predigerinnen, GK] ihnen auch nur einen Atemzug Freiheit schenkt, ist dann nicht aus erwartetem ermächtigtem Wort, aus Gewohnheit Ernstfall Gottes geworden?«[57]

50 Vgl. *Herlyn*, Gottesdienstgestaltung, 47ff.
51 Vgl. *Volp*, Liturgik, 39.
52 *Burgsmüller/Weth*, BTE, These VI.
53 Evangelisches Gottesdienstbuch, 5.
54 *Lange*, Theorie, 16f.
55 *H. Luther*, Weltabstand, 29.
56 Vgl. *Sölle, Dorothee*, Es muss doch mehr als alles geben. Nachdenken über Gott, Hamburg 1992.
57 *Jetter*, Predigt, 210.

1.1.3.2 Die Predigt als Inszenierung des Evangeliums[58]

Der Gottesdienst thematisiert nicht nur, sondern *initiiert* auch die Verschränkung von Eschatologie und Alltag. Wenn die Predigt etwas in Gang setzen will, muss sie, ähnlich wie die Musik, tiefere und andere Schichten ansprechen als die kognitive. Mit Michael Meyer-Blanck gehe ich davon aus, dass »die meisten Menschen, die den Gottesdienst besuchen, [sich] dessen bewusst sind, im Tiefsten nicht in Ordnung zu sein. Dieses kann sehr unterschiedlich beschrieben werden: Als Unglaube, fehlendes Gottvertrauen und Gier eher negativ (so Art. 2 der Augsburgischen Konfession)«[59]. oder positiv als ein Bewusstsein davon, »dass das, was ist, nicht alles ist«.[60] Diese Ahnung von einer Transzendenz beschreibt Friedrich Daniel Ernst Schleiermacher als das »schlechthinnige Abhängigkeitsgefühl«.[61] »Wer zum Gottesdienst geht, hat eine Ahnung davon, unvollständig zu existieren, wenn er/sie nicht mit den Ursprungs- und Zielmächten des eigenen Lebens kommuniziert. Allgemein anthropologisch könnte man negativ von einem Defizitbewusstsein sprechen oder positiv von einem Vertiefungs- oder Vervollkommnungsbewusstsein. Von daher gibt es eine Parallele zur Therapie: Den Wunsch nach Veränderung bzw. Zugewinn an Lebensenergie.«[62]
Aufgabe der Predigt – wie des ganzen Gottesdienstes – ist es nicht, das Unvollständigkeitsgefühl zu beschwichtigen, etwa durch den Hinweis auf das Reich Gottes, sondern einen geschützten Raum zu geben, ein »Zwischenreich« (*Sigmund Freud*), in dem die Defiziterfahrungen zur Sprache kommen können. In diesem Sinne ist mit Meyer-Blanck zu postulieren: »Der Wortgottesdienst soll das Leben des Menschen in seiner realen Zwiespältigkeit gegenüber Gott ›heraufbeschwören‹. Wie durch die Therapie die Krankheit erneut zum Ausbruch kommen soll, so soll durch den Gottesdienst die Sünde zum Ausbruch kommen, damit die Gnade ihre Macht entfalten kann. Die läuternde (›kathartische‹) Inszenierung ist offensichtlich nötig, um dem Menschen zum Bewusstsein seiner selbst und damit zum Leben zu verhelfen.«[63] (vgl. Röm 5,20) Meyer-Blanck spricht vom »Wiederholungszwang« des Menschen, der im Wortgottesdienst Gelegenheit bekommen soll, sein »gestörtes Gottesverhältnis kontrolliert zu wiederholen und zu intensivieren«.[64]
Der geeignete Ort, diesen Widerspruch zu ermöglichen, ist die Predigt. »In ›kathartischer Absicht‹ muss die Predigt nicht vor allem oder zuerst Zuspruch sein, sondern sie sollte auch Einspruch oder Widerspruch er-

[58] Das Paradigma Predigt als Textinszenierung begegnet zum ersten Mal bei Henning Luther (vgl. *H. Luther*, Predigt, passim). Den Gottesdienst als darstellendes Handeln zu verstehen, geht bereits auf Schleiermacher zurück.
[59] *Meyer-Blanck*, Inszenierung, 86. Statt »nicht in Ordnung« würde ich eher sagen fragmentarisch, unzulänglich bzw. unterhalb der eigentlichen Möglichkeiten.
[60] *H. Luther*, Weltabstand, 29.
[61] *Schleiermacher*, Glaube, 119.
[62] *Meyer-Blanck*, Inszenierung, 86
[63] *Meyer-Blanck*, Inszenierung, 88.
[64] *Meyer-Blanck*, Inszenierung, 87.

möglichen. Dies ist nicht gemeint im Sinne von Einsprüchen gegen die Meinung des Predigers. Vorrangig geht es um das Wiederholen der menschlichen Einsprüche gegen Gottes Zuwendung. Die Predigt hat demnach gleichzeitig zu machen mit dem zweifelnden Mose (Ex 3–4), mit dem zögerlichen Jeremia (Jer 1), mit dem traurigen reichen Jüngling (Mk 10), mit dem ungläubigen Jüngern im Sturm (Mt 4,35–41), mit den überheblichen Korinthern ... Die immer wieder ähnlichen Einsprüche des Menschen gegen Gottes große Taten müssen so plausibel werden, dass sie für die Predigthörer wiederholbar werden. Gerade wenn der lebensfeindliche Widerspruch gegen Gott in der kommenden Woche nicht wiederholt werden soll, ist er in der Predigt zu ermöglichen. Darin besteht die Parallele zu Freuds Rede von der Wiederholung. Diese Sichtweise verlangt eine Predigt, die viel mehr Fragen eröffnet als Fragen beantwortet, welche die Hörenden in einen Lernprozess verwickelt, anstatt sie zu belehren oder zu sagen, was sie tun sollen«.[65] Meyer-Blanck dekliniert den Freudschen Dreischritt »Erinnern, Wiederholen/Wiedererleben, Durcharbeiten« für den Verkündigungs- und Bekenntnisteil des Gottesdienstes durch.[66] Es geht ihm dabei um den Zusammenhang von Sprache und Wirklichkeit.[67] Für den Gottesdienst ist konstitutiv, dass sich in ihm Menschen versammeln aufgrund der Verheißung der Anwesenheit Gottes (Mt 18,20). Diese wird »vorausgesetzt oder auch: liturgisch gesetzt, in Szene gesetzt«, indem im Kyrie Gott mit »du« angeredet wird. Dies so aufzufassen, dass wir über Gottes Gegenwart verfügen könnten, wäre ein Missverständnis. »Für uns Evangelische gibt es keine an sich, gegenständlich heiligen Dinge, Handlungen, Zeiten und Räume. Die Heiligkeit beruht auf der *Verheißung*«.[68] Meyer-Blanck versteht den »Begriff der ›Inszenierung‹ ... als gesteigerte Aufmerksamkeit für das Verhältnis von Inhalt und Form. Für die Gottesdienstbesucher ist nicht die zeitlos gültige Wahrheit des Verkündigten entscheidend (zumal das Evangelium eben keine zeitlose Wahrheit ist!). Für sie geht es darum, in der ganz konkreten Aufführung dieses Sonntagmorgens eine Wahrheit für ihre eigene Person entdecken zu können. [...] Die *gute Wirklichkeit* des Stückes / der Verheißung, will *gut dargestellt sein.*«[69] Zu dieser guten Darstellung gehört, dass sich die Gemeinde in Schriftlesungen und Schriftauslegung, also der Predigt, an Gottes Taten erinnert.[70] Aber nicht an Gottes Taten als bloß in der Vergangenheit geschehenes Heil, sondern »das Sein des Menschen vor Gott wird wiederholt und inszeniert.«[71] Die Gegenwart Gottes wird liturgisch im Ritual Gottesdienst gesetzt, aber nicht naiv, als ob das Ritual als solches etwas vermöchte, sondern im Bewusstsein, dass das Ritual von

65 *Meyer-Blanck*, Inszenierung, 89.
66 Erstmals für die Liturgik wurde dieser Dreischritt 1972 von Yorick Spiegel fruchtbar gemacht (vgl. *Spiegel*, Erinnern, passim).
67 Vgl. *Meyer-Blanck*, Inszenierung, 77.
68 *Meyer-Blanck*, Inszenierung, 69.
69 *Meyer-Blanck*, Inszenierung, 18f, Kursivierung im Original.
70 Vgl. *Meyer-Blanck*, Inszenierung, 82.
71 *Meyer-Blanck*, Inszenierung, 93.

den Bedeutungszuschreibungen der Menschen lebt, die es vollziehen. Nur diejenigen Rituale, die mit einer kritisch reflektierenden Grundeinstellung vollzogen werden, eröffnen Freiräume und machen verhaltenssicher.[72]
Nicht explizit für die Predigt, aber für den Gottesdienst insgesamt weist Meyer-Blanck darauf hin, wie wichtig es ist, die Leiblichkeit in alle liturgischen Überlegungen mit einzubeziehen: »Man kann vermuten, dass es sich unter den gegebenen gesellschaftlichen Umständen auch an der Dimension der Leiblichkeit entscheiden wird, ob und wie Menschen heute zu dem anthropologischen Konzept Gottesdienst erneut Zugang finden.«[73] Dass zur Leiblichkeit die Geschlechtlichkeit und damit die Sexualität hinzugehört, ist ebenso trivialer wie in der Liturgiewissenschaft vernachlässigter Gedanke.[74] Die männliche Prägung der Liturgik, die allgemein vom Menschen spricht und damit »Mann und Frau in asexueller Perspektive [... meint,] wirkt sich auf den mangelnden Alltagsbezug des Gottesdienstes aus«.[75] Die Kirche wird von außen – vielleicht zu Unrecht – als Lachverbotszone wahrgenommen, ihren Ruf als Sexualtabuzone trägt sie völlig zu Recht. Den Menschen als geschlechtsloses Wesen zu sehen und damit zwischen Männern und Frauen kaum unterscheiden zu können, führt dazu, dass wesentliche Aspekte menschlichen Lebens ausgeblendet bleiben oder nur in sehr eingeschränkter Form ansprechbar sind. Wenn etwa in Fürbittgebeten die Sexualität von Menschen angesprochen wird, dann in dem Sinne, dass etwa die Konfirmanden mit ihrer Sexualität verantwortlich umgehen lernen sollen; selten aber wird für sie gedankt, etwa dafür, dass Sexualität die Quelle für geradezu luxuriösen Genuss ist und eine gute Gabe Gottes.[76]
Während die Leiblichkeit in bestimmten Bereichen des Gottesdienstes Berücksichtigung findet, etwa beim Wechsel zwischen Sitzen und Stehen, beim Singen, bei der Raumgestaltung, bei der Körpersprache der Liturgin, bei den Sakramenten, ist dies bei der Predigt weitgehend nicht der Fall. Wenn die Predigt an der Inszenierung des Evangeliums teilnehmen will, wäre es wünschenswert, die Leiblichkeit – das heißt für die Praxis: die Körper – der Predigthörerinnen und des Predigers in das Predigtgeschehen mit einzubeziehen.
Nach dieser Beschreibung des weiteren und näheren Kontextes der zeitgenössischen Predigt soll nun erörtert werden, welche Aufgaben und Ziele sich daraus für die Predigt ergeben.

72 Vgl. *Meyer-Blanck*, Inszenierung, 44–47.
73 *Meyer-Blanck*, Inszenierung, 52.
74 Vgl. *Meyer-Blanck*, Inszenierung, 33ff.
75 *Meyer-Blanck*, Inszenierung, 33.
76 Ganz anders gehen mit dieser Frage beispielsweise orthodoxe Juden um, die ihre Glaubensgeschwister dazu anhalten, speziell am Sabbat Gott die Ehre zu erweisen durch Geschlechtsverkehr mit dem Ehepartner: »Was den ehelichen Verkehr betrifft, so spricht die → Halacha zunächst davon, wie oft man diese Pflicht erfüllen soll [...]. Der Talmudgelehrte soll die eheliche Pflicht am Vorabend des Sabbats erfüllen (bKet 62b), »weil dies eine Nacht des Vergnügens, der Ruhe und des körperlichen Genusses ist« (Raschi)« (*Neudecker*, Liebe, 134).

1.2 Ziel der Predigt: Erweiterung des Möglichkeitsraumes

Weil auf Dauer kein Mensch umhin kommt, »irgendwo beheimatet zu sein«[77] und er Heimat im Sinne eines tragfähigen Deutungsmusters auch in der Kirche sucht, soll die Predigt ihm eine Heimat vermitteln. Diese Heimat kann gemäß dem Evangelium (vgl. 2Kor 5) keine bleibende, sondern nur eine provisorische, verlierbare Heimat sein. Diese Heimat muss so sein, dass sich Männer und Frauen gleichermaßen darin beheimatet fühlen, dass also nicht Frauen sich in eine ursprünglich nur für Männer konzipierte Heimat einfügen müssen. Für die Predigt bedeutet das, dass die besondere Situation von Frauen in einer männerdominierten Welt im Blick behalten werden muss.

Je größer die Heimatlosigkeit im Sinne von Fehlen fragloser äußerer Strukturen und »je fragmentierter das Ich erlebt wird, desto dringender und wichtiger wird es für die Einzelnen, Möglichkeiten und Strategien der Selbstvergewisserung zu finden«.[78] Die Menschen in der Postmoderne sind unablässig damit beschäftigt, sich selbst und die ihnen begegnenden Situationen zu deuten, der Welt und ihrem eigenen Leben Sinn abzugewinnen. Ob es Sinn *an sich* oder durch eine sinnstiftende Instanz gesetzt ›gibt‹ und man ihn folglich finden oder entdecken kann, oder ob es Sinn immer nur als geschaffenen, also als Bedeutungszuschreibung gibt, darüber kann man streiten. Unbestritten scheint zu sein, dass Menschen ohne das *Gefühl* von Sinnhaftigkeit nicht leben können. Das bedeutet, man braucht Deutungsangebote, die es ermöglichen, die Welt und das eigene Dasein als sinnvoll zu *erleben*.

»Auch der christliche Glaube ist eine bestimmte Art der Wirklichkeitskonstruktion«,[79] die in der Predigt kommuniziert wird. Durch ihr Angebot an die Hörerinnen, die verschiedenen Möglichkeiten durchzuspielen und für sich als stimmig zu erkennen oder zu verwerfen, wird die christliche Predigt zu einem Unterhalt gewährenden Medium, einem Lebensmittel. Es geht dabei nicht um ein Mittel, das einem Mangel abzuhelfen versuchen würde, also etwa einer eindeutigen Antwort auf eine bei den Predigthörern zu vermutenden Frage. Da der christliche Glaube ein Sinnsystem neben und in Konkurrenz zu anderen ist,[80] ist es nur folgerichtig, dass dies auch in den Deutungsangeboten erkennbar wird, indem die Deutungen ausdrücklich als Angebot und nicht als einzige Möglichkeit deklariert werden.[81]

Der häufig begegnende Einwand gegen dieses Konzept, dass es der Beliebigkeit Tor und Tür öffne, ist der gleiche, der auch dem Paradigma der Postmoderne entgegengebracht wird. In beiden Fällen ist er unzutreffend, denn Mehrdeutigkeit ist etwas völlig anderes als Beliebigkeit. Vielmehr

[77] *Meyer-Blanck*, Inszenierung, 153.

[78] *Klessmann*, Pastoralpsychologie, 63f.

[79] *Klessmann*, Predigt, 28.

[80] Vgl. *Wetz*, Kunst, 59.

[81] Die Konkurrenzsituation wird schon 1966 von Werner Jetter angesprochen (vgl. *Jetter*, Predigt, 209).

ist Klessmann darin zuzustimmen, dass sich Hören und Verstehen immer innerhalb eines Bedeutungs-Feldes vollzieht und dieses nun bewusst herbeigeführt wird.[82]

Verstehen ist dabei keineswegs ein ausschließlich oder auch nur primär kognitiver Vorgang. Man mag vielleicht kognitiv nachvollziehen können, was ein anderer Mensch sagt, aber evident im Sinne von *für mich wahr* wird etwas erst, wenn ich etwas ergänzen und hineinlesen kann, das in irgendeiner Weise mit mir zu tun hat. Erst als »Auredit«,[83] d.h. als die Predigt, die sich die Hörerinnen während und nach der Kanzelrede selbst halten, kommt die Predigt eigentlich zu Stande: »Nicht im Amen des Predigers gelangt die Predigt an ihr Ziel, sondern in den Predigten, die – nach Niebergall – jeder Hörer sich aufgrund der Rede des Predigers selber hält, und in dem, was er daraus folgen lässt.«[84]

Alles Verstehen setzt ein Inter-esse (Dazwischensein) am Gegenstand voraus. Dazwischensein, also eigene Gedanken und Gefühle einfügen können, wird nur möglich, wenn der Gegenstand Leerstellen, Auslassungen, Lücken hat. Denn – wie schon Goethe wusste: »Den Stoff sieht jedermann vor sich. Den Gehalt findet nur der, der etwas dazuzutun hat.«[85] Es ist also kein unvermeidliches Übel, sondern gerade eine Qualität einer Kanzelrede, wenn sie unvollständig und für Ergänzungen offen ist. »Die Hörerin soll mit der Predigt etwas anfangen können. Sie soll das, was sie hört, mit anderem verbinden, was sie nicht hört.«[86]

1.2.1 Aufgaben der Predigt

»Predigt dient der solidarischen Befreiungsgeschichte, die Gott in Christus begonnen hat, der sie sich verschreibt und mit der sie auf dem Wege ist. Insofern ist die Predigt selbst instrumental und erfindet sich nicht ihre Ziele und Wege selbst.«[87] Es ist darum legitim, Befreiung als Ziel der Predigt an die erste Stelle zu setzen und andere mögliche Predigtziele wie die Stärkung des Glaubens oder die ethische Orientierung diesem primären Ziel bei- oder unterzuordnen. Sie sind keineswegs unwichtig, sondern werden hier als unwillkürliche Begleiterscheinungen bzw. Nebenwirkungen jeder an Befreiung orientierten, gelungenen Predigt verstanden.[88]

[82] Vgl. *Klessmann*, Predigt, 33.

[83] *Engemann*, Predigen, 10.

[84] *H. Luther*, Handlung, 229. Mit Ingo Reuter verstehe ich unter Predigt »den ganzen Prozess vom ersten Lesen des Predigttextes durch den Prediger [oder die Predigerin] bis hin zur konstituierenden Rezeption des Hörers, der einen neuen Text erstellt, indem er die Botschaft in seine Weltwahrnehmung und sein Welthandeln integriert« (*Reuter*, Predigt, 205). Vgl. *Engemann*, Homiletik, 165–172.

[85] *Goethe*, Maximen, 56f.

[86] *Engemann*, Predigen, 9.

[87] *Dannowski*, Kompendium, 144.

[88] Nach Martin Hoffmann hat ethische Predigt »indikativischen Charakter; denn sie kommt aus dem Evangelium. [...] Darum ist in der ethischen Predigt vom Handeln Gottes als Heiliger Geist zu reden, von Befreiung und Erlösung und von den Möglichkeiten, die Gottes Geist den Menschen als Mitarbeitern zuspielt. Darum beginnt die

Wenn Befreiung das Ziel der Predigt im Sinne einer intendierten, aber unverfügbaren Wirkung ist, lassen sich daraus konkrete Aufgaben der Predigt ableiten, die in erster Linie seelsorglich begründet sind. Seelsorge ist hierbei nicht als zusätzliche Aufgabe der Predigt zu verstehen, sondern als eine Dimension kirchlichen Handelns, die auch in der Predigt Ausdruck findet.[89]

1.2.1.1 Entängstigung

»Fürchte dich nicht!« ist eine Zentralaussage der Bibel beider Testamente. Darum ist nach lutherischer Tradition zu Recht Trost die Antwort auf die existentielle Angst. Es geht dabei nicht um eine Beruhigung oder Ruhigstellung des Menschen in einer akuten Bedrohungssituation, sondern um einen immer wieder nötigen Befreiungsakt. Nach Martin Luther muss der Mensch von seinem skrupulösen Gewissen befreit werden, das ihn in der Angst hält, »vom ›Gesetz‹ überfordert und von Gott verurteilt zu werden«.[90]
Engemann charakterisiert die seelsorgliche Predigt als »Predigt gegen die Angst« und versteht Angst mit Kierkegaard als die »Grundsituation des Menschen ... in ›Furcht und Zittern‹ leben und gegen den Zweifel glauben zu müssen«.[91] Der zur Wahlfreiheit gezwungene Mensch steht in der Gefahr, »falsch« zu wählen, in dem Sinne, dass er mit dieser Wahl seiner Handlungen, seiner Sicht der Welt, seiner Verhältnisbestimmung zu den anderen Menschen oder zu Gott, den Willen Gottes verfehlen kann. Die Angst davor, »am eigenen Dasein scheitern zu können«, wird oft als Unruhe[92] oder Scham erlebt.
Eine Predigerin, die die seelsorgliche Dimension der Predigt wahrnimmt, ist sich der existentiellen Angst »als Folge der Wirklichkeitserfahrung des Hörers – einschließlich der Erfahrung eigenen Schuldigwerdens« – bewusst.[93] Das »schwache Subjekt« (Welsch), muss nach seinem Auszug aus dem »Gehäuse der Hörigkeit« lernen, »ohne Angst verschieden zu sein« (Adorno).[94] Lernen, ohne Angst, ohne Scham und ohne unangemessenes Schuldgefühl verschieden zu sein, ist eine Umschreibung für den Prozess der Individuation. Sich an diesem Prozess zu beteiligen gehört zur seelsorglichen Dimension der Predigt dazu.

1.2.1.2 Ermutigung zur Unverschämtheit

Während sich der theologische Diskurs seit jeher mit Angst und Schuld befasst, steht die theologische Durchdringung des Existentials *Scham* noch weitgehend aus, was selbst für die Seelsorgeliteratur gilt.

ethische Predigt nicht erst, wenn es um Handlungsanweisungen geht« (*Hoffmann*, Orientierung, 162).

89 Vgl. *Engemann*, Homiletik, 392.
90 Ebd.
91 Ebd.
92 So Engemann in Aufnahme eines Heideggerzitates (ebd.).
93 Ebd.
94 Zitiert nach *Klessmann*, Pastoralpsychologie, 70.

Das Gefühl der Scham ist in der Postmoderne aufgrund der Unüberschaubarkeit von gesellschaftlichen Anforderungen sehr weit verbreitet. Es reicht tief in die Persönlichkeit und trifft einen Menschen im Kern seines Selbst.[95] »Die Rechtfertigung des Sünders gilt nicht nur dem schuldigen, sondern auch dem schamhaften Menschen.«[96] Darum gehört die Annahme der Scham und der schamauslösenden Faktoren zu den Aufgaben der Predigt wie auch der Seelsorge. Predigerinnen müssen Wege finden, wie sie das, was Scham auslöst, zur Sprache bringen und zur »Unverschämtheit« beitragen können. Das Schambesetzte so anzusprechen, dass es vom Predigthörer als eigenes erkannt werden kann, aber nicht in der Erinnerung neue Scham auslöst, ist notwendig, damit unerfüllbare und darum schamauslösende gesellschaftliche Maßstäben relativiert und überwunden werden können.

1.2.1.3 Vergewisserung durch heilsame Verunsicherung

Predigthörerinnen wollen angesprochen werden, wollen sich verstanden fühlen.[97] Die Situation mitten im Leben, in die hinein Sonntagspredigten sprechen, ist vor allem durch Ambivalenzen geprägt, die in der Predigt aufgenommen und ausgehalten werden wollen. »Der Hörer möchte in seiner Widersprüchlichkeit (die er oft mehr ahnt als weiß) akzeptiert werden: In seinem Glauben *und* Zweifel, in seinem Können *und* Versagen, in seiner Hoffnung *und* in seiner Resignation, in seiner Schwachheit *und* in seiner Stärke.«[98] Gehen Prediger nur auf »das Positive (Glaube, Hoffnung, Liebe)« ein und verwerfen die andere Seite, dann »fühlt sich der Hörer in einem wichtigen Teil seiner Befindlichkeit verworfen. Er reagiert mit Abwehr oder Traurigkeit«.[99]

Van der Geest bezeichnet das Bedürfnis nach Verstanden- und Akzeptiertwerden als »dauernde Erneuerungsbedürftigkeit des Urvertrauens«.[100] Erkannt und akzeptiert zu werden, ist eine der tiefsten Sehnsüchte der Menschen und selbst der glückliche Fall, dass Menschen einander erkennen und akzeptieren, ist immer zeitlich begrenzt, so dass zwischenmenschlich diese Sehnsucht nicht wirklich gestillt werden kann. Die Unterbrechung, die der Gottesdienst am Sonntag für das Immer-So-Weiter der Alltagsroutine darstellt, lässt Raum für die Sehnsucht – und teils auch für die Wahrnehmung des Schmerzes über ihre Unerfülltheit. »In Sehnsucht und Schmerz bekundet das Subjekt – um Schleiermacher aufzugreifen – seine Intention fürs Unendliche«, schreibt Henning Luther.[101] Gerade der Punkt, an dem das Ich sich selbst fraglich wird, an dem ihm die Kontingenz des Lebens und die eigene Endlichkeit bewusst wird, ist der Punkt der Ansprechbarkeit auf das Evangelium.

95 Vgl. *Klessmann*, Seelsorge, 233.
96 *Klessmann*, Seelsorge, 234.
97 Vgl. *Dannowski*, Kompendium, 107.
98 *Piper*, Predigtanalysen, 132f.
99 *Piper*, Predigtanalysen, 133.
100 *Van der Geest*, Du, 45.
101 *H. Luther*, Schmerz, 251.

Die Verheißung, die im Evangelium liegt, gerinnt jedoch zu einer Vertröstung oder falschen Versöhnung,[102] wenn sie in der Predigt als immer passende Antwort auf alle Lebensfragen dargestellt würde. Predigten sollen weniger Antworten bieten als Wege aufzeigen, mit den Fragen leben zu können.[103] Dies kann aber nur gelingen, wenn ein Mensch vergewissert und wieder verunsichert wird und aufgrund von immer wieder zu leistenden Vergewisserungen dahin kommt, die grundsätzlichen Ungesichertheit seiner Existenz zu akzeptieren und mit ihr leben zu lernen. Sobald die Vergewisserung überhandnimmt, indem Predigten mehr Antworten bieten als Fragen, werden sie auf zwei Weisen kontraproduktiv: Sie werden unglaubwürdig und können darum nicht zur Lebensdeutung beitragen *und* sie werden starr, fest-stellend, unlebendig und damit geradezu zu einem Hemmschuh für die Individuation.

Gute Predigten sind darum vergewissernd und verunsichernd zugleich. In theologischen Kategorien ausgedrückt: gute Predigten sprechen von der Verheißung der Gnade Gottes und *zugleich* stellen sie unbequemerweise das scheinbar Selbstverständliche in Frage und weisen damit auf die Fragmentarität allen menschlichen Lebens hin.

Zwar ist dies zunächst verunsichernd, im Endeffekt jedoch befreiend, weil der Realität angemessen und insofern wahr. Denn die Wahrheit ist *immer* befreiend und das, was nicht befreit, ist auch nicht wahr. Befreiung ist immer mit Verlust verbunden, sei es auch nur der Verlust von alten Fesseln und Hemmschuhen. Bevor die Befreiung sich vollziehen kann, werden daher immer auch Verlustängste virulent. Mit diesen Ängsten gilt es in der Predigt behutsam umzugehen.

Eine Predigt, der es geling, Selbst- und Weltverständnis zu vermitteln, trägt nicht nur zur Lebens- d.h. Kontingenz*bewältigung* bei, sondern kommuniziert die Grundlage des menschlichen Lebens: Gottes Liebe, unbedingte Zuwendung und Bejahung.

Die in jeder Predigt vorausgesetzte Wirklichkeit ist die Wirklichkeit *etsi deus daretur*. Aus der Perspektive der biblischen Tradition, d.h. der der unbedingten Liebe und Barmherzigkeit, Freiheit und Gnade, aber auch dem Anspruch, der sich daraus ergibt, eröffnen sich neue Lebensmöglichkeiten für jeden, der glaubt (vgl. Röm 1,16f). Die Predigerin hat die Aufgabe, der Partizipation an den neuen Lebensmöglichkeiten als Wirkung des Heiligen Geistes nicht im Weg zu stehen, sondern sie zu befördern. Sie hat dafür zu sorgen, dass das, was einen Menschen unbedingt angeht, das Wort Gottes, ihn möglichst ungehindert ansprechen kann. Wenn dies gelingt, wird das Leben gedeutet, verstanden und dadurch auf eine neue, befreite Weise lebbar: der »Möglichkeitsraum«[104] wird erweitert.

[102] Vgl. *H. Luther*, Schmerz, 247.

[103] Vgl. *van der Geest*, Du, 155.

[104] Zum ersten Mal begegnet dieser Begriff (»potential space«) bei Donald W. Winnicott zur Umschreibung des Beginns der Symbolbildung beim Kind (vgl. *Winnicott*, Spiel, 121ff).

Die *Erweiterung des Möglichkeitsraumes* ist eine formale Umschreibung für das Ergebnis, wenn es gelingt, alle Dimensionen des Evangeliums in einem guten Verhältnis zu kommunizieren. Die Botschaft von der freien Gnade, mit der Gott die Menschen bejaht, kann nur wirksam werden, wenn auch von der Sünde gesprochen wird: von der Schuld, von Angst, von der Scham, vom Scheitern, von der Sehnsucht und den Zweifeln, die unabdingbar zur Erfahrungswelt gehören.
Diese Grundlage, aus der die Hörerinnen Selbstvergewisserung, Trost und Hoffnung schöpfen können, und die im Moment einer plötzlichen Evidenzerfahrung als Freude erlebt wird, ist im Sinne eines unverzichtbaren Faktors ein ›Lebensmittel‹. Freude aber ist nicht nur ein Gefühl, sondern zunächst einmal eine Emotion,[105] also ein Körpervorgang. Predigt ist ein Geschehen, dass die drei klassischen Dimensionen menschlichen Daseins – Geist – Seele – Leib – betrifft. Darum möchte ich, indem ich den Humor zum Homiletikum erkläre, stärker als die homiletischen Konzeptionen anderer Autoren die emotional-körperliche Ebene des Predigtgeschehens betonen.

1.2.1.4 Lebensmittelausgabe

»Verstehen kann man das Leben rückwärts,
leben muss man es aber vorwärts«
Sören Kierkegaard

Predigt wird dann zum Lebensmittel, wenn sie den Hörern hilft, ihr Leben so zu führen, wie es ihnen entspricht, wenn die Hörerin aus ihr Selbstvergewisserung, Freude und Hoffnung schöpfen kann und Impulse für ihr Handeln bekommt.
Das, was Menschen zum Leben brauchen, können sie nicht aus sich selbst schöpfen; erst in der Begegnung mit dem anderen wird das Ich zum Ich (*Martin Buber*). Die grundsätzliche Sozialität des Menschen manifestiert sich in seiner Körperlichkeit (*Hilarion Petzold*). Mit unseren Körpern nehmen wir Kontakt auf, indem wir sehen, hingehen, sprechen, hören, umarmen. In unseren Körpern, einschließlich des Gehirns, verändert sich etwas, wenn wir angesprochen oder emotional berührt werden.[106] Erlebnisse »bahnen« Verbindungen zwischen den Gehirnzellen und schaffen so leibseelische Wirklichkeiten. Was Menschen wollen, wie sie empfinden und welche Entscheidungen sie fällen, hängt in erster Linie von den Erfahrungen und Erlebnissen ab, die sie bis dahin gemacht haben, und in welchen Deutungsrahmen sie diese einordnen.

1.2.1.4.1 Arbeit am Symbolischen

Zu den Aufgaben der Predigt gehört die Beschreibung und Neubeschreibung der Realität des Menschen im Horizont der Verheißung von Erlö-

105 Vgl. *Plessner*, Lachen, 72.
106 Die neuronale Forschung kann mit bildgebenden Verfahren sichtbar machen, welche Temperatur- und sonstigen Veränderungen im Körper und im Gehirn stattfinden, wenn Menschen sich freuen, erschrecken oder verwirrt sind.

sung. Es gehört zu ihren Aufgaben, die Deutungsmuster, die im Alltag wie selbstverständlich wirksam sind, im Licht des Evangeliums auf Plausibilität und Wahrheitsgehalt zu untersuchen. Es muss also für die Zeit der Predigt – und darüber hinaus des Gottesdienstes – die Alltagsplausibilität mit ihren Hierarchien, Wertmaßstäben, Zwängen, Begrenzungen unterbrochen und ein »Zwischenraum« (*Schroeter-Wittke*) eröffnet werden, der offen ist für ein »neues Sehen« (*Meyer-Blanck*) und ein »Neues Sein« (*Paul Tillich*).
In der Predigt muss danach gefragt werden: Was ist der Mensch, als Mann und als Frau, als Kranker und als Gesunde, als Junger und als Alte, als Glaubender und als Zweifelnde, als Christin, die in einer entchristlichten Welt lebt, als zugleich Sünder und Gerechtfertigte. Damit dieses Fragen nicht an der Oberfläche bleibt, müssen die Bilder, die Menschen von sich und anderen haben und sich machen, in Frage gestellt, dekonstruiert und neu konstruiert werden.
In der Predigt muss danach gefragt werden: Wer ist Gott, als Vater und als Mutter, als Sohn und Heiliger Geist, als einer, der sich zuwendet und einer, der unerreichbar abwesend ist, als einer der handelt und einer, der nicht handelt?
Es muss die Sehnsucht nach Lebensgewinn, nach Sein bei Gott, nach Freude, Liebe und Wohlergehen (»Schalom«) ernst genommen werden und zugleich der »Mangel« (*Jacques Lacan*) als bleibende menschliche Erfahrung
Damit dieses Fragen und Beschreiben nicht an der Oberfläche bleibt, sondern tatsächlich zu Perspektivwechseln und Befreiungserfahrungen führen kann, muss die Predigt in Geschichten und Metaphern sprechen, die die Wirklichkeit beschreiben und diese menschliche Wirklichkeit mit der Wirklichkeit Gottes in Beziehung setzen. Sie muss Geschichten, Symbole und Metaphern finden, die diesen Zusammenhang aufscheinen lassen können und so bei den Hörerinnen eine Bewegung in Gang setzen (*movere*).
Die christliche Tradition hat einen großen Vorrat an solchen Geschichten und Metaphern. Es geht darum, diese Geschichten und Metaphern wieder zugänglich zu machen, d.h. die christlichen Symbole neu zu füllen[107] und neue hinzuzuerfinden. Homiletische Metaphernarbeit erfordert einen fremden, sozusagen von außen kommenden Blick auf sich selbst.
Das ist aber nicht allein die Arbeit des Predigers. Wenn man davon ausgeht, dass es keine Wahrheit »an sich« gibt,[108] sondern immer nur in symbolischer oder versprachlichter Form von Annäherungsversuchen – in Sprachspielen und Metaphern –, dann ist die Predigt ein Prozess einer *gemeinsamen* »Suchbewegung, in dem die einzelnen durch gemeinsame

107 Vgl. *Matthiae*, Clownin, 294.
108 Und selbst wenn es sie gäbe, sie wäre irrelevant, wie schon Martin Luther wusste: »Denn ob Christus tausentmal fur uns gegeben und gecreuzigt würde, were es alles umbsonst, wenn nicht das wort Gottes keme, und teylets aus und schencket myrs und spreche, das soll deyn seyn, nym hyn und habe dyrs« (*M. Luther*, WA 18, 202f).

Mit-Teilung miteinander verbunden werden. Wahrheit wird also nicht erst gefunden und dann mitgeteilt, sondern *durch* Mitteilung gefunden. So sind (zum Beispiel) Redner und jeweiliger Hörer miteinander verbunden. Ver-Mittlung der Wahrheit ist zugleich Mit-Teilung der Wahrheit.«[109]

1.2.1.4.2 Widerstreit

»Eines hat Gott geredet,
zwei sind's, die ich gehört habe:
dass die Macht bei Gott ist.«
Psalm 62,12

Jean-Francois Lyotard hat den Unterschied zwischen Rechtsstreit und Widerstreit herausgearbeitet. Während der Rechtsstreit nach einheitlichen Regeln verhandelt wird und ein gültiges Urteil ermöglicht, gilt das für den Widerstreit nicht, da verschiedene Diskurse auch nach verschiedenen Regeln reguliert werden.[110] Für den Widerstreit gibt es keine übergeordnete Instanz, die mit der Vollmacht ausgestattet wäre, ein allgemeingültiges Urteil zu verkünden.

Dass es auch im christlichen Gottesbild einen Widerstreit gibt, kann vernünftigerweise nicht bestritten werden. Reuter führt als zentrales Beispiel zwei biblische Traditionsstränge an, die weder vereinbar, noch vernachlässigbar sind. Der eine Strang (die paulinische Rechtfertigungslehre) betont die Geschenkhaftigkeit der Gnade Gottes, der andere (vgl. Jak, Mt 25 u.a.) die Heilsnotwendigkeit von guten Werken. Der Konflikt ist unauflösbar, denn wenn man den Geschenkcharakter der Gnade unterbetont, kommt man zu einer Zwangsmoral, vernachlässigt man hingegen die »Relevanz des menschlichen Tuns auch vor Gott, so vergleichgültigt man jede Ethik«.[111] Ein anderer wichtiger Widerstreit im Gottesbild liegt in der Vorstellung von Allmacht bei gleichzeitiger Allgütigkeit. Für die Predigt ergibt sich daraus die Konsequenz, dass sie »sich stärker an den Widersprüchen im Gottesbild, an den Reibungspunkten abarbeiten [müsste]«.[112] Widerstreite, die homiletisch nicht vernachlässigt werden können, betreffen nicht nur das Gottes-, sondern auch das Menschenbild, die Erlösungsvorstellungen und die Frage nach Sünde bzw. Entfremdung.[113] Pre-

[109] *G. Otto*, Predigt, 14.
[110] Vgl. *Reuter*, Predigt, 132.
[111] *Reuter*, Predigt, 135.
[112] *Reuter*, Predigt, 136.
[113] Nach protestantischem Verständnis ist der Mensch im Kern gut *und* böse, nach katholischem Verständnis ist der innerste Kern gut. Das christliche Erlösungsmodell »Auferstehung« erfordert nach katholischem Verständnis eine unsterbliche Seele, eine Vorstellung, die in der deutschen evangelischen Theologie – nicht jedoch der angelsächsischen (vgl. *Sauter*, Eschatologie, 192) – seit Mitte des 20. Jahrhunderts bekämpft wird. Hier sind Leib und Seele eine untrennbare Einheit, der Tod betrifft daher den ganzen Menschen, die Seele stirbt mit dem Leib (zur Rede vom »Ganztod« vgl. *Jüngel*, Tod, passim). Nach Meyer-Blanck hat man mit der Bekämpfung der Unsterblichkeitsvorstellung »zwar die Christologie in der Lehre von der Auferstehung ge-

digerinnen sollten also versuchen, die theologischen Antinomien aufrechtzuerhalten und zu kommunizieren und sie nicht zu schnell zu harmonisieren oder miteinander zu verrechnen, weil sie sonst den Kontakt zu einem Teil der Hörerschaft frühzeitig verlieren und die Klärung wichtiger Fragen ausbleibt.

Jeder Predigthörer hat seine eigenen Erfahrungen und Prägungen, seinen eigenen religiösen Kontext. Es wird also jede Hörerin aufgrund ihrer »spezifischen kontextuellen Situation zu einer unterschiedlichen Lesart der vernommenen Botschaft des Evangeliums kommen ..., und diese Lesarten sind [sind] nicht ohne weiteres miteinander vereinbar. [...] Vielmehr wird die schnelle Verrechnung der Perspektiven zu Unrecht führen«.[114] Es steht eben nicht schon von vornherein fest, in welcher Art die Predigt auf den Hörer einzuwirken habe. Für die Predigerin heißt das, dass sie akzeptieren muss, dass jede Hörerin die in der Kanzelrede gesendete Botschaft re-konstruiert und dabei ein von dem, was die Predigerin gesagt und gemeint hat, abweichen *kann*[115] – natürlich nicht soll oder muss. Die Predigt darf das Evangelium also nicht als universal gültigen Deutungsrahmen kommunizieren, als ob es eine perspektivlose Metaerzählung wäre, die alles in der Welt erklären könnte. Selbst wenn dies erreicht werden könnte, wäre die damit einhergehende Konfliktlosigkeit nicht wünschenswert, weil sie die Kommunikation zum Erliegen brächte. »Vollendete Konfliktlosigkeit ist ein Kriterium des Toten, die Tendenz dahin das Kriterium der Diktatur und Tyrannei.«[116] Die Predigt als Kommunikation eines allumfassenden Deutungsrahmens, erübrigt es, dass die Hörerinnen etwas mit der Kanzelrede *anfangen*, d.h. sie zum Ausgangspunkt eigenen Nachdenkens machen können. Sie muss sich auf den Widerstreit unter gleichberechtigten Diskurspartnern einlassen, was natürlich auch nicht bedeutet, dass die Prediger den Hörern nach dem Munde reden. Wirklichen Widerstreit kann es nur geben, wenn die Beziehung von Hörerinnen und Predigerinnen als symmetrisch gedacht ist, also nicht die Prediger insgeheim davon ausgehen, dass sie das Recht einer urteilverkündenden Instanz auf ihrer Seite hätten. Predigten, die den Widerstreit ernst nehmen, werden sich also um Genauigkeit und Konkretheit bemühen, um dem Gegenüber die Chance zu geben, es für sich als »wahr« zu erkennen.

stärkt, aber die Soteriologie geschwächt und die volkstümlichen Vorstellungen völlig hintangestellt« (*Meyer-Blanck*, Häresie, 326).

114 *Reuter*, Predigt, 137.

115 Für viele Christen ist sogar die Vorstellung von einer Wiedergeburt der Seele in einem anderen Körper unter dem Begriff »Auferstehung« subsummierbar. Gerade letzteres übersteigt mein persönliches Vorstellungsvermögen bei weitem. Dennoch muss ich als Predigerin zur Kenntnis nehmen, dass Menschen sich selbst als Christen verstehen und am christlichen Gottesdienst teilnehmen, denen derartige Jenseitsvorstellungen ein Trost sind. Ich denke nicht, dass es in einer christlichen, formal monologischen Predigt möglich ist, dies anzusprechen, dennoch sollten Prediger sich solcher Vorstellungswelten innerhalb ihrer Hörerschaft bewusst sein. Dieses Beispiel zeigt, wie wenig Verfügungsgewalt Prediger über die Assotiationen und Vorstellungswelten der Hörer tatsächlich haben.

116 *Jüngel*, Tod, 170.

Dass dies passiert, darauf sind Prediger und Hörerinnen in gleicher Weise angewiesen, da sie beide außer im Moment der Kanzelrede in gleicher Weise Hörer[117] sind. Predigerinnen haben in ihrer Eigenschaft als Theologinnen und aufgrund ihrer Predigtvorbereitung einen auf den Text bezogenen relativen Vorsprung gegenüber den Hörern, nicht jedoch einen grundsätzlichen.[118] »Predigt – vor allem jene Predigt, die sich auch an die richtet, die ›draußen bleiben‹ – kann Einverständnis nicht mehr voraussetzen. Sie kann sich auf keine ›letzten Gewissheiten‹ mehr stützen, die der Infragestellung entzogen wären. Predigt kann nicht länger mehr *abschließende Rede* sein. Abschließende Rede geht von der fundamentalen Unterstellung aus, dass es letzte, letztgültige (begründende) Sätze gibt, die der Befragung entzogen sind.«[119] Abschließende Rede sucht nicht die Unterhaltung, sondern will sie »an irgendeinem Punkt zum Abschluss bringen. Wer predigt hat den anderen nichts voraus. Predigt, die auf den Gestus abschließender Rede verzichtet, begibt sich in die Solidarität mit den Fragenden. In dieser Solidarität gewinnt Predigt wieder den gesellig-kommunikativen Charakter, auf den der Wortsinn von ›homilia‹ verweist.«[120]

1.2.2 Predigt als gute Unterhaltung

Außerhalb der Kirche findet die »Arbeit am Symbolischen« vor allem durch Auseinandersetzung mit Kunst (Theater, Kino, Literatur) und im Gespräch mit anderen Menschen statt. Der Dialog ist aber auch die Grundform der Predigt. So vertrat Werner Jetter bereits vor vierzig Jahren die These, dass die Predigt »zum Gespräch mit dem Hörer werden (will)«.[121] Dies zwar auch aus dem pragmatischen Grund, dem Wirklichkeitsverlust entgegenzuwirken,[122] aber in erster Linie aus theologischen Gründen: »um der religiösen Subjektivität zu ihrem Recht zu verhelfen, um Glauben als Prozess der persönlichen Aneignung auszuweisen, um den Hörenden Freiheit zu eröffnen und damit bis in die Form der Predigt hinein den Respekt vor der Würde der Hörenden zum Ausdruck zu bringen.«[123] Klessmann verfolgt diesen Ansatz weiter und stellt die These auf, dass es zur kritisch-konstruktiven Auseinandersetzung der Kirche mit dem Plura-

117 Vgl. *Meyer-Blanck*, Reden, 137.

118 Vgl. *Daiber*, Predigen, 444. Meyer-Blanck billigt auch Jugendlichen im christlichen Unterricht theologische Kompetenz zu (vgl. *Meyer-Blanck*, Häresie, 323). Die Frage nach dem Amtsverständnis und der Priesterweihe ist einer der Punkte, an dem deutlich wird, dass ich evangelisch bin und innerhalb der christlichen eine dezidiert evangelische Perspektive einnehme. Da sich ein etwaiger Unterschied die Grundhaltung betreffend jedoch aus der im 4. Teil analysierten katholischen Predigt nicht ablesen lässt, bin ich weiterhin der Meinung in dieser Arbeit vom Potential der christlichen und nicht nur der protestantischen Predigt sprechen zu können.

119 *H. Luther*, Frech, 7.

120 Ebd.

121 *Jetter*, Predigt, 215.

122 *Jetter*, Predigt, 209.

123 *Klessmann*, Predigt, 26.

lismus gelebter privater Religion unabdingbar ist, »in allen ihren Kommunikationsformen so zu arbeiten, dass die Freiheit der Entscheidung gefördert, Raum zur eigenen religiösen Erfahrung eröffnet und die Vielfalt der Deutungsmöglichkeiten respektiert wird.«[124] Er betrachtet demzufolge die homiletische Situation unter dem Aspekt der psychoanalytischen Situation, in der von jeher das Gespräch im Mittelpunkt steht und reflektiert wird. Das Setting ist je anders, aber darüber, wie Lebensdeutung und daraus resultierend Lebensgewinn gefördert werden können, kann die Psychoanalyse Aussagen treffen, die homiletisch fruchtbar gemacht werden können.
Auch in dieser Arbeit wird die Auffassung vertreten, dass die Predigt ein Gespräch ist. Aber kann sie das als Kanzelrede denn sein? In den letzten Jahrzehnten hat es zahlreiche Versuche gegeben, der »Predigt mit formalen Änderungen ihrer Struktur zu neuem Leben zu verhelfen. Dialog [im Sinne einer Wechselrede zweier Prediger, GK], Anspiel und Diskussion wurden erprobt und – jedenfalls für die Predigt im sonntäglichen Hauptgottesdienst – wieder verworfen«, und zwar aufgrund der Erkenntnis: »Verschiedene Kommunikationssituationen verlangen verschiedene Vollzugsformen ... die entsprechende Form kann – so paradox das klingen mag – die monologische Rede sein; denn Rede ist, so versteht es die Rhetorik seit langem, virtueller Dialog.«[125]
Im Folgenden soll diese zunächst noch formale Bestimmung inhaltlich näher bestimmt werden durch eines der Synonyme zum Dialog: *Unterhaltung*. Dieser Begriff bedarf der Erklärung, denn speziell in Deutschland hat Unterhaltung keinen guten Ruf. Sie gilt als leicht bis seicht, darum wird sie üblicherweise von der ernsten Kultur unterschieden; die gebildete Elite delektiert sich an E-Kultur, U-Kultur ist demzufolge Ausdruck der massenmedialen Spaßgesellschaft und wird von deutschen Geisteswissenschaftlern aus intellektuellen, ethischen, philosophischen u.a. Gründen weitgehend abgelehnt.[126] Theologisch fragwürdig wird Unterhaltung, wenn sie als Anbiederung an den Geschmack der Masse, die

[124] Ebd.

[125] *Arens/Richardt/Schulte*, Die Predigt als Kommunikationsmedium, in: Comunicatio Socialis, 6. /1973, 129, zitiert nach *Klaus*, Orientierung, 111. Aus formal-rhetorischem Aspekt ist das nie bestritten worden. Bereits der Monolog paulinischer Briefe erweist sich durch die der antiken Rhetorik entlehnten dialogischen Stilmittel (z.B. der Diatribe) als virtueller Dialog. Wichtiger für die Feststellung einer tatsächlich vorfindlichen Kommunikationssituation im Vollzug des Predigtgeschehens wird die Frage nach der Betroffenheit der Hörer mit der Möglichkeit existenzverändernder Wirkungen. Betroffenheit kann nur konstatiert werden, wo sich Hörer persönlich getroffen wissen, und das ereignet sich tatsächlich auch! Weil Hörer der monologischen Sonntagspredigt im Schutzbereich der Anonymität immer wieder erfahren, dass von ihnen ganz persönlich und von den sie selbst unmittelbar bewegenden Problemen die Rede ist, ohne dass sie sich dabei ... ausgeliefert sehen müssten, und weil ihnen die Predigt auf diese Weise zur Selbstfindung und als Lebenshilfe dient, so dass sich Rück-Wirkungen ergeben, darum ist die monologische Predigt als Vollzugsform der kirchlichen Rede unentbehrlich.

[126] Dass die E-Kultur auf Lustverzicht gebaut ist, wie Bolz (vgl. *Bolz*, Sinn, 156) anmerkt, qualifiziert sie noch nicht im positiven Sinn.

dem Gottesdienst fernbleibt, betrieben wird. Wenn Unterhaltung bloß funktional verstanden würde – etwa im Sinne einer Stilfrage –, wäre sie als Predigthelfer deshalb noch nicht grundsätzlich disqualifiziert, es bedürfte nur keiner theologischen Auseinandersetzung mit ihr.
Unterhaltung wie sie mit Harald Schroeter-Wittke in der vorliegenden Arbeit aufgefasst wird, ist aber nicht einfach ein Gegenmittel gegen die Langeweile, sondern viel grundsätzlicher eine »anthropologische Grundstruktur«.[127] Von daher kann die Homiletik »auch als Unterhaltungslehre verstanden werden. Auch *dialegomai*, Grundwort aller Dialektik, bezeichnet bei Lukas entweder die Unterhaltung als Gespräch (z.B. Apg 20,7.9) oder ist als Sammelbegriff terminus technicus für das, was Paulus in seinen Missionsreden tut, nämlich Predigen (z.B. Lk 17,2).«[128]
Predigt in der Postmoderne, die Lebensdeutung und Lebensmittel anbieten will, *muss* – in welcher Form auch immer – unterhaltsam sein.[129] Mit Schroeter-Wittke soll in dieser Arbeit die These vertreten werden: »Nur wer unterhaltsam predigt, nimmt die Freiheit ernst, die sich die Menschen in der Moderne und Postmoderne erstritten haben. Die Predigt bietet aber nur dann gute Unterhaltung, wenn in ihr die drei Dimensionen der Unterhaltung zusammenkommen: die nutritive (›ernährende‹), die kommunikative und die delektarische (›genießende‹) Dimension.«[130]

1.2.2.1 Die drei Dimensionen der Unterhaltung

1.2.2.1.1 Unterhaltung ist nahrhaft

Sie ist »nutritiv«[131] / ernährend, indem sie Unterhalt gewährt, wie es die theologische Lehre von der *Providentia Dei* unter dem Unterpunkt *conservatio* erörtert und wie es in manchen Liedern des »Evangelischen Gesangbuches« (z.B. EG 371)[132] und des katholischen Gebetbuchs »Gotteslob« begegnet. Ein Vergleichspunkt mit einem Lebensmittel liegt darin, dass jeder Mensch etwas braucht, wovon er leben kann. Wenn es, um im Bild zu bleiben, auch sehr verschiedene Möglichkeiten der Ernährung gibt und diese u.a. orts-, zeit- und kulturabhängig sind, gibt es doch bestimmte Kriterien dafür, ob etwas zum Lebensmittel taugt. Nicht in den Einzelheiten, jedoch im Großen und Ganzen müssen bestimmte Stoffe in der angebotenen Nahrung vorhanden sein, um nicht auf Dauer zur Man-

[127] *Haury*, Unterhaltung, 453. Vgl. *Jetter*, Predigt, 206: »Das *Gespräch* ... ist eine ursprüngliche und grundlegende Erscheinung des menschlichen Lebens«.
[128] *Schroeter-Wittke*, Predigt, 97. »Von daher ist es kein Zufall, dass einige Neutestamentler das lukanische Doppelwerk insgesamt als antike Unterhaltungsliteratur charakterisiert haben und z.B. ›the entertaining nature of Acts‹ hervorheben.« (*Schroeter-Wittke*, Predigt, 97. Zitat im Zitat aus: *Pervo, R.*, Profit with Delight. The Literary Genre of the Acts of the Apostles, Philadelphia 1987, XI). *Dialegomai* bedeutet *sich unterreden* (Disputationen, Streitreden), *sich unterhalten, reden, sprechen, predigen* (vgl. *Bauer/Aland*, Wörterbuch, 371; *Ebach*, Das Marginale, 23).
[129] Vgl. *Gräb*, Falltüren, 420 u.ö.; vgl. *Schroeter-Wittke*, Predigt, 95.
[130] *Schroeter-Wittke*, Predigt, 95.
[131] Ebd.
[132] Vgl. *Schroeter-Wittke*, Predigt, 95.

gelernährung zu führen. Ein weiterer Vergleichspunkt zwischen einer Unterhalt gewährenden Predigt und einem Lebensmittel ist das *extra nos*: Ein Teil dessen, was Menschen zum Leben brauchen, können sie – ihre Körper – selbst synthetisieren, dieser Vorgang aber kommt zum Erliegen, wenn nicht bestimmte Stoffe von außen zugeführt werden. Unterhaltsame Predigten bieten Stoffe, aus denen die Hörer das nehmen können, was ihnen fehlt. Niemand braucht eine Predigt, die nicht mehr zu sagen hat, als man sich selbst sagen könnte.[133] Insofern ist Unterhaltung in der Predigt im nährenden Sinne prophetisch zu verstehen: sie kann etwas Positives verheißen oder zusagen, so dass man daraus Trost und Zuversicht schöpfen kann. Für den Moment erlangt man etwas, das vorübergehend Halt gewährt. Dass dieser Halt kein dauerhafter, ein für alle Mal erreichter Halt ist, macht gute Unterhaltung kenntlich. Wo sie es nicht tut, hat man es mit schlechter Unterhaltung, »nutritive[m] Betrug«[134] zu tun.[135] Gute Predigten bieten unter anderen auch ›schwer verdauliche‹ Brocken an: sie konfrontieren Menschen mit Fragen und Sichtweisen, auf die sie selbst nicht gekommen wären und die – wenigstens zunächst – als ärgerlich und irritierend empfunden werden. Nach Jürgen Ebach besteht die Konvergenz von Unterhaltung und Verkündigung darin, dass beide »ihre Wahrheit aus Grenzüberschreitungen [beziehen]«,[136] beide müssen auch eine »Störung des Gewohnten«[137] sein, um Eingefahrenes in Bewegung bringen zu können. »Eine Verkündigung wie eine Unterhaltung, die nicht wenigstens auch eine Störung ist, ist weder Verkündigung, noch Unterhaltung.«[138]

1.2.2.1.2 Unterhaltung ist kommunikativ

Albrecht Grözingers Konzept von der »Predigt als Unterhaltung« betont die Frage nach der Form der Predigt als unabdingbar, um den Inhalt zu gewinnen. Hier geht es also nicht um eine Funktionalisierung der Unterhaltung, sondern darum, den Hörer ernst zu nehmen, indem man die Rezeptionsbedingungen und -gewohnheiten von Menschen zur Kenntnis nimmt und die Tatsache anerkennt, dass der Prediger »ebenso in die Bewegung des Predigtgeschehens einbezogen ist wie der Hörer«.[139] Daraus ergibt sich, die Predigt in mehrfacher Hinsicht als Beziehungsgeschehen aufzufassen. In ein wirkliches Gespräch kann eine Unterhaltung nur münden, wenn die Gesprächspartner einander ernst nehmen. »Unterhaltsame Predigt als Gespräch schafft eine Atmosphäre der Partnerschaft unter Gleichberechtigten. Dies gilt für die Gestaltung aller drei Bezugsgrößen der Predigt: für die Beziehungen zu den Hörern und Hörerinnen, für

133 Vgl. *Gräb*, Falltüren, 421.
134 *Schroeter-Wittke*, Predigt, 95.
135 Nach Dürr »fehlt [d]em Seichten – gewissermaßen per definitionem – die Kraft, auch die Kraft, echte Ablenkung zu sein« (*Dürr*, Spaß, 27).
136 *Ebach*, Das Marginale, 26.
137 *Ebach*, Das Marginale, 29.
138 Ebd.
139 *Grözinger*, Unterhaltung, 439.

die Beziehungen zu den biblischen und liturgischen Texten sowie für die Beziehungen zur eigenen Person des Predigers bzw. der Predigerin.«[140]

1.2.2.1.3 Unterhaltung ist delektarisch

Dass Unterhaltung Spaß macht, amüsiert, rührt und berührt, erheitert und erleichtert, ist nicht strittig. Ebenfalls unstrittig ist, dass Spiel, Lachen und die Beschäftigung mit Komischem, die alle Bestandteile des Phänomens Humor sind, zu den wesentlichen Ausdrucksformen von Unterhaltung gehören. Strittig ist allenfalls, ob Unterhaltung nicht doch »ein dekadentes Spätprodukt einer säkularisierten Kultur und Gesellschaft«[141] und damit als Anbiederung an den Geschmack der zunehmend säkularisierten Predigthörerschaft abzulehnen sei.

1.2.2.2 Unterhaltung und Spaßgesellschaft

»Spaß ist bäh,
allenfalls die Freude ist rein und gut.«
Richard Oehmann[142]

Wo es um das Thema Humor in der Kirche geht, folgt die Warnung vor der bösen Spaßgesellschaft auf dem Fuße.[143] Auch Werner Finck wusste: »An den Punkt, wo der Spaß aufhört, beginnt der Humor.«[144] Ohne dem Satz insgesamt recht zu geben, kann als sein Wahrheitsmoment benannt werden, dass Spaß ein an den Humor angrenzendes Feld ist. Humor ist im allgemein etwas Hochgeschätztes, Spaß hingegen gilt als eher minderwertig. »Der klassische Satz der Spaßkritik lautet: Irgendwo hört der Spaß auf. Spaß muss sein, gewiss, aber nur dort, wo er hingehört, das heißt am Rande.«[145] Viele Spaßkritiker meinen säuberlich zwischen Spaß und Ernst trennen zu können und halten deshalb das Spaßhaben für eine Ersatzbefriedigung der ungestillten Sehnsüchte. Die Spaßkonsumentinnen weigern sich demnach, ihre Sehnsüchte ernsthaft zu stillen und flüchten stattdessen in die »Droge« Spaß.[146] Peter Sloterdijk spricht sogar von »Amüsierfaschismus«.[147]
Spaß ist keine abschließend definierbare Größe, weil Menschen auch insofern verschieden sind, dass ihnen verschiedene Dinge Spaß machen und Spaß deshalb unbestreitbar eine Geschmackssache ist.[148] Es mag banal klingen, dass den Menschen das Spaß macht, was sie *gern* tun. Dennoch lohnt es sich, auf dieser Spur zu einer Unterscheidung verschiedenen Arten von Spaß zu kommen. Was Menschen gern tun, ist essen, trin-

140 *Schroeter-Wittke*, Predigt, 96.
141 *Haury*, Unterhaltung, 453.
142 *Oehmann*, Freude, 89.
143 Vgl. *Herlyn*, Hauptsache, 44; *Holthaus*, Lachen, 38f.
144 *Finck* zitiert nach *Führ*, Humor, 79.
145 *Martenstein*, Spaßgesellschaft, 908.
146 Vgl. ebd.
147 *Sloterdijk* zitiert nach *Martenstein*, Spaßgesellschaft, 907.
148 Vgl. *Dimbath*, Sklave, 83.

ken, schlafen, sich sexuell betätigen, sich bewegen, reden, sich unterhalten, hören, sehen, lieben, spielen, lachen, tanzen, reiten, fahren, kreativ sein, lesen, schreiben, denken, lernen, ordnen, arbeiten, planen, malen, Theater spielen, fernsehen, singen, musizieren, beten und vieles mehr. All diese Tätigkeiten sind profan und haben – wie alles Profane – zugleich eine theologische bzw. eschatologische Dimension.[149]

Einige dieser Tätigkeiten beziehen sich auf die körperlichen Grundbedürfnisse, der Spaßfaktor liegt hier zunächst in der Beseitigung eines Mangels wie Hunger, Durst oder Bewegungsdrang, darüber hinaus aber in dem Vergnügen, den Mangel auf bevorzugte Weise zu beheben, indem z.B. man isst, was man *gern* isst. Andere Tätigkeiten beziehen sich auf weitergehende Bedürfnisse wie Kommunikation mit anderen Menschen, Tieren, der Welt, oder auf Bedürfnisse der Selbstverwirklichung und der Selbstvergewisserung. Menschen gehen Hobbies oder Beschäftigungen nach, die sie besonders mögen und empfinden dabei Freude oder Spaß oder irgendeine Form von Befriedigung. Es ist dabei oft schwer zu unterscheiden, ob man Spaß an der Tätigkeit oder einer Sache selbst hat oder ob es darum geht, sich selbst, den Eltern, der Peer-Group oder irgendjemandem etwas zu zeigen oder zu beweisen. Z.B. ob man aus Freude am Lesen und am sich dadurch vertiefenden Verstehen liest oder um viel gelesen zu haben und dadurch als gebildet gelten zu können. Im ersten Fall erlebt man etwas, im zweiten Fall ist der Gewinn sekundär.

Alle Tätigkeiten, die Spaß machen, können auch exzessiv betrieben und so als Droge missbraucht werden, z.B. Essen, Alkohol trinken, Fernsehen oder extreme Sportarten. Fast alles Tun kann zur Sucht werden oder zu einer bloßen Gewohnheit, über die man nicht mehr nachdenkt und die man auch dann beibehält, wenn sie keine direkte positive Funktion mehr hat. So kann auch Unterhaltung zu einem Zeittotschlagen werden, wenn Menschen täglich stundenlang Fernsehen schauen. Es ist dabei gleichgültig, was sie schauen, wenn ihre Haltung von Langeweile/Desinteresse geprägt ist und es eigentlich nur darum geht, die als einsam empfundene Zeit wegfressen zu lassen. Wenn kein Interesse an dem besteht, was man liest, am Fernsehen sieht oder selbst tut, wird das Tun selbst als Leben aus zweiter Hand oder als *gelebt werden* empfunden.

Es kann sein, dass man bewusst, nach einem anstrengenden Tag Fernsehen oder anderes konsumiert, ohne sich gefühlsmäßig zu beteiligen oder gerade umgekehrt, wenn es in den realen Beziehungen emotional lau zugeht, dramatische Filme schaut, um so wenigstens indirekt an den Höhen und Tiefen des Lebens teilzunehmen.[150] Dieses Bedürfnis vieler Men-

[149] Vgl. zur eschatologischen Dimension von »essen, trinken, singen, lachen, tanzen, spielen, dichten, lieben, erkennen« Gisbert Kranz (*Kranz*, Menschen, 10f u.ö.).

[150] Wilhelm Genazino spricht im Zusammenhang mit der Sehnsucht – gerade auch älterer Menschen –, sich durch den intensiver Konsum von Schlagermusik in eine »Opposition« zur Wirklichkeit zu begeben, von einer »Art Heimweh, das ihnen jeden Tag die Richtung des Lebens angibt«; er kann positiv werten, dass diese »Greise keineswegs bemitleidenswert, sondern klug und weise, ... erkannt hätten, wie aussichtslos der Kampf gegen die eigene Irrationalität ist. [... S]ie hätten erkannt, dass jeder, der

schen unserer Gesellschaft gilt es wahrzunehmen und sich – gemäß einem Kriterium der Postmoderne – mit Werturteilen zurückzuhalten. Positiv korreliert kann man sagen: Der Wunsch nach Intensivierung des eigenen Lebens ist eine Gemeinsamkeit der Spaßgesellschaft und einem großen Teil der Gottesdienstgemeinde. Beide wollen etwas Besonderes erleben. Die Spaßgesellschaft erwartet Spaß, die Gottesdienstgemeinde erhofft sich Freude. Freude ist dem Spaß eng verwandt; beide sind hoch gestimmte Gemütszustände, in denen man froh oder beglückt ist. Bewusst soll hier aber von Spaß und nicht von Freude die Rede sein, weil der Spaß näher an der Lust und damit an der Leibhaftigkeit ist als die Freude.[151]

Abgesehen davon, dass es anmaßend ist, zu meinen, »die Wahrheit, den Schlüssel zur Wirklichkeit« zu kennen und zu wissen, was das Volk wirklich braucht, ohne dass es selber es schon wüsste,[152] greift der Kritikansatz unter der Überschrift ›Ersatzbefriedigung‹ zu kurz. Wie Harald Martenstein darstellt, wird diese gängige Kritik an der Spaßgesellschaft vom Dünkel des Bildungsbürgertums und vom »Ressentiment gegen die kleinen Leute« gespeist. Mit Martenstein ist aber nicht grundsätzlich gegen den Spaß der Masse an bestimmten Filmen, an neuen Wellness-Centern und dümmlichen Fernsehshows etwas einzuwenden, sondern gegen den Betrug, der mit den Späßen einhergeht: »In vielen Unternehmen geht es heute, auf den ersten Blick, so hierarchiefrei und locker zu wie früher allenfalls in den Werbeagenturen. [...] Andrerseits kann einem fast jeder Angestellte erzählen, dass es für ihn in den letzten Jahren auf die eine oder andere Art härter geworden ist – die Nischen verschwinden, das Tempo steigt. Die Spaßgesellschaft [...] ist nicht aus Nächstenliebe so locker, sondern weil sie die Produktivkraft Kreativität entdeckt hat, die in den neuen Industrien mehr Gewinn abwirft als ›Fleiß‹ oder ›Gehorsam‹.«[153] Die Entstehungsbedingungen der Spaßgesellschaft sind mit denen der *Karnevalisierung* vergleichbar: Hierarchien scheinen nicht zu bestehen, man amüsiert sich ausgelassen und scheinbar zweckfrei, aber im Grunde doch mit dem Ziel, möglichst gut erholt und umso leistungsfähiger und -williger wieder in die Zwänge der Leistungsgesellschaft einsteigen zu können. Insofern kann das Spaßhaben auch den Aspekt von

lebt, das Leben im Wunsch überschreiten muss und dabei ein wenig irre wird. Sie hätten zwar irgendwann bemerkt, dass sie nicht alle Tassen im Schrank haben, es wäre ihnen aber auch nicht entgangen, dass kein einziges Lebewesen alle Tassen richtig im Schrank haben kann. Sie wollten nur nicht so tun, als wäre ein unneurotisches, ein nicht durch sich selbst gestörtes Leben möglich. Mit anderen Worten: Sie hätten die Pathologie [ihrer Leidenschaft für Schlager] in Kauf genommen, weil sie nichts von ihr wüssten oder weil sie sich vor ihr nicht so fürchten wie die anderen, die sich täglich und stündlich für normal und gesund halten müssen« (*Genazino*, Blick, 78).

151 Gerade die Hochschätzung der Freude bei gleichzeitiger Abwertung des Spaßes ist nach Oehmann eine Ursache der Freudlosigkeit, die viele kirchliche Angebote ausstrahlen, und die dadurch abstoßend, verkrampft und peinlich wirken (vgl. *Oehmann*, Freude, 89).

152 *Martenstein*, Spaßgesellschaft, 908.

153 *Martenstein*, Spaßgesellschaft, 911.

Entfremdung beinhalten. An der Befreiung der Menschen mitzuwirken um der Freiheit und um Gottes willen und nicht zum Zweck der Optimierung des gesellschaftlichen Lebens, gehört zum Auftrag der Kirche als gesellschaftlich Mitverantwortliche. Wenn sie Gesellschaftskritik üben will, muss sie dies im Dialog mit den »kleinen Leuten« tun, die sie aber kaum in größerer Zahl erreichen wird, wenn sie sich dünkelhaft an der gängigen Herabsetzung von Spaß beteiligt.

Ob Spaß seicht, ohne Tiefe und ohne Sinn außer der momentanen Belustigung ist, hängt nicht von seinem Inhalt ab. Auch die Produkte der so genannten Hochkultur kann man als Fluchtmöglichkeit vor der Realität konsumieren. Mangelnde Verantwortungsübernahme, Egoismus und Amüsiersucht einer Gesellschaft entscheidet sich nicht daran, ob ihre Mitglieder E-Kultur (ernste Kultur) oder U-Kultur (Unterhaltung) konsumieren, sondern daran, was sie *nach*, *neben* und *außer* diesem Amüsement tun. Nicht das Unernste ist unethisch und das Ernste ethisch, sondern beide können zur Auseinandersetzung mit den Verhältnissen in der Welt und zur Übernahme von Verantwortung motivieren und beide können das sträflich unterlassen. »Stellt euch nicht dieser Welt gleich« (Röm 12,2) ist ein berechtigter Aufruf des Paulus an alle Christen. Es geht also darum, zwischen echtem Spaß und dem Narkotikum »Spaßsucht«[154] zu unterscheiden. Die hier kritisierte Kritik an der Spaßgesellschaft trennt Ernst und Spaß, statt sie sachgemäß zu unterscheiden, aber eben nicht zu *trennen*. Ernst und Spaß können beide erfreulich, erhebend und lebensdienlich sein, nämlich dann, wenn sie Menschen gut unterhalten. Gute Unterhaltung könnte die beiden Formeln »Vergnügtsein heißt Einverstandensein« (*Adorno*) und »Unterhaltung ist die lustvolle Gehirnwäsche, die das Denken austreibt«[155] ad absurdum führen. Norbert Bolz hat noch vor wenigen Jahren »eine Theorie der guten Unterhaltung« zum dringlichsten Desiderat erklärt.[156]

Albrecht Grözinger und vor allem Harald Schroeter-Wittke haben für die Homiletik eine solche Theorie geliefert. Im Weiteren der vorliegenden Arbeit ist zu zeigen, dass Humor als Bestandteil von Unterhaltung ein Prozess ist, der ernste und unernste Phasen durchläuft und auch und gerade aus dem »Spaß an der Freud«[157] sein positives Potential schöpft. Die Trennlinie zwischen guter und schlechter Unterhaltung verläuft nicht zwischen Ernst und Spaß, sondern zwischen Unterhaltung und Zerstreuung.[158] Die Zerstreuung braucht kein Nachdenken und mündet nicht im Handeln.

154 *Herlyn*, Hauptsache, 44.

155 *Bolz*, Lachen, 52.

156 *Bolz*, Lachen, 53.

157 *Beuscher*, Spaß, 521.

158 Dass auch die Zerstreuung einen gemeinsamen Bereich, eine Schnittmenge mit dem Humor hat, soll hier nicht abgestritten werden, aber für die Predigt ist nur der unterhaltsame Anteil des Humors relevant. Mit Oliver Dimbath könnte man auch einer Unterscheidung treffen zwischen Spaß *haben* und Spaß *machen*, wobei ersteres »eher konsumtive Erlebnisse [umfasst], bei denen man nicht selbst aktiv, sondern eher Teil

Grözinger sieht den »›Mehr‹-Wert« der guten Unterhaltung darin, dass sie eine verwandelnde Kraft hat, weil eben keineswegs »opportunistisches Entertainment«[159] geboten wird, sondern immer auch etwas anderes als das Publikum wollte. »Keiner kommt unverwandelt aus einem guten Film, keiner hört eine gute Story, ohne dass er dann seine Welt anders sähe. Dieser ›Mehr‹-Wert guter Unterhaltung ist auch der Predigt ... angemessen«.[160]

1.2.2.3 Gute Unterhaltung verschiebt die Perspektive

»Keiner kommt unverwandelt aus einer guten Predigt.«[161] Dieses Ziel scheint mir zu hoch gesteckt. Realistisch wäre wohl: Jeden Sonntag kommt einer aus der Predigt und es hat sich an einem Punkt seine Perspektive ein Stück verschoben.
Nach Wilhelm Gräb ist die »Aufgabe kirchlicher Verkündigung ..., die Wirklichkeit unserer alltäglichen Erfahrungen wie diejenigen, die uns die Medien vermitteln, aufzunehmen, zu transformieren, zu verfremden, kritisch zu reflektieren, zu interpretieren, zu deuten, behutsam, aber merklich die Perspektive zu verschieben. Darin würde ich den Hochseilakt sehen, den es zu erbringen gilt, der Tanz auf dem Seil hoch über der erfahrenen und erlittenen Wirklichkeit des Lebens: dass man da oben einen besseren Überblick bekommt und vielleicht einen besseren Ausgang der Dinge erkennen kann. Man sieht die Dinge genauer ... Deutung wird möglich, ein besseres Verstehen des Ganzen und wie es mit Gott als dem Sinn des Ganzen zusammenhängt.«[162]
Dass die täglichen Erfahrungen transformiert und die Perspektive der Hörerinnen verschoben werden, kann nach meinem Verständnis von Predigt erst Teil dessen sein, was aus der Predigt kommen möge – *Glaube* – und fällt insofern in den Wirkungsbereich des Heiligen Geistes. Die Pneumatologie, wie sie in jüngerer Zeit wiederentdeckt worden ist, verweist auf das »grundsätzlich Defizitäre statisch gewordener Bilder für das Göttliche und auf die befreiende Bedeutung dynamischer Gottesvorstellungen«. Der Heilige Geist wird als dort am Werke erkannt, wo unerwartet Neues geschieht: »Verständigung, wo bisher Unverständnis war, merkwürdige

einer Masse ist und an kollektiven Emotionen ... teilhat. Wer Spaß *hat*, taucht im Kollektivgefühl ein. ... Mit dieser ... Bedeutungsdimension von Spaß steht der populäre Begriff der Spaßgesellschaft in engem Zusammenhang.« Es geht dabei um »Bespaßung [frontales Entertainment]«. Hingegen gilt für etwas, was Spaß *macht*, dass der Spaß aus einer Tätigkeit heraus entsteht. »Das, was Spaß macht, wird eher aktiv betrieben.« Es geht dabei um eine Interaktion (*Dimbath*, Sklave, 84). So wäre nach dieser Unterscheidung eine Predigt, in der Hörer aufgrund ihrer Ergänzungsbedürftigkeit seine eigenen Gedanken und Assoziationen einfließen lassen kann, eine, die Spaß macht.

159 *Grözinger*, Unterhaltung, 439.

160 *Grözinger*, Unterhaltung, 440.

161 Vgl. *Daiber*, Predigen, 437.

162 *Gräb*, Falltüren, 427.

Formen der Bewahrung, Unterbrechungen des eingespielten Erfahrungsflusses; Veränderung bisheriger Machtverhältnisse, Verwirrung.«[163]
Durch gemachte Erfahrungen strukturieren wir, was uns bei der ersten Begegnung unstrukturiert erscheint. »So sichern uns Erfahrungen gegen Flüchtigkeit, Wechsel, Diskontinuitäten und Widersprüche des Lebens ab, geben Boden unter die Füße, stabilisieren und stehen der Haltlosigkeit entgegen.«[164] Jede Suche nach Sinn und Identität ist darauf angewiesen, dass Erfahrungsordnungen einen solchen Grad an Verlässlichkeit erreichen, dass der Zwang zur Häresie irgendwann aufhört und man Sinn und Halt findet. Dies kann dazu führen, dass es zu einer ängstlichen Stilllegung des Lebensprozesses kommt. »Das Leben erstarrt, wenn die Erfahrungen nicht mehr für Umstrukturierungen offen sind, wenn der Lebensprozess nicht mehr umstrukturiert werden kann.«[165] Wahrnehmung ist niemals voraussetzungslos, sondern immer schon von Erfahrungen geprägt. Es gilt, dass wir sehen, was wir wissen oder genauer gesagt, »[w]ir nehmen wahr, was wir unserer Erfahrungsordnung einfügen können«.[166] Daraus ergibt sich ein gewisser Zwang, das Wahrgenommene den bestehenden Ordnungen einzupassen, ein »Widerstand gegen Neuorientierungen« und eine Verengung der Perspektive. »Erfahrungen umzustrukturieren setzt voraus, dass wir uns von den in ihr liegenden Zwängen befreien können, die sowohl in der persönlichen Lebensgeschichte wie in der unumgänglichen gesellschaftlichen Lebensbestimmung ihren Grund haben.«[167]
So sind die Erfahrungen, die ein Mensch hat, einerseits sein lebensnotwendiges Mittel gegen die »ontologische Bodenlosigkeit«[168] und andererseits bergen sie die Gefahr der lebenshinderlichen Erstarrung. Halt und Zwang gehen hier ineinander über. Der Versuch, den Zwang aufzugeben, kann für das subjektive Empfinden Haltlosigkeit bedeuten. Wenn die Predigt dazu beitragen will, von lebenshinderlichen Erstarrungen zu befreien, kann sie das nur durch einladende Angebote tun. Die Predigthörer müssen selbst entscheiden, inwieweit sie sich darauf einlassen, bisher gültige Konstruktionen zu verlassen.

1.2.2.3.1 Perspektivverschiebung braucht Verwirrung

Zu den Aufgaben der Predigt gehört es, eingelebte Bewusstseinsstrukturen zu verändern, also nicht nur emotionale Vergewisserung – die im Allgemeinen gelingt – zu bewirken, sondern bleibende bzw. immer wieder zu erneuernde kognitive Verunsicherung. Beuscher bezeichnet die

163 *Matthiae*, Clownin, 200. Vgl. Meyer-Blanck zum potentiellen neuen Sehen im Glauben aufgrund der Stellung der Predigt in der Liturgie. Die Gegenwart Gottes im Gottesdienst ist zumindest als »Arbeitshypothese« vorausgesetzt (*Meyer-Blanck*, Reden, 137).
164 *Zilleßen*, Lernwege, 59.
165 Ebd.
166 *Zilleßen*, Lernwege, 60.
167 Ebd.
168 S.o. Fußnote 39.

»christliche Religion als ›(BITTERE) MEDIZIN FÜRS VOLK‹«[169] und verweist auf Henning Luther, der dazu auffordert, »Religion nicht länger mit Begriffen wie ›Trost‹, ›Halt‹, ›Geborgenheit‹, ›Heimat‹, ›Grund‹, ›Beruhigung‹, ›Gewissheit‹ u.ä. zu assoziieren, sondern eher mit Vorstellungen von ›Fremdsein‹, Heimatlosigkeit‹, ›Suche‹, ›Verunsicherung‹, ›Aufbruch‹, ›Unruhe‹ u.ä. Dieses Religionsverständnis geht davon aus, dass ›Transzendenz‹ und ›Unendliches‹ gerade nicht in verobjektivierender Rede verfügbar zu machen sind, sondern immer nur als ›Spur‹ an der uns umgebenden Welt, die ihr Nicht-Fertigsein und ihr Unerlöst-Sein aufscheinen lässt«.[170] Mit Beuscher ist jedoch zu betonen, dass beides notwendig ist, die Stillung der Bedürfnisse und die Offenhaltung des Begehrens nach Lebensgewinn. »Der Bedürfnisaspekt von Religiosität darf nicht diskreditiert werden weil sonst das Leben diskreditiert würde« und zugleich gilt es, »die Bedürfnisse (auch die religiösen) *so* zu stillen, dass das Begehren offengehalten wird.«[171]
Verwirrung entsteht u.a. durch Verfremdung. »Der Prediger hat nicht nur den Bibeltext methodisch zu verfremden, sondern die Verfremdung von Wirklichkeit mit Hilfe des Textes zu erwarten.«[172] Michael Meyer-Blanck spricht in diesem Zusammenhang – mit Hinweis auf Rudolf Bultmann – von der Eröffnung eines neuen Selbstverständnisses des Hörers und versteht das sich so eröffnende »neue Sehen« als »eine *sinnliche, konkrete* Kategorie, welche Interaktionen und Handlungsabläufe der Texte ins Spiel bringt und die Zuhörenden in sie zu verwickeln sucht.«[173] »Predigt als neues Sehen richtet den Blick der Hörenden auf die Bilder des Textes und die Realität der versammelten Gemeinde. Das bedeutet: Es geht um eine *narrative* Predigt, die nicht vornehmlich Begriffe, Theologumena und ›Anwendungen‹ expliziert, sondern dem interaktiven Potenzial des Textes etwas zutraut. Damit geht es weiter um eine *biblisch vielgestaltige* Predigt, die nicht in jedem Texten das Gleiche findet, und um eine *meditative* Predigt, die beim Zuhören Zeit lässt, eigene Bilder zum Text zu entwickeln.«[174]

1.2.2.3.2 Perspektivverschiebung braucht den Körper

Der Wertewandel, der mit dem Leben in der heutigen Erlebnisgesellschaft einhergeht, »kann zum Verlust jeglichen ethischen Gespürs führen, er kann aber auch bedeuten, dass neue Werte entstehen, nicht weil sie aus der Tradition herkommen, sondern weil sie als hilfreiche Werte in freier Entscheidung von den Menschen erkannt und dann auch anerkannt werden. Die Entscheidungen fallen in all diesen Dimensionen auf der Ebene der starken Erlebnisse – im Guten wie im Schlechten.«[175]

169 *Beuscher*, Paradox, 128.
170 *H. Luther*, Theologie, 19.
171 *Beuscher*, Religion, 240f.
172 *Meyer-Blanck*, Reden, 141.
173 *Meyer-Blanck*, Reden, 142.
174 Ebd.
175 *Grözinger*, Das Heilige, 19f.

Evidenzerleben ereignet sich da, wo »Glaube und Anfechtung«, »Botschaft und Unglaube« aufeinander stoßen, also nicht in erster Linie kognitiv,[176] sondern emotional und damit auch körperlich. Der Ort, an dem sich ein befreiender Perspektivwechsel in psychotherapeutischen Verfahren manifestiert, ist das Körpererleben. Ein Aha-Erlebnis findet nicht allein im Kopf statt, sondern wird im Normalfall immer begleitet sein von körperlichen Symptomen wie z.B. Aufrichten des Körpers, Seufzen, Aufhellung des Gesichts. Wenn die Predigt zum Lebensmittel werden will, muss sie die Hörerinnen emotional bewegen. Nur wenn etwas den ganzen Menschen anspricht, kann es ihn auch befreien. Denn nur, was *auch* körperlich-emotional als stimmig erlebt wird, kann auf Dauer relevant sein.

1.2.2.3.3 Perspektivverschiebung braucht Inszenierung

»Vieles hätte ich verstanden,
wenn man es mir nicht erklärt hätte.«
Stanislaw Jerzy Lec

Nach Ralph Kunz geht es im Gottesdienst »darum, die Wahrheit aufzuführen«.[177] Wenn Religiöses inszeniert wird, muss das Spiel – dem Inhalt angemessen – wahrhaftig sein, d.h. es darf nicht zu einer »Überinszenierung« kommen.

Glaubwürdig ist ein Angebot nur dann, wenn es nicht übertreibt. Heutige Menschen sind von allen Seiten von Werbung umgeben, die unhaltbare Versprechungen machen. Die Ursache liegt in einer idealisierten Sicht der Wirklichkeit. Formal äußert sich dies in zum Teil maßlosen Übertreibungen und pathetischen Formulierungen. Steigerung der Leistungsfähigkeit und der Lebensfreude, Erfolg, materielle Sicherheit, Schönheit, immerwährende Gesundheit, so lauten die wichtigsten Versprechen der Werbung. Schon ab einem frühen Alter hat jeder westlich sozialisierte Mensch, so er überhaupt je an die Werbeversprechungen glaubte, genügend Enttäuschungen erlebt, um der Werbung nicht mehr zu glauben – entweder grundsätzlich oder je in Bezug auf einzelne Behauptungen.

So wenig wie irgendein käufliches Produkt die Menschen vor schmerzlichen Erfahrungen und Enttäuschungen schützen kann, so wenig wird die Hinwendung zum christlichen Glauben den Gläubigen ein Leben in Glück und Wohlergehen garantieren. Es kann nur um das Angebot der Lebensdeutung gehen, so dass sich im Horizont der Verheißung auch de facto anders leben lässt als ohne diesen Horizont. Das Leben selbst bleibt unverfügbar auch für die, die glauben.

Zu Überinszenierung kann es einerseits kommen, wenn etwas versprochen wird, was nicht den Tatsachen entspricht, und andererseits, wenn die Wirklichkeit bis zur Unkenntlichkeit glatt, schön, perfekt dargestellt wird. Eine solche Überinszenierung sieht Karl-Heinrich Bieritz in Aufnahme von Welsch in den »mit unerbittlicher Konsequenz exekutierten

[176] Vgl. *Dannowski*, Kompendium, 111.
[177] *Kunz*, Gottesdienst, 39.

›Verschönerungs- oder Verhübschungsprozesse[n]‹, denen insbesondere die städtischen Einkaufszonen unterworfen werden«.[178] Überinszenierung ist aber auch erkennbar in der hysterischen Stimulation »durch Kleinereignisse oder Nichtereignisse«,[179] die pausenlos über die Bildschirme flimmern und deren Überflutung zu »Anästhetisierung auf der psychischen Ebene« und Empfindungslosigkeit führt,[180] so dass nach Bieritz die umfassende »Ästhetisierung der Lebenswelt« in der »Erlebnisgesellschaft partiell auf Anästhetisierung hinaus(läuft)«. Bieritz greift Wolfgang Welschs Ideen für eine Gegenstrategie auf und bezieht sie auf die Predigt. Aus Welschs »Kultur des blinden Flecks«, »Schule der Andersheit« mit ihren Grundkategorien »Blitz, Störung, Sprengung, Fremdheit« leitet er »*Blitz, Störung, Sprengung, Fremdheit* als homiletische Kategorien« ab, die die Harmlosigkeit, die Hübschheit und »den ›redundanten Exzess‹ (Engemann) homiletischer und liturgischer Selbstinszenierungen ... unterbrechen« sollen.[181] Er empfiehlt mit Gerhard Schulze den »Eigensinn« als Gegenmittel zu einer Lebenswirklichkeit, die sich aus immer neuen Erlebnissen zusammensetzt und aus Inszenierungen. hinter denen keine mehr steht. Das eigensinnige Subjekt begnügt sich hingegen nicht mit inszenierten Wirklichkeiten, sondern begibt sich auf die Suche nach einer »*wirkliche[n] Wirklichkeit*«. Merkmale dieser »unschematisierte[n] Existenzweise« sind »Anarchie, Einzigartigkeit, Eigensinn, Einsamkeit«.[182] Bieritz schließt sich dem an und empfiehlt »die *eigensinnige Predigt*. Aber auch das *eigensinnige Predigthören.*« Eigensinn bedeutet nach Schulze: »Kunst, Phantasie, Kreativität, Mut zur Singularität. Zur Lebenskunst – und Bieritz ergänzt »zur Predigtkunst« – »gehört vor allem auch die schwer zu erlangende Fähigkeit, sich auf etwas anderes einzulassen«.[183]

Als Mittel der Kommunikation des Evangeliums von der freien Gnade Gottes hat christliche Verkündigung von Anfang an *Blitz, Störung, Fremdheit* gewählt in Form von anarchischen Symbolen (Inkarnation in Niedrigkeit, Mahlgemeinschaft mit den Ausgegrenzten), eigensinnige Erzählungen (Gleichnisse Jesu) und anderen Ärgernissen (ethische Forderungen, Streitgespräche Jesu, Jesuserzählungen).[184] Das Evangelium hat ärgerliche Seiten, die sich mit den Maßstäben des ›gesunden‹ Menschenverstandes nicht verrechnen lassen. Es geht also bei der Predigt darum, auch diesem Eigensinn des Evangeliums, der durch Gewöhnung abhanden gekommen scheint, wieder Gehör zu verschaffen, auch wenn

178 *Bieritz*, Predigt, 110.
179 *Welsch*, Denken, 13.
180 *Bieritz*, Predigt, 110.
181 *Bieritz*, Predigt, 111f.
182 *Schulze, G.*, Kulissen des Glücks. Streifzüge durch die Eventkultur, Frankfurt a.M. / New York 1999, 41.102.54, zitiert nach *Bieritz*, Predigt, 114.
183 *Bieritz*, Predigt, 114f.
184 Im Alten Testament geht die Tradition der provozierenden Zeichenhandlungen zurück bis in die frühe Prophetie. Im Neuen Testament fasst Paulus den Kreuzestod Jesu explizit als Skandal auf.

dies für manche Hörerinnen ärgerlich sein sollte. Predigt kann nur dann eine prophetische Qualität haben, wenn sie das Risiko eingeht, dem Ärgernis Raum zu geben, denn »[n]ur wer das Risiko eingeht, ein falscher Prophet zu sein, kann ein wahrer sein«.[185]

1.2.2.3.4 Perspektivverschiebung braucht Subjektivität

»Wir predigen nicht uns selbst,
sondern Christum.«
2Kor 5,4

In der Homiletik war die Persönlichkeit der Predigenden bis zur Mitte der 1970er Jahre »ein Stiefkind, ja ein Schmuddelkind«.[186] »Die Kanzel ist keine Bühne für Selbstdarsteller« und »Fange keine Sätze in der Predigt mit ›ich‹ an«, so lauteten die Parolen, mit denen manche Predigergeneration groß geworden ist.[187]

Dass sich die Person der Predigerin aus dem Predigtgeschehen heraushalten könnte, ist aber nicht nur unmöglich, sondern auch nicht wünschenswert. Predigerinnen predigen natürlich sich selbst *mit*. Das wusste auch Paulus schon, denn der oben zitierte Satz aus 2Kor 5,4 lautet vollständig: »Wir predigen nicht uns selbst als die Herren, sondern Christum als den Herrn, uns aber predigen wir als eure Diener um Christi willen«. »Für Paulus steht fest, dass wir natürlich stets uns selbst, unsern eigenen Glaubensweg, unsere Zweifel und unsere innere Gewissheit«[188] mit-predigen. Der amerikanische Homiletiker Fred B. Craddock fasst die Implikationen noch weiter: »When a person preaches, the method of communication, the movement of the sermon, reflects the hermeneutical principles, the view of the authority of the scripture, church, and clergy, and especially one's doctrine of humanity.«[189]

Es kann also in der homiletischen Reflexion nicht darum gehen, alle Subjektivität und alle Eigenheiten auszuscheiden. Otto Haendler erklärte bereits 1941 die Meinung zum »Irrtum«, Prediger könnten sich selbst als »Subjekt irgendwie in der Predigt ausschalten. Man kann es weder zurücktreten lassen noch durch Darbietung objektiver Wahrheiten überflüssig oder nebensächlich machen«.[190] Denn »[w]ir können das Evangelium lebendig verkündigen nur so, wie es uns lebendig geworden ist.«[191]

Im Bewusstsein, dass Subjektivität eine Qualität der Predigt ist, stimme ich Haendler darin zu, dass es für Predigerinnen unabdingbar ist, sich mit der eigenen Persönlichkeit (»Tiefenpersönlichkeit«) auseinanderzusetzen und zur »Realisierung des eigenen Christentums« und damit zu einem

185 *Ebach*, Das Marginale, 31.
186 *Denecke*, Predigt, 195.
187 Vgl. *Denecke*, Predigt, 195; vgl. *Daiber*, Predigen, 430.
188 *Denecke*, Predigt, 199.
189 *Craddock*, Authority, 5.
190 *Haendler*, Predigt, 46.
191 *Haendler*, Predigt, 49.

eigenen Glaubenspraxis und Predigtstil zu kommen.[192] Es geht also für den Prediger auch darum, sich über das eigene Gewordensein, die Einseitigkeiten bestimmter Persönlichkeitsstrukturen, die eigenen Stärken und blinden Flecke Rechenschaft abzulegen.[193]

1.2.2.3.5 Perspektivverschiebung verträgt keine Langeweile

»Wer auf bisher unbekannte Weise langweilig ist,
gilt als amüsant.«
Peter Ustinov[194]

Zu den gravierendsten Kommunikationsstörungen der Predigt, über die die Hörer seit Jahrhunderten klagen, gehört die Langeweile. Sie entsteht auf verschiedene Weisen. Sie kann in emotional heiklen Situationen entstehen als Ausdrucksform des Widerstandes, der Weigerung, sich auf das in Frage stehende Thema einzulassen. Die Langeweile der Predigthörerinnen, oft gepaart mit Müdigkeit, ist dann ein Versuch, sich zu distanzieren. Für die Predigt bedeutet dies, dass sie gerade an den emotional brisanten Stellen Distanzierungsmöglichkeiten bieten muss, die es dem Hörer erlauben, den Grad seiner Distanzierung bzw. Identifizierung selbst zu bestimmen und insofern dabeizubleiben.
Langeweile entsteht auch dann, wenn man nicht die Chance hat, sich selbst einzubringen und so im Laufe der Predigt die Verbindung zwischen dem Gehörten und der eigenen Wirklichkeitserfahrung verliert. Dies passiert aufgrund verschiedener Predigtfehler, beispielsweise zu viel Pathos, Kitsch, Euphemismen, Katastrophisierung, frommer »Jargon«, Defizite in der Realitätswahrnehmung, mangelnde Komplexität, Mangel an Konkretion, Bildermangel, unverständliche Stellen (zu viele Fremd-

192 *Haendler*, Predigt, 69.

193 Um der Kommunikation des Evangeliums willen dürfen Predigerinnen dem Wirken des Heiligen Geistes nicht im Wege stehen. In diesem Zusammenhang ist mit Engemann auf bestimmte Grundeinstellungen von Predigern hinzuweisen, die je verschiedene Dimensionen des Evangeliums in der Kommunikation behindern, wenn sie sehr stark ausgeprägt sind. Stark vereinfacht haben die vier benannten Persönlichkeitstypen vier je verschiedene Grundformen der Selbst- und Weltwahrnehmung. Für ihre Predigten bedeutet das, dass sie je eigene Sonnen- und Schattenseiten haben. Schizoide Predigerinnen schaffen Distanz, depressive Prediger vermeiden die Konfrontation mit Schuld und Sünde, zwanghafte verdunkeln die Freiheitsdimension des Evangeliums und hysterische die Bedeutung des Gesetzes.
Ebenso selten wie die vier Grundformen der Angst in einem Menschen »›rein‹ vorkommen« vertreten sind (*Riemann*, Grundformen, 209) dürfte es Predigerinnen geben, die einem beschriebenen Strukturtypus eindeutig zuzuordnen wären. Vielmehr sind Menschen im günstigen Fall in allen vier Bereichen zu Hause, so dass die verschiedenen Impulse und Bestrebungen einander ergänzen und ausgleichen und so zu einer lebendigen Persönlichkeit führen, deren Predigten der Kommunikationsaufgabe gerecht werden.

194 *Ustinov*, Sinnsprüche.

worte oder mangelnde Genauigkeit), zu hohe Redundanz, zu wenig ergänzungsfähige Stellen.[195]
Alle diese Auslöser von Langeweile haben eines gemeinsam: Sie nehmen die Wirklichkeit der Predigthörer nicht ernst genug. Mit Birgit Weyel ist jedoch gerade der Wirklichkeitsbezug der Predigt als das entscheidende Kriterium dafür anzusehen, »ob der christliche Glaube einen grundlegenden Beitrag zur Bewältigung des Lebens zu leisten vermag« oder nicht.[196] Der »schwach entwickelt[e]« Wirklichkeitsbezug[197] vieler Predigten ist jedoch kein nur formales Problem, wie die obige Aufzählung Langeweile induzierender Predigt-Unsitten vermuten lassen könnte, sondern hat seine Ursache in einem eschatologischen Mangel. Es ist vor allem der zu undeutliche Bezug auf das Eschaton, der das Deutungspotential des Evangeliums einschränkt.[198] Die Hoffnung, von der die Freiheit der Christenmenschen maßgeblich bestimmt ist, ist eine Hoffnung, die sich auf das tägliche Leben auswirkt, sie ist nichtsdestoweniger eine Hoffnung auf Leben über den Tod hinaus.[199] Nur im Kontext der österlichen Hoffnung auf das glückliche Ende[200] ist eine Integration schwerer Lebenserfahrungen in ihrer Abgründigkeit möglich. Nur da, wo plausibel von der Hoffnung gepredigt wird, die in den Christenmenschen ist (vgl. 1Petr 3,15), sind die Grenzen der in der Predigt zu verhandelnden Lebensmöglichkeiten weit genug gesteckt. Wenn Predigten – sei es im Modus des Glaubens, Hoffens oder Sehnens – erkennbar über das hinausgehen, was Menschen sich auch selbst oder gegenseitig sagen können, und dabei Entfremdung und Sünde nicht aus dem Blick verlieren, können sie Lebensdeutung, Lebensgewinn und Lebensmittel sein, können sie den Möglichkeitsraum erweitern. Nur im Bezug auf den glücklichen Ausgang des Lebens (des Lebens und Sterbens Jesu und des Lebens und Sterbens der Menschen), kann die Predigt ihrer Aufgabe gerecht werden, die Wirklichkeit angemessen – und das heißt vor allem in ihren *Ambivalenzen* – darzustellen, kann trösten, entängstigen und vergewissern statt langweilen.

Ich gehe davon aus, dass das Potential des Humors Möglichkeiten eröffnet, unterhaltsam zu predigen und so der Predigtaufgabe angesichts der Postmoderne gerecht zu werden. Im Folgenden ist zu klären, was Humor ist und inwiefern er positiv an der Kommunikation des Evangeliums teilnehmen kann.

195 Einen umfassenden Lasterkatalog bietet *Bohren*, Predigtlehre, 402–422.
196 *Weyel*, Wirklichkeitsbezug, 95.
197 *Josuttis*, Erwägungen, 102.
198 Vgl. *Weyel*, Wirklichkeitsbezug, 105.
199 So schreibt Bultmann: Unsere »ganze Existenz auch im Alltag« soll getragen werden von dem Bewusstsein, »dass wir dessen inne werden, dass jeder Augenblick unseres Lebens die Möglichkeit hat, ein ›eschatologischer‹ Augenblick zu sein« (*Bultmann*, Sinn, 139).
200 Jacobi, sieht in der Tatsache, dass die Langeweile ein Korrelat des Nichts ist, den Grund, dass »auf eine langweilige Predigt hin kein Widerhall entstehen (kann)« und weist damit ebenfalls in die Richtung auf den eschatologischen Bezugspunkt der Predigt als Gegenmittel gegen die Langeweile (*Jacobi*, Langeweile, 95).

2. Was ist Humor?

»Im Humor wird der ganze Mensch sichtbar
und eine ganze ihm zugehörige Welt.«
Heinrich Lützeler[201]

»Humor entzieht sich als spontanes und paradoxes Phänomen definitiv, also ein für allemal allen allgemein- und endgültigen Definitionsversuchen. Mit Antinomien, Dilemmata oder Paradoxien teilt der Humor vielmehr jene besondere Eigenschaft, welche darin besteht, dass Faszination und Irritation des Phänomens auch da bestehen bleiben und wirksam sind, wo es umschrieben, also begrifflich ... eingefasst und gezähmt wird.«[202] Um zu einer Begriffsbestimmung des Humors zu gelangen, die für die Frage nach seinem Potential für die Predigt ausreichend weit und ausreichend präzise ist, soll die Annäherung an das Phänomen auf unterschiedlichen Wegen geschehen: von der Wortbedeutung her, über die Physiologie (Lachen und Weinen), über eine Systematisierung von Humortheorien, über den Kontext der angrenzenden Phänomene und über die Frage nach seinen Merkmalen und Funktionen. Es geht mir in diesem Kapitel darum, das Phänomen Humor mit einem »gedehnten Blick«[203] zu betrachten und nicht bereits hier seine mögliche Funktionalisierung im Kontext der Predigt zu fokussieren.

2.1 Wortbedeutung

»Humor ist zu schade dafür, ihn über die Klinge
der Wissenschaft springen zu lassen.«
G.H. Ruddies[204]

Die wörtliche Bedeutung[205] von Humor (lateinisch: umor, -oris) ist Feuchtigkeit bzw. Flüssigkeit. In der Antike verstand man unter den *humores* die Körperflüssigkeiten Blut, Schleim, schwarze und gelbe Galle, deren ausgewogene Zusammensetzung als Voraussetzung für Gesundheit

201 *Lützeler*, Humor, 35.

202 Andererseits weiß jedes Kind, was Humor ist: »witzig sein – lustig sein – Spaß verstehen – auch in Konfliktsituationen lachen können – nicht immer sauer reagieren – lachen können – das Lustige sehen können – lachen können, auch wenn man traurig ist«, so haben Kinder die Frage nach dem Humor in einer Studie von Martin Führ beantwortet, nach Häufigkeit der Nennung geordnet (*Führ*, Humor, 88).

203 Vgl. zur Metapher des gedehnten Blicks *Genazino*, Blick, 42.

204 *Ruddies*, Seelenkunde, 7.

205 Vgl. für das Folgende: *Ruch*, Humor, 7 und *Ruch/Zweyer*, Humor, 1f; vgl. *Holtbernd*, Humorfaktor, 20.

galt. Im Mittelalter bedeutete *humor* so viel wie Stimmung oder Laune, die von positiver (good humor) oder negativer (bad humor) Qualität sein konnte.
Etwa gegen Ende des 17. / Anfang des 18. Jahrhunderts tritt *Humor* in den Bereich des Komischen. Humor und Witz werden nun als verwandte Begriffe verstanden,[206] als die Fähigkeit, andere zum Lachen zu bringen. Im Humanismus des ausgehenden 17. Jahrhunderts wird der Sinn für Humor zur Tugend (true/false wit, good/bad humor) und bekommt etwas Tiefsinniges und Ernstes. Im 18. Jahrhundert wird Humor geradezu als philosophische Lebensanschauung verstanden und bezeichnet »die heiter-gelassene Gemütsverfassung inmitten aller Widerwärtigkeiten und Unzulänglichkeiten des Daseins«[207] Humor beschreibt die menschlichen Fehler und Schwächen mit Sympathie und Mitgefühl.[208]
Im 19. Jahrhundert werden zwei Bestandteile des Humors, Toleranz und Kompromissbereitschaft, besonders betont. 1905/1928 legt Sigmund Freud eine geschlossene Theorie über Witz (1905) und Humor (1928) vor, die mit leichten Modifikationen noch immer gilt, die jedoch nicht die ganze Bedeutungsbreite dessen erfasst, was heute mit dem Begriff Humor verbunden wird. In der angloamerikanischen Forschung und im alltäglichen Sprachgebrauch wird *Humor* mittlerweile als Oberbegriff für alles, was früher dem Komischen zugeordnet war, verwandt und hat damit den Begriff des Komischen ersetzt.[209] Neben der philanthropischen Seite des Humors als Haltung und Perspektive umfasst der zeitgenössische Humorbegriff auch seine Erscheinungsformen, wie etwa Spott oder Ironie.
Eine eigene Herleitung des Humors mit besonderer Akzentuierung des Aspekts der Erdhaftigkeit vertritt Anselm Grün, indem er auf die sprachliche Beziehung von Humor zu Humus hinweist, d.h. zum Erd- und Mutterboden, in dem Menschsein wurzelt (vgl. Mutterwitz): Demut, richtig verstanden, »ist der Weg des Hinabsteigens in den eigenen *humus*, in die eigene Erdhaftigkeit. Dieses Vertrautwerden mit dem *humus* in uns führt zum Humor.«[210]

2.2 Physiologie des Humors: Lachen, Lächeln und Weinen

»Der Mensch allein leidet so tief,
dass er das Lachen erfinden musste.«
Friedrich Nietzsche

»Ein Humorerlebnis ... äußert sich sichtbar im Lachen.«[211] Darum soll die Betrachtung des Lachens als »eine unwillkürliche Körperreaktion auf

206 Vgl. *Geier*, Menschen, 112.
207 *Titze*, Humor, 4. Vgl. *Rißland*, Humor, 18f.
208 Vgl. *Schmidt-Hidding*, Humor, 116ff.
209 Bei Peter L. Berger ist es jedoch anders. Er verwendet das Komische als Oberbegriff (vgl. *Berger*, Lachen, passim).
210 *Grün*, Demut, 94.
211 *Titze/Eschenröder*, Humor, 17. Vgl. *Zijderveld*, Humor, 51ff.

eine als angenehm empfundene Emotion«[212] der Ausgangspunkt der Untersuchung sein.
Eine andere mögliche Reaktion auf ein Humorerlebnis ist das Lächeln.[213] Beide können auch ganz unhumorige Gründe haben[214] oder gar ohne Anlass willentlich erzeugt werden, einfach weil Lachen Spaß macht und tatsächlich gesund ist, wie der Volksmund schon lange weiß und die Wissenschaft inzwischen vielfach belegt hat.[215]
Lachen wird in der Literatur oft mit dem Humor gleichgesetzt, und bestimmte Formen von Humor wären auch ohne Lachen nur schwer vorstellbar, z.B. Komödien oder Clownvorstellungen, dennoch ist, z.B. bei weniger drastischen Formen von Humorproduktion, das Lächeln oft die angemessenere Humorreaktion.
In diesem Kapitel ist auch das Weinen zu betrachten, das zwar nur selten als Folge eines misslungenen Humorprodukts auftritt, jedoch in so engem Zusammenhang mit den Emotionen steht, die beim Lachen eine Rolle spielen, dass die Übergänge fließend sind.[216] Weinen ist nicht nur ein dem Lachen artverwandtes Ausdrucksverhalten, sondern auch das ihm zugrundeliegende Gefühl von Trauer und Schmerz gehört wesentlich zum Humor und seiner Entwicklung dazu.

2.2.1 Das Lachen

»Das Lachen ist ein Kennzeichen des Menschen,
im Lachen unterscheidet er sich vom Huhn.«
Rudolf Bohren[217]

»Diese Körperreaktion besteht aus einer Reihe von kleinen, aber heftigen Atembewegungen, die von unwillkürlichen Kontraktionen der Gesichtsmuskeln abhängen. Sie werden immer von einer Vokalisierung begleitet, die durch heftiges Ein- und Ausatmen mit Hilfe des Zwerchfells gebildet wird. Gleichzeitig lockern sich die übrigen Muskeln mehr oder weniger stark. Gewisse körperliche Ursachen können das Lachen hervorrufen, aber in den meisten Fällen kommt das Lachen aus psychologischen Gründen zustande.«[218] Lachen ist demnach meistens Effekt eines Hu-

212 *Rubinstein*, Lachen, 54. Vgl. *Dimitri*, Humor, 23.
213 »Beim Humor entlädt sich die überschüssige Spannung in lautem Gelächter oder verströmt in mildem Lächeln« (*Hirsch*, Witzableiter, 315).
214 »Ein Lachen kann vieles bedeuten. Es kann grausam und zynisch, sadistisch und bitter sein; es kann freundlich und liebenswürdig oder unverhüllt feindselig sein; es kann das Lachen des Triumphes oder das der Respektlosigkeit sein« (*Grotjahn*, Sinn, 153).
215 Vgl. *Gardemann*, Geleitwort, VII–XVIII.
216 Plessner weist darauf hin, dass starke Erregung wie Wut, Zorn, Überspannung sich sowohl in nervösem Lachen als auch Weinen entladen kann (vgl. *Plessner*, Lachen, 153).
217 *Bohren*, Predigtlehre, 243.
218 *Rubinstein*, Lachen, 54. Hartung weist darauf hin, dass Lachen häufig auch zum Ausdruck der »Anerkennung eines Hörers für eine gelungene Formulierung dient, die aber keineswegs komisch gewesen sein muss« (*Hartung*, Scherzkommunikation, 115).

morprozesses und hat Wirkungen auf Atmung und Muskulatur und damit auf den Stoffwechsel – auch des Gehirns – insgesamt.[219]

2.2.1.1 Muskuläre Auswirkungen

Das Lachen wirkt sich besonders auf die Gesichts-, die Bauch-, Brust- und Atemmuskulatur aus. Durch die Stimulierung des Zwerchfells, des Hauptmuskels der Atmung, wird sowohl die Atemkapazität erhöht, als auch die Leber, die Gallenwege und die Bauchspeicheldrüse kräftig durchknetet; die Folge ist eine Anregung von Fettstoffwechsel und Verdauung.[220] Auch die unwillkürliche Muskulatur wird aktiviert, so dass sich der Herzrhythmus kurzfristig erhöht, langfristig aber sinkt; aufgrund der Gefäßerweiterung sinkt der arterielle Blutdruck ebenfalls.[221]

2.2.1.2 Auswirkungen auf die Atmung

Die Muskulatur des Brustkorbs und das Zwerchfell sind die für die Atmung wesentlichsten Muskelpartien. Da diese Muskeln beim Lachen aktiviert werden, wird die Lungenelastizität gefördert, die Lungenfunktion gesteigert. »Die intensive Lachatmung regt den Gasaustausch in der Lunge deutlich an [...]. Das wiederum führt zu einer Sauerstoffanreicherung im Blut. Dies ist für die Verbrennungsvorgänge im Körper von großer Bedeutung, da dadurch der Stoffwechsel der biologischen Fette entscheidend gefördert wird.«[222] Rubinstein betrachtet das Lachen als heilgymnastische Atemtherapie, die neben ihren rein körperlichen Auswirkungen auch die Angst vermindert.[223]

2.2.1.3 Neurohormonale Auswirkungen

Das menschliche »Lustzentrum«, das sich im limbischen Gehirn befindet, wird durch intensives Lachen positiv stimuliert: die körpereigene Hormonproduktion wird gesteigert, die Zirkulation gewisser Immunsubstanzen ist für Stunden erhöht. Herzhaftes Lachen übt auf das neurovegetative System eine Schockwirkung aus, die das gesamte Herz-Kreislauf-System aktiviert. Zunächst kommt es zu einer Beschleunigung des Herzschlags. Daran schließt sich eine längere Phase der Entspannung an, die unter der Dominanz des Parasympathicus steht: Der Herzrhythmus ver-

219 Vgl. *Rubinstein*, Lachen, 72ff. Rubinstein weist darauf hin, dass »das Singen dem Lachen« in »mancher Hinsicht gleicht« und »vergleichbare therapeutische Wirkungen auf[weist]. [...] Wer es nicht fertig bringt zu lachen, kann es immer noch mit dem Singen versuchen« (a.a.O., 140f).

220 Vgl. *Titze/Eschenröder*, Humor, 18f, besonders Anm. 4; vgl. *Rubinstein*, Lachen, 81–85.

221 Vgl. *Titze/Eschenröder*, Humor, 19; *Uber/Steiner*, Lach, 157.

222 *Titze/Eschenröder*, Humor, 19. »Diese positive Beeinflussung der Atmung ist gesundheitsfördernd. Viele verbreitete Beschwerden können dabei günstig beeinflusst werden. Die oberen Luftwege werden, ähnlich wie beim Husten, von störenden Sekreten befreit« (*Titze/Eschenröder*, Humor 20).

223 Vgl. *Rubinstein*, Heilkraft, 79.

langsamt sich und der Blutdruck wird gesenkt«,[224] die Aufmerksamkeit gesteigert.[225]
Schon seit den 1920er Jahren gab es die Annahme, dass häufiges und regelmäßiges Lachen die Widerstandskraft gegen Krankheiten erhöhe, was durch neuere Befunde bestätigt wird.[226] Nach Norman Cousin hat Lachen jedoch nicht nur gesundheitsfördernde, sondern auch heilende Effekte.[227] In der Folge von intensivem Lachen werden die entzündungshemmenden körpereigenen Hormone Adrenalin und Noradrenalin ausgeschüttet und es steigt die Anzahl der T-Zellen und Antikörperstoffe im Blut, die eine wichtige Rolle bei der Bekämpfung von Krebs und Erkrankungen der Herzblutgefäße spielen.[228] Auch die Anzahl der natürlichen Killer-Zellen erhöht sich. »Sie sind für die körpereigene Immunabwehr von besonderer Bedeutung, da sie gerade solche Zellen im Körper eliminieren, die durch eine virale Infektion geschädigt wurden. Entsprechendes gilt für bestimmte entartete Tumorzellen. Berk und seine Mitarbeiter konnten nachweisen, dass die Aktivität *und* Anzahl dieser natürlichen Killer-Zellen nach einem intensiven Lachen ansteigen.«[229] Auch die Anzahl der Immunglobulin A Antikörper steigt, die für die körpereigene Immunabwehr sowohl von Verletzungen als auch Infektionen von großer Bedeutung sind.[230] Ein weiterer Effekt ist die Vermehrung der immunologisch aktiven Botenstoffe, der Zytokine, z.B. Gamma-Interferon, das Viren bekämpft, die Vermehrung von Tumorzellen hemmt und »die Phagozytose-Aktivität von sensibilisierten Lymphozyten gegen Tumor-Target-Zellen [steigert].«[231]

2.2.1.4 Weitere Effekte des Lachens

»Viel ist über das Lachen gerätselt worden,
aber es hat sein Geheimnis bewahrt.«
Eike Christian Hirsch[232]

»We are still without an adequate general theory of laughter.«
John Morreall[233]

Lachen ist ein ganzheitliches Phänomen, es betrifft den Geist, die Seele, den Körper und die Mitmenschen: »Das Lachen gehört zu den im hohen Grade ansteckenden Äußerungen psychischer Zustände; wenn ich den

224 *Titze/Eschenröder*, Humor, 21.
225 Vgl. *Fry*, Effects, 1857.
226 Vgl. *Moody*, Lachen, 56 und *Uber/Steiner*, Lach, 158–162.
227 Vgl. *Cousins*, Arzt, passim. Auch Moody berichtet von Fällen der Heilung durch Lachen (vgl. *Moody*, Lachen, 32–44).
228 Vgl. *Mayer-List*, Lachen, 24.
229 *Titze/Eschenröder*, Humor, 22. Zuerst wurde dies von Fry nachgewiesen (vgl. *Uber*, Länder, 66).
230 Vgl. *Uber/Steiner*, Lach, 161; *Fry*, Effects, 1857.
231 *Titze/Eschenröder*, Humor, 23.
232 *Hirsch*, Witzableiter, 282.
233 *Morreall*, Laughter, 128.

anderen durch die Mitteilung meines Witzes zum Lachen bringe, bediene ich mich seiner eigentlich, um mein eigenes Lachen zu erwecken, und man kann wirklich beobachten, dass, wer zuerst mit ernster Miene den Witz erzählt hat, dann in das Gelächter des anderen mit einer gemäßigten Lache einstimmt«.[234]

Lassek spricht im Blick auf Lachen und Weinen von einer Stimmungsübertragung: »so wie Lachen auch anderen Glück und Zufriedenheit durch Stimmungsübertragung vermitteln kann. Ohne solche ansteckenden Gemütsbewegungen ist der soziale Zusammenhalt einer Gruppe gefährdet«[235]. Doch nicht nur die Stimmung ist ansteckend, sondern das Lachen selbst,[236] ähnlich wie Gähnen. Managerkurse oder Coachingseminare wenden Lachtraining als Methode an, in der Absicht Teamgeist, Kreativität und Selbstsicherheit der Teilnehmer zu stärken.[237]

Paul McGhee vergleicht das Lachen mit verschiedenen Entspannungstechniken, einschließlich Meditationsübungen.[238] Ähnlich wie bei der Meditation führt auch Lachen zur Wirkungsaktivierung von Dopamin und Endorphinen, die als »Glückshormone« gelten. Auf experimentellem Weg konnte die schmerzreduzierende Wirkung des Lachens bestätigt werden.[239] Vera Birkenbihl bezeichnet das Lachen als »inneres Jogging« und listet 31 Körperteile oder Organsysteme auf, die beim Lachen involviert sind bzw. angeregt werden.[240]

Nach Rubinstein wirkt sich Lachen auf den Schlaf, den Allgemeinzustand, die Lebenserwartung und die Sexualität aus.[241] Weil der Ablauf des Lachens dem des Liebesaktes gleiche, könne das Lachen nach Rubinstein auch bei der Behandlung bestimmter sexueller Störungen hilfreich sein.[242] Wenn auch seine Ausführungen über Hinweise auf Entspannung und Adrenalinproduktion durch Lachen nicht hinausgehen, scheint Rubinstein auf einer richtigen Spur zu sein, wenn er schreibt: »Das Lachen berührt wie die Sexualität den Menschen in seiner seelischen Ganzheit.«[243]

234 *Freud*, Witz, 174.

235 *Lassek*, Lotte, 34.

236 Vgl. *Critchley*, Humour, 18; *Plessner*, Lachen, 154; *Provine*, Laughter, 129ff u.ö.; *Hirsch*, Witzableiter, 291; *Uber*, Länder, 117; *Rusch*, Lachtherapeut, 83; *Kataria*, Lachen, 15.

237 Vgl. *Rusch*, Lachtherapeut, 118.

238 Vgl. *McGhee*, Hinweis bei *Titze*, Kraft, 244.

239 Vgl. *Robinson*, Humor, 118. Vgl. *Uber*, Länder, 66. Andere Forscher stellen dies in Frage und vertreten die Ansicht, dass die Schmerzreduktion hauptsächlich auf der Ablenkung beruht, die aber auch bei ausreichend spannenden ernste Filme etc. gegeben ist (vgl. *Rusch*, Lachtherapeut, 101).

240 *Birkenbihl*, Humor, 198 und 23–39. Lachen wird außerdem durch Alkohol gefördert und zwar nicht nur bei Menschen, sondern auch bei Primaten (vgl. *Provine*, Laughter, 96).

241 Vgl. *Rubinstein*; Lachen, 72ff. Auch Jurzig weist auf die »Erregung der unteren Zonen« durch das Lachen hin (vgl. *Jurzig*, Stoff, 23).

242 Vgl. *Rubinstein*, Lachen, 95.

243 *Rubinstein*, Lachen, 97. Zum aufputschenden Adrenalin kommt noch das sowohl bei sexueller Betätigung als auch beim intensiven Lachen ausgeschüttete Oxytocin hinzu, das rauschähnliche Lustgefühle bewirkt.

Auch Jacques Le Goff weist auf den »anthropologische[n] Zusammenhang zwischen Lachen und Sexualität« hin, der sich in drei Mythen aus verschiedenen Kulturkreisen und unterschiedlichen Zeiträumen manifestiert.[244]

2.2.2 Das Lächeln

»Lächeln erzeugt Lächeln,
genauso wie Liebe Liebe erzeugt.«
Mutter Theresa[245]

Darüber, ob Lachen und Lächeln unmittelbar zusammenhängende Phänomene sind, gehen die Auffassungen auseinander. Was die Physiologie der beiden Phänomene angeht, sind jedoch zahlreiche Parallelen erkennbar, so dass man das Lächeln einerseits als weniger intensive oder »mildere«[246] Form des Lachens betrachten kann, wie auch das Wort in vielen Sprachen als Verkleinerungsform von »lachen« selbst (»lächeln«, »sourire«) nahelegt. Andererseits bestehen neben diesen quantitativen Unterschieden auch qualitative, d.h. es gibt Anlässe oder Ursachen für das Lächeln, die sich von denen des Lachens unterscheiden. Jedoch kann auch das Lachen als Verstärkung des Lächeln gelten, nämlich wenn man vor Freude nicht nur lächeln, sondern jubel-lachen muss.

Lächeln ist in erster Linie ein soziales Phänomen. Menschen lächeln aus Höflichkeit oder um Angst, Unbehagen, Unsicherheit zu überdecken oder weil es einem Rangniedrigeren einem Ranghöheren gegenüber üblich ist. Nach Paul Ekman gibt es auch das »elende« Lächeln, dem man deutlich ansieht, dass der Lächelnde nicht glücklich ist und dies durch ein »tapferes Grinsen« zu überspielen sucht.[247]

Diese Arten von Lächeln sind willensgesteuert und kulturell bedingt. Sie hängen sie von den jeweils herrschenden »Darbietungsregeln« ab, die angeben, »wer welches Gefühl in welcher Situation wem gegenüber zu welchem Zeitpunkt zeigen darf«.[248] Das willensgesteuerte Lächeln wird deshalb als »unecht« oder »gekünstelt« bezeichnet, weil es nicht den spontanen, sondern den konventionell geforderten Ausdruck des jeweils zugrunde liegenden Gefühls zeigt. In Bezug auf das Lächeln als Darbietungsverhalten gibt es extreme kulturelle Unterschiede, auf die in dieser

244 *Le Goff*, Lachen, 96. Das gemeinsame Muster ist: Krise, Scheitern der Beilegungsversuche, Verführung zum Lachen (eine Göttin entblößt ihr Geschlecht und bringt so ihr Gegenüber zum Lachen), Auflösung der Krise (vgl. *Le Goff*, Lachen, 101).

245 Zitiert nach *Rieger*, Spaßfaktor, 182

246 Vgl. *Koestler*, Act, 51.

247 Ekman führt als Beispiel den »guten Patienten« an, der seinem Zahnarzt nach der Ankündigung, eine schmerzhaften und kostspieligen Wurzelbehandlung, durch »ein tapferes Grinsen ... ankündigt, dass man sein Unbehagen und seine Angst nicht offen zeigen wird. Es bestätigt das eigene Elend« (*Ekman*, Gesichtsausdruck, 152).

248 *Salisch*, Einleitung, 8.

Arbeit nicht eingegangen werden kann,[249] und über die es eine Fülle an Literatur gibt.

»Echtes« Lächeln hingegen ist weltweit gleich und zeigt das Gefühl, das ihm zugrunde liegt:[250] Glück, Wohlgefühl, Freude, Heiterkeit. Säuglinge beginnen mit wenigen Wochen, mit einem Lächeln zu antworten, wenn sie angesprochen werden. Lange vor der verbalen Sprache verfügen sie über das Lächeln als Ausdrucksmittel ihrer Gefühlslage. Diese kann durch die verschiedensten Erlebnisse hervorgerufen werden, *auch* durch Humorerlebnisse.

Wie das Lachen ruft auch »ein Lächeln messbare körperliche Reaktionen hervor«,[251] die Ekman in Bezug auf die Emotionen Überraschung, Traurigkeit, Ärger, Furcht, Ekel und Freude[252] untersucht hat. Seine Experimente belegen – anhand der Parameter Herzschlag, Körpertemperatur, Muskelspannung und Hautwiderstand-, dass sämtliche Systeme des menschlichen Körpers unwillkürlich aktiviert bzw. in einen Alarmzustand versetzt werden, wenn negative Emotionen simuliert werden. Andererseits werden diese Systeme aber beruhigt, sobald über die Mimik positive Emotionen zum Ausdruck gebracht werden. Ekman folgert daraus, dass es eine direkte und zentrale Verbindung zwischen der Muskelaktivität und den entsprechenden Hirnzentren gibt. Dies weist auf die Möglichkeit hin, willkürliche Muskelbewegungen des Gehirns therapeutisch zu nutzen. Eine praktische Folgerung daraus ist, depressive oder ängstliche Menschen dazu anzuregen, regelmäßig bewusst zu lächeln, also die Mundwinkel entsprechend zu verziehen. Auf diesen Erkenntnissen beruht auch die Wirkung der »Therapie des bewussten Lächelns«[253] als »natürliche Methode zur Überwindung von psychischem Stress«.[254]

Wenn Menschen oft Humorerlebnisse haben, relativiert und erneuert sich ihre Haltung dem Leben gegenüber, es entsteht durch Reifung und Umwandlung von Schmerz in Erfahrung im Lauf der Zeit eine humorvolle Haltung, die sich durch heitere Gelassenheit und eine gewisse »Geneigtheit« zum Lächeln äußern kann. Eine solche im Lächeln Ausdruck findende Lebenshaltung haben zum Beispiel viele Buddhisten. Insofern ist

249 Das Lächeln als Darbietungsverhalten ist nur ein Nebenthema, das nicht bis in die kulturellen Bedingungen beispielsweise Asiens betrachtet werden kann. Für die Frage nach den Bedingungen von christlicher Predigt in asiatischem oder afrikanischem Kontext liegen andere Fragen näher als die nach dem Humor. Es geht hier in erster Linie um christliche Predigt in westlichen Industriestaaten. Zwar gibt es auch zwischen ihnen kulturelle Unterschiede, aber die Gemeinsamkeiten überwiegen bei weitem, wie u.a. die deutsch-amerikanische Zusammenarbeit in der empirischen Humorforschung zeigt.

250 Vgl. *Ekman*, Gesichtsausdruck, 59.

251 *Titze/Eschenröder*, Humor, 24. Vgl. *Jurzik*, Stoff, 22.

252 Vgl. *Ekman*, Gesichtsausdruck, 154–165.

253 Vgl. *Hodgkinson*, Therapy, passim.

254 *Titze/Eschenröder*, Humor, 24.

das Lächeln nicht nur die kleinere, sondern auch die größere und grundlegendere Form des Lachens.[255]

2.2.3 Das Weinen

»Wir lachen, weil wir auch weinen können.«
Baudelaire[256]

Weinen hat mit Lachen gemeinsam, dass beides eruptive, unbeherrschbare und unwillkürliche Äußerungen sind. Beide sind »zwangshaft abrollende«, unartikulierte Äußerungen auf einen Anlass, auf etwas, worüber gelacht bzw. geweint wird; dabei »verfällt« man ins Lachen, und »lässt sich fallen – ins Weinen«.[257] Helmuth Plessner spricht davon, dass sich die körperlichen Vorgänge emanzipieren. »Der Mensch wird von ihnen geschüttelt, gestoßen, außer Atem gebracht. Er hat das Verhältnis zu seiner physischen Existenz verloren«.[258] Im Lachen oder Weinen zeigt sich, dass es einem Menschen unmöglich ist, die Situation passend zu beantworten und zugleich *ist* dies die passende Antwort. »*Unbeantwortbare* und nicht *bedrohende Lagen* ... erregen *Lachen* oder *Weinen.* Der Mensch kapituliert als Leib-Seele-Einheit, ... er verliert das Verhältnis zu seiner physischen Existenz, aber er kapituliert nicht als Person. Er verliert nicht den Kopf«, sondern gelangt zu der einzigen noch möglichen Antwort auf seine Lage: Er nimmt Abstand zu ihr, indem sein Körper die Antwort übernimmt.[259] Dennoch betont Plessner, dass »nicht mein Körper, sondern ich lache«, denn der Körper allein kann nicht den Grund des Lachens oder Weinens erkennen.[260] Aber nicht vom Anlass allein hängt ab, welche Reaktion zum Ausdruck kommt. Ob es zum Lachen oder Weinen oder zu keinem von beiden kommt, hängt von weiteren Faktoren ab, wie etwa der inneren Verfasstheit, der momentanen Stimmung, der Umgebung, den Personen und den Beziehungen, in denen man steht.

[255] Nach Grotjahn äußert sich Witz im Lachen und Humor im Lächeln (vgl. *Grotjahn*, Sinn, 36). Freud spricht vom Lächeln als dem »Grundphänomen des Lachens« (*Freud*, Witz, 164, Anm.1). Jecklin beschreibt das Lächeln als »Lachen aus der Stille«, die ein großes Lachen, das uns »am unseren innersten Kern heran(führt), in unseren tiefsten Seinsgrund hinein.« Er kann sogar sagen: »Ich zögere deshalb nicht, dieses stille, von innen kommende Lächeln als einen Aspekt des Höchsten, des alles Bewegenden und Nährenden zu bezeichnen« (*Jecklin*, Lächeln, 119f). Auch in der christlichen Bilderwelt des Mittelalters zeigt sich eine Hochschätzung des Lächelns. In einer Darstellung des »Jüngsten Gerichts« am Fürstenportal des Bamberger Doms (um 1230) ist Christus als lächelnder Weltenrichter dargestellt, rechts von ihm die Seeligen, in der Körpersprache verhalten und lächelnd, rechts von ihm die Verdammten in verrenkten Körperhaltungen und fratzenhaft lachend (vgl. *Le Goff*, Lachen, 104ff).

[256] *Baudelaire* zitiert nach *Barblan*, Realität, 102;

[257] *Plessner*, Lachen, 32f und 86.

[258] *Plessner*, Lachen, 87.

[259] *Plessner*, Lachen, 89. Im Gegensatz dazu erregen unbeantwortbare und zugleich bedrohende Lagen nach Plessner Schwindel oder Ohnmacht: »Der Mensch kapituliert als Person und verliert der Kopf« (a.a.O., 88).

[260] *Plessner*, Lachen, 32.

»Lachen und Weinen sind Formen menschlicher Äußerung und Auseinandersetzung«, Verhaltensarten.[261] »Die anthropologische Grundopposition besteht eben nicht aus dem Gegenüber von Lachen und Weinen, sondern Lachen und Weinen auf der einen Seite stehen tödlicher Erstarrung auf der anderen entgegen.«[262]

2.3 Humortheorien

»Nichts ist so ungewiss und so wenig genau umrissen wie unsere Anschauungen über den Humor.«
Henry Fielding[263]

Wegen der hohen Komplexität des Phänomens Humor ist es nicht verwunderlich, dass es zahllose Theorien darüber gibt, seien sie nun von Philosophen, Literaturwissenschaftlern, Psychologen, Soziologen, Künstlern oder Humoristen vertreten worden.[264] In der wissenschaftlichen Literatur zum Humor werden die Theorien üblicherweise in drei bis elf Kategorien[265] zusammengefasst, jedoch sind die wenigsten Theorien speziell oder simpel genug, um klar eingeordnet werden zu können, was in der Forschung zu unterschiedlichen Zuordnungen führt.[266] Je mehr Kategorien dabei gefunden werden, umso weniger zwingend erscheint die Einordnung, die außerdem mit Blick auf das Potential des Humors für die Predigt sekundär ist. Im Folgenden sollen deshalb – nach einer lediglich groben Einteilung in drei Phasen – die wichtigsten Aspekte des Humors betrachtet werden

2.3.1 Phasen der Humorbetrachtung

Historisch kann man eine Dreiteilung vornehmen, nach der die seit der Antike vorherrschende Superioritätstheorie Anfang des 18. durch die Inkongruenztheorie größtenteils abgelöst wurde und diese wenig später durch die Entspannungstheorie eine wesentliche Modifikation erfuhr.[267]

261 *Plessner*, Lachen, 34.

262 *Martin*, Idee, 271.

263 Zitiert nach *Titze/Eschenröder*, Humor, 37. Dieser Meinung schließen sich viele Forscher bis heute an. »Humor ist ein schillerndes Phänomen, das sich als etwas Allgemeines nicht in den Griff bekommen lässt« (*Birkenmeier*, Humor, 113).

264 Nach Haig sind es über hundert (vgl. *Haig*, Anatomy, 9).

265 Robinson findet elf Perspektiven und Theorien des Humors (vgl. *Robinson*, Praxishandbuch, 13ff).

266 Es gibt Überlegenheits- bzw. Aggressionstheorien, psychophysiologische/kathartische/Entspannungstheorien, Spannungsabfuhrtheorien, Affektentladungstheorien bzw. psychoanalytisch orientierte Theorien, soziale Theorien, biologische, Instinkt- und Evolutionstheorien, Erlösungs- und Erleichterungstheorien, Überraschungstheorien, Kontrasttheorien, Ambivalenz-, Inkonsistenz- und Inkongruenztheorien (vgl. *Robinson*, Praxishandbuch, 16–22; *Bokun*, Wer, 47ff).

267 Vgl. *Geier*, Menschen, 144–177.

Die *Superioritätstheorie*[268] erklärt das Lachen als von der Lächerlichkeit oder von einem Makel des anderen und der Vorstellung eigener Überlegenheit ausgelöst. Es handelt sich also um ein Lachen-über des vermeintlich Klügeren, Vernünftigeren, Kultivierteren. Dieses Lachen hat immer etwas Verächtliches. Spätestens Hobbes und Descartes sind nicht mehr zufrieden mit diesem einseitigen Erklärungsmuster, dennoch wird die Wende zur *Inkongruenztheorie* erst durch Shaftesbury eingeleitet, der das plumpe Auslachen ausdrücklich ablehnt.[269]
Da Entspannung schon in den Entwürfen von Aristoteles, Cicero und anderen antiken Autoren eine Rolle spielt, ist nicht genau benennbar, ab wann man von einer Ergänzung, später auch Modifikation, der früheren Theorien durch die *Entspannungstheorie* sprechen kann. Bei Kant ist sie gleichzeitig mit der Inkongruenztheorie[270] gegeben, wenn er von der »plötzlichen Verwandlung einer gespannten Erwartung in nichts«[271] spricht. Diese Definition wird bis heute häufig zitiert und ist auch weitgehend richtig, nur dass nach einem Witz nicht einfach nichts übrig bleibt.[272] Die intellektuelle Erwartung verwandelt sich in nichts, »nicht aber unsere Empfindungen«.[273]
Obwohl einige jüngere Autoren[274] Inkongruenz für kein ausreichendes Erklärungsmuster für Humorerlebnisse halten, nehme ich mit den meisten anderen an, dass eine wie auch immer entstandene oder bewusst hervorgerufene Inkongruenz zentral für die meisten Humorerlebnisse ist.
Explizit *physiologisch* erklärt Spencer 1860 die »Abfuhr« bzw. Entspannung (s.o.),[275] während mit Freuds psychoanalytischer Erklärung (1905)

[268] Zu den Vertretern der Superioritätstheorie zählen u.a. Demokrit, Platon, Diogenes, Aristoteles, Descartes, Hobbes, Bergson.
[269] Der Nachteil von Überlegenheitstheorien ist, dass sie im wesentlichen nur die aggressiven Formen des Humors wie Schadenfreude, Satire und Ironie erklären können, nicht aber das Vergnügen an anderen Formen des Komischen wie Wortspiel, Unsinn, absurdem Humor.
[270] Nach Kant »muss in allem, was ein lebhaftes erschütterndes Lachen erregen soll, etwas Widersinniges sein (woran also der Verstand an sich kein Wohlgefallen finden kann)« (*Kant*, Urteilskraft, 437).
[271] *Kant*, Urteilskraft, 437. Kant fährt fort: »Eben diese Verwandlung, die für den Verstand gewiss nicht erfreulich ist, erfreuet doch indirekt auf einen Augenblick sehr lebhaft« (ebd.).
[272] Dass das Lachen entsteht, weil Menschen sich in ihrer Erwartung getäuscht sehen, hatte schon Aristoteles (348–322 v.Chr.) erkannt und wurde durch Ciceros (106–43 v.Chr.) Werk »De oratore« zur Standardformel (vgl. *Cicero*, Redner 2, 260). Von Cicero stammt auch die Unterscheidung von Witz, bei dem die Komik im Gegenstand liegt – etwa bei Karikaturen und Anekdoten – und den sprachlichen Formen von Witz – etwa Zweideutigkeit, Überraschung, Wortspiel, Sprüche, Metapher und Ironie (vgl. a.a.O.).
[273] *Hirsch*, Witzableiter, 104.
[274] So etwa Latta und Morreall.
[275] Schon 1560 wurden von Laurent Joubert (1529–1583) die physiologischen Vorgänge erstmals erklärt. Das Lachen resultiere daraus, dass Gefühle von Trauer und Freude gleichzeitig im Herzen zusammentreffen, so dass sie Trauer das Herz zusammenziehe und die Freude es erweitere (vgl. *Joubert*, Treatise on Laughter).

ein ganz neues Kapitel der Humortheorien beginnt. Nahezu gleichzeitig legt Bergson (1900) eine Theorie vor, die erstmals explizit eine *soziologische* Perspektive einnimmt.[276]
Sowohl auf die psychoanalytische Witz- und Humor-Theorie Freuds (2.5.1) als auch auf die soziologische Perspektive (2.4) ist noch gesondert zurückzukommen.

2.3.2 Aspekte der Humorbetrachtung

Im Folgenden werden die Eigenschaften, Wirkungsweisen und Funktionen des Humors unter sechs Gesichtspunkten zusammengefasst, die nicht streng getrennt werden können, sondern sich überlappen oder ineinander übergehen. Dabei sind zu nennen: Humor als Haltung, physiologische Aspekte, psychologische Wirkmechanismen und Effekte, die delektarische Dimension, die kommunikative Dimension und die hermeneutischen Funktionen des Humors.

2.3.2.1 Humor als Haltung

Gemäß den älteren Autoren liegt dem Humor immer Boshaftigkeit (Aristoteles[277]), Missgunst (Platon[278]), Hochmut, Grausamkeit und Aggressivität zugrunde. Später wird er als Seelenruhe, als heitere Gelassenheit, als Tugend[279] und als Haltung des Nichtauslachens beschrieben. Als Haltung kommt der Humor einer philosophischen Weltanschauung nahe, er stellt alles zur Disposition, einschließlich der eigenen Position. Die Gelassenheit als Grundhaltung des Humors ist zu unterscheiden vom Optimismus, der stets etwas Positives erwartet. Nach Holtbernd ist Optimismus oberflächlich und das Resultat einer gestörten Wahrnehmungsfähigkeit;[280] nach Grotjahn impliziert er, dass man sich an alte Kindheitsillusionen klammert. Im Vergleich dazu habe »der Mensch mit Humor ein schwieriges und kompliziertes Los gewählt. Der Mensch mit Humor gleicht dem Depressiven insofern, als er sich resigniert mit der Tatsache abfindet, dass die gute Mutter ihn verlassen hat, als er aus dem Kindheitsparadies vertrieben wurde. Aber im Gegensatz zum Depressiven bringt er sein Leben nicht in Trauer und Klage über längst geschehene Dinge hin; er unternimmt etwas«.[281]

[276] Ab der Mitte des 20. Jh. kommt dann die ethnisch-anthropologische Perspektive hinzu, die jedoch im Rahmen dieser Arbeit keine Rolle spielt.
[277] Vgl. Aristoteles, Poetik, 17.
[278] Vgl. *Hirsch*, Witzableiter, 159f.
[279] Der erste, der den Begriff der Tugend in den Diskurs einbringt, ist 1649 René Descartes (1596–1650). Der Humor eines Ehrenmannes mache sich durch Fröhlichkeit und Seelenruhe als Anzeichen von Tugend bemerkbar (vgl. *Geier*, Menschen, 152).
[280] *Holtbernd*, Humorfaktor, 96.
[281] *Grotjahn*, Sinn, 50f. »In der [Psychoa]nalyse zeigt sich unter der optimistischen Schau der guten Laune oft eine verzweifelte Depression«, schreibt Grotjahn weiter (*Grotjahn*, Sinn, 51). Möglicherweise rührt aus diesem Tatbestand das Vorurteil, dass

Während manche Autoren eine Nähe des Humors zum Pessimismus[282] annehmen, ist er aus meiner Sicht weder optimistisch, noch pessimistisch, sondern *realistisch,*[283] indem er auf der Grenze immer wieder nach der einen oder anderen Seite schwankt, insgesamt dabei die Balance hält.[284] Menschen mit Humor verhalten sich so, als wissen sie um das Schwere, seien aber entschlossen, ihm nicht mehr Beachtung als unbedingt nötig zu schenken. Im Humor zeigt sich eine Haltung von Empathie, Wohlwollen, Versöhnlichkeit und Akzeptanz, bei gleichzeitiger Distanzierungsneigung. Zwar braucht der Humor auch Verallgemeinerungen, um Distanz nehmen zu können, er verliert aber nie den Blick für die Einzelphänomene. So stellt Bergson in Aufnahme von Jean Paul fest, »dass der Humor konkrete Begriffe, technische Einzelheiten, genaue Tatsachen liebt. Ist unsere Analyse genau, so ist das nicht ein zufälliger Zug des Humors, sondern sein eigentliches Wesen.«[285]

2.3.2.2 Physiologische Aspekte

Humor ist ein ganzheitliches Phänomen. Koestler drückt es leicht ironisch-umständlich so aus: *»Humor ist der einzige Bereich schöpferischer Tätigkeit, in dem ein höchst komplexer Reiz einen massiven, genau definierten physiologischen Reflex hervorruft.«*[286] So genau definiert wie Koestler behauptet, ist dieser Reflex jedoch nicht, der sich an der Oberfläche im Lachen, Lächeln, Schmunzeln oder auch gar nicht zeigen kann. In jedem Fall eines Humorerlebnisses messbar sind hormonelle und den Druck betreffende Veränderungen im Körper, z.B. durch Atmung oder Blutfluss bewirkt. Wenn durch die Bisoziation zweier an sich unvereinbarer Bedeutungskontexte im Augenblick der Pointe die Inkongruenz auflöst ist, kommt es zu einem Gefühl der Entspannung oder Erleichterung.[287] Wenn die Anspannung (z.B. eine Peinlichkeit verheißende Fra-

Clowns und Komödianten außerhalb der Bühne eher depressiv seien, während der Clown Dimitri seine Berufskollegen ... »ausnahmslos alle auch privat [als] Spaßvögel« kennt. (*Leuenberger*, Lachen, 23). Grotjahn spricht nicht von der Depression, sondern – aus meiner Sicht eher zutreffend – von der »Traurigkeit des humorigen Typs« (*Grotjahn*, Sinn, 51). Allerdings attestiert er ihm auch, »dass er mit dem Masochisten und dem Melancholiker verwandt« sei (*Grotjahn*, Sinn, 208).

282 Vgl. *Bergson*, Lachen, 108; *Lauer*, Humor, 137.

283 Vgl. *Höffding*, Humor, 133ff.199ff besonders 203.

284 *Grotjahn*, Sinn, 52.

285 *Bergson*, Lachen, 71. Auch das regressive Moment des Humors bleibt von Bergson nicht unbemerkt, wenn er – wie später Freud – danach fragt, »ob die heiteren Empfindungen des erwachsenen Menschen etwas anderes sein können als wiederbelebte Kindheitserinnerungen« (*Bergson*, Lachen, 51).

286 *Koestler*, Funke, 22, Kursivierung im Original.

287 Vgl. Rishel: »*Humor is playfull incongruity that contains a tension between two levels of meaning followed by a clash of sufficient complexity that surprises and delights and that leads to a resolution of that meaning.* The playful incongruity must be understood and appreciated by the intellect, and it must be accepted by the social, cultural, psychological, individual, and momentary contexts« (*Rishel*, Humor, 42, Kursivierung im Original).

ge) vorher groß war, kann das Gefühl sogar als befreiend oder erhebend erlebt werden.

2.3.2.3 Psychologische Wirkmechanismen und Effekte

»Ein tiefblickender Psychologe, Dostojewski, sagt, dass man einen Menschen am Lachen viel besser erkennen und verstehen könne als aus langwierigen psychologischen Untersuchungen.«
Alfred Adler[288]

Der Spannungsabfuhr geht in vielen Fällen eine Anspannung bzw. ein Erregungssaufbau voraus, dessen Entladung als angenehm empfunden wird. Die Spannung kann in einer Mischung aus Schmerz und Vergnügen bestehen, aus einer Ambivalenzerfahrung oder aus einem Hin- und Herschwanken zwischen zwei Deutungskontexten. Im Humor kommunizieren Körper, Seele und Geist miteinander, das Humorerlebnis betrifft alle drei Ebenen, wenn im Lachen »der Körper die Antwort übernimmt« (*Plessner*), wo der Verstand überfordert ist. Nach Freud kommt es im Humor zur Wiederbelebung von Kindheitserinnerungen und durch diese »trotzige Regression« zu einer Integration des inneren Kindes, das sich selbst wohlwollend beeltert. Die »Witzarbeit« ähnelt der »Traumarbeit« darin, dass beide Unbewusstes portionsweise hervorholen und bearbeiten. Wenn der Körper anstelle des Verstandes die Antwort auf eine im logischen Sinne unbeantwortbare Lage übernimmt, kommt dies einem Verlassen gewohnter Bahnen gleich, was zwar zunächst möglicherweise als verwirrend, dann aber als befreiend erlebt wird.
Humor als Distanzierungsmöglichkeit von belastenden Gefühlen ist gerade keine Anästhesierung des Gefühls, sondern ermöglicht gerade Mitgefühl aus einer gesunden Distanz heraus.

2.3.2.4 Die delektarische Dimension

Humorerlebnisse sind mit Spiel, Spaß und Spannung verbunden und rufen daher Freude hervor. Die begleitenden hormonellen und neurohormonellen Körpervorgänge werden als angenehm, lustvoll und erhebend erlebt. Humor bewirkt in vielen Fällen ein Überlegenheitsgefühl. Wenn dieses Gefühl einem anderen, womöglich zu Schaden gekommenen Menschen gegenüber empfunden wird (Schadenfreude), ist es keine Humoräußerung im Sinne dieser Arbeit. Jedoch kann es sich auch um ein Überlegenheitsgefühl handeln, das aus einem Zuwachs an eigenen Handlungsmöglichkeiten oder Perspektiven erwächst – und dann ist es erfreulich im unverfänglichen Sinne.
Humor im Sinne dieser Arbeit ist nicht grundsätzlich frei von Aggressionen oder Ärgernissen. Auf diesen Aspekt ist, da er nur mittelbar erfreulich ist, an anderer Stelle zurückzukommen.

288 *Adler*, Menschenkenntnis, 221.

Auch die oben bereits angesprochene Mischung aus Schmerz und Vergnügen kann reizvoll sein, zumindest ist sie nicht langweilig. Das Lachen kann als Gegenmittel gegen den Schmerz verstanden werden, das diesen nicht überhand nehmen lässt. Insofern ist Freuds Idee vom ersparten Gefühlsaufwand durchaus nicht ganz abzuweisen. In belastenden Situationen kann bereits die Möglichkeit zur Distanznahme, die mit dem Humor einhergeht, als erfreulich empfunden werden. Manche Psychologen betonen in diesem Zusammenhang die entängstigende Wirkung des Humors. Dieser hat auch aus ästhetischen Gründen eine delektarische Wirkung: Dosierte Tabu- und Stilbrüche, plötzliches Verlassen der gewohnten Sprachcodes, unverbrauchte Formulierungen und vor allem indirekte Mitteilungen[289] und Andeutungen, die die Beteiligung der Zuhörerinnen erzwingen, bewirken im Spielmodus des Humors Erheiterung oder Belustigung.

2.3.2.5 Die kommunikative Dimension

Humor ist nicht nur ein Aspekt, sondern eine Form, ein Medium der Kommunikation.[290] Scherzkommunikation ist in vielen sozialen Gruppen unerlässlich zur Konstituierung und Kontaktpflege der Gruppe. Er kann Dialogbereitschaft signalisieren, indirekt kritisieren, bitten, ohne sich eine Blöße zu geben, gewähren, ohne gönnerhaft aufzutreten. Die Ergänzungsbedürftigkeit (Andeutungen, Auslassungen) vieler Humorprodukte erfordert ein sehr hohes Maß an Beteiligung an der Kommunikation. Die kommunikative Dimension ist untrennbar von den sozialen Funktionen des Humors, z.B. beim Aushandeln von Statusfragen und bei Solidaritätsbekundungen.

2.3.2.6 Hermeneutische Funktionen

»Humorlosigkeit ist die Unfähigkeit,
eine andere Wirklichkeit wahrzunehmen als die eigene.«
August Everding[291]

»Ludwig Wittgenstein sagte einmal,
man könne sich durchaus ein ernsthaftes
und gutes philosophisches Werk vorstellen,
das nur aus Scherzen besteht.
Ich fand diese Bemerkung schon immer sehr weise.«
John Allen Paulos[292]

Aufgrund seiner Eigenschaft, das Nichtige, das Ausgegrenzte, das Absurde[293] und Paradoxe in die Wirklichkeitswahrnehmung einzubeziehen,

[289] Vgl. *Titze/Eschenröder*, Humor, 147.
[290] Vgl. *Robinson*, Humor, 113.
[291] Zitiert nach *Rieger*, Spaßfaktor, 23.
[292] *Paulos*, Einladung, 9.
[293] Das Komische ist immer unlogisch, absurd. Es ist die »logische Ausführung von etwas Unlogischem« (*Dimitri*, Humor, 29).

ist die Grundhaltung des Humors der des bloßen Ernstes hermeneutisch überlegen. Seine Perspektive gewinnt an Tiefe und Schärfe und damit an Ernst.[294]

Humor ist *eine* Möglichkeit, Distanz herzustellen, aus dieser Perspektive das scheinbar Selbstverständliche zu dekonstruieren und so neue Normen und Glaubenssätze in – vorläufige – Geltung zu setzen. Die Dekonstruktion geschieht z.B. durch Protest (Jauß[295]), Probe der Lächerlichkeit (Shaftesbury)[296] oder durch spielerisch-kreative Herangehensweise (»einen vergnüglichen Wechsel« von einem Bedeutungsschema zu einem anderen,[297] Verschiebung, Umwertung, kognitives Umschalten[298]). Das Vertraute wird entmachtet, neue Zusammenhänge werden gefunden oder behauptet, bisoziiert (Koestler). Voraussetzung dazu ist ein gewisses Maß im Sinne von Unvoreingenommenheit dem Vorgegebenen gegenüber.

Nach Joachim Ritter »stoßen im Komischen zwei Bereiche aufeinander, das Gültige und das ausgeschlossene Andere; damit hat es eine Struktur wie eine Metapher. Die ausschließende Ordnung muss das ausgeschlossene Chaotische formulieren und bringt es damit zu Gehör.«[299] Es ist also die Funktion des Humors, »die dem Ernst nicht zugängliche Zugehörigkeit des Anderen zu der es ausgrenzenden Lebenswirklichkeit sichtbar zu machen.« Aus dieser Funktion leitet Ritter die Unverzichtbarkeit des Humors zur Dekonstruktion verfestigter Vorstellungen und zur Reali-

[294] Vgl. *Berger*, Lachen, 7; *Köhler*, Humor, 1957.

[295] Jauß beschreibt den komischen Protest als »Komik des Gegenbildlichen«: der komische Held ist nicht komisch an sich, sondern im Hinblick darauf, dass er bestimmte Erwartungen und Normen negiert (vgl. *Jauß*, Grund, 103). Wer nicht weiß oder erkennt, gegen was der komische Held protestiert, braucht ihn nicht komisch zu finden. Jauß beschreibt drei Funktionen dieses durch die »Komik des Gegenbildlichen« Erkannten: mit heiterem Vorzeichen entlastet er erstens »von einer traditionsgeheiligten Autorität«, mit ernstem Vorzeichen – ernst gemeint, aber im schützenden komischen Gewand – protestiert er zweitens gegen solche Autorität. Die dritte Funktion ergibt sich aus der Tatsache, dass durch den Angriff auf herrschende Normen das Ausgegrenzte und Unterdrückte hereingeholt und dadurch neue Normen gebildet werden: das Erkennen bildet den »Anfang einer Solidarisierung« (a.a.O., 105f).

[296] Mit dem »Essay on the Freedom of Wit and Humour« (1709) des Philosophen und Schriftstellers (Anthony Ashley Cooper, 3. Earl of) Shaftesbury (1671–1713) vollzieht sich eine Wende in der Interpretation von Lachen und Humor. Er beschreibt das Lächerliche und unterzieht jeden Fanatismus einer »Probe des Lächerlichen« (»*Test of Ridicule*«). Der Schlüsselsatz seines Essays lautet: »Die Wahrheit kann jedes Licht vertragen!« »Wir sollen die Dinge, die uns auch immer wieder täuschen können, nach allen Seiten wenden und sie in jedem Licht betrachten. Deshalb dürften wir sie nicht nur einseitig voller Ernst untersuchen, sondern müssten sie auch dem natürlichen Mittel … des Spotts [*Ridicule*] aussetzen, jener Prüfung also, durch die wir entdecken, was an einem Gegenstand … verspottenswert ist« (a.a.O., 19).

[297] Vgl. *Morreall*, Philosophy, 137. Nach Morreall reduziert der Gebrauch von Humor die Egozentrik, befördert die realistische Sicht auf die Welt und verhindert extreme Ausprägungen von Stolz und Pessimismus.

[298] Das kognitive Umschalten (»*cognitive shift*«) auf eine andere Ebene bringt eine Entlastung, unabhängig davon, wie (emotional, intellektuell oder auf andere Weise) die vorherige Anspannung zu Stande gekommen war (vgl. *Latta*, Theory, 44ff).

[299] *Rösch*, Theorie, 3.

tätswahrnehmung überhaupt ableitet. Im Humor wird die »Grenze der Vernunft bewusst«. Darum ist für Ritter der Humor eine »Philosophie und Daseinshaltung«.[300]

Auch Odo Marquardt attestiert dem komischen Lachen eine philosophisch-hermeneutische Qualität: »Weil und wo die offiziell herrschende und geltende Wirklichkeit andere Wirklichkeiten ausgrenzt oder ausschließlich oder als nichtig setzt, ist es das Lachen, das geltend macht, dass dieses offiziell Nichtige dennoch zu unserer Wirklichkeit gehört. Dem Lachen gelingt es, die Identität des Ausgegrenzten wiederherzustellen; im Lachen zeigt sich, ... die Zugehörigkeit des Ausgeschlossenen. Im Lachen öffnet man sich diesen tabuisierten Tatbeständen.«[301] »Das Lachen ist ein Denken und Denken – merkende Vernunft und also auch Philosophie – ist die Fortsetzung des Lachens unter Verwendung des Lachmuskels Gehirn als Mittel. Das gilt nicht vom rohen Auslachen: denn dadurch – durch Wegspotten – vertreibt man Wirklichkeiten aus unserem Leben. Wohl aber gilt es vom humoristischen Lachen: denn dadurch bittet man – liebevoll spöttisch – zusätzliche Wirklichkeit, die offiziell geleugnet wird, wenigstens inoffiziell in unser Leben hinein; denn man lacht sie nicht aus, sondern man lacht ihr zu, lacht sie an und lacht sie sich an.«[302] Unverzichtbar ist für Marquard der Humor deshalb, weil »man bestimmte Dinge, die besonders ernst sind, fast nur scherzhaft sagen kann; denn nur so hält man sie aus.«[303]

Ähnlich sieht dies auch die amerikanische Philosophin Marie Taylor Swabey. Nach ihr hat das Komische das »Potential, zu tieferen Einsichten zu führen«.[304] »Die Wahrnehmung des Komischen ist die Wahrnehmung von etwas, das aus einer Gesamtordnung der Dinge herausfällt.«[305] Das komische Lachen ist quasi der philosophische Instinkt in schwächerer Form.[306] »Mit anderen Worten – die wahrgenommene Widersprüchlichkeit enthüllt die entscheidende Wahrheit der menschlichen Existenz: Der Mensch befindet sich in einem Zustand des komischen Widerspruchs zur Ordnung des Universums.«[307]

300 *Ritter*, Lachen, 91.

301 *Marquard*, Lachen, 11f.

302 *Marquard*, Skepsis, 95. Vgl. *Wickberg*, Humor, 171. Vgl. Bataille: »(...) ich stelle mir nicht vor, dass mich Lachen vom Denken dispensierte, sondern dass Lachen, da es in gewisser Hinsicht Vorbedingung für mein Denken ist, mich weiter bringen würde als das Denken. Das Denken ohne das Lachen kam mir verstümmelt vor, das Lachen ohne das Denken war auf diese Bedeutungslosigkeit reduziert, die ihm gemeinhin eingeräumt wird. (...)« (zitiert nach *Belussi*, Störung, 110).

303 *Marquard*, Lachen, 11.

304 *Swabey, Marie Taylor*, Comic Laughter. A Philosophical Essay. New Haven, 1961, zitiert nach *Berger*, Lachen, 41.

305 *Berger*, Lachen, 41.

306 Ebd.

307 *Berger*, Lachen, 43.

Zur hermeneutischen Dimension des Humors gehört auch sein Transzendenzbezug, der in vielen Humortheorien betont wird (Solger[308], Jean Paul, Friedrich Theodor Visher[309], Ritter,[310] Dopychai[311]).

2.3.2.7 Humor als Ambivalenzphänomen

Nach Plessner ist »Humor die Gabe, den Sinn für das Komische nicht zu verlieren.«[312] Die eigentliche Quelle und der »Prüfstein des Humors« ist die Fähigkeit, auch über sich selbst lachen zu können.[313] »Dem Komischen antwortet der Mensch im Ganzen«, der Humor soll darum nicht einseitig auf den Verstand oder das Gefühl bezogen werden;[314] »Komik gehört der Ebene an, auf die alle Normierungen spezieller Art zurückweisen: die Ebene, in der sich der Mensch als solcher und im Ganzen in der Welt und gegen die Welt behauptet. Sein Irgendwo-irgendwann-Darinstehen, d. h. seine exzentrische Position, ermöglicht ihm, sich und seine Welt, in der er zu Hause ist und auf die er sich versteht, als begrenzt und offen zugleich zu nehmen, vertraut und fremd, sinnvoll und widersinnig. In diesem Zugleich steckt der Kern der Komik, aber der normale Gang des Lebens und der Geschäfte lässt ihn uns vergessen. Man nimmt die Dinge in dieser oder jener Hinsicht und dichtet sie gegen Zweideutigkeit ab.«[315] Diese Abdichtung, »unsere Technik, die Welt ernst zu nehmen« hat nach Helmuth Plessner »Lücken im Einzelnen wie im Ganzen«; wenn diese Lücken zum Vorschein kommen, ohne bedrohlich zu sein, »so finden wir sie ... komisch. Die Abgründigkeit der Komik als solcher mag dabei nicht zum Bewusstsein kommen. Aber sie macht sich trotzdem geltend und erinnert auch in der geringfügigsten Erscheinung an die exzentrische Position des Menschen. Die Kunst des großen Komikers: des Karikaturisten, Dichters, Schauspielers, Clowns weiß davon und gewinnt ihr die eigentlich treffenden, die wahrhaft unerbittlichen Wirkungen ab, die an Leuchtkraft gewinnen, je näher sie dem Dunkel der Tragik kommen.«[316]

Plessner betont die Ambivalenz des Komischen und kann sagen: »Gäbe es für die Ambivalenz des Komischen einen adäquaten und erschöpfen-

[308] Was Solger für das Verständnis des Humors herausstellt, ist mehrgestaltig: 1. Humor ist ein phantasievoller Blick auf die Brechungen der Wirklichkeit, 2. dieser besondere Blick entsteht aufgrund des Vorhandenseins von zwei Lichtquellen – einer prosaischen und einer poetischen – und bewirkt Ambivalenz aufgrund der eigenen Gebrochenheit, 3. Humor hat immer einem Transzendenzbezug (»Sehnsucht nach dem Ewigen«: *Solger*, Vorlesungen, 218) und 4. die Spannung zwischen dem endlichen Einzelnen und dem Ewigen wird vom Menschen als Sehsucht erlebt. (vgl. *Solger*, Vorlesungen, 215ff (zitiert nach *L. Steiger*, Humor, 699).

[309] *Fr. Vischer*, Erhabene.

[310] Vgl. *Ritter*, Lachen, 87f.

[311] Vgl. *Dopychai*, Humor, 54.183 u.ö.

[312] *Plessner*, Lachen, 122

[313] *Plessner*, Lachen, 158.

[314] *Plessner*, Lachen, 122.

[315] *Plessner*, Lachen, 122f.

[316] *Plessner*, Lachen, 123.

den begrifflichen Ausdruck, dann wäre dem Komischen seine Essenz und uns die Möglichkeit der Replik genommen. Zum Lachen ist es ja nur, weil wir nicht damit fertig werden.«[317] Komisch bedeutet »aus dem Rahmen fallend, anstößig, widersprechend, doppelsinnig – etwas, womit man nichts anfangen, was man sich nicht zurechtlegen kann. Deshalb neigt die Dummheit viel mehr zum Lachen als die Intelligenz. Je enger der Horizont, desto ärmer die Möglichkeiten des Verstehens, desto rascher an der Grenze der Sinnlosigkeit und Ambivalenz.«[318] Mit Plessner ist das Lachen also in mehrfacher Hinsicht als Grenzphänomen zu verstehen: als Antwort auf unbeantwortbare Lagen, auf Ambivalenzerfahrungen und auf die Bedrohung durch Sinnlosigkeit.

Ebenso erhellend wie komplex sind Darstellung und Reflexion des Lachens bei den beiden Erziehungswissenschaftlern Dietmar Kamper und Christoph Wulf. Ihre Ausführungen beziehen sich offenbar auf sehr intensives Lachen und lesen sich, als sei das Lachen ein Vorgeschmack auf das Paradies:[319] »Das Lachen ist eine Reaktion des Körpers, in der dieser sich gegen Vergeistigung, Rationalisierung und Abstraktion behauptet. Der Lachende überlässt seinen Körper sich selbst ... Der Körper übernimmt für ihn die Antwort auf eine nicht mehr beherrschbare Situation. Im Lachen bringt er, der Körper (nicht das Ich) sich nachdrücklich zum Ausdruck. Er widerstrebt der Instrumentalisierung durch das Subjekt, der er im Alltag unterliegt. Im lebenden Körper zeigt sich eine lange, verlorene,[320] vielleicht nie wirklich gegebene Einheit. In seinen konvulsivischen Bewegungen schwinden die Sinne, die die Verbindung zur Außenwelt halten, mit ihnen der Sinn. Der Lachende braucht keinen Sinn, weder im Lachen noch anderswo. Er ist sich selbst genug. Die Objekte sind nur Anlässe des Lachens; das Lachen selbst entsteht in Folge widersprüchlicher Bewegungen im Innern des Subjekt, sei es, dass sich eine gespannte Erwartung in nichts auflöst, sei es, dass unterschiedliche psy-

[317] *Plessner*, Lachen, 121.

[318] *Plessner*, Lachen, 121. Aus meiner Sicht stimmt diese Beobachtung, wenn es darum geht, sich durch Lachen dessen zu entledigen, was man nicht verstanden hat. Es stimmt jedoch nicht in Bezug auf das Lachen, das aus einer humorvollen Haltung resultiert. Manche »Intelligenz« verweigert das Lachen auch aus sauertöpfischer Prüderie. Die Freiheit zu lachen hat sehr viel weniger mit Intelligenz zu tun als z. B. mit Geschmack oder kulturellem Kontext. Um es mit einem Aphorismus von Marie von Ebner-Eschenbach auszudrücken: »Die Katzen halten keinen für eloquent, der nicht miauen kann« (*Marie von Ebner-Eschenbach*, Aphorismen, Wiesbaden 1947, 47, zitiert nach *Lützeler*, Philosophie, 14).

[319] Die Ähnlichkeit des Lachens mit Paradiesvorstellungen wird von vielen Autoren gesehen: »Der ganze Mensch ist in vollständiger und glorreicher Weise lebendig: Leib, Geist und Seele vibrieren in Einklang und erzeugen, wie drei Saiten des Klaviers, einen einzigen, wiederklingenden Ton. Könnte der Zustand, in den der Mensch durch Lachen gerät, dauernd aufrechterhalten werden, so würde diese Erde zum Himmelreich« (*Vauvenargues*, Die Französichen Moralisten, dt. v. F. Schalk, Leipzig 1938, zitiert nach *Kranz*, Menschen, 96).

[320] Ich nehme an, dass das Komma zwischen »lange« und »verlorene« ein Druckfehler ist.

chische Einstellungen aufeinandertreffen ... Im Lachen wird das Ich vom Ich befreit. Der rationale Mensch weicht dem lachenden [...] Einbruch des Anderen, Entmachtung des Vertrauten auf der einen Seite und eine momentane, die Grenzziehung aufhebende Versöhnung, ein Einverständnis mit dem Fremden auf der anderen Seite, beides sind Erfahrungen des Lachens.«[321] Nach Kamper und Wulf entsteht im Lachen eine momenthafte Einheit,[322] die jede Frage nach Sinn erübrigt: »Im Lachen stoßen zwei Unvereinbarkeiten aufeinander, die einen Riss im Innern der Menschen auslösen, durch den sich das Gelächter seinen Weg sucht. Wir lachen über uns, weil wir keine Einheit sind, sondern aus vielen heterogenen Triebkräften und Wünschen bestehen, denen wir eine bloß fiktive Einheit auferlegen. Das Lachen (...) entfaltet sich in der Leere, von der das Subjekt berührt wird. Es verweist auf die vom Subjekt nicht beherrschbaren Grundlagen der menschlichen Existenz, auf ihre Negation, die das Geheimnisvolle der menschlichen Existenz sichtbar macht. Das Lachen ist jedoch nicht das Negative, sondern die Reaktion auf seine momentane Aufhebung. Es stellt eine Körperreaktion außerhalb des Sinnes dar, obwohl wir jedesmal, wenn wir darüber reden, es sinnhaft verorten.«[323]

So ist also Lachen als Humorreaktion einerseits eine Weise mit Ambivalenzen umzugehen und andererseits selbst ambivalent. Die Ambivalenz wird nicht aufgehoben, sondern es gelingt ein momentweiser Ausstieg aus der Notwendigkeit eines verstehbaren Sinns.

2.3.2.8 Humor und sein didaktisches Potential

»Wer nicht lächeln kann, darf nicht unterrichten!«
Dieter Kassner[324]

Die Erziehungswissenschaft befasst sich bisher nur am Rande mit dem Potential des Humors für den Unterricht.[325] Was inzwischen als gesichert gelten kann, ist, dass Humor Lernprozesse erleichtern kann. Die neurophysiologischen Vorgänge im Körper bewirken einen Motivationsschub, das angebotene Material lernend zu verarbeiten, Relevantes herauszufiltern und im Gedächtnis[326] zu speichern. Dabei spielt die Aktivierung von bestimmten Hirnarealen (die Amygdala) und Transmittersubstanzen eine

[321] *Kamper/Wulf*, Ausdruck, 7f.

[322] Dasselbe metaphorisch ausgedrückt, liest sich bei Martin Armstrong so: »Im Lachen wird ein Mensch eins mit sich selbst. Wenn er lacht, schieben das Tier in ihm und der Engel in ihm ihre ständige Feindschaft für einen Augenblick beiseite und zechen zusammen« (*Martin Armstrong*, Laughing, London 1928, zitiert nach *Kranz*, Menschen, 96).

[323] *Kamper/Wulf*, Ausdruck, 7f.

[324] *Kassner*, Unterrichtsziele, 55.

[325] Vgl. *Kassner*, Unterrichtsziele, 54.

[326] Als Beispiel führt Kassner eine Aussage von Schülern an: »Ich kann mich noch genau erinnern, was wir in dieser lustigen Unterrichtsstunde behandelt haben!« (*Kassner*, Unterrichtsziele, 43).

Rolle.[327] »Lust und Freude an einem Thema signalisieren dem Gehirn, was eine weitere Beschäftigung lohnt. So kristallisiert sich heraus, was ein Mensch wichtig findet im Leben und worum er sich bemüht – letztlich sein Lebenssinn.«[328] Für die Lernenden ist der Sinn für Humor bei den Lehrerinnen besonders wichtig, weil er einen positiven Einfluss auf das Sozialklima in der Klasse hat.[329] Bereits im Kinder- und Jugendalter wird er als »soziale Kompetenz, als wichtige persönliche Eigenschaft, als Konfliktlösungsstrategie wie auch als Werkzeug zur Gegenwartsbewältigung beschrieben«.[330] Lehrende und Lernende können auf humorvolle Weise weniger verletzend und weniger langweilig Lerninhalte, Lernfortschritte und -störungen kommunizieren. Kinder mit Sinn für Humor haben es leichter, Freunde zu finden.[331]

Humor im Unterricht kann sich jedoch auch negativ auswirken, etwa, wenn Schülerinnen und Schüler ermutigt werden, Humor in den Unterricht einzubringen und dieser dann feindlich oder gehässig gerät. Kassner stellt in Anlehnung an den therapeutischen Humor Kriterien für einen pädagogisch wünschenswerten Humor auf: 1. Humorsensibilität der Lernenden, 2. Bandbreite des Lehrendenhumors, 3. Quantität (nicht zu viel, aber auch nicht gar keinen).

Darüber, ob der pädagogische Humor eine inhaltliche Kohärenz zu den dargebotenen Stoffen haben muss, gehen die Meinungen auseinander. Bei kleinen Kindern spielt die Themenbezogenheit noch keine Rolle, während Humor ohne Inhaltsbezug ab einem Alter von etwa zwölf Jahren auch lächerlich oder albern wirken kann. Humoreinsatz erfordert für den Sender einen gewisses Maß an Selbstreflexion (über sich selbst lachen können, Mut zur Lächerlichkeit), Ich-Stärke (sich selbst in Frage stellen können: Mut zum Widersinn, Unsinn), Fehlerfreundlichkeit (Mut zur Unvollkommenheit) und Übung. Gabriela Wende-Ochsenbein und Michael Brugger ziehen das Fazit, »dass dem Humor eine wichtige Bedeutung und ein hoher Stellenwert in der pädagogischen Arbeit auf der persönlichen sowie auf der sozialen Ebene zukommt und es sich lohnt, ihm mehr Aufmerksamkeit zu schenken«; für sie ist Humor eine Strategie, die Lehrer und Lehrerinnen »kultivieren und effektiver zu nutzen lernen sollten. Er stellt eine wichtige Quelle dar, um schwierige Situationen in der pädagogischen Arbeit besser zu bewältigen.«[332]

327 Für das kreative Brainstorming werden Dopamin und Acetylcholin gebraucht. Die Wirkung von Dopamin ist dabei, positive Gefühle und Kreativität anzuregen, das Acetylcholin steuert Bewegungsabläufe und ist wichtig für Gedächtnisfunktionen (vgl. *Uber/Steiner*, Lach, 119ff).

328 *Mechsner*, Lust, 178.

329 Vgl. *Kassner*, Unterrichtsziele, 48.54.

330 *Führ*, Humor, 80. So Führs Systematisierung der Antworten eines dreizehnjährigen Probanden.

331 Vgl. *Führ*, Humor, 90.

332 *Wende-Ochsenbein / Brugger*, Humor, 153.

2.4 Soziologie des Humors

»[M]eine eigene Auffassung von Humor ist doch noch eine andere: der Ansatz sind die subtilen Widersprüche in dem, was noch als Normalverhalten erscheint.
Charlie Chaplin[333]

Humor ist ein zutiefst soziales Phänomen;[334] trotzdem haben ihn die Soziologen später als die Vertreter der anderen wissenschaftlichen Fachrichtungen als Untersuchungsgegenstand entdeckt. Als erste Theorie, die die soziologische Perspektive explizit berücksichtigt, kann Bergsons Ansatz gelten, der das Lachen, das im Grunde immer *Ver*lachen sei, als soziales Korrektiv des unangepassten Verhaltens beschrieb.[335] Bis heute legen die soziologischen Studien viel Gewicht auf die Kontrollfunktion des Humors, genauer gesagt des Lachens, das durch Humorprodukte hervorgerufen wird. Solches Lachen »kann je nachdem die Billigung oder Missbilligung eines sozialen Verhaltens zum Ausdruck bringen und die Spannung bei sozialen Konflikten mildern«.[336]
Bei der Ausformung von Scherz- und Humorstilen spielen dieselben Faktoren eine Rolle, die auch sonst das soziale Verhalten mitbestimmen: Kultur, Geschlecht, Alter, Religion, Temperament, Bildungsniveau, Schichtzugehörigkeit, nationale und regionale Besonderheiten.[337] Fast alle soziologischen Untersuchungen zum Humor befassen sich mit einzelnen Nationalitäten oder ethnischen Gruppen.

333 Zitiert nach *Dimitri*, Erhebung, 54.

334 Vgl. *Zijderveld*, Humor, 14.

335 »Man würde für das Komische kein Organ haben, wenn man allein stünde [...] Unser Lachen ist stets das Lachen einer Gruppe« (*Bergson*, Lachen, 8) »Das Komische entsteht, scheint es, wenn eine Anzahl als Gruppe zusammengehöriger Menschen ihre Aufmerksamkeit alle auf einen lenken, ihr Gefühl beiseite schieben und lediglich ihren Intellekt spielen lassen« (*Bergson*, Lachen, 9). Der Intellekt nimmt eine Abweichung von der Norm als lächerliche wahr, so zum Beispiel Ungeschicklichkeit im körperlichen Bereich oder Fehlleistungen im geistigen Bereich. Lachen ist immer ein Vergnügen, es hat aber vor allem *eine* Funktion und die ist, abweichendes Verhalten zu bestrafen und somit zu reduzieren: Das Komische »drückt also eine individuelle oder kollektive Unvollkommenheit aus, die unmittelbare Korrektur verlangt. Das Lachen ist eben diese Korrektur« (*Bergson*, Lachen, 50); vgl. auch a.a.O., 107: »Das Lachen ist nun einmal ein Erziehungsmittel.« Auch das regressive Moment des Humors bleibt von Bergson nicht unbemerkt, wenn er – wie später Freud – danach fragt, »ob die heiteren Empfindungen des erwachsenen Menschen etwas anderes sein können als wiederbelebte Kindheitserinnerungen« (*Bergson*, Lachen, 51).

336 *Robinson*, Praxishandbuch, 18.

337 Vgl. *Kotthoff*, Weiber, 72. Zur Humorentwicklung im Lauf des Lebens: Es gibt »verschiedene ›Humorphasen‹, die wir durchlaufen – oder auch nicht. Als Kind freut man sich einfach über das Komische als Phänomen. Später entdeckt man den Humor vielleicht als bissiges Spiel oder mehr das ›total Gesponnene‹. Dann könnten das Spiel zwischen Ernst und Humor zu einer faszinierenden Entdeckung werden: Ironie, Tief-Sinn im Leicht-Sinn, Sarkasmus ... Mit der sogenannten Altersweisheit wird der Humor zunehmend knapper, präziser, einfacher, lakonischer und oft auch milder, entspannter« (*Birkenmeier*, Humor, 116f).

Die holländische Soziologin Giselinde Kuipers vertritt die Auffassung, dass der Humor zeigt, »wo die Trennlinien in einer Gesellschaft verlaufen. Wer lacht mit wem? Wer rümpft die Nase über ›primitiven‹ Humor?«[338] Kuipers »hat untersucht, wie verschieden Humor in den Niederlanden und in den USA verstanden wird. Ihr Ergebnis: Die Völker lachen nicht nur über unterschiedliche Dinge, sie benutzen Humor auch, um soziale Barrieren zu errichten oder einzureißen. Während ein US-Manager sich als guter Kumpel präsentiert, wenn er schenkelklopfend Witze zum Besten gibt, würde sich ein holländischer Geschäftsmann damit unmöglich machen. In der Oberschicht der Niederlande gilt simpler Humor als vulgär. [...] ›In den Niederlanden muss man seine intellektuelle Überlegenheit demonstrieren – auch im Humor‹, sagt Kuipers. Man protzt nicht mit Geld, sondern mit Geist. In den USA sei das umgekehrt. ›Dort herrscht eine antiintellektuelle Haltung vor.‹ Der amerikanische Scherzbold demonstriert eine klassenübergreifende positive Einstellung zum Leben, ein frischer, möglichst nicht diskriminierender Witz gehört zur Vorstellung von einem ›guten Menschen‹ dazu. Über sich selbst soll und darf man gerne lachen. Das gezielte Übertreten von Geschmacksgrenzen dagegen ist eher ein Zeichen der permissiven westeuropäischen Gesellschaften. ›Wenn der Humor sich zwischen sozialen Gruppen so stark unterscheidet‹, sagt Giselinde Kuipers, ›dann zeigt das, dass diese Gruppen nicht viel miteinander interagieren.‹«[339] Für sie ist Humor »eine Form kommunikativen Verhaltens, die mehr aktive Teilnahme erfordert als andere Formen von Gruppenverhalten. Scherzhafte Einlagen, Einladungen zum Mitlachen an die Anwesenden betonen oder schaffen Gruppenzugehörigkeit und erlauben es gleichzeitig allen, ihre Aufmerksamkeit für einen Moment von den ernsthaften Gruppenangelegenheiten zurückzuziehen.

Humor lädt zum Lachen ein als Zeichen seiner Anerkennung. [...] Im Lachen sind alle gleich; soziale Barrieren wie z.B. Status sind vorübergehend kleiner, weil gemeinsames Lachen ein gewisses Ausmaß an gemeinsamer Situationsdefinition voraussetzt.«[340]

»Es ist seine Funktion, Rigidität in Plastizität zu verwandeln, das Individuum ins Ganze einzugliedern, kurz, Ecken abzurunden, wo immer sie auftreten«.[341] »Das bringt natürlich mit sich, dass Humor den sozialen Organisationen auch gefährlich werden kann. Er kann soziale Unterschiede nicht nur schmälern, sondern zerstören. Dies trifft besonders deshalb zu, weil Humor immer aggressive Komponenten hat.«[342] Eine Funktion von Humor ist also, Aggression so sozialverträglich zu verpacken, dass sie geäußert werden kann.[343] Ohne Humoreinsatz könnten viele aggressive Äußerungen überhaupt nicht gemacht werden, so dass man sa-

338 Zitiert nach *Drösser*, Witz, 3.
339 *Drösser*, Witz, 3.
340 *Coser*, Lachen, 95. Vgl. a.a.O., 118.
341 *Bergson*, Lachen, 6.
342 *Coser*, Lachen, 118.
343 Vgl. ebd.; *van Alphen*, Lachen, 203.

gen kann, Humor sorgt für »Aggressionsablass« und verhindert somit Frustrationsstau und ernsthafte Aggressionsausbrüche. »Feindseligkeiten werden im Rahmen gehalten, sublimiert und gleichzeitig ausgedrückt. Die Kontrolle darüber ist aber nicht repressiv; Humor mildert sogar Repression. Kontrolliert wird allerdings die Interaktion. Feindseligkeiten werden nicht dem stillen Anwachsen anheim gestellt – das frustrierte Individuum kann sich in Übereinstimmung mit den anderen davon befreien.«[344] Diese Funktion des Humors macht ihn als Medium des Sozialverhaltens überall dort unverzichtbar, wo es um mehr geht als um kurze höfliche, aber unwichtige Zusammentreffen von Menschen.

Eine weiteres Potential des Humors trägt dazu bei, soziale Strukturen zu bilden und aufrecht zu erhalten,[345] und zwar durch die Möglichkeit, auf humorvolle Weise um Unterstützung zu bitten, ohne sich eine Blöße zu geben und Unterstützung zu gewähren, ohne gönnerhaft zu sein. »Das Geben und Nehmen von Unterstützung durch Humor hilft den Menschen, Rollenerwartungen zu entsprechen und Widersprüche, die damit zusammenhängen, zu meistern.«[346] Auch hier wird deutlich, dass Humor ein Beziehungsgeschehen ist. Zwischen den beteiligten Personen muss ein Einverständnis darüber herrschen, was als angebracht anzusehen ist. Auch um eben dies zu testen, was innerhalb des jeweiligen Kontextes angebracht ist, kann Humor dienen. Spielerisch kann man im Scherz, der immer zumindest halb ernst ist, ausprobieren, welche Äußerungen oder welches Verhalten noch akzeptiert werden und mit welchem man sich außerhalb der Grenzlinie befindet. Es geht dabei immer um die Grenze zwischen einem gemeinschaftsstiftenden Lachen *mit* und einem ausgrenzenden Lachen *über*.[347]

Es soll hier nicht unerwähnt bleiben, dass Humor auch als ein »äußerst raffiniertes Instrument zur Verstärkung und Aufrechterhaltung des Status quo und des damit verbundenen Machtapparates« eingesetzt werden kann.[348] Anton Zijderveld relativiert darum den Rebellionscharakter des Humors und führt als Beispiel die statuserhaltende Funktion des mittelalterlichen Hofnarren als anti-revolutionäres Mittel zur Erreichung von Anpassung an.[349] Anpassung ist nicht grundsätzlich ungut, jedoch sollten Menschen die Chance bekommen, selbst zu bestimmen, in welcher politischen oder sonstigen Situation sie sich dem Gegebenen anpassen und in welcher sie auf Veränderung drängen wollen. Die konservatorische Funktion des Humors wird an dem Punkt missbräuchlich, an dem sie manipu-

344 *Coser*, Lachen, 118f.
345 Vgl. *Zijderveld*, Humor, 174.
346 *Coser*, Lachen, 119.
347 Auch Plessner kommt auf den gemeinschaftstiftenden Aspekte des Lachens zu sprechen: Um »seines Lachens ganz froh zu werden« braucht man Mitlachende. Plessner erklärt dies so, dass man im Lachen zur Welt geöffnet ist, abgelöst von der Situation, mit man konfrontiert ist und somit geöffnet und unfixiert. »Derart entbunden, sucht sich der Mensch anderen zu verbinden« (*Plessner*, Lachen, 154).
348 *Zijderveld*, Humor, 174.
349 Vgl. ebd.

lativ eingesetzt wird. Wo Humor hingegen dazu beiträgt, lebensdienliche Werte und Normen zu etablieren und zu unterstützen, hat er auch in konservatorischer Absicht eine positive Berechtigung – Abstinenz von Absolutheitsansprüchen immer vorausgesetzt.
Seit jeher und besonders in soziologischer Perspektive ist dem Humor der Vorwurf gemacht worden, es wohne ihm immer Aggression inne, zugleich dürfe ein anständiger Menschen aber nicht boshaft oder schadenfroh lachen, Lachen sei oft überheblich und unmoralisch und deshalb grundsätzlich suspekt. Dass Humor, wie er in dieser Arbeit verstanden wird, eine aggressive Komponente hat, ist nicht zu bestreiten. Jedoch gibt es konstruktive und destruktive Formen von Aggressivität. Es kann also sein, dass man unwillkürlich lachen muss, wenn man das Missgeschick oder ein grandioses Scheitern eines anderen als komisch empfindet, und dass dies als aggressiv empfunden wird. Dieses Lachen kann erniedrigend sein oder auch nicht. Zum Humor gehört es, in aller Gelassenheit anzuerkennen, dass das Lachen *passieren* kann, dass es einen überfällt und nicht steuerbar ist. Es »trägt die (subversive) Kraft des Anderen in sich, dem wir uns im Lachen nicht entziehen können. Lachen ist Lebensimpuls.«[350] Es entscheidet sich nicht *beim*, sondern *vor* oder *nach* dem Lachen, ob sich jemand überheblich verhält oder nicht.[351] Der Kontext der Beziehung zu dem anderen Menschen bestimmt, ob jemand dem anderen Gleichrangigkeit oder Überheblichkeit vermittelt: »Ich kann ähnlich Missgeschicke erfahren, bin anderswo beschränkt und begrenzt, habe in anderer Weise komische Haltungen. Mein Lachen über sein Missgeschick entlastet mich (›nicht *ich* habe das Missgeschick erfahren‹). Und doch zeigt das entlastende Lachen auch, dass das Missgeschick mir hätte zustoßen können.«[352] Das Lachen selbst ist nicht überheblich oder unmoralisch.[353] Darum braucht es auch keine *»ethische Selbstverpflichtung auf die Lachverweigerung«*.[354]

350 *Zilleßen*, Lachen, 368.

351 *Zilleßen*, Lachen, 366.

352 *Zilleßen*, Lachen, 365f. Vgl. Hirsch, der in Aufnahme einer Einsicht von Karl Groos schreibt: »Wir nehmen an der Verkehrtheit des Verlachten brüderlich teil« (*Hirsch*, Witzableiter, 120).

353 Vgl. zur »moralischen Grundstruktur aller Formen des Humors« *Zijderveld* (Humor, 48).

354 *Kuschel*, Lachen, 201. Das gilt auch für willentlich produzierten Humor. Wenn ein Witz »gut« ist – im Sinne von sehr komisch – kann man sich des Lachens nicht erwehren, selbst dann nicht, wenn absichtlich Menschen diskriminiert werden, weil die rechte Gehirnhälfte das Lachen längst veranlasst hat, bevor die linke, analytisch-rational funktionierende hinterher gekommen ist. Kuschel führt gute Gründe für »eine Lachscham, einen *bewussten Lachverzicht*, eine protestierende Lachverweigerung« zugunsten der »ohnehin Schwachen, Ausgegrenzten und gesellschaftlich Verachteten« an (a.a.O., 203f). Meiner Erfahrung nach bergen die Formen von »Humor«, die Menschen produzieren, deren Anliegen es ist, andere pauschal zu diskriminieren, aus qualitativen Gründen nur selten die Gefahr, dass man lachen müsste, da die Pointe aufgrund der Stereotypie meist vorhersehbar ist.

Beim Humor geht jedoch die Aggression potentiell nicht nur von demjenigen aus, der eine Begebenheit komisch darbietet, sondern auch von den Rezipientinnen. Wie Bergson erkannt hat, kann Lachen als Erziehungsmittel ge- und missbraucht werden. Dies gilt für das Nichtlachen ebenso.[355] »Humor ist eine zutiefst interaktive Angelegenheit. Zumindest eine Person muss durch Lachen oder Lächeln den Humor als solchen anerkennen.«[356] Wenn es häufig passiert, dass Humorversuche keine Reaktion erhalten, »ist es ein Zeichen dafür, dass die Beziehung nicht reziprok ist. Einen Witz zu machen und niemanden lachen zu hören ist so unangenehm, wie jemandem die Hand hinzustrecken und er/sie reagiert nicht darauf.«[357] Zu den Risiken des Humors für denjenigen oder diejenige, der/die ihn – etwa in der Predigt – produziert, gehören »Imagebedrohungen«.[358] Die Risiken wiederum sind geschlechtsspezifisch unterschiedlich hoch. Wenn etwa statushohe Frauen ›zu viele‹ Scherze produzieren, kann das »die berechtigte Angst auslösen, respektlos behandelt zu werden.«[359]

Kotthoff stellt fest, dass humorvolles Verhalten gerade für statushohe Frauen ein besonderes Dilemma darstellt: »Einige Arbeiten (z.B. Jenkins) zeigen, dass Frauen, eher einen Humor haben, der Nähe herstellen soll. Sie machen Witze über sich selbst und verarbeiten in diesen Witzen sogar Erfahrungen, die für sie selbst nicht gerade ruhmvoll sind. Ein solcher Humor wirkt statusabbauend«[360] und ist insofern je nach Situation gefährlich.

Mit Blick auf eine symmetrische Kommunikationsstruktur kann Statusabbau jedoch durchaus erwünscht sein. Im Folgenden soll deshalb danach gefragt werden, wie weiblicher und männlicher Humor sich unterscheiden und welche Konsequenzen dies haben kann.

2.4.1 Das Gelächter der Geschlechter

»Ich hatte mal eine Freundin, die mir erzählte, sie sei wegen Frauenproblemen im Krankenhaus gewesen. Ich sagte: ›Menschenskind, was soll das denn heißen?‹ Sie antwortete: ›Du weißt schon, Frauenprobleme.‹ Darauf sagte ich: ›Was denn? Du kannst nicht rückwärts einparken? Du kriegst keinen Kredit?‹«
Pam Stone[361]

Im Blick auf den Humor unterscheiden sich Frauen und Männer auf vielfache Weise.[362] Frauen lachen zwar häufiger als Männer,[363] machen aber

355 Vgl. *Trömel-Plötz*, Vorwort, 8f.
356 *Coser*, Lachen, 97.
357 Ebd.
358 *Kotthoff*, Kommentar, 121.
359 Ebd.
360 Ebd.
361 Zitiert nach *Barreca*, Herrenklos, 67. Pam Stone ist eine amerikanische Komikerin.

seltener Witze. In der Literatur begegnet des Öfteren die Beobachtung, dass Frauen selten Witze erzählen oder auch nur nacherzählen könnten.[364] »Häufig lautet der Vorwurf, dass sie den Witz ›kaputtmachen‹, und das heißt, dass ihnen der aggressive Ton misslingt.«[365] Im Jahr 1957 merkte Martin Grotjahn an, dass Frauen vorsichtig darin sein »müssen ..., ob offen oder versteckt«, Aggression zu zeigen, weil dies »von jedem Mann in unserer Konkurrenzgesellschaft als Herausforderung verstanden wird ..., der er entgegenzutreten hat ... Der Mann von heute nimmt dieses Aggressionen erwartungsgemäß als erniedrigend und mit seiner Würde unvereinbar wahr.«[366] Weiter schreibt er: »Frauen haben genauso viel natürliche Intelligenz, Aggression und Lust, Witze zu genießen, wie Männer. Aber wenn sie klug sind, zeigen sie es nicht.«[367] Trotz des Alters dieser Auffassung, kann nicht behauptet werden, sie sei obsolet. Noch heute zeigen viele Frauen in formellen Situationen nicht, dass sie Witz haben. »In unserer Kultur wird von Frauen erwartet, dass sie eher passiv und rezeptiv sind als aktiv und initiativ.« Sinn für Humor bei Frauen äußert sich darin, dass sie lachen »(aber nicht zu laut), wenn ein Mann scherzt oder einen Witz erzählt«, Sinn für Humor bei Männern äußert sich in witzigen Bemerkungen und darin, dass sie Witze erzählen.[368] Wenn Frauen Scherze oder Witze machen, haben diese oft andere Zielscheiben als die Humorprodukte von Männern. Die amerikanische Soziologin Rose Coser hat die Scherzkommunikation unter den Fakultätsmitgliedern einer psychiatrischen Klinik untersucht. Wie die Studie exemplarisch zeigt, witzeln Männer am häufigsten auf Kosten der je Statusniedrigeren: die Psychiater über die Assistenten, die Assistenten über die Patienten, Patientinnen und deren Angehörige oder über sich selbst. »[E]infache Mediziner« scherzten nur in deren Abwesenheit über die statushöheren Psychiater. Kein einziger Scherz lief entgegengesetzt zum Autoritätsgefälle.[369] Nach Mercilee M. Jenkins unterscheidet sich weiblicher Humor »von männlichem partiell in Funktion und Form«.[370] Es gibt

362 Vgl. *Stocking/Zillmann*, Humor, passim. Diese Unterschiede sind bereits im frühen Schul- und Jugendalter signifikant (vgl. *Bierbach*, Witze, 242; *van Alphen*, Lachen, 207).

363 Vgl. *Uber*, Länder, Fotoseite gegenüber S. 33.

364 *Jenkins*, Scherzen, 33.

365 *Coser*, Lachen, 101.

366 *Grotjahn*, Sinn, 37.

367 *Grotjahn*, Sinn, 57.

368 *Coser*, Lachen, 101.

369 *Coser*, Lachen, 102. »Aktuelle Studien aus der Arbeitswelt zeigen insgesamt mehr Vielfalt« und die Frauen werden langsam selbstbewusster und weniger zurückhaltend in Bezug auf Scherzrede, trotzdem sind die Unterschiede, die in den 1980er Jahren beobachtet wurden, noch weitgehend vorhanden (vgl. *Kotthoff*, Weiber, 71f und.74).

370 *Jenkins*, Scherzen, 34. Zu einem ähnlich Urteil kommt bereits Kierkegaard, der die Selbstbehauptungstendenz der Ironie den Männern, die Sympathie des Humors den Frauen zuordnet. »Darum findet man beim Weibe oft Humor, aber niemals Ironie. Versucht sie es mit Ironie, dann steht es ihr schlecht, und eine rein weibliche Natur

inzwischen einige Literatur über geschlechtsspezifisches Sprachverhalten. Demnach ist es für Männer im Gespräch mit anderen Männern am wichtigsten, sich selbst möglichst positiv darzustellen.[371] Dabei verfolgen sie durchaus gruppenorientierte Ziele. Indem sie sich selbst positiv darstellen und sich gegenseitig positive Eigenschaften attestieren, kommen sie zu der gemeinsamen Aussage: Wir sind eine großartige Gruppe.
Auch Frauen verfolgen in ihren gleichgeschlechtlichen Gesprächen gruppenorientierte Ziele. Diese unterscheiden sich jedoch von denen der Männer. »Für Frauen liegt das Ziel eher in der Entwicklung größtmöglicher Nähe und Vertrautheit.«[372] Entsprechend haben Humorprodukte von Frauen »die Erfahrungen von Frauen«[373] zum Inhalt. Deshalb macht es für sie wenig Sinn, vorgefertigte, situationsunabhängige Witze zu erzählen. Weiblicher Humor ist »kontextgebundener«,[374] seine Produkte – Scherze, Wortspiele, schlagfertige Erwiderungen, Geschichten – entwickeln sich spontan im Gespräch, sie schließen die Produzentinnen selbst mit ein und demonstrieren Gemeinsamkeiten.[375] Da das Ziel in erster Linie Vertrautheit ist, konkurrieren Frauen nicht in der positiven Selbstdarstellung, sondern im Blick auf gegenseitige Rücksichtnahme.[376] Nach Jenkins ist der Humor von Frauen »weder selbstverherrlichend noch selbsterniedrigend. Fehler, merkwürdige Verhaltensweisen und Dummheiten sind oft die Quelle des Scherzes. Wir hören uns dann sagen: ›Ich kann kaum glauben, dass ich das gemacht habe.‹ Aber die Tatsache, dass Frauen über sich selbst lachen, ist nur negativ in einer Wettkampfatmosphäre, in der es darum geht, sich selbst so gut wie möglich zu verkaufen. Unter Frauen schadet es einer Frau nicht, wenn sie Fehler zugibt und darüber lacht; es trägt nur zur Intimität bei. Es bedeutet eben, dass wir uns nahe genug stehen, um auch die schwachen Seiten zu zeigen.«[377] Gerade

wird Ironie als eine Art Grausamkeit ansehen« (*Kierkegaard*, Nachschrift, 756). Empirisch untermauert wurde Kierkegaards Auffassung Mitte der 80er Jahre des 20. Jahrhunderts durch eine Untersuchung von van Alphen, die schreibt: das innerhalb der »Welt der Mädchen« übliche und notwendige Verhalten »[bietet] für Sarkasmus, grobe Witze und Ironie auf Kosten anderer keinen Raum« (*van Alphen*, Lachen, 203). Kierkegaard den Biologismus seines Erklärungsversuchs vorzuwerfen, wäre ein Anachronismus der unlustigen Art. Vielmehr ist es für seine Zeit bemerkenswert, dass er überhaupt die Frage nach dem weiblichen Humor stellt, wenn auch nur sehr am Rande.

371 Vgl. *Jenkins*, Scherzen, 36.

372 Ebd.

373 *Jenkins*, Scherzen, 34.

374 *Jenkins*, Scherzen, 38.

375 Vgl. ebd.

376 Vgl. ebd. Jenkins führt eine von Bruner und Kelso 1980 veröffentlichte Liste mit den Unterschieden von männlichen und weiblichen Toilettensprüchen an, die diese Auffassung belegen. Die männlichen Sprüche werden charakterisiert als: »egozentrisch, individualistisch, konkurrenzhaft, macho, sexbezogen, erotisch, organzentriert, herabwürdigend«, die weiblichen als: »interpersonell, interaktiv, ratgebend, rücksichtsvoll, liebebezogen, romanisch, personenzentriert, weniger herabwürdigend« (*Jenkins*, Scherzen, 38).

377 Ebd.

diese Seite des weiblichen Humors birgt ein hohes kommunikatives Potential.
Frauen neigen generell dazu, selbstherabsetzende Humorprodukte lustiger zu finden als Männer, egal welches Geschlecht die sich selbst verulkende Person hat.[378] Noch lustiger finden Frauen die selbstherabsetzenden Späße, wenn sich Frauen darin selbst verulken. »Diese Reaktionen kann man sich nur erklären, wenn man die Geschlechtsstereotypen, die darin zum Ausdruck kommen, ins Auge fasst.«[379] Während die meisten Männer nach Dominanz streben, strebt eine Vielzahl Frauen immer noch bewusst oder unbewusst nach Unterordnung,[380] bzw. liegt es zumindest im Interesse sehr vieler Frauen, in gemischtgeschlechtlichen Gruppen nicht durch die Verweigerung des Lachens über frauenherabsetzende Witze von den Männern als humorlos oder gar offen rebellisch eingestuft zu werden.[381] Dieses Verhalten tritt in den letzten Jahren wieder verstärkt

378 Vgl. *Stocking/Zillmann*, Humor, 218f ; *Barreca*, Herrenklos, 67.

379 *Stocking/Zillmann*, Humor, 220.

380 Vgl. ebd.

381 Trömel-Plötz fragt danach, wer die Witze über Frauen macht, wer sie erzählt und warum Frauen sich nicht dagegen »wehren [können]«, mit solchen Witzen konfrontiert zu werden. und berichtet von einem Experiment, bei dem die Reaktionen auf derselben Witz in zwei Varianten beobachtet wurden, wobei sich die Varianten nur darin unterschieden, dass die Rollen von Mann und Frau ausgetauscht wurden: »Ein Schauspieler sagt zu einer Schauspielerin, deren Autobiografie gerade erschienen war: ›Ich habe Ihr neues Buch gelesen – wer hat es Ihnen geschrieben?‹ Die Schauspielerin erwidert: ›Ich freue mich, dass es Ihnen gefallen hat – wer hat es Ihnen vorgelesen?‹ – [... 2. Variante:] Eine Schauspielerin sagt zu einem Schauspieler, dessen Autobiografie gerade erschienen war: ›Ich habe Ihr neues Buch gelesen – wer hat es Ihnen geschrieben?‹ Der Schauspieler erwidert: ›Ich freue mich, dass es Ihnen gefallen hat – wer hat es Ihnen vorgelesen?‹« Frauen wie Männern gefiel die zweite Variante besser. Dieses Experiment wurde 1976 durchgeführt und 1987 von Trömel-Plötz aufgegriffen. 2005 schreibt Kotthoff dazu: »Bemerkenswert ist, dass dieser Trend sich innerhalb der letzten zehn, zwanzig Jahre gewandelt hat. Seit den späten 80er Jahren schlagen lachende Frauen sich nachweislich nicht mehr mehrheitlich auf die Seite der Männer. Humor hat mit Intellekt und Gefühl zu tun. Die Gefühle der Humor-Konsumentinnen scheinen sich verändert zu haben. Sie lachen heute nicht mehr nur [!] *mit* ihm, sondern auch *über* ihn. Was nicht heißt, dass das Geschlecht im Humor keine Rolle mehr spielt.« (*Kotthoff*, Weiber, 68) Meine eigenen, wissenschaftlich nicht belegbaren Konfrontationen mit Frauen herabsetzenden Witzen lassen den Schluss zu, dass sich bis ins Jahr 2007 nicht viel geändert hat. Viele Männer und Frauen [!] erzählen immer noch gern Witze, in denen Frauen als hilflos, dumm, faul, eitel, tratschsüchtig, ungebildet, des logischen Denkens unfähig, sexuell wahllos und unersättlich, käuflich, geschwätzig, kaufsüchtig, erbschleicherisch, herrschsüchtig und überempfindlich dargestellt werden, als ob dies typisch weibliche Eigenschaften wären (*Trömel-Plötz*, Vorwort, 7ff). Ich stimme Trömel-Plötz zu in ihrer Auffassung, dass viele Frauen sich »[a]nders als schwarze und jüdische Frauen und Männer ... nicht als diskriminierte Gruppe [fühlen], ... und anders als Kinder ... das natürliche Gefühl für Verletztheit und Verletzwerden, für Verletzbarkeit der eigenen Integrität, zumindest an der Oberfläche verloren [haben]«, was jedoch ihre Meinung angeht, ein Hinweis genüge, um den Prozess des Lachens auf eigene Kosten bewusstzumachen, muss ich ihr aus eigener Erfahrung widersprechen (*Trömel-Plötz*, Vorwort, 8). »[D]ie Humor-Produzenten sind weiterhin überwiegend männlich. ... Die witzige Heldin hat hier Seltenheitswert – aber es gibt

auf und spiegelt sich in der Flut von Veröffentlichungen, die binäre Geschlechtervorstellungen als empirische Fakten ausgeben und dadurch den Blick auf soziokulturelle und ökonomische Erklärungen verstellen. Die Unübersichtlichkeit der Postmoderne bei gleichzeitig voranschreitender Infantilisierung der Gesellschaften westlicher Industrienationen führt bei Männern und Frauen zu einem erhöhten Bedarf an unterkomplexen Erklärungsmustern. Dass solche biologistischen Erklärungsmuster zur Reproduktion von Stereotypen im Humor- und Sprachverhalten und darüber hinaus im gesamten Verhalten der Geschlechter zueinander beitragen, ist evident.

Humor ist zwar tatsächlich geschlechtsspezifisch, in seiner Ausprägung jedoch nicht Produkt von Hormonen oder seit der Steinzeit bestehender Programmierungen des Gehirns, sondern »etwas Hergestelltes«, ein Produkt der jeweiligen Sozialisation.[382]

Humor hat mit Macht zu tun: Der Stärkere gewinnt und kann bestimmen, was lustig ist und was nicht. Die selbstherabsetzenden Humorprodukte von Frauen gelten in den Augen der meisten Männer nicht als Humor.

Jenkins geht »so weit zu sagen, dass der weibliche Humor nicht selbsterniedrigend ist, wenn er im Kreis von Frauen geäußert wird. Er ist dann selbstheilend.«[383] Dieser Selbstheilungsprozess funktioniert so: eine Erzählerin berichtet innerhalb einer Scherzkommunikation von einer unangenehmen oder schmerzhaften Erfahrung, dadurch bekommt die Erfahrung einen lustigen oder zumindest weniger ernsten Rahmen. Indem die Erzählerin und ihre Zuhörerinnen die primäre problematische Bedeutung der Erfahrung teilen und nun das Lachen darüber teilen, wird die Erfahrung umgedeutet. Weil die Uminterpretation in der Gruppe geschieht, gewinnen die Erzählerin *und* die Gemeinschaft, denn es geschieht zugleich Distanznahme von den Widrigkeiten und Nähe der Frauen untereinander, etwa in der gegenseitigen Bestätigung: »Ist dir das auch schon einmal passiert? Ja? Ach, gut. Ich bin also doch nicht verrückt.«[384]

Frauen werden in vielen Zusammenhängen immer noch als »Randgruppe«[385] oder als »Minorität«[386] behandelt, während Männer (weiß, mitteleuropäisch bzw. nordamerikanisch und heterosexuell) die selbstverständ-

sie.« (*Kotthoff*, Weiber, 68) Ein Indiz für die Existenz witziger Heldinnen und Trendveränderungen ist die Rubrik »Männerwitze« in der Zeitschrift Emma, die aber weder vom Gros noch von einem Querschnitt der deutschsprachigen Bevölkerung gelesen wird. Die dort veröffentlichten Witze verstehen sich als Reaktion auf die Blondinenwitze und haben die Gemüter der deutschen Nation bei ihrer Veröffentlichung stark erregt. Einer der eher gemäßigten Sorte sei hier als Beispiel aufgeführt: »Wie viele Männer braucht es, um einen Schokoladenkuchen zu backen? Fünf. Einer rührt den Teig und vier schälen die Smarties«. Inzwischen kursieren in allen Industrieländern Witze von Frauen, die auf Kosten der Männer gehen (vgl. *Kotthoff*, Weiber, 73).

382 *Trömel-Plötz*, Vorwort, 17.

383 *Jenkins*, Scherzen, 38.

384 *Jenkins*, Scherzen, 36.

385 Vgl. *Jenkins*, Scherzen, 39: »Frauen und andere ›Randgruppen‹ ...«.

386 Vgl. *Trömel-Plötz*, Vorwort, 8: »Frauen sind eine Minorität, die noch nichts von ihrem Minoritätenstatus weiß«.

liche Ausgangsbasis allgemein-menschlicher Überlegungen sind. Der Art und Weise wie Frauen mit dieser Herabsetzung durch Männer fertig werden, wohnt auch Herabsetzung inne. Während viele männlich geprägte Witze dazu tendieren, Frauen in ihre Schranken zu weisen und damit die gesellschaftliche Position der Männer zu stabilisieren, verschaffen sich Frauen »mit ihrem Humor eine gewisse Erhabenheit über Menschen und Verhältnisse, unter denen sie leiden. [...] Es mag sein, dass Frauen deshalb häufiger das Ernsthafte mit dem Spaßigen verknüpfen, weil wir eine Grunderfahrung im Humor verarbeiten: die Ungerechtigkeit.«[387] »Wir bedienen uns des Humors, um Dinge in unserem Leben zu benennen, die die Welt lieber im Nebel lassen würde«, schreibt die amerikanische Humorforscherin Gina Barreca.[388] Indem weiblicher Humor »Unsinn entlarv[t...]«, vermag er »aus dem normalen Unsinn für sich Sinn [zu] produzieren«.[389]

Es ist also evident, dass die Behauptung, Frauen hätten nur in seltenen Fällen Humor, falsch ist. Sie resultiert aus zwei falschen Prämissen. Erstens aus der Prämisse, dass weiblicher Humor nur dann als Humor gelten kann, wenn er mit dem männlichen identisch ist und zweitens aus der Prämisse, dass Männer ausreichend Gelegenheit hätten, weibliche Humorproduktion zu rezipieren.

Männliche wie weibliche Humorproduktion unterscheidet sich, je nachdem, ob sie in gleichgeschlechtlichen oder in gemischtgeschlechtlichen Gruppen stattfindet. Da die meisten Untersuchungen und Dokumentationen des (männlich geprägten) Humors aus männlicher Feder sind,[390] kann deren Charakteristik unter männlichen wie weiblichen Rezipienten als gesichert gelten. Einige wenige Untersuchungen von explizit weiblichem Humor gibt es erst seit etwa 25 Jahren, und sie werden fast nur von Frauen rezipiert. Der weibliche Humor wird immer noch oft als hinterlistig und boshaft dargestellt, Frauen und ihr Humor gelten als »stutenbissig«, »konkurrent«, »intrigant«.[391] Inwiefern daran etwas Gültiges ist oder ob diese Zuschreibungen hauptsächlich aus Vorurteilen oder Stereotypen gespeist werden, mit denen Frauen belegt werden, kann im Rahmen dieser Arbeit nicht geklärt werden. Es lohnt sich jedoch wahrzunehmen, dass man für die gleichen Phänomene auch nicht-pejorative Beschreibungen wählen könnte wie etwa *aggressiv, hart* oder *beißend.*

Wenn, wie Jenkins zeigt, die wesentliche Funktion von weiblichem Humor Situationsbewältigung ist, und zwar durch die Herstellung von Nähe und Vertrautheit, wird klar, warum Frauen weniger Interesse am Behalten und Erzählen vorgefertigter Witze haben. Weder ergeben sich diese aus der momentanen Situation, noch präsentieren sie in ihrer Mehrzahl eine

387 *Jenkins*, Scherzen, 39.

388 *Barreca*, Herrenklos, 66.

389 *Jenkins*, Scherzen, 39.

390 Vgl. *Trömel-Plötz*, Vorwort, 15. Daran hat sich bis zum Jahr 2009 nicht viel geändert.

391 Vgl. *Jenkins*, Scherzen, 41.

»weibliche Sicht der Welt«.[392] »Wenn Frauen mal ›richtige‹ Witze erzählen, heißt es, bringen sie erst die Pointe.«[393] Zuerst den Kern oder die Zusammenfassung einer Geschichte zu bringen, hat den Vorteil, dass »man das Publikum von Anfang an dabeisein [lässt]. Es kann sich an der Geschichte entlanglachen, weil es ja weiß, wohin sie führt. Es kann sie kommentieren und weiterspinnen. Diese Form erlaubt ein kooperatives Erzählen, das Teilen der Geschichte. Dieses dient dem Herstellen von Vertrautheit stärker als die individuellen Vorstellungen.«[394]
»Weiblicher«, also gemeinschaftsstiftend selbstherabsetzender, sich bei den andern vergewissernd selbstkritischer und Unsinn entlarvend sinngenerierender Humor, ob nun von Frauen oder von Männern produziert, ist ein möglicher Ausgangspunkt für die Arbeit am Symbolischen.

2.4.2 Narren, Clowns und Utopien der Freiheit

»Der Clown ist der Nachkomme der Hofnarren.«
»Armer Clown, man achtet ihn für nichts.
Er ist der Letzte unter den Letzten der Manege
und im ganzen Zirkus.«
Charlie Rivel[395]

»Der Clown beherrscht nichts –
das aber richtig.«
Johannes Galli[396]

»Wer Geist hat, liebt den Unsinn.
Wer zu leben versteht, ist oberflächlich aus Tiefe.«
Norbert Bolz[397]

Ein weiteres Phänomen, das in der Forschung unter soziologischen Gesichtspunkten betrachtet wird, ist das der Narren, Clowns oder Trickser.[398] Ihre soziale Stellung ist schwer zu definieren, da sie sich traditionell außerhalb der Hierarchien befinden, innerhalb derer sie jedoch eine wichtige Rolle spielen.[399] Historisch betrachtet sind Narren und Clowns

392 *Jenkins*, Scherzen, 43.
393 *Jenkins*, Scherzen, 43.
394 *Jenkins*, Scherzen, 43.
395 *Rivel*, Clown, 48.
396 Zitiert nach *Matthiae*, Clownin, 5.
397 *Bolz*, Sinn, 162.
398 Vgl. zum Trickser *Matthiae*, Clownin, 269f.
399 Hier kann keine historische Einordnung des Phänomens Narrentum und Clownerie geleistet werden. Vgl. zum Humor in historischer Perspektive Bremmer/Roodenburg, Humor, passim; *Zijderveld*, Humor, 89–141. Vgl. zur historischen Perspektive der Funktion des Lachens den Sammelband von *Fietz, Lothar* (Hg.), Semiotik, Rhetorik und Soziologie des Lachens. Vergleichende Studien zum Funktionswandel des Lachens vom Mittelalter zur Gegenwart, Tübingen 1996. »Der Narr dient als Sündenbock und als Mittel, gruppenspezifische Anstandsregeln und Umgangsformen Geltung zu verschaffen. Studien über die soziale Funktion des Humors im Umgang mit anderen Rassen und ethnischen Gruppen bzw. sonstigen Minderheiten kommen zu dem Ergebnis, dass Humor die Eigengruppe stabilisiert, auf Kosten der jeweils anderen

nicht dasselbe, jedoch ist dies für meine theologische Betrachtung ohne Gewicht. Darum unterscheide ich im Weiteren nicht zwischen Narren und Clowns, sondern verwende die Begriffe weitgehend synonym,[400] bzw. sehe mit Charlie Rivel die Clownerie als moderne Form von Narrentum.

Der Begriff Narr umfasst als Oberbegriff auch die Blödelbarden, Comedy-Heldinnen und Witzarbeiter, die es täglich am Fernsehen zu sehen gibt. Der Philosoph und Medientheoretiker Norbert Bolz stellt die Frage danach, warum unsere »infantilisierte Gesellschaft« »das Kindische so attraktiv« findet.[401] »Nun, die Antwort scheint mir einfach: Kinder sind frei – nämlich von Logik und Kritik. In der infantilen Unschuldswelt sind die Kontrollfunktionen von Vernunft, Verantwortung und Geschmack außer Kraft gesetzt. Dieses Glück strahlt aus dem Kindergesicht von Hape Kerkeling.«[402] Comedy mit der Intention »der Entübelung der Dummheit« ist für Bolz geradezu »als Therapieersatz« zu verstehen, als der Versuch, »gegen die moralinsauren Trauerarbeiter der Betroffenheitskultur« anzutreten.[403] Es gibt also einen Sinn im Unsinn, der im Tabubruch besteht. Freud spricht davon, dass bereits Jugendliche, weil sich die Kritik an ihnen festgesetzt hat, sich scheuen, den Widersinn anzusprechen, und darum umso größere »Lust am ›befreiten Unsinn‹«[404] haben. Nach Zijderveld »[ist] vielleicht der utopische Charakter des Humors sein bemerkenswertestes Kennzeichen. Der Narr kreiert mit seinen Witzen eine neue, von der Norm abweichende Wirklichkeit, in der das Undenkbare gedacht und das Unmögliche möglich gemacht wird ... Im Reich des Humors ist man nicht an das gebunden, was gedacht, gefühlt, gesagt und getan werden muss. Die Menschen sind in dieser Wirklichkeit das, was der jüdische Humor *Luftmenschen* nennt – Menschen, die frei schweben, die ziemlich phantastisch und dennoch menschlich sind ...«.[405] Die vom Humor hervorgerufene Schöpfung der menschlichen Phantasie wird nicht um der Rebellion willen geschaffen, sondern um dem Menschen einen Spiegel vorzuhalten, angebliche Selbstverständlichkeiten zu dekonstruieren, »damit vor allem die zur Routine gewordenen alltäglichen Sinninhalte für ihn [den Menschen] wieder sinnvoll werden.«[406]

Nach Charlie Rivel ist ein Clown jemand, der über selbstkritische »Poesie verfügt, um mentale Enge jeglicher Form zu demaskieren. Seine Auf-

Genugtuung verschafft, Vorurteile abbaut, zu neuen Sichtweisen führt und soziale Veränderungen bewirkt« (*Boskin*, Humor, 18).

400 Vgl. auch *Cox*, der zwar durchgehend von Narren spricht, dann aber Christus einen »Harlekin« (Fest, 188) nennen kann. Ähnlich auch die synonyme Verwendung bei *Matthiae*, Clownin, 364–304.

401 *Bolz*, Sinn, 157.

402 Ebd.

403 *Bolz*, Sinn, 157f.

404 *Freud*, Witz, 141. Freud betont den Lustaspekt am Komischen, wenn er von »›komische[r]‹ Lust« spricht und der Lust, die entsteht, wenn Unlustgefühle erspart werden (a.a.O., 214).

405 *Zijderveld*, Humor, 48; vgl. a.a.O., 201.

406 *Zijderveld*, Humor, 48.

gabe liegt darin, alle Seelenzustände, die mit Enge zu tun haben, aus der Welt zu schaffen.«[407]
»Die Arbeit, die der Komiker gegen Verdrängung leistet ist weniger kurzlebig [als Witze, GK]. Wir vergessen die komischen Katastrophen nicht so schnell wie die Witze. Die Komik lebt nicht nur vom blitzartigen Erscheinen des sonst Ausgeschlossenen, sondern von der Entfaltung einer sonst ausgeschlossenen Realität am Detail.«[408] Die Methode dabei ist die der Verfremdung, die Betrachtung »der Welt, der Menschen und ihres Alltags – ... durch ein Vergrößerungsglas«.[409] Komiker sind dabei aber nicht einfach lustig, sondern der »Clown, der Komiker ist von jeher eine Figur, die das Element der Melancholie am ergreifendsten verkörpert. [...] Er erfährt, dass die Welt nicht ein Spiel und ein Zauber ist. Denn überall lauert der Widerstand. Man muss sich anpassen, Leistungen erbringen, Erwartungen erfüllen. Diese Erfahrung ist eigentlich der Abschied vom Paradies. So gesehen, zeigt uns der Clown immer wieder seinen und damit unseren Abschied vom Paradies, die Urform der Melancholie. [...] Er hat die Möglichkeit, im Menschen etwas anzuregen, das gerade beim Erwachsenen oft vergessen geht: das Spiel mit der Phantasie, das ›Etwas-aus-dem-Nichts‹-Erschaffen können. Der Clown lässt den Humor auf einer fundamentalen und elementaren Ebene entstehen, nämlich dort, wo die Unschuld liegt und die Natürlichkeit. Sein Spiel lebt nicht von Zeit-Themen. Der Clown wirkt befreiend, weil die Zeit wegfällt und alles zu nichts und nichts zu allem wird. Wir leben in einer Gerätewelt, die das Denken erstickt und das Erschaffen-Wollen auslöscht. Da setzt der Clown einen Kontrapunkt. Er beginnt mit etwas zu spielen, aus dem Tisch entsteht ein Tier, und das Tier ist ein Drache. Eine überraschende Situation, die Erstaunen hervorruft. Der Clown macht nicht nur komische Sachen, er ist auch ein Zauberer: der Schöpfer seiner eigenen Welt«.[410] Dabei fürchtet er sich nicht vor dem Versagen, dem Scheitern. Im Gegenteil scheint er ein gehöriges Maß an Befriedigung daraus zu ziehen. Clowns agieren auf der Stufe eines Kleinkindes«.[411]

Auch im Jahr 2007 gibt es sehr viel weniger weibliche Clowns, Comedians, Kabarettistinnen als männliche. Das ist aus meiner Sicht bedauerlich, aber nicht erstaunlich, denn wie Bierbach, McGhee u.a. feststellen, befinden sich Jungen, die »witzige Aktivitäten produzieren« in Übereinstimmung mit ihrem Rollenbild, witzige Mädchen im Widerspruch dazu.[412] Mit dem erfolgreichen Einsatz von Humor wird Macht in Verbindung gebracht, darum »wird die Initiierung von Humor inzwischen auch mit anderen traditionell männlichen Charakteristika wie Aggressivität, Do-

407 *Belussi*, Störung, 112.
408 *Jurzik*, Stoff, 47f.
409 *Dimitri*, Humor, 34.
410 *Birkenmeier*, Humor, 117f.
411 *Titze*, Kraft, 296.
412 *Bierbach*, Witze, 242. Zu den geschlechtsspezifischen Unterschieden vgl. *Ziv*, Personality, 158f.

minanz und Selbstsicherheit assoziiert«.[413] Es gibt Studien, nach denen die Witzbolde zu den einflussreichsten Mitgliedern einer ›natürlichen Gruppe‹ zählen; es scheint also mit dem Gebrauch von Humor die Ausübung von Macht einherzugehen. »Viele Stand-up-Comedians haben, bevor sie vor Publikum auftraten, die Einforderung von Autorität in einem anderen Rahmen gelernt. Frauenhumor ist nichts für Angsthasen oder Mimosen. Morgens aufzuwachen allerdings auch nicht«, schreibt Barreca zutreffend. Sie attestiert dem weiblichen Humor »anarchischen Biss ... Der Humor von Frauen zieht nicht die kleinen, sondern die ganz großen Dinge in Zweifel, stellt in Frage, wie die Welt konstruiert ist. Frauenhumor hat ein besonders Interesse daran, an den Grundpfeilern zu rütteln, weil sie Frauen von Machtpositionen ausschließen«.[414] An den Grundpfeilern der Macht zu rütteln, wo sie in Ungerechtigkeit einzementiert sind, ist eine schöne Aufgabe, die der Kirche obliegt. Die Aufgabe ist mit Risiken verbunden, auf die im Abschnitt »Humor als Ärgernis« zurückzukommen ist.[415]

Jedoch kann ich zumindest dem zweiten Teil ihres Pauschalurteils, »Frauen sind witzig – witziger als Männer« nicht zustimmen. Das Qualitätsgefälle innerhalb der professionellen Humorproduktion hat aus meiner Sicht kein Geschlecht, und die Männer und Frauen, die sich am oberen Ende der Qualitätsskala bewegen, haben nach meiner Beobachtung einen gemischten Humor aus sogenannten weiblichen, männlichen und kindlichen Eigenschaften: aggressiv, resignativ, trotzig, spielerisch, schockierend, anarchisch, distanziert, leidenschaftlich, phantasievoll, naiv, frech, absurd, hintergründig – eben auf ganz spezielle Art und Weise.

2.5 Humor als psychotherapeutischer Wirkfaktor[416]

»Ein Mensch missachtet die Befehle
Des bessern Ich, der zarten Seele –
Bis die beschließt, gekränkt und schwer:
Mit dem verkehre ich nicht mehr.
Sie lebt seitdem, verbockt und stumm,
Ganz teilnahmslos in ihm herum.«
Eugen Roth[417]

413 *McGhee*, zitiert nach *Barreca*, Herrenklos, 67.

414 *Barreca*, Herrenklos, 67.

415 Peter Warnock stellt eine Zehnerskala auf für den Grad des Risikos, das mit einem bestimmten Humorgebrauch verbunden ist. Humorwertschätzung wird dabei als risikoärmste Form des Humorgebrauchs (1) bewertet, die Arbeit als Comedian als riskanteste (10), dazwischen liegen: Berichte von eigenen Humorerlebnissen (4), Witzeerzählen (6), Puppenspiel, Clownerie und Geschichtenerzählen (7), spontaner Humorgebrauch (8) und »Acts as master of ceremonies« (9). Warnock kommt zu dieser Tabelle durch Beobachtung der Arbeit von Unternehmensberatern, aber im Groben ist wohl auch auf den Humorgebrauch in der Predigt zu übertragen. (*Warnock*, Humor).

416 Vgl. *Titze/Eschenröder*, Humor, 55ff.

417 *Roth*, Zeitgenossen, 53.

Inzwischen spielen Humor und Lachen in fast allen Therapieformen, wie sie heute ausgeübt werden, eine mehr oder weniger wichtige Rolle.[418] Die Psychoanalyse nimmt dabei eine Sonderstellung ein, weil sie die Grundlage aller späteren Therapieformen – auch der sich von ihr abgrenzenden – darstellt.

2.5.1 Humor und Psychoanalyse

»Humor setzt Wunden voraus, er ist eine Vernarbungserscheinung.«
Siegmund Graff[419]

Ziel der psychoanalytischen Therapie ist es, die Arbeits- und Genussfähigkeit der Klientin (wieder-)herzustellen, indem ihr Einsicht vermittelt wird in ihre lebensgeschichtlich gewachsenen Verdrängungsprozesse und sie mit den Widerständen, die sich dabei ergeben, umzugehen lernt.[420] Schon 1905 hatte Freud entdeckt, dass es eine große Nähe zwischen Traumdenken und der »Witzarbeit« gibt.[421] Die Nähe ist an mindestens zwei Indizien erkennbar: erstens enthalten viele Träume selbst Witze und zweitens lachten viele von Freuds »neurotischen, in psychoanalytischer Behandlung stehenden Patienten« und bezeugten damit, »dass es gelungen ist, ihrer bewussten Wahrnehmung das verhüllte Unbewusste getreulich zu zeigen, und sie lachten auch dann, wenn der Inhalt des Enthüllten es keineswegs rechtfertigen würde«.[422]
Nach Freud ist komisch, »was sich für den Erwachsenen nicht schickt. [... Er] mag nicht entscheiden, ob die Herabsetzung zum Kinde nur ein Spezialfall der komischen Herabsetzung ist oder ob alle Komik im Grunde nicht auf einer Herabsetzung zum Kinde beruht«.[423]
»Kein Zweifel, das Wesen des Humors besteht darin, dass man sich die Affekte spart, zu denen die Situation Anlass gäbe« und aus diesem »ersparten Gefühlsaufwand ... beim Zuhörer die humoristische Lust [wird].« »Der Humor hat nicht nur etwas Befreiendes wie der Witz und die Komik, sondern auch etwas Großartiges und Erhebendes, ... das offenbar ... im Triumph des Narzissmus, in der siegreich behaupteten Unverletzlichkeit des Ichs [liegt]«.[424] Insofern »[ist] der Humor ... nicht resigniert, er ist trotzig, er bedeutet nicht nur den Triumph des Ichs, sondern auch den des Lustprinzips, das sich hier gegen die Ungunst der realen Verhältnisse

418 Vgl. *Titze/Eschenröder*, Humor, 55.
419 *Graff* zitiert nach *Seibert/Wittmann/Zöpfl*, Humor, 13.
420 Diese Theorien legen ihren Fokus vor allem auf die innerpsychischen Vorgänge wie Aufhebung der Verdrängung von Aggression, Sexualität und anderer tabuisierter Inhalte (vgl. *Haig*, Anatomy, 10).
421 Bergson spricht bereits 1899 in diesem Zusammenhang von den »Vernunftwidrigkeiten« und »komischen ungereimten Gedankengängen« im Traum (*Bergson*, Lachen, 104f).
422 *Freud*, Witz, 194 Anm. 1.
423 *Freud*, Witz, 259f.
424 *Freud*, Humor, 385.

zu behaupten vermag.«[425] Freud versteht den Humor als einen nur teilweise regressiven Prozess und nimmt an, eine »humoristische Einstellung« zu haben, sei so, als behandle jemand sich selbst wie ein Kind und spiele gleichzeitig diesem Kind gegenüber die Rolle eines »liebevoll tröstlich« sprechenden Erwachsenen.[426] Die Regression ist also keine, die sich in Illusionen flüchtet, sondern führt zu einer unerschrocken-relativierenden Einstellung zum Leben.[427] »Er [der Humor] will sagen: Sieh' her, das ist nun die Welt, die so gefährlich aussieht. Ein Kinderspiel, gerade gut, einen Scherz darüber zu machen!«[428]

Das »stärkste Hindernis der komischen Wirkung« ist nach Freud die »Entbindung peinlicher Affekte«,[429] d.h. während man z.B. Mitleid, Ärger, Schmerz, Rührung oder Scham empfindet, hat man es besonders schwer, »humoristische Lust«[430] zu empfinden. Um diese Lust trotzdem zu gewinnen, braucht man den Humor. »Er tritt für diese Affektentwicklung ein, setzt sich an die Stelle derselben [...] Die Lust des Humors entsteht ... auf Kosten [einer] unterbliebenen Affektentbindung, sie geht aus erspartem Affektaufwand hervor.«[431]

Nach Freud ist der Humor eine jener »Methoden, die das menschliche Seelenleben ausgebildet hat, um sich dem Zwang des Leidens zu entziehen«[432] mittels Distanznahme. Er hebt hervor, dass der Humor »in allernächster Nähe zur völligen Verzweiflung haust (als Ausgangpunkt nimmt er im buchstäblichen Sinne den ›Galgenhumor‹: das scherzhafte Abstrahieren davon, dass man sterben soll, – und fügt hinzu, dass es kein Humor ist, wenn darin stoische Seelengröße zum Ausdruck kommt, sondern nur, wenn man die eigene kreatürliche Ohnmacht bewahrt und akzeptiert)«.[433]

»Der Humor hat nicht nur etwas Befreiendes wie der Witz und die Komik, sondern auch etwas Großartiges und Erhebendes, welche Züge an den beiden anderen Arten des Lustgewinns aus intellektueller Tätigkeit nicht gefunden werden. Das Großartige liegt offenbar im Trumpf des Narzissmus, in der siegreich behaupteten Unverletzlichkeit des Ichs. Das Ich verweigert es, sich durch die Veranlassungen der Realität kränken, zum Leiden nötigen zu lassen, es beharrt dabei, dass ihm die Traumen der Außenwelt nicht nahe gehen können, ja es zeigt, dass sie ihm nur Anlässe

[425] *Freud*, Humor, 385.
[426] *Freud*, Humor, 389.
[427] Es handelt sich also nicht um maligne, sondern um benigne Regression. Diese Unterscheidung stammt von Michael Balint. Die benigne, »gutartige« Regression ist dabei als »Regression um der Progression willen« zu verstehen. Der vorübergehende Rückzug auf einen früheren Entwicklungsstand wird dabei als heilsame Möglichkeit zum Kraftschöpfen verstanden. Maligne Regression ist das Verbleiben auf einem früheren Entwicklungsstand (vgl. *Balint*, Regression, 161).
[428] *Freud*, Humor, 389.
[429] *Freud*, Witz, 260.
[430] *Freud*, Witz, 261.
[431] Ebd.
[432] *Freud*, Humor, 385.
[433] *Freud*, zitiert nach *Ekmann*, Ende, 32.

zu Lustgewinn sind. Dieser letzte Zug ist für den Humor durchaus wesentlich.«[434]
Deshalb ist Humor nach Freud keine Form von Resignation, sondern von Trotz. Das Ich trotzt gemäß dem Lustprinzip gegen die widrigen Umstände, unter denen es lebt. Freud weist auf die Nähe zwischen Humor und Regression hin, die in der »Abweisung des Anspruchs der Realität und die Durchsetzung des Lustprinzips« bestehen.[435]
Die »humoristische Einstellung« besteht darin, dass sich der Erwachsene sich selbst wie ein Kind behandelt: Er erkennt die »Interessen und Leiden, die diesem [Kind] groß erscheinen, in ihrer Nichtigkeit«[436] und belächelt sie. Gleichzeitig spielt er diesem Kind (dem »eingeschüchterten Ich«) gegenüber die Rolle der überlegenen und liebevollen Eltern (»Über-Ich«).[437] Während Freud sonst das Über-Ich als einen gestrengen Herrn kennt, nimmt es mit dem Humor eine couragiert-relativierende und wohlwollende Haltung zum Leben ein.[438]
Hans Strotzka[439] stellte noch 1976 fest, dass Freuds originelle Ideen zum Humor »immer noch keinen Durchbruch« für das Menschenbild erlebt haben. Das dürfte sich in den letzten 30 Jahren weitgehend verändert haben. Strotzka plädiert dafür, den Humor positiv zu würdigen und »in die Reihe der Ich-Abwehrmechanismen« aufzunehmen, ihn also nicht als Widerstand gegen die Deutungen der Analytikerin aufzufassen, sondern als Zeichen von wachsender Ich-Stärke.[440]
Grotjahn fordert ausdrücklich eine humorvolle Haltung des Therapeuten und empfiehlt sogar Lachen, nicht Lächeln [!] als zu gebendes gutes Beispiel und als Anzeichen von Reife: »Wenn wir lachen, ›lassen wir die Katze aus dem Sack‹. Dass wir menschlich sind, brauchen wir unseren Patienten nicht zu zeigen, wohl aber möchten wir von Zeit zu Zeit *das Beispiel einer spontanen Reaktion* geben und die *emotionale Freiheit* bekunden, die zur *Reife* gehört. Ein Lächeln ist in solchen Situationen kaum genug, weil es zu häufig ein Zeichen von Überlegenheit ist; der Therapeut lächelt nur für sich selbst«.[441] Außerdem rät er dazu, Deutungen mit Hilfe von Anekdoten zu geben, eine »Methode, die der Therapeut be-

434 *Freud*, Humor, 385.
435 Ebd.
436 *Freud*, Humor, 386.
437 *Freud*, Humor, 387.
438 Critchley schlägt vor, von super-ego I und II zu sprechen. »True enough, Freud and his commentatores have said many inconsistent things about the super-ego. My point, however, is sinple: in humour, we see the profile of ›super-ego II‹, a super-ego wich does not lacerate the ego, but speaks to it words of consolation. This is a positive super-ego that liberates and elevates by allowing the ego to finde itself ridiculous. If ›super-ego I‹ is the prohibiting parent, solding the child, then ›super-ego II‹ is the comforting parent. Or better still, ›super-ego II‹ is the child that has become the parent: wiser and wittier, if slightly wizened« (*Critchley*, Humour, 103).
439 *Strotzka*, Witz, 309.
440 Ebd.
441 *Grotjahn*, Sinn, 152, Kursivierung GK.

wusst anwenden kann, während der Patient sie gelegentlich unbewusst anwendet«.[442]
Besonders in einer Gruppentherapie spielen Humor und Lachen eine wichtige Rolle, denn »in der Regel wirkt Lachen gruppenbildend und schließt die Gruppe enger zusammen«,[443] die humorvolle Haltung des Gruppenleiters »ist der beste Schutz gegen eine Infantilisierung der Gruppe«.[444] Titze und Eschenröder halten die Witze, die die Klienten erzählen, sogar für einen »Königsweg zum Unbewussten« weil sie als Metapher die zentralen Themen des jeweiligen Witzerzählers aufgreifen.[445]
Zu den wesentlichen Eigenschaften des Humors gehört es, dass er Bewusstmachung und Einsicht fördern kann, und zwar durch »Umgehung der Abwehr, Verbesserung der therapeutischen Beziehung, Pointierung, Überraschung, Nähe zum Unbewussten und gleichnishafter, metaphorischer Ausdruck«.[446] Außerdem bietet er die Möglichkeit, indirekter Mitteilungen, sowohl von bewussten Inhalten (Anekdoten, humorvolle Geschichten) als auch von unbewussten (Witze). Die Wirkung des Humors ist Befreiung, Entlastung und »Erhebung« der Klientin/Patientin, die durch eine relativierende neue Sicht möglich werden und die in der Folge den Verhaltensspielraum erweitern. Es ist jedoch zu bemerken, dass innerhalb der psychoanalytischen Literatur keine Methodenvorschläge diskutiert werden, sondern vor allem der *Humor als Haltung* positiv gewürdigt wird.[447]

2.5.2 Paradoxe Intention

»Am allervernünftigsten ist es,
nicht allzu vernünftig sein zu wollen.«
Viktor E. Frankl[448]

Von vielen Psychologen wird die paradoxe Intention als gezielte Interventionstechnik angewandt.[449] Ihre Wirkweise wird jedoch nur bei Viktor E. Frankl schlüssig dargelegt. Während andere Therapeuten nicht unbedingt einen Bezug dieser Methode zum Humor herstellen, tut Frankl dies ausdrücklich und konsequent und ist insofern als wichtigster Pionier bei der Anwendung therapeutischen Humors anzusehen.[450]

442 *Grotjahn*, Sinn, 152.
443 *Grotjahn*, Sinn, 155f.
444 *Grotjahn*, Sinn, 154.
445 »Hysterische« Menschen bevorzugen Witze, in denen Liebesbeziehungen vorkommen, »zwanghafte« Menschen mögen Witze, in denen ein Konflikt zwischen Über-Ich und Es eine Rolle spielen (teils abnorme, psychopathische Phantasien), paranoide Patienten erzählen Opferwitze, während bei Manisch-Depressiven eine Oben-Unten-Thematik dominiert« (*Titze/Eschenröder*, Humor, 62f).
446 *Titze/Eschenröder*, Humor, 62.
447 Vgl. *Titze/Eschenröder*, Humor, 64.
448 Zitiert nach *Titze*, Kraft, 254.
449 Vgl. *Titze/Eschenröder*, Humor, 80.
450 Vgl. ebd.

In den dreißiger und vierziger Jahren des 20. Jahrhunderts entwickelte Frankl die »Logotherapie« als eine Therapieform, in der der ›Sinn‹ eine wesentliche Rolle spielt. Für Frankl ist der »Wille zum Sinn«[451] das primäre Bedürfnis des Menschen. Ohne das Gefühl, dass das Leben Sinn hat, wird es unerträglich. Das Leben als sinnlos zu empfinden, führt nach Frankl zu einem Zustand von »lähmender Leere und frustrierendem Überdruss«.[452] Nach logotherapeutischer Auffassung ist dies das Grundübel, das die Entstehung von psychischen Störungen überhaupt erst ermöglicht. Frankl selbst überlebte seine jahrelange KZ-Gefangenschaft nur mithilfe der »Trotzmacht des Geistes«[453] und kam zu der Überzeugung, dass Menschen unter allen Umständen die geistige Freiheit besitzen, den Widrigkeiten des Lebens zu trotzen und über sich hinauszuwachsen. Der Humor ist dabei die treibende Kraft der Distanznahme gegenüber den widrigen Lebensumständen. Frankl kann ihn »ein Existential« nennen, das auf gleicher Ebene liegt wie »die Sorge (M. Heidegger) und die Liebe (L. Binswanger)«.[454]

Zur neurotischen Symptomatik kommt es dadurch, dass ein Mensch sich von bestimmten, zunächst harmlosen Symptomen wie etwa Erröten, Zittern, Schwitzen befreien möchte. Weil er sie aber sowohl erwartet als auch loswerden möchte, fixiert er sich auf sie und verstärkt sie durch die übermäßige Selbstbeobachtung, so dass es zu einem Teufelskreis kommt. »Die wichtigste logotherapeutische Methode, diesen Teufelskreis zu durchbrechen, ist die *paradoxe Intention.* Sie ist ... keinem bestimmten Denkziel verpflichtet, sondern greift die philosophische Tradition der gedanklichen ›Ausklammerung‹ (Epoché) von normativen Vorstellungen auf, die die personale Freiheit des Menschen einengen.«[455] Der Patient bekommt bei der paradoxen Intention die Anweisung, sich gerade das bisher so sehr Gefürchtete zu wünschen bzw. als Handlung zu vollziehen.[456] »Dabei wird der Klient gezielt dazu angehalten, [die Furcht] mit humorvollen Formeln – Humor schafft Distanz – zu übertreiben«.[457]

Die paradoxe Intention zielt auf einen »existentiell bedeutsamen Einstellungswandel [...]. Wenn etwa ein Angstneurotiker die verabsolutierende Angst vor den eigenen Symptomen (die stets mit einem tiefen Misstrauen gegenüber der eigenen Person einhergeht) der Lächerlichkeit preiszugeben, wird eben dieser Angst augenzwinkernd ›der Wind aus den Se-

451 *Frankl*, Hunger, 261.
452 *Frankl*, Hunger, zitiert nach *Titze/Eschenröder*, Humor, 76.
453 *Frankl*, Leben, 165.
454 *Frankl*, Grundriss, 164.
455 *Titze/Eschenröder*, Humor, 76.
456 Vgl. *Frankl*, Mensch, 124.
457 *Frankl* (Zur medikamentösen Unterstützung der Psychotherapie bei Neurosen. Schweizer Archiv für Neurologie und Psychotherapie, 43, 26–29) zitiert nach *Titze/Eschenröder*, Humor, 77. Als Beispiel führt *Frankl* später aus: »Heute geh ich mal aus, um mich vom Schlag treffen zu lassen, muss sich beispielsweise ein Patient sagen, der an einer Agoraphobie leidet« (Seelsorge, 185).

geln‹ genommen«.[458] Die Aufgabe des Therapeuten besteht darin, die Humorreaktion in Ganz setzen, indem er seinen eigenen *Mut zur Lächerlichkeit* unter Beweis stellt.
»Der Patient soll lernen, der Angst ins Gesicht zu sehen, ja, ihr ins Gesicht zu lachen. Hierzu bedarf es eines Mutes zur Lächerlichkeit. Der Arzt darf sich nicht genieren, dem Patienten vorzusagen, ja vorzuspielen, was sich der Patient sagen soll. Wenn der Patient lächelt, sagen wir ihm: »Auch wenn Sie all dies sich selbst sagen werden, werden Sie lächeln und gewonnenes Spiel haben.«[459]
»Durch ihn [den Humor] lernt der Patient ..., seine neurotischen Symptome irgendwie zu ironisieren. Zwar mag das Symptom, dem sich die paradoxe Intention zunächst zuwendet, nur den symptomatischen Vordergrund einer hinter ihm stehenden Urangst darstellen; aber auch die paradoxe Intention ist ja das Medium einer tiefergehenden und existentiell durchgreifenden Umstellung, will heißen: der Wiederherstellung eines Urvertrauens zum Dasein.«[460] Dies führt zu einem »komischen Pessimismus«, der es sogar möglich macht, »der ›Gefahr‹ nicht nur ins Gesicht zu blicken, sondern auch ins Gesicht zu lachen«.[461]

2.5.3 Reframing

Im Folgenden soll die Methode des Reframings beschrieben werden, weil man mit diesem Begriff einen wesentlichen Wirkmechanismus des Humors erfassen kann. Wörtlich bedeutet Reframing *neurahmen*, d.h. dass man ein Bild oder eine Erfahrung, mit einem neuen oder anderen Rahmen versieht. Psychologisch beinhaltet Reframing, dass man den Sinn von etwas verändert, indem man es in einen Rahmen oder Kontext setzt, der sich von demjenigen unterscheidet, mit dem das betreffende Objekt vorher in Verbindung gebracht wurde.[462]
Der Reframingprozess kann so beschrieben werden: Je nachdem, wie ein Bild gerahmt ist, ist unsere Wahrnehmung seines Inhalts unterschiedlich.[463] Was ist außer dem zu Betrachtenden noch zu sehen? In welchen Kontext ist es gesetzt? Wie ändern sich die Perspektive und das Ver-

458 *Titze/Eschenröder*, Humor, 80.
459 *Frankl*, Grundriss, 164.
460 Ebd.
461 *Frankl*, Mensch, 63.
462 Vgl. *Dilts*, Magie, 35f.
463 Ein gutes Beispiel für Reframing gibt Trenkler: »In einem bayrischen [!] Biergarten in München sitzen ein Bayer und ein Preuße. Beide bestellen ihre Maß. Der Bayer setzt an und trinkt gleich die halbe Maß leer, während der Preuße nur einen Schluck trinkt. Der Bayer trinkt seinen Krug leer und bestellt ein zweites [!] Maß, während der Preuße weiter an seiner Maß nippt. Bei der dritten Maß fragt der Bayer schließlich den immer noch ›maßvoll‹ trinkenden Preußen: ›Trinkan'S net?‹ Der Preuße antwortet: ›Nur, wenn ich Durst habe.‹ Der Bayer schüttelt leicht angewidert den Kopf und murmelt: ›Wie an Vieach.‹« (*Trenkle*, Ha-Handbuch, 128, Genusfehler im Original).

ständnis des Gesamten, wenn der Ausschnitt vergrößert oder verschoben wird?[464]
Im Reframing spielt die Frage nach Sinn oder Kohärenz eine wichtige Rolle. Nach Dilts ist Sinn »ein Produkt unserer Werte und Überzeugungen bzw. Glaubenssätze und steht mit der Frage *Warum* in Zusammenhang. Die Botschaften, Ereignisse und Erfahrungen, die uns als die ›sinnvollsten‹ oder bedeutsamsten erscheinen, die diejenigen, die am stärksten mit unseren zentralen Werten (Sicherheit, Überleben, Wachstum usw.) verbunden sind. Überzeugungen, die mit Ursache-Wirkungs-Beziehungen sowie mit der Verbindung zwischen wahrgenommenen Ereignissen und unseren Werten zusammenhängen, determinieren weitgehend, welchen Sinn wir den wahrgenommenen Ereignissen geben. Die Veränderung von Überzeugungen bzw. Glaubenssätzen und Werten kann den Sinn der Erfahrungen, die wir in unserem Leben machen, unmittelbar verändern.«[465] Dennoch geschieht diese Veränderung nur zögerlich. Menschen haben Widerstände gegen etwas Neues, selbst, wenn es ihnen attraktiver erscheint als das bisherige, sie neigen daher dazu, den »Problemrahmen« aufrecht erhalten zu wollen.[466] Ein ›Lehrsatz‹ des Reframings lautet dementsprechend: »Die Landkarte ist nicht das Gebiet. Jeder Mensch hat eine eigene Landkarte der Welt. Es gibt keine einzig korrekte Landkarte der Welt. Menschen treffen stets die besten Entscheidungen, zu denen sie aufgrund der in ihrem Weltmodell verfügbar erscheinenden Möglichkeiten und Fähigkeiten in der Lage sind. Die ›weisesten‹ und ›mitfühlendsten‹ Landkarten sind diejenigen, die die größte und umfassendste Anzahl von Möglichkeiten eröffnen – im Gegensatz zu den ›wirklichkeitsgetreuesten‹ oder ›akkuratesten‹.«[467] Es geht also beim Reframing darum, durch eine Verschiebung der Perspektive zu einer Neubewertung zu kommen, die den Möglichkeitsraum vergrößert.
In den 1990er Jahren machte Donald Capps Reframing für die Seelsorge fruchtbar und betonte stärker als die anderen Autoren die Bedeutung des Humors und angrenzender Gebiete (Spielfreude, Verspieltheit, Leichtigkeit, Optimismus, Kreativität).[468] »Capps versteht Gott als Kraft, die kreative, neue Bezugssysteme aufzeigt und sinnstiftende Kreativität im Menschen aufblühen lässt. Er beschreibt Reframing als Art und Weise,

464 Zu einer Methode entwickelt wurde Reframing an verschiedenen Orten parallel: im Rahmen des NLP (Neurolinguistische Programmieren) von Bandler und Grindler, im *Brief Therapy Center of the Mental Research Institute* in Palo Alto und in der Systemischen Therapie (vgl. *Schibler*, Seelsorge, 65). Der Begriff wurde von der systemischen Familientherapeutin Virginia Satir geprägt.

465 *Dilts*, Magie, 69f. Nach Dilts ist ein Zustand der Entspannung eine wichtige Grundvoraussetzung, ohne die es zu keiner Änderung/Neuimplantierung von Glaubenssätzen kommen kann. So gesehen wäre Humor in der Predigt auch da, wo er nicht inhaltlich eingebunden, sondern bloß rhetorisch eingesetzt wird, bereits von Nutzen.

466 Vgl. *Dilts*, Magie, 221.

467 *Dilts*, Magie, 52.

468 Vgl. *Capps*, Reframing, 50.

wie ein Mensch seine Haltung gegenüber dem Leben, besonders gegenüber einem schwierigen Lebensschicksal ändert.«[469]
Capps führt Beispiele dafür an, dass Jesus und die, die ihm nachgefolgt sind, Reframing-Techniken in seinen Begegnungen mit Menschen angewandt habe, um Veränderungen im Geist, im Herzen und in den Körpern der Menschen zu bewirken und sie so zu heilen.[470]
Dass ein Problem nie auf derselben Ebene zu lösen sei, auf der es entstanden ist, hat schon Albert Einstein vertreten. Aus dieser Erkenntnis entwickelte Paul Watzlawick seine Theorie vom »Wechsel zweiter Ordnung«. Dieser Wechsel funktioniert nicht nach dem Motto »mehr desselben« innerhalb desselben Systems, sondern wechselt das System selbst, was Capps folgendermaßen aufgreift »In first-order change, the more things change, the more they remain the same. In second-order change [a *change of change*], everything is different because the system itself is no longer the same.«[471] Bewusst setzt er die Paradoxie als Technik ein, die geeignet ist, Menschen zur Aufgabe eines nicht mehr passenden, alten Bezugsrahmens zu veranlassen.
Capps stellt die Methode des Reframings anhand einer sehr erhellenden Interpretation der Hiob-Geschichte dar.[472] »Nach Capps ist das Leben selbst paradox. So interpretiert er Kapitel des Hiobbuches, in denen Gott selbst seine Geschöpfe als gleichzeitig großartig und idiotisch, dumm und grandios bezeichnet (151). Gleiches lässt sich auch von Hiob sagen – und genau dies wirkt nach Capps für Hiob befreiend: Hiob, der sich zwar unschuldig weiß, aber immer mehr in Zweifel gerät und sich schuldig zu fühlen beginnt, wird von Gott in seiner Unschuld einerseits bestätigt: Es gibt keinen persönlichen Grund, weshalb Hiob solch schreckliches Unglück erleiden musste, jedenfalls liegt die Ursache nicht in einem Missverhalten Hiobs (153). Gott lässt sich nicht auf die Fragen des *Warum* ein, er beschränkt sich auf die Frage des *Was*: Was ist das Leben überhaupt? Und wer diese Frage stellt, erhält eine paradoxe Antwort: Das Leben ist weder nur *gut* noch nur *schlecht*, noch ist Gott einfach nur Freund oder nur Gegner von Hiob, noch ist Hiob nur *gut* oder nur *schuldig*. Solange Hiob auf diese Weise mit Gott *ab*-rechnet, bleibt er gefangen, leidet er unter Sinnlosigkeit.
Und damit gehört auch Hiob zu einer zutiefst paradoxen Spezies: Großartig, und doch grausam, voller Möglichkeiten, und dennoch dumm (152). Und er erfährt, dass Leben nur auf diese Weise zu haben ist: Alles andere Suchen ist illusionär, verdeckt die paradoxe Realität.«[473]

469 *Schibler*, Seelsorge, 70.
470 Vgl. *Capps*, Reframing, 55–73, besonders 56.
471 *Capps*, Reframing, 12.
472 Vgl. *Capps*, Reframing, 111–168. Das Reframing nach Capps wird im psychologisch orientierten Teil der vorliegenden Arbeit referiert, da es sich beim Reframing um eine therapeutische Methode in Weiterentwicklung der paradoxen Intention handelt, die Capps zwar *anhand* biblischer Geschichten darstellt, für deren Gelingen in der Praxis theologische Inhalte jedoch sekundär sind.
473 *Schibler*, Seelsorge, 67.

Die Seelsorge, die Hiob von Gott erfährt besteht nach Capps nicht nur darin, dass Gott ihm selbst antwortet; hilfreich wird die Antwort dadurch, dass Gott bei Hiob Reframing-Techniken anwendet, die ihn mit der Paradoxie des Lebens konfrontieren: Dereflexion (Gedankenstopp), Verwirrung und wohlwollende Sabotage.[474] Hiob überwindet seine Krise, gibt seine Rolle als einsamer Leidender auf und wendet sich wieder dem Leben in Gemeinschaft zu.[475]

2.5.4 Körpererleben

In vielen Therapieformen wird besonderes Augenmerk auf Veränderungen der Körperhaltung, Mimik, Gestik oder in der Stimme beim Gegenüber gelegt, um so Emotionen, derer sich das Gegenüber nicht einmal selbst bewusst sein muss, aufzuspüren. Welche Emotionen dies sind, ist zum Teil relativ zuverlässig erkennbar, wie z.B. bei Wut, denn diese Gefühle tauchen ja in der therapeutischen Situation nicht kontextlos auf. Zum Teil sind die Körperreaktionen aber auch mehrdeutig, z.B. kann Lachen oder Weinen viele verschiedene Ursachen haben. Auch ist mit einer Emotion als einem rein körperlichen Vorgang, noch kein bestimmtes Gefühl verknüpft. So kann Zittern sowohl durch Wut als auch freudige Erregung hervorgerufen werden. Dabei ist es schwierig, zu definieren, was Ursache und was Wirkung ist. Zittere ich, weil ich wütend bin oder antwortet mein Körper auf ein Ereignis mit Zittern, so dass davon ausgelöst Wut in mir aufsteigt?

Der eigentliche Ort, an dem sich ein befreiender Perspektivwechsel in psychotherapeutischen Verfahren manifestiert, ist das Körpererleben. Ein Aha-Erlebnis findet nicht allein im Kopf statt, sondern wird im Normalfall immer von körperlichen Symptomen begleitet sein, wie z.B. Aufrichten des Körpers, Seufzen, Aufhellung des Gesichts, Lächeln oder Lachen als Ausdruck der Freude über die befreiende Erkenntnis mit allen oben beschriebenen hormonellen, neuronalen und anderen physiologischen Ereignissen.[476]

2.5.5 Therapeutischer Humor zur Überwindung der Scham

»4. Halten Sie's für Humor:
a. wenn wir über Dritte lachen?
b. wenn Sie über sich selbst lachen?
c. wenn Sie jemanden dazu bringen, dass er, ohne sich zu schämen, über sich selber lachen kann?«
Max Frisch[477]

[474] Vgl. *Capps*, Reframing, 153–155.
[475] Vgl. *Capps*, Reframing, 159.
[476] Auf der physiologischen Ebene sind daran die vor einiger Zeit entdeckten Spiegelneuronen wesentlich beteiligt. Die Forschungsergebnisse legen dar, d.h. dass die Gefühle des einen sich auf den anderen nur dann übertragen. wenn dieser genügend sensible Spiegelneurone hat. »Ohne Spiegelneurone kein Kontakt, keine Spontaneität und kein emotionales Verstehen.« (vgl. *Bauer*, Kommunikation, 57).
[477] *Frisch*, Fragebogen, 37.

Um das psychotherapeutische Potential des Humors auszuloten, soll im Folgenden der Ansatz Michael Titzes referiert werden, der in seiner Praxis therapeutischen Humor einsetzt, um frühe Beschämungen zu kurieren.[478] Wegen der kaum zu überschätzenden Relevanz der Scham für die Befindlichkeit der Menschen in der Postmoderne wird zunächst ausführlich dargelegt, was Scham ist, wie sie sich äußert und was ihre Ursache ist.

2.5.5.1 Scham

Scham gehört wie Angst zu den Existentialen des Menschen. Während die theologische Literatur zum Thema Angst vielfältig und zahlreich ist, gibt es zum Thema Scham nur sehr wenige Veröffentlichungen und auch in der Psychoanalyse und Psychotherapie war die Scham bis 1981 ein »Aschenbrödelthema«.[479] Leon Wurmser führt die überwiegend negativen Bezeichnungen auf, unter denen das Phänomen bis dahin behandelt wurde: »Sozialangst«, »narzisstische Verletzlichkeit«, »Minderwertigkeitsgefühl« »pathologischer Narzissmus«.[480]

Ebenso wie die Angst hat die Scham jedoch auch konstruktive Funktionen: sie fungiert als Warnsignal ein »›Sicherheitssystem‹ gegen Grenzüberschreitungen«.[481] Scham dient sowohl »der sozialen Anpassung [... als auch] der Entwicklung von Individualität und der Wahrung persönlicher Integrität«.[482]

Schamgefühle machen darauf aufmerksam, wenn die Konzepte, die man von der Welt, von anderen und von sich selbst hat, nicht mit den momentanen Erfahrungen übereinstimmen. Scham kann daher ein »Stachel im Fleisch« sein, der dazu motiviert, die Selbst-, Fremd- und Weltkonzepte »zu aktualisieren und andere Formen des Umgangs mit der Realität zu entwickeln (Scham in Maßen kann daher sehr kreativitätsfördernd sein!). [...] Scham und ihr Pendant ›Stolz‹ dienen dazu, den Kontakt (Nähe, Abstand) zu anderen zu regulieren.«[483]

Wurmser unterscheidet drei Formen der Scham: 1. den Schamaffekt (Scham über etwas, das passiert ist), 2. Schamangst (vorwegnehmende Scham über etwas, das passieren wird oder kann) und 3. Schamhaftigkeit/Schamgefühl (eine Art »vorbeugende Einstellung« mit der Funktion, die die »innere Grenze« und den Persönlichkeitskern zu schützen).[484]

Scham als Gefühl ist eng verbunden mit Prozessen von Selbsterkenntnis, Selbstbeobachtung, Selbstbewusstsein und Selbstgefühl. Mück kann sogar sagen, »ohne Scham gäbe es möglicherweise kein Selbstbewusstsein und somit kein Menschsein«.[485] Von Anfang an gibt es im Menschen

478 Er selbst spricht vom »Heilen« mit Humor.

479 *Wurmser*, Problem, 13; vgl. *Auchter*, Bedeutung, 144; vgl. *Hilgers*, Scham, 21.

480 *Wurmser*, Problem, 13.

481 *Auchter*, Bedeutung, 145.

482 *Mück*, Scham.

483 *Mück*, Scham.

484 *Wurmser*, Maske, 13, und *ders.*, Grenze, 18.

485 *Mück*, Scham.

zwei zentrale Bedürfnisse: das Bedürfnis nach engem Verbundensein mit einem anderen (zunächst der Mutter) und das Bedürfnis nach Individuation, die in einem dialektischen Spannungsverhältnis zueinander stehen. Dieses Spannungsverhältnis führt immer wieder zum Erleben von Schamgefühlen. Man bekommt das Gefühl, versagt zu haben, verbunden mit mehr oder weniger heftigen Körperempfindungen: das brennende Gefühl aufsteigender Gesichtsröte, heiße Schauer unter der Haut. Als Reaktion darauf bemüht man sich, diesem Gefühl durch bestimmte Abwehrmechanismen zu entgehen. Man versucht sich zu verbergen und sich möglichst bedeckt zu halten. Man wendet den Blick ab, schlägt die Augen nieder, hält die Hände vors Gesicht. Der innere Rückzug kann dazu führen, dass ein Mensch unlebendig erscheint. Um nicht dadurch aus dem Blick der anderen Menschen zu fallen, versuchen schamgebundene Menschen, Beziehungen dadurch intakt zu halten, dass sie sich sehr stark anpassen und Gehorsamswünsche entwickeln.
Mehrere Psychologen, die sich mit dem Thema Scham befassen, führen die Geschichte von der Vertreibung aus dem Paradies als symbolische Darstellung der Schamerfahrung an: »Adam und Eva fühlten sich im ›Paradies‹ eins mit der Welt und schämten sich nicht für ihre Nacktheit. Erst als sie verbotenerweise einen Apfel vom ›Baum der Erkenntnis‹ aßen, erkannten sie den Unterschied zwischen gut und böse. Zugleich wurden sie sich ihrer Nacktheit bewusst. Sie schämten sich, bastelten sich einen Lendenschurz und versteckten sich vor Gott, der sie schließlich aus dem Paradies vertrieb.«[486]
Mücks Interpretation dieser »Menschheitsgeschichte« beobachtet mehrere Phasen des Prozesses: Nichtgenügen einem Ideal gegenüber, Wahrnehmung der Unterschiede (gut und böse als Beispiel), Herausbildung eines Selbstbewusstseins (Nacktheit als Beispiel), Motivation zu kreativem Handeln (Basteln des Lendenschurzes), Impuls sich zu verstecken. »Nicht zuletzt hat Scham mit Unterwerfung und Bestrafung zu tun (verdeutlicht an der Vertreibung aus dem Paradies).«[487]

2.5.5.2 Angst als Maske der Scham

Scham kann sich auf verschiedene Weisen äußern, zum Beispiel durch Schüchternheit, Gehemmtheit, Verlegenheit, Verschämtheit oder indem man eine Situation als peinlich erlebt. Es gibt aber auch »Masken« für die Scham, am häufigsten in Form von Angst.[488] Verschämte Menschen haben Angst davor, sich so zu zeigen wie sie wirklich sind und nehmen in ihrem Bestreben die – tatsächlichen oder vermeintlichen – Erwartungen ihrer wichtigsten Bezugspersonen zu erfüllen, Rollen an, die bis dahin führen können, dass die schambetroffenen Menschen nicht mehr sie selbst sind, sondern ein »falsches Selbst« annehmen. Die Folge ist ein mangelndes oder sogar ganz fehlendes Identitätsgefühl. Auch narzissti-

486 *Mück*, Scham. Im Original kursiv.
487 *Mück*, Scham.
488 *Mück*, Scham. Vgl. *Titze*, Kraft, 125–135.

sche Störungen und Depressionen, die sich zum Beispiel als Essstörungen, Sucht, Hypochondrie, Minderwertigkeitsgefühlen oder Perfektionismus äußern können, gehören zu den Masken der Scham.[489] Zu den Verarbeitungsmechanismen gehören Zynismus oder schockierendes und beschämendes Verhalten, dass die anderen zwingen soll wegzuschauen, so dass der Schambetroffene nicht mehr selbst ›im Boden versinken‹ muss, außerdem Trotz und Jähzorn. Sogar Suizid kann ein Schamabwehrversuch sein, wenn der Suizidale versucht, durch seine Selbsttötung der phantasierten sozialen Vernichtung durch andere zuvorzukommen.[490] »Menschen, bei denen früh im Leben Scham ausgelöst wurde, werden von dieser oft dauerhaft beherrscht.«[491] Scham ist deshalb ein Massenphänomen, weil viele Kinder in unglückliche Beziehungen hineingeboren oder von Eltern großgezogen werden, die sich selbst nicht genügend lieben, um anderen Wohlwollen entgegenbringen zu können oder die wie auch immer mit der Erziehung der Kinder überfordert sind. Diese Kinder sind von früh auf dem missbilligenden Blick ihrer Eltern ausgesetzt, der sie nach Titze »leibhaftig« trifft. Sie können »noch nicht unterscheiden zwischen dem, was ›man‹ tut, und zwischen dem, was ›man‹ ist. Vielleicht hat sich das Kind in die Hosen gemacht, weil es seinen Schließmuskel nicht richtig kontrollieren konnte. Die verärgerte Reaktion der Eltern zeigt ihm an, dass seine körperliche Beschmutzung Hinweis auf ein viel größeres Versagen ist! Ähnliche Erfahrungen wird dieses Kind machen, wenn seine ungeschickten Hände Milch verschütten«, beim Stolpern, beim zu langsamen Gehen, beim fehlerhaften Sprechen.[492] »Stets erlebt das Kind zunächst ein körperliches Versagen, das seinen Selbstwert insgesamt einschränkt – sofern ihm von seinen Eltern nicht konsequent gespiegelt wird, dass es als Person unter allen Umständen liebenswert ist. Nur unter dieser Voraussetzung wird sich jener optimistische Lebensmut entwickeln, der dem heranwachsenden Menschen erlaubt, das eigene Tun humorvoll zu relativieren. Wer hingegen jede Fehlhandlung katastrophiert, wird sich selbst dann schämen, wenn er nur das Geringste falsch gemacht hat.«[493]

Um das als existentiell erfahrene Gefühl der Scham zu vermeiden, bemüht sich ein schamgebundener Mensch »darum, seine körperlichen Bewegungen, seinen Gesichtsausdruck, sein Sprechen und sein Tun im Griff zu haben, damit ›man‹ keinen Anstoß an ihm nimmt«.[494] Auf der körperlichen Ebene führt das zu einem Gefühl der Entfremdung dem eigenen Körper gegenüber, auf der geistigen und emotionalen Ebene zu Versagensängsten und zum »schlechten Gewissen«.

489 *Mück*, Scham. »Möglicherweise kann man auch Zwänge ... den Schamkrankheiten zuordnen, da Zwänge ebenfalls viel mit Autonomie, Ohnmacht und grundlegendem Zweifel an der eigenen Wahrnehmungsfähigkeit zu tun haben« (ebd.).
490 Vgl. *Auchter*, Bedeutung, 147.
491 Vgl. ebd.
492 *Titze*, Kraft, 118.
493 *Titze*, Kraft, 119.
494 Ebd.

2.5.5.3 Das schlechte Gewissen

Friedrich Nietzsches Analyse der Entstehung des schlechten Gewissens ist bis heute gültig. Er »nimmt dabei vieles von dem vorweg, was sich an Freuds Namen knüpft. Nietzsches Grundgedanke ist, dass das sogenannte schlechte Gewissen in steter Folge einer oft grausamen Strafandrohung gebildet wird und damit dem Prinzip der Vergeltung folgt. Der eigentliche Zweck des Gewissens sei eine ›Herrschaft über die Affekte‹«. Während sich die Menschheit in früheren Entwicklungsstadien ihrer grausamen Affekte nicht geschämt habe, habe sich als Folge einer einsetzenden »Vermoralisierung« das »Gethier ›Mensch‹« seiner Instinkte zu schämen begonnen und die Freude am Leben verloren. Nietzsche spricht von einer »Verdüsterung des Himmels«, die umso dunkler wurde, je mehr »die Scham des Menschen vor dem Menschen gewachsen ist«. »Diese Scham wirkt auch in das Beziehungsgefüge der Generationen hinein. Das Kind lebe in der ›Furcht vor dem Ahnherrn‹, der ›notwendig in einen Gott transfiguriert wird‹.«[495] Aus Furcht vor dem Schuldwerden, unterwirft sich das Kind den Forderungen der Eltern, so dass Nietzsche den Inhalt des Gewissens auf all das zurückführt, »was in den Jahren der Kindheit von uns ohne Grund regelmäßig gefordert wurde. Der Glaube an Autoritäten ist die Quelle des Gewissens«.[496] Nietzsche nimmt von den fordernden Vorfahren an, dass sie nicht wirklich aktiv, stark und spontan seien, weil das die Erfindung des schlechten Gewissens erübrigt hätte.[497] »Vielmehr ist es der ›Mensch des Ressentiments‹, dem zuzuschreiben sei, den erzieherischen Wert der Strafe ersonnen zu haben: ›die Strafe soll den Wert haben, das Gefühl der Schuld im Schuldigen aufzuwecken, man sucht in ihr das eigentliche Instrument jener seelischen Reaktion, welche ›schlechtes Gewissen‹, ›Gewissensbiss‹ genannt wird.«[498] Mit Titze und Nietzsche ist zu betonen, dass es »weniger die grausame Strafe (ist), die zum schlechten Gewissen führt, sondern jene subtile Form der Strafandrohung, die beschämend wirkt. Daher vermutet Nietzsche, dass gerade durch die Beschämung die Entwicklung eines (konstruktiven) Schuldbewusstseins am kräftigsten aufgehalten wurde«.[499] Nach Nietzsche ist das schlechte Gewissen eine »tiefe Erkrankung«,[500] weil dabei die natürlichen Affekte verdrängt und gegen sich selbst gerichtet werden.

[495] Zur »Verdüsterung des Himmels« und zum »Gethier ›Mensch‹« siehe Genealogie, 302. Im Original ist »Furcht« gesperrt gedruckt (*Nietzsche*, Genealogie, 328).
[496] *Nietzsche*, Menschliches, 52.
[497] Vgl. *Nietzsche*, Genealogie, 334.
[498] *Titze*, Kraft, 59.
[499] Ebd.
[500] *Nietzsche*, Genealogie, 321.

2.5.5.4 Paradoxe Methode zur Heilung der Scham

Mulla Nasrudin war halb verhungert
und ging in ein Café, wo er sich das Essen
mit beiden Händen in den Mund stopfte.
Sein Nachbar kam vorbei und blieb stehen:
»Warum isst du mit beiden Händen, Mulla?«
»Weil ich keine drei habe.«[501]

Ziel von Titzes Therapieansatz ist es, bei den Patienten den *Mut zur Unvollkommenheit* anzuregen, »der die eigentliche Voraussetzung für die Überwindung neurotischer Fehlhaltung ist«.[502] Titze greift dabei im Wesentlichen die Ansätze von Adler und Frankl auf: Adlers optimistisches und ressourcenorientiertes Menschenbild, das dem Menschen selbst in schwerster psychischer Erkrankung noch eine Strebung nach Überwindung des Mangelzustandes zuschreibt und Frankls Methode der »paradoxen Intention«. Als »Leitideen« des therapeutischen Humors benennt Titze Reduktion und Gegensinn, die er sowohl im Kleinkind als auch in der Figur des Clowns verkörpert sieht.
Titze schreibt, dass in jedem Patienten/Klienten ein »unverletzte[s] Kind« lebt, das »voller Lebenslust und kreativer Phantasie [ist]. Dieses Kind will sich austoben. Es will fröhlich sein, und es will zusammen mit anderen lachen. Deshalb [... geht Titze] davon aus, dass die Psychotherapie der Scham in der Gemeinschaft fröhlicher Menschen stattfinden sollte. Der Therapeutische Humor ist hier nach [s]einer Überzeugung die Methode der Wahl. Dabei handelt es sich nicht um ein individuelles Verfahren. Therapeutischer Humor kann sich eigentlich erst in einer Gruppe entfalten, in der sich der einzelne aufgehoben und in seinem kreativen Können bestätigt fühlt.«[503] Es geht um das Wiederfinden des Urvertrauens, das bei schamgebundenen Menschen beeinträchtigt ist. Dieses Wiederfinden geht einher mit einer geänderten Einstellung gegenüber dem Lachen: Wird dieses als ein Ausdruck positiver Lebenskraft und brüderlicher Zusammengehörigkeit wiederentdeckt und wiedererlebt, so wird es allmählich seine negative Bedeutung verlieren. Denn es war die Angst vor dem Ausgelachtwerden (Gelotophobie), die einen Menschen im Lauf seiner Sozialisierung dazu brachte, sich hinter der Mauer der Scham zu verschanzen. Diese Angst war es, die zu der unheilvollen Überzeugung führte: Ich bin nicht liebenswert, weil ich lächerlich und komisch bin.«[504]
Titze entwickelte nun seine quasi homöopathische Methode, Gleiches mit Gleichem zu behandeln und das Sich-lächerlich-und-komisch-Fühlen durch lächerliches und komisches Verhalten-sein zu heilen.[505] Bei seinen »Schamüberwindungsübungen«, die auf »eine zunehmend unverschämte

501 *Titze*, Kraft, 268.
502 *Titze*, Kraft, 10.
503 *Titze*, Kraft, 211.
504 *Titze*, Kraft, 212.
505 Vgl. *Titze*, Kraft, 263f.

Einstellung ab(zielen)«[506] nimmt er »das unverschämte Kind als Vorbild«.[507] Kinder leben nach dem Lustprinzip, haben Spaß am Widersinn, der nach Titze das Geheimnis der Paradoxie und der Schlüssel zum Verständnis des Humors ist.[508] Mit verschiedenen, in die Regression führenden[509] Vorschlägen ermutigt er schamgebundene Menschen zu einer bedenkenlosen, lustvollen Selbstbehauptung zu kommen und letztlich ihre Scham zu überwinden. Die Man-Muss-Sätze (»Mussturbation«) werden spielerisch dekonstruiert und in ihr Gegenteil verkehrt, so dass es zu einem Perspektivwechsel kommt. Es stellt sich die Befreiung von der Scham unmittelbar ein, wenn ein Klient das Risiko eingegangen ist, sich – nach Vorübungen in der Gruppe – in der Öffentlichkeit »peinlich«,[510] lächerlich, albern oder kindisch zu benehmen. Denn nach Titze stellt die Klientin, indem sie sich lächerlich macht, zweifelsfrei fest, dass keineswegs irgendetwas Schlimmes passiert, sondern sie nur selbst lachen muss. Bei den Übungen in der Öffentlichkeit begleiten die Klienten einander, so dass gemeinsam über die komische Befreiung gelacht wird.
Für Titze ist das gemeinsame Lachen »vielleicht der unmittelbarste Weg, der aus der Schamangst herausführen kann«.[511] Der Therapeut geht ein »konspiratives« Bündnis mit den Klienten ein, unterstützt deren inneres Kind, ihren inneren Clown, der die normative Realitätsauslegung dekonstruiert und sich mehr und mehr »entsprechend dem Beispiel kleiner Kinder, affektiv, das heißt voller unbefangener Lebensfreude und spiellustiger Albernheit in eine Gemeinschaft ein(bringen), die sie nicht zu fürchten brauchen.«[512]

2.5.6 Zusammenfassung: Humor als Wirkfaktor

Da Humor in den unterschiedlichsten psychotherapeutischen Verfahren eingesetzt wird, kann man annehmen, dass »es sich um einen allgemeinen Wirkfaktor der Psychotherapie« handelt.[513] Im Folgenden soll kurz zusammengefasst werden, was Humor in der Psychotherapie positiv bewirken kann.

506 *Titze*, Kraft, 276.
507 *Titze*, Kraft, 268.
508 Vgl. *Titze*, Kraft, 267.
509 Vgl. *Titze*, Kraft, 286.
510 *Titze*, Kraft, 277. Titze führt als Beispiele peinlichen Benehmens an: in der Straßenbahn lauthals (falsche) Haltestellen auszurufen, laut die Zeitungen von gestern anzupreisen, in öffentlichen Papierkörben zu wühlen, vor Publikum Präservative zu kaufen.
511 *Titze*, Kraft, 288.
512 *Titze*, Kraft, 305.
513 *Titze/Eschenröder*, Humor, 126. In Aufnahme von Salameh benennen Titze/Eschenröder zwölf »therapeutische Humortechniken«, die jedoch nicht auf einer Ebene liegen, sondern teils Techniken, teils Perspektiven, Themen oder Strukturmerkmale von Humor sind: Überraschung, Maßlosigkeit, Absurdität, die Condito humana, Inkongruenz (Bisoziation, Paradoxie), Konfrontation/Bestätigung, Wortspiel, Imitation/Spiegelung, Relativierung, der tragisch-komische »Dreh«, Körperhumor (vgl. *Titze/Eschenröder*, Humor, 127–133).

Humor lockert die Atmosphäre auf
Durch humorvolle Äußerungen kann die Therapeutin ihre Empathie zeigen, die negativen Emotionen vermindern und die therapeutische Beziehung verbessern. Dem Klienten wird dadurch erleichtert, selbst humorvoll zu reagieren.

Humor verbessert die Kommunikation
Humor gibt Deutungen in Form von Anekdoten, witzigen Metaphern, komischen Geschichten, merkwürdigen Gleichnissen und ermöglicht so, heikle Dinge *indirekt* anzusprechen. Die Kommunikation wird gefördert durch die für den Humor – nach Ansicht der hier zu Wort gekommenen Autoren – vorauszusetzende Haltung der Akzeptanz und Empathie. Der Klient kann es aufgrund dessen wagen, sich offen und ehrlich zu äußern.

Humor ermöglicht »homöopathische« Problembehandlung
Homöopathisch ist hier im doppelten Wortsinn gemeint. Erstens hebt der Humor Verdrängtes – z.B. Schulgefühle, Scham, Aggressionen – in *sehr geringen Dosen* bzw. Portionen ins Bewusstsein und zweitens behandelt er *Gleiches mit Gleichem*: die Inhalte der Witze sprechen direkt oder indirekt-metaphorisch Konfliktproblematiken an wie Ängste, Verluste, Sexualität, Aggression, Überlegenheit, Abwertung, Minderwertigkeit, Enttäuschung, Versagen, Schuld, Ambiguität.

Der Humorprozess bezieht den Körper mit ein
Nach Fritz Perls hat bloßes Erinnern noch keinen therapeutischen Wert, sondern »nur dann …, wenn es von Emotionen begleitet ist.«[514] Im Humorprozess werden alle Persönlichkeitsebenen angesprochen: Körper, Psyche, Intellekt bzw. Leib, Seele, Geist. Sie verarbeiten miteinander bzw. im Hin- und Herschwanken die Konfrontation mit einer im Humorprodukt dargestellten Ambivalenzerfahrung.
In einer humorvollen Atmosphäre ist es außerdem möglich, innerem Erleben einen körperlichen oder quasi körperlichen Ausdruck zu geben, um die verbale Versprachlichung zu präzisieren oder zu ergänzen, etwa durch ein trotziges Aufstampfen, ein übertriebenes Seufzen oder ein sprachlich nachgeahmtes Seufzen wie in Comicstrips.

Humor ermöglicht es, sich selbst zu beeltern
Im Humor ist das ansonsten gestrenge Über-Ich milde und wohlwollend. Es weiß, dass sein Kind, das Ich, es nicht besser kann, es sich aber nach seinen Möglichkeiten bemüht und gibt diesem Bemühen ebenso Raum wie dem bleibenden Scheitern, zu dem es keine nicht-neurotische Alternative gibt.

Humor ermöglicht es, die Rolle eines Kindes einzunehmen
Indem der Erwachsene sich selbst als Kind sieht, kann er seine Bedürftigkeit leichter akzeptieren als wenn er die Erwachsenenrolle unter allen Umständen ausfüllen muss.

[514] *Perls*, Hunger, 143.

Er darf sich klein, unbedeutend und abhängig empfinden und kann so diese in der dominanten Wirklichkeit als unangenehm empfundenen Rollen regressiv durchleben und durcharbeiten. Die ohnmächtigen Anteile können bearbeitet werden und akzeptiert werden. Gleichzeitig werden die frechen, unverschämten, lustvollen Anteile am Kindsein wieder gewonnen. Das Kind lebt nach dem Lustprinzip, dem vom Humor ein Sieg über repressive Erziehungsversuche gewährt wird. Es glaubt, ein Recht auf Glück, Lust und Wohlbefinden zu haben. Es weiß, dass es noch nicht alles kann, sondern eine Lernende ist. Es ist das Scheitern gewohnt, tabuisiert es nicht und lässt sich davon nicht entmutigen. Das Kind ist naiv.

Humor ermöglicht das Spielen mit verschiedenen Perspektiven: Reframing
Im Humor kann man eine naive Sicht der Dinge, die die geltenden Konventionen in Frage stellt, spielerisch einnehmen und so überprüfen, ob wirklich alles so sein muss, wie es konventionell dargestellt wird oder ob man einem Ereignis oder Sachverhalt nicht eine ganz andere Überschrift, einen anderen Rahmen geben kann. Ein solches Reframing kann auch ganz ernsthaft bewirkt werden. Der Spielmodus des Humors erlaubt aber mehr Sichtweisen als der ernste Modus, weil er neben den möglichen auch die scheinbar unmöglichen mit einbeziehen kann. Im Spielmodus des Humors kann die Klientin den Möglichkeitsraum ausloten.

Humor befreit von *Scham und Angst*
Humor ist ein Wirkfaktor der Befreiung. Ein Mensch, der lacht, befindet sich in diesem Moment jenseits der Frage nach seiner Identität. Für den Moment des Lachens ist der Riss aufgehoben, außer Kraft gesetzt, übernimmt der Körper die Antwort.[515] Aber auch, wenn ein Humorerlebnis nicht zum Lachen führt, stellt es einen »Ausstieg aus der Zwanghaftigkeit«[516] gewohnter Verhaltensweisen dar. Die spontane Befreiungserfahrung des Moments, in dem man das Risiko eingeht, sich anders zu verhalten als andere möglicherweise erwartet haben – oder wahrscheinlicher: man selbst annimmt, dass andere es erwarten –, hilft Menschen, ihre Scham zu überwinden und mit ihr die Angst, die in vielen Fällen nur die Erscheinungsform der Scham ist.

Humor befreit zu *neuen Handlungsmöglichkeiten*
Bereits das Gewahrwerden der Möglichkeit, in einer Situation auch anders handeln, denken, fühlen zu können als bisher, ist eine Befreiungserfahrung. Diese Erfahrung kann durch Humorprodukte vermittelt werden: kühn-freche Metaphern, scheinbar unerlaubte Umkehrschlüsse und Umwertungen, Zurückweisung von Zuschreibungen durch absichtliches Falschverstehen, absichtliche Verrücktheiten und der grundsätzliche Mut zur Unvollkommenheit. Wenn Menschen das Erlebte und Erfahrene mit Humor selbst neu deuten, erschließen sich ihnen neue Handlungsmög-

515 Vgl. *Kamper/Wulf*, Ausdruck, 7.
516 *Schröer*, Land, 7.

lichkeiten. Indem die Frage nach dem Sinn von Handlungen situativ verschieden beantwortet wird, scheint bereits auf, dass menschliche Existenz nicht allein im Faktischen aufgeht. Menschen sind mehr und anderes als die Summe ihrer Handlungen. Eine Folge dieser Differenz kann Fehlerfreundlichkeit sein. Wenn auch einmal etwas misslingen darf, kann viel mehr ausprobiert und getan werden. Der Möglichkeitsraum wird erweitert.

2.6 Die Verwandten des Humors

Wenn Humor die Fähigkeit ist, Komisches als solches wahrzunehmen, dann ist es angebracht, die Erscheinungsformen zu betrachten, in denen das Komische begegnet. Die Erscheinungsformen des Komischen sind nicht nur als Objekte der humorvollen Betrachtung zu verstehen, sondern wie Verwandte[517] des Humors: mit den einen teilt der Humor die Funktion, mit anderen die Struktur, mit anderen die Reaktion, mit wieder anderen die Haltung oder den Modus. Es geht also im Folgenden um Phänomene im Bereich des Komischen.[518]

2.6.1 Das Komische

»Was eine Gesellschaft komisch findet, worüber sie lacht,
das wechselt im Lauf der Geschichte,
weil es zum Wechsel des Normbewusstseins gehört.«
Helmuth Plessner[519]

»Unter den verschiedenen Formen, wie der Mensch die Wirklichkeit erlebt (oder jedenfalls das, was ihm als Wirklichkeit erscheint), nimmt die Erfahrung des Komischen eine besondere Stellung ein«, denn sie ist allgegenwärtig und universal.[520] Menschen auf der ganzen Welt erleben alltäglich komische Begebenheiten, Anlässe zum Lachen oder Schmunzeln, Impulse, selbst eine witzige Bemerkung zu machen.[521] Nicht alle diese komischen Erlebnisse werden von außen an uns herangetragen. Es gibt auch »komische Empfindungen, ... die wir selbst hervorbringen; wir brauchen für ihre Entstehung keine externe Instanz. Das Komische in uns wird uns von niemandem erzählt. Wir empfinden es beim Anblick gewisser Situationen, Bilder und Ereignisse, die wir aus der Fülle des realen Geschehens selber auswählen und die, für sich genommen, etwas objektiv Komisches haben können, aber nicht müssen. Eine komische Empfin-

[517] Verwandte sehen einander nicht insgesamt ähnlich, sondern die Ähnlichkeit bezieht sich auf verschiedene Aspekte: mit dem einen man hat die Nase, mit dem andern die Augenfarbe, mit wieder einem andern den Stimmumfang gemeinsam.
[518] Vgl. *Lauer*, Humor, 110.
[519] *Plessner*, Lachen, 44.
[520] *Berger*, Lachen, XV und 47; *Dimitri*, Humor, 27 u.ö.
[521] Vgl. *Berger*, Lachen, XV.

dung haben wir nicht, weil wir in der Außenwelt ein lächerliches Objekt sehen, sondern weil dieses Objekt in eine heitere oder komische Beziehung tritt zu unserer privaten Lebenswelt. Die komische Empfindung ist das Ergebnis einer Relation, die zwar ein (auslösendes) Objekt benötigt, das nicht komisch sein muss, aber vom Subjekt hergestellt wird.«[522]
Die komische Erfahrung, vielleicht als eine Variante der ästhetischen Erfahrung, »[ermöglicht] eine Wahrnehmung der Wirklichkeit ..., die anders ist als jene, welche die Vernunft bietet. Mit Pascals berühmter Formulierung könnte man dann das Komische als eine Form der ›Vernunft des Herzens‹ bezeichnen.«[523]
Das Komische ist »immer potentiell gefährlich. Wie Kierkegaard klar gesehen hat, begründet dies die Affinität des Komischen mit der religiösen Erfahrung«.[524] Darüber hinaus ist die komische Erfahrung etwas sehr Fragiles und Flüchtiges.[525] Verschiedenen Personen erscheinen sehr verschiedene Dinge komisch, und auch für dieselbe Person kann von einem Augenblick zum nächsten etwas, das zunächst komisch erschien, plötzlich ein tragisches Moment bekommen.
Das Komische entsteht auf sehr unterschiedliche Weisen[526] und hat etwas Geheimnisvolles, deshalb kann man nicht präzise und schlüssig definieren, was es genau sei, sondern muss sich ihm in kreisenden Bewegungen und »auf sorgfältig gewählten Umwegen nähern«.[527]

2.6.1.1 Unfreiwillige Komik

Eine erste, grobe Unterscheidung von Komik ist die in *absichtlich hervorgebrachte* und in unbewusste bzw. *unfreiwillig hervorgebrachte*. In letztere Kategorie fallen Missgeschicke, Verwechslungen, ungeschicktes Benehmen wie Stolpern, Steifheit oder Zerstreutheit, Versprecher, prosaische Störungen in erhabenen Momenten.[528] Auch sie können sich positiv auf die Stimmung auswirken, wenn sie nicht stillschweigend übergangen, sondern – wohlwollend – belacht werden und das Opfer darüber nicht böse ist, sondern mitlachen kann. Voraussetzung hierfür ist die Fähigkeit der Distanznahme von sich selbst, die ein wesentlicher Bestandteil des Humors ist.

[522] *Genazino*, Blick, 139f. Genazino zieht eine Trennlinie zwischen dem »öffentlich wirksamen Humor einerseits und der eher privat empfundenen Komik andererseits, ... indem [... er] ihre Erzählsituationen unterscheide[t]« (a.a.O., 139). Er nennt das erstere »das Humoristische« und das zweite »die komische Empfindung« (a.a.O., 141 u.ö.).
[523] *Berger*, Lachen, 30.
[524] *Berger*, Lachen, 45.
[525] Vgl. *Berger*, Lachen, 7.
[526] Vgl. *Hirsch*, Witzableiter, 268.
[527] *Berger*, Lachen, XVIII.
[528] Z.B. lebt ein Sketch von Loriot davon, dass sich die potentielle Braut nicht auf den Heiratsantrag konzentrieren kann, der ihr nach einem romantischen Essen gemacht wird, weil eine Nudel im Gesicht des heiratswilligen Mannes wieder und wieder ihre Position verändert.

Für Plessner gehören zum unfreiwillig Komischen auch das Lächerliche, z.B. Unangemessenheiten, Peinliches, starke Übertriebenheiten.[529] Das Lächerliche gehört jedoch nur in seinen harmlosen Erscheinungsweisen (Versprecher, kleine Missgeschicke, folgenlose Unfälle) zum Komischen. Etwas tief Lächerliches hingegen gehört in den Bereich des Tragischen, weil es keine Humorreaktion hervorruft, sondern Mitleid.[530] Zwar ist unfreiwillige Komik weder verfügbar, denn sie »passiert« unbewusst, noch ist sie in Texten darstellbar. Es lohnt sich dennoch, sie wenigstens kurz zu betrachten, da ihre Erscheinungsformen imitiert und somit als Stilmittel eingesetzt werden können.[531]
Wie oben gesehen, braucht das Komische mehrere der folgenden Faktoren: Plötzlichkeit, Unerwartetheit, Drastik, Schock, Kontrast, Disproportionalität (Vergröberung, Überspitzung, Übertreibung[532]) Konkretheit[533] und Inkongruenz. Thielicke[534] benennt als komische Gegensätze den Gegensatz von Erhabenem und Trivialem, von Wesen und Erscheinung,[535] von Lebendigem und Mechanischem, Originalität und Stereotypisierung, von Behauptung und tatsächlichem Sachverhalt.[536]
Wichtig für die Betrachtung des Komischen, ob nur unfreiwillig oder willentlich produziert, ist die Feststellung, dass das Komische erkennbar anders ist als das Nicht-Komische. Und dass es entweder in besonderen Zeitfenstern begegnet (Film oder Fernsehprogramm im entsprechenden Genre, geselliges Beisammensein etc.), oder aber der Tagesablauf vom Aufstehen bis zum Schlafengehen von komischen Begebenheiten und Einfällen durchdrungen ist. Im Alltag schaltet man immer hin und her zwischen dem Komischen und dem Anderen. Bereits die Frage nach dem Unterscheidungsmerkmal zwischen dem komischen und den anderen Wirklichkeitsbereichen ist schwierig.

2.6.1.2 Das Komische als Neben-Wirklichkeit

Das Komische ist im normalen Alltagserleben momenthaft präsent, es taucht immer wieder kurz auf, gibt dem Geschehen eine andere Färbung oder Qualität und verschwindet dann wieder. Berger nennt dies »eine Art Subtext innerhalb des Alltags ..., eine Pianissimo-Begleitung der ernsthafteren Motive, um die man sich im ›wirklichen Leben‹ zu sorgen

529 Vgl. *Plessner*, Lachen, 116.
530 Vgl. *Gauger*, Lachen, 844; *Dimitri*, Humor, 30.
531 Webb empfiehlt, Tagebuch zu führen über alle komischen Empfindungen und die Tageszeitung immer mit der Schere in der Hand zu lesen zur Erstellung eines Zettelkastens für die Predigtvorbereitung. (Vgl. *Webb*, Comedy, 63ff und 84).
532 Vgl. *Rishel*, Humor, 43.
533 Vgl. *Rishel*, Humor, 61ff.
534 Vgl. *Thielicke*, Lachen, 50f.73ff.
535 Hier führt er den Karneval als Beispiel an.
536 Vgl. die Gegensatzpaare bei Webb: »*the anticipated and the unanticipated*«, »*human ambition and human achievement*«, »*the ideal and the actual*«, »*the individual and an institution*« »the *normal*« and »the *abnormal*« (*Webb*, Comedy, 78–83).

hat.«[537] Die Alltagsrealität ist die dominante, aber sie wird immer wieder von anderen Wirklichkeiten bzw. Wahrnehmungsformen durchdrungen.[538] Diese Eigenschaft, flüchtig und subtextuell zu sein, hat das Komische mit dem ästhetischen und sexuellen Erleben gemeinsam.[539] Während anderer Tätigkeiten kann man plötzlich von dem wunderschönen Anblick eines Baumes mit Herbstlaub ergriffen werden und das eigentliche Thema wird für eine kurze Weile zur Nebensache. Als solche geschlossenen Nebenwelten, neben denen die Alltagsrealität momentweise verblassen kann, benennt Berger neben dem ästhetischen Erleben auch den Witz und den Traum.[540] Dieses Eindringen einer für die Alltagsrealität der Arbeit irrelevanten Regung wird, je nachdem, wann es geschieht, als Störung empfunden und man bemüht sich, so bald wie möglich wieder zur Tagesordnung überzugehen. Ähnlich ist es mit erotischen Impulsen, denen man im gewissen Rahmen nachgibt, aber sich nur im geschützten Raum gestattet, sich zu vergessen. Kleine Ausflüge in subtextuelle Realitäten wie die der Kunst oder der Sexualität unternehmen Menschen mehr oder weniger oft. Aber nur in domestizierter, gesellschaftlich kontrollierter Form werden sie geduldet und nur solange, wie sie die dominante Wirklichkeit nicht empfindlich stören. Ebenso ist es mit dem Komischen. Wie »die ästhetische und die sexuelle Wirklichkeit« ist auch die komische »immer (zumindest potentiell) subversiv«.[541] Jede einzelne von ihnen stellt einen »geschlossenen Sinnbereich«[542] dar, der von den anderen Sinnbereichen durchdrungen und damit auch bedroht wird. Neben der Bedrohung des einen Sinnbereiches durch den anderen gehen sie auch Koalitionen/Konstellationen miteinander ein: Sexualität ist Gegenstand komischer Betrachtung, witzige Bemerkungen haben ästhetische Qualitäten, ästhetisches Erleben führt zu erotischen Impulsen, sexuelle Impulse werden künstlerisch-ästhetisch oder komisch sublimiert.[543] Und alle gemeinsam haben mit Phantasie und Kreativität zu tun.

Mit Plessner antwortet der Mensch dem Komischen »im Ganzen«, es soll darum nicht einseitig auf den Verstand oder bezogen werden;[544] »Komik gehört der Ebene an, auf die alle Normierungen spezieller Art zurückweisen: die Ebene, in der sich der Mensch als solcher und im Ganzen in der Welt und gegen die Welt behauptet. Sein Irgendwo-irgendwann-Darin-

537 *Berger*, Lachen, 13.

538 Berger übernimmt den Begriff »dominante Wirklichkeit« (*paramount reality*) für die Alltagsrealität von Alfred Schütz. Davon sind jene »Einschlüssen innerhalb der Alltagswelt zu unterscheiden, die Schütz »geschlossene Sinnbereiche« (*finite provinces of meaning*), Berger hingegen »sub-universes« oder »Nebenwelten« nennt (vgl. *Berger*, Lachen, 8, mit Bezug auf *Schütz*, Wirklichkeiten).

539 *Berger*, Lachen, 14.

540 Vgl. *Berger*, Lachen, 11.13. Die Parallelen zwischen Witz/Humor und Traum, vor allem auch mit Blick auf ihr kreatives Moment sind seit Freud von vielen gesehen worden.

541 *Berger*, Lachen, 14.

542 *Berger*, Lachen, 15.

543 Zur sexuellen Funktion des Humors vgl. *Ziv*, Personality, 15–25 und 65ff.

544 *Plessner*, Lachen, 122.

stehen, d.h. seine exzentrische Position, ermöglicht ihm, sich und seine Welt, in der er zu Hause ist und auf die er sich versteht, als begrenzt und offen zugleich zu nehmen, vertraut und fremd, sinnvoll und widersinnig. In diesem Zugleich steckt der Kern der Komik, aber der normale Gang des Lebens und der Geschäfte lässt ihn uns vergessen. Man nimmt die Dinge in dieser oder jener Hinsicht und dichtet sie gegen Zweideutigkeit ab.«[545] Diese Abdichtung, »unsere Technik, die Welt ernst zu nehmen« hat nach Plessner »Lücken im Einzelnen wie im Ganzen«; wenn diese Lücken zum Vorschein kommen, ohne bedrohlich zu sein, »so finden wir sie ... komisch. Die Abgründigkeit der Komik als solcher mag dabei nicht zum Bewusstsein kommen. Aber sie macht sich trotzdem geltend und erinnert auch in der geringfügigsten Erscheinung an die Exzentrische Position des Menschen. Die Kunst des großen Komikers: des Karikaturisten, Dichters, Schauspielers, Clowns weiß davon und gewinnt ihr die eigentlich treffenden, die wahrhaft unerbittlichen Wirkungen ab, die an Leuchtkraft gewinnen, je näher sie dem Dunkel der Tragik kommen.«[546]

2.6.1.3 Das willentlich Komische: Die Komödie

»Ridendo castigat mores.
Lachen ändert die Sitten.«
Sprichwort[547]

»Das Komische eines lebensalltäglichen Vorgangs, eines realen Geschehens, einer beliebigen Lebenserscheinung muss entdeckt werden, es kann nicht erfunden werden. Die Fähigkeit, die Komik eines Vorgangs, einer Handlung zu erkennen, wird schlichtweg Humor genannt. Das Komische ist also etwas zu Entdeckendes, aber zugleich auch ein bestimmter Blick auf etwas. Diese Doppelexistenz des Komischen ist genau das, was alle Theorien des Komischen und der Komödie so schrecklich verkompliziert ...«.[548] Neben dem unfreiwillig hervorgebrachten Komischen, dem man sich nicht entziehen kann, gibt es auch noch das willentlich zu entdeckende Komische, das man, um seine Absurdität oder Inkongruenz den anderen zugänglich zu machen *komisch machen* kann.[549] Dieses absichtlich hervorgebrachte Komische nenne ich im Folgenden ›Komödie‹.
Eine Komödie ist zwar einerseits eine literarische bzw. dramatische Gattung, andererseits aber auch alles, was aufgrund einer bestimmten – in Fall dieser Arbeit einer christlichen – Sichtweise zu einer Komödie erklärt wird: z.B. das Leben selbst, wenn man trotz seiner Begleiterscheinungen noch lachen will. In einer Komödie geht es um existentielle Konflikte. »In der Komödie wird ein Konflikt mit der Realität im Extrem durchgespielt. Grundlage ist der Gedanke: Wie wäre es, wenn es anders

545 *Plessner*, Lachen, 122f.
546 *Plessner*, Lachen, 123.
547 Zitiert nach *Detje*, Komik, 925.
548 *Kinder/Wieck*, Schreien, 225f.
549 So entspricht für Bergson der Witz »einer bestimmten Gattung der dramatischen Kunst: der Komödie« (*Bergson*, Lachen, 60).

wäre. Die Komödie arbeitet die innere Widersprüchlichkeit der Welt heraus, indem sie die Widersprüche verstärkt, bis sie eine kritische, explosive Masse erreichen. Im Widerschein der Explosion wird eine neue Welt sichtbar. Damit stellt sie sich zwar in den Gegensatz zum Ernst der Realität, braucht aber gleichzeitig das Wechselspiel mit dem Ernst.«[550] Nicht nur von theologischer oder religionssoziologischer Seite, sondern auch von Seiten der Komödien-Theoretiker wird der Transzendenzbezug des Komischen gesehen: »Der Grundwiderspruch der Komödie ist in dieser Welt nicht lösbar. Deshalb entwirft sie die Utopie.«[551]

Gute Komödien sind nicht die ganze Zeit über lustig, sondern ernst, verlustreich und zum Teil tief traurig.[552] Erst mit Blick auf den – mindestens zum Teil – guten Ausgang lässt sich ein Drama als Komödie verstehen. Aber ein guter Ausgang allein macht noch keine Komödie. Ein plötzlich und unerwartet an ein Drama angehängtes Happy End würde nicht ausreichen, eine ganze Geschichte zu deuten. Im Verlauf einer Komödie muss zumindest momenthaft die Aussicht auf Glück von Anfang an hier und da aufscheinen.[553] Wenn man sich als Zuschauerin einer Komödie weiß – oder glaubt – hat man einen anderen Blick auf das Ganze. Einzelne Szenen, einzelne Abschnitte eines Lebens werden im Blick auf den gewiss guten Ausgang als problematische, aber nicht zu verabsolutierende, vielleicht sogar zur Entwicklung der Protagonistin notwendige Übergangsstadien gedeutet und können daher relativiert werden.

In Komödien spielt selbstherabsetzender Humor eine wichtige Rolle.[554] Denn zu den Hauptthematiken von Komödien gehört das Scheitern. Auch in ihrem tragischen Gegenstück, der Tragödie, geht es um das Scheitern. Während die Tragödie, »die Wirklichkeit modellhaft ertragen [will]«, »[sagt uns] ... die Komödie, dass wir nie mit den Dingen fertig werden können, aber es ist nicht so schlimm«.[555]

Beide Versuche mit der Wirklichkeit fertig zu werden, bergen ihre eigenen Risiken und werden nicht in dem Sinne gelingen, als dass man mit der Wirklichkeit abschließend *fertig* werden könnte. Die Komödie ist sich der bleibenden Fragmentarität stärker bewusst. Die Komödie vervielfacht den »tragischen Augenblick des Scheiterns, verkleinert ihn und verlegt ihn in jeden Augenblick des niedrigen Alltags, dem sie seine Niedrigkeit großzügig belässt. Der tragische Held wird von missverstandener Mutterliebe geblendet. Dem komischen Helden gelingt es nicht einmal einen

550 *Kinder/Wieck*, Schreien, 275.

551 *Kinder/Wieck*, Schreien, 276. Vgl. zum utopischen Charakter des Humors *Zijderveld*, Humor, 48.

552 Vgl. *Weinrich*, Lachen, 212.

553 Vgl. *Ekmann*, Ende, 25.

554 Nach Meyerowitz ist Selbstherabsetzung auch der »Hauptinhalt« des viel gelobten englischen Humors (vgl. *Meyerowitz*, Witz, 27). Man könnte jedoch auch fragen, ob das typisch englische Understatement nicht doch eher eine Form von Selbstherabsetzung im absoluten Bewusstsein tatsächlicher Überlegenheit ist.

555 *Detje*, Komik, 928.

Hut aufzusetzen oder aus dem Haus zu gehen, ohne zu stolpern.«[556]
Wenn es darum geht, die alltägliche Realität wahrhaftig darzustellen, so dass sich das Publikum darin wiederfinden kann, geht es um Detailtreue, Verhältnismäßigkeit und Konkretheit. Darum gilt: »Dem Komischen darf nichts heilig sein, dem Komischen ist nichts Menschliches fremd, das Komische liebt jede Peinlichkeit und schämt sich vor nichts, badet sich in jeder Scham. Das Komische sucht und findet allemal ein geeignetes Fettnäpfchen.«[557]
Indem das Publikum an der »Verkehrtheit des Verlachten«[558] geschwisterlich teilnimmt, bearbeitet es ein – wenn auch nur kleines – Stück der eigenen Scham und Peinlichkeit. Der komischen Heldin wird nicht wie der tragischen Heldin der Körper mit seinen Notdürftigkeiten »wegveredelt«,[559] gerade die Schambezirke sind Domänen des Humors. Deshalb ist die Komödie realistischer, detailgetreuer, körperhafter und insofern wahrhaftiger. Mit Robin Detje ist anzunehmen, dass die Komik mehr vom Tod weiß als die Tragik und ihr Zerrspiegel uns ein vollständigeres Bild von uns selbst zeigt. »Sie ist die klügere Form. Und das Einverständnis, das sie durch Gelächter erzeugen will, ist weder ein kritisches, fortschrittlich-vorwärtsstürmendes, noch ein reaktionäres, affirmativ-kritikfeindliches. Es ist das Einverständnis mit der Krise, wie es der Bewältigung jeder Krise vorausgehen muss. So ändert das Lachen die Sitten.«[560]
Die Einverständniserklärung, die mit dem humorigen Lachen einhergeht, und die ihm so oft zum Vorwurf gemacht wird, ist also eine vorläufige, analog zur benignen Regression. Sie ist Voraussetzung zur Entfaltung des subversiven Potentials des Lachens. (»Komödien zersetzen öffentliche Räume mittels Lachen.«[561]) Ob diese Voraussetzung dann auch tatsächlich zu einer Progression führt oder maligne in der Regression stecken bleibt, hängt von vielen weiteren Faktoren ab. So ändert das Lachen *eventuell* die Sitten.
Humor kann jedenfalls auch ungemütlich sein im doppelten Wortsinn. Von der Ungemütlichkeit im *anstrengenden* Sinn können Kinder/Wieck sagen: »Ohne die Anstrengung dialektischen Denkens ist Komik nicht zu haben, weder im analytischen Verstehen noch gar im Produzieren komisch wirksamer Texte. Der komische Aspekt einer Erscheinung enthüllt sich nur einem bestimmten Blick darauf – und das unmittelbare Entdecken des komischen Aspekts äußert sich im Lachen.«[562]
Ungemütlich im unharmonischen Sinne ist Humor ebenfalls: »Das Ziel der Komödie ist nicht die Harmonie – hier liegt ihr hauptsächlicher Un-

556 *Detje*, Komik, 928.
557 *Kinder/Wieck*, Schreien, 225.
558 *Groos* zitiert nach *Hirsch*, Witzableiter, 40.
559 Vgl. *Detje*, Komik, 928.
560 *Detje*, Komik, 930. Auch nach Berger »[ist] die Komödie tiefer ... als die Tragödie« (*Berger*, Lachen, 251).
561 *Kinder/Wieck*, Schreien, 235.
562 *Kinder/Wieck*, Schreien, 226.

terschied zu anderen Genres. Das damit einhergehende Akzeptieren eines unvollkommenen, weil unharmonischen Endes durch das Publikum ist deshalb möglich, weil die Komödie (und auch hier unterscheidet sie sich von anderen Genres) nicht auf Nachahmung positiven Tuns zielt. Das Identifikationspotential bezieht sich nicht auf die gesamte Figur des Helden, sondern ist situativ.«[563] Auch darin entspricht die Komödie der Fragmentarität von Identität in der Postmoderne.

2.6.2 Kreativität

»Humor gehört eigentlich zum Untergrund
jedes schöpferischen Prozesses.«
Michael Birkenmeier[564]

Zwischen Humor und Kreativität wird oft ein Zusammenhang angenommen.[565] Humor kann die Kreativität fördern.[566] Dies beruht einerseits auf physiologischen Vorgängen wie der erhöhten Sauerstoffzufuhr im Gehirn, wodurch die Wachheit gesteigert wird,[567] und der Ausschüttung von kreativitätsfördernden Botenstoffen und Hormonen durch Lachen oder Lächeln, andererseits auf psychischen und kognitiven Prozessen.
Die Basis beider Phänomen überschneidet sich großflächig: die Fähigkeit zum »lateralen« Denken, das Vorhandensein von Grenzen, oft in Form von Regeln, die es zu überwinden gilt, eine Geisteshaltung der Offenheit. Kreativitätsstudien haben gezeigt, dass der kreative Moment meist gerade dann kommt, wenn man das angestrengte Nachdenken aufgibt und die Aufmerksamkeit nicht fixiert, sondern entspannt und fröhlich ist.[568] Eine weitere Gemeinsamkeit ist, dass bestimmte Formen von Kreativität in einer Gruppe besser gedeihen als allein, so wie sich Scherzkommunikation in einer Gruppe aufschaukeln und zu immer gewagteren Scherzen führen kann. Sowohl Humorproduktion als auch Kreativität werden durch das Wohlwollen in einer Gruppe und durch die Beteiligung anderer stimuliert. Und umgekehrt trägt gemeinsames Lachen dazu bei, den Teamgeist zu verbessern, weil es soziale Spannungen mildert und soziale Nähe herstellt, die wiederum eine Atmosphäre der Zustimmung erzeugt.[569]

563 *Kinder/Wieck*, Schreien, 277.
564 *Birkenmeier*, Humor, 113.
565 Vgl. *De Bono*, Denken, passim; *Uber/Steiner*, Lach, 125–131, mit Hinweis auf »Flow«: »Flow ist die Hingabe an eine Tätigkeit, die einen weder zu sehr anstrengt noch langweilt und bei deren Verrichtung man große Freude empfindet« (a.a.O., 131).
566 Gelontologen führen zahlreiche Experimente durch, die jeweils erbringen, dass Gruppen von Versuchspersonen nach dem Anschauen eines lustigen Films gestellte Aufgaben kreativer lösen als Gruppen, die einen sachlichen, emotional neutralen Film angeschaut haben (vgl. *Holtbernd*, Humorfaktor, 48; *Ruch*, Erheiterung, passim; *Ziv*, Personality, 79.168 u.ö.).
567 *Uber/Steiner*, Lach, 90.
568 Vgl. *Uber/Steiner*, Lach, 193.
569 Vgl. *Uber/Steiner*, Lach, 182.

2.6.3 Spontaneität

Lachen als Humorreaktion ist »[selten] das Ergebnis langer Überlegung; es folgt dem, was uns lachen macht, ›so prompt wie das Niesen dem Tabakschnupfen‹«. »Physisch sind wir für den Augenblick völlig wehrlos; und zugleich außerstande, anderen Gewalt anzutun. Wir mögen sie grausam und aggressiv auslachen; aber während wir lachen, sind wir unfähig zum physischen Kampf.«[570] Die eingeschränkte Möglichkeit, den Lachimpuls zu unterdrücken korrespondiert der eingeschränkten Möglichkeit, die Dinge mit Humor zu nehmen, wenn jemandem, aus welchem Grund auch immer, gerade nicht danach ist. Man kann nicht sinnvollerweise jemanden auffordern, doch Humor an den Tag zu legen.[571] Dies käme der Aufforderung gleich: »Sei spontan!«

2.6.4 Verfremdung durch Naivität

»Der Splitter in deinem Auge
ist das beste Vergrößerungsglas.«
Theodor Adorno[572]

Zu den Verfremdungstechniken gehört auch die künstlich naive Darstellung. Verfremdung wird in dieser Arbeit nicht mit der Brechtsche Konnotation von politischer Handlungsorientierung verstanden, sondern in seiner rein ästhetischen Bedeutung von ungewöhnlicher, überraschender, fremdartiger Darstellung zur Initiation eines neuen Blicks auf altbekannte Dinge, im Sinne einer »vertieften Wahrnehmung«, ein Sehen, das nicht bloß Wiedererkennen ist.

»Sklovskij hat vor allem an den Werken Tolstojs gezeigt, wie durch die künstlich naive Darstellung von Sachverhalten ein neues Sehen provoziert werden kann.«[573]

2.6.5 Frechheit

Das Wort »frech« hat erst seit wenigen Jahrhunderten eine negative Konnotation. »Anfänglich meinte es, wie im Althochdeutschen, eine produktive Aggressivität, Rangehen an den Feind: ›tapfer, kühn, lebhaft, keck, ungezähmt, begierig‹.«[574]

Dies ist die Haltung von kleinen Kindern gegenüber etwas Neuem. Sie teilen noch nicht alle Wertmaßstäbe, die ihnen durch Erziehung vermittelt werden und haben darum oft einen unverstellteren Blick auf die Realität. Ruhm, Geld und Status haben für sie noch keine Bedeutung, »frech« ach-

570 *Norbert Elias*, »Essay on Laughter« (unveröffentlichter Essay von 1956, zitiert nach *Schröter*, Wer, 861).
571 Vgl. *Niemand*, Rekonstruktion, 55.
572 *Adorno*, Moralia, 57.
573 *Meyer-Blanck*, Reden, 138.
574 *Sloterdijk*, Suche, 48.

ten sie Kleines und Großes gleichermaßen und sind – in postmoderner Manier – zurückhaltend mit Werturteilen. Ähnliches leistet der Humor, denn nicht nur Kinder, sondern auch Narren sagen die Wahrheit oder eröffnen zumindest die Frage nach »der« Wahrheit. Und die kann je nach Situation immer wieder anders sein. Auch Wahrheit gibt es in der Postmoderne nur im Plural. Durch spielerisches Ausprobieren, auch scheinbar unmöglicher Lösungsvorschläge, lässt sich herausfinden, was wahr ist.

2.6.6 Spiel

»Humor ist die logische Übertragung eines erweiterten Spielverhaltens auf die abstrakte Sphäre der Ideen.«
McGhee

Auf den engen Zusammenhang von Spiel und Humor wird in der Forschung häufig hingewiesen,[575] sei es in Bezug auf die entwicklungspsychologischen Konvergenzen, sei es, dass der Humor insgesamt »als ein Spielen mit vorgegebenen Sinninhalten« definiert wird.[576] Zu den Formen, in denen sich »Humor als ›Spiel des Intellekts‹«[577] äußert, gehören witzige Bemerkungen, ironische Erwiderungen, Wortspiele und Bonmots.
Im Folgenden sollen einige Parallelen zwischen Humor und Spiel betrachtet werden, um das Potential herauszuarbeiten, das sich aus dem »Spielcharakter«[578] des Humors ergibt.

2.6.6.1 Regelhaftigkeit und Zufall

»Das Spiel ist in seiner Wurzel und in seiner Blüte ein sakrales
Geheimnis – zur Geste gewordene Hoffnung auf ein anderes Leben.
Spiel ist Verzauberung, Darstellung des ganz Anderen,
Vorwegnahme des Kommenden, Leugnung des lastend Tatsächlichen.
Das Irdische wird im Spiel auf einmal zum Vorläufigen,
bald Überwundenen, demnächst endgültig Erledigtem:
und der Geist wird bereitet, das Unerhörte aufzunehmen,
in die Welt ganz anderer Gesetze einzugehen,
entschwert zu sein und frei und königlich ungebunden, göttlich.«
Karl Rahner[579]

Ein Spiel kann nur funktionieren, wenn es Regeln gibt, die allen Mitspielerinnen bekannt sind und die vorher entweder durch ein vorgegebenes Spiel festgelegt, die gemeinsam ausgehandelt werden oder beides. Spielen hat insofern einen egalisierenden Effekt, als für jede Mitspielerin gleiche Regeln und gleiche Ausgangspositionen gelten. Auf jeden Fall ist

575 Vgl. *Fry*, Madness, 6; *Berger*, Lachen, 16: »Das Komische mag sich sogar beschreiben lassen als eine Form des Spielerischen.«
576 *Zijderveld*, Humor, 45.
577 *Berger*, Lachen, 159 u.ö.
578 *Zijderveld*, Humor, 21.
579 *Rahner*, Mensch, 59.

allen Spielern bewusst, dass das Spiel ein abgegrenzter Raum ist neben dem alltäglichen Leben, der dominanten Realität. Er ist abgegrenzt durch die Zeit, deren Endpunkt entweder vom Spielverlauf oder nach Absprache festgelegt wird. Ein Spiel, in dem nicht der Zufall eine wichtige Rolle spielt und dessen Ende schon früh absehbar ist, wird schnell langweilig. Ein Spiel, das allen Beteiligten bis (fast) zum Schluss Spaß machen soll, muss neben berechenbaren Regeln, die die Entwicklung von Strategien mit gewissen Erfolgsaussichten ermöglichen, ein Zufallsmoment haben. Durch das Zufallsmoment gewinnt ein Spiel an Ernsthaftigkeit, denn nur wenn es glückliche und unglückliche Zufälle gibt oder wenigstens Unsicherheitsfaktoren, hat ein Spiel eine Ähnlichkeit mit dem Leben, was wiederum den Reiz des Spiels erhöht. Allen Mitspielern ist bewusst, dass die Regeln »gemacht« oder ausgehandelt und deshalb zumindest theoretisch veränderbar sind.
Parallelen zum Humor gibt es sowohl was den Unsicherheitsfaktor als auch was die Regelhaftigkeit betrifft. Ungewissheit muss sein, denn wenn das Ende schon absehbar ist, weil der gemeinsame Bezugsrahmen so naheliegend oder aus ähnlich strukturierten Witzen bereits bekannt ist, fehlt das Überraschungsmoment und die Pointe funktioniert nicht mehr.
Eine Pointe können eine ironische Bemerkung oder eine witzige Nebeneinanderstellung von Dingen hat nur dann haben, wenn die ursprüngliche Spielregel, d.h. der gewöhnliche Kontext allen bekannt ist, es also eine dominante Lesart gibt, von der auf neue und originelle Weise abgesehen wird. Das bewusste Abweichen von der dominanten Lesart, negiert diese und stellt damit mindestens implizit die Berechtigung von Dominanz überhaupt zur Disposition. Im Spiel wird man sich darüber bewusst, dass alle Regeln gemacht sind und daher grundsätzlich veränderbar sind.

2.6.6.2 Spiel und Ernst des Lebens

Ein Spiel ist ein Raum, der sich durch die Regeln, eventuell Spielmaterial, die Zeit und die Mitspieler ergibt. Jede Mitspielerin begibt sich in diesen virtuellen Raum, was sie dort tut, ist »nur Spiel«, was landläufig so viel bedeutet wie »unernst«.
Das Spiel als Gegensatz zum Ernst zu sehen, beleuchtet aber nur einen Aspekt, den der fehlenden Konsequenzen, des jederzeit rückgängig zu Machenden. Bei vielen Spielen ist es so, dass nach dem Spiel die – fast – gleiche Situation herrscht wie vorher und man gleich wieder neu spielen kann. Bei anderen Spielen verändert sich etwas: die Stimmung der Verliererin, die des Siegers, die Strategie der Siegerin oder die des Verlierers. Vielleicht wird das nächste Spiel mit den gleichen Mitspielern völlig anders verlaufen. Das Spiel bietet einen Schutzraum, in dem man Neues ausprobieren kann, aber auch einen Raum, in dem man Gefahr läuft zu scheitern. Spielen kann sich innerhalb der Regeln sehr ernsthaft anfühlen, sogar Stress oder Angst verursachen. Das gilt nicht für alle Spiele, aber es gibt Spiele, bei denen man sich, wenn man sich wirklich auf sie einlässt,

innerhalb eines geschlossenen Sinnbereiches befindet, den man nur unter Aufgabe des ganzen Spiels verlassen kann.
Viele Spiele enden damit, dass es genauso viele Gewinnerinnen wie Verliererinnen gibt, aber viele enden auch mit dem Gewinn des einen und dem Verlieren aller anderen. Insofern ist »verlieren zu können [...] die Hauptübung, die wir beim Spielen leisten«.[580] Aber nicht nur die Niederlage, sondern auch der Gewinn will verkraftet sein. »Im Spiel lernt man leben. Wir lernen, dass wir nicht Herr im eigenen Haus sind, wie Freud das genannt hat.«[581] Weder Glück noch Unglück sind für den Menschen frei verfügbar. Er kann nur versuchen, eine bestimmte Haltung gegenüber den Wechselfällen des Lebens und des Spiels gegenüber einzunehmen. Im Spiel kann man sich trösten und sagen: ist ja nur ein Spiel; im Leben kann man vom spielerischen Einüben des Scheiterns profitieren, wenn man Erfahrung damit hat, dass das Blatt sich auch wieder wenden wird. Manche Menschen versuchen spielerisch mit einem Verlust umzugehen, indem sie sagen: neues Spiel, neues Glück! Jedoch erfordert dieser Paradigmenwechsel, so zu tun, als ob das Leben eigentlich ein Spiel wäre, bereits die Haltung des Humors, den »Ernst des Lebens« nicht absolut zu setzten.
Die meisten Verluste, sowohl im Spiel wie im Leben, haben ein Moment der Ambivalenz. Auch dies ist im Spielmodus leichter wahrzunehmen, wird dadurch jedoch nicht unernst. Ich schlage vor, statt des Ernstes *das Eigentliche*[582] als Gegensatz zum Spiel aufzufassen. Das Spiel ist das Uneigentliche, in dem sich das Eigentliche widerspiegelt und bewältigt werden kann.

2.6.6.3 Tun als ob

Nicht bei allen, aber bei vielen Spielen tut man, *als ob* man die oder der wäre, Macht hätte, fliegen könnte etc. Das Tun *als ob* erfordert zweierlei: Kreativität und Sicheinlassen. So zu tun als ob, wird schnell langweilig, wenn nichts davon abhängt, ob man überzeugend seine Rolle spielt oder seine Strategie verfolgt. Auf Spiele, die nicht hauptsächlich vom Glück abhängen, muss man sich einlassen, wenn man gewinnen will. Selbst wenn man nicht gewinnen will, wie es beim Spielen mit kleinen Kindern der Fall sein kann, muss man glaubwürdig so tun, als ob man gewinnen wollte. Die Übergänge vom Tun *als ob* zum ernsthaften Sicheinlassen sind fließend.
Auch zum Humor gehört das Tun als ob, denn als Bewältigungsstrategie ist er eine »Selbsthilfe der Natur«, die »als Autotherapie« eine »suggestive Einflüsterung eines rettenden Als-ob«[583] hervorruft. Die Realität wird

[580] *Schroeter-Wittke*, Spiel, 29.
[581] *Schroeter-Wittke*, Spiel, 30.
[582] Ähnlich schon Plessner: »Dem Menschen dagegen stellt sich die Spielsphäre im Gegensatz zur Ernstsphäre dar. Er lebt im Bewusstsein der Eigentlichkeit« (*Plessner*, Lachen, 103).
[583] *Thielicke*, Lachen, 113.

zugunsten einer Einstellung abgewiesen, die tut als ob alles nur halb so schlimm wäre.
Es kann passieren, dass man mitten im Spiel ernsthaft wütend wird »über die Ungerechtigkeit der anderen oder des Würfels oder des Lebens«[584] und dann werden manche Spieler zu Spielverderbern, sagen: ›ich spiele nicht mehr mit‹ oder werfen das ganze Spiel um, so dass es für die andern auch zu Ende ist. Dann ist die virtuelle Welt des Spiels verlassen und die dominante Realität betreten und die Mitspielerinnen fragen sich: ›kann ich mit dem/der noch jemals spielen?‹ Auch hier zeigt sich der ambivalente Charakter des Spiels, es kann jederzeit in Nicht-Spiel umschlagen. Mit dieser Situation gilt es kreativ umzugehen. Auch Humor in Form von Scherzen oder witzigen Bemerkungen hat diesen ambivalenten Charakter, jederzeit kann das scheinbar leicht dahin Gesagte in Ernst umschlagen, vielleicht wird dann der Geneckte wütend, was er wiederum mit Humor, also heiterer Gelassenheit nehmen kann oder seinerseits mit einer scharfen, aber immer noch spielerischen Bemerkung beantworten kann. Oder er steigt ganz aus der Scherzkommunikation und antwortet ohne jeden Anflug von Humor offen aggressiv.
»Spielen ist ... für den Menschen ein Sich-halten im Zwischen in doppelter Hinsicht. Einmal gelingt es nur, wenn er die beständig gegenwärtige Wirklichkeit abdeckt: insofern scheint sie ihm ständig in die geschlossene Sphäre des Spiels hinein. Zum anderen hält er sich in ihr nur durch die Wahrung des labilen Zwischenzustands einer immer wieder zu erneuernden Bindung, die gegenseitig und gegensinnig zugleich ist, weil sie in Binden und sich-binden-lassen besteht. Auf diese Ambivalenz eines doppelten Zwischen: zwischen Wirklichkeit und Schein, zwischen Binden und Gebundensein reagiert der Mensch – mit Lachen.«[585]
Aus diesem Phänomen die Identität von Humor und Spiel abzuleiten,[586] wäre falsch. Es bestehen jedoch tatsächlich Übereinstimmungen und Ähnlichkeiten zwischen beiden Phänomenen. Beide sind in sich abgeschlossene Wirklichkeitsbereiche, die aufgesucht und wieder verlassen werden können, in beiden Bereichen muss man Regeln kennen und diese handhaben – im Fall des Humors auch willentlich verletzen –, beide sind Gegensphären zum Ernsten, obwohl sie nicht in jeder Hinsicht unernst sind. Beide sind zweckfrei, im Sinne von Selbstzweckhaftigkeit und erfüllen dennoch Funktionen. Beide erfordern Kreativität, laterales Denken, und im Zusammenspiel mit anderen Kommunikationsfähigkeit. Zum Spielmodus beider Phänomene gehört das Tun als ob, das Einnehmen einer bestimmten Rolle oder Haltung, deren Perspektivität man sich bewusst ist.

584 *Schroeter-Wittke*, Spiel, 27.
585 *Plessner*, Lachen, 104f.
586 So etwa bei Eastman (vgl. *Robinson*, Praxishandbuch, 20). Zur Pointe als unterscheidendes Merkmal des Witzes gegenüber dem Spiel vgl. *Haig*, Anatomy, 24.

2.6.7 Szenisches Verstehen

Alfred Lorenzer hat den Ausdruck des »Szenischen Verstehens« geprägt. Auch Schauspiel ist ein Spiel, das zu verstehen gibt, der, die zuschaut und dem, der sich in eine Rolle hineindenkt und -fühlt. So kann es beim Spielen passieren, dass man etwas erkennt: von sich selbst, vom Mitspieler und beim Schauspiel oder beim Bibliodrama auch von den biblischen Geschichten, die gespielt werden, also von Gott, von Jesus, von Heilung, vom Zweifel, vom Glauben. Es geht also in vielen Spielen durchaus um ernste Dinge. Das Spiel ist eine Weise des Verstehens, die über eine rein kognitive Aneignung hinausgeht. Es nutzt die Atmosphäre, die spontanen Assoziationen, die Vorgänge, die durch Identifikation und Distanznahme in Gang gesetzt werden. Das Verstehen wird leiblich, Körper und Geist kommunizieren und kommen zu neuen Sinnzuschreibungen, wenn das Gehörte mit der Lebenswirklichkeit in Beziehung gesetzt wird.

Dieses Verstehen ist nicht planbar, denn es hängt von vielen Faktoren ab und vom Wesen des Spiels selbst. Das Verstehen »muss« sich aber »von selbst ergeben«. Es kann intendiert, aber nicht forciert werden. Aus einem Spiel, das ein pädagogisches Ziel verfolgt, in dem Sinne, dass etwas Bestimmtes, vorher Festgelegtes gelehrt werden soll, wächst man heraus. Es wird bald langweilig. Es ist nicht zufällig, dass Kinder in den unteren Grundschulklassen, die solchen »Spielen« manchmal ausgesetzt sind, diese nicht als Spiel anerkennen und fragen, wieso das ein Spiel sein soll.[587]

Marquard bezeichnet das Lachen als »retardierendes Moment«.[588] Wenn wir über etwas Komisches lachen oder es auch nur schmunzelnd zur Kenntnis nehmen, verlangsamen wir für einen Moment den Fortgang der Dinge. Wir denken vielleicht darüber nach, warum uns eine Situation, ein Satz oder ein Gegenstand komisch vorkommt und betrachten ihn mit einem »gedehnten Blick« (*Wilhelm Genazino*).

2.6.8 Das Paradox

Fast alles Humorige muss in irgendeiner Form etwas Widersinniges, Inkongruentes bergen. Zu den Spielarten des Inkongruenten gehört das Paradox. Es ist eine »maßgebliche Kategorie« für Logik, Rhetorik, Ontologie und Metaphysik.[589] Der Begriff leitet sich vom griechischen παρα (gegen) und *δοξα* (Meinung) ab. Paradox ist etwas, das dem allgemeinen und/oder dem subjektiven Vorverständnis widerspricht.[590] Üblicherweise wird der Begriff synonym zu Antinomie gebraucht,[591] d.h. der Wider-

587 Auch dies ist eine Gemeinsamkeit von Spiel und Humor: Wenn sie ausschließlich zu didaktischen Zwecken funktionalisiert werden, verlieren sie ihren Charakter und werden nicht mehr spielerisch oder komisch befunden.

588 *Dietzsch/Marquard*, Lachen, 13.

589 *Schröer*, Paradox, 731.

590 Vgl. *Schröer*, Denkform, 29.

591 Vgl. *Wuchterl*, Paradox, 727.

sprüchlichkeit von zwei in sich logischen Sätzen. Es gibt eine Vielfalt von paradoxen Phänomenen, die nicht alle auf gleicher Ebene liegen, z.B. die bloß rhetorischen Paradoxien, die lediglich auf eine unstrukturierte Merkwürdigkeit hinweisen.[592] Andere führen zum Dilemma, z.B. das seit der Antike bekannte, bei dem der Kreter Epimenides sagt: »Alle Kreter sind Lügner.« Unter der Voraussetzung, dass Lügner immer lügen und Nicht-Lügner immer die Wahrheit sagen, kommt es zum Dilemma.
Es gibt jedoch auch Paradoxe, die nicht zu einer Pattsituation führen, sondern gewissermaßen *auflösbar* sind, jedoch nicht auf derselben Ebene – etwa durch »mehr desselben« (*Paul Watzlawick*) –, sondern durch einen ›Sprung‹ oder ›Shift‹, ein Umschalten auf eine andere Ebene. Dabei kann die »Auflösung« beim Paradox nie eine vollständige, sondern nur eine vorübergehende sein, die sich bald als nicht konsistent erweist. Es bleiben im Grunde zwei unvereinbare Deutungen bestehen, die Bisoziation ermöglicht nur ein Pendeln von einer zur anderen.
Wenn Paradoxien sich auf die Struktur bestimmter Denkformen beziehen, also z.B. »das Verhältnis von Wissen und Glauben betreffen, nennen wir [sie] *konstitutive* Paradoxien«.[593] In diesem Vollsinn des Wortes haben Paradoxien »eine bestimmte Intention, ... ihre widersprüchliche Aussagestruktur gerade für eine treffende Wirklichkeitsbeschreibung zu halten«, denn »[i]m Paradoxen erscheint die Wirklichkeit«.[594] Paradoxien weisen also auf eine höhere Wahrheit hin, indem sie die Kontradiktion als nur scheinbare verstehen. Paradoxe sind nicht einfach das frontale Zusammentreffen von zwei (oder mehr) widersinnigen Aussagen, sondern eher ein zwar harter, aber leicht verschobener Zusammenstoß, der eine neue Perspektive eröffnet. Diese neue Perspektive kann so geartet sein, dass das Ganze in einem neuen Rahmen gesehen und aufgrund dessen neu bewertet wird. Indem Bateson die Alternative zur vom Paradox eingeführten Freiheit die starre Strenge der Logik nennt, qualifiziert er das Paradox zu einer Ausstiegsmöglichkeit aus der Logik. Für die Postmoderne ist das Paradox eine Schlüsselkategorie, denn diese Denkfigur birgt die Möglichkeit, den »Zusammenhang von Sinn und Unsinn, die Mehrdeutigkeit, die Freiheit in der Vielfalt der Schöpfung und des Schöpferischen nahe[zu]bringen«.[595]
Die Denkfigur des Paradoxes ist als hermeneutische und kommunikative Kategorie unverzichtbar, wenn man nicht zu einer hochgradig unterkomplexen Sicht der Realität kommen will. Das Paradox als »das prototypische Paradigma des Humors« (*Bateson*) leistet somit einen wichtigen Beitrag zur Beschreibung der Realität.

592 Vgl. ebd.
593 Ebd.
594 Dürrenmatt, 21 Punkte zu den Physikern, Zürich 1985, 91ff zitiert nach *Schröer*, Paradox, 731 (vgl. *Schröer*, Denkform, 30f).
595 *Schröer*, Paradox, 736.

2.6.9 Die Pointe

Die Pointe ist nach Emil Kraepelin die »plötzliche paradoxe Lösung eines psychischen Spannungszustandes«.[596] Diese Lösung wird durch einen Richtungswechsel im Denken bewirkt. Eine Pointe kann formal betrachtet aus Worten, Geräuschen oder einer Geste bestehen,[597] die den Punkt des Umdenkens markiert. Die Technik der Pointe ist, zum Schluss des Witzes ein Detail, das vielleicht schon im Hintergrund vorhanden war, oder auch eine gänzlich neue Information nachzuschieben und dadurch alles in einem neuen Rahmen erscheinen zu lassen.[598] Eine Pointe zündet dann mit größter Sicherheit, wenn sie an der Grenze dessen liegt, was für den Hörer gerade noch zumutbar ist.[599] Sie muss also in irgendeiner Form schockierend sein. Ein weiteres wichtiges Kriterium der Pointe ist ihre Plötzlichkeit. Auch wenn man als Rezipient eines Witzes eine Pointe erwartet, kommt sie schließlich überraschend.[600] Entweder ist der Zeitpunkt – besser früher als später [!][601] – oder der Inhalt unerwartet.[602] Zu den wesentlichen Bestandteilen einer Humorerfahrung gehören also Überraschung und Fremdheit.[603] Die ursprüngliche Sicht bekommt einen »Knick«[604], auf den man selbst nicht gekommen wäre und der ermöglicht, dass den einzelnen, in der bloßen Zusammenstellung inkongruent erscheinenden Teilen eine Bedeutung zugewiesen. Bis dahin unvereinbar Erscheinendes wird bisoziiert oder bereits als Sinnvolles erkanntes erscheint plötzlich in einem Licht, dass die Sinnhaftigkeit in Frage stellt und neuen Sinn oder wenigstens die Frage nach neuem Sinn generiert. »Zu verstehen geben im Modus des Anspielens kraft einer Mehrdeutigkeit, die auf sehr verschiedene Weise erreicht werden kann, ist die eigentliche Kunst, die innere Form des Witzes.«[605]

Die Pointe könnte also auch als Angebot eines neuen Deutungsrahmens, also als Reframing beschrieben werden: »Jeder Witz eröffnet in der Pointe einen neuen Horizont mit einer neuen Bedeutung und lädt den Zuhörer ein, sich diesen Horizont anzueignen«.[606] Dieser Horizont kann auch durchaus absurde oder surreale Züge haben. In diesem Zusammenhang

[596] *Kraepelin, Emil*, Zur Psychologie des Komischen, in: Philosophische Studien, hg. von *Wilhelm Wundt*, Bd. 2; Leipzig 1885, 126–160 und 327–361, zitiert nach *Hirsch*, Witzableiter, 272.

[597] Vgl. *Fry*, zitiert nach *Haig*, Anatomy, 24.

[598] Vgl. *Hirsch*, Witzableiter, 124.

[599] Vgl. *Hirsch*, Witzableiter, 61.

[600] Vgl. *Hirsch*, Witzableiter, 121.

[601] Vgl. *McGhee*, Role, 31.

[602] Vgl. *Hartung*, Scherzkommunikation, 130.

[603] Vgl. *Hirsch*, Witzableiter, 182.

[604] *Hirsch*, Witzableiter, 40.

[605] *Plessner*, Lachen, 129. Die Funktion der Pointe ist verschweigend etwas zu sagen »durch doppelsinnige Wortbedeutungen, durch Verschiebung in der Antwort auf eine Frage (die auf den Doppelsinn nur hinweist), durch Weglassen vermittelnder Gedankengänge, durch Paradoxien« (ebd.).

[606] *Bahrdt*, Gedanken, 14.

schreibt Hans Paul Bahrdt, hier erscheine eine »unverstehbare Welt«, und dadurch sei »der Mensch auf sich selbst zurückgeworfen. Als nunmehr Unbehauster wird er eigentlich.«[607] Grotjahn weist auf die befreiende Wirkung hin, wenn er schreibt: »Die ›Pointe‹ des Witzes befreit, schüttelt böse und bedrohliche Introjekte ab und atmet sie in Form von Gelächter aus. Das ist es, was wir meinen, wenn wir sagen: Lachen befreit. Es ist die Freiheit von bösen Introjekten, und wir fühlen uns danach reiner und besser«.[608]

2.6.10 Witz

»Der Sinn des Witzes ist, vor anderen Dingen,
die Wirklichkeit um den Kredit zu bringen.
Indem er lächelnd zeigt, was alles möglich wäre,
bricht er das Pathos der realen Sphäre.«
Otto Weininger[609]

»Nicht das brüllende Gelächter entscheidet über die Güte eines Witzes,
... sondern seine Fähigkeit, Eingefahrenes in Bewegung zu bringen.«
Jürgen Ebach[610]

»Witze reflektieren das,
was das Volk wirklich denkt und fühlt.«
Pierre Heumann[611]

»Witz« gehört zum Wortfeld Wissen, das mittelhochdeutsche »*witze*« meint Verstand, Weisheit, Klugheit; so bedeutet »Mutterwitz« so viel wie gesunder Menschenverstand, »gewitzt sein« Erfahrungswissen, »Vorwitz« Mangel an Erfahrung. Mit dem 16. Jh. beginnt eine Engführung des Begriffes, der ihn auf das rationale Element zuspitzt.[612] »Witz und Wissen gehören demnach ursprünglich zusammen.«[613] Witz ist eine Eigenschaft eines Menschen, die Gabe der Urteilsbildung,[614] also eng verwandt mit Klugheit.[615]
Später verschiebt sich die Bedeutung auf »scharfsinnige, kluge, dabei aber auch geschliffene, stilistisch gefällige Aussageform« (im Sinne des französischen »esprit«),[616] der Witz wird zur – vorwiegend mündlichen – literarischen Gattung,[617] derer sich der Humor bedient.[618] Es kommt zu

607 *Bahrdt*, Gedanken, 15.
608 *Grotjahn*, Sinn, 170.
609 Zitiert nach *Titze/Eschenröder*, Humor, 58.
610 *Ebach*, Das Marginale, 28.
611 *Heumann*, Flucht, 85.
612 Vgl. *Lauer*, Humor, 170.
613 *Vogel/Braitenberg*, Lachen, 95.
614 *Plessner*, Lachen, 123ff.
615 Vgl. *Geier*, Menschen, 111.
616 *Lauer*, Humor, 170.
617 Vgl. *Plessner*, Lachen, 133.
618 Wickberg gebraucht das Wort Witz (»joke«) explizit als Synonym für Humor (vgl. *Wickberg*, Humor, 42). Vgl. auch *Rishel*, Humor, 42.

der gängigen Unterscheidung, dass der Witz intellektbezogen sei, der Humor hingegen eine »*Sache des Herzens*«.[619]
Zwar gibt es auch humorlose Witze, dennoch kann der Witz eine Äußerungs- oder Erscheinungsform des Humors sein. »Der Witz verwendet immer das Paradoxon und die Ironie. Er fügt paradox solche Element der Wirklichkeit zusammen, die in der ›ernsten‹ Auffassung als separat gelten. Er verbirgt seine Intention ironisch – sagt etwas und meint damit etwas anderes. Paradox und Ironie müssen nicht notwendigerweise komisch sein, doch sind sie unvermeidlich an der Erfahrung des Komischen beteiligt.«[620] Während das Komische »gefunden« wird, werden Witze »gemacht«,[621] und zwar normalerweise in Gegenwart von Dritten. Die häufigste Ausdrucksform des Witzes sind Bonmots, witzige Bemerkungen im Alltag.[622]
Nach Freud ist ein Witz nur das, »was ich als einen Witz gelten lasse. Was für mich ein Witz ist, kann für einen anderen bloß eine komische Geschichte sein«.[623] Was für den einen ein Witz ist, kann für einen anderen ein aufwendig verpackter Kalauer, eine getarnte Beleidigung oder ein Zeugnis für das Reflexionsniveau dessen sein, der den Witz zum Besten gibt.
Technisch gesehen ist ein Witz eine zweiteilige Erzählung, in der im ersten Teil eine Erwartung hervorgerufen und im zweiten Teil, der Pointe, diese Erwartung zwingend verletzt wird.[624] Sie schafft die »plötzliche Verbindung einander fremder Elemente«.[625] Von Jean Paul stammt eine Witz-Definition in Form eines Aphorismus‹: Er ist »der verkleidete Priester, der jedes Paar kopuliert«.[626] »Die Grundstruktur des Witzes ist bestimmt durch den Zusammenstoß verschiedener Normbereiche«, durch den eine neue Sicht auf einen Sachverhalt freigesetzt wird.[627] »In beiden Fällen [beim Witz und beim Wissen] steht, am Ende, also wenn man etwas begriffen hat, das Aha-Erlebnis. Hab ich den Witz kapiert, hat's klick

619 *Gleixner*, Humor, 183. Vgl. *Thielicke*, Lachen 61 und 80.
620 *Berger*, Lachen, 160 mit Hinweis auf Japp, Theorie.
621 *Freud*, Witz, 206.
622 Vgl. *Berger*, Lachen, 161.
623 *Freud*, Witz, 116. Freud befasst sich ausführlich mit der Frage nach der Technik des Witzes und unterscheidet dabei *Situationswitz, Wortwitz* (Blödeln, Kalauer, Schüttelreime, Wortspiele, Doppelsinn), *Gedankenwitz* (paradox, verblüffend, auf den Kopf gestellte Wirklichkeit, Übertreibungen, Überbietungen, absurde Ideen), *indirekte Darstellung* (Anspielung – nur das Unvollständige wirkt komisch), *angedeutete Vorwürfe, Auslassung, Missverständnis* (wörtlich nehmen, absichtlich missverstehen), *Denkfehler* (Logikspiele und Double-bind, automatische Dummheiten und Selbstentlarvungen), *Verschiebung eines Gedankens, Doppelrahmung, unerwarteter Standpunkt, Auflösung in nichts* und *absichtlichen Unsinn.* Als Tendenzen des Witzes benennt er folgende: harmlos, auslachend, aggressiv, obszön, grausam, auflehnend (am Sakrileg zeigt sich das Wesen der Komik), versöhnt.
624 Vgl. *Wicki*, Humorentwicklung, 71.
625 *Plessner*, Lachen, 130.
626 Zitiert nach *Hirsch*, Witzableiter, 36.
627 *Hermann Bausinger*, Volkspoesie, 132f, zitiert nach *Hirsch*, Witzableiter, 112.

gemacht, dann wird aus dem ›Aha‹ ein ›Hahaha‹, ... wird aus dem ›Aha‹ sozusagen eine ›Heureka! Ich hab's gefunden!‹«[628] Nach Braitenberg ist der Moment des Verstehens beim Witz und bei einem wissenschaftlichen Problem von derselben Lust begleitet.[629] »Witze (können) oft eine komplexe Situation auf wunderbar präzise Weise knapp zusammenfassen ... – sie vereinfachen und erhellen etwas und haben eindeutig Erkenntniswert.«[630] Mit Braitenberg ist anzunehmen, dass die *Lust am Verstehen* die Menschen von den Tieren unterscheidet. Er bezeichnet dies als »emotionale[s] Kasperltheater im Innern des Gehirnlebens«, das angeregt wird und ein Lustgefühl erzeugt, wenn ein neuer Gedanke gedacht wird, wenn etwas plötzlich verstanden wird.[631] Der Witz ist ein Ergebnis einer Bisoziation, die »scheinbar unvereinbare Dinge in unerwartete Beziehung bringt«[632] und ist insofern eine »Form komischer Kreativität«.[633] Die »Ähnlichkeiten zwischen der Struktur von Metaphern und Witzen« ist in der »Literatur immer wieder überzeugend nachgewiesen« worden.[634]

Als Unterbegriff der Komik[635] gehört der Witz zu den Phänomenen, zu deren Verstehen und spontanem Produzieren man Humor braucht. Wenn es auch humorlose[636] und sogar witzlose Witze gibt und man auch sehr wohl Humor haben kann, ohne jemals einen Witz zu erzählen, ist dennoch der Witz eine mögliche Form, in der sich Humor mitteilen kann, ein »Medium des Humors«.[637] Der Erkenntniswert liegt aber nicht darin, dass etwas lediglich aus Transportgründen witzig verpackt ist. Wenn die Zuhörer eine pädagogische Absicht bemerken, ist der Witz danebengegangen.[638] Dies ist meist die Ursache dafür, dass manche Kabarettnummern moralinsauer statt geistreich erscheinen. Das passiert nicht, wenn die Pointe des Witzes sich mit der Pointe des zu Erkennenden trifft.

Neben diesem hermeneutischen hat der Witz auch ein psychotherapeutisches Potential, wie wir oben schon gesehen haben. So kann Landmann sagen: »Witz ist eine Form, mit der eigenen Wehrlosigkeit seelisch fertig zu werden.«[639] »Der Witz ist die letzte Waffe des Geschlagenen, dem der heroische Kampf, der direkte Weg versagt ist.«[640]

»Der Witz lässt sich als eine Form der Auflehnung gegen Autorität einsetzen. Die meisten politischen Witze haben diese Funktion. Freud aber geht davon aus, dass es sich beim Witz auch um eine tiefere Auflehnung

628 *Vogel/Braitenberg*, Lachen, 95.
629 Vgl. ebd.
630 *Berger*, Lachen 162
631 Vgl. *Vogel/Braitenberg*, Lachen, 96.
632 *Plessner*, Lachen, 130.
633 *Berger*, Lachen, 105.
634 *Orth*, Zeit, 96.
635 So bei Freud.
636 Darunter fallen u.a. alle rassistischen, diskriminierenden, verächtlich machenden ›Witze‹.
637 *Grasskamp*, Glanz, 779.
638 Vgl. *Holtbernd*, Humorfaktor, 91.
639 *Landmann*, Phänomen, 22.
640 *Landmann*, Phänomen, 47.

handelt, die Rebellion gegen die Vernunft nämlich. Es geht um eine Art Infantilisierung, eine Rückkehr in die Kindheit, wo Wünsche auf magische Weise wahr werden und wo das Spiel (das Spiel mit Worten eingeschlossen) einen großen Teil des Lebens ausmacht. Witze machen heißt in gewisser Weise: für einige Augenblicke wieder zum Kind werden, und das ist in sich eine Quelle der Lust.«[641]
Landmann traut dem Witz große therapeutische Wirkungen zu, wenn sie schreibt: »Da aber rächt es sich, dass in Amerika die Talmudschulung zunehmend verloren geht. An die Stelle des geistvollen jüdischen Witzes tritt drüben mehr und mehr die Flucht in die psychoanalytische Behandlung. Auch sie lehrt schließlich, genau wie der Witz, die miserable Wirklichkeit zu durchschauen und sie dennoch mit guter Haltung zu ertragen. Aber der Witz war, ganz abgesehen von seiner Genialität, wesentlich billiger, weniger zeitraubend, und letztlich wohl auch heilsamer.«[642]

2.6.10.1 Jüdische Witze als Form von Weisheit

»Um das Besondere am Humor eines Menschen zu erfassen,
gibt es wohl keinen besseren Weg,
als dem Ernst nachzuspüren, der dahintersteht.«
Ezra BenGerschom[643]

»Aus Studien über das Scherzverhalten unter guten Bekannten, weiß man, dass unter Freundinnen das Bewitzeln eigener Schwächen eine große Rolle spielt. Das entspannt. Es erlaubt einen Blick auf das imperfekte Selbst und es tut gut, wenn andere ähnliche Blicke auf sich erlauben. Es entsteht Verbundenheit. Mit der Selbstbewitzelung nimmt man Defizite so auf die leichte Schulter, dass sie keine mehr sind«; ein solcher Humor »auf eigene Kosten ist charakteristisch für marginalisierte Gruppen. Vor allem im jüdischen Humor hat er eine starke Tradition.«[644] Bereits Freud erkannte die Tendenz des jüdischen Witzes zur Selbstherabsetzung.[645]
»Der jüdische Witz nimmt ... in der Weltliteratur eine Sonderstellung ein. Er ist das Ergebnis von einzigartigen Umständen und Voraussetzungen auf religiösem, historischem, geistigem und sozialem Gebiete, die besonders geeignet waren, Witze von ungewöhnlicher Tiefe und Schärfe zu erzeugen. Der Witz der Juden war durch Jahrhunderte hindurch die einzige und unentbehrliche Waffe des jüdischen Volkes. Es gab, zumal in der Neuzeit, Situationen, die der Jude ohne Hilfe des Witzes kaum hätte bewältigen können. Man kann sogar die Behauptung wagen: der Witz der

641 *Berger*, Lachen, 67.
642 *Landmann*, Witze, 53
643 *BenGerschom*, Esel, 241.
644 *Kotthoff*, Weiber, 71.
645 Die Erklärung, die Ziv dafür findet, hat den Feind dessen im Blick, der den selbstherabsetzenden Scherz macht: »You don't have to attack me and damage my honor – I'll do it myself (and even better than you)!« ... »It is better to look scared, miserly, and foolish, and to stay alive, than it is to die« (*Ziv*, Personality, 60).

Juden ist identisch mit ihrem Mut, trotz allem weiterzuleben.«[646] Darum gibt es nahezu keine jüdischen Witze um des Lacheffektes willen, sondern sie enthalten immer eine Kritik, sei diese nun auf die eigene Lebenspraxis bezogen, die Religion, die Philosophie oder auf soziale oder politische Umstände. Jüdische Witze sind in ihrer schonungslosen Selbst- und Weltwahrnehmung eine Form von Weisheit.

2.6.11 Humor zu Angriffszwecken

Bestimmte Erscheinungsformen oder *Verwandte des Humors* können verletzen und kränken, und werden daher als Waffe eingesetzt. Die Richtschnur dafür, wann Ironie, Satire und Spott ein positives Potential haben, ist das Verhältnis, das der Spötter zum Gegenstand seiner Verspottung hat.

2.6.11.1 Satire

»Was darf Satire? Alles.«
Kurt Tucholsky

Nach Berger ist die Satire »der Gebrauch von Komik für Angriffszwecke«.[647] Mit Northop Frye kann man auch von der *Militanz* der Satire sprechen.[648] Sie hat mehrere Elemente: Ihr Standpunkt ist meist auf Grund moralischer Normen oder der jeweiligen Weltanschauung des Satirikers gewonnen,[649] sie hat ein konkretes Angriffsziel – meist politische oder religiöse Institutionen und deren Repräsentanten –, so dass sie je konkreter umso zeitgebundener ist, sie ist von einer gewissen Boshaftigkeit begleitet und sie braucht einen »speziellen sozialen Kontext: Satiriker und Publikum müssen sich einig sein können in der Ablehnung des Gegenstands des Angriffes«,[650] nicht aber von vornherein der gleichen Meinung sein. Es kann sein, dass das Publikum erst durch die Darbietung des Satirikers erkennt, dass das Ziel seines Angriffs verwerflich ist bzw. handelt. Insofern kann Satire erzieherisch wirken.
Ein wesentliches Merkmal der Satire ist nach Frye, dass sie mit phantastischer, oft grotesker *Verfremdung* arbeitet. Hier hat sie ihren Berührungspunkt mit der Narrheit, wie sie die Trickser (amerikanischer Indianerkult), die Hofnarren (*Zijderveld*) und die Narrenfiguren in Asien[651] betrieben. Satire ist alt und nahezu universell. Nach Berger ist die Satire ihrem Ursprung nach »reine Beleidigung, mit einer bis zum Fluch gesteigerten Intensität – Beleidigung, Leid-Zufügung mit magischer Wirkung«.[652] Von diesen magischen und rituellen Ursprüngen hat sich die

646 *Landmann*, Vorwort, 12. Vgl. *Kehlmann*, Tränenlieferanten, 37.
647 *Berger*, Lachen,185.
648 Vgl. *Berger*, Lachen, 185f:
649 Vgl. *Ekmann*, Ende, 27ff.
650 *Berger*, Lachen, 186.
651 Hinweis bei *Berger*, Lachen, 187.
652 *Berger*, Lachen, 187f.

Satire in der westlichen Kultur zwar immer weiter entfernt, man könnte sagen ›säkularisiert‹, jedoch hat auch die Satire als Kunstform immer etwas Fluch-haftes, das auf die angegriffenen Personen zerstörerisch wirken kann.[653]

2.6.11.2 Sarkasmus

»Sarkasmus ist eine Bosheit, die so gut verpackt ist,
dass man außer Reichweite sein kann,
bis sie verstanden wurde.«
Anonym

Ein naher Verwandter der Satire ist der Sarkasmus. Auch er ist aggressiv, sein Ziel ist die Selbstbehauptung,[654] jedoch ist erkennbar, dass der Abstand zum Gegenstand gering ist. Man ist selbst zu sehr betroffen, um souverän bleiben zu können.[655] Trotz des hohen Maßes an Aggressivität im Sarkasmus, ist er nicht grundsätzlich untauglich, positive Emotionen, zum Beispiel Solidarität mit dem Leidenden, zu erzeugen. Sarkasmus kann als misslungener Versuch der Distanznahme verstanden werden. Es gibt Beispiele, bei denen dieses Eingeständnis des Unvermögens entdramatisierend wirkt, was in manchen Situationen schon das Positivste ist, was erreicht werden kann.

2.6.11.3 Ironie

Der Begriff Ironie ist umstritten. Nach der Ironie-kritischen Auffassung, die sowohl populär als auch in zeitgenössischen Lexika verbreitet ist, ist Ironie eine Redeweise oder rhetorische Figur, bei der man absichtlich etwas anderes sagt als man meint – oder gar simpel das Gegenteil –, und zwar so, dass diese Diskrepanz für den Rezipienten durchschaubar ist. Wenn Ironie nur eine rhetorische Form ist und die Fragen, die sie anregt, nicht wirklich ergebnisoffen sind, sondern jemanden ins Unrecht zu setzen versuchen, ist mit ihr ein Herrschaftsanspruch verbunden.[656] Aus die-

653 Vgl. *Berger*, Lachen, 188. Der Grund, diesen entfernteren Verwandten des Humors überhaupt zu behandeln, liegt in der Tatsache, dass gerade Satire in amerikanischen Predigten des 18. und 19. Jahrhunderts weit verbreitet waren, wie die Dissertation von Douglas Adams zeigt (vgl. *Adams*, Humor, passim). Der bekannteste Produzent von sarkastischen deutschsprachigen Predigten war wohl Abraham de Santa Clara. Auch in zeitgenössischen amerikanischen und deutschsprachigen Predigten begegnen leider noch solche Fälle von Verspottung und verletzender Herabsetzung. Mit Webb lehne ich derartiges im Kontext der Predigt ganz und gar ab (vgl. *Webb*, Comedy, 15). In gemäßigter Form und wenn die Predigerin sich potentiell mit einbezieht in die Gruppe der Attackierten, ist Satire als Darstellungsmittel für die Predigt vorstellbar, wenn auch mit großer Vorsicht zu genießen. Es kann dazu kommen, dass Satire nicht verstanden wird, z.B. aufgrund eines fehlenden Signals, dass das Folgende satirisch gemeint sei.

654 Vgl. *Lauer*, Humor, passim.

655 Vgl. Ex 14,11.

656 Ein anderer Verwandter des Humors, mit dem der Umgang heikel ist, ist der Zynismus, der von manchen Autoren ausschließlich negativ verstanden wird (vgl. *Bern-*

sem Herrschaftsanspruch ergibt sich eine starke soziale Funktionalisierung, die diese Form von Ironie für die Predigt zu einem heiklen Kommunikationsmittel macht. Deshalb warnt Engemann vor häufigem Gebrauch von Ironie in der Predigt. Zwar kann ironische Rede als »eine Form subversiven Humors« zur Konfliktaustragung, zur Unterhaltung, zur Auflockerung einer verkrampften Gesprächssituation oder als gesteuerte Provokation dienen, jedoch entspricht ihr Gebrauch nicht immer dem Verständigungsgewinn, der ihr unausgesprochen unterstellt wird. Mit Engemann bin ich der Meinung, dass Ironie als bloße rhetorische Form es dem Hörer stark erschweren kann, zu einem schlüssigen Predigtverständnis zu gelangen.[657] Die durch solche Ironie meist entstehende Zweideutigkeit ist von anderer Art als die Mehrdeutigkeit, die beim »offenen Kunstwerk« unterstellt wird.[658] Bei dieser Form von Ironie entsteht die Zweideutigkeit dadurch, dass der Sprecher zwar den ironisierten Standpunkt dekonstruiert, was durchaus konstruktiv sein kann, ihn jedoch oft auch der Lächerlichkeit preisgibt. Mehrdeutigkeit heißt, dass es mehrere Möglichkeiten des Verständnisses gibt, ironische Zweideutigkeit geht jedoch oft mit »Nichtigkeitsfeststellungen und Entwertungen« einher und ist dann nur formal mehrdeutig, dem Gehalt nach jedoch entweder eindeutig – in diesem Fall gibt es elegantere Formgebungsmöglichkeiten – oder grundsätzlich standpunktlos – dieser Fall ist theologisch problematisch und kann durch Ironie nicht gelöst werden.
Jedoch gibt es auch eine wesentlich positivere und umfassendere Sicht dessen, was Ironie sei und leisten kann. Nach Hartung ist Ironie eine indirekte negative Bewertung, die aufgrund ihrer Indirektheit sowohl ein poetisches als auch ein komisches Potential haben kann.[659] Bei Kierkegaard u.a. ist sie keine rhetorische Figur, sondern eine Notwendigkeit. In seinem Spätwerk definiert er Ironie als eine Existenzweise zwischen dem ästhetischen und dem ethischen Stadium. Er befasst sich mit den grundsätzlichen Problemen, die sich bei dem Versuch, existentielle Dinge mitzuteilen ergeben. Für ihn ist der Glaube kein Wissen und keine Lehre, nach der man sein Leben ausrichten könnte, sondern eine Leidenschaft, die Aneignung einer neuen Perspektive. Christliche Rede muss nach Kierkegaard ergreifen, nicht informieren, darum *muss* sie indirekt sein. Aus diesem Gedanken entwickelt er die Theorie der indirekten Mitteilung im Medium der Ironie, die im Wesentlichen auf der Mäeutik des Sokrates beruht. Sokrates wandte Ironie als Form dieser »Hebammenkunst« an, indem er durch Fragen seinen Gesprächspartner dazu brachte, die Grundlagen seiner Argumentation daraufhin zu untersuchen, ob sie wirklich plausibel sind oder nur gängigen Ansichten entsprechen. Interessant für

hardt, Humor, 18). Zynismus verschafft vor allem Distanz aus einer Position der Überlegenheit, von der aus durch Lächerlichmachung aller Werte das Wertgefühl der Adressaten verletzt werde (vgl. *Lauer*, Humor, 205ff).

657 Vgl. *Engemann*, Homiletik, 61.

658 Vgl. ebd., Fußnote 130.

659 *Hartung*, Scherzkommunikation, 118.

die Predigt ist das hermeneutische Potential der so verstandenen Ironie, das darin liegt, dass nicht doziert wird, sondern die Hörerin selbst überprüft, ob eine Aussage oder Frage, die mit ihrem Leben zu tun haben soll, dieses tatsächlich auch trifft.

Diese weite Auffassung der Ironie als einer Form der Kontingenzbewältigung[660] bzw. einer Lebenshaltung, die sich durch Skepsis gegenüber der Wirklichkeit und die Hoffnung auf eine »wahrere« Wirklichkeit auszeichnet, hat dazu geführt, dass diese Form der »romantischen Ironie« mit dem Humor gleichgesetzt oder verwechselt wurde.[661]

Aus meiner Sicht ist Humor das umfassendere Phänomen und Ironie eine bestimmte Spielart oder Erscheinungsform des Humors. Ironie ist einerseits eine Sprachkunst. Sie verhüllt, um sichtbar zu machen, schafft durch Indirektheit Distanz, um Nähe zu ermöglichen. Die Grenze zwischen Ironie und Humor verläuft fließend. Gemeinsam ist beiden die paradoxe und perspektivische Grundstruktur, die ihr hermeneutisches Potential ausmacht. Beide haben einen Bezug zur Transzendenz und neigen zur Skepsis.[662] Sie haben Überschneidungen, ohne deckungsgleich zu sein. Was außerhalb des Humorbereichs liegt, ist alles Ironische, das mit einem Herrschaftsanspruch verbunden ist, z.B. alle Fragen, die nur *eine* Antwort dulden. Auch ist der Grad der Distanz zur Wirklichkeit bei Humor und Ironie je anders. Vereinfachend könnte man sagen: Ironie als Lebenshaltung ist geprägt von der Unerfüllbarkeit der Sehnsucht nach dem Unendlichen, während der Mensch mit Humor zwar auch um die Unerreichbarkeit des Unendlichen weiß – »zumindest in diesem Leben. Da er aber im Endlichen bereits Anteil daran hat, kann er ohne weiteres im Endlichen und Sinnlichen verbleiben« und seine Gefühlskräfte »auf das Kleine, Alltägliche und sinnlich Erfassbare« richten und ihm wohlwollend gegenüberstehen.[663]

Aber nicht nur, was Struktur und Bezugspunkt anbetrifft, gibt es Gemeinsamkeiten zwischen Ironie und Humor. Selbst bei den Ironiekritikern bzw. der landläufigen Ironieauffassung gilt die *Selbstironie* als das Scharnier zwischen bzw. der Übergang von Ironie zum Humor. Sich selbst ironisch in Frage stellen zu können wird allgemein als Qualität oder Tugend betrachtet. Nach Alice Schwarzer ist »Selbstironie aber für Frauen auch Pflicht«.[664] Unabhängig davon, ob sie diese Behauptung ironisch oder wörtlich meint, sind die meisten Frauen in Selbstironie geübt, ob man dies nun begrüßt oder bedauert. Selbstironie gehört zu den selbstherabsetzenden Formen des Humors, die für die Gruppensolidarität för-

660 Vgl. *Gruber*, Ironie, 77.

661 Vgl. *Dopychai*, Humor, 44.

662 Nach Kierkegaard ist die Skepsis des Humors sogar noch tiefer als die der Ironie, weil es sich beim Humor letztlich nicht um die Endlichkeit, sondern um die Sündhaftigkeit handle (Hinweis bei *Jacobi*, Langeweile, 83).

663 *Dopychai*, Humor, 45.

664 *Schwarzer*, Frauen, 54.

derlich sein können. Lauer bezeichnet die Selbstironie in Aufnahme von Heinrich Lützeler als »*gutmütige* ›Verlachung des eigenen Ich‹«.[665]
Bei der Betrachtung der Ironie ist angeklungen, dass es Überschneidungen zwischen Humor und Religion bzw. dem christlichen Glauben gibt. »Religion und Ironie sind unterschiedliche Umgangsformen mit Kontingenz. Sie zeigen, wie man das Unveränderliche, gewiss auf unterschiedliche Weisen bewältigen kann.«[666] Kierkegaard kann darum den Humor als das »Inkognito« der Religiosität bezeichnen, unterscheidet es aber ausdrücklich von der christlichen Religiosität.[667]

2.6.11.4 Spott

»[W]ahrer Spott ist nur möglich, wenn er auf Selbstironie beruht.«
Anton C. Zijderveld[668]

Spott kann mithilfe verschiedener Stilmittel ausgedrückt werden, so z.B. mittels Karikatur, Parodie, Satire oder Ironie. Viele Autoren lehnen Spott als nicht zum Humor gehörig ab, da er verletzend ist und jede Form von verletzendem Humor abzulehnen sei.[669] Da ein gewisses Maß an Aggression nach der Definition dieser Arbeit jedoch zum Humor gehört, muss hier ein anderes Kriterium gelten. Also könnte man sagen: wenn wir über etwas spotten, das wir verachten oder verabscheuen, dann ist es kein Humor, wenn wir über etwas spotten, das wir schätzen oder lieben, oder über uns selbst, dann ist es Humor.[670] Letztlich ist es also das emotionale Engagement, das über die Zughörigkeit zum Humor entscheidet.
Unzweifelhaft zum Bereich des Humors gehört die Selbstverspottung, die sich in Form von Galgenhumor, Selbstironie oder Schwarzem Humor äußert.
In vielen Gesellschaften spielen so genannte Spottverhältnisse (»Joking relationships«) eine Rolle. Es ist eine Art von Scherzkommunikation, die dazu dient, Hierarchien zu bestätigen oder auch zu verändern.

665 *Lauer*, Humor, 142. Ich sehe Selbstironie aufgrund meines positiven Ironiebegriffs ebenfalls positiv als tatsächliche Akzeptanz. Vgl. jedoch die kritische Sicht bei *Ekmann*: »Diese [Selbstironie] akzeptiert die eigenen Schwächen nicht, sondern stellt sie posierend bloß, gelegentlich mit dem impliziten Versprechen einer Besserung oder doch mit der impliziten Bitte um Verzeihung – meist jedoch eher ohne überhaupt Konsequenzen daraus zu ziehen, also als zynische Abwehrmanöver (»Ich weiß schon, aber das wird nun mal nicht anders«), die grundverschieden ist vom uneitlen Humor, weil ohne Solidarität, ohne die Etablierung einer Gemeinschaft des Leidens, ohne Verzicht auf eigene Vortrefflichkeit, ohne Auseinandersetzung mit dem Übel und daher auch ohne Erleichterung und Befreiung« (*Ekmann*, Ende, 44, Anm. 32).
666 *Gruber*, Ironie, 77.
667 Vgl. *Kierkegaard*, Nachschrift, 731f, Anm. 2.
668 *Zijderveld*, Humor, 180.
669 Vgl. *Holthaus*, Lachen, 45f. Leider ist gerade dieses Buch gespickt mit Anekdoten und zu Anekdoten umfunktionierten altbekannten Witzen, die sehr dazu angetan sind, Menschen zu verletzen.
670 *Zijderveld*, Humor, 180.

Humor zu Angriffszwecken in Form von Sarkasmus, Satire, Ironie oder Spott kann dann ein positives Potential für die Predigt entfalten, wenn es ihm gelingt, durch diese Mittel bei den Zuhörerinnen kein Überlegenheitsgefühl, sondern ein Lachen hervorzurufen »das die Welt akzeptiert, solidarisch Opfer, Sender und Empfänger in Bedrückung vereint und die Erleichterung nicht aus Selbsterhebung [und] Opfer-Herabsetzung ... bezieht«.[671] Im Gegensatz zu Satire und Spott setzt der Humor sich selbst herab, akzeptiert die eigene kreatürliche Ohnmacht und gerät damit in eine mögliche Nähe zur Verzweiflung, wählt aber statt ihrer den Trotz. Um die Verzweiflung zu thematisieren, bedarf es jedoch manchmal eines indirekten Modus; und so können Satire, Ironie oder Spott zu Hilfsmitteln des Humors werden, zu einer Eingangstür der ernsten Seite des Humors.

2.7 Der Humorprozess

»Witze sind für Humorforscher das,
was Labormäuse für die Genforscher sind:
ein relativ gut verstandenes Modell fürs Ganze.«
Christoph Drösser[672]

Zum Überblick über die wichtigsten Prozesse, die bei einem Humorerlebnis ablaufen, soll die folgende Darstellung des Humorprozesses nach Eike Christian Hirsch dienen.[673]
Nach einer zutreffenden, nicht hinreichenden und daher später (2.8) zu präzisierenden Definition *ist Humor die Fähigkeit, Komisches als komisch wahrzunehmen.*
»Als komisch empfinden wir eine Lage, die uns überfällt, uns überfordert und die doch Entspannung verheißt. Sie selbst nämlich wird sich entspannen – und damit auch uns.«[674] Im Witz ist das Komische am stärksten verdichtet, er wird deshalb hier als Auslöser/Stimulus für die Beschreibung der Wirkung des Komischen auf einen Rezipienten herangezogen.[675] Als *Humor*prozess ist der Vorgang insofern zu bezeichnen, als zur Rezeption eines Witzes Humor erforderlich ist. Der ganze Prozess[676] läuft mit großer Schnelligkeit ab und umfasst, wenn er gelingt: 1. das Verstehen / den Intellekt, 2. das Unbewusste, 3. die Gefühlsebene und 4. den Körper.

671 *Ekmann*, Ende, 31.
672 *Drösser*, Witz, 4.
673 *Hirsch*, Witzableiter, 268–281.
674 *Hirsch*, Witzableiter, 268.
675 Die meisten Elemente, vielleicht abgesehen von einem hörbaren Lachen, sind auch bei anderen Humorprodukten zu finden, etwa bei Anekdoten, humorvoll-gewagten Metaphern etc.
676 Bereits Freud betrachtete Witzarbeit als psychsichen Prozess (vgl. *Freud*, Witz, 9).

2.7.1 Das Verstehen

»Jeder Witz ist eine unvollständige Mitteilung, missverständlich oder doppeldeutig« durch die Verwendung von Techniken zur Steigerung oder indirekten Darstellung »wie Anspielung, Auslassung, Wortspiel, Verdichtung ..., Übertreibung«.[677] Der Hörer muss also selbst die Lücke füllen, aus den Einzelteilen ein Ganzes zusammensetzen oder einen neuen Rahmen für das scheinbar nicht Zusammengehörige finden, damit Sinn zustande kommt. In den meisten Fällen gelingt dies auf Anhieb.
Wie die neuere Gehirnforschung herausgefunden hat, stehen dem Menschen zwei verschiedene Wege des Verstehens zur Verfügung. Die linke Hirnhälfte nimmt auf lineare Weise – nach und nach – wahr, was geboten wird, also zum Beispiel Sprache. Die rechte Hirnhälfte erfasst plötzlich und intuitiv die Situation als Ganze.[678] Beide Hemisphären sind am Verstehen des Witzes gleichzeitig beteiligt, die rechte kommt jedoch schneller beim Lachen an, weil sie schlagartig das Ganze begreift. Über einen gut erzählten Witz lacht man, noch bevor man verstanden hat, warum. Doch nun beginnt die linke Gehirnhälfte hinter das bereits Verstandene zurückzufragen, warum das Gehörte »komisch sei und was die Pointe ausgelöst hat«.[679] Als Beispiel führt Hirsch folgenden Dialog an: *»Herr Richter, ich bin wirklich unschuldig!« »Das kenne ich, das sagen alle.« »Ja, wenn es alle sagen, dann muss es doch auch stimmen!«* Zunächst muss die linke Gehirnhälfte die absurde Unlogik des Angeklagten nachvollziehen, »dann löst die rechte diese Fehlverbindung, indem sie den Fehler und damit den Doppelsinn durchschaut. Fürs erste ist damit der Witz verstanden und der Sieg beglückend. Diese großartige Leistung erweist sich allerdings zugleich als Fehlschlag. Denn der erkannte Sinn ist im Grunde Unsinn! Solch ein Ergebnis ist die rechte Gehirnhälfte nicht gewohnt: dass sie nämlich versteht und doch zugleich nicht verstehen kann (beziehungsweise merkt, dass die Sache nicht wirklich verständlich ist). So etwas wirkt ungemütlich, denn es läuft gegen die Vorschriften unserer Ratio. Gerade wegen des Scheiterns aber kommt der Hörer vom Versuch des Verstehens nicht los. Er selbst hat ja den nur halb fertigen Text vollendet. Dessen Sinn ist in seinem Kopf aufgegangen, der Gedanke ist auf doppeltem Wege nachvollzogen, nun ist es sein eigener Gedanke, jedoch ein verquerer Gedanke.«[680]
Je anspruchsvoller die Pointe ist, d.h. je mehr eigene Denkarbeit geleistet werden muss, (und vom Hörer auch noch geleistet werden kann), desto größer ist das Vergnügen am Sieg, d.h. am Verstehen. Dieses Verstehen beginnt immer mit einem kleinen »(bisoziativen) Schock«[681] »oder doch mit einer kleinen Verwirrung; das gilt sogar von den scheinbar harmlosen

677 *Hirsch*, Witzableiter, 269.
678 Vgl. *McGhee*, Role, 25.
679 *Hirsch*, Witzableiter, 270.
680 Ebd.
681 Vgl. *Koestler*, Funke, 88; vgl. *Berger*, Lachen, 30.

Witzen, denn auch sie nehmen dem Hörer für einen Augenblick die Orientierung und stellen sein Verstehen auf die Probe. Obwohl der Hörer sofort intuitiv einen Sinn erfasst hat, hat er dabei doch auch Unsinn verstanden, und er wendet sich von der irreführenden hin zur durchschauten Fassung des Witzes, die ebenfalls unbefriedigend ist, und wieder zurück.«[682] Jeder Witz bietet also zumindest zwei Deutungen für eine Situation an und als Hörerin ist man bei dem Versuch, beide zusammen zu denken, überfordert.
Anspruchsvolle Witze funktionieren nach dem Paradigma des Paradoxes. Dessen Widerspruch kann letztlich nicht aufgelöst werden. Es bleiben zwei Deutungen bestehen, und die Hörer wenden sich von einer zu anderen. Es kommt zu einem Hin- und Herpendeln des Verstandes, das Kant mit einem Ball vergleicht, den man hin- und herschlägt, aber nur vermeintlich fassen und festhalten kann[683] und das Koestler als »ein jähes Übertragen des Gedankenganges von einer Matrix auf eine andere«[684] wahrgenommen hat. An der Hin-und-Herbewegung des Verstandes entzündet sich immer wieder neu das Lachen. Wenn sie abklingt, klingt auch das Lachen ab. Aber der *komische Prozess* geht noch weiter.

2.7.2 Das Unbewusste

Ein Witz erreicht seine Hörer nur dann, wenn er ins Unbewusste trifft, auf die verdrängten Wünsche und Ängste. Freuds These, dass es im Witz meist um verdrängtes Material geht, ist in der Humorforschung weitgehend unumstritten. Dass auch harmlose und alberne Witze große Erheiterung bewirken können, liegt nach Hirsch daran, dass auch Albernheit in westlichen Gesellschaften verachtet und verdrängt wird. Man braucht den Umweg Witz, um diesem kindlich-kindischem Vergnügen nachgehen zu können. Nach Hirsch sind »Witze – überhaupt das Komische und alle

682 *Hirsch*, Witzableiter, 270f. Darum sind Witze, die mit einer zweiten oder gar dritten Pointe die erste Pointe überbieten, so besonders reizvoll. Oder solche, die durch besondere Absurdität den Intellekt auf eine besondere Probe stellen. Bei solchen Witzen oder Paradoxa scheitert der Verstand zunächst, ist aber umso erfreuter, wenn er schließlich doch siegt. Ein schönes Beispiel nicht für sich überbietende, sondern aneinandergereihte Pointen ist folgender Dialog zwischen zwei Freunden, die sich lange nicht gesehen haben und sich über die Ereignisse der letzten Jahre austauschen: Freund 1: »Ja und vor zehn Monaten habe ich geheiratet, aber leider starb meine Frau vor vier Wochen.« Freund 2: »Welche Tragödie! Was hat sie denn gehabt?« Freund 1: »Ein kleines Einzelhandelsgeschäft und ein paar Tausend Mark Festgeldanlagen.« Freund 2: »Das meine ich nicht. Was hat ihr denn gefehlt?« Freund 1: »Na gut. Ein Bauplatz und das Geld, das Geschäft vernünftig auszubauen.« Freund 2: »Das meine ich doch nicht. An was ist sie denn gestorben?« Freund 1: »Ach so. Sie wollte in den Keller, um fürs Mittagessen Kartoffeln und Sauerkraut hochzuholen. Dabei ist sie auf der Treppe gestürzt und hat sich das Genick gebrochen.« Freund 2: »Um Himmels willen! Was habt ihr denn da gemacht?« Freund 1: »Nudeln.« (vgl. *Trenkle*, Ha-Handbuch, 52).
683 Vgl. *Kant*, Urteilskraft, 438.
684 *Hirsch*, Witzableiter, 273.

Arten des Humors – ... deshalb so willkommen, weil sie auf eine ungefährliche Weise das Verdrängte für einen Augenblick befreien und damit halbwegs bewusst werden lassen«.[685] Das Verdrängte kommt ans Licht und erweist sich in diesem Setting als erlaubt oder harmlos. Das Vergnügen und das Gefühl der Befreiung entstehen dadurch, dass das sorgfältig Gehütete als ungefährlich erlebt wird.[686]

Ebenfalls von Freud stammt die Unterscheidung zweier Tendenzen des Witzes: Lustwitze und Angstwitze. Die Lustwitze handeln von dem, was Spaß macht, aber nur bis zu einem ganz bestimmten Limit ausgelebt werden darf: Sexualität und Aggression.

Lustwitze funktionieren so, dass sie der Forderung der »guten Erziehung« insofern folgen, dass sie nicht aussprechen, was verboten ist, sondern andeuten und auslassen. Solche Witze sind elegant und fordern den Intellekt heraus und transportieren so das eigentlich verbotene Material am inneren Zensor vorbei.[687] »Selbst da, wo aggressive Witze schadenfroh und gemein klingen, wecken sie doch zugleich auch Mitgefühl für das Opfer oder lassen sich von anderen höchst anerkannten Regungen begleiten. Wenn das alles nicht reichen sollte, um die Zensur zu befriedigen, ja zu erfreuen, dann rechtfertigt sich der Lustwitz schließlich noch dadurch, dass, er »nur Spaß macht« und deshalb gar nicht in die Zuständigkeit des Zensors fällt.«[688]

Angstwitze haben ernste und bedrohliche Themen zum Inhalt: Krankheit und Tod, Horror und Ekel, Scheitern. Diese Themen werden aus dem Bewusstsein verdrängt. In Form von Witzen dürfen diese Inhalte ins Bewusstsein dringen, weil von vornherein klar ist, dass es nicht ernst wird, sondern dass das Bedrohliche ins Lächerliche gezogen wird. Es wird also Angst dosiert freigesetzt »und – sobald sie erscheint – sofort verscheucht«.[689] Die innere Abwehr wird umgangen und Unlust in Lust gewandelt, so dass man über die eigene Angst triumphieren kann.[690]

Wie ist es möglich, dass das Bedrohliche so harmlos erscheint? »Nicht das Verdrängte des Witzhörers selbst erscheint im Witz. Was der Witz benennt, erinnert den Hörer zwar an seine eigenen Ängste, aber nach dem ersten Schrecken merkt er, dass er gar nicht betroffen ist.«[691] Der Schock wird nur sehr kurz empfunden und von Erleichterung abgelöst. Auf diese Weise erfüllen Angstwitze schließlich doch die Forderung des Bewusstseins, das Bedrohliche zu verdrängen, indem sie es als bedeutungslose Schatten darstellen, die einem nicht wirklich etwas anhaben können. Angstwitze wirken dabei wie eine Impfung: eine kleine, leicht zu bewältigende Dosis immunisiert gegen einen größeren Angriff. Ein kleiner

685 *Hirsch*, Witzableiter, 273.
686 Vgl. ebd.
687 Zijderveld nennt dies »Freuds Vermummungs-Theorie« (*Zijderveld*, Humor, 176).
688 *Hirsch*, Witzableiter, 275. *Jurzik* bezeichnet darum die Pointe als »Bestechungsgeld, das der Witz für das Erscheinendürfen des Triebs bezahlte« (*Jurzik*, Stoff, 47).
689 *Hirsch*, Witzableiter, 275.
690 Vgl. ebd.
691 Ebd.

überwundener Schrecken erzeugt Widerstandskraft gegen einen großen. In der Verhaltenstherapie werden zur Bekämpfung der Angst ähnliche Methoden angewendet.[692]

Lust- und Angstwitze arbeiten beide gegen Grenzziehungen. Bei den Lustwitzen ist es das anerzogene Verbot, bestimmte Dinge offen auszusprechen, bei den Angstwitzen ist es der Selbstschutzmechanismus *Verdrängung*, der vom Bedrohlichen nichts bewusst werden lassen will. In Form des Witzes wird »das Verdrängte für einen schockierenden Augenblick ins Bewusstsein [geholt], um es sofort in das Reich des Unernstes zu entlassen. […] Der Witz macht für einen Augenblick das Verbotene erlaubt und das Gefürchtete erfreulich.«[693]

Die Bewegung des Hin- und Herpendelns, die ein Witz im Intellekt verursacht, findet auch im Unbewussten statt, und zwar zwischen den beiden Polen Zensur und Befreiung bzw. zwischen Angst und Erleichterung.

2.7.3 Die Gefühlsebene

Von Kraepelin stammt die Unterscheidung des Komischen in den »intellektuellen Kontrast« und den »Gefühlskontrast«; demnach folgt aus dem »unerwartete[n] intellektuelle[n] Kontrast« ein »Widerstreit der Gefühle«.[694] Manche – vor allem gute – Witze erwecken zugleich sich gegenseitig ausschließende Gefühle wie Mitleid und Bewunderung, Geringschätzung und Hochachtung, Abscheu und Faszination. Solche Witze rufen als Reaktion zugleich Schmerz und Lachen hervor. Die Pendelbewegung des Intellekts und des Unbewussten führt also auf der Gefühlsebene zu ambivalenten Affekten. Da sie unvereinbar sind, können sie nicht gleichzeitig empfunden werden, sondern nacheinander, d.h. abwechselnd in schneller Folge, und schaukeln sich, falls intensiv genug, zu einer Lage auf, die schwer erträglich *und* lustvoll ist. Dieses Aufschaukeln der Gefühle wird als reizvoll erlebt und klingt erst ab, wenn sie aufhören auf einander einzuwirken.[695]

Während man früher eher eine abnehmende Spannungs- und Erregungskurve angenommen hat, kommt die empirische Humorforschung inzwischen zu anderen Ergebnissen: zunächst kommt es bei den Testpersonen, die mit Humorprodukten konfrontiert werden, zu einem steilen Anstieg der Erregung und erst dann zu ihrem Abfall. Hirsch erklärt diesen Umstand mit dem veränderten Blickwinkel der Forscher. Früher hatten sie mehr die Person beim spontanen Erfinden eines Witzes im Blick, die dabei den angestauten Druck abließ, während heute meist Personen beim Konsumieren von Witzen getestet werden.[696]

692 Vgl. *Hirsch*, Witzableiter, 276.
693 Ebd.
694 *Kraepelin, Emil*, Zur Psychologie des Komischen, in: Philosophische Studien, hg. Von Wilhelm Wundt, Bd. 2; Leipzig 1885, 126–160 und 327–361, zitiert nach *Hirsch*, 278.
695 Vgl. *Hirsch*, Witzableiter, 279.
696 Vgl. ebd.

Die Intensität und Dauer des Widerstreits der Gefühle hängt von der Qualität des Witzes ab, auf die noch zurückzukommen ist. Ein zu seichter Witz bewegt seine Hörerinnen nicht und verfehlt damit ein wesentliches Kriterium guter Unterhaltung.

2.7.4 Das körperliche Ausagieren: die Lust des Lachens

Im Lachen wird die Hin- und Herbewegung, die für die drei anderen Ebenen beschrieben wurde, auf der Körperebene ausagiert, sofern nicht schon vorher eine Beruhigung eingetreten ist.[697] Wenn ein Witz wirklich getroffen hat, hört die Bewegung zwischen dem Wunsch, ihn zu genießen und der Pflicht, seinen Inhalt abzuwehren, nicht vorher auf, sondern verlangt nach der nötigen Entspannung, die die körperliche Reaktion des Lachens bringen soll.

Witze funktionieren nur, wenn sie einen Schock verursachen.[698] Der Hörer kann sich nicht entscheiden, ob er nun vor Schreck Luft holen oder im Gegenteil ausatmen soll, um die aufsteigenden Gefühle mit auszustoßen. Die beiden Impulse blockieren sich gegenseitig und nach einem kurzen Stocken des Atems ›platzt man heraus‹ vor Lachen.

Ebenso wie auf den anderen Ebenen kommt es zu einer Hin- und Herbewegung des Zwerchfells als des psychosomatischen Zentrums des Menschen. Der Impuls, Luft zu schnappen und der Wunsch »immer weg« mit der Emotion pendelt sich auf körperlicher Ebene als ein Nacheinander ein. »Das Lachen ist Ausdruck der höchsten Erregung, die das Komische auslösen kann, und doch zugleich Wellenbrecher im Sturm der Gefühle. Wie es dem Lachen gelingt, beides zu sein, Höhepunkt und Ausklang, ist ungeklärt.«[699]

2.7.5 Zusammenfassung

Der Prozess des Komischen durchläuft die vier Phasen *intuitive Erfassung durch den Verstand, Rebellion im Unbewussten, Widerstreit der Gefühle, körperliches Ausagieren*. Die Spannung, die durch die Konfrontation mit dem Unvereinbaren aufgebaut wird, wird durch die Pointe gelöst. »Wem dafür Worte wie ›Befreiung der Lust‹, ›Therapie der Angst‹ zu hoch gegriffen scheinen, kann doch wenigstens feststellen, dass der Mensch durch die heilsame Provokation des Witzes ein wenig Freiheit von sich selbst erlangt.«[700]

697 Vgl. *Hirsch*, Witzableiter, 280.

698 Vgl. *Hirsch*, Witzableiter, 41ff.157.179; *Berger*, Lachen, 27; *Plessner*, Lachen, 138f.

699 *Hirsch*, Witzableiter, 281. Vgl. Plessner: »Dann ergibt sich der lustvolle Überschuss, die plötzliche Erleichterung aus dem Doppelspiel, eine Schwierigkeit zu schaffen, die sich selbst überwindet« (*Plessner*, Lachen, 143).

700 *Hirsch*, Witzableiter, 281.

2.8 Zwischenergebnis: Humor und seine Funktionen

»Humor ist, wenn man trotzdem lacht.«
Otto Julius Bierbaum[701]

2.8.1 Eine vorläufige Humordefinition

Humor ist die Fähigkeit, Komisches als komisch wahrzunehmen und zu würdigen, das heißt, sich davon erheitern oder zumindest bewegen zu lassen. Diesen Wesenszug teilen fast alle Menschen, er kann aber in schweren Krisen zeitweise abhandenkommen.
Als Humor*prozess* betrifft er den Intellekt, das Unbewusste, die Gefühlsebene und den Körper, letzteres am deutlichsten dann, wenn der Prozess im Lachen oder in einem Gefühl von Vergnügen kulminiert. Zwischen diesen Persönlichkeitsanteilen vollzieht der Humorprozess eine Hin- und Herbewegung, so dass die verschiedenen Persönlichkeitsebenen miteinander kommunizieren.
Als Humor*erlebnis* ist er einerseits ein individuelles Erleben und andererseits ein Beziehungsgeschehen insofern er sich zwischen einem Subjekt oder mehreren Subjekten und einem Objekt oder mehreren Objekten abspielt.
Humor als *Perspektive* stellt alles Wahrgenommene einschließlich seiner selbst zur Disposition, positioniert sich jenseits jeglichen Absolutheitsanspruchs und thematisiert im Prozess – zumindest implizit – die Perspektivität aller Wahrnehmung und Erfahrung. Wahrnehmung und Erfahrung werden dadurch beide relativiert. In dieser Perspektive, die sich ihrer Vorläufigkeit und Fragmentarität bewusst ist, liegt der Transzendenzbezug des Humors begründet.
Humor als *Haltung* erfordert eine bestimmte relativierende Perspektive, die mit Sinninhalten kreativ umgehen und spielen kann. Der Humor wertet um und vollzieht eine Art des Reframings indem er scheinbar Selbstverständliches dekonstruiert, scheinbar Absurdes und Ausgegrenztes in die Wahrnehmung einbezieht, die Komplexität der Wirklichkeit bewahrt und den Widrigkeiten des Lebens mit heiterer Gelassenheit begegnet. Er ist insofern eine Coping-Strategie bzw. ein Mechanismus der Kontingenzbewältigung.
Humor hat eine Affinität zum *Vergnügen* bzw. zur *komischen Lust* (Freud), die aus der gelungenen Begegnung mit Humorprodukten (Inkongruentem, Absurdem, Paradoxem) resultiert. Diese Lust ist ein erhebendes Gefühl, das teils aus dem Erfolg der intellektuellen Anstrengung, die Lücke stimmig zu füllen, und teils aus dem Überwinden des Schocks resultiert, der dadurch entsteht, dass Humorprodukte etwas Verdrängtes (Lustwitze) oder dem Bewusstsein Unwillkommenes (Angstwitze) an der inneren Zensur vorbeitransportieren und so in dosierter Form zu Bewusstsein bringen und zur Bearbeitung zur Verfügung stellen. Ohne ein

701 *Bierbaum*, Yankeedoodle-Fahrt, 124.

Minimum an intellektueller Herausforderung und/oder Drastik kann es daher keine Humorreaktion geben.
Humor als *rhetorisches Mittel* ist, da er mit Verschiebung und Auslassung arbeitet, wesentlich fragmentarisch und ergänzungsbedürftig. Er wirkt deshalb als hermeneutischer Motor, weil alles Verstehen ein Interesse am Gegenstand voraussetzt und daher ohne Auslassungen und Leerstellen nicht stattfinden kann. Humor hat insofern auch ein didaktisches Potential.
Humor als *Beziehungsgeschehen* ist ein soziales Schmiermittel, das die Kommunikation erleichtert, weil er Dinge indirekt oder im Spielmodus ansprechen kann, so dass bestimmte Kommunikationsvorgänge im Alltag nur schwer ohne Humoreinsatz vorstellbar sind.[702]

2.8.2 Psychologische Funktionen

»Humor, ein Kristall, der nur in tiefen und dauernden Schmerzen wächst.«
Hermann Hesse[703]

Humor wirkt entängstigend. Wenn er Lachen provoziert, manifestiert sich dies auf körperlicher Ebene durch die stoßweise Ausatmung und die Weitung der Gefäße. Da das Gefühl der Angst physisch durch Enge und Verkrampfung erzeugt wird, ist die entspannende, blutdrucksenkende und den Sauerstoffaustausch der Lunge fördernde Wirkung des Lachens auf mehreren Ebenen ein Gegenmittel gegen die Angst.
Die Freisetzung bestimmter Hormone, die auch ohne Lachen beim bloßen Genuss von Humorprodukten messbar ist, verhilft zu einer positiven Stimmung. Dies wirkt ebenfalls entängstigend, besonders *vor* einem unangenehmen Ereignis.[704] Der angstreduzierende Effekt von Humor ist besonders stark, wenn jemand mit einem ausgeprägten Sinn für Humor mit Humorprodukten konfrontiert wird.[705]
Aber auch ohne dass gelacht wird, ermöglicht eine humorvolle Herangehensweise einen spielerisch-leichten Umgang mit Problemen. Im Spielmodus kann man sich an aggressive, sexuelle oder andere große Themen heranwagen, die im Modus des nur Ernstgemeinten heikel sind. Witze bringen problematische Dinge in einer so kleinen Dosierung zu Bewusstsein, dass mit Humor auch große Themen leichter zu bewältigen sind.

702 Im Spielmodus des Humors liegt jedoch auch eine Gefahr, die eines grenzverletzenden Übergriffs. Kotthoff weist in diesem Zusammenhang darauf hin, dass die Übergänge zur sexuellen Belästigung beim Scherzen fließend sind: »Die Soziologin Alberts meint, sexuelle Belästigung würde meistens in Scherzform gekleidet. Der Belästiger kann sich dann immer noch darauf zurückziehen, es ja nicht ›so‹ gemeint zu haben. Humor als Waffe« (*Kotthoff*, Weiber, 72).
703 Zitiert nach *Titze/Eschenröder*, Humor, 150.
704 Vgl. *Cann/Holt/Calhoun*, Role, 177f und 188ff.
705 Vgl. *Cann/Holt/Calhoun*, Role, 191.

Zu den psychologischen Funktionen des Humors gehört auch sein Beitrag zur »vitale[n] Trauerarbeit«.[706] Im Spiel- und Distanznahmemodus des Humors können schmerzhafte Dinge thematisiert, sogar Tabus angesprochen werden.[707] Die komische Darstellung reizt zum Lachen und damit öffnet sie die Schleusen, dass sich Menschen überhaupt emotional einlassen können.

2.8.3 Hermeneutische Funktionen

Das ›Szenische Verstehen‹ ist weiter oben schon benannt worden. Wenn in einer Unterhaltung oder Erzählung eine Szene so humorvoll gelungen beschrieben wird, dass sie vor dem inneren Auge der Hörerin erscheint, ist sie gleichzeitig auch konkret, denn produktiver Humor duldet keine Abstraktionen[708] oder Ungenauigkeiten, da durch sie der komische Effekt verhindert würde. Beim Erzählen ist also oft der Humor ein Indikator für den Grad der Konkretheit.

Humor erleichtert aber auch das rein kognitive Verstehen, weil er metaphernförmig[709] ist, d.h. er bringt durch Bisoziation zwei (oder auch mehr) bis zu diesem Moment unabhängige Bedeutungskontexte zusammen und trifft damit indirekt eine Aussage. Die heitere Gelassenheit des Humors tritt spielerisch und ohne Absolutheitsanspruch auf, d.h. sie versteht sich als eine Perspektive unter mehreren. Da Humor kein Deutungsmonopol beansprucht, bleibt es der Hörerin überlassen, ob sie der indirekt deutenden Aussage, die in der Pointe angeboten wird, (lachend) zustimmt oder sie verwirft. Der Humorproduzent setzt sich dem Risiko aus, dass sein Angebot verworfen wird. Diese Freiheit zu Akzeptanz oder Ablehnung ist Ausdruck der symmetrischen Beziehung zwischen Humorproduzentin und -rezipienten. Die Zuhörerin muss beim Humorprodukt, das mit Andeutungen, Auslassungen und Verschiebungen arbeitet, einen eigenen kreativen Beitrag leisten, sonst bereitet es kein Vergnügen. Das Vergnügen wiederum resultiert aus dem erfolgreichen Lösen der Aufgabe, die Lücke zu füllen, bzw. die Inkongruenz aufzulösen. Das Vergnügen entsteht erst, wenn der Zuhörer »bereit ist, einen lustigen Einfall zu schätzen und in Sekundenschnelle seine eigenen Gedanken, Erlebnisse, Gefühle damit zu assoziieren. Dazu muss der Verstand trainiert werden. Dadurch, dass wir mehrheitlich ernsthafte Dinge diskutieren, fehlt uns aber diese Übung weitgehend.«[710] Für die Predigt bedeutet dies, dass das hermeneutische Potential des Humors eines – wie immer gearteten – Signals bedarf, das ankündigt: Jetzt darf gespielt, abgewägt, ausprobiert, hin- und herüberlegt werden, bis sich die Sache zwanglos (!) erschließt. Dieses

[706] *Gruhl*, Lachen, 31.

[707] Gruhl erörtert dies in Bezug auf die Filmkomödien »Der große Diktator« (Charlie Chaplin), »Das Leben ist schön« (Roberto Benigni) u.a. (vgl. *Gruhl*, Lachen, 28–31); vgl. *Marquard*, Lachen, 11 u. 12.

[708] Vgl. *Freud*, Witz, 250.

[709] Vgl. *Zijderveld*, Humor, 85.

[710] *Steinberger*, Vorwort, 8.

Signal kann darin bestehen, dass ein Prediger oft humorvoll predigt, so dass seine Zuhörerinnen den Spielmodus, gewisse Ungereimtheiten oder sogar eine Torheit erwarten und entsprechend sensibilisiert sind. Viele Prediger geben dieses Signal nonverbal, predigen ›augenzwinkernd‹.[711]
Die hermeneutische Funktion des Humors ist ein Wert an sich und zugleich der Punkt, von dem aus Veränderungen ihren Anfang nehmen können. So kann der amerikanische Philosoph Simon Critchley sogar in einem nicht-religiösen Sinne von der *messianischen Kraft* des Humors sprechen: »Humour both reveals the situation, and indicates how that situation might be changed. That is to say, laughter has a certain redemptive or messianic power.«[712] »Die komische Erfahrung bietet eine spezielle ›Diagnose‹ der Welt. Sie ›sieht hindurch‹ durch die Fassaden der ideologischen und soziologischen Ordnung und enthüllt andere Wirklichkeiten, die dahinter warten.«[713] Der Transzendenzbezug, der allem Komischen inhärent ist, ermöglicht ein Verstehen, das über den Rahmen der dominanten Wirklichkeit hinausgeht. Es ist in erster Linie der Transzendenzbezug des Humors, der das hermeneutische Potential des Humors begründet und den es homiletisch fruchtbar zu machen gilt.

2.8.4 Soziale Funktionen

Komisches gibt es überall. Humor als Fähigkeit, das Komische wahrzunehmen und die Wertschätzung eines komischen Erlebnisses sind es ebenso. Nur sehr wenige Menschen sind humorlos in dem Sinne, dass sie über etwas Komisches überhaupt nicht lachen können. Jedoch können die Humorprodukte, die Lachen oder Vergnügen hervorrufen, äußerst stark differieren. Was als komisch oder lustig empfunden wird, ist sehr stark zeit- und ortsabhängig. Es unterscheidet sich nach Kulturkreis, Nationalität, Bildungsstand, Alter, Schichtzugehörigkeit, psychischer Gesundheit und momentaner Stimmung. Eine besondere Bedeutung spielt in diesem Zusammenhang auch das Geschlecht: Frauen und Männer bevorzugen unterschiedliche Spielarten des Humors. Aus verschiedenen Gründen, u.a. aus Unkenntnis, halten manche Männer die Mehrheit der Frauen für humorlos. Frauen wagen es zunehmend, ihre Art von Humor auch in gemischtgeschlechtlichen Gruppen zu praktizieren. Der zur Selbstherabsetzung neigende »weibliche« Humor dient dabei dazu, die Solidarität in der Gemeinschaft zu fördern, Kritik weniger offensiv zu äußern und um Unterstützung zu bitten, ohne die anderen in Zugzwang zu bringen. Humorproduktion die hauptsächlich dazu dient, Statusfragen auszuhandeln, möchte ich in diesem Zusammenhang als »männliche« Humorproduktion bezeichnen, da er in männlichen Gruppen seinen Ursprung hat und die

711 Mit Gauger u.a. finde ich es jedoch irritierend, wenn jemand beim Erzählen von Witzen und Anekdoten selber lacht und sie so um ihre »Lachkraft« (Freud) bringt (vgl. *Gauger*, Lachen, 840f).

712 *Critchley*, Humour, 16.

713 *Berger*, Lachen, 44.

Gruppen, in denen Statusfragen überhaupt verhandelt werden, meist mehrheitlich aus Männern bestehen. Jedoch produzieren auch Männer »weiblichen« Humor und Frauen »männlichen«. Weiblicher Humor ist nicht weniger aggressiv als männlicher, aber auf subtilere Art, weil offene Aggression unter Frauen als problematischer gilt als unter Männern.
Ob etwas als komisch/erheiternd oder verletzend empfunden wird, hängt stark von der Beziehung ab, die zwischen dem Humorproduzenten und dem Rezipienten besteht. Humorprodukte können ausgrenzen und können Gemeinschaft stiften.[714] Sie können zur Solidarität aufrufen und können andere mit ungerechten Klischees behaften.
Humor ist ein Beziehungsgeschehen zwischen zwei oder drei oder mehr Beteiligten. In seiner quasi-literarischen Kurzform, dem Witz, geht es meistens um eine Dreierkonstellation: Witz-Erzähler / -Produzent, Protagonist, Hörer. In der direkten Scherzkommunikation geht es um einen Dialog oder Polylog, bei dem alle Beteiligten in gleicher Weise an der Produktion und Rezeption des Humors beteiligt sind, bzw. sich beteiligen können.
Mindestens zeitweise kann jedem Menschen der Sinn für das Komische abhandenkommen, z.B. in sehr belastenden Situationen von Arbeitsüberlastung oder Trauer. Andererseits ist Humor gerade ein Mittel, Distanz zu belastenden Dingen einzunehmen und so Stress oder emotionale Beteiligung so zu begrenzen, dass sie nicht überfordert. Mit Humor einen anderen Menschen aufmuntern zu wollen, kann ein riskantes Unternehmen sein. Man muss dazu einander kennen und das Feingefühl haben, die Grenzen des anderen zu erkennen. Denn Humor ist immer ein Grenzphänomen, er spielt sich auf der Grenze zwischen zu lau und zu heftig ab: die Folgen sind im ersten Fall Langeweile oder Desinteresse und im zweiten Fall Verletzung. Letztere wird manchmal wiederum in Humor verpackt, damit man nicht humorlos erscheint. So kann, was als Medium der Kommunikation gemeint war, Symptom einer Kommunikationsstörung sein und trotzdem als solches unerkannt bleiben.
Zu den sozialen Funktionen des Humors gehört auch die als Erziehungsmittel. Frühere soziologische Theorien betonen sehr stark den strafenden Effekt des Lachens. Wenn unerwünschtes Verhalten durch *Lachen* lächerlich gemacht und sanktioniert wird, hat dies nichts mit Humor zu tun.[715] *Humor* als Erziehungsmittel meint eher eine empathische, raumgebende Haltung denen gegenüber, die man zu erziehen hat, also von Eltern, Erziehern und Lehrerinnen gegenüber den Kindern und Jugendlichen. Neben dem Humor als Haltung wirkt sich auch Humor im funktionalen Sinne pädagogisch aus. Humor als soziales Schmiermittel, gezielter

714 Vgl. *Zijderveld*, Humor, 185ff.
715 Das Auslachen anderer wird im Sinne dieser Arbeit nicht zum Humor gezählt, wenn es als Machtmittel oder Korrektiv für unerwünschtes Verhalten praktiziert wird, denn dann wirkt es herabsetzend, ausgrenzend und verletzend. Dies ist aber nicht die Ursache, sondern der Ausdruck einer Beziehungsstörung, die durch Ablehnung geprägt ist und die sich auch ohne Humoreinsatz ausdrücken ließe, zugegebenermaßen jedoch schwerer.

Humoreinsatz bei der Darbietung des Lehrstoffes und zur Herstellung einer kreativitätsförderlichen Atmosphäre in der Schule erleichtern den Schülerinnen das Lernen. Während gelegentliche scherzhafte Bemerkungen, die nichts mit dem zu bearbeitenden Stoff zu tun haben, von den Schülern als angenehm empfunden werden, kann es passieren, dass sie sich durch eine durchgehende Haltung von ironischer Witzigkeit beim Lehrer nicht ernst genommen fühlen.

Es gibt es auch ein Humor*risiko*, das einerseits darin besteht, dass mich jemand auslacht, weil mir ein Missgeschick passiert ist und andererseits, dass jemand meine Humorprodukte nicht wie erwartet beantwortet oder sogar willentlich ignoriert. Wenn Humoräußerungen (Scherze, Witze, Wortspiele, spöttische Bemerkungen) von den Adressaten nicht akzeptiert werden, können sie auch mit einem Statusverlust für die Produzentinnen verbunden sein.

3. Humor in der Predigt

»Religion, to be religion, must free us from the restraints we impose upon ourselves,
as well as those imposed upon us by the particular societies to which we belong.
It must sanctify all life, and undermine (with love) any force opposed to life,
such as inertia or gravity.
It must help us distinguish between sense and nonsense
and to accept both as an integral part of life.
It must enable us to find heaven here on earth – now – the way it is.
All of this is possible through the sense of humor.«
Stanley Myron Handelman[716]

»Does comedy belong in the christian pulpit?
That depends.«
Joseph M. Webb[717]

Viele Kirchenferne halten die Kirche für eine »Lachverbotszone«[718] und sind umso erstaunter, wenn sie erleben, wie in einem Gottesdienst gelacht wird. Noch immer tut sich die christliche Theologie schwer mit dem Humor, jedenfalls schwerer als manche andere Religionen.[719] Statuen des lachenden Buddhas gibt es in jedem Asia-Geschäft zu kaufen, während Darstellungen eines lachenden Jesus oder Gottvaters äußerst selten und fast nur in Kinderbüchern oder Karikaturen zu finden sind. Maria wird zuweilen lächelnd abgebildet, dann aber immer mit dem Jesuskind auf dem Arm, also in ihrer Rolle als junge Mutter (kunstgeschichtlich: »Schöne Madonnen«). Auch in der katholischen Hierographie sind Darstellungen lachender Heiliger selten.[720]

716 *Handelman*, Religion, 23.

717 *Webb*, Comedy, XIII.

718 *Uber*, Länder, 10. Okko Herlyn spricht von der »Außenwahrnehmung der Kirche als zu humorlos, zu ernst, zu wenig locker« (*Herlyn*, Hauptsache, 43).

719 Vgl. *Berger*, Lachen, 233. So kann Peter L. Berger sagen: »Taoismus und Zen enthalten alle Bestandteile einer Philosophie des Komischen: Die Welt wird als eine Anhäufung von Widersprüchen gesehen. Jegliche Ansprüche auf Großartigkeit und Weisheit werden radikal desavouiert. Es herrscht ein Geist spöttischer Ehrfurchtlosigkeit. Und am Ende steht die tiefsinnige Entdeckung einer Freiheit« (a.a.O., 52). Auch für Waleed A. Salameh ist Zen »lediglich eine Spielart des Humors« (*Titze*, Kraft, 258).
Berger sieht Parallelen zwischen den Erkenntnissen des Erasmus und den ostasiatischen Philosophien. Taoismus und Zen enthalten alle Bestandteile einer Philosophie des Komischen: Die Welt wird als eine Anhäufung von Widersprüchen gesehen. Jegliche Ansprüche auf Großartigkeit und Weisheit werden radikal desavouiert. Es herrscht ein Geist spöttischer Ehrfurchtslosigkeit. Und am Ende steht die tiefsinnige Entdeckung einer Freiheit. »Erasmus' Stultitia ist seit Jahrhunderten im gelben Mönchgewand durch Ostasien gezogen« (a.a.O., 52).

720 Vgl. aber die Hinweise von Heinz-Mohr auf den »Lachengel« im Bamberger Dom, »das Lächeln der klugen Jungfrauen im Chor des Magdeburger Domes und der Erlösten über dem Hauptportal der Würzburger Marienkapelle« (*Heinz-Mohr*, Sermon, 11).

Bei der Recherche nach humorvollen Predigten hat sich herausgestellt, dass es nur sehr wenige von ihnen gibt. Die Reaktion auf die Benennung meines Dissertationsthemas war bei Kirchenfernen entweder die Frage: »Humorvolle Predigten, gibt es denn so etwas überhaupt?« oder die Kombination der Aussage: »Das wäre ja schön, wenn die Pfarrer endlich mal mit etwas Humor predigen würden!« mit der Frage: »Dürfen die das denn?«. Für viele regelmäßige Gottesdienstbesucher stellt sich die Frage nicht mehr so grundsätzlich, weil sie bereits Erfahrungen mit Humor(produkten) im Gottesdienst gemacht haben, meist bei den Mitteilungen und Einladungen – kirchensprachlich »Abkündigungen«[721] –, seltener auch in Predigten. Manche konnten einen Prediger (leider in keinem Fall eine Predigerin) benennen, dessen Predigten sie als humorvoll erlebt hatten. Bei Durchsicht von Predigten des Betreffenden als Manuskript enthielten sie nahezu durchgängig kein Humorprodukt, das auf der Textebene eruierbar gewesen wäre, manchmal aber auch Witze, Anekdoten oder Anspielungen, die nur für ein kerngemeindliches Fachpublikum verständlich, d.h. für Kirchenferne zu subtil sind oder insgesamt zu harmlos, um als Witz anerkannt zu werden.[722] Manchmal geht auch humorvoll Gemeintes dadurch verloren, dass die Predigerin versäumt, durch augenzwinkernde Vortragsweise etwas wie eine Einladung oder Erlaubnis zum Lachen zu geben, so dass die Hörer sich im daraus ergebenden Zweifelsfall lieber kein Amüsement anmerken lassen.[723] Kirchenferne kommen hauptsächlich bei Kasualien wie Hochzeit, Taufe oder Beerdigung mit Gottesdienst und Predigt in Berührung. Humoreinsatz bei Trauungen und Taufen begegnet häufiger als im normalen Sonntagsgottesdienst, da es bei solchen Gottesdiensten im Interesse der Pfarrer und Pfarrerinnen liegt, für die Kirchenfernen die Schwelle zum Mitfeiern zu senken, oder es ergibt sich von selbst aus der Anwesenheit kleiner Kinder eine vergleichsweise heitere Atmosphäre, die Humoreinsatz und Lachen – als Reaktion auch auf unfreiwillige Komik – begünstigt.

Obwohl es Beerdigungsansprachen gibt, die auf eine humorvolle Haltung des Predigers oder der Verstorbenen schließen lassen,[724] ist Humoreinsatz hier naturgemäß selten. Es verwundert also nicht, dass aus der Sicht der Kirchenfernen Gottesdienst etwas sehr Ernstes und Humor dort nicht zu erwarten ist. Demgegenüber sind regelmäßige Gottesdienstteilnehmerinnen eher geneigt, Humoreinsatz durch Lachen oder Schmunzeln zu honorieren und behalten Fälle von verbalem Humor oder augenzwinkernder Predigtperformance gut im Gedächtnis.

721 Vgl. *Ottmer*, Humor, 58f.
722 Vgl. *Lexutt*, Humor, 4.
723 Manchmal ist es notwendig, durch ein Signal den Spielmodus des Folgenden anzuzeigen. Es kommt dabei darauf an, ob die Gemeinde die Predigerin kennt und ihr deshalb bereits zutraut, dass sie eine Äußerung humorvoll, also spielerisch oder nicht ganz ernst meint.
724 Vgl. *Hunter*, Humor, 14.

Die Wertschätzung des Humors – als Haltung und als Produkt/Stilmittel – ist nach meiner Erfahrung sowohl bei Kirchenfernen als auch bei regelmäßigen Gottesdienstteilnehmerinnen hoch.
Während es in den USA seit den 60er Jahren des 20. Jahrhunderts eine Kontroverse darüber gibt, ob es Humor in der Predigt geben soll, wird diese Frage in deutschen Homiletiken bisher kaum behandelt.[725]

3.1 Der Forschungsstand

Seit der Mitte des 20. Jahrhunderts gibt es eine inzwischen umfangreich gewordene Literatur zum Thema Humor und Theologie.[726] Im englischsprachigen Raum befasst sich auch die Homiletik zunehmend mit dem Thema Humor. »Alles deutet darauf hin, dass sich das ästhetische Paradigma als einigende Perspektive vielfältiger Suchbewegungen in der Homiletik wie in der Praktischen Theologie überhaupt erweisen wird«[727] schreibt Martin Nicol in seiner 2002 in seiner Einführung zu seiner »Dramaturgischen Homiletik« »Einander ins Bild setzen«. Die Praktische Theologie als »Wahrnehmungswissenschaft« geht von der Einheit von Inhalt und Form aus, dies ist einer der Hauptfaktoren ihres ästhetischen Ansatzes. Wenn dem so ist, dass Inhalt und Form zusammengehören und es in der Predigt sehr viel Ungereimtes und Ambivalentes zu kommunizieren gibt, liegt es eigentlich nahe, dazu den Humor – zumindest, was seine funktionale Seite anbetrifft – heranzuziehen. Dennoch gibt es bis heute keine deutschsprachige Monografie zum Thema Humor in der Predigt.

725 In den letzten Jahrzehnten hat es mehrere Ansätze gegeben, sich, wenn auch nicht homiletisch, so doch mit Lachen und Humor aus theologischer Perspektive zu befassen.
Zu nennen sind zum Thema Lachen die Monografie von Karl-Josef Kuschel (1994) und die Aufsätze von Dietrich Zilleßen (1995), Henning Schröer (2000), Gerhard Marcel Martin (1997) und Joseph Harg (2003).
Es gibt größere Überschneidungen der beiden Themen Lachen und Humor, und sie können nicht grundsätzlich voneinander getrennt behandelt werden, wie schon das Diktum von Otto Julius Bierbaum nahelegt: »Humor ist, wenn man trotzdem lacht.« Die Aspekte des Lachens, die für das Potential des Humors für die Predigt wichtig sind, sind entweder bereits im Kapitel 2 benannt worden oder werden in die folgende Erörterung zur theologischen Grundlegung des Humors im Blick auf die Predigt einbezogen.
Folgende Veröffentlichungen legen den Focus stärker auf den Humor als auf das Lachen: Reinhold Niebuhr (1946), Günter Brakelmann (1971), Werner Thiede (1986), Helmuth Thielicke (1988), Bernd Beuscher (1991), Marianus Bieber (1997), Peter L. Berger (1999), Hanjo Sauer / Franz Gruber (1999), Ursula Hohmann (2000), Gisela Matthiae (2003), Okko Herlyn (2003) und Hans Gleixner (2005).

726 Vgl. zu den Veröffentlichungen in den 1990er Jahren auch *Orth*, Zeit, passim.

727 *Nicol*, Bild, 16.

3.1.1 Humor in der deutschen Predigtlehre

In der deutschsprachigen Predigtlehre herrscht noch immer eine relative Skepsis dem Humor gegenüber.[728] Das Stichwort begegnet selten und wenn, wird es in aller Kürze behandelt. Wo es begegnet, wird vorausgesetzt, dass bekannt sei, was mit »Humor« gemeint ist. Er wird von den Autoren als sprachliches Mittel, als Haltung und als Kennzeichen des Menschen verstanden. Dennoch bedeutet die Abwesenheit des Begriffs keineswegs eine Geringschätzung des Humors. Zum Beispiel fehlt in der Predigtlehre von *Peter Bukowski* (»Predigt wahrnehmen« 1990) ein Hinweis auf den Humor, der ihm mit Blick auf die Seelsorge sehr wichtig ist und dessen Potential er bei seinen Predigten wie selbstverständlich nutzt.[729] Ähnlich ist es bei *Gert Otto*. In seinem 1976 verfassten Buch »Predigt als Rede« kommt das Wort Humor nicht vor, er führt aber ein eigenes Predigtbeispiel von 1973 unter der Überschrift »Der lachende Jesus« an, das darin kulminiert, dass er ein Bild von Jesus skizziert als dem, der solidarisch mit den Menschen lacht. Die Predigt schließt mit. »Welch ein Bild: der lachende Jesus, draußen vor den Mauern einer Kirche stehend, die nichts besseres weiß, als alle Menschen das Lachen zu lehren ... Denn wie hieß es doch: Jesus ist gekommen, damit die Menschen überschäumendes Leben haben – lachendes Leben!«[730]
Vielleicht ist die Ursache für die nicht explizite Beschäftigung mit dem Humor die durchaus berechtigte und in der Literatur zum Thema hin und wieder geäußerte Sorge, dass der »Patient« auf dem Seziertisch versterben könnte.[731]

Rudolf Bohren widmet in seiner »Predigtlehre« (1971) dem Humor einen siebeneinhalbseitigen Exkurs. Nach ihm »[ist] die Sprache der Hoffnung ... heiter und kennt auch den Humor«.[732] Weil das Lachen »ein Kennzei-

[728] So warnt z.B. Engemann vor dem häufigen Gebrauch von Ironie, die zwar eine Form von subversivem Humor sein könne, die jedoch die Kommunikation in der Predigt eher erschwere als erleichtere. Ironie- und Sarkasmus sind in den von ihm untersuchten Predigten oft mit »Nichtigkeitsfeststellungen und Entwertungen verbunden« (*Engemann*, Homiletik, 60). Humor über die Ironie hinaus kommt bei ihm nicht in den Blick.

[729] Vgl. *Bukowski*, Humor, und *Bukowski, Silvia / Bukowski, Peter*, Dialogpredigt, 155. Das gleiche stellt Webb für Craddock fest: »It is no secret that at the heart of his [Craddock's] renown as a preacher is the remarkable way in which he makes us all laugh. He opened the comic doors for many of us. Yet, while his sermons and even his workshops are filled with humor, he has written remarkable little about the subject« (*Webb*, Comedy, XIV).

[730] *G. Otto*, Predigt, 88. Ottos Predigtlehren ist explizit rhetorisch orientiert, ebenso wie Bukowski postuliert er stimmige Bildhaftigkeit, Narrativität und Konkretheit für die Kanzelrede. Otto bezieht in seinen Beispielen oft Texte von Schriftsteller oder Dichterinnen mit ein; dass er auf Humoreinsatz als *eine* der Möglichkeiten von Poesie und Metaphorik kommt, liegt also nah.

[731] Vgl. *Seibert/Wittmann/Zöpfl*, Humor, 10.

[732] *Bohren*, Predigtlehre, 243.

chen des Menschen« ist, hat der Humor »im Glauben und also auch in der Predigt Lebensrecht«. Bohren warnt sowohl vor der Verachtung des Humors als auch vor seiner Überbetonung. Humor darf nicht der Eitelkeit des Predigers dienen, sondern hat gerade darin seine Stärke, dass im Witz ein Unterlegener siegt.
Laut Bohren steht in der der Welt entsagenden Haltung des Lebens auf Hoffnung hin, wie es im Mönchtum zu finden ist, Humor als »Ausdruck der Freiheit«[733] dem Tod gegenüber. Humor ist sowohl Ausdruck der Freiheit als auch der »Weisheit, die um die Relativität alles Irdischen weiß«.[734] Zugleich sind Witz und Spott Waffen »im Kampf um das Himmelreich«; ihre Funktion ist Befreiung durch Entlarvung der Mächte, die zu Unrecht herrschen.[735] Als verbreitetes Gegenstück zum »prophetischen Spott« nennt Bohren die »angepasste Predigt« in »der Sprache von Beamten«, die humorlos sei.[736] Bohren kann sogar sagen, dass mancher Unsinn, der bei früheren Osterpredigten unterlief, in der Absicht das Osterlachen zu erzeugen, »womöglich immer noch sachgemäßer (war) als eine humorlose Vergesetzlichung der Osterbotschaft in unseren Tagen«.[737]
Nach seinem Verständnis ist »der Prediger ein Gehilfe der Freude, so kann man die Predigtarbeit u.a. auch als Arbeit gegen die üble Laune bezeichnen, den Prediger selbst als Humoristen höherer Ordnung«.[738] Leider schließt Bohren sein Plädoyer für den Humor in der Predigt mit einem Hinweis auf Schleiermachers Anordnung »aus der religiösen Rede ... alles auszuschließen, was Scherz heißen kann« und deren williger Umsetzung in die Praxis und resümiert: »Eigentlich schade.«[739]

Hans-Bernhard Ottmer veröffentlichte 1977 unter dem Titel »Humor ist nicht in der Predigt« ein 22-seitiges »fast unwissenschaftliches Plädoyer für das Lachen in der Predigt«. Er fragt darin nach einer Homiletik, die den Pfarrern aus der häufig benannten »Predigtnot (...) heraushilft, die zum Predigen ermutigt, indem sie beispielsweise zugibt, dass Predigen Spaß machen kann«.[740] Der Titel seines Aufsatzes spielt auf die Autorität Schleiermachers an, »der der Meinung war, dass aus der ›religiösen Rede alles auszuschließen‹ sei, ›was Scherz heißen kann‹«.[741] Ottmer sind die »besten Geschichten, über die zu lachen und nachzudenken sich lohnt, jüdischen Ursprungs. Er rechnet daher die Gleichnisse Jesu »auch zur Kategorie des jüdischen Witzes« und nimmt an, »dass bei Jesus ›sogar‹ gelacht werden durfte«.[742] Dass es in der christlichen Tradition an hu-

733 *Bohren*, Predigtlehre, 244.
734 *Bohren*, Predigtlehre, 245.
735 Vgl. *Bohren*, Predigtlehre, 244f.
736 *Bohren*, Predigtlehre, 245.
737 *Bohren*, Predigtlehre, 246.
738 *Bohren*, Predigtlehre, 250.
739 Ebd.
740 *Ottmer*, Humor, 44.
741 *Ottmer*, Humor, 45.
742 *Ottmer*, Humor, 46.

morvollem Erzählgut mangelt, führt er darauf zurück, dass das »Christentum ... in seiner europäischen Vergangenheit zu sehr unangefochten herrschende Religion gewesen [ist], als dass man es nötig gehabt hätte, gegen eine nichtchristliche feindliche Umwelt anzulachen«.[743] Ottmer plädiert »für Humor und Witz in Kirche und Predigt«, befindet aber »Humor als theologisches Programm ... [als] das Ende jeglichen Humors«.[744] Als Probe dafür, wie viel Humor jemand hat, benennt er die Fähigkeit, Geschichten von sich selbst als dem Dummen zu erzählen und zitiert zustimmend Thielicke: »Unter der augenzwinkernden Geste des Humors mögen die Leute wohl leichter erraten, was zu ihrem Heile dient, als unter dem augenrollenden Ernst der Tragiker«.[745] Zum Schluss unterbreitet Ottmer »ein paar praktische Vorschläge zur Vermenschlichung von Gottesdienst und Predigt« durch Humoreinsatz in den »Abkündigungen«, durch »Aufnahme ungewohnten Materials«, »eine überraschende Erzählung, durch eine freundliche Verfremdung, durch ein geglücktes Wortspiel«.[746] Ottmer schließt sein Plädoyer mit folgenden Sätzen:»Dass Humor nichts in der Predigt zu suchen habe, ist ein durch nichts zu belegender Satz und folglich ein dogmatisches Vorurteil«, und: »Dies ist gerade das Kennzeichen des freien Menschen: er kann über sich selbst lachen«.[747]

Der Katholik *Klaus Müller* widmet dem Thema »Predigt und Humor« anderthalb Seiten. Nach ihm gehören Witz, Humor und Verfremdungseffekt zu den sprachlichen Darstellungsmitteln. »Wer sich lobenswerterweise an die drei letztgenannten literarischen Formen wagt, darf nicht entmutigt sein, wenn die eigentlich zu erwartende Reaktion der Zuhörerschaft vollständig ausbleibt. Zumindest im katholischen Milieu wird vorerst noch selbst der beste Witz in der Predigt mit absoluter Regungslosigkeit quittiert – Folge einer Ritualisierung, die über Generationen ihr eigentliches Ziel in der Entmündigung und also dem Sprachverzicht der Hörerschaft meinte haben zu sollen.«[748] Müller hält den Humor für unverzichtbar dort, »wo es um das Menschliche geht«. Das Buch Jona ist ihm »eine biblische Legitimation«, mit Humor über das kirchliche Amt zu sprechen. Nach ihm ist die Präsenz des Humors eine »Nagelprobe, ob die Sprache einer Predigt von Herzen kommt und auch in ernsten Belangen zu Herzen gehen und damit der Freude dienen will«.[749] Humor tue das Gegenteil dessen, was der Diabolos, der »Durcheinanderwerfer« tut:

743 *Ottmer*, Humor, 50. Als einen Unterschied zwischen Christentum und Judentum im Verhältnis zum Humor merkt Ottmer an, dass Pastorenwitze von der Distanz des Kirchenvolks zu seinem Hirten leben, während der jüdische Witz von der Solidarität des Rabbis mit seinem Volk lebe.

744 *Ottmer*, Humor, 53.

745 Vgl. *Ottmer*, Humor, 56; Zitat aus *Thielicke*, Lachen, 91.

746 Zu den »Abkündigungen« vgl. *Ottmer*, Humor, 58f; zu den Vorschlägen a.a.O., 62.

747 *Ottmer*, Humor, 59 und 62.

748 *Müller*, Homiletik, 192f.

749 *Müller*, Homiletik, 233.

»symballein« – er bringt Getrenntes, Strittiges zusammen, dass es wieder passt. Humor schafft Sym-bole, Medien einer Verständigung, die erlauben, auch noch in schwierigen Belangen nicht freudlos zu werden.«[750] Müllers »symballein« ist demnach ähnlich zu verstehen wie Koestlers Bisoziation. Außerdem erlaubt Humor, »auch von Großem bescheiden zu sprechen und ihm dennoch nichts von seinem Glanz zu nehmen«.[751]

Ingo Reuter kommt in seiner Arbeit »Predigt verstehen. Grundlagen einer homiletischen Hermeneutik« auf zwei Seiten auf »Ironie, Humor und Erhabenes« zu sprechen. Von der Tatsache, dass »jedes Reden angesichts des Erhabenen unvollkommen und notwendig fehlgehend« erscheinen muss, kommt Reuter dazu, dass jeder Prediger eine Distanz zu seinem Predigen halten sollte. »Aus dieser Haltung erwächst die Ironie als Selbstdistanz«.[752] Reuter führt drei biblische Beispiele für Ironie als Stilmittel für Kritik und Selbstreflexion an (2Kor 11,16ff; 2Kor 11,5; Jes 44,6–20) und beruft sich auf Bohren, wenn er damit schließt, dass die Gestalt des Predigthumors sich »nicht in das Fahrwasser der Launigkeit schlechter Büttenreden begeben, sondern sich als Form echten karnevalesken Humors in der Ambivalenz von Ernsthaftigkeit des einbrechenden Heiligen und Lächerlichkeit der gestürzten Götzen bewegen (wird)«.[753]

3.1.2 Humor in der amerikanischen Predigtlehre

In der amerikanischen Predigtlehre spielt Humor eine weit größere Rolle. Humor wird in Amerika von jeher sehr hochgeschätzt,[754] erwartungsgemäß spielt und spielte er auch in den Predigten eine größere Rolle.

Von *Doug Adams* liegt eine Studie vor, die sich mit dem Humorgebrauch im Amerika des 18. und 19. Jahrhunderts befasst. Er stellt fest, dass dieser »Humor« fast ausschließlich auf Sarkasmus und Hohn basierte und funktionalisiert wurde, um Aufmerksamkeit für die Predigt zu erheischen,[755] von Gottesdienstbesuchern Wohlverhalten zu erzwingen[756] und jeden lächerlich zu machen, der sich nicht vollkommen unauffällig verhielt.[757] Trotzdem kommt Adams zu einer positiven Bewertung des Hu-

[750] Ebd.
[751] Ebd.
[752] *Reuter*, Predigt, 219.
[753] *Reuter*, Predigt, 220.
[754] Nach Ansicht von Willibald Ruch sehen »die Amerikaner Humor zu positiv« (*Waechter*, Lachen, 18).
[755] Vgl. *Adams*, Humor, 75f. So eins der Beispiele, die dazu dienten, die zahlreichen bei der Predigt Eingeschlafenen zu wecken: »Moody stopped his sermon and shouted: ›Fire, Fire, Fire.‹ One man, waking up out of a sound asked in the utmost consternation, ›Where?‹ ›In hell, for sleeping sinners,‹ answered the preacher« (*Adams*, Humor, 87).
[756] Adams umschreibt dies neutral mit »control« oder »put down« (*Adams*, Humor, 8.80.81 u.ö.).
[757] »They all dropped suddenly as if they had been shot. Order was restored« (*Adams*, Humor, 81).

mors aufgrund seines Potentials, die Götzenbilder »niederzustrecken«, die die Menschen von Gott trennen.[758] Der Machtanspruch, der mit diesem »Humor«-Gebrauch einherging, ist ungebrochen, die meisten Beispiele sind aus meiner Sicht brutal und witzlos, Humor als Haltung oder in einem sonstigen für die vorliegende Arbeit relevanten Sinne kommt kaum vor.

Die Dissertation »Humor in the Pulpit« von *Edward Gordon Hunter* aus dem Jahr 1978 untersucht in erster Linie die Effektivität von Humor auf der Kanzel.[759] Humorvoll wird nach ihm eine Geschichte durch folgende Faktoren: das Einschlagen einer unerwarteten Richtung,[760] gutes Timing, Genauigkeit, Ökonomie (»no wasted words or phrases«), die Pointe, das Selbstbewusstsein, der Erzählerin / des Erzählers; als ihre wichtigsten Voraussetzungen benennt Hunter die Sensibilität und Integrität der Predigerin.[761] Andererseits darf dem Humorproduzenten nichts so heilig sein, dass es nicht mit Humor behandelt werden könnte.[762] Für Hunter ist Humoreinsatz ein naher Verwandter der Philosophie und eine hohe Kunst (»exacting«), die dann effektiv sein kann, wenn sie dem Stil der Predigerin / des Predigers und dem Zweck angemessen ist. Er listet 31 Zwecke und Funktionen des Humors auf und kommt zu dem Schluss, dass er nicht um seiner selbst willen eingesetzt werden sollte.[763] Zuviel Humoreinsatz schadet der Predigt (»will weaken a sermon«), ebenso ist Sarkasmus, alles Verletzende, Herabsetzende, moralisch Verwerfliche und Ulkige zu vermeiden. Hunters Arbeit kommt durch ihre Fokussierung auf die rhetorische Funktionalisierung des Humors stark in die Nähe einer bloßen Anleitung zum Humorgebrauch.

Exemplarisch sei hier die Monographie »Comedy and Preaching« von *Joseph M. Webb* zusammengefasst. Webb benutzt die Begriffe Komödie und Humor weitgehend synonym und zitiert zustimmend Conrad Hyers, der schreibt: »In the comic spirit, humor is the spirit, comedy the form; and laughter is its overt expression«.[764] Die Komödie sei »schwer zu definieren«[765] und »extrem kompliziert«.[766] Ob sie auf die Kanzel gehört,

758 *Adams*, Humor, 220.
759 Vgl. *Hunter*, Humor, IV.
760 *Hunter*, Humor, 5.
761 Vgl. *Hunter*, Humor, 10–12.
762 Vgl. *Hunter*, Humor, 9.
763 Vgl. *Hunter*, Humor, 45 und 103. Zu nennen wären neben Illustration als Hauptzweck: Entspannung für Prediger und Zuhörerschaft, Ausruhen, Vergnügen, Unterstützung, Stärkung des Gemeinschaftsgefühls, Schärfung der Sinne, Stärkung der Identifizierungsbereitschaft, Befriedung, Schwellenabbau, Ausdruck der Menschlichkeit des Predigers, Zusammenfassung des Predigt-Hauptgedankens.
764 *Webb*, Comedy, X.
765 *Webb*, Comedy, XII. Die in Klammern gesetzten römischen und arabischen Zahlen beziehen sich auf die betreffende Seite in »Comedy and Preaching«.

hängt nach Webb vor allem von zwei Dingen ab, davon, was man unter dem Komischen verstehe und welche Theologie jemand habe; über beides bestehe wenig Einigkeit.[767] Mit Harvey Cox stellt Webb eine Wende fest in Bezug auf das Christentum und seine Empfänglichkeit für das Komische: »Das Komische hat es mit mehr als dem Lustigen zu tun. Es ist eine Sicht auf das Leben.«[768]
Es geht Webb um ein Dreifaches: erstens Klärung des Verhältnisses von Komödie und Predigt, zweitens die »Zutaten« einer komischen Predigt und drittens Produktion und »Aufführung« einer komischen Predigt. Eine komische Predigt (»comic sermon«) ist »viel mehr als die übliche Bezeichnung für ein paar zu einer ansonsten ernsten Predigt hinzugefügten Witze« (XV).
Nicht das Lachen, das sie hervorruft, ist Kennzeichen einer komischen Predigt, sondern eine »komische Predigt ist eine, die ihren Ort, wenigstens zum Teil, in dem findet, was andere die menschliche Komödie genannt haben; ... sie basiert auf der göttlichen Komödie, aber die Protagonisten sind Menschen. Sie ist eine Ausdrucksweise für zwei zusammenhängende theologische Aussagen: erstens, dass Gott – oder das göttliche Handeln – wirksam und vollständig präsent ist in den Kämpfen von menschlichen Wesen – wer und wo immer sie auch seien und zweitens, dass das niemals endende Ringen, mit dem Menschen sich sowohl persönlich als auch kollektiv befassen, um zu wachsen, göttliches Wirken ist – wie und wo immer es auch stattfinden mag« (35f). Die Theologie, die der komischen Predigt zugrunde liegt, ist eine Theologie, die »Fleisch wurde (»made flesh«), nicht zu einem Zeitpunkt in biblischer Vergangenheit, sondern in der Gegenwart und der Zukunft fehlbaren, schwäche-behafteten, verwirrten, sogar verrückten menschlichen Wirkens« (36). Absicht einer komischen Predigt ist »zu nähren, zu erklären, zu ermutigen und beide Seiten dieser sehr menschlich-göttlichen, göttlich-menschlichen Münze zu feiern (preisen, zelebrieren, verherrlichen)« (36).
Nach Webb zeichnet sich eine komische Predigt durch sieben Qualitäten aus: erstens eine klare Absicht und Richtung, so dass sie zugleich unterhält und lehrt, ohne zu langweilen (vgl. 37f), zweitens schließt sie eine größere Anzahl von Gefühlen ein als eine nicht-komische Predigt, denn sie umfasst sowohl das Spektrum der so genannten ernsten Gefühle als auch die komplexen komischen.[769] Das dritte Kennzeichen der komi-

[766] *Webb*, Comedy, XV. Im Folgenden übersetze ich die Zitate in der Regel ins Deutsche und zitiere nur dann in Englisch, wenn es aus Gründen der Präzision geboten scheint.
[767] Vgl. *Webb*, Comedy, XIIIf.
[768] *Cox*, The Feast of Fools, 149, zitiert nach *Webb*, Comedy, XIII: The comic, of course, has to do with more than the funny. It is a perspective on life.«
[769] »Sie reichen von Gefühlen des frohen Antizipierens und der Aufregung zu solch unterschiedlichen, oft subtilen Gefühlen wie Fröhlichkeit, Heiterkeit, Frivolität, Jubel und Vergnügen/Lebensfreude. Solche emotionalen Mischungen wie Überraschung, innerem Schwung, sogar glückselige Annahme gehören sämtlich zum Spektrum der komischen Gefühle« (*Webb*, Comedy, 39).

schen Predigt ist ihre Diesseitigkeit[770], das vierte ihre Biblizität[771], das fünfte ihre Hoffnung und Hoffnungsträchtigkeit, das sechste ihr verbindenden und spielerisches Moment und das siebte ihre Originalität (47ff).
Die Grundlage der komischen Predigt sind Geschichten und das Erzählen von Geschichten, die nicht zur Illustration dienen, sondern zur gleichnishaften Darstellung. Sie dienen dazu, Erfahrungen zu teilen: Indem Menschen Geschichten miteinander teilen, teilen sie ihre Gefühle. Die verbindende Kraft von Geschichten ist gemeinschaftstiftend.
Als weiteren Effekt benennt Webb die Einladung, ebenso zu handeln. Aufgabe der Geschichte ist dabei, eine Situation zu beschreiben und welchen Ausgang das Handeln des oder der Protagonisten genommen hat, so dass die Hörer eine Art »Ausrüstung fürs Leben« oder eine »Strategie für Situationen« daraus ableiten können.
Einen großen Abschnitt widmet Webb praktischen Überlegungen, was die Voraussetzungen und Zutaten einer guten »story« sind: Zu den Voraussetzungen gehört, dass der Prediger nicht »Held« (61) der Geschichte ist und nicht moralisiert. Fundort für Geschichten ist die gesamt Erfahrung des täglichen Lebens. Das Besondere ist, diese Geschichten als solche zu erkennen und zu behalten (vgl. 63). »Viele dieser Geschichten, die man aufschreibt, werden tief ernst und sogar schmerzhaft sein und doch müssen auch sie aufgeschrieben werde. Geschichten werden nur lustig, indem sie erzählt werden.« (64) Anhand einer sehr drastischen Geschichte[772] arbeitet Webb die Notwendigkeit heraus, eine Geschichte so zu erzählen, dass sie möglichst wenig Befremdung auslöst (69).
Die Frage, ob die als selbsterlebte Begebenheit erzählten Geschichte tatsächlich selbst erlebt sein müssen, beantwortet Webb mit ja. Dennoch wird nichts genau so erzählt wie es passiert ist, denn jede Geschichte ist ein Rückblick und lebt von der Auswahl der Erzählstruktur, der Details, der Bewegung, der Akzentuierung und vor allem der Perspektive (vgl. 70). Nach Webb ist es erlaubt, Geschichten zurechtzumachen oder zu »frisieren« (»to make up«), zu dem Zweck, etwas Bestimmtes in einer Predigt auszudrücken. Nach seinem Dafürhalten sind die meisten Gleichnisse Jesu »made-up stories, once-upon-a-time stories« (71), d.h. Geschichten, die stilisiert sind und deren Hörer sie sofort als »ausgedacht« (»thinking up«) erkennen. Geschichten müssen einerseits kunstvoll ausgearbeitete Details haben, um lebendig zu sein und andererseits müssen sie »unspezifisch genug« (73) sein, um die Vorstellungskraft jedes einzelnen Gemeindemitgliedes zu wecken. »Eine Geschichte, die kurz und

770 Komische Predigten haben keine fertigen Antworten, sondern intensivieren die Fragen und das Erstaunen; sie konfrontieren mit der Notwendigkeit, den Dingen ins Auge zu sehen, sich selbst, den eigenen Ungereimtheiten, Illusionen und Täuschungen (vgl. *Webb*, Comedy, 42).

771 Vgl. *Webb*, Comedy, 42f. Webb lässt an Deutlichkeit nichts zu wünschen übrig, wenn er schreibt: »In short, preaching is nothing if it is not biblical – thoroughly, accurately, intensely, uncompromisingly biblical« (*Webb*, Service, 81).

772 Die Geschichte handelt von seiner geliebten gestorbenen, bis zu ihrer Beerdigung eingefrorenen und dann versehentlich von jemand anderem aufgewärmten Katze.

knapp ist und sich um etwas Wahres dreht, kann eine Predigt nicht nur aufhellen, sondern ein Kleinod an Wahrheit auf unvergessliche Weise bewahren« (74).

Der komischen Predigt liegt nach Webb ein wesentliches Prinzip zugrunde: das Prinzip der Inkongruenz; »es ist das Prinzip, Dinge zusammenzustellen, die normalerweise nicht zusammen passen und auch nicht zusammen passen sollten. [...] Es ist die eigenartige Nebeneinanderstellung von Realem und Unrealem, von Normalem und Nicht-Normalem.« Es zwingt unvereinbar gegensätzliche Personen oder Personen und Situationen oder zwei Ideen oder Worte oder etwas anderes, miteinander in Beziehung zu treten (»come to terms with each other« – 77). Aufgrund dieser unerwarteten Nebeneinanderstellung kommt es zur Überraschung und diese lehrt, alte Dinge auf neue Weise zu sehen. Insofern kann Webb mit Kenneth Burke von der »komischen Kreativität« als der »Perspektive der Inkongruenz« sprechen und kommt zu der Auffassung, dass »Kreativität im Grunde genommen komisch« ist (77).

Webb stellt die meistgebrauchten Schemata, nach denen professionelle Komödianten Inkongruenz erzeugen vor: Erwartetes und Unerwartetes, menschliches Streben und menschliches Erreichen, Ideal und Wirklichkeit, das Individuum gegenüber der Institution, Normales und Abnormales. Webb empfiehlt, »die Zeitung mit der Schere in der Hand zu lesen und eine immer größer werdende Akte zu schaffen«, indem er ihr sämtliche Fundstücke von Inkongruenzen einverleibt, ähnlich wie die Gagschreiber von »late-night talk shows« sie anlegen (85).

Webb definiert »Metapher« als spezielle »form of incongruity« (95). Mit dieser Sprachfigur kann etwas Unvertrautes mithilfe von etwas Vertrautem erklärt werden. »The metaphor is, without question, one of the most interesting and important ingredients in the comic arsenal« (95).

Ein weiterer wichtiger Bestandteil der komischen Predigt ist die Entwicklung einer eigenständigen, unverwechselbaren »comic persona« (vgl. 127–137). Voraussetzung dazu ist die Fähigkeit der Predigerin oder des Predigers, über sich selbst zu lachen, eigene körperliche Merkmale – wie etwa kleinen Körperwuchs, eine Glatze oder Farbeiblindheit –, Lebensumstände – wie frühere Berufe –, Hobbies und Vorlieben – etwa für Seifenopern oder Stock-Car-Rennen – übertrieben darzustellen und so »die Rolle des Clowns zu spielen« (127). Denn nach Webb »braucht das Evangelium selbst komische *personas*, um in seinem Sprechen beides zu sein: einladend und belebend« (»inviting and invigorating« – 137).

Nach Webb ist eine komische Predigt eine postmoderne Predigt, insofern sie nicht – wie die moderne Predigt – eine »Wiederholung« (»reiteration«) des biblischen Textes ist, sondern ihn einer Überprüfung unterzieht und mit ihm in eine wechselseitige Beziehung tritt (vgl. 142). Der Kontext, in dem Prediger und Gemeinde leben – Arbeit und Gottesdienst, spielt in der Postmoderne eine größere Rolle als früher. Tagesereignisse, Kunst, Kultur und die eigenen Erfahrungen sind nicht wie früher nur Randerscheinungen, sondern sie bilden zusammen mit dem biblischen Material den »eigentlichen Predigttext« (»the very text of the sermon itself« –

143). Anhand der beliebten Sitcom »Seinfeld« beschreibt er die Struktur des komischen Erzählens: die einzelnen Episoden werden »verflochten, und doch nicht verflochten« so aneinandergereiht, dass der Zuschauer sich daran beteiligen muss, die Verbindungsarbeit zu leisten (146).
Nach Webb gibt es sechs »Richtlinien für komische Sequenzen« (vgl. 149–157). Die erste Regel lautet, dass die komische Sequenz in die Predigt passen muss und nicht umgekehrt. Nach der zweiten Regel muss die Sequenz nicht nur passen, sondern auch einen bestimmten Beitrag leisten, der beides ist, einfallsreich und bewusst (»consciously«). Die dritte Regel besagt, dass komische Sequenzen im Verlauf der Predigt wohlüberlegt platziert werden, die vierte, dass die Sequenzen kommentar- und erklärungslos aneinander gereiht werden sollten Die Verbindungen zu schaffen, ist Aufgabe der Zuhörer. Von einem Erzählstrang zum anderen zu springen, Lücken zu füllen, die Predigt zu »schneiden« wie einen Film, zu warten, mit dem Unerwarteten konfrontiert zu werden, darin liegt der Spaß an der Sache (vgl. 152).
Die fünfte Regel ist eine theologische, denn sie besagt, dass die komische Sequenz »die theologische Ambiguität nicht auflösen, sondern befördern soll« (152). Bei einer komischen Predigt ist nicht eindeutig klar, was sie bedeutet.
Webbs Buch ist von leichter Hand geschrieben, es zu lesen ein Genuss. Es enthält neben drei humorvollen Predigten, von denen eine in dieser Arbeit analysiert wird, alles wichtige, was zum Thema Humor in der Predigt zu sagen ist, vieles davon jedoch nur am Rande, denn es behandelt in erster Linie die beiden Fragen: was ist eine humorvolle Predigt und wie kann ich sie vorbereiten und halten? Die vorliegende Arbeit kann und braucht sich mit der zweiten Frage nicht explizit beschäftigen, behandelt die erste jedoch sehr viel ausführlicher. Darüber hinaus bietet sie eine Beschäftigung mit den relevanten Humortheorien, dem Ablauf des Humorprozesses bei den Rezipientinnen und die Reflexion der Praxis in Form von Predigtanalysen. Webb gibt keine theologische Fundierung für den Humor in der Predigt, die über die homiletische Betrachtung hinausginge.

3.2 Die Predigt als Humorverbotszone

»Humor ist nicht in der Predigt.«
Hans-Bernhard Ottmer[773]

Humor ist weitgehend eine Fähigkeit und eine Haltung und kann insofern selbst nicht verboten werden. Was verboten werden kann und seit der Antike immer wieder verboten worden ist, ist seine Ausübung, also Humorproduktion, Äußerungen seiner Wertschätzung und Lachen als Humorreaktion.

773 *Ottmer*, Humor, 41.

3.2.1 Traditionelle Lachverbote

»Der Weise scheut sich zu lachen ...
Er hält am Rand des Lachens
wie am Rand der Versuchung.«
Christian Baudelaire[774]

Lachverbote gibt es seit der Antike.[775] Ihre Philosophie »von Platon bis Cicero neigte zu einer säuerlichen Kritik des Lachens«.[776] Denn »Ernsthaftigkeit ist das Wesensmerkmal des echten Liebhabers der Weisheit. Die gedankliche Strenge und geistige Tiefe der Ideen-Erkenntnis verträgt keine lächelnde Distanz, kein spielerisches Amüsement, keine leichtlebige Heiterkeit. Der Philosoph platonischen Typs lacht nicht. Es ist ihm alles wirklich ernst.«[777] Diese Haltung wurde von den christlichen Theologen bis zur Neuzeit weitgehend übernommen und durch ihre religiös bedingte Geringschätzung des Weltlichen noch vertieft.[778] Die Lachverbote werden unterschiedlich begründet, teilweise auch gar nicht, etwa wenn sie in Form eines Bonmots oder Imperativs kursieren. Wenn Begründungen genannt werden, liegen sie auf verschiedenen Ebenen und überschneiden sich, so dass eine Systematisierung problematisch ist. Es sollen daher hier nur zwei grobe Unterscheidungen gemacht werden: theologische und allgemeine Einwände gegen das Komische und das möglicherweise daraus folgende Lachen.

3.2.2 Theologische Einwände

»Lache nicht und sage nichts,
was Lachen hervorruft.«
Ignatius von Loyola[779]

3.2.2.1 Christlich-traditionell begründete Lachverbote

In Lk 6,25b ist ein Weheruf Jesu über die Lachenden überliefert: »Wehe euch, die ihr jetzt lacht! Denn ihr werdet weinen und klagen.« Der Kirchenvater Johannes Chrysostomos (344/54–407) leitete aus dieser Stelle ab, dass Jesus nie gelacht habe. »Weinen sehen kann man ihn oft, lachen niemals, nicht einmal stille lächeln; wenigstens hat kein Evangelist etwas davon berichtet.« Nach Chrysostomos (»Goldmund«) haben auch die

774 *Baudelaire, Christian*, De essence du rire, in Euvres complètes, hg. *von C. Pichois*, Paris 1961, 977, zitiert nach *Kranz*, Menschen, 108.
775 Vgl. zum gesamten Thema Lachverbote *Kranz*, Menschen, 108–115; *Geier*, Menschen, 13–35 u.ö.; *Schmitz*, Narr, 130–133; *Wetz*, Kunst, 51ff.
776 *Berger*, Lachen, 239. Dass Cicero über einen sehr feinen Humor verfügte und Witz und Ironie hochschätzte, beweist – neben seinen eigenen Reden, die zu den witzigsten ihrer Zeit gehören – seine Schrift De oratore (vgl. *Cicerot*, Redner 2, 217–288); trotzdem galt ihm das Lachen als vulgär.
777 *Geier*, Menschen, 16.
778 Vgl. *Berger*, Lachen, 239.
779 *Ignatius de Loyola*, Ecrits, hg. von *M. Guliani*, Paris 1991, 98f.

Heiligen nicht gelacht und darum sollen die Gläubigen ihrem Vorbild entsprechend ebenfalls nicht lachen. Jedoch ist selbst dieses Verbot nicht absolut zu sehen, denn er schreibt weiter: »Das alles sage ich nicht, um das Lachen zu verpönen, sondern nur, um die Ausgelassenheit zu verhindern. Denn sage mir doch: Welchen Grund hast du denn, eingebildet und ausgelassen zu sein, der du noch für so viele Sünden verantwortlich bist, vor dem furchtbaren zukünftigen Richterstuhl erscheinen musst, und über alles, was du hienieden getan, genaue Rechenschaft abzulegen hast? [...] Während du also über so vieles wirst Rechenschaft ablegen müssen, sitzest du da und lachst, redest läppische Dinge und gibst dich eitler Lebenslust hin ... Diese Welt ist eben kein Theater zum Lachen; nicht dazu sind wir beisammen, um schallendes Gelächter anzuschlagen, sondern um (über unsere Sünden) zu seufzen, und mit diesem Seufzen werden wir uns den Himmel erwerben.«[780]

Ob Jesus gelacht hat oder nicht, lässt sich anhand neutestamentlicher Berichte ebenso wenig nachweisen wie viele andere Aspekte seiner Biografie.[781] Chrysostomos verbietet das Lachen nicht durch einen unkommentierten Imperativ (etwa: ›Lacht ebenso wenig wie Jesus!‹), sondern argumentiert mit der Aufnahme in den Himmel.

In beiden Aussagen, dem Weheruf des Lukasevangeliums und der Ermahnung des Chrysostomos geht es im Grunde um Ethik. Nicht das Lachen an sich ist verwerflich, sondern die sie begleitende Vernachlässigung anderer wichtiger Handlungen. Im Weheruf sind die Lachenden diejenigen, die »jetzt« im irdischen Leben mit Gütern aller Art gut versorgt sind, also gut lachen haben, und darüber die Menschen in Not vergessen.

In dieselbe Richtung weist Chrysostomos, wenn er von »Rechenschaft ablegen« spricht. Ohne hier auf die einzelnen Unterschiede im Sündenverständnis und in den Vorstellungen vom Endgericht zwischen der Zeit der Kirchenväter und der Gegenwart eingehen zu können, ist der ethische Aspekt festzuhalten: Die Menschen sollen nicht ausgelassen sein in dem Sinne, dass sie kein Maß mehr kennen und nur noch für ihr eigenes Vergnügen leben. Chrysostomos verteufelt auch nicht die Lebenslust selbst, sondern die »eitle Lebenslust«. Es geht ihm darum, Christen zu einem Handeln und auch Ausdruckshandeln (»seufzen«) zu ermahnen, dass ihnen und anderen zuträglich und dem Evangelium angemessen ist. Für ihn gehört das Lachen vor allem aus ethischen Gründen nicht zum legitimen Ausdruckshandeln von Christen, weil sie dann die Welt als ein »Theater« betrachten, d.h. in der Zuschauerrolle distanziert und untätig bleiben und so Gottes Willen verfehlen, also durch schändliches Tun und durch Unterlassen sündigen.

780 *Chrysostomos*, Matthäus-Kommentar, 110–116.

781 Zum Beispiel hat nach meiner Kenntnis noch niemand aus der Tatsache, dass im Neuen Testament nicht davon die Rede ist, dass Jesus ein Instrument gespielt oder gesungen habe, abgeleitet, dass Musik und Gesang aus den Gottesdiensten auszuschließen seien.

Für Chrysostomos ist die Buße dasjenige, das zur Aufhebung des Urteils über den Sünder führt. Die Buße äußert sich nach Chrysostomos im Weinen, so dass Karl-Josef Kuschel von seiner »Theologie der Tränen« spricht. Für ist Chrysostomos das Weinen das Verbindende mit Gott, während Lachen von Gott wegführt und entfremdet. Bei Chrysostomos kommt es zu einer »wirkungsgeschichtlich mächtigen Identifikation von Lachen und Eitelkeit, Lachen und Sündenvergessenheit, ja Lachen und Gottesferne«,[782] die bis heute nicht als überwunden gelten kann.
Zwar gab es bereits im Mittelalter auf Seiten des einfachen Volkes wie auch der oberen Schichten eine »Lachkultur«,[783] Lobreden auf das Lachen und gleichsam »zwei Leben [...]: ein monolitisch-ernstes, düsteres, streng hierarchisch geordnetes, von Furcht, Dogmatismus, Ehrfurcht und Pietät erfülltes offizielles Leben und ein zweites karnevalistisches Leben: frei, voll von ambivalentem Lachen, von Gotteslästerung und Profanation, von unziemlichen Reden und Gesten, von familiärem Kontakt aller mit allen. Beide Leben waren legalisiert, aber durch strenge Zeitgrenzen getrennt«.[784] Bachtins These vom karnevalistischen Weltempfinden ist heute zu relativieren, aber es gab im Mittelalter wohl tatsächlich die von ihm beschriebene Weltsicht, »die alles, aber auch alles Geordnete, Geglättete, ja Geheiligte in Frage stellte, indem sie an die chaotische, die materiell-leibliche Seite des Lebens erinnerte, in grotesken Körperbildern mit überzeichneten Signalen der Fruchtbarkeit«[785] als »Gegenentwurf zu strengen religiösen Ordnungskonzeptionen der Zeit«.[786] Nicht erst die sexuelle Konnotation, sondern bereits die Leibhaftigkeit des Lachens führt zu seiner Verurteilung. »Das Lachen ist ein Phänomen, das sich empirisch fassbar im Körper und durch den Körper ausdrückt«; es »ist die unmittelbare Gefährlichkeit dieser Verbindung, die nach Jacques Le Goff mit dazu beigetragen hat, das Lachen im monastischen Milieu des Mittelalters zu kodifizieren – und zu limitieren«.[787] Das Lachen wurde als Äußerung des Körpers grundsätzlich verurteilt, seine Unterdrückung gehörte zu den Hauptanliegen der frühen Ordensregeln.[788]
Die Ordnungskonzeptionen, die vor allem im mittelalterlichen Mönchtum verankert waren, begründeten »eine von Johannes Chrysostomos über Augustin bis hin zu Bernhard von Clairvaux und Hugo von St. Victor real existierende Traditionslinie christlicher Denunziation des Lachens«.[789] Berger spricht von der »lange[n] Traditionsreihe grimmiger Theolo-

[782] *Kuschel*, Lachen, 92. Vgl. *Schmitz*, Narr, 134.
[783] *Bachtin*, Literatur, 32. *Berger* (Lachen, 235) spricht von der »komischen Kultur«.
[784] *Bachtin*, Literatur, 57. Die Thesen Bachtins werden in der jüngeren Literatur häufig kritisiert (vgl. *Schmitz*, Narr, 145f, besonders Fußnote 93), dennoch scheinen mir seine Formulierungen geeignet, den Spannungsbogen damaligen Lebens anschaulich darzustellen.
[785] *Bausinger*, Lachkultur, 15.
[786] *Kuschel*, Lachen, 86.
[787] *Le Goff*, Lachen, 88f.
[788] Vgl. *Le Goff*, Lachen, 89f.
[789] *Kuschel*, Lachen, 85.

gen«.[790] Lachen galt als »verachtenswert«, »prinzipiell anstößig und unstatthaft«, niemals zu lachen war ein Zeichen der mönchischen Selbstbeherrschung[791] und Demut, wie die Mönchsregel des Benedikt von Nursia (gest. ca. 547) belegt.[792] »Das monastische Ideal sucht die durchgängige Verwirklichung des Religiösen in Raum und Zeit. Der ganze ›Weltzeitraum‹ des religiösen Menschen sei durchherrscht vom Heiligen, vom Göttlichen. Die letzten Residuen eines ausgemachten ›Menschlich-Allzumenschlichen‹ müssen aufgelöst werden; der Strahl der göttlichen Liebe soll durch keine Schatten des Unvollkommenen mehr getrübt werden: ›Seid vollkommen, wie euer Vater im Himmel vollkommen ist‹ (Mt 5,48) ist Leitmotiv der monastischen Idee.«[793] Im Mittelalter wird versucht, diese Idee auf die ganze Gesellschaft auszuweiten. »Übermäßiges Lachen wurde verurteilt, insbesondere, weil es häufig mit sündigen fleischlichen Vergnügungen verbunden war. Manche hielten Lachen sogar für eine Beleidigung Gottes«.[794]

Nach Le Goff setzte nach 1100 eine ›Kasuistik‹ des Lachens ein, die es nicht mehr grundsätzlich verbot, sondern regelte, wer wann auf welche Art lachen (und auch weinen) durfte. Le Goff kennt »eine Reihe sehr spannender Texte über das Wort hilaris (heiter) ... ›Heiter‹ bezog sich im allgemeinen auf den Gesichtsausdruck: Unter einem vultus hilaris verstand man ein fröhliches und heiteres Gesicht, das wir mit unseren Worten einigermaßen exakt als ›lachend‹ bezeichnen [...] Das Adjektiv hilaris fand alsbald Eingang in breite Kreise. Lachen als Lächeln (hilaris) wurde ein Attribut des Franz von Assisi und ein Zeichen seiner Heiligkeit. Franz sagte zu seinen Mitbrüdern: ›Zeigt in allen Leiden und denen gegenüber, die euch quälen, ein lächelndes Gesicht (hilaris vultus)‹. Das Lächeln drückte also wahre Spiritualität und entsprechendes Benehmen aus.«[795] Es wurde also das Lächeln als gemäßigte Form des Lachens religiös salonfähig, dies hatte jedoch keine Hochschätzung des Lachens oder des Humors zur Folge. Das heitere Lächeln der Frommen war eher ein Darbietungsverhalten als ein echtes spontanes Lächeln.

790 *Berger*, Lachen, 235.

791 *Kuschel*, Lachen, 86f.

792 »Leichtfertiges oder müßiges und zum Lachen reizendes Geschwätz verbannen und verdammen wir für immer und überall« (Benedikt-Regel VI. Kap. BKV, 30, zitiert nach *Kranz*, Menschen, 110). »Die zehnte Stufe der Demut ist, nicht schnell und gern zum Lachen bereit sein, weil geschrieben steht: ›Der Tor bricht in schallendes Gelächter aus.‹ Die elfte Stufe der Demut erreicht der Mönch, wenn er beim Reden ruhig und ohne zu lachen spricht« (Benedikt-Regel VII. Kap. BKV, 36, zitiert nach *Kranz*, Menschen, 110. Die Bibelstelle ist aus Sir 21,23).

793 *Bieber*, Humor, 279.

794 *Verbeckmoes*, Komische, 81. Vgl. zum Vorwurf von »Unheil und Dekadenz« *Gleixner*, Humor, 181.

795 *Le Goff*, Lachen, 39f. Nach Le Goff kam es mit »der Unterdrückung des Lachens ... auch zu einer Unterdrückung von Träumen« (*Le Goff*, Lachen, 83; vgl. a.a.O., 38f). Der erst von Freud beschriebene Zusammenhang von Witz/Humor und Traum war also implizit schon im Mittelalter in Form von Regeln angesprochen.

Mit Bieber kann man das die mittelalterliche Klosterbewegung prägende Ideal als gescheitert bezeichnen. Erstens ist monastisches Leben gesamtgesellschaftlich nur noch von geringer Bedeutung und zweitens wird heute »[a]uch im Kloster ... gern und viel gelacht«.[796] Während die Benediktsregel[797] – und in ihrer Folge die gesamte monastische Tradition – das Lachen zum unnützen Verstoß gegen das Schweigegebot erklärte, ist in heutigen Klöstern die Eindimensionalität des Weltbildes nicht mehr vorherrschend, so dass das Lachen nicht mehr ausgegrenzt werden muss.

3.2.2.2 Praktisch-theologisch begründete Einwände

Nach Schroeter-Wittke gibt es einen rhetorikkritischen Strang in der Theologie, zu dem auch Schleiermacher zu rechnen ist. Dass sich die Ansicht, Humor und Verkündigung seien nicht zu vereinbaren, bis heute weitgehend gehalten hat, hat bis heute auch theologische Gründe. Zwar ist die Welt aus heutiger Sicht nicht mehr das vielbeschworene »Jammertal«[798] des Mittelalters und der frühen Neuzeit, aber es ging im maßgeblichen theologischen Diskurs des 20. Jahrhunderts um die Wirklichkeit Gottes, die »senkrecht von oben« auf den Menschen einstürmt und ihn in die Situation der Entscheidung zwischen Leben und Tod ruft, in die Entscheidung zwischen einem Leben im Gehorsam gegenüber Gott oder im Ungehorsam der Selbsterlösung.
Der Ernst und die Dringlichkeit dieses ›Kairos‹ erfordern ›des‹ Menschen Entschlossenheit. Die Prediger hatten diese Entschlossenheit zu verkörpern und ihre Notwendigkeit den Hörerinnen zu vermitteln. Eine durch Gelassenheit geprägte, humorvolle Haltung oder der Einsatz von Humor als relativierendes Stilmittel wären in diesem Fall kontraproduktiv. Ein Teil der heutigen Predigergeneration fühlt sich der dialektischen Theologie noch stark verpflichtet, so dass es in der Pfarrerschaft selbst Einwände gegen die scheinbare Beliebigkeit gibt, die durch Humoreinsatz befördert werden könnte.
Okko Herlyn meint festzustellen, »dass in der jüngeren Theologen- und Theologinnengeneration das Interesse an theologischen Inhalten und sachlichen Auseinandersetzungen merklich abnimmt zugunsten eines gesteigerten Interesses an einer möglichst attraktiven, ›flockigen‹, eben mehr lockeren Darstellung des Evangeliums. Methoden sind gefragt, Ideen, ... wie etwas besser ›rüberkommt‹«.[799] Humorförmige oder zumindest leicht verständliche »Show-Elemente« sollen nach dieser Beobachtung die theologischen Inhalte ersetzen. Wenn dem so ist, diskreditiert dies jedoch

[796] *Bieber*, Humor, 275.
[797] Vgl. Benediktsregel 7,62f.
[798] Das Jammertal begegnet noch in einigen Liedern des EG: 7,4; 23,5; 30,4; 443,5; 477,3; 478,8; 524,1+8.
[799] *Herlyn*, Hauptsache, 41. Vgl. *Bukowski*, Humor, 44f. Ebach spricht in diesem Zusammenhang von der »professionell-pastorale[n] grämlich-gutgelaunte[n] Fröhlichkeit ..., die meist angesagt ist, wenn Kirche ›die Menschen an den Rundfunkempfängern‹ erreicht« (*Ebach*, Das Marginale, 20).

nicht den »Humor«, sondern die Motivation und die Art und Weise, wie er funktionalisiert wird. Humor als soteriologischer Ersatzstoff für das Evangelium wird und kann nicht funktionieren. Die Predigthörer werden sich betrogen fühlen, aber das werden sie auch mit einer im nichtspielerischen Sinne ernsten Predigt, wenn der Inhalt fehlt oder nicht plausibel erscheint. Nutritiver Betrug ist nicht an Humor gebunden. Wer zum Gottesdienst kommt, erwartet zu recht etwas anderes.
Grundsätzlich abzulehnen ist aus meiner Sicht der Versuch einer Funktionalisierung des Humors nach dem Motto: »Eine Prise Humor zur rechten Zeit in die Predigt eingestreut ... um sein [Gottes] Wort lebendig zu machen«.[800] Lebendig »machen« kann man – wenn man denn kann – nur, was tot ist. Wenn auch anzunehmen ist, dass Stephan Holthaus Gottes Wort nicht wirklich für tot hält, ist doch sein Sprachgebrauch an dieser Stelle problematisch und für den Humorgebrauch kontraproduktiv.
Nach Webb wird dem Humoreinsatz in der Predigt vorgeworfen, dass er der Selbstdarstellung des Predigers dient.[801] Das kann zweifellos passieren; darum gibt Webb Tipps, wie es zu vermeiden ist. Dennoch ist die Gefahr der Selbstdarstellung auch bei nicht humorvollen Predigten gegeben, denn Eitelkeit ist nicht an Humorgebrauch gebunden. Es gibt auch Formen von Eitelkeit, die sich z.B. in demonstrativer Askese, Pathos oder außergewöhnlich langen Predigten äußert.

3.2.2.3 Allgemeine Einwände gegen Humor in der Predigt

Die allgemeinen, »profanen« Einwände gegen Humorgebrauch umfassen im wesentlichen die bereits genannten theologischen, begründen diese nur nicht theologisch: Unter dem Stichwort »Spaßgesellschaft« wird dem Humor vorgeworfen unethisch, unernst, seicht, oberflächlich, verdrängend, dekadent und eine Art Flucht vor dem Ernst der Situation zu sein. Ich möchte es der geneigten Leserin überlassen, sich ein Urteil darüber zu bilden, in welchem Fall dem so ist.
Was in der theologischen Literatur kaum als Einwand begegnet, außertheologisch aber von jeher zu den wichtigsten Begründungen der Ablehnung von Humorproduktion und Lachen gehört, ist ihre Aggressivität. Humorprodukte oder das Lachen darüber können anstößig, verletzend, herabsetzend, beleidigend, ausgrenzend sein. Solche Beispiele sind in den amerikanischen Predigtliteratur zu finden und in der deutschsprachigen früherer Jahrhunderte.[802] In der Gegenwart ist es eher so, dass die Anekdoten, Metaphern und anderen Humorprodukte, die in Predigten zu finden sind, nicht zu aggressiv sind, eher im Gegenteil, manchmal sind sie ein

800 *Holthaus*, Lachen, 113. Entsprechende Beispiele von »humorvollen Einlagen« führt Holthaus an: »Ein Pfarrer beendete seine Weihnachtsansprache in der überfüllten Kirche mit den Worten: ›Viele von Ihnen werde ich sicher erst nächstes Jahr an Weihnachten wiedersehen. Darum wünsche ich Ihnen heute schon: Frohe Ostern!‹« (a.a.O., 111).

801 Vgl. *Webb*, Comedy, 16; *Buttrick*, Moves, 95.

802 So etwa bei Henry Ward Beecher, Abraham de Santa Clara u.a.

bisschen zu gemütlich für die Gottesdienstteilnehmerinnen, die nicht zum Harmoniemilieu gehören. Es gibt abgedroschene Witze, fast schon kalauernde Wortspiele und sich locker gebende, didaktisch plumpe Vergleiche. Bedenkenswert an diesem Sachverhalt ist jedoch, dass etwas nur abgedroschen werden kann vor den Ohren derer, die relativ häufig zum Gottesdienst gehen. In den Ohren von seltenen Kirchgängern können selbst die »Wanderlegenden«[803] von den »Spuren im Sand« und dem »Engel, bei dem man alles kaufen kann« – also auch Frieden, gute Freunde etc., dann aber doch nur den Samen –, frisch und berührend sein.[804] Beide Geschichte haben eine Pointe und kommen beim ersten Hören – und je nach dem im Vergleich zu welcher umgebenden Schwere –, mit einer gewissen Leichtigkeit, vielleicht einem Hauch von Verheißung daher, sie erfüllen also zwei Kriterien für Humor. Sind sie banal, moralisierend und im Fall der Samenkörner auch »schwarz« pädagogisierend, wie Dagmar Kreitscheck meint,[805] oder können sie situativ so eingebettet werden, dass sie für Predigthörer etwas in Gang bringen? Es bleibt also letztlich in hohem Maße eine Geschmacksfrage und eine Frage der Sensibilität der Predigerin, ob und wie sie Humor in die Predigt einfließen lassen will.
Über die Geschmacksfrage hinaus geht der Einwand des mangelnden Ärgernischarakters des Humors in der Predigt. Ob man ihn als lediglich »gutmütig«,[806] »entpolitisiert«, zahnlos oder oberflächlich bezeichnet – jeweils gemeint ist, dass es Formen von Humor gibt, die positiv ausgedrückt, den Alltag »übergolden«, anstatt ihn zu unterbrechen. »Seine Wirkung ist die eines kurzen, erfrischenden Urlaubs von der Ernsthaftigkeit der Existenz. Fast jedes Medium der Kreativität kann derartiges schaffen.«[807]

3.2.3 Zusammenfassung

Die Gründe, aus denen das Lachen und der Humor in Theologie und Gottesdienst verboten oder kritisiert wurden und werden, sind im Wesentlichen moralischer und ethischer Natur. Für die frühen Theologen war das Streben nach Vollkommenheit nicht mit dem humorvollen Lachen vereinbar, eher galt Lachen als Ausdruck dafür, sich gegenüber der Not des Nächsten gleichgültig zu verhalten. Zu den moralischen Gründen für die Ablehnung des Lachens, der Komödie und des Humors gehört auch seine relativierende, aus der Angst vor Sünde, Tod und Teufel befreiende, seine

803 *Kreitzscheck*, Zeitgewinn, 303. Ebd. sind beide Legenden abgedruckt.
804 Ich erinnere mich an meine eigene erste Begegnung mit den »Spuren im Sand«, der noch mehrere folgen sollten, und wie viel Trost ich bei dieser ersten Begegnung erfahren habe (es war allerdings eine sehr gute Predigt dieser als Zusammenfassung eingesetzten Geschichte vorausgegangen) und wie ich lachen musste, als ich die Geschichte in einem Cartoon von Tiki Küstenmacher im Regal »Evergreens / homiletische Notstopfen« dargestellt sah.
805 *Kreitzscheck*, Zeitgewinn, 282f.
806 *Berger*, Lachen, 115ff.
807 *Berger*, Lachen, 117.

subversive (kirchen-)herrschaftskritische Kraft und nicht zuletzt seine nicht zu leugnende Körperlichkeit.

Im frühen 20. Jahrhundert war es das relativierende, nicht zur existentiellen Situation der Entscheidung passende Potential des Humors, der ihn theologisch diskreditierte. Darüber hinaus wirken die Vorbehalte gegen die Rhetorik, die besonders in Deutschland gepflegt wurden, bis heute fort.

In der Gegenwart besteht der Vorbehalt gegenüber dem Humor hauptsächlich in der Befürchtung, dass die Kirche ihre gesellschaftskritische Position aufgeben und zu einem Teil der Spaßgesellschaft werden könnte. Okko Herlyn weist darauf hin, dass die Kirche auch Teil der Gesellschaft ist, aber eben nicht nur. »Sie hat nun einmal die – nicht verdammte, sondern, wenn man so will: gesegnete – Pflicht und Schuldigkeit, es nicht unbedingt und überall so zu halten, wie es sonst in der Welt gehalten wird, solange gilt: ›Stellt euch nicht dieser Welt gleich‹« (Röm 12,2).[808] Herlyn, der auch Kabarettist und Schriftsteller ist, gehört selbst nicht zu den Kritikern des Humors, sondern zu den Kritikern des von ihm unterstellten »neuen Credo[s] ›Hauptsache locker‹«,[809] einem Resultat eines unkritischen, entpolitisierten Humors.

3.3 Humor in der Bibel

»Dass die Bibel keine Spur von Humor enthält,
ist eine der merkwürdigsten Tatsachen der ganzen Literatur.«
Alfred North Whitehead[810]

»Der Bibel Humorlosigkeit zu unterstellen,
wäre eine Verkennung des Buches der Bücher.«
Hans Gleixner[811]

Dass Humor in der Bibel dem Begriff nach nicht vorkommt, ist unstrittig. Ob er der Sache nach vorkommt, hängt davon ab, wie man ihn versteht.

808 *Herlyn*, Hauptsache, 44.

809 *Herlyn*, Hauptsache, 44. Zur Disfunktionalität von Humorgebrauch ohne Inhaltsbezug vgl. David Buttrick. Nach seinen Beobachtungen ist der Humor, der in amerikanischen Predigten begegnet, fast nie überhaupt mit dem Inhalt verbunden und falls doch, günstigstenfalls notdürftig (*Buttrick*, Moves, 95). Derselbe Vorwurf wurde im Blick auf das Osterlachen schon von Erasmus von Rotterdam erhoben. Nach Buttrick sollten Predigerinnen schallendes Gelächter zu vermeiden suchen. In zwei Fällen, in denen Humor einen hermeneutische Funktion übernehmen kann, lässt Buttrick jedoch Humorgebrauch zu: »If a sermon requires a hermeneutical orientation of giggling joy, perhaps, laughter will be useful at the start« (ebd.). Der zweite Fall ist, wenn es gelingt, die theologische Pointe der Predigt zu illustrieren, etwa durch die Beschreibung eines Cartoons. Auch Buttrick kommt mit insgesamt zwei Seiten aus bei der Behandlung der Humorfrage und insgesamt zu einem eher ablehnenden Urteil: »If you are a naturally funny person, your problem is control; if you are not a naturally funny person, do not try!« (*Buttrick*, Moves, 146f).

810 Zitiert nach *Rieger*, Spaßfaktor, 26. Jager kommt zu der gegenteiligen Auffassung, »dass der Humor in der Bibel nicht selten ist« (*Jager*, Bibel, 21).

811 *Gleixner*, Humor, 176.

Und dies ist bei den einzelnen Autoren sehr verschieden. Verschieden sind auch die Formen des Komischen in der Bibel. Nach René Voelzel und anderen »gibt es in den biblischen Büchern« »Witze und Karikaturen« »im Überfluss«,[812] während Thiede dies für eine »maßlose Übertreibung«[813] hält.[814] Peter Bukowski findet »humorvolle Passagen in nahezu allen Schriften des Alten Testaments«,[815] während nach Berger das Fehlen des Humors »in den heiligen Schriften und in der Theologie des Christentums offensichtlich«[816] ist. Nach Lützeler lacht der »Gott der Christen ... nicht humorvoll.«[817] Darum kann man mit Berger »sagen, dass die Suche nach dem komischen Lachen in der Bibel nur um den Preis sehr mühseliger Interpretationskünste an sein Ziel gelangt. Die Komik ist hier bestenfalls implizit.«[818]»Von der Schrift führt kein unmittelbarer Weg zum christlichen Humor.«[819] Eine Argumentation, die auf das homiletische Potential des Humors zielt, muss deshalb die Mühe der Interpretation auf sich nehmen.

3.3.1 Humor im Alten Testament

Eine der häufigsten Spielarten des Humors im Alten Testament ist die Satire, z.B. die Jotamsfabel Ri 9,7–15, in der die Königtumsanmaßung Abimelechs karikiert wird, und die Verspottung der Baalspropheten durch Elia in 1Kön 18,27ff, wo der Erzähler das magisch-erhabene Umschreiten des Altars beschreibt mit den Worten: »Und sie hinkten um den Altar, den sie gemacht hatten«. Als das Opfer immer noch kein Feuer fängt, provoziert Elia seine Widersacher durch Ironie und mit respektloser Übertreibung der Anthropomorphisierung ihres Gottes: »Ruft doch lauter! Er [Baal] ist ja ein Gott; er ist wohl in Gedanken oder austreten gegangen oder auf Reisen; vielleicht schläft er auch und wird dann erwachen.« Durch Karikatur profanisierend beschreibt Jeremia die Fremdgötter als »Vogelscheuchen im Gurkenfeld« (Jer 10,5), die nicht reden können und die man tragen muss, nicht etwa zum Zeichen besonderer Ehrerbietung, sondern weil sie nicht einmal gehen können.

Es handelt sich bei diesen Beispielen zwar um Spielarten komischer Gestaltung mittels Ironie, die aber in ihrem Herrschaftsanspruch zu herabwürdigend ist, um der Humordefinition dieser Arbeit zu entsprechen. In beiden Beispielen ist die Komik so herabsetzend und absichtlich verletzend, dass auch ein nicht allzu empfindlicher Leser von 1Kön 18,27ff die Angriffe auf die Fremdgötter als blasphemisch erleben muss. Entspre-

812 *Voelzel*, Lachen, zitiert nach *Thiede*, 107.
813 *Thiede*, Lachen, 108.
814 Vgl. *Luck*, Humor, 765ff.
815 *Bukowski*, Humor, 37.
816 *Berger*, Lachen, 233.
817 *Lützeler*, Humor, 77.
818 *Berger*, Lachen, 234.
819 *Lützeler*, Humor, 77.

chend brutal und gnadenlos endet der Prophetenwettstreit mit der »Schlachtung« aller Baalspropheten (1Kön 18,40).
Nach Donald Capps ist das Buch Hiob humorvoll. Zumindest in der Rahmenhandlung begegnet Humor als Kontrast zum tiefen Unglück, das Hiob widerfährt.
Grundsätzlich sind Witze und Karikaturen, ähnlich wie Ironie und Spott, nicht unbedingt Merkmale von Humor, wie er in dieser Arbeit verstanden wird. Es ist jeweils zu fragen, wer auf wessen Kosten Witze und ironische Bemerkungen macht, um den angeblichen Humor tatsächlich als solchen oder als Ausdruck von Aggression oder Überlegenheitsanspruch erkennen zu können.
Obwohl Sarkasmus im Allgemeinen aufgrund seiner Aggression mit Blick auf den Humor als Haltung nicht meiner Definition entspricht, würde ich die sarkastische Anfrage der Israeliten an Mose, ob es in Ägypten nicht genug Gräber gebe, so dass er sie in die Wüste führen musste (Ex 14,11) wegen der zugrundeliegenden Selbstironie für Humor halten. Wer hinter der sarkastisch pointierten Frage den Ernst wahrnimmt, dem bleibt das Lachen im Halse stecken, und so reagiert denn auch Mose angemessen erweise ernsthaft: er erkennt die echte Verzweiflung.

3.3.1.1 Lachen im Alten Testament

»Ein jegliches hat seine Zeit
und alles Vornehmen unter dem Himmel hat seine Stunde.
Geboren werden hat seine Zeit, und Sterben hat seine Zeit;
Pflanzen hat seine Zeit, und das Gepflanzte Ausreißen hat seine Zeit.
Töten hat seine Zeit, und Heilen hat seine Zeit;
Zerstören hat seine Zeit, und Bauen hat seine Zeit;
Weinen hat seine Zeit, und Lachen hat seine Zeit;
Klagen hat seine Zeit, und Tanzen hat seine Zeit«.
Prediger Salomo 3, 1–4

Es gibt ungefähr zwanzig alttestamentliche Stellen, an denen vom Lachen die Rede ist, aber an keiner dieser Stellen, ist das Lachen als Humorreaktion gemeint. Dennoch lohnt es sich, die Spur des Lachens exemplarisch an einigen Stellen aufzunehmen.
Das Alte Testament gebraucht zwei verschiedene Worte für lachen: *la'ag* und *sahak* Das erste meint spöttisches, herabsetzendes Lachen, z.B. das Lachen Gottes über die Feinde in Ps 2,4; 37,13 und 59,9. Der Psalmbeter nimmt das Lachen Gottes für sich in Anspruch, indem er darauf hofft, dass er am Ende gegenüber dem Gottlosen triumphieren wird. Auch dieses Lachen ist eschatologisch qualifiziert, jedoch humorlos aufgrund des ausschließlich aggressiven Überlegenheitsbewusstseins.
Das zweite (*sahak*) bezeichnet fröhliches, eventuell schallendes Lachen,[820] im Piel-Stamm bedeutet es »spielen«.[821] In den Erzählungen der

[820] Vgl. *Le Goff*, Lachen, 31.
[821] *Martin*, Idee, 266.

Genesis, in denen es um die Geburt Isaaks geht, ist jeweils *sahak* gemeint (Gen 17,17; 18,10–15; 21,6) Der Name Isaak bedeutet ›er lacht‹ und geht eventuell auf die Vorstellung zurück, dass »Gott (über dem Kinde) lächeln möge«.[822] Nach der Geburt des Isaak sagt Sara: Gott hat mir ein Lachen zugerichtet; denn jeder, der es hören wird, wird ›mir lachen‹ (Gen 21,6), was sowohl »über mich« als auch »mit mir« lachen bedeuten kann.

Das Lachen der Sarah ist also von Gott initiiert. Es ist ein Lachen aus Freude, das eventuell zum Auslachen und insofern zu einem humorvollen Trotzdem-Lachen neigt. Dieses Lachen ist Ausdruck des Sieges des neugeborenen Lebens über das vermeintliche Erstorbenseins der Gebärfähigkeit der alten Frau und insofern ein eschatologisch qualifiziertes Lachen.

Über die Ankündigung der Geburt lachen beide Eltern, Sarah in Gen 18,12 und Abraham in Gen 17,17: ›Da fiel Abraham auf sein Angesicht und lachte und sprach in seinem Herzen: Soll mir mit hundert Jahren ein Kind geboren werden und soll Sarah, neunzig Jahre alt, gebären?‹ Sarah lacht in 18,12 leise in sich hinein. Dieses Lachen ist ein Lachen des Zweifels[823] und wird von Gott augenscheinlich auch so verstanden, als er Abraham fragt: ›Warum lacht Sarah ... Sollte dem Herrn etwas unmöglich sein?‹ Daraufhin leugnet Sarah aus Furcht ihr Lachen, doch Gott weiß es besser und sagt: ›Es ist nicht so, du hast gelacht.‹ Gott wird hier also dargestellt als derjenige, der von dem Zweifel weiß und ihn eventuell rügt. Wenn man die Stelle wörtlich nimmt, fragt Gott aber nur nach dem Warum und bekräftigt anschließend seine Zusage. Auch das Leugnen des Lachens, das immerhin eine Lüge ist, wird nicht gerügt oder bestraft, sondern Gott sagt lediglich, wie es tatsächlich war.

Das Lachen Sarahs in Gen 18,12 ist nur bedingt ein humoriges Lachen. Zwar ist es motiviert durch die große »Diskrepanz zwischen Wirklichkeit und Möglichkeit ..., deren Ausmaß für sie grotesk erscheint«,[824] dennoch hat Sarah in dieser Situation kein Bewusstsein vom guten Ausgang der Zusage, sondern eher ist es so, dass ihr Lachen sich verselbständigt und versucht, auf eine unbeantwortbare Situation zu reagieren: die drei Männer erneuerten allen Ernstes eine Hoffnung, die Sarah seit langem aufgegeben hatte, weil diese Hoffnung viele Jahrzehnte lang Monat für Monat enttäuscht und somit längst ad absurdum geführt worden war. Schon eher wäre in der Namensgebung Isaaks neben der Freude auch Humor zu entdecken: Wenn es Gott ist, der hier lacht, erkennt Sarah mit der Namens-

822 *Von Rad*, Genesis, 183. Nach Le Goff kann sich das »er lacht« »grundsätzlich auf beide Parteien des ewigen Bundes beziehen ...: Isaak und Gott« (*Le Goff*, Lachen, 95). Harg bezieht das Lachen in Gen 21,3 eindeutig auf Gott. »Isaak und mit ihm auch Israel sind somit ein Geschenk des glücklich lachenden Gottes an die Menschheit« (*Harg*, Gott, 49).

823 Vgl. *Schorn*, Sara, 31; vgl. das »Lachen der Ungläubigkeit« (*Kuschel*, Lachen, 97). Traditionell leugnet die Exegese an dieser Stelle den Zweifel und bemüht sich das Lachen glaubenskonformer zu erklären. Vgl. K. Barths »Probe auf die Echtheit seiner [des Menschen Sarah] Dankbarkeit und Demut« (*K. Barth*, KD III/4,765).

824 *Harg*, Gott, 48.

gebung an, dass Gott zuletzt lacht und ihr zweifelndes Lachen seinerseits ad absurdum geführt hat. Das Kind mit dem Namen »Er lacht« ist als Kind extrem alter Eltern im doppelten Sinn ein Trotzdem-Kind. Isaak wurde geboren trotz fehlender körperlicher Voraussetzungen und trotz des Abhandengekommenseins jeder Hoffnung bei beiden Elternteilen. Darauf gibt es in der Literatur bisher keinen Hinweis. Berger schreibt: »Man könnte vielleicht mit gewisser Anstrengung eine biblische Legitimation des Humors darin finden, dass das Lachen den Namen des zweiten der drei großen Patriarchen der Jüdischen Tradition abgibt.«[825] Gott bestraft weder Sarahs In-Sich-Hineinlachen, noch Abrahams während der Proskynese besonders unpassend erscheinendes Lachen, noch die Lüge, mit der Sarah ihr Lachen vertuschen will, sondern macht seine Verheißung wahr und lacht über dem Kind, vielleicht auch über die Eltern. Wenn man Gen 21,6 das Lachen, das Gott Sarah ›zubereitet‹ hat, so liest, dass jeder, der es hört, über Sarah lachen wird, zeigt dieser Vers nicht nur etwas über den Humor Gottes, sondern auch über den Humor Sarahs, die damit einverstanden ist, dass man nicht nur aus Freude über die Geburt, sondern auch aufgrund besseren Wissens über das frühere Unverständnis Sarahs lacht.

Ulrike Schorn interpretiert das Lachen Sarahs als Medium der Kommunikation zwischen Gott und Sarah, die gerade durch ihr Lachen zu einer Trägerin der Verheißung wird.[826] Nach Le Goff ist durch Isaak »das Thema des Lachens in dem ewigen Bund zwischen Gott und dem Volke Israel für immer festgeschrieben. Die Geschichte von *Er lacht* gehört damit zu den Schlüsselstellen für die gesamte Theologie des Alten Testaments«.[827]

Die Isaak-Geschichte ist die einzige Geschichte in der Bibel, in der Lachen vorkommt und die zugleich eine gewisse Neigung zum Humor – als Bereitschaft, über sich selbst zu lachen – hat. Mit Kuschel sehe ich eine der theologischen Pointen dieser Geschichte »in der Erkenntnis: Das Lachen des Menschen auch über Gott ist von Gott zugelassen. Es muss nicht – wie in der Geschichte des christlichen Mönchtums später – unterdrückt oder moralisch verurteilt werden. Die Schrift selber schließt aus dem Bereich des Heiligen das Komische, das Lachhafte und den Zweifel nicht aus. Im Gegenteil: Hier ist von einem Gott die Rede, der selbst den lachenden Zweifel des Menschen aushält und ihn am Ende in ein glückliches Lachen der Freude verwandelt. Die göttliche Erfüllung der dem Menschen unerwarteten Möglichkeit führt zu einem befreienden Lachen des Menschen mit seinem Gott.«[828]

Humor im weniger umfassenden Sinn, dafür aber leichter erkennbar begegnet an anderen Stellen, und zwar in den Anthropomorphismen: Gott

825 *Berger*, Lachen, 234.
826 Vgl. *Schorn*, Sara, 31f.
827 *Le Goff*, Lachen, 95. Vgl. *Helmstetter*, Lachen, 767. Conrad Hyers (God, 10) kann sogar sagen: »The history of Israel begins – if it does not sound too impious – with a joke, a divine joke«.
828 *Kuschel*, Lachen, 99.

geht in der Abendkühle spazieren (Gen 3,8) und schließt die Arche Noah eigenhändig (Gen 7,16), auch scheint er kurzsichtig zu sein oder seinen Augen nicht zu trauen, wenn er eigens »herabfahren« muss, um sich den Turm von Babel anzusehen (Gen 11,5).[829] Die anthropomorphen Beschreibungen Gottes erscheinen komisch angesichts seiner Schöpfermacht und unendlichen Größe und Machtfülle. Die Komik kommt hier durch die Mischung aus Kontrast, Inkongruenz, Überraschung, Untertreibung und Affektimplikation bei gleichzeitiger liebevoller Zugewandtheit zustande. Sie ist eher implizit und subtil, von leichtfüßiger Heiterkeit.
Die humorvollen Stellen des Alten Testaments, die in der Literatur am häufigsten benannt werden, sind die Bileamserzählung, das Jonabuch und das Buch Hiob. In diesen drei Geschichten geht es um sehr ernste Dinge: um die Verfluchung des ganzen Volkes Israel, um den drohenden Untergang einer gottlosen Großstadt und um unerträgliche Verluste. In keiner dieser Geschichten ist irgendjemandem zum Lachen zumute, sondern es geht um Krieg, um Wut und um tiefe Verzweiflung bis hin zu Suizidgedanken. Der Humor spricht hier jeweils aus der Haltung der Verfasser.[830] Im Buch Hiob bekommt die an sich dramatische Erzählung einen Rahmen, den man komödienhaft nennen kann. Alle drei Erzählungen haben ein glückliches Ende.[831] Also haben sich mehrere biblische Autoren anscheinend aufgrund ihres Glaubens an den guten Ausgang einer Geschichte die Freiheit genommen, sie mit einem Augenzwinkern zu erzählen. Im Fall der Eselin, die klüger ist als ihr prophetischer Besitzer und im Fall des Jona kann man sogar von drolligen oder fantastischen Erfindungen sprechen.[832] Gott wird in diesen Geschichten so dargestellt, als habe er Humor. Durch »humorvolle Didaktik«[833] lehrt Gott seine verzweifelten Getreuen, seine widerspenstigen eigenen Propheten und widerspenstige Fremdpropheten, was für ein Gott er/sie ist.
Gott bzw. seine biblischen Verfasser – vornehmlich die der älteren Textpassagen,[834] den Prophetenschriften und der Weisheitsliteratur – haben Humor in manchen seiner Taten gezeigt: Gott hat sich in Sodom und Gomorra von Abraham von 50 auf zehn Gerechte herunterhandeln lassen (Gen 18,23–32), er hat mit Satan um Hiobs Treue gewettet, er hat Erziehungsmaßnahmen ergriffen, die man humorvolle Interventionen nennen könnte: an Jona (er entbot einen Sturm, einen Rizinusstrauch, einen Wurm und einen heißen Wind), an Bileam (indem er ihn das Segnen statt des Fluchens lehrte) und an den Erbauern des Turmbaus zu Babel mit einer Sprachverwirrung.

829 *L. Steiger*, Humor, 700; vgl. *Bernack*, Humor, 23.
830 Vgl. *Thiede*, Lachen, 109.
831 Neue Kinder können die früheren jedoch nicht wirklich ersetzen.
832 Trotz im Zeitraffer gewachsenem Rhizinusstrauch und dem eigens von Gott zum Stechen entbotenen Wurm sind die meisten von mir gesichteten Jonapredigten frei von der Leichtigkeit, mit der das Jonabuch selbst stellenweise erzählt wird.
833 *L. Steiger*, Humor, 700.
834 Vgl. *Harg*, Gott, 47.

3.3.2 Humor im Neuen Testament

Auch im Neuen Testament begegnet Humor nicht explizit. Man kann aber danach fragen, ob Humor oder seine Ausdrucksform Lachen für die neutestamentliche Verkündigung eine Rolle spielt, also z.B. bei Jesus und Paulus.

3.3.2.1 Lachen im Neuen Testament

Auch das Griechische kennt zwei Worte für die die beiden verschiedenen Arten des Lachens, jedoch stammen im Griechischen beide Formen aus derselben Wurzel: *gelan* für das fröhliche, »gute« Lachen und *katagelan* für das »böse« Spottlachen.[835]
Lachen kommt nur an drei Stellen überhaupt vor: Lk 6,25b: »Wehe euch, die ihr jetzt lacht; den ihr werdet trauern und weinen.«; die Umkehrung davon in Lk 6,21b: »Selig seid ihr, die ihr jetzt weint, denn ihr werdet lachen« und Jak 4,9: »Euer Lachen verkehre sich in Trauer und eure Freude in Niedergeschlagenheit«. An allen Stellen wird das Lachen negativ bewertet und bestenfalls in die Zukunft verschoben.[836]
Es gibt keinen Bericht von einem Lachen Jesu.[837] Nach Henning Schröer tut derjenige, der neutestamentliche Stellen zu finden sucht, »an denen Jesus gelacht haben könnte, z.B. bei der Hochzeit zu Kana, ... ein gutes Werk.«[838] Dennoch wären auch solche Stellen kein Argument für oder gegen die theologische Qualifizierbarkeit des Humors. Sie wären nur ein weiteres Indiz für das wahre Menschsein Jesu, denn »Lachen [stellt] eine Grundkonstante wahrer menschlicher Befindlichkeit [dar], die auch dem vollkommenen, idealen Menschen – dem Gott-Menschen [Jesus Christus] zukommen müsse«.[839]

835 Vgl. *Le Goff*, Lachen, 32f.

836 Gleichzeitig wird das Weinen hochgeschätzt, was in die Argumentation des Chrysostomos passt. In diesem Zusammenhang wäre aber auch die negative Bewertung der Freude in Jak 4,9 näher zu bedenken, die zur sonstigen Hochschätzung der Freude im Neuen Testament nicht recht passt und die Bewertung des Lachens relativiert.

837 Kuschel weist darauf hin, dass der »›laughing saviour‹, der lachende Erlöser ... in zahlreichen gnostischen Texten auf«(taucht) (*Kuschel*, Theologie, mit Hinweis auf Dart, J., The Laughing Saviour. The Discovery and Significance of the Nag Hammadi Gnostic Library, New York 1976).

838 *Schröer*, Land, 6. Auch *Berger* (Lachen, 234) setzt Jesu Lachen bei dieser Gelegenheit voraus.

839 *Bieber*, Humor, 287. In der Scholastik wurde das Fehlen eines neutestamentlichen Belegs eines Lachens Jesu als Lach-Verweigerung ausgelegt: »Petrus Cantor, ein Scholastiker des 12. Jahrhunderts, erklärte, dass Christus, obgleich er nie gelacht habe, tatsächlich in der Lage gewesen sei, dies zu tun, da das Lachen eine Eigenschaft des Menschen sei. Cantor glaubte, dass für den menschgewordenen Christus die Verweigerung des Lachens nur dann eine Tugend gewesen sein könne, wenn er – wie jedes andere menschliche Wesen auch – die Fähigkeit zum Lachen besessen habe« (*Verbeckmoes*, Komische, 81). Die Weigerung Jesu Christi zu lachen konnte 1611 von Erycius Puteanus aber auch so ausgelegt werden, dass Jesus sich des Lachens als eines

Über das Lachen im Neuen Testament kann man zwei Aussagen treffen: einerseits bezieht es sich immer auf das Eschaton[840] – ob nun jemandem das Lachen verheißen oder ihm das Lachen vergehen wird – und andererseits ist es immer ein Lachen aus Jubel oder Freude, nie eine Humorreaktion.

3.3.2.2 Hatte Jesus Humor?

Georg Luck kann in Aufnahme eines Diktums von Kurt Marti sagen: »[D]ass Jesus Sinn für H[umor] hatte, darf nicht bezweifelt werden: ›wem's ernst ist, kann lachen‹«[841].
Abgesehen davon, dass die Argumentation mit dem historischen Jesus von vornherein problematisch ist, kann sie auch zur Begründung diametral entgegengesetzter Auffassungen herangezogen werden.[842] Lauer kommt aufgrund seiner Bestimmung des Humors nach dem Grad der Selbstbehauptung und der Annahme der »Absolutheit seiner [Jesu] Sendung« zu der Auffassung: »Jesus hatte keinen Humor. Warum auch und wozu?«[843] Jesus ist die reine Liebe, »ohne jede Selbstbehauptung« und das reine, sündlose Gute, seine Haltung ist von keiner Ambivalenz betroffen. Deshalb kann Jesus zwar »Humor« und »komisches Verhalten« als pädagogische Mittel einsetzen, er hat aber keinen Humor im Sinne einer existentiellen Haltung. Weil für Lauer Selbstironie und Selbstkritik integrale Bestandteile des Humors sind und er diese bei Jesus nicht findet, kann Jesus nach ihm keinen Humor haben. Die Frage nach dem Humor Jesu ist also letztlich wieder eine Frage nach der Definition des Humors und kann exegetisch nicht geklärt werden. Was zu bedenken lohnt, ist, ob Humor oder seine Faktoren in der Verkündigung Jesu eine Rolle spielen. Und diese Frage wird von denen, die sie stellen, bejaht.

grundlegenden Teils der menschlichen Natur enthalten habe, um die Menschen »davon zu überzeugen, dass wahres Lachen nur in Gott gefunden werden könne. Kurz: Das Lachen sei göttlichen Ursprungs, wie man – so Puteanus weiter – auch feststellen könne, wenn man bedenke, dass Isaak, dessen chaldäischer Name ›Lachen‹ bedeute, ein Opfer gewesen sei, so wie Christus selbst« (*Verbeckmoes*, Komische, 82).

840 Helmstetter kann deshalb überspitzt sagen »das ganze Neue Testament ist ein einziger Aufschub des Lachens« (*Helmstetter*, Lachen, 767).

841 *Luck*, Humor, 766. Zitat im Zitat: *Marti*, Geleit, 9.

842 Vor allem Amerikaner befassen sich seit den 1960er Jahren in Monographien mit dem Humor Jesu, mit einiger Verspätung erschienen auch deutschsprachige. Vor allem folgende wären hier zu nennen, ohne dass ihre Auffassungen hier diskutiert werden könnten: *Elton Trueblood*, Humor of Christ (1964); *Henri Cormier*, The Humor of Jesus (1977); *Jakob Jónsson*, Humour and Irony in the New Testament (1985); *Earl F. Palmer*, The Humor of Jesus. Sources of Laughter in the Bible (2001) und *Louis Kretz*, Witz, Humor und Ironie bei Jesus (1981); *ders.*, Der Reiz des Paradoxen bei Jesus (1983); *Peter Bloch*, Der fröhliche Jesus. Die Entdeckung seines Humors in der Bibel (1999). Hier sind auch zwei Sammelbände zu erwähnen: »Kleiner Kabarettistischer Katechismus« (1998) von *Günter Ruddat / Harald Schroeter* (Hg.) und die »Rheinische Karnevalstheologie« (2002) von *Detlev Prößdorf / Harald Schroeter-Wittke* (Hg.).

843 *Lauer*, Humor, 323

Louis Kretz arbeitet vor allem das Paradoxe, die Ironie und die Verwendung grotesker Bilder heraus, für Gisela Matthiae und Bernd Beuscher steht fest, »dass Jesu Sein in Wort und Tat nie witzlos war, sondern voller ›heiligem Esprit‹, wie es auch von den Jüngern heißt, sie ›waren aber voll der Freude und des heiligen Geistes‹ (Apg 13,52).«[844]

3.3.2.3 Hatte Paulus Humor?

Die Figur des Paulus ist mit Blick auf den Humor vor allem aus zwei Gründen zu betrachten: er bezeichnet sich selbst als Narr und auf sein Konto geht der einzige in der Forschung so genannte »Witz« des Neuen Testaments.

Als, wenn auch »grausigen«, »blutigen« Witz fasst Hans Freiherr von Campenhausen die paulinische Empfehlung an die Beschneidungsapostel auf, »eine noch gründlichere Verstümmelung, nämlich die ›Verschneidung‹« an sich vornehmen zu lassen (Gal 5,12).[845] Dieser »Witz« muss in jüdischen Ohren blasphemisch geklungen haben und war eine heftige Provokation, im Griechischen – anders als im Deutschen – nicht einmal durch ein Wortspiel gemildert.[846] Paulus bedient sich hier also einer ins Irreale gesteigerten Beschneidungsformel, um die Galaterinnen auf die Unsinnigkeit ihres Tuns zu stoßen. Die Textpassage ist zynisch und in keiner Weise komisch, »Witz« bekommt die Stelle nur durch die Übersetzung ins Deutsche.

Es ist des Öfteren versucht worden, aus der Narrenrede des Paulus (1Kor 4,9–14) Humor abzuleiten.[847] In der Tat legt Paulus außergewöhnlich viel Enthusiasmus, Kreativität, Phantasie, Mut und Ausdauer an den Tag, um zu verfolgen, was er als das Wichtigste erkannt hat: Gottes Evangelium an die »Völker« zu verkündigen. Paulus als predigender Narr ist nicht lustig und nicht heiter (heitere Gelassenheit scheint er als Privatmann gekannt zu haben; vgl. Philemonbrief, besonders die Verse 8–21), aber er ist unverschämt wie ein Narr, dem gesellschaftliche Konventionen nichts bedeuten, der voller Eifer, eigensinnig und unbestechlich – vielleicht auch unbelehrbar – verkündigt, was er von Gott erkannt hat. »Denen, die unter dem Gesetz sind, bin ich wie einer unter dem Gesetz geworden ...« (1Kor 9,20) ist dahingehend zu verstehen, dass Paulus sich den Rezeptionsbedingungen seiner jeweiligen Adressaten anpasst. Er kann sehr verletzend und sehr liebevoll schreiben, immer mit großem Engagement für das Evangelium Jesu Christi. Er benutzt Ironie und denkt quer. Er widerspricht so manchen Wertmaßstäben seiner Zeit, wertet um und bemüht sich – wenn auch manchmal glücklos – um aussagekräftige Metaphern und größtmögliche Konkretheit seiner Verkündigung. Er ist unabhängig und un-verschämt genug, um die Rolle des Narren für sich zu wählen. Es sind also mehrere Komponenten, die im Sinne dieser Arbeit zum Humor

844 *Beuscher*, Spaß, 532.
845 *Von Campenhausen*, Witz, 104.
846 Vgl. *von Campenhausen*, Witz, 104f.
847 Vgl. *Hyers*, God, 31.

gehören. Dem kann hier nicht im Einzelnen mit Blick auf Paulus als Person nachgegangen werden, mit Blick auf die Predigt insgesamt ist jedoch (in Kapitel 3.5) noch von paulinischer Theologie zu sprechen. Insgesamt kann wohl zu Paulus gesagt werden, dass er zwar Humor hatte,[848] ihm aber nichts fernerlag, als den Menschen seiner Zeit *ein* Deutungsangebot unter anderen zu machen. Er verkündigte das Evangelium als die einzig seligmachende Wahrheit und war davon überzeugt, dass alle, die nicht in gleicher Weise glaubten wie er, verloren seien. Sein Absolutheitsanspruch verunmöglichte ihm den Humor in der Verkündigung.

3.3.3 Zusammenfassung

Die Bibel enthält weniger erzählerischen, perspektivischen Humor als ich mir wünschen würde. Jedoch ist dies weder in Anbetracht der Lachfeindlichkeit ihrer Entstehungszeit noch mit Berücksichtigung ihrer Intentionen verwunderlich. Humorprodukte sind so stark zeit- und sozialisationsabhängig, dass sie je größer der zeitliche oder »kultürliche[...] Abstand« umso leichter überhört oder missverstanden werden können.[849] Manche Erscheinungsformen des Komischen, wie Spottlieder oder Witze aus biblischer Zeit, sind heute nur noch schwer zugänglich, noch mehr davon würde nur die Verständlichkeit erschweren. Die biblischen Autoren und Autorinnen wollten von ihren Erfahrungen mit Gott und dem Glauben erzählen, der Humor als Kommunikationsbeförderer kam erst später dazu.

Was es in der Bibel an Humorformen gibt, ist das Spiel mit zwei oder mehr Bedeutungsebenen (Nabots Weinberg etc.), groteske Bilder (Mt 7,3: Balken in deinem Auge; Mt 23,24: verschlucktes Kamel; Mt 23,25: Gelehrte, die zum Tellerwäscher nicht taugen; Lk 9,60: tote Sargträger), kühne Gleichnisse (Lk 11,5–8: unverschämte Drängler; Lk 18,1–5: enervierende Witwen) und paradoxe Redeweisen (sämtliche Seligpreisungen). Auf das Paradox als Denkform ist noch zurückzukommen.

3.4 Humor und sein theologisches Potential

Die lach- und humorfeindliche Position der Kirche hat eine lange Geschichte. Dennoch gab es mehrfach Versuche, das Potential des Humors und des Lachens zu kirchlichen Zwecken oder theologischer Argumentation zu nutzen. Es gab sie institutionell, in Form des Osterlachens als Werbekampagne zur Steigerung der Gottesdienstbesuchszahlen,[850] es gab

[848] Vgl. *Jónsson*, Humour, 241f.

[849] *Von Campenhausen*, Witz, 102. Vgl. Bukowski: »Es bedarf überdies großen exegetischen Aufwands, um das Witzige dieser Witze auch nur zu erahnen – auch Witze haben ihre Zeit. Zur Auslegung vgl. *F. Crüsemann*, Zwei alttestamentliche Witze I Sam 21,11–15 und II Sam 6,16.20–23 als Beispiele einer biblischen Gattung, ZAW 92, 1980, 215–227. Vgl. *Zijderveld*, Humor, 188.

[850] Vgl. *Kuschel*, Lachen, 146.

sie individuell, wozu z.B. das kabarettistisch-pädagogische »Lob der Torheit« des Erasmus von Rotterdam zu zählen ist und die für Martin Luther typischen humorvollen Passagen seiner Seelsorgebriefe und Predigten und seine teils satirischen Veröffentlichungen zur Tröstung und Ermahnung.
Narrheit, Groteske und Lachen waren schon immer wesentliche Bestandteile der abendländischen Volkskultur und es gab »Heilige Narren« in allen Kulturen und Religionen, trotzdem wurden sie von der Theologie weitgehend ignoriert.[851]
In jüngerer Zeit gab es die Kinderbischofspredigten[852] und wird in manchen katholischen Gemeinden das Osterlachen wieder praktiziert.[853] Besonderer Beliebtheit erfreut sich die »Kölsche Mess«, die seit etwa 15 Jahren viermal jährlich gefeiert wird. Provine u.a. beschreiben das charismatische Phänomen des »Holy Laughter«, das bei den Quäkern schon im 16. Jahrhundert zu den ekstatischen Manifestationen des Heiligen Geistes im Gottesdienst gehörte und das seit den 90er Jahren des 20. Jahrhundert in vielen Pfingstgemeinden der USA und Kanada einen Wiederaufstieg erlebt.[854]
Von allen Versuchen, Humor im Gottesdienst zu etablieren, ist das Osterlachen am bekanntesten. In der Literatur wird es immer wieder beschrieben als liturgisch initiiertes Lachen im Gottesdienst am Ostersonntag mit der Intention, die Auferstehung Jesu Christi als Sieg des Lebens über den Tod zu inszenieren.[855] Als Bestandteil der Liturgie – meist in der Predigt – galt es dieses Lachen »auf Kommando« hervorzurufen. Die Begründung, es im Rahmen dieser Arbeit zu betrachtet, sind die Mittel, mit denen es hervorgerufen wurde, und seine Funktion. Das Osterlachen ist eine Mischung aus höhnischem Auslachen der Todesmächte und Jubellachen über die Auferstehung, also kein Humorlachen der Intention nach, jedoch wird es mit Hilfe von Humorprodukten hervorgerufen. Als Bewältigungsstrategie ist es zudem eine Form von Humoräußerung. Wenn der

851 Vgl. *Schroeter*, Unterhaltung, 53.

852 Im Mittelalter und darüber hinaus gab es den Brauch, dass in kirchlichen Schulen am Vorabend besonderer Festtage, (z.B. »Unschuldige Kinder«, Neujahr, später auch am Nikolaustag), die Schüler aus ihren Reihen einen »Bischof« wählten, der – mit bischöflichen Gewändern und Personal ausgestattet – für einen Tag einen Teil der Amtsgeschäfte des amtierenden Bischofs übernahm. Der Kinderbischof – oder genauer: »Bubenbischof« (vgl. *Cox*, Fest, 10) – war Vertreter einer ›verkehrten Welt‹ in der Nachfolge Christi und hielt auch eine Predigt. Wie wichtig die Tradition zeitweise war, sieht man daran, dass sogar Erasmus von Rotterdam eine Kinderbischofspredigt verfasst hat, die überliefert worden ist. Sie ist tatsächlich von einem Kind gehalten worden. Missbrauch und die Aufklärung setzten der Tradition ein Ende, die aber z.B. 1994–1996 in Hamburg wieder aufgegriffen wurde (vgl. *Ahuis*, Kinderbischofspredigt, 123–133).

853 Nach Ivo Bäder-Butschle gibt es bis heute auch »im evangelischen Raum, etwa in der reformierten Schweiz« die Tradition des Osterlachens (*Bäder-Butschle*, Witz, 30).

854 Vgl. *Provine*, Laughter, 134–137.

855 Vgl. *Kuschel*, Lachen, 144f.

Sieg des Lebens über den Tod auch nicht verhindern kann, dass jeder Mensch sterben muss, so kann er sich doch im Osterlachen des Humors als Distanzierungsmöglichkeit bemächtigen und wenigstens momenthaft aus der Zwangläufigkeit der »Krankheit zum Tode« (Joh 11,4) aussteigen.

3.4.1 Humor als Metapher der Lust: Das Osterlachen

Die umfassendste Untersuchung des Phänomens Ostergelächter hat die Katholikin Maria Caterina Jacobelli 1990 veröffentlicht. Sie beschreibt das liturgische Osterlachen – *risus paschalis* – als ein ausgelassenes Gelächter, vom Priester bzw. Pfarrer während des Gottesdienstes am Ostermorgen initiiert, um die Zuhörer zu erheitern und während der Osterpredigt wach zu halten und mit beidem den Gottesdienstbesuch am Ostermorgen zu fördern.[856] Als kirchlicher Brauch war der *risus paschalis* beim Volk im Allgemeinen sehr beliebt, Kritik gab es gelegentlich von Gebildeteren im Volk. Beim höheren Klerus bzw. bei den Theologen war der Brauch umstritten. Oekolampad (1482–1531), auf den der Begriff »*risus paschalis*« zurückgeht,[857] Erasmus von Rotterdam u.a. missbilligten die Art und Weise, mit der die Menschen zum Lachen gebracht wurden.[858] Es wurden in der »Predigt« Witze erzählt, Tierlaute oder komisch anmutende Menschen imitiert, »respektlose Gebärden und Geschichten« oder Unsinn erzählt. Beim Volk besonders beliebt, wurden von den Kritikern vor allem die obszönen Handlungen empfunden: »Unflätige Worte, Verletzungen des Schamgefühls, Nachahmung sexueller Handlungen, [o]nanistische oder (vielleicht) homosexuelle Handlungen«.[859] Die Legitimation des Osterlachens zogen die Befürworter aus Psalm 118: »Dies ist der Tag, den der Herr gemacht hat, wir wollen jubeln und uns an ihm freuen.«[860]
Jacobelli fasst ihre Belege für die Verbreitung des *risus paschalis* zusammen: »Das Zentrum dieses Brauches liegt in Bayern, aber er ist auch in ganz Deutschland, in Spanien, Florenz, Sizilien, Basel, Reims und an der Donau zu finden; praktisch in ganz Europa. [...] Aber noch viel verblüffender ist die Verbreitung durch die großen Zeiträume hindurch: Ein erstes Anzeichen findet sich in Reims im Jahr 852; und nach und nach entsteht eine ununterbrochene Reihe bis in unser Jahrhundert [das 20.

856 Bei verschiedenen anderen liturgischen Feiern gab es ab dem 9. Jh. den Brauch, dass die Zuhörer durch den Priester zum Lachen gebracht wurden. Dieser Brauch hat sich im Lauf der Jahrhunderte auf seinen Sitz in der Liturgie des Ostermorgens zu entwickelt.
857 Vgl. *Schroeter*, Unterhaltung, 53 Anm. 35.
858 Außer der Schamlosigkeit kritisiert Erasmus vor allem, dass die Geschichten und Handlungen, die die Predigthörer zum Lachen bringen sollen, umso unsinniger sind, »je weniger die Geschichten aus einem Grund heraus geschehen, sondern sie werden unversehens und plötzlich in die Predigt eingestreut« (*Jacobelli*, Ostergelächter, 21).
859 *Jacobelli*, Ostergelächter, 21.
860 Vgl. *Jacobelli*, Ostergelächter, 27.

Jh.]. So ist das *Ostergelächter* nach der *Frankfurter Zeitung* vom 29. Mai 1911 zu dieser Zeit noch in der Steiermark lebendig.«[861] In seiner Gesamtheit betrachtet, ist das Osterlachen nach Jacobelli ein Phänomen mit »gewaltige[r] zeitliche[r] Ausdehnung«, und zwar in verschiedenen mythologischen Versionen, deren früheste um 1160 vor Christus zu datieren ist, bis zum Beginn des 20. Jahrhunderts.[862]
Die Stärke an Jacobellis Ausführungen ist die Beschreibung des Phänomens aus drei wesentlichen Elementen: dem Lachen, einer sexuellen Komponente und dem Vergnügen der Hörer.[863] In den Quellen wird das Lachen als ausgesprochen intensiv beschrieben. In der Wahl der Mittel war den Predigern alles recht: Heiliges[864] und theologische Themen, die zur betreffenden Zeit kontrovers diskutiert wurden, wie etwa Realpräsenz oder Reliquienverehrung, wurden lächerlich gemacht, um die Leute zum Lachen zu bringen. Jedoch haben die meisten Mittel »einen sexuellen Hintergrund, was bis zur Obszönität gehen konnte«.[865] »Es gibt obszöne Handlungen[866], Witze, Gebärden, Geräusche, zweideutige Sätze und alles, was mit dem Sexuellen im derben Sinn zusammenhängt. Es handelt sich um eine massive und beständige Präsenz, die trotz aller Verbote weiterbestand.«[867] Die Belustigung und das Vergnügen der Zuhörer ist nach Jacobelli das oberste Ziel des *risus paschalis*.[868] Sie bezeichnet die geschichtliche Erscheinung Osterlachen als fremd[869] und was die Obszönität anbetrifft, auch als bestürzend,[870] dennoch wird sie, angestoßen durch das »zähe Weiterleben«[871] dieses Brauches zu Fragen gedrängt: »Ist das *Osterlachen* nicht vielleicht doch, trotz allem Anschein, der uns heute so verwirrt, das Zeichen einer wesensmäßigen und darum *zu Recht bestehenden Wirklichkeit* des Menschen? Muss man nicht geradezu von einer sakralen Wirklichkeit sprechen? Ist deshalb gerade die sexuelle Freude nicht sogar der angemessene Ausdruck der Freude über die Auferstehung?«[872]
Eine der Spuren, die Jacobelli verfolgt, ist die Tatsache, dass auch die jüdische Liturgie eine sprachliche Äußerungsform der sexuellen Lust an

861 *Jacobelli*, Ostergelächter, 34.
862 *Jacobelli*, Ostergelächter, 77. Mir erscheinen manche Indizien von Jacobelli überbewertet, wie man an der obigen Zusammenfassung »praktisch in ganz Europa« erkennen kann, an der Aussage des Befundes ändert dies jedoch kaum etwas.
863 Vgl. *Jacobelli*, Ostergelächter, 35.
864 Vgl. *Jacobelli*, Ostergelächter, 38.
865 *Jacobelli*, Ostergelächter, 36.
866 Diese Handlungen gingen bis zur Entblößung seiner Geschlechtsteile durch den Prediger und zur (vorgespielten?) Onanie auf der Kanzel (vgl. *Jacobelli*, Ostergelächter, 37 u.ö.).
867 *Jacobelli*, Ostergelächter 37.
868 Vgl. *Jacobelli*, Ostergelächter, 37f.
869 Vgl. *Jacobelli*, Ostergelächter, 40
870 Vgl. *Jacobelli*, Ostergelächter, 64.
871 *Jacobelli*, Ostergelächter, 66.
872 *Jacobelli*, Ostergelächter, 66.

einem Fest der Befreiung des Menschen durch Gott findet: Das Hohelied als Festrolle für Pessach.[873]
Auch wenn diese Verwandtschaft der Ausdrucksform beider Feste den Übergang des Osterlachens in die Skurrilität nicht erklären kann, will Jacobelli dennoch das Osterlachen als ein – wenn auch unpassendes – Zeichen verstehen für die Wirklichkeit der »Sakralität der sexuellen Lust, ihr theologisches Fundament«. Jacobelli versteht das Osterlachen »als Metapher der sexuellen Lust«.[874] Der »Mensch [kann] durch die Lust etwas von Gott erfassen ... Die sexuelle Lust ist Widerschein und Bild, Verwirklichung und Erfahrung der unendlichen Freude, die in Gott ist«.[875] Denn Gott ist »*seinem Wesen nach Genuss*«.[876] Gewährsmann dafür ist Thomas von Aquin: »So sind auch unter den Lusterlebnissen manche körperlich und manche geistiger Art ... was dasselbe ist«.[877]
Aus meiner Sicht war das Osterlachen zwar aufgrund der Art und Weise, wie es praktiziert wurde, ein »im Grunde unverständliches Phänomen«[878] und dennoch in mehreren Hinsichten auf der richtigen Spur: erstens als ein Versuch, Sexualität und Lust im Raum der Kirche zu etablieren und damit die Körperlichkeit der Christenmenschen ernst zu nehmen und zweitens aufgrund seiner erhebenden Wirkung. Die Predigthörerinnen zu belustigen und ihnen Vergnügen zu bereiten, kann wesentliche Bestandteile des *movere* und *delectare* ausmachen, die jede gute Unterhaltung und somit die Predigt zu leisten hat. Vergnügen und Belustigung als Selbstzweck einer Predigt sind aber abzulehnen.[879] Die Initiierung des Osterlachens ist nur dann gute Unterhaltung und einer als Lebensmittel verstandenen Predigt dienlich, wenn es über das *delectare* von Belustigung und Vergnügen auch das *movere* der Freude und der Erhebung und das *docere* der Erkenntnis der göttlichen Gnade – beim Osterlachen explizit auf die Auferweckung bezogen – intendiert. Nur wenn diese drei Komponenten einer guten Rede und guten Predigt zusammenkommen, ist der Versuch, Osterlachen hervorzurufen, angemessen.
Wir haben oben schon gesehen, dass das Lachen durchaus eine sexuelle oder dem Sexuellen verwandte Komponente hat:[880] beim Lachen werden auch die Geschlechtsorgane besser durchblutet und der Botenstoff Do-

873 Vgl. *Jacobelli*, Ostergelächter, 66f. Jacobelli setzt in diesem Zusammenhang das christliche Ostern und das jüdische Pessach gleich.
874 *Jacobelli*, Ostergelächter, 77.
875 *Jacobelli*, Ostergelächter, 91.
876 *Jacobelli*, Ostergelächter, 103.
877 Thomas von Aquin zitiert nach *Jacobelli*, Ostergelächter, 100. Vgl. *ders.*, Summa, I–II, 34,1: »cum enim nullus possit vivere sine aliqua sensibili et corporali delectatione«. (Denn niemand kann ohne sinnenhafte und körperliche Lust/Unterhaltung/Erfreuung leben.)
878 *Jacobelli*, Ostergelächter, 99.
879 Vgl. *Webb*, Comedy, 16; *Herlyn*, Hauptsache, 41.
880 Vgl. *Jurzig*, Stoff, 23. Auch Jacques Le Goff weist auf den »anthroplogische[n] Zusammenhang zwischen Lachen und Sexualität« hin, der sich in drei Mythen aus verschiedenen Kulturkreisen und unterschiedlichen Zeiträumen manifestiert, im Hohen Lied der Liebe und in der Sohnesverheißung an Sarah.

pamin ruft ähnlich Empfindungen hervor wie sexuelle Erregung. Es ist anzunehmen, dass auch diese Faktoren zur lachkritischen Position der traditionell sexualfeindlichen christlichen Kirchen beigetragen haben.

Beim Humor als Homiletikum wird das Lachen vermutlich nicht die sexuell konnotierte Rolle spielen, die Oekolampad u.a. kritisiert haben. Mit so intensivem Lachen aufgrund von Predigthumor wird man – leider – nicht zu rechnen haben. Dennoch wird in dieser Arbeit nicht die Ansicht vertreten, dass in Predigten grundsätzlich keine Witze vorkommen dürften. Und da Witze nach Freud, wenn sie nicht zu harmlos sind, um überhaupt eine Tendenz zu haben, entweder eine aggressive oder eine sexuelle Tendenz – oder beides – haben, wird auch direkt oder indirekt sexuell Konnotiertes in Predigt-Witzen begegnen. Das ist deshalb sinnvoll, weil gerade die menschliche Sexualität ein Lebensbereich ist, der besonders verletzlich und deshalb auch besonders reflexionsbedürftig ist.
Es kann die Glaubwürdigkeit der christlichen Verkündigung nur befördern, wenn die Kirche sich stärker als bisher mit dem Thema Sexualität befasst. Und zwar sinnvollerweise auf spielerische Art und Weise, empathisch, wissend, was sie tut, nicht reglementierend und nicht lustfeindlich, eben *humorvoll.*
Es gab also über lange Zeit und im weiten Räumen verbreitet eine kirchliche Praxis, die die Erlaubnis zu lachen mit einer der Zentralaussagen des christlichen Glaubens, der Auferstehung, unmittelbar verband. Dennoch ist Jacobelli darin zuzustimmen, dass das Osterlachen, so wie es praktiziert wurde, befremdlich ist.
Osterpredigt muss wie jede andere Sonntagspredigt lebensnah sein, das Lachen rituell vorzuschreiben und es außerdem losgelöst von seiner Basis *Auferstehung* mit irgendwelchen Mitteln künstlich herzustellen, erscheint mir als Versuch, der unter heutigen Rezeptionsbedingungen nicht mehr gelingen kann.[881] Aus meiner Sicht gerät ein so evoziertes Osterlachen in die Nähe von Lachyoga.[882]
Die Steigerung der Gottesdienstbesuchszahlen, der schon zu Reformationszeiten angestrebt wurde, mag eine erwünschte Nebenwirkung von humorvollen Predigten sein,[883] jedoch ist Aufgabe der Predigt die unterhaltsame Kommunikation des Evangeliums und nicht eine Vergnügungsveranstaltung mit dem Zweck, mehr Leute in die Kirche zu locken. Die Predigt ist Teil der gottesdienstlichen Unterhaltung Gottes mit den Menschen und kann darum nie Mittel zu einem Zweck sein.

881 Vgl. *Bukowski*, Humor, 45. Auch Bizer, der meint, dass das Erbe des Ostlachens in jeden Gottesdienst gehöre, gibt zu: »Das Lachen, das spontan aus der Tiefe der Unverfügbarkeit kommt, ist religiös eh' nicht institutionalisierbar« (*Bizer*, Osterlachen, 38).
882 Vgl. die in letzter Zeit zahlreich gewordene Literatur zum Lachyoga, z.B.: *Heiner Uber*, Länder; *Uber/Steiner*, Lach; *Kataria*, Lachen.
883 Man sollte an diesem Punkt nicht zu viel erwarten, die Predigt rangiert unter den Gründen, aus denen Menschen zum Gottesdienst gehen, nur bei einer Minderheit an oberster Stelle.

3.4.2 Humor in pädagogischer Absicht: Erasmus von Rotterdam

»Sie fühlen sich dann erst so recht als Theologen,
wenn sie ein recht hässliches Kauderwelsch reden,
und wenn sie sich dermaßen barbarisch ausdrücken,
dass nur ein Barbar sie versteht,
so heißen sie das Wissenschaftlichkeit,
die für das Laienvolk eben zu hoch sei.«
Erasmus von Rotterdam[884]

Der Humor des Erasmus äußert sich in erster Linie in seinem eleganten Schreibstil: in geschliffenen Sätzen äußert er sich mit spitzer Zunge »gegen all die Missstände, die ihm auf politischer, gesellschaftlicher und kirchlicher Ebene begegnen. Scholastische Spitzfindigkeiten, an den Universitäten, Machtmissbrauch der Priester, monastisches Streben nach Vollkommenheit und abergläubischer Unfug im Volk sind vor ihm ebenso wenig sicher wie das kriegsprovozierende Imponiergehabe der Fürsten und Könige.«[885]
Besonders Erasmus' Schrift »Lob der Torheit«, die er auf einer Reise zu seinem Freund Thomas Morus verfasste, ist »ein Feuerwerk an ironischer Weltbetrachtung, an leichtfüßiger Gedankenspielerei und an erbarmungsloser Lust, das hinter der Maske des Rechten verborgene Absurde ans Tageslicht zu zerren. Ohne jede Rücksicht nimmt die Torheit alle Unzulänglichkeit der Welt und des Menschen, alle Schwierigkeiten und Missgeschicke wahr; quer durch die Bevölkerung, quer durch alle Stände, gültig immer und überall.«[886]
Auch die Theologen werden nicht von seinem Spott verschont: »Sie fühlen sich dann erst so recht als Theologen, wenn sie ein recht hässliches Kauderwelsch reden (›barbare spurceque loquantur‹), und wenn sie sich dermaßen barbarisch ausdrücken, dass nur ein Barbar sie versteht, so heißen sie das Wissenschaftlichkeit, die für das Laienvolk eben zu hoch sei.«[887]
»Die Torheit, die anfangs das Katheder betritt, um eine Hymne auf sich selbst zu singen, und darin das Paradoxe zur hermeneutischen Maxime erhebt, wird im weiteren Verlauf zur Anklägerin, Verteidigerin und Richterin in einer Person, sie macht das Lehrpult zur Kanzel«.[888] »Das Buch ist eine lange Predigt, gehalten von der personifizierten Torheit (Stultitia), bekleidet mit der Schellenkappe, die zur Berufstracht des Narren gehörte. Die Torheit verkündet, sie sei göttlich, ›Quell und Amme allen Lebens‹, und sie legt ausführlich dar, dass alle guten Dinge im Leben von ihr herrühren. Der Torheit wegen können die Menschen spontan und unvernünftig sein, und nur so ist das Leben erträglich. Durch die Worte der

884 *Erasmus*, Lob, 143.
885 *Lexutt*, Humor, 8.
886 *Lexutt*, Humor, 9.
887 *Erasmus*, Lob, 143.
888 *Lexutt*, Humor, 11.

Torheit (wenn man so will, kraft ihrer komischen Perspektive) werden alle törichten Anmaßungen der Menschheit entlarvt«[889] und »das paulinische Wort von der Torheit des Kreuzes [wird] zur unausgesprochenen Antwort auf alle die Kritik auslösenden Anfragen«.[890]

Besonders im »Lob der Torheit« wird Erasmus' pädagogische Absicht deutlich: er will »durch das Spiel ... erziehen«.[891] Nach Erasmischer Anthropologie ist der Mensch von sich aus zum Gutsein fähig, wenn er nur will und kann durch Ermahnungen und die Konfrontation mit den antiken und den Heiligen Schriften des Christentums zum Guten erzogen werden. Im »unerschütterlichen Vertrauen darauf, dass die gute Sache sich früher oder später gegen alle Widerstände durchsetzten wird«, entwickelte er »sein Reformprogramm in erster Linie [als] ein Erziehungsprogramm«.[892] Dieses grundsätzlich optimistische Menschenbild des Erasmus führte dazu, dass er die Haltung einer heiteren Gelassenheit annahm und den Menschen und der Welt »mit Humor begegnete und sich selbst immer mit darin einschloss«, sie – und sich selbst – jedoch nicht in harmonisierender oder euphemistischer Weise, sondern »in schonungsloser Offenheit beschrieb«.[893]

»Erasmus deutet – vielleicht zum ersten Mal in der Geschichte – an, dass die Erfahrung des Komischen (denn eben dieses wird von der Torheit personifiziert) eine alternative und möglicherweise profundere Weltsicht abgeben kann.«[894] Er empfand sowohl eine tiefe Liebe zum Menschen als auch einen großen Schmerz drüber, dass die Realität den christlichen Idealen nicht entsprach.[895] Er wollte die Menschen dazu bringen, »sich selbst nicht so ernst zu nehmen und also über sich lachen zu können«, um durch die Etablierung einer Haltung der heiteren Gelassenheit »die Welt zu retten«.[896] Aus diesem Anspruch erklärt sich die »ungeheure[...] Intensität«[897] und die – gelingende – Bemühung um Aktualität, mit der der Erasmische Humor auftritt.

In der Schrift »De libero arbitrio« findet Erasmus selbst eine aussagekräftige Metapher für seinen Kampf mit Luther: der Kampf einer Fliege mit einem Elephanten. »Das Bild passt nur zu gut: Die Fliege Erasmus surrt elegant und trickreich durch den Raum, stets in Gefahr, einer Fliegenklatsche oder einer schnellen Hand zum Opfer zu fallen; der Elefant Luther poltert schwerfällig, aber wirkungsvoll in einen Porzellanladen, niemand wagt es, ihn aufzuhalten, das Porzellan erzittert – und manches geht zu

[889] *Berger*, Lachen, 25f.
[890] *Lexutt*, Humor, 11.
[891] Ebd.
[892] Ebd.
[893] *Lexutt*, Humor, 12.
[894] *Berger*, Lachen, 27.
[895] Vgl. *Lexutt*, Humor, 13.
[896] Ebd.
[897] *Lexutt*, Humor, 14.

Bruch. Dennoch ist der Elefant ein gutmütiges und ausgesprochen liebevolles Tier, welches nur dann wild wird, wenn die Herde bedroht ist.«[898]

3.4.3 Humor in therapeutischer Absicht: Martin Luther

Martin Luther gilt von jeher als die humorvollste Figur der protestantischen Kirchengeschichte.[899] Sein Humor ist erstaunlich derb und drastisch. Er verspottet den Papst und seine Kardinäle, Mönche und Ablassprediger mit großem Krafteinsatz, und zwar nicht, um ein Spiel d'Esprit[900] zu treiben, sondern in der Absicht, zu »verletzen, um zu heilen. Er setzt nicht auf Erziehung, weil er die menschlichen Kräfte auf dem Weg zur Seligkeit als Hindernis, nicht als Hilfe sieht.«[901] Luther setzt Humor mit Vehemenz ein, um jede Form von Selbsterlösungshoffnung zu zerschlagen, die seiner Auffassung nach das Evangelium als allein seligmachende Kraft verschleiert.[902]
Luther kleidet Aussagen von existentiellem Ernst in spöttische, humorvolle Bemerkungen und kann auf humorvolle Weise Trost spenden: »Darumb, wenn Ihr traurig seid, und will uberhand nehmen, so sprecht: Auf! Ich muß unserem Herrn Christo ein Lied schlagen auf dem Regal ...; Und greift frisch in die Claves und singet drein, bis die Gedanken vergehen ... Kommt der Teufel wieder ..., so ... sprecht: Aus, Teufel, ich muß itzt meinem Herrn Christo singen und spielen ... wie jener Ehemann tät, wenn seine Ehefrau anfing zu nagen und beißen, nahm er die Pfeife unter dem Gürtel hervor und pfiff getrost, da ward sie zuletzt so müde, dass sie ihn zufrieden ließ ...«[903]
Nach Luther kann es im Himmel nicht ernst zugehen, weil Jesus Christus am Kreuz den Tod überwunden und ihn verspottet hat. Darum ist für ihn

898 *Lexutt*, Humor, 13f.
899 Schroeter, Unterhaltung, 50.
900 Dass er das Spiel d'Esprit gleichwohl beherrscht, es bei ihm aber nie Selbstzweck ist, lässt sich an vielen seiner Scherze erkennen; so an der herrlichen Reliquienliste, die er in einer Zeitung 1542 veröffentlich und zur jährlichen Verehrung – »mit einem Gulden« – empfiehlt zur »große[n] Vergebung vieler Sünden«. Die Reliquien sind: »1. Ein schönes Stück vom linken Horn des Mose. 2. Drei Flammen vom Busch des Mose, auf dem Berge Sinai. 3. Zwei Federn und ein Ei vom heiligen Geist. 4. Ein ganzer Zipfel von der Fahne, mit der Christus die Hölle aufstieß. 5. Auch eine große Locke vom Barte des Beelzebub, der an der Fahne kleben blieb. 6. Ein Halber Flügel von St. Gabriel, dem Erzengel. 7. Ein ganzes Pfund von dem Wind, der an Elia vorbeirauschte, in der Höhle am Berge Horeb. 8. Zwei Ellen von dem Ton der Posaunen, auf dem Berge Sinai. 9. Dreißig Fürze von der Pauke Miriams, der Schwester Mose, gehört am Roten Meer. 10. Ein großes, schweres Stück vom Geschrei der Kinder Israel, womit sie die Mauern Jerichos niedergeworfen haben. 11. Fünf schöne helle Saiten von der Harfe Davids. 12. Drei schöne Haarlocken des Absalom, mit denen er an der Eiche hängen blieb. Doch dies erklärt man nicht als Reliquie, sondern als Wunder, wie in Rom der Strick des Juda in der St.-Peters-Kirche erklärt wird« (*M. Luther*, Dinge, 1f).
901 *Lexutt*, Humor, 14.
902 Vgl. *Lexutt*, Humor, 14.
903 *M. Luther*, WA 7, Nr. 2139, 105/26–40.

die Heiterkeit »ein Vorgriff auf das verheißene Lachen«[904] aus Lk 6,21: Selig seid ihr, die ihr jetzt weint; denn ihr werdet lachen. Diese eschatologische Heiterkeit wird auch in Luthers Metapher vom »fröhlichen Wechsel«[905] deutlich.

Exkurs zum fröhlichen Wechsel
Johann Anselm Steiger hat den »fröhlichen Wechsel« als den Dreh- und Angelpunkt von Martin Luthers gesamter Theologie, u.a. seiner Anthropologie, seiner Seelsorge, Rhetorik und seines Humors herausgearbeitet: Luthers Ausgangspunkt ist die altkirchliche Lehre von der communicatio idiomaticum, von der gegenseitigen Mitteilung bzw. dem gegenseitigen Austausch der Eigenschaften der beiden Naturen Christi. Die Formel von der communicatio idiomaticum ist im Grunde nichts anderes als eine paradoxe Formulierung zur Beschreibung der Menschwerdung Gottes. Dieses Wunder übersteigt das menschliche Vorstellungsvermögen und muss daher paradox beschrieben werden: »ungetrennt, ungesondert, unvermischt und unverwandelt«.[906]
Zu den Eigenschaften »der menschlichen Natur gehören z.B.: Geboren werden, Durst und Hunger haben, leiden und sterben«; zu den Eigenschaften der göttlichen Natur gehören: Schöpfer sein, allmächtig und allgegenwärtig sein, Ewigkeit und Gerechtigkeit usw.[907]
Die Konsequenz aus dieser Lehre ist, dass der Mensch Jesus die Welt erschaffen hat und Gott geboren worden ist und in einer Krippe gelegen hat und am Kreuz gestorben ist.
Das Neue an der Lutherschen Zuspitzung der communicatio idiomaticum ist seine Auffassung, dass es zu einem Austausch »zwischen Christus als Gott und der gesamten Menschheit« kommt.[908] »Indem Gott Mensch wird, nimmt er nicht nur eine menschliche Natur an, sondern die gesamte humanitas und eignet sich alles an, was diese Menschheit ausmacht: Sterblichkeit, Bedürftigkeit, Sünde und Verderben, ja das gesamte Zornesgericht Gottes über die Menschen. In der Gegenrichtung aber wird dem Menschen all das zu eigen, was eigentlich Gott allein zugehört: Gerechtigkeit, ewiges Leben und Herrlichkeit. Luther nennt das bekanntlich den ›fröhlichen Wechsel und Streit‹«.[909] Die Bibelstelle, auf die sich diese Auffassung bezieht, ist dass sich Gott nach Phil 2,7 seiner Gottheit entäußert und Knechtsgestalt annimmt und die Menschen nun in einer Gegenbewegung – wie auf einer Waage mit zwei Schalen – erhöht wird. Im Lied EG 21,4.5 klingt dies noch an: »Er wird ein Knecht und ich ein Herr; das mag ein Wechsel sein! Wie könnt es doch sein freundlicher, das herze Jesulein, das herze Jesulein!«

904 *Lexutt*, Humor, 17.
905 Vgl. *M. Luther*, WA 7, 25/33f–26/4.
906 Vgl. *J.A. Steiger*, communicatio, 1.
907 *J.A. Steiger*, communicatio, 2.
908 *J.A. Steiger*, communicatio, 5.
909 Ebd.

Die Auffassung Luthers stimmt mit 2Kor 5,21 überein: »Christus wird durch die ihm voll und ganz zugerechnete Sünde der größte Sünder und Lügner«.[910] Diese gegenseitige Kommunikation der Eigenschaften zwischen Gott und Mensch war Luther ein zentrales Anliegen und Gegenstand vieler seiner Predigten.[911] Die Teilhabe an diesem heilsamen Wechsel »ist« natürlich: der Glaube. Der Glaubende muss sich den Erlöser aneignen, ihn ergreifen und die Voraussetzung dafür ist »die Predigt, durch die das Wort Gottes die Menschen ergreift. Die Predigt ist der eigentliche Ort, an dem die communicatio idiomaticum zwischen Gott und Mensch in Gestalt einer verbalen Kommunikation in Gang gesetzt wird.«[912] Diesen Prozess hat Luther immer wieder elementar und bildhaft beschrieben und gepredigt. So z.B. in der Vorstellung, dass die Selbstentäußerung Gottes auf der Seite des Menschen zu einer Befreiung, zu einer »Gegenbewegung gen Himmel« wird. »Wo Gott die größte Demut übt, lernt der Mensch den Hochmut und die H o f f a r t des Glaubens. ›GOtt ... ist mir so nahe worden, dass er ist, was ich bin ... Das ist unser Herrlichkeit und dis sol uns fröhlich machen, dass unsere Herzen möchten fur H o f f a r t und Freuden zerspringen‹«.[913] Luther kann die superbia, die in der römisch-katholischen Kirche als Todsünde galt, als positive Wesensbestimmung des Glaubens sehen. Darum gibt er Angefochtenen nicht nur den üblichen seelsorglichen Rat, Demut zu üben, sondern in dem Wissen, »dass es auch eine vom Teufel eingeblasene Demut des Kleinglaubens gibt, der man nur durch glaubenden Hochmut und ›Keck-Werden‹ begegnen kann. Deswegen hat Luther als Briefseelsorger Angefochtenen zuweilen geraten, stets das Gegenteil von dem zu tun, was der Teufel ihnen gerade einbläst. Will der Teufel mich zum Hochmut gegen Gott verführen, soll ich Demut üben, will er mich aber zur kleingläubigen Demut zwingen, soll ich mich fröhlich im Hochmut des Glaubens üben. [... G]erade durch den fröhlichen Hochmut des Glaubens wird der Mensch auch zur [Nächstenliebe] ... fähig. Der Glaubende wird nun in ethischer Hinsicht frei, seinem Nächsten ein Christus zu werden«.[914] Der Seelsorger Luther wendet seinen Klienten an, was viel später »paradoxe Intention« genannt werden wird und empfiehlt zur Überwindung von manchen Anfechtungen das *Keck-Werden*.

Der seelsorglich wirksame Humor Luthers, gründet im fröhlichen Wechsel und macht deshalb auch vor dem Auferstehungsgeschehen selbst nicht halt. Drastisch kann Luther die Auferstehung Jesu Christi als »Übertölpelungsmanöver, ja als Groteske und Orgie der Situationskomik dar[stellen]«.[915] Er verwendet beim Lehrstück von der Höllenfahrt Christi die Vorstellung des Teufels als gefräßigem Ungeheuer, dem die angelieferten Sünden schmecken. »Zwischen Karfreitag und Ostern nun taucht

910 *J. A. Steiger*, communicatio, 7 unter Hinweis auf *M. Luther*, WA 5, 602.
911 *J.A. Steiger*, communicatio, 8.
912 *J.A. Steiger*, communicatio, 9.
913 *J.A. Steiger*, communicatio, 11 unter Hinweis auf *M. Luther*, WA 29, 651 (Hervorhebung von Steiger).
914 *J.A. Steiger*, communicatio, 12f.
915 *Thielicke*, Lachen, 99.

auch der abgeschiedene Christus inmitten der Sünderschar auf, die so in die Hölle geschleust wird. Da die Fressgier den Teufel blind macht, verschlingt er ihn aus Versehen mit. Christus aber ist der einzige, der ohne Sünde ist. Er ist anders als alle andern – und ›schmeckt‹ auch anders! Er schmeckt sogar (für teuflische Verhältnisse) so widerwärtig, dass der Teufel einen gigantischen Brechreiz kriegt und ihn wieder ausspuckt; aber nicht nur *ihn*: Der Brechkrampf, gerade durch die absolute Reinheit Christi stimuliert, ist so konvulsivisch und elementar, dass der Teufel seinen Magen total entleeren muss und alle die Sünder in hohem Bogen mit hinausspeit. Auch sie, die ›in Schatten der Hölle und des Todes‹ saßen – so wie Jona im Walfischbauch – werden mit frei, weil Christus sich stellvertretend ebenfalls hat verschlingen lassen.«[916]

Für Luther ist die Freude bzw. ein fröhliches Herz ein Ausdruck für den christlichen Glauben und er kann vom »heiteren Hassen der Sünde« sprechen.[917]

Zusammenfassend ist zu Luthers Humor zu sagen, dass er vor allem in zwei Erscheinungsweisen begegnet: »entweder als gnadenloser Spott, der eigentlich schon wieder Ernst und darin beinahe zornig ist, oder als Heiterkeit und Fröhlichkeit, die aber eigentlich schon wieder eine laetitia spiritualis.«[918]

Beide Erscheinungsweisen sind begründet in der eschatologisch bestimmten Rechtfertigungsformel Luthers: *simul iustus et peccator*. Luther versteht den Menschen als schon jetzt gerechtfertigten, aber zugleich noch der Existenz in der Sündhaftigkeit verwurzelten. Im Lachen kann die Seligkeit wie ein Angeld auf die volle Summe schon momenthaft erfahren werden, der Mensch bleibt aber seiner irdischen und sündigen Existenz verhaftet, ohne die Möglichkeit einer Distanznahme, ohne die Möglichkeit sich durch Antizipation aufzuschwingen und sich dem Göttlichen näher zu bringen. Für Luther ist gerade die Einsicht darin, dass vom Menschen kein Weg zu Gott führt, die angemessene Haltung der Demut, die es einzunehmen gilt.

Nach Athina Lexutt ist festzuhalten, »dass dieser Humor seine Grenzen hat«,[919] er hört da auf, »[w]o es um die letzten Entscheidungsfragen – Sünde, Verdammung, Erlösung, Sterben, Tod – geht«.[920] Die grundsätzliche Tendenz des Humors, alles zu relativieren, ist die Hauptmotivation, aus der Luther hier eine Grenzziehung vornimmt, denn für ihn sind die letzten Entscheidungsfragen nicht relativierbar.[921]

916 *Thielicke*, Lachen, 98f.

917 So schreibt *M. Luther*: »Fides primo in Christum, gratuitum remissionis largitorem, docena erat et despiratio propriae contritionis et satisfactionis persuanda, ut sic iducia et gaudio cordis de misericordia Christi firmati tandem hilariter odirent peccatum et contererentur et satisfacerent« (WA 1, 542/39–543/2).

918 *Lexutt*, Humor, 17.

919 *Lexutt*, Humor, 16.

920 *Blanke*, Humor, 43.

921 Lexutt stellt fest, dass die beiden unterschiedlichen theologisch begründetem Ausprägungen von Humor bei Erasmus und Luther auf ihrer je unterschiedlichen

Aus meiner Sicht überschreitet die Konsequenz aus der von Luther inszenierten Höllenfahrt Christi als Komödie und als Manifestation des fröhlichen Wechsels im Ostergeschehen jedoch noch weitreichender: Es ist die jeden Lebensbereich betreffende Freiheit eines Christenmenschen. Christinnen dürfen in aller Gelassenheit lachen, denn dieses resultiert aus der Weltüberwindung, die Jesus Christus ihnen im fröhlichen Wechsel zueignet. Die lutherische Auffassung vom fröhlichen Wechsel ist für heutige Predigthörer nicht mehr in allen Voraussetzungen und Konsequenzen nachvollziehbar zu machen, da die postmoderne Erfahrungswelt eine andere ist als die zur Reformationszeit. Dennoch ist die Denkfigur vom »fröhlichen Wechsel« aus meiner Sicht eine Einbruchstelle des Komischen in das Zentrum des christlichen Glaubens.

3.4.4 Die Wiedergewinnung des Endlichen: Kierkegaard

Nach Sören Kierkegaard ist Humor der Grenzbegriff (*Confinium*) des Religiösen. Wie die Spekulation ist auch der Humor »durch Immanenz bestimmt ›als Sich-Zurücknehmen durch die Erinnerung aus der Existenz in das Ewige hinein, erst dann beginnen der Glaube und das Paradoxe‹«.[922] Der Glaube beginnt also erst da, wo der Humor aufhört und ist der höhere Lebensstandpunkt. »Die Kategorie ›vor Gott‹ ist der Ernst, vor dem sich der Humor ausweichend, d.h. humoristisch verhält«.[923]
So ist also im Grunde bei aller Hochschätzung des Humors bei Kierkegaard der Humor nicht theologiefähig, da er zum Ästhetischen gehört, das nach Kierkegaard die Grenze zum Glauben nicht überschreiten kann. »In seinem Innern ist der Religiöse nichts weniger als Humorist, er ist im Gegenteil absolut mit seinem Gottesverhältnis beschäftigt.«[924] Für Kierkegaard hatte alle wahre Religiosität tragischen Charakter, so dass er schließlich den Humor als Gegensatz zur Religion versteht.[925]
Nach Lothar Steiger kann dennoch der Ansatz Kierkegaards zum Ausgangspunkt der Frage nach der Theologiefähigkeit des Humors genommen werden, weil er »an einer ... entscheidenden Stelle« seiner Auseinandersetzung »den Humor als positiven Begriff zurückgewinnt: über die Ausdichtung der Lilie und des Vogel in Jesu Rede vom Nicht-Sorgen nach Mt 6,26.28«; Kierkegaards Nacherzählung als »Märchen von der

Anthropologie beruhen: »Wo bei Erasmus der Humor der eigentliche Ausdruck des menschlichen *existere* war, welches gut sein kann, wenn es nur gut sein will, war die *hilaritas* für Luther das Erfahren der eschatologisch gewissen Seligkeit im Hier und Jetzt und damit eigentlicher Ausdruck des menschlichen existere, welches der Verheißung der Rechtfertigung sola fide glaubt« (*Lexutt*, Humor, 19). Die theologisch nicht vernachlässigbare Differenz zwischen dem Humor des Erasmus und des Martin Luther »weist zugleich den Weg zu einer Theologie und einer theologischen Wissenschaft, die dem rechten Humor als gelassene Heiterkeit Raum zu geben hat, weil sie es darf« (a.a.O., 20).

922 *L. Steiger*, Humor, 699.

923 Ebd.

924 *Kierkegaard*, Nachschrift, 702.

925 Vgl. *Höffding*, Humor, 121ff.

bekümmerten Lilie, das doch zugleich eine Parabel ist, ist unbedingt humoristisch«, wie er selbst schreibt und hinzufügt: »Einige werden wohl finden, dass diesen Reden der Ernst fehle«, doch sei der prosaische Ernst ›im strengsten Sinne kein Ernst‹«.[926] Die Lilie und der Vogel, die keinen Verstand haben lehren die Menschen, das Nicht-Sorgen. Die ist nach Steiger »der poetische Ausdruck für die theologische Umkehrung des unendlichen qualitativen Unterschied zwischen Gott und Mensch durch die Menschwerdung Gottes – Torheit als Lehre«.[927]
Anders als und doch in Aufnahme von Jean Paul (und Hamann) lenkt Kierkegaard den Blick auf das Einzelne, das Kleine, das Endliche. Er betont den kategorealen Unterschied, ohne das Endliche zum Nichts werden zu lassen. Im Blick auf die Theologiefähigkeit des Humors könnte man Kierkegaards Beitrag so zusammenfassen: humoristisch-poetisch achtet die Liebe das Kleine.
Nach Kierkegaards Auffassung sind Glaube und Humor zwei zwar benachbarte, aber sich gegenseitig ausschließende Existenzsphären. »Lachen habe, behauptete der dänische Existenzdenker, in einer Religion keinen Raum, die das Leiden so sehr betont wie das Christentum. Der religiöse Mensch könne daher nicht komisch werden. Ein richtiger Humorist besitze zwar vom Leiden eine Vorstellung, vollziehe jedoch im Gegensatz zum religiösen Menschen eine trügerische Wendung und widerrufe das Leiden in Form des Scherzes.«[928]
Kierkegaard hat Recht, wenn er sagt, dass neben der Betonung des Leidens wenig Raum für das Lachen ist. Jedoch wird das Leiden im Christentum nicht nur zu Recht im Blick behalten, sondern zu Unrecht derart hochgeschätzt. So ist im Grunde auch Kierkegaards Grenzziehung zwischen Glaube und Humor ethisch begründet und kann überwunden werden, wenn Humor und Ethik in ein positives Verhältnis gesetzt werden können. Darauf ist noch zurückzukommen im Kapitel 3.4.6.

3.4.5 Kein Platz für Humor auf der Kanzel bei Reinhold Niebuhr

Nach Reinhold Niebuhr ergibt sich die Beziehung zwischen Humor und Glaube aus der Tatsache, »dass beide sich mit den Unzulänglichkeiten unseres Daseins befassen. Der Humor ist mit den unmittelbaren und der Glaube mit den letzten Unzulänglichkeiten des Lebens befasst. Humor und Glaube sind Ausdruck der Freiheit des menschlichen Geistes, seiner Fähigkeit, sich außerhalb des Lebens und seiner selbst zu stellen, und das ganze Bild zu betrachten. Aber jeder Anblick des Ganzen wirft sogleich das Problem auf, wie man mit den Unzulänglichkeiten des Lebens verfahren soll; denn das Bemühen das Leben und unseren Platz in demsel-

926 *L. Steiger*, Humor, 700.
927 *L. Steiger*, Humor, 699.
928 *Homann*, Milchbruder, 19. Im Gegensatz dazu konzipiert Lauer gerade deshalb den »Humor von der Weltsicht des Pessimismus her«, weil er im Pessimismus eine am Leid und Übel der Welt teilnehmende Tendenz erkennt (*Lauer*, Humor, 137).

ben zu verstehen, stellt uns den Inkonsequenzen und Unzulänglichkeiten gegenüber, die in kein geordnetes Bild des Ganzen passen. Das Lachen ist unsere Reaktion auf unmittelbare Unzulänglichkeiten und solche, die uns nicht wesentlich berühren. Glaube ist die einzig mögliche Antwort auf die letzten Unzulänglichkeiten des Daseins, welche gerade die Bedeutung unseres Lebens bedrohen.«[929]

Glaube ist der endgültige Triumph über die Widersprüchlichkeit, die endgültige Bestätigung der Sinnhaftigkeit unserer Existenz. »Es gibt keinen anderen Triumph und wird keinen geben, gleichgültig wie sehr das menschliche Wissen erweitert wird. Der Glaube ist die letzte Behauptung der Freiheit des menschlichen Geistes, aber auch die letzte Hinnahme der Schwäche des Menschen und die letzte Lösung für das Problem des Lebens« dadurch, dass man den Gedanken an irgendeine letzte Lösung aufgibt, die in der Macht des Menschen läge.[930]

Niebuhr benennt die wesentlichen Punkte, die der christliche Glaube mit dem Humor gemeinsam hat: die Auseinandersetzung mit der Widersprüchlichkeit der menschlichen Existenz, die erweiterte Wirklichkeitswahrnehmung und der Versuch der Lebensdeutung angesichts der Tatsache, dass es eben »kein geordnetes Bild des Ganzen« gibt, nach postmoderner konstruktivistischer Auffassung nicht einmal überhaupt ein Ganzes. Auch darin, dass der Humor mit dem Glauben gemeinsam habe, in der »Freiheit des menschlichen Geistes« eine Haltung zu den Ungereimtheiten und Widersprüchen einzunehmen, ist Niebuhr zuzustimmen. Jedoch zieht er die Grenzen des Lachens zu eng, wenn er meint, es sei nur eine Reaktion auf die Widersprüche, »die uns nicht wesentlich berühren«. Nach Niebuhr ist der Mensch nicht in seinem Innersten zum Lachen fähig, darum platziert er den Humor nur in den Vorhof des Tempels und verbannt ihn aus dem Allerheiligsten. Die Analogie zwischen Glaube und Humor endet bei Niebuhr da, wo die Sinnfrage beginnt.

Niebuhr ist der erste protestantische Theologe, der gegen die Lach- und Humorverbote der Kirche zu einer expliziten Hochschätzung des Humors kommt aufgrund dessen erweiterter Realitätswahrnehmung. Dennoch hat der Humor nach Niebuhr keinen Platz auf der Kanzel. Für ihn gibt es eine Trennlinie um die Kanzel herum. Er versteht sie als den heiligen Ort, an dem Gottes Wort gepredigt wird. Das Lachen über die Unsinnigkeiten und Ungereimtheiten des Lebens hallt zwar als Echo im Tempel wider, aber Sünde und Vergebung sind nach Niebuhr zu existentiell, als dass sie sich mit dem Lachen vertrügen. Er verbannt deshalb den Humor aus dem Allerheiligsten, wozu er den Altar und die Kanzel zählt.

Aber das Lachen ist ein umfassenderes Phänomen als von Niebuhr gesehen wird, lacht man doch gerade, weil der Riss der menschlichen Existenz ihn bis ins Innerste betrifft und er im Lachen für einen Moment aussteigen kann aus der ewigen Frage nach dem Sinn.[931] Der Dissens besteht

929 *Niebuhr*, Humor, 73f.

930 *Niebuhr*, Humor, 84f.

931 Vgl. *Kamper/Wulf*, Ausdruck, 8.

hauptsächlich darin, dass für Niebuhr der Glaube eine Antwort ist, eine »Lösung des Lebensproblems«, die zwar nicht »in der Macht des Menschen« liegt, die aber letztlich die einzige Lösung und Antwort auf die Sinnfrage sei. Demgegenüber geht diese Arbeit davon aus, dass alles menschliche Erkennen ›Stückwerk‹ (1Kor 13,12) ist, einschließlich des Erkennens, das im Glauben möglich wird. Der Glaube ist wie das menschliche Erkennen zeitlich und inhaltlich begrenzt, vom Zweifel durchdrungen und bleibend fragmentarisch. Die Summe aller Stücke ergibt auch im Glauben kein Ganzes, das die Wahrheit für sich beanspruchen könnte. Deshalb gibt es viele Möglichkeiten, diese Stücke des christlichen Glaubens darzustellen, jedoch ist der Versuch, ein dogmatisches Glaubenssystem zu entwerfen und dieses als das allein gültige »festzustellen«, durch das Bilderverbot theologisch ausgeschlossen. Weil »[v]on Gott ... nur in Annäherungen gesprochen werden [kann]«,[932] ist es sinnvoll, sich die Vorläufigkeit bewusst zu machen, die auch den Glauben und den Gottesdienst betreffen. Menschen können nicht anders, müssen und dürfen daher in all ihrer Vorläufigkeit und Fehlerhaftigkeit zum Gottesdienst kommen, ohne sich ihrer Unvollkommenheit zu schämen. Gerade deshalb ist Humor in der Predigt angemessen: er macht die Vorläufigkeit des gottesdienstlichen Tuns bewusst und ermöglicht den Hörerinnen die Selbstbehauptung angesichts der Fragmentarität ihrer Existenz.

3.4.6 Humor als ethische Tugend

»Ethik und Humor scheinen nach landläufigem Ethik- und Humorverständnis Gegensätze zu sein. Wie kann man lachen oder auch nur lächeln, wo es um Gut und Böse, um Sinnerfüllung und Sinnverfehlung im menschlichen Leben, also um Entscheidungen von höchster Tragweite geht? Hängen nicht der Fortbestand der Menschen und das Heil ihrer Seelen von solchen ethischen Entscheidungen ab? Ist Ethik nicht etwas so Ernstes, dass sie jeglichen Humor ausschließen muss?«[933]
Die Frage nach der Vereinbarkeit von Humor und christlicher Ethik ist also im Grunde die Frage nach dem Ernst, mit dem nach Sinnhaftigkeit (Niebuhr) und dem Guten (Kierkegaard) gestrebt wird. Humor gilt als unvereinbar mit dem Vollkommenheitsstreben, das sich theoretisch und praktisch in weiten Teilen der christlichen Theologie niederschlägt, sowohl in der katholischen Moraltheologie als auch der Prädestinationslehre Calvins. Es ist aber gerade die innewohnende Fähigkeit der Selbstdistanzierung, die den Humor moral- und ethikrelevant macht.[934] »Humor hat mit Liebe zu tun, mit Verständnis auch für die Schwachstellen der Menschen, weil die eigenen bewusst sind und zugegeben werden. Dies verhindert, dass sittliche Ansprüche zum Rigorismus verhärten und un-

932 *Jüngel*, Wahrheit, 146.
933 *Bloch*, Jesus, 204.
934 Vgl. *Gleixner*, Humor, 185.

menschliche Züge annehmen.«[935] In Aufnahme von Bloch und Berger verweist Gleixner in diesem Zusammenhang »auf die inhumane Humorlosigkeit der absolut gesetzten ›Ismen‹«.[936] Die humanisierende Kraft gründet also sowohl in der religiös begründeten Einsicht in die Vorläufigkeit aller menschlichen Geschichte als auch in der Bewusstwerdung der eigenen Schwachstellen, des eigenen Scheiterns. Humor ist tatsächlich nicht vereinbar mit einem Streben nach Vollkommenheit im sittlich--moralischen Sinne. In Moralpredigten kann Humor in Form von Humorprodukten im funktionalen Sinn, nicht jedoch als Haltung begegnen. Als fassadäre Verpackung und Verzierung fehlt der inhaltliche Bezug zum Evangelium, so dass auf diesem Hintergrund auch der Kommunikationsbeitrag gering einzuschätzen ist.
Humor als Haltung hat unbestreitbar eine ethische Dimension, denn er »[dient] der Existenzerhellung u. -bewältigung ... Es umgreift die gelassene Selbstbehauptung, in die das Wissen um eigene Grenzen und die Unzulänglichkeit der Welt einfließen. So findet sich im H[umor] eine Bereitschaft z[um] Arrangement mit der Welt, die durch ... innere Freiheit u. Toleranz gekennzeichnet ist. Seine ethisch-soz[iale] Komponente besitzt der H[umor] im gemeinschaftl[ichen] Lachen u. seiner subversiven Kraft gegenüber politisch-gesellschaftl[ichen] Engführungen. Die Relativierung der Wirklichkeit verbindet H[umor] u. Glaube. Beide befähigen dazu, in Distanz z[ur] Welt u. doch in ihr zu leben. Als hermeneut[ische] Prinzipien helfen sie, die Chancen u. Grenzen v[on] Mensch u. Welt auszuleuchten u. ermöglichen dadurch humanes Handeln. Der H[umor] lässt sich so als Moment einer weltzugewandten Spir[itualität] verstehen.«[937]
Auch das Lachen kann nach Kurt Marti als Humoräußerung in einem ethisch-spirituellen Sinn verstanden werden: »Schmerz und Lachen sind Zwillingskinder jener Liebe, die ebenso leidenschaftliche und geduldig, ebenso kämpferisch und leidensfähig ist wie Jesus, wie Gott selbst, ›denn Gott ist Liebe‹ (1. Johannes 4,8).«[938]
Die Kraft zur humorvollen Trotzdem-Liebe kommt aus der »Freudenbotschaft von der Trotzdem-Liebe Gottes uns Menschen gegenüber«.[939] Thiede betont dies mit der Konsequenz, dass Humor mehr als lediglich eine Frage der Ethik oder eine Tugend sei. Er ist ein umfassendes »Wahrnehmen und Entgegennehmen der göttlichen Liebe«; Humor aus Liebe ist

935 *Gleixner*, Humor, 185.
936 *Gleixner*, Humor, 185.
937 *Laubach*, Humor, 334. Vgl. dazu Brakelmann: »Der Glaube ist von seiner Struktur her an der Relativierung aller Werte interessiert« (*Brakelmann*, Glaube, 223). Auch Berger sagt: Das Komische ist »immer potentiell gefährlich. Wie Kierkegaard klar gesehen hat, begründet dies die Affinität des Komischen mit der religiösen Erfahrung« (*Berger*, Lachen, 45).
938 *Marti*, Lachen, 24. Marti spricht in Aufnahme eines Gedichts einer Frau aus einem Medelliner Armenviertel vom »lächelnden, lachenden Christus der Armen und der Gerechtigkeit« (*Marti*, Lachen, 33; vgl. a.a.O., 30f).
939 Dieses und das folgende Zitat: *Thiede*, Lachen, 137.

die Basis für den »Blick für das Wesentliche« und Problemlösungsprozesse und »unter Theologen und in den Kirchengemeinden ... möglich, ja notwendig – nicht als ›Reklame‹, sondern überhaupt als christliche Glaubens- und Lebensäußerung«.[940]
Humor als Äußerungsform christlicher Spiritualität und Ethik ist jedoch bereits ein zweiter Schritt, dem ein erster vorausgehen muss, die Individuation. Die Erfüllung des Dreifachgebotes der Liebe (Mk 12,28–34), der »Goldenen Regel« (Mt 7,12) oder jedes anderen biblischen Grundsatzes, der zur Basis einer christliche Ethik taugt, erfordert Individuation. Nach Kierkegaard »ist Subjektwerdung ein gewichtiger, nicht leicht zu nehmender ethischer Akt. Wenn Subjektwerdung von der entschiedenen Selbstwahl abhängt, muss sie die kompromisslose Eindeutigkeit einer Entweder-Oder-Entscheidung haben. Das Subjekt, das sich selbst wählt, übernimmt nach Kierkegaard auch alle Bedingungen, unter denen es wählt und lebt. Mit der Wahl übernimmt das Subjekt auch seine Welt. Damit gewinnt die Selbstwahl ihr schweres Gewicht.«[941] Die Verantwortlichkeit für sich selbst ist das Resultat der Freiheit und vor allem von Schwere geprägt. Demgegenüber beschreibt H. Luther die ästhetische Erfahrung – und damit auch die ästhetische Erfahrung des Komischen – als Entlastungsphänomen. Sie zwingt zu keiner Entscheidung, sondern stört und irritiert die bestehende Ordnung, bringt »andere Ordnungen und andere Möglichkeiten ins Spiel und schafft so gerade Freiheit. Dass alles auch anders sein könnte, fördert Gelassenheit und Leichtigkeit.«[942]
Die Freiheit und Leichtigkeit, die durch die ästhetische Erfahrung des Komischen evoziert wird, ist jedoch nicht die Freiheit und die Leichtigkeit des Subjekts. Es ist vielmehr die Freiheit und Leichtigkeit, die ihr Widerlager im Kabod Gottes hat. Weil Gott selbst unendlich schwer und herrlich ist, brauchen Menschen nicht die Schwere aufzubringen, die sie im Dasein hält. Die Schwere, die Menschen tragen müssen und in Verantwortlichkeit für die anderen zu tragen bereit sein müssen, ergibt sich aus den Bedingungen der Welt »von selbst«.
Weil alle Menschen nach Gottes Ebenbild geschaffen sind, können sich Menschen »ineinander wiederfinden«[943] und ineinander das Fremde, das je Eigene, den einen vom andern Unterscheidende und insofern Andersartige erkennen. Nicht eine den Menschen überfordernde Pflicht, etwa im Sinne des kategorischen Imperativs, sondern gerade die Entlastung, die aus der Gewissheit der Gnade und der Gleichheit vor Gott ermöglicht es Christen, Verantwortung dafür übernehmen, dass jeder Mensch »sein eigener Mensch werden« (*Moltmann-Wendel*) und »ohne Angst verschieden« (*Adorno*)[944] sein kann. Die ästhetische Erfahrung, auch die des Komischen, derer wir nur mit Humor gewahr werden können, »schenkt uns

940 *Thiede*, Lachen, 138.
941 *H. Luther*, Subjektwerdung, 52.
942 *H. Luther*, Subjektwerdung, 52.
943 *Preisendanz* , Humor, 17 (mit Hinweis auf Hegel).
944 Zitiert nach *Klessmann*, Pastoralpsychologie, 70.

jene Gelassenheit, Leichtigkeit und Heiterkeit, mit der wir von uns absehen können. Derart unbelastet können wir dann in die Augen der Anderen sehen. In den Tränen, die wir sehen, hat sich das Gewicht der Welt gesammelt.«[945]

Das Gewicht der Welt kann, wenn überhaupt, nur gemeinsam getragen werden. Damit Menschen sich an einer Solidarität im Leiden beteiligen können, muss dieses zuerst auf ein *erträgliches* Gewicht gebracht werden. Daran kann sich der Humor beteiligen: Wenn kein grundsätzliches, ethisch begründetes Humorverbot besteht, kann das Leiden als das gesehen werden, was es ist: etwas Vorfindliches. Eine unreflektierte Hoch- oder Geringschätzung des Leidens impliziert, dass das Leiden entweder sinnvoll und notwendig ist oder eben sinnlos. Aber ein solches Pauschalurteil kann über das Leid nicht gefällt werden. Es gibt sinnvolles Leiden (z.B. Jesu Leiden im Blick auf die die Heilsbedeutung seines Todes; Leiden, das zur Reifung einer Person notwendig ist, was aber nur die Person selbst in der Rückschau beurteilen kann) und es gibt sinnloses Leiden (z.B. Hungerkatastrophen; Opfer von Verbrechen; das Leiden der Angehörigen von Verkehrsopfern; das Leiden der Menschen, die durch Landminen verletzt worden sind). Ob Humor als Haltung das Leiden widerruft, kann nur diejenige beurteilen, die selbst leidet, und ob Weinen oder tiefster Ernst dem Leidenden hilft, kann ebenfalls nur der Leidende selbst wissen. Leid sollte weder negiert noch überhöht werden. Das Kriterium für die Grenze des Humors ist nach meiner Ansicht nicht das Leid selbst, sondern der Respekt vor leidenden Menschen, die nicht selten den Humor zu einer ihrer Bewältigungsstrategien wählen.

Nach Mt 25,35–45 erkennen Christinnen in der Schutzlosigkeit und Ausgesetztheit der anderen nicht allein diese, sondern auch Jesus Christus selbst – oder eben nicht. Wir erkennen den anderen und Jesus Christus nur, wenn wir »in seine Augen sehen, ohne uns darin spiegeln zu wollen, sondern um sie sprechen zu hören«.[946]

Eine solche Haltung den anderen gegenüber erfordert ein Bewusstsein des eigenen Bejahtseins und ein Bewusstsein davon, dass die eigene Stärke nicht verleugnet werden muss. Hier kommt das entängstigende und un-verschämte Potential des Humors zum Tragen. Der Humor hat Liebe zum Kleinen und Unscheinbaren,[947] zum Fragmentarischen und notwendigerweise Fehlerhaften und kann darum in der Predigt sein Potential entfalten, für das *Von-Gott-schön-geliebt-werden* für den Hörer erlebbar zu machen und so zu einem Bewusstsein beizutragen, das es ermöglicht, der narzisstischen Scham und der narzisstischen Bestätigungssucht zu entgehen und offener zu werden für das Anderssein und die Not der Anderen. Individuation erfordert den Abschied von jeder zentralperspektivischen Verengung.

945 *H. Luther*, Subjektwerdung, 53.
946 Ebd.
947 Vgl. *Dopychai*, Humor, 152.

3.4.7 Die Nahtstelle: Das Gelächter der Hoffnung bei Harvey Cox

Die Wirkungsgeschichte der Monographie »Das Fest der Narren« von Harvey Cox (1969) wäre eine eigene Untersuchung wert. Er zieht keine Grenzlinie zwischen Humor und Glaube, empfiehlt ihn aber auch nicht ausdrücklich für die Predigt, was in der Natur der Sache liegt, denn der von ihm betonte Festcharakter des Narrentums legt eher andere Kontexte als die Predigt nahe. Seine Perspektive sei darum hier an der Nahtstelle referiert zwischen den wirkungsgeschichtlich wichtigen Versuchen, Humor bzw. seine Erscheinungsformen (z.B. Satire bei Erasmus, paradoxe Intention bei Luther) theologisch zu etablieren und der Fokussierung auf die Predigt.

Mit Cox ist eine Wende festzustellen in Bezug auf das Christentum und seine Empfänglichkeit für das Komische: »Natürlich geht es beim Komischen um mehr als um das Lustige. Wir haben es dabei mit einer Betrachtungsweise des Lebens zu tun.«[948]

Cox' Ausgangpunkt ist das Fest der Narren im mittelalterlichen Europa, das mit Festlichkeit und Phantasie Sozialparodien hervorbrachte und im Spiel eine Welt der umgewerteten Werte vorführte.[949] Das Fest war in dem Sinne radikal, dass es »die Willkür sozialer Stellung an Licht [zog]«, es »ließ die Menschen erkennen, dass die Dinge nicht immer so sein mussten, wie sie waren«.[950] Diese Form von Subversivität mag zu seiner Abschaffung durch die Machthaber beigetragen haben. Cox betont den zweckfreien Charakter und Eigenwert von Festlichkeit und Phantasie und darüber hinaus ihre Unverzichtbarkeit für das menschliche Leben, weil Festlichkeit »eine menschliche Form des Spiels [ist], durch die der Mensch ein weites Feld des Lebens einschließlich der Vergangenheit in die eigene Erfahrungswelt integriert«.[951] Zu den Vehikeln der menschlichen Phantasie zählt Cox die religiösen Bilder, »in denen die Phantasie schweifen konnte«, die aber in der säkularen Welt ihre Bedeutung weitgehend verloren haben.[952] Die Kultur der Industriestaaten duldet nach Cox die Phantasie, ermutigt sie aber nicht, weil ihr das Spielerische suspekt ist. Nach Cox ist es jedoch nur möglich, die menschliche Bestimmung zu erfüllen, wenn man Freude und Phantasie praktiziert.[953] Cox spricht von einer »tiefe[n] Verwandtschaft«[954] zwischen Spiel und Gebet und kann sogar sagen: »Gebet und Glaube sind Formen des Spiels.«[955] Darum ist ihm auch der Gottesdienst ein Spiel und »unsere Fähigkeit zu lachen, während wir beten, ... ein unschätzbares Geschenk«; Cox nennt

948 *Cox*, Fest, 194.
949 *Cox*, 10f. Es gab den »Bubenbischof«, die »Parodiemesse«, den »Fürst der Unordnung« (ebd.).
950 *Cox*, Fest, 13.
951 *Cox*, Fest, 15.
952 *Cox*, Fest, 18.
953 Vgl. *Cox*, Fest, 19.
954 *Cox*, Fest, 190.
955 *Cox*, Fest, 193.

Christus den »Harlekin«, den »Spaß mitten im Beten. Vielleicht noch genauer – er ist das Beten als Spaß oder der Spaß als Gebet. Er ist der Geist des Spiels in einer Welt kalkuliert nützlicher Ernsthaftigkeit«.[956]
Der Mensch sei seinem Wesen nach »homo festivus«, denn Feste gibt es in jeder Kultur, und »homo phantasia«, phantasiebegabt. Beide Begabungen sind jedoch verkümmert und verarmt, nicht zuletzt durch die einseitige Betonung des Menschen als Arbeiter (durch Luther) und als Denker (durch Thomas von Aquin).[957] Weil Festlichkeit und Phantasie ermöglichen, sich in andere Menschen hineinzuversetzen, sich mit ihnen zu identifizieren, gehören sie zu den Voraussetzungen des Lebens. Sie erweitern die Möglichkeiten der Erneuerung.[958] und steigern »den Sinn des Menschen für die Möglichkeiten und Kräfte«.[959]
In diesem Zusammenhang weist Cox mehrmals auf den ethischen Anspruch hin, den er mit seiner Forderung nach Wiederentdeckung von Feier und Phantasie erhebt: »Das Gelächter ist der Hoffnung letzte Waffe«.[960] »Der Gegensatz zur Komik ist die tragische Zwangsläufigkeit und vielleicht die stoische Resignation. Der Sinn für das Komische kann über die lachen, die Kriege anstiften und den Hunger verlängern, und kann gleichzeitig daran arbeiten, sie zu entthronen. [...] Weil die Komik Hoffnung entzündet, führt sie eher als die Tragik zu einer stärkeren, nicht zu einer schwächeren Beteiligung am Kampf um eine gerechte Welt.«[961] Der ethische Anspruch bezieht sich auf zwei Aspekte: Gerechtigkeit für die Armen der Welt[962] und Unordnung bzw. Heimatlosigkeit für die Glaubenden: »Gott kommt zum Menschen als der Zerstörer seines Friedens, als der, der ihm nicht erlaubt, sich einzurichten. Die religiöse Erfahrung ist, gleich der ästhetischen, in einer Hinsicht eine Erfahrung der Unordnung. Sie weist aber auf eine andere Ordnung hin, auf eine Stadt, die kommen soll, die auch wenn sie nie ganz erreicht wird, doch den Menschen nie mit der Gegenwart völlig zufrieden sein lässt.«[963] Die Methode, mit der »theologische Narren« nicht nur »die Selbstverständlichkeit der Tradition, sondern auch die Selbstverständlichkeit der Erfahrung in Frage« stellen ist die »Methode der Gegenüberstellung«. Vergangenheit und Gegenwart werden im »Licht der Hoffnung« betrachtet. Die Gegenüberstellung ist ein Beispiel für das, »was nicht ist, dass es ins Wesen bringe, was ist«,[964] also für einen kreativen Akt, an der Gestaltung der Welt teilzunehmen.
Neben der Betrachtung des Spiels, des Spaßes [!] am Gottesdienst, der Phantasie, der Festlichkeit, der Hoffnung und des ethischen Anspruchs ist

956 *Cox*, Fest, 188.
957 Vgl. *Cox*, Fest, 20.
958 Vgl. *Cox*, Fest, 21f.
959 *Cox*, Fest, 29.
960 *Cox*, Fest, 203.
961 *Cox*, Fest, 199. Festlichkeit ist nach Cox »grundsätzlich immer politisch« und konkret: »Der Mensch kann keine Abstraktionen feiern« (a.a.O., 146).
962 Vgl. *Cox*, Fest, 23.
963 Vgl. *Cox*, Fest, 175.
964 *Cox*, Fest, 173.

an Cox auch der Ärgernischarakter des Lachens bzw. des Humors hervorzuheben. Die christlichen Narren, die das »Christentum als Komödie«[965] verstehen sind nicht dazu da, »sich einzurichten«, sondern der subversien Kraft der Darstellung, wie es auch anders sein könnte, Altes und Gegenwärtiges in Frage zu stellen und den Sinn für die Möglichkeiten zu erweitern.

3.5 Lebens*wirklichkeit* angesichts der Ambivalenz

»Humor ist eine Erscheinungsform der Religion – denn nur der, der über den Dingen steht, kann sie belächeln.«
Pater Brown[966]

Ob Humor auf die Kanzel gehört, hängt vor allem von zwei Dingen ab, davon, was man unter Humor versteht und welche Theologie jemand hat.[967] Nachdem das hier vertretene Verständnis von Humor ausführlich dargelegt wurde und ins Verhältnis gesetzt wurde zu anderen theologischen Ansätzen, das Potential des Humors theologisch fruchtbar zu machen, soll im Folgenden Rechenschaft über die theologische Basis abgelegt werden, auf der Humor in der Predigt legitim und wünschenswert erscheint.

Das Leben als Christin in der Postmoderne ist von vielfachen Ambivalenzen geprägt. Mit Hans Strotzka möchte ich die Ambivalenz als eins der Hauptprobleme menschlicher Lebenswirklichkeit betrachten, zu deren Darstellung und Bewältigung der Humor einen Beitrag leisten kann.[968] Für die Frage nach dem Humor in der Predigt sind vor allem vier Ambivalenzen theologisch bedeutsam, von denen eine den Glaubensakt, die drei anderen bestimmte Glaubensinhalte betreffen.

3.5.1 Die Ambivalenz des Glaubensaktes

»Christenmenschen haben geteilte Seelen.«
Klaus Winkler[969]

Der erste Zwiespalt ergibt sich durch die Dynamik des Glaubens, d.h. aus dem Schwanken auf der Grenzlinie zwischen Glauben und Unglauben. Glaube ist naturgemäß ein angefochtener, ein von Zweifeln und Unglaube bedrohter oder durchsetzter Glaube (vgl. Mk 9,24!). Glaube und Un-

965 *Cox*, Fest, 194.

966 *Chesterton*, Pater Brown, 83.

967 Vgl. *Webb*, Comedy, XIIIf.

968 Vgl. *Strotzka*, Theorien, 317. Strotzka kann sogar »die Ambivalenz als Hauptproblem menschlicher Lebensbewältigung« bezeichnen.

969 *Winkler*, Predigt vom 24.12.1999, zitiert nach *Klessmann*, Perspektiven, 417. Die Ambivalenz, die Winkler hier anspricht, geht noch weiter als die durch den Glaubensakt verursachte, denn sie besteht nicht nur im Zweifel am Inhalt des Glaubens, sondern außerdem im Wissen darum, dass der existentielle Zwiespalt auch im Glauben nie überwunden werden kann. Winkler fährt fort: »Sie wollen ihren Glauben wach halten und müssen dennoch mit der säkularen Welt zurechtkommen. Sie müssen in Spannung leben und das strengt an!«

glaube liegen nicht im Verfügungsbereich der Prediger. Durch humorvolles Predigen kann Glaube nicht in stärkerem Maße geweckt werden als im nur ernsten Modus. Da jedoch mit Tillich anzunehmen ist, dass die Grenze der eigentlich theologisch fruchtbare Ort[970] ist, ist humorvolles Predigen eine Chance, die Grenzsituation der Predigt für die Hörerinnen ins Bewusstsein zu heben, da mit Hilfe des Homiletikums Humor die Ambivalenzen des Lebens und des Glaubens zur Darstellung gebracht werden können. Zur Aufgabe der Predigt würde es dann nicht mehr gehören, den Unglauben zu exorzieren, so dass die Predigt zu einem »Verpflichtungsdiskurs« wird, sondern im Gegenteil zu einem »Entpflichtungsdiskurs«, wie es Fechtner und Friedrichs vorschlagen: »Was aber, wenn die Kommunikation des Evangeliums in Gestalt des Predigtgeschehens sich [...] konsequent als ein *Entpflichtungsdiskurs* verstehen lässt, der die Macht der Realität und ihrer Sachzwänge in Frage stellt, bricht, untergräbt? Was wäre so schlimm, wenn der Heilige Geist im homiletischen Akt als antiautoritärer Geselle am Werke wäre, der die ›Wirklichkeit‹ in die Hände derer zurücklegt, denen sie versprochen ist: den Individuen als Subjekten? Oder, weil's ja nicht ausgemacht ist, dass der Geist männlich sein muss: Wäre es nicht denkbar, dass der Heilige Geist im homiletischen Geschehen als Geburtshelferin wirkt, die neues Leben entbindet: Ihre Hebammenkunst lässt Wirklichkeiten zur Welt kommen, die individuell gelebt werden.«[971] Nach Henning Luther »[ist] Glaube ... nie Antwortgewissheit, sondern fragende Existenz zwischen Anfechtung und Gewissheit.«[972] Darum wird mit einem starken Glauben beides stärker, die Gewissheit und die Anfechtbarkeit durch existentielle Fragen.[973]
Predigten müssen nicht zwangsläufig »etwas Schweres, Gewichtiges, Bedeutsames- und darin auf Eindeutigkeit zielendes« sein. Humor als Homiletikum könnte eine gewisse Leichtigkeit in den Umgang mit dem schlangenförmigen Grenzverlauf zwischen Glaube und Unglaube bringen als eine der möglichen Weisen, zu akzeptieren, dass im Normal- und nicht im

970 Vgl. *Tillich*, Grenze, 123. Humor, der zündet, ist immer mit einer Grenzüberschreitung bzw. Grenzverletzung verbunden. Die Grenzen der Humorwertschätzung verlaufen aber bei jedem Menschen etwas anders und hängen von so vielen Faktoren ab, dass sie nicht berechnet werden können. Komödiantinnen, Komiker, Clowns und Kabarettistinnen sind wenigstens insofern vor dem Vorwurf der Unangemessenheit sicher, dass die Leute zu ihnen kommen, *weil* sie Regeln und Grenzen verletzen. Wer in eine humoristische Veranstaltung geht, ist zum Lachen und Scherzen aufgelegt, die Toleranz auch für nicht ganz passende Bemerkungen – etwa zu spitze oder zu lasche – ist hoch. Das kann während der Predigt anders sein. Humorproduktion ist in jedem Fall riskant, ganz besonders dann, wenn sie nicht erwartet wird und die Rezipientengruppe inhomogen ist.

971 *Fechtner/Friedrichs*, Predigt, 319.

972 *H. Luther*, Weltabstand, 23.

973 Vgl. den Ausspruch Karl Kraus': »Die wahren Gläubigen sind es, die das Göttliche vermissen.« (*Kraus* zitiert nach *Berger*, Lachen, 193). Humor als Haltung wird darum auch nicht – wie Lauer meint – überflüssig, wenn der Glaube zunimmt (vgl. *Lauer*, Humor, 370 u.ö.). Auch Bonhoeffer schrieb noch aus dem Gefängnis, dass Humor den christlichen Glauben stärke (Hinweis bei *Berger*, Lachen, 236).

zu vermeidenden Ausnahmefall der Glaube ist wie der Mond – er nimmt im Lauf eines Lebens zu und ab und wieder zu und wieder ab. Gerade ein sehr großer und gefestigter Glaube ist von der Anfechtung der Gottesferne bedroht, die sich als Leiden an der Welt oder als Scham über die eigene Sündhaftigkeit oder den eigenen Kleinglauben zeigen kann. Denn mehr als dass er Mangel überwindet, macht der Glaube sensibel für Mangel.
Humor in der Predigt könnte die Grenzsituation des Glaubensdarstellen und im positiven Sinn von Entpflichtung und Erlaubnissen eine Strategie aufzeigen, wie mit dieser Grenzsituation umgegangen werden kann. Dieser erste Zwiespalt betrifft den Glauben als Phänomen an sich. Zum Glauben zu reizen ist Intention jeder Predigt, ob humorvoll oder nicht. Das bisher Gesagte soll darum im Blick auf den Glaubensakt genügen, während die Ambivalenzen aufgrund bestimmter Glaubensinhalte im Folgenden kurz benannt und dann ausführlich in Bezug auf den Humor behandelt werden.

3.5.2 Die Ambivalenz der Glaubensinhalte

Der zweite Zwiespalt ergibt sich aus dem Gegenstand des Glaubens: dem Reich Gottes als schon-jetzt angebrochenes und noch-nicht vollendetes im Sinne von universal durchgesetztes. Die Gegenwart ist immer noch eine »Zeit des Glaubens und nicht des Schauens« (2Kor 5,7). Indem wir als Christenmenschen durch den Glauben das »neue Sein« (vgl. 2Kor 5,17) antizipieren und als Bürgerinnen dieser irdischen Welt zugleich den Lebensbedingungen dieser offensichtlich noch unerlösten Welt partizipieren, nehmen wir die Absurdität der Welt wahr. Erst ein perspektivischer Fluchtpunkt im Eschaton ermöglicht die Transzendierung der Wirklichkeit: Die Welt ist absurd, aber sie ist nicht die ganze Wirklichkeit. Dieser Frage soll unter 3.5.2.4 (Die Eschatologie) nachgegangen werden.
Der dritte Zwiespalt ergibt sich durch die gläubige Existenz: nach christlichem Verständnis ist der Mensch zugleich Sünder und Gerechtfertigter. Dieser Frage soll unter 3.5.2.7 (Rechtfertigung: Das Gutsein Gottes macht uns gut) nachgegangen werden.
Der vierte Zwiespalt ergibt sich aus dem Wesen Gottes, seiner Heiligkeit. In der gottesdienstlichen Feier erleben viele Menschen ihre eigene Profanität, ein vielleicht unbestimmbares Gefühl, eben nicht heilig, sondern in irgendeiner Weise unzulänglich zu sein oder jedenfalls ein unzulängliches Leben zu führen. Diese Ambivalenz soll im Folgenden zuerst behandelt werden.

3.6 Lebens*möglichkeit* angesichts des Evangeliums

3.6.1 Das Heilige

Die feierlich-ernsthafte gottesdienstliche Atmosphäre gehört zu den Hindernissen, die dem Humor in der Predigt entgegenstehen. Sie rührt im Wesentlichen daher, dass der Gottesdienst als – zumindest potentielle –

Begegnung mit dem Heiligen erlebt wird. Zugleich ist gerade die Heiligkeit Gottes der wesentliche Ermöglichungsgrund des Humors.
Das Heilige selbst ist ambivalent. Es ist einerseits etwas Unverfügbares, Staunen Erweckendes, Machtvolles, vielleicht auch in dieser Übermacht Furchterregendes (mysterium tremendum) und andererseits übt es eine Anziehungskraft aus (mysterium fascinosum).[974] Es erscheint als das wesensmäßig »ganz Andere«, »machtvoll und distanzgebietend und als fordernder Wille eines ethisch-Normativen.
»Als Zentralwert des Religiösen kennt das Heilige verschiedene hierophane Erscheinungsformen und Chiffren: z. B. heilige Orte und Stätten, Quellen, Flüsse und Berge, heilige Zeiten, Handlungen und Schriften, Steine, Bäume, Pflanzen und Tiere, aber auch heilige Menschen (Priester, Propheten, Könige). In der religiösen Handlung soll das Heilige rituell erhalten oder reproduziert werden. Der Mensch will, wie die Religionsgeschichte zeigt, sein natürliches Leben heiligen (besonders bei Geburt, Initiation, Hochzeit und Tod). Heilige Formen seiner Sprache sind Mythos, Gebet, Liturgie.«[975]
Gott als der Heilige spielt in beiden Testamenten eine zentrale Rolle. Im Alten Testament ist Gott als der Schöpfer kategorial vom Menschen als seinem Geschöpf unterschieden. Seine Heiligkeit ist zugleich Ausdruck seiner Göttlichkeit. Gottes Macht und Gewicht (kabod) äußert sich in seinen Wundertaten von der Schöpfung ex nihilo über die Namensoffenbarung an Mose (Ex 3,6), die Befreiung aus Ägypten bis zu den Speisungswundern.
Der Gegensatz zur Heiligkeit Gottes ist die Sündhaftigkeit des Menschen. Angesichts des Heiligen kann es daher zu Schamgefühlen kommen (vgl. das Bedecken der Füße durch die Serafm in Jes 6,2).[976] Trotz der Sündhaftigkeit der Menschen hat Gott mit dem Volk Israel einen Bund geschlossen, in den durch den Glauben an Jesus Christus die Christen miteinbezogen sind. Dieser Bund ist von Seiten der Menschen unendlich oft übertreten und dennoch von Gott niemals gekündigt worden. Nach Lev 19,2 (»Ihr sollt heilig sein, denn ich bin heilig, der HERR, euer Gott«) ist es Gottes Wille, Menschen in seine Heiligkeit einzubeziehen. »Gottes Heiligkeit begründet und fordert Israels Heiligkeit als ein Ausgesondert- und Berufensein zur Liebe (Lev 19,18).«[977] Heiligkeit enthält insofern immer ein Beziehungsmoment: Gott ist heilig im Sinne von unterschieden, gesondert vom Bereich des gewöhnlichen, »profanen« Seins und steht gleichzeitig mit diesem in Beziehung.
Für das Neue Testament ist Heiligkeit eine wesentliche Kategorie, es setzt dabei die alttestamentlichen Vorstellungen vom Heiligen voraus. Heilig bedeutet ›der Welt entzogen, zu Gott gehörig‹. Jesus wird als »der Heilige Gottes« bezeichnet (Mk 1,24; Lk 4,34; Joh 6,69). Jesus wurde

974 Vgl. *R. Otto*, Das Heilige.
975 *Woschitz*, Heilig/Heiligkeit, 290f.
976 Vgl. *Woschitz*, Heilig/Heiligkeit, 291.
977 Ebd.

vom Vater ›geheiligt‹, bevor er ihn in die Welt sandte (Joh 10,36), d.h. ihm wurde Anteil gegeben an der Heiligkeit und dem göttlichen Wesen des Vaters. Nach dem Hebräerbrief hat der Tod Jesu heiligende Wirkung auf die Jünger/Gläubigen/Menschen seines Volkes (Hebr 2,11; 13,12).

In der Bergpredigt wird der Imperativ aus Lev 19,2 aufgenommen und mit »vollkommen« wiedergegeben. Die Gläubigen sollen in der Imitation Dei vollkommene Liebe und Hingabe leben, die niemanden, auch nicht die Feinde, ausschließt. Durch das Tun des Gerechten und Guten geben die Gläubigen Gott die Ehre.

In den paulinischen Schriften werden die Gläubigen häufig als ›die Heiligen‹ (Röm 8,27; 1Kor 14,33) angeredet. Die Christen werden heilig durch die Taufe, die nach paulinischem Verständnis immer mit der Gabe des Heiligen Geistes verbunden ist. Aus dieser Perspektive ist auch »der personale Charakter von heilig zu verstehen, die Reinheit des Herzens (Mt 5,8; 23,26) und die moralische Heiligkeit im Vollzug des Gehorsams gegen Gott und als Liebe zum Nächsten (vgl. die Heiligkeit als Wille Gottes, imperativische Aussageform; 1. Kor 7,14; 2. Kor 7; 1. Thess 4,3).«[978] Die in der Taufe Geheiligten sollen sich selbst heiligen, d.h. sich selbst darbringen. »Heiligung ist ein zentraler soteriologischer Begriff und Ziel allen Handelns Gottes mit dem Menschen: Es geht um die Versetzung in die Gottesgemeinschaft und so um die Anteilgabe an Gottes heiligem Wesen (1Petr 1,16, 1Joh 3,2: ›ihm gleich‹), um das Heil.«[979]

Die Formulierung »Ziel allen Handelns Gottes mit dem Menschen« mag sehr hoch angesetzt erscheinen, aber beim Heiligen geht es immer um etwas Letztgültiges, Erhabenes. Die Begegnung mit ihm weckt Gefühle, die zum Teil dem Tabubereich angehören, angesichts der »unendl[ichen] Machtfülle«[980] des Heiligen. Menschen setzen Hoffnungen auf diese Macht und erleben dies als Sehnsucht und Begehren und zugleich empfinden sie Scheu, z.B. davor, ›heilige‹ Gegenstände anzufassen, sich in der Kirche dem Altar zu nähern, angesichts des Heiligen laut zu sprechen oder sogar zu lachen. Vom Heiligen geht nach dem Verständnis vieler Menschen eine numinose Macht aus, die die Grenze zwischen heilig und profan wahrt und an die sich unstatthaft anzunähern verderblich wäre.[981]

Die Trennung zwischen dem Heiligen und dem Profanen muss nicht vom Menschen überwunden werden, sondern sie wurde bereits von Gott durch Erwählung überwunden: »Denn du bist ein heiliges Volk dem HERRN, deinem Gott. Dich hat der HERR, dein Gott, erwählt zum Volk des Eigentums aus allen Völkern, die auf Erden sind. Nicht hat euch der HERR angenommen und euch erwählt, weil ihr größer wäret als alle Völker – denn du bist das kleinste unter allen Völkern –, sondern, weil er euch geliebt hat und damit er seinen Eid hielte, den er euren Vätern geschworen

978 *Woschitz*, Heilig/Heiligkeit, 293.
979 Ebd.
980 *Höhn*, Heilig, 462.
981 Nach unter Katholiken weit verbreiteter Auffassung ist das Empfangen der Hostie ein so heiliger Moment, dass derjenige »sich das Gericht isst und trinkt« (vg. 1Kor 11,29), der im Moment der Wandlung abgelenkt war.

hat.« (Deut 7,6–8). Gott erwählt das Kleine aus Liebe. Nicht Verdienste oder besondere Merkmale qualifizieren zur Erwählung durch Gott, sondern Gott tritt deshalb in einen Bund mit Israel, weil er es »geschworen«, verheißen hat.
Auch im Neuen Testament ist vielfach davon die Rede, dass Jesus sich denen zuwendet, die keine Verdienste vorzuweisen haben und bedürftig sind: den Kranken oder Behinderten, den Sündern, den Nicht-Angesehenen, den Outlaws und den Kindern. Diese Bedürftigen sind sich ihrer Lage bewusst, sie wissen, dass sie nichts vorzuweisen haben. Wenn die Beziehung zwischen Gott und Mensch intakt ist, korrespondiert der Heiligkeit Gottes die Demut des Menschen. Das Kleine und Nichtige wird nicht Gott gleich gemacht, so dass es von ihm ununterscheidbar heilig wäre, sondern erst die bleibende Differenz ermöglicht den Dialog zwischen Gott und den Menschen.
»Es ist der Abstand, Gottes Höhe, Gottes *kabod* der die Beziehung zu den Menschen, gerade denen unten, schafft. Die Zuwendung Gottes zu den Menschen hat *nicht* darin ihren Grund, dass er in seinem Sein das ihre verdoppelt. [...] Der Glanz Gottes strahlt nicht über einer Welt, die in ihrem So-Sein in Recht und Glanz gesetzt wird, vielmehr ist die Umwertung der Werte, ja der Umsturz der Verhältnisse die Folge des Gott-Seins Gottes.« *Kabod* bedeutet Gewicht, Schwere, Ehre, Herrlichkeit, Gewichtigkeit, und zugleich die »denkbar *leichtesten* ›Aggregatzustände[...]‹«: Lichtglanz, Strahlen, Glorie, Feuerschein.[982]
Nicht *obwohl*, sondern *weil* Gott unendlich schwer, groß, herrlich, heilig und der Inbegriff von Fülle ist, können sich Menschen sich im Gegensatz zu ihm als unendlich klein und leicht empfinden. Sie brauchen nicht aus sich selbst heraus schwer, groß, heilig oder in irgendeinem Sinne göttlich zu sein. Gerade wenn Menschen Gott Gott – und damit schwer – sein lassen und dem Menschen seine Menschlichkeit zugestehen – und damit auch eine gewisse Leichtigkeit – setzten sie sich ins rechte Verhältnis zum Heiligen.
Ähnlich sieht es Jean Paul; man könnte seine Sicht eine inkarnatorische nennen: »Wenn der Mensch, wie es die alte Theologie tat, von der überirdischen Welt auf die irdische herabsah, so geht sie klein und nichtig dahin, ... wenn er mit der kleinen die unendliche ausmisst, so entsteht jenes Lachen, in dem noch eine Größe und ein Schmerz ist«.[983]
Das So-Sein der Menschen und das Gott-Sein Gottes sind nach christlicher Auffassung inkommensurabel. Menschen können diese Differenz nicht überwinden und brauchen dies auch nicht. Das Nichtkönnen aufgrund der Sündhaftigkeit des Menschen und das Nichtbrauchen aufgrund der Gnade Gottes zu Bewusstsein zu bringen, ist Aufgabe der Predigt. Denn der Mensch ist nicht nur klein und als zu leicht befunden angesichts der Schwere und Größe Gottes, sondern ist auch geborgen in Gottes Liebe. Die Liebe Gottes ist das Gegengewicht zur fragmentarischen, vom

982 *Ebach*, Kabod, 29.
983 *Jean Paul*, Vorschule, 177.

Mangel geprägten Existenz, zur Heimatlosigkeit, Sünde und Unvollkommenheit des Menschen.

Trotz der kategorialen Unterschiedenheit zwischen Gott und Mensch ist ihr Verhältnis als Beziehung zu beschreiben. Es ist nicht einfach ein Verhältnis zwischen Schöpfer und einem von ihm geschaffenen Werk, sondern zwischen – wenn auch sehr ungleichen – Partnern. Diese Partnerschaft ist ausgedrückt in der Vorstellung von der Gottebenbildlichkeit des Menschen: »Und Gott schuf den Menschen zu seinem Bilde, zum Bilde Gottes schuf er ihn« (Gen 1,27). Zur Gottebenbildlichkeit gehört auch die Freiheit der Menschen. Gott schuf die Menschen nicht als Marionetten und Ja-Sager, die ihm in jedem Fall zu Willen sein müssten, sondern als freie und eigenwillige Individuen. In der Gottebenbildlichkeit liegt sowohl die Erlaubnis als auch der Anspruch,[984] »ein eigener Mensch«[985] zu werden. Menschen können nicht sie selbst werden, wenn sie keine Verantwortung übernehmen. Subjektwerdung ist überhaupt nur darin möglich, »dass das ›Ich‹ von sich absieht, sich nach außen wendet und für den Anderen öffnet. Mit Levinas halte ich eine Subjektwerdung, die ihr Zentrum bei sich selbst sucht – und nicht in der Peripherie oder Exteriorität des Anderen – für verfehlt. [...] Die Einzigkeit und Eigentlichkeit findet das Selbst gerade nicht bei sich, in der Besinnung der Innerlichkeit«,[986] sondern dadurch, dass einer dem anderen begegnet.

Christlicher Glaube ist ein Beziehungsgeschehen zwischen Gott und Mensch und zwischen den Menschen. Wenn Menschen einander begegnen, nehmen sie sich und den anderen wahr, lernen sich und den anderen sehen und verstehen. Wer ernsthaft versucht, einen anderen Menschen zu verstehen, muss die »Ruhe bei sich selbst« aufgeben, sich den Infragestellungen aussetzen, die der andere freisetzt.[987] Dabei tritt unweigerlich die Verletzlichkeit zutage. Ohne Verletzlichkeit gibt es keine Individuation.

Sehen im Alltag bedeutet, dass wir Dinge von unseren eigenen Maßstäben und Ordnungssystemen her in den Blick nehmen, wiedererkennend erfassen und einordnen. Das Sehen des Anderen ist so weitgehend ein Wiedererkennen des Eigenen, auch das Besondere am Anderen wird eingeordnet, indem es in Begriffe gefasst wird. Wenn wir auf diese Art sehen, machen wir uns ein Bild von dem Anderen.

Das gleiche passiert, wenn man ein dogmatisches Glaubenssystem entwirft oder Gott mit bestimmten Namen und Attributen belegt und diesen absolute Gültigkeit unterstellt. Das eigene Glaubenssystem nicht relativieren zu können, ist im Grunde ein Verstoß gegen das Bilderverbot und damit gegen die Heiligkeit Gottes. »Das Unendliche wird in festen dogmatischen Glaubenssystemen gerade verendlicht. Dogmatische Gewiss-

[984] Vgl. *Marti*, Widerspruch, 21.
[985] *Moltmann-Wendel*, Mensch, passim.
[986] *H. Luther*, Subjektwerdung, 40.
[987] *H. Luther*, Subjektwerdung, 41.

heit (gar Selbstgewissheit) ist bildhaftes Sehen, das blind macht für den Anderen und taub.«[988]

3.6.2 ... und der Humor …

Demgegenüber ist die Haltung des Humors »prinzipiell« perspektivisch und insofern selbstwidersprüchlich und skeptisch.[989] Der Humor nimmt akzeptierend zur Kenntnis, dass es Eindeutigkeit nicht gibt, sondern dass alles Sehen und Wahrnehmen wesentlich von der eigenen Blickrichtung abhängt. Gerade die relativierende Perspektivität des Humors bewahrt vor Vereinnahmung Gottes und der Menschen und damit vor Festlegungen und »Fest-Stellungen« (*Emmanuel Levinas*) die dem Andern die Freiheit nehmen und Gottes Freiheit kleinreden. Solange noch versucht wird, mit Gott zu rechnen, ihn durch Bilder, Ideen, Systeme fest-zustellen – etwa in dem Sinne, dass ein frommes Ego ihn durch Opfer oder Buße gnädig stimmen könnte – wird die Begegnung mit Gott verfehlt. Gott ist anders als Menschen es sich vorstellen können; etwas von ihm zu erkennen, erfordert, sich auf neue Wahrnehmungsperspektiven, neue Rahmen, einzulassen. Mit Matthiae kann man in diesem Zusammenhang von »Gottesbildern im Wechselrahmen«[990] sprechen, in denen sich die Lebendigkeit und Vielfalt von Glaubenserfahrungen ausdrückt. Zwar strebt auch der Humor als hermeneutisches Mittel eine »Horizontverschmelzung« an, aber diese ist in erster Linie ästhetisch, ein auf den Augenblick der Pointe beschränktes Bewegtsein. Noch während man lacht, kommt dem Lachenden der Zweifel an der Tragfähigkeit des in der Pointe gesetzten neuen Rahmens.

Das Heilige in seiner Größe, Schwere und Erhabenheit ist durchaus Inhalt vieler Witze und Rabbinischer Geschichten. Viele Witze, die sich mit

988 *Luther*, Subjektwerdung, 50.

989 Mit Marquard möchte ich mich von allem »Prinzipiellen« im Sinne einer Philosophie der absoluten Mitteilung verabschieden. Humor als Form einer unprinzipiellen Philosophie ist eine Ausdrucksform der Skepsis. »Die Skeptiker sind also gar nicht die, die prinzipiell nichts wissen; sie wissen nur nichts Prinzipielles: die Skepsis ist nicht die Apotheose der Ratlosigkeit, sondern nur der *Abschied vom Prinzipiellen*« (*Marquard*, Abschied, 17). »Hermeneutik ist die für Menschen lebensnotwendige Kunst, sich verstehend in Kontingenzen zurechtzufinden, die man festhalten und distanzieren muss, weil Wesen mit befristeter Lebenszeit sie nur begrenzt loswerden können; und der modernste Teil dieser Lebenskunst besteht ... darin, den ›absoluten Text‹, der in den hermeneutischen Bürgerkriegen (den Konfessionskriegen) tödlicher Streitfall wurde, zum ›relativen Text‹ ... unter anderen Texten zu zähmen durch Pluralisierung auch noch der Lesarten, der Rezeptionsversionen: als Teilung auch noch jener Gewalten, die die Texte und Auslegungen sind, so dass der ›Kern der Hermeneutik die Skepsis und die aktuelle Form der Skepsis die Hermeneutik‹ ist. Wir müssen unsere Kontingenz ertragen: gerade die Skepsis ... ist keine absolute Mitteilung, weil jede Philosophie in ein Leben verwickelt bleibt, das stets zu schwierig und zu kurz ist, um absolute Klarheit über sich selbst zu erreichen. ›Das Leben‹ – sagt ein Sprichwort – ›ist schwer, aber es übt‹: vor allem trainiert es – more sceptico – Zufriedenheit damit, dass es endlich ist.« (*Marquard*, Abschied, 20)

990 *Matthiae*, Clownin, 39.

Frömmigkeit oder Geboten befassen, leben vom Kontrast zwischen der Sündhaftigkeit (»Unreinheit«) der Menschen und der Heiligkeit Gottes. Denn man scherzt ja gerade über die Dinge, die man fürchtet.[991] Da für das Heilige keine rationale Erklärung gefunden werden kann, und sein Doppelcharakter als *mysterium tremendum* und *fascinosum* auch im Bewusstsein heutiger Menschen fortbesteht, erfordert die Begegnung mit ihm das Medium des Ästhetischen. Weil die ästhetische Erfahrung flüchtig[992] ist, kann man in diesem Modus der Schwere Gottes standhalten. Gottes Macht ist an seinen Kabod, seine Schwere gebunden. Nur weil Gott schwer ist, können die Menschen Gelassenheit und Leichtigkeit entwickeln. Aber die Schwere Gottes stellt auch Ansprüche: den Anspruch das Leben nicht so leicht zu nehmen, dass es unerträglich wird. Leichtigkeit im Sinne von Seichtheit können Menschen nicht auf Dauer ertragen, ohne Schaden zu nehmen.[993] »Unerträglich ist ein Sein, dem es an Schwere mangelt«, schreibt Henning Luther und bezieht dies auf die Individuation. »Sich das Leben leicht zu machen, hieße weniger als die Subjektwerdung zu wollen.«[994] Humor im hier gemeinten Sinne hat als ästhetische Erfahrung auch eine Entlastungsfunktion, aber gerade angesichts der Heiligkeit Gottes und der Menschen kann diese Entlastung nicht durch gutmütiges Darüberhinwegsehen herbeigeführt werden. Eine solche Entlastung wäre Bagatellisierung, Ablenkung bzw. das, was Berger »benign humor« (»gutmütiger Humor«) nennt. Dieser Humor »übergoldet eher das dahinfließende Alltagsleben, als dass er es unterbräche. [...] Seine Wirkung ist die eines kurzen, erfrischenden Urlaubs von der Ernsthaftigkeit der Existenz.«, aus der er »alles entfernt, was schmerzlich oder bedrohlich ist«.[995] Solcher »Humor« ist im Rahmen dieser Arbeit nicht gemeint, denn es geht hier gerade um Konkretion und nicht Verbannung der Realität.[996]

3.6.3 Exkurs: Ein Dialog im Zwischenraum

Die Bindung an Gott ist wie die Heiligung des Menschen ein dynamisches Geschehen. Sie findet nicht ohne einen wie auch immer gestalteten Dialog statt. An diesem Dialog ist der Gottesdienst und darin die Predigt beteiligt.

991 Vgl. *Berlyne*, Laughter, 44.

992 »Gott ist vorübergehend« (*B. Schroeter*, Nachsehen, 80).

993 Zwar scheint es Menschen zu geben, die trotz der Seichtheit ihres Lebens nicht in Depressionen verfallen, aber es ist anzunehmen, dass sie die durch Langeweile entstehende Aggression nicht auf sich nehmen, sondern an andere delegieren, so dass die negativen Folgen nicht geringer, sondern nur schwerer erkennbar sind.

994 *H. Luther*, Subjektwerdung, 34.

995 *Berger*, Lachen, 116f.

996 Gutmütiger Humor begegnet beispielsweise in Operetten, Theaterstücken, Comedynummern, »heiteren« Romanen und deren Verfilmungen (vgl. *Berger*, Lachen, 118–135) und sind letztlich eine Geschmacksfrage. In Predigten können süßliche Produkte des gutmütigen Humors vielleicht dazu dienen, illusionäre Erwartungen – die z.B. für den Heiligen Abend gehegt werden – zu überzeichnen und im Kontrast zur Wirklichkeit darzustellen; um ihrer selbst willen vorgetragen sind sie nutritiven Betrug.

Die Frage, ob Humor am gottesdienstlichen Dialog teilnehmen dürfe, wird von Niebuhr verneint.[997] Nach ihm befasst sich der Humor mit den unmittelbaren Dingen, der Glaube aber mit den ultimativen. Das Lachen als Nachhall der existentiellen Ambivalenz gelangt nur als Echo bis in den Tempel, aus dem Allerheiligsten selbst, zu dem er auch Altar und Kanzel zählt, bleibt er verbannt. Um das Allerheiligste zieht Niebuhr eine Trennlinie.

Mit Conrad Hyers bestreite ich über die Notwendigkeit einer solchen Trennung hinaus auch ihre Existenzberechtigung. Da die Gnade Gottes, die sich in seinen Heilstaten und seinen Verheißungen manifestieren, den Menschen zu erreichen suchen, greifen sie in sein gewöhnliches, »profanes« Leben hinein. Heilig und profan sind ungetrennt und untrennbar.[998] Gott hat sich – spätestens in Jesus Christus erkennbar – in die Niederungen des profanen menschlichen Lebens hineinbegeben. Deshalb ist es im Gegenteil notwendig, nach etwas zu suchen, das den Hiatus zwischen dem Heiligen und dem Profanen überbrücken kann. In der Liturgie des Gottesdienstes geschieht diese Überbrückung, eine Unterhaltung zwischen den beiden ungleichen Gesprächspartnern kommt zustande. Wenn man sich auf dieses Gespräch mit ganzem Ernst einlässt, muss man feststellen, dass das Heilige und das Profane nicht immer identifizierbar sind (vgl. Gen 28,10–22: Jakobsleiter; Mt 25). Nach Hyers ist der Humor – in der Gestalt der Komödie – von seiner Natur her dazu geeignet zu spalten. Weder betrachtet er das Heilige mit einer grundsätzlichen Ernsthaftigkeit, noch verabsolutiert er heilige Dinge. Tatsächlich wirkt der Humor so, dass er die gedachte Trennlinie zwischen dem Unmittelbaren (»immediate«) und dem Allerheiligsten (»Holy of holiest«) durchkreuzt. Humor als Haltung steht quer zu dieser angenommenen Grenze und relativiert sie dadurch.[999] Hyers versteht ihn als ein »Zwischenspiel, halb spielerisch, halb ernst, das in einer Zone zwischen dem Heiligen und dem Profanen stattfindet und das in der religiösen Begegnung seine eigene Gültigkeit besitzt.«[1000]

Ich möchte den Humor einen Zwischenraum[1001] nennen, in dem sich beide begegnen: das Heilige und das Profane. Beide Wirklichkeiten sind nicht durch eine Kluft getrennt, sondern das »Heilige umfasst sich selbst und das Profane«.[1002] Mit Tillich kann man sagen: »Alles ist profan, und alles Profane ist potentiell religiös ... Vor der Radikalität dieses Gedankens, wie er oft bei Luther auftritt, schreckte und schreckt der Protestan-

[997] Vgl. *Niebuhr*, Humor, 73.85.

[998] Weil das Heilige überall ist, ist nach meiner Auffassung gerade der Versuch, es auf eine Sphäre begrenzen zu wollen, wahre Blasphemie.

[999] Vgl. *Webb*, Comedy, 8.

[1000] *Hyers*, Laughter, 23.

[1001] Zwischen*punkt* wäre in einer Hinsicht sachgerechter: der Begriff würde die Assoziation eines Niemandslandes zwischen dem Heiligen und dem Profanen vermeiden, negiert aber auch zeitliche und räumliche Ausdehnung überhaupt.

[1002] *Tillich*, Korrelationen, 14/15.

tismus immer wieder zurück.«[1003] Das Heilige durchdringt das Profane, ohne sich mit ihm zu vermischen. Ungetrennt und unvermischt bestehen die verschiedenen Wirklichkeiten nebeneinander, miteinander, unter- und übereinander: die die meiste Zeit dominante profane Wirklichkeit und die momentweise aufscheinende, meist subdominate Wirklichkeit des Heiligen. Alle Wirklichkeiten sind jederzeit vorhanden, es ist eine Frage der Wahrnehmung, welche im jeweiligen Moment Dominanz erlangt. Berger spricht davon, dass der Übergang von der dominanten Realität in eine der anderen »Wirklichkeitszonen« und wieder zurück »jedesmal als ein kleiner Schock erlebt« wird.[1004]

In beiden Testamenten begegnet das Begehren der Menschen, Gott sehen und berühren zu dürfen. Dem Heiligen zu begegnen bzw. sich seiner bewusst zu werden, löst, wenn man die aufkommenden Gefühle nicht übergeht, Ambivalenz aus. Diese kann unerträglich sein, etwa in der Begegnung mit extrem machtvollen Naturgewalten. Aber auch im Gottesdienst kann es zu Momenten tiefer Rührung kommen, z.B. dann, wenn ein Psalmwort, eine Liedzeile oder ein gottesdienstliches Symbol einem Gottesdienstteilnehmer eine plötzliche Ahnung vermitteln, dass ihn hier etwas unbedingt angeht, dem er sich nicht entziehen kann und das deshalb spontan als unerträglich empfunden werden kann. Manche Menschen versuchen sich dann durch einen Scherz oder mittels einer ironischen Bemerkung Distanz zu verschaffen. Wenn in der Predigt diesem Wunsch nach Distanzgewinn angesichts eines sehr großen Gegenübers durch Humoreinsatz Raum gegeben wird,[1005] kann das Gegenüber in den Blick genommen werden, ohne dass die Predigthörerinnen ganz durch ihren Wunsch nach Distanz in Beschlag genommen sind. Humor kann also dazu beitragen, dass dem Heiligen überhaupt begegnet werden kann, dass nicht die vermeintlich lastende Schwere des Heiligen die Leichtigkeit des Lebens unter dem freundlichen Blick Gottes erdrückt. Hier spielt die Trotzmacht des Humors eine Rolle.[1006] Gott ist die Heiligkeit selbst, dem Menschen ermangelt es an Heiligkeit/Ehre/Ruhm (*doxa*), die er vor Gott haben sollte (Röm 3,23). Gott ist Einer (Deut 6,4), für den Menschen ist Ganzheit eine Utopie. Dennoch ist er geschaffen zum Ebenbild Gottes. Die Perspektivität des Humors erlaubt und ermöglicht beides zu sehen, beides in seiner logischen Unvereinbarkeit nebeneinander stehen zu lassen und das Wahrheitsmoment beider Perspektiven zu »bisoziieren«.

»Im Lachen stoßen zwei Unvereinbarkeiten aufeinander, die einen Riss im Innern der Menschen auslösen, durch den sich das Gelächter seinen Weg sucht. Wir lachen über uns, weil wir keine Einheit sind, sondern aus vielen heterogenen Triebkräften und Wünschen bestehen, denen wir eine bloß fiktive Einheit auferlegen. Das Lachen [...] verweist auf die vom

1003 *Tillich*, Korrelationen, 97.

1004 *Berger*, Lachen, 9.

1005 So vergleicht Webb in seiner im Schlussteil dieses Buches analysierten Predigt das Böse mit einem Mäuseproblem.

1006 Vgl. zur Definition des Humors als Trotzdem-Lachen vor allem Thiele, Lachen, 137 u.ö.; *Bukowski*, Humor, 16, Anm. 3.

Subjekt nicht beherrschbaren Grundlagen der menschlichen Existenz, auf ihre Negation, die das Geheimnisvolle der menschlichen Existenz sichtbar macht. Das Lachen ist jedoch nicht das Negative, sondern die Reaktion auf seine momentane Aufhebung. Es stellt eine Körperreaktion außerhalb des Sinnes dar, obwohl wir jedesmal, wenn wir darüber reden, es sinnhaft verorten.«[1007]

Nicht erst das Zugleich von Sündhaftigkeit und Gottebenbildlichkeit verursacht die paradoxale Grundstruktur der menschlichen Existenz. Auch ohne die Annahme *etsi deus daretur* entsteht ein Riss durch die Tatsache, dass Menschen zugleich einen Körper *haben* und dieser Körper *sind*.[1008] Im Lachen überlassen wir unsere Körper sich selbst; »der Körper übernimmt ... die Antwort auf eine [rational] nicht mehr beherrschbare Situation [...]. Im Lachen lösen sich die Subjekte auf, ihre Fähigkeit, sich zu sich selbst zu verhalten und damit ihre Exzentrizität.«[1009] Insofern ist es der Humor als die dem Lachen zugrundeliegende Haltung und Sichtweise, der für einen momentweisen Ausstieg aus der Zwanghaftigkeit des Entweder-Oder sorgt. Humor, der sein Fundament in der Schwere und Herrlichkeit von Gottes Heiligkeit hat, widerspricht der Absolutheit der menschlichen Sündenverfallenheit, ohne die Sündhaftigkeit zu negieren. Gen 3 ist ein exponiertes Beispiel dafür, wie Gott auch den sündigen Menschen nicht preisgibt.

Wichtig an der Geschichte vom Sündenfall ist im Blick auf den Humor, das Gott auch dann noch freundlich auf seine Menschen blickt, wenn sie gesündigt haben. Sie schämen sich für ihre Nacktheit und Gott selbst befreit sie von dieser Scham, nicht, indem er das Schamauslösende rückgängig, sondern indem er ihnen Kleider macht. So setzt sich Gott nicht mit Gewalt gegen die Menschen durch, sondern gesteht ihnen die Freiheit und Verantwortlichkeit zu – die Fähigkeit Gutes und Böses zu erkennen (Gen 3,5.22) – und beteiligt sich an der Schadensbegrenzung (vgl. Gen 4,15: das Schutzzeichen für Kain). Mit dem Zuwiderhandeln gegen die Anordnung Gottes ist nach Gen 3 die Scham in die Welt gekommen. Die Auslegungsgeschichte von Gen 3 hat die Sünde sehr stark auf die Begehrlichkeit Evas fokussiert und die Sünde in engen Zusammenhang mit der Körperlichkeit gebracht. Aus der biblischen Geschichte selbst hingegen ist weder zu entnehmen, dass Eva schwerer gesündigt hätte als Adam, noch, dass die Körperlichkeit des Menschen problematisch wäre. Adam und Eva schämen sich, wie dies Menschen oft tun, für Dinge, derer sich zu schämen vor Gott gar nicht nötig ist.

Der Aaronitische Segen und das Buch Jona sind weitere besonders anschauliche Beispiele dafür, dass der Blick Gottes auf den Menschen ein

1007 *Kamper/Wulf*, Ausdruck, 7f.

1008 Vgl. *Plessner*, Lachen, 199. Plessner nennt dies die »exzentrische« Natur des Menschen. distanziert sich von einem dualistischen Menschenbild und stellt nicht den Körper dem Geist gegenüber. Mensch und Tier haben gemeinsam, Körper zu *sein*, aber der Mensch hat darüber hinaus ein Bewusstsein von seinem Körper, so dass er sich von ihm subjektiv distanzieren und den Körper dann auch *haben* kann.

1009 *Kamper/Wulf*, Ausdruck, 8.

freundlicher Blick ist. Sich unter diesem freundlichen Blick Gottes zu erfahren, ermöglicht es, sich und andere anzunehmen. Der freundliche Blick Gottes ist in der Geschichte des Christentums oft mit der Metapher »Vater und Kind« umschrieben worden. Im Kapitel »Rechtfertigung« soll diese Metapher unter der Fragestellung aufgegriffen werden, inwiefern der Humor in der Predigt dazu beitragen kann, dass wir werden wie die Kinder, um ins Reich Gottes zu gelangen.

3.6.4 ... in der Predigt

Humor in der Predigt ist ein geeignetes Stilmittel, die kategoriale Differenz zwischen Gott und dem Menschen aufzuzeigen und die tatsächlichen Relationen zu wahren, indem er mit größtmöglicher Konkretion [!][1010] vom alltäglichen Leben erzählt. Gleichzeitig bewahrt der Humor als Trotzmacht davor, die unendlichen Kleinheit des Menschen angesichts des göttlichen Kabods so zu verstehen, als sei der Mensch ein Nichts und könne darum auch nur wenig Verantwortung übernehmen. Denn neben dem unendlichen Kontrast zwischen Gott und Mensch gilt zugleich: »Was ist der Mensch, dass du seiner gedenkst, und des Menschen Kind, dass du dich seiner annimmst? Du hast ihn wenig geringer gemacht als Gott, mit Ehre und Herrlichkeit hast du ihn gekrönt« (Ps 8). Die Leichtigkeit, die sich im günstigen Fall an die Hörerinnen vermittelt, wenn beide Seiten der menschlichen Natur humorvoll beschrieben werden, ist die Leichtigkeit der realen Verhältnisse, d.h. es geht dem Humor als Homiletikum nicht um Leichtigkeit um jeden Preis, sondern um Leichtigkeit und Schwere, die sich gegenseitig relativieren und die die Hörer im Wechsel von Identifizierung und Distanznahme ausbalancieren.
Zur Individuation gehört es, ein gesundes Selbstbewusstsein zu erlangen, und dazu gehört es, beide Seiten an sich wahrzunehmen: die zu schwere und die zu leichte. Gerade diese Ambiguität kann im Spielmodus des Humors angemessen dargestellt werden, so dass er hier nicht zu einer Entlastung auf Kosten der Ernsthaftigkeit beiträgt, die ihm zurecht den Vorwurf der Flucht eintragen würde, sondern zu einer Entlastung aufgrund einer realistischen Sicht, die auf der Basis der Gottebenbildlichkeit des Menschen auch seine Schuldverstrickung klar benennen kann.
Gerade die Heiligkeit und Schwere Gottes ist das Gegengewicht zu einer relativen Leichtigkeit auf Seiten der Menschen, die es ihnen ermöglicht, sich der Realität von Leid und Schuld auszusetzen und in der Folge dieser Wahrnehmung, Verantwortung zu übernehmen. Denn die Bindung an Gott in der Hoffnung darauf, dass er »das Werk seiner Hände niemals preisgeben wird« (Ps 36), gibt dem Gläubigen eine – wenn auch fragile – Stärke, die sich durch Beweglichkeit und Bewegbarkeit ausdrückt. Das Sichaussetzen dem Anderen, seinem Leid, der eigenen Mitschuld an der Ungerechtigkeit in der Welt ist aber nur *zeit*weise und *teil*weise möglich. Menschen *müssen* ignorieren und verdrängen. Für jeden Menschen ist das

1010 Komik ist »Detailarbeit« (*Schwarzer*, Frauen, 64).

Maß an Schuld und Leid, das er bewusst ertragen oder sogar übernehmen kann, unterschiedlich. Die relativierende Kraft des Humors ermöglicht, dass das Leid des Anderen gesehen, also gerade nicht verdrängt wird, aber dass man nicht identifizierend *mit*-leidet, sondern in einer schwankenden Balance von Identifizierung und Distanznahme *dagegen*-leidet.

3.6.5 Die Eschatologie

Nach christlichem Verständnis ist die Gabe des Heiligen Geistes ein Signum des Eschatons und auch der Humor wird in theologischen Abhandlungen üblicherweise als eschatologisches Phänomen betrachtet: »Müsste man den Humor in einem christlichen Lehrsystem unterbringen, so hätte man ihn ... im Schlusskapitel anzusiedeln, wo es um die Eschatologie, um die Lehre von den ›Letzten Dingen‹ geht.«[1011] Mit den »letzten« sind sowohl die individuellen »Dinge« gemeint, d.h. das Ergehen jedes einzelnen Menschen nach seinem Tod (individuelle Eschatologie), als auch die globalen, also das Ende der Welt (universale Eschatologie).
Durch alle neutestamentlichen Schriften zieht sich, mit je unterschiedlicher Akzentuierung, die Vorstellung vom Gottesreich als bald kommend (futurische Eschatologie) oder als bereits gegenwärtig (präsentische Eschatologie). Auch in der Predigt Jesu wird die Ambivalenz deutlich, die entsteht, wenn er das Reich Gottes als unmittelbar bevorstehend verkündigt und gleichzeitig in Anspruch nimmt, dass mit seinem Erscheinen dieses Reich bereits angebrochen sei.
Unabhängig davon, ob man den Beginn des Eschatons mit Jesu Geburt, mit dem Beginn seines Wirkens, mit seiner Auferweckung oder mit der Ausgießung des Heiligen Geistes beim ersten Pfingstfest ansetzt, ist die Zeit zwischen diesen Ereignissen und der noch ausstehenden »Vollendung« der Welt, was immer dieser Begriff besagen mag, als Eschaton zu bezeichnen. Mit Paulus halte ich die Auferweckung Jesu Christi als »Erstling der Entschlafenen« (1Kor 15,20) für den Beginn des Eschatons, denn an diesem Ereignis wird erkennbar, dass das Reich Gottes anbricht mit der Aufhebung des Tun-Ergehen-Zusammenhangs[1012]. Im nächsten Kapitel soll vom Kreuzestod Jesu die Rede sein. Hier nur der Hinweis: Das Reich Gottes bedeutet eine neue Weltordnung, eine Unterbrechung der vermeintlichen Zwangsläufigkeit, des Immer-so-weiter. Das Reich Gottes bedeutet eine Umwertung, ein Reframing aller irdischen und menschlichen Wirklichkeit.
Diese Umwertung beginnt mit der Geburt Jesu. »The Christian message begins in a comic absurdity: the bridging of the devine and the human,

[1011] *Thielicke*, Lachen, 99f. Vgl. *Gleixner*, 187 u.ö.; *Bohren*, Predigtlehre, 245.

[1012] Der Tun-Ergehen-Zusammenhang besagt, dass es einen Zusammenhang gibt zwischen dem Handeln und dem Wohlergehen des Menschen: wessen Tun gut, gerecht und gottgefällig ist, dem wird es auch gut ergehen. Dieses Paradigma hat im Alten Testament und besonders in der weisheitlichen Literatur Gültigkeit bis zur »Krise der Weisheit«, die mit dem Buch Hiob beginnt und von der alle späteren biblischen Schriften betroffen sind. Der Tun-Ergehen-Zusammenhang hat trotzdem bis heute für viele Menschen Bedeutung, wie an der Frage deutlich wird: Womit habe ich das verdient?

the juxtaposition of the royal son born in an animal shed, the visitation both by Jewish shepards and Gentile magi.«[1013]
Die Konfrontation mit Jesus verlangt, gängige Erwartungen und Überzeugungen aufzugeben und den Sprung ins Ungewisse zu wagen. Seine eigene Familie hielt ihn für verrückt: »Er ist von Sinnen« (Mk 3,21). Jesus verlangt von Menschen die Aufgabe von Anschauungen, von Machtansprüchen, von vertrauten Wertvorstellungen.[1014] Die eschatologische Umwertung beginnt zwar bereits mit der Geburt oder spätestens mit dem Wirken Jesu, wird aber erst durch die Auferweckung für die Jüngerinnen und Jünger erkennbar ins Recht gesetzt. Daher ist rückblickend auch die Bergpredigt unter dem Aspekt des Reframings zu betrachten, denn ihre (Umkehr-)Forderungen stehen quer zur Lebenserfahrung und beziehen sich auf Gottes Verheißung an die, die seinen Willen tun. Die Bergpredigt ist keine religiös motivierte Steigerung des Kantschen kategorischen Imperativs, sondern völlig anders: radikal, unbedingt und unangepasst an unsere Welt.[1015] Christen sollen nicht nur reagieren, sondern selbst aus Liebe »eine Initiative entwickeln, die in dem eingeschliffenen Lauf der Welt gerade nicht vorgesehen ist.«[1016] Die Bergpredigt fordert uns so, als lebten wir noch im paradiesischen Urzustand und zugleich, »als ob das Reich Gottes schon hereingebrochen wäre«. Wenn man davon ausgeht, dass die Bergpredigt und darin die Seligpreisungen zum Kern der Botschaft Jesu gehören, kann man mit Beuscher sagen: »keine schlechten Scherze«.[1017] Weil sie sich auf Gottes Gerechtigkeit verlassen, sind Jesu Forderungen nicht weltfremd, sondern die Welt ist »Reich-Gottes-fremd«.[1018] Die spezifisch jesuanische Form der Sorglosigkeit[1019] war für die Menschen, zu denen er sprach verwirrend. Jesu »Anstiftung zur Verwirrung«[1020] war damals und kann heute der Ausgangspunkt eines neuen, verfremdenden, freundlicheren Blicks auf uns selbst sein.

3.6.6 ... und der Humor ...

Der Glaube bezieht seine Deutung der Welt und des Lebens auf das, was noch »dahinsteht« (Marie-Luise Kaschnitz), auf das was ist, über das »alles« (H. Luther) hinaus: auf Transzendenz. Aufgrund seines Transzendenzbezuges kann der Humor das Komische und Absurde der Weltwirk-

1013 *Hyers*, God, 32. Vgl. Lk 2; Mt 1–2. Was »absurd« erscheint, ist in Wirklichkeit paradox, nach Steiger »absolut paradox«: »Das Absolute, das Gott ist, heißt aber deshalb absolut, weil es seine Absolutheit verließ und sich unter die Bedingung der Zeit kehrte, d.h. absolut paradox wurde« (*L. Steiger*, Zuthat, 12).
1014 »Viele aber werden die Letzten sein, die die Ersten sind, und die Ersten sein, die die Letzten sind« (Mk 10,31).
1015 *Thielicke*, Lachen, 171f.
1016 *Thielicke*, Lachen, 172.
1017 *Beuscher*, Spaß, 521. Vgl. *Matthiae*, Clownin, 285.
1018 *Thielicke*, Lachen, 173.
1019 Vgl. *Kuschel*, Lachen, 132.
1020 *Matthiae*, Clownin, 297.

lichkeit wahrnehmen. In seinem Bezug auf den eschatologischen Fluchtpunkt außerhalb der vorfindlichen Welt ist der Humor dem Glauben strukturanalog. Beide Perspektiven, die des Humors und die des Glaubens bringen eine Verschiebung des »Wirklichkeitsakzents« (Alfred Schütz) mit sich.[1021] Die dominante Wirklichkeit erscheint aus der Perspektive des Glaubens vergänglich und vorläufig, Bezugspunkt der Wirklichkeitserschließung ist das Reich Gottes, dadurch »schrumpft [die empirische Welt ...] zu einem lokalen geschlossenen System.«[1022] Diesen Vorgang, den der Glaubensakt mit sich bringt, kann man als eine Form der Umschaltung (»shift«) oder des Reframing bezeichnen.

»Fluchtpunkt« ist hier als *terminus technicus* aus der Optik zu verstehen und hat mit der Realitätsflucht, die sowohl dem Humor als auch dem Glauben (Marx: »Opium des Volkes«) vorgeworfen werden, nichts zu tun. Nicht das Leben in der Verheißung des ewigen Lebens ist die Folge einer Narkotisierung, sondern gerade die Annahme, dass es keine Realität jenseits der gewöhnlichen gäbe, ist nur – durch stofflich, ideologisch oder wie auch immer erzeugte Denkbehinderungen – narkotisiert erträglich. »Denn eine Welt ohne irgendeine göttliche Gegenwärtigkeit muss absurd und sinnlos erscheinen. Andererseits aber, sagt Esslin, eröffnet die Erfahrung des Absurden die Möglichkeit der Transzendenz – das heißt, einer Wirklichkeit jenseits der absurden Realitäten dieses Lebens.«[1023]

Berger interpretiert das lange Zeit Tertullian zugeschriebene Diktum[1024] »credo quia absurdum« – »ich glaube es, weil es absurd ist« – folgendermaßen: »[E]s geht nicht so sehr darum, dass man etwas glaubt, weil es absurd ist, sondern darum, dass man durch die Wahrnehmung des Absurden zum Glauben geführt wird. [...] Nicht der Gegenstand des Glaubens ist absurd. Die Welt ist absurd.«[1025]

Menschen sind, sobald die noch existentielleren Bedürfnisse nach Nahrung, Wärme und Sicherheit des Leibes befriedigt sind, darauf angewiesen, ihr Leben als sinnvoll zu erleben. Wenn etwas Absurdes oder auch nur Unbegreifliches geschieht, versuchen sie diesem Widerfahrnis einen Sinn abzugewinnen. Insofern kann man sowohl die Tragödie wie auch die Komödie als zwei verschiedene Weisen betrachten, sich mit dem Geschick zu arrangieren. »Der tragische Held muss die Bereinigung des Konflikts durch sich selbst erbringen, d.h. er muss dem sinnlos Scheinenden einen Sinn geben, dann erlangt er Überlegenheit über das Schicksal, es wird behandelt, ›als ob‹ es nichtig wäre.«[1026] Mit Freud kann man demnach den »Humor als Selbsthilfe der Natur, als Autotherapie, als suggestive Einflüsterung eines rettenden Als-ob« verstehen. Das Über-

1021 Vgl. *Berger*, Lachen, 230.
1022 Ebd.
1023 *Berger*, Lachen, 217, in Aufnahme von *Martin Esslin*, The Theater of the Absurd, New York, 1961, 291ff.
1024 Die neuere Forschung hält die Zuschreibung an Tertullian mehrheitlich für falsch.
1025 *Berger*, Lachen, 217.
1026 *Thielicke*, Lachen, 113.

Ich weist, indem es die humoristische Einstellung herbeiführt, die Realität ab und dient einer Illusion.[1027]
Unter der Voraussetzung, dass der liebende Gott und nicht ein sinnloses Schicksal das letzte Wort über jeden Menschen hat, relativiert sich jedes Ereignis, denn das Ende ist in jedem Fall[1028] die Rettung des Menschen und das »Sein bei Gott« (1Thess 4,17). Insofern dient also die Abweisung »der« Realität eben keiner Illusion, sondern einer Wirklichkeit, die mit den Tatsachen der Welt noch nicht abgetan ist. ›Die‹ Realität ist im christlichen Sinn lediglich die die meiste Zeit dominante, in, mit und unter ihr gibt es aber die subdominante Wirklichkeit des Reiches Gottes, des Heiligen Geistes oder mit welchen Metaphern man diesen jederzeit vorhandenen anderen Wirklichkeitsbereich umschreiben mag. Indem der Humor auf diesen Wirklichkeitsbereich verweist, erweist er sich als »Signal der Transzendenz«.[1029]
Auch der Glaube ist ein Signal der Transzendenz,[1030] darüber hinaus aber auch ein Modus der Teilhabe. Der Glaube ist ein Modus, den »Sprung«[1031] vom bloßen Fürmöglichhalten zum Daraufvertrauen zu vollziehen. Mit Berger »können Gottes Beziehungen zu den Menschen als ein kosmisches Versteckspiel gesehen werden. Wir erhaschen ganz kurz Seinen Anblick, und dann ist Er prompt wieder verschwunden. Seine Abwesenheit ist das zentrale Faktum unserer Existenz und der letzte Grund all unserer Ängste. Religiöser Glaube ist die Hoffnung, dass Er einmal wieder erscheinen wird und uns jene letzte Erleichterung schenkt, die eben die

1027 Vgl. *Freud*, Humor, 389.

1028 Mit Hans-Martin Barth glaube ich daran: »Die Erwartung der ›Wiederbringung‹ aller Menschen und der gesamten Schöpfung liegt in der Konsequenz des Glaubens an den dreieinen Gott.« (*H.-M. Barth*, Dogmatik, 802).

1029 *Berger*, Lachen, 241. Bergers Buch handelt überwiegend vom Komischen, diese Arbeit vom Humor. Die Analogie, um die es hier geht, ist eine Analogie der Perspektive. Das Komische selbst hat aber keine Perspektive, sondern die Perspektivität liegt beim Humor als der Fähigkeit, das Komische wahrzunehmen. So wird hier das Komische eher als der wahrzunehmende Inhalt bzw. Gegenstand verstanden. Der Humor erkennt das Komische als komisch, der Glaube erkennt das Evangelium als heilbringende Botschaft. Berger unterscheidet nicht immer exakt zwischen dem Komischen und dem (Sinn für) Humor. Die beiden letzteren – Humor *und* Sinn für Humor – bestimmt er als »die Fähigkeit, etwas als komisch wahrzunehmen« (*Berger*, Lachen, X, vgl. a.a.O., 4). Der Schlusssatz in Bergers Buch lautet: »Die neue Wahrnehmung des Komischen mag die Achillesferse der Modernität sein und ihre mögliche Rettung« (Lachen, 255). So weit will ich in dieser Arbeit nicht gehen, da es mir um den Humor als *eine* Möglichkeit geht, das Evangelium in der Postmoderne angemessen zu verkündigen, dennoch belegt diese Aussage Bergers, dass das Potential des Humors im Umgang mit den Widersprüchlichkeiten als sehr hoch einzuschätzen ist.

1030 Denkbar wäre an dieser Stelle auch der Begriff »Signal *zur* Transzendenz«, um deutlich zu machen, dass es sich um einen Genitivus objektivus handelt: das Signal, das auf die Transzendenz hinweist. Zugleich ist Humor, wenn er in der Gnade Gottes seinen Ermöglichungsgrund hat, ein Signal der Transzendenz in dem Sinne, dass die die Immanenz übersteigende Transzendenz Gottes sich im humorvollen »komischen« Lachen immanent bemerkbar macht, also als Signal der Transzendenz als Genitivus subjektivus verstanden.

1031 Vgl. *Berger*, Lachen, 247, in Aufnahme eines Begriffs, den Kierkegaard geprägt hat.

Erlösung ist.«[1032] Berger verweist auf die liturgische Inszenierung dieses »kosmische[n] Kuckuck!«-Spiels in der Ostkirche und auf »die Urszene der Mutter, die ein weinendes Kind tröstet [...:] es ist alles gut«.[1033]
Ohne den Bezug auf die Erlösung / die Gnade / das Reich Gottes wäre die Aussage, das alles gut sei, Augenwischerei oder »Lüge«, mit Bezug auf das Reich Gottes ist die Inszenierung der Lebenswirklichkeit als Komödie die wahrere, angemessenere Darstellungsform.
Die Geschichte Gottes mit den Menschen ist – wenn man sie als ein Drama auffassen will – eine Komödie und keine Tragödie. Sie ist tief ernst, zeitweise skurril und scheinbar absurd, sie ist die meiste Zeit nicht lustig – aber all das sind gute Komödien auch nicht. Was eine wahrhaftige Komödie von einer Tragödie unterscheidet, ist ihr glücklicher Ausgang und vorher hin und wieder das Aufscheinen dieses glücklichen Ausgangs.
Wolfgang Pannenberg hat zur Beschreibung des christlichen Glaubens den Begriff des »Proleptischen« geprägt.[1034] Der Glaube ist der Modus, die noch ausstehende Erlösung zu antizipieren »und kraft dieser Antizipation so [zu handeln], als sei die Erfüllung schon eingetreten.«[1035] Glaube und Humor sind insofern strukturanalog, als dass sie beide »proleptisch« sind.[1036] Noch anschaulicher sind die beiden Begriffe, die Bukowski in Aufnahme von Berger auf die humorvolle Antizipation[1037] bezieht: »Angeld« und »Vorschein der Erlösung«.[1038] Dabei ist der Humor nicht nur ein Theorem, sondern bewirkt etwas auf der Ebene des Erlebens: durch »antizipatorische Imitatio der Erlösung«[1039] bzw. durch »Simulation der Erlösung«.[1040]
Mit Gleixner halte ich es nicht für nötig, wie Berger zwischen einer niederen und einer höheren Transzendenz zu unterscheiden, denn zu einem Überstieg der dominanten Realität kommt es in beiden Fällen.[1041] Der Unterschied liegt also nicht in der Transzendenz, sondern im Glauben, also darin, ob ein Mensch an Gott glaubt.

3.6.7 Exkurs: Christlich, jüdisch, postmodern

»Gott offenbart sich dem Menschen nur durch Humor.
Der Humor ist der einzige Weg, um Gott und seine
Schöpfungen mit all ihren Merkwürdigkeiten
und Widersprüchen begreifen
und ihm weiterhin mit Freude dienen zu können.«
David Grossmann[1042]

[1032] *Berger*, Lachen, 250.
[1033] Ebd.
[1034] *Pannenberg*, Grundzüge, 422.
[1035] *Berger*, Lachen, 254. Hinweis auf Pannenberg ebd.
[1036] Vgl. *Berger*, Lachen, 254.
[1037] Vgl. Thielicke: »Der Humor ist eine zeichenhafte, eine höchst fragmentarische ›Antizipation‹ dieser Weltüberwindung« (*Thielicke*, Lachen, 82).
[1038] *Bukowski*, Humor, 31 und 34.
[1039] So Berger bereits 1969 (vgl. *Berger*, Spuren, 105).
[1040] *Beuscher*, Spaß, 521.
[1041] Vgl. *Gleixner*, Humor, 188.
[1042] *Grossmann* zitiert nach *Homann*, Milchbruder, 21.

Thielicke, Thiede, Lauer, Bukowski u.a.[1043] können von »christlichem Humor« sprechen: »Der christliche Humor lebt nicht von jener selbsterrungenen Distanz zur Welt, aus der er das Weltgetriebe zu belächeln vermag, sondern er lebt von einer Botschaft, in deren Namen er zur Freiheit des Lachens ermächtigt ist. Und hier tritt eine Seite dieser Botschaft in Erscheinung: Die Nachricht von der Menschwerdung Gottes, von dem nahen Gott, von dem Gott an meiner Seite.«[1044] Nach Thiede vereinigt der christliche Humor Glaube, Hoffnung und Liebe in sich, so dass er sagen kann: »Christlicher Humor ist, wenn man trotzdem liebt.«[1045]
Noch umfassender ist die Definition, die Bultmann vom christlichen Humor gibt: »Christlich ist der Humor offenbar dann, wenn die heitere Distanz zur Welt nicht bloß Resignation ist, sondern das Bewusstsein der Freiheit, das aus der Erfahrung des Scheiterns erwachsen ist, aus der Erfahrung, dass der Ernst und die angstvolle Sorge, mit der der Mensch seine eigenen Lebensentwürfe verwirklichen will, sinnlos sind, dass in solchem Scheitern der Menschen erst wirklich zu sich selbst gebracht und zur Liebe befreit wird, in der sein Tun und Treiben wirklichen Ernst gewinnt. Hat nicht der christliche Glaube die Kraft der Reflexion entbunden, in der der Mensch die Distanz zu sich selbst gewinnt und im Verzicht auf Eigenmächtigkeit den Weg zu sich selbst findet, damit aber auch die heitere Weisheit und das gütige Verstehen des Anderen, um hinter den Masken, die sie im Spiele des Lebenstheaters tragen, das Wesentliche und Ernste zu sehen?«[1046]
Zumindest die letzte der zitierten Aussagen über den Humor trifft auch auf den jüdischen Humor zu.[1047] Ich möchte darum ausdrücklich nicht von christlichem Humor sprechen, sondern vom »Humor religiöser Prägung«,[1048] wie auch Christen ihn haben können,[1049] denn es geht mir im Blick auf das Potential des Humors für die christliche Predigt im wesentlichen darum, den für jeden echten Humor konstitutiven Fluchtpunkt der Transzendenz im Eschaton zu verorten.
Nach Jahrhunderten der unheilvollen Abgrenzung des Christentums gegenüber dem Judentum ist es aus meiner Sicht nicht wünschenswert, die Grenze früher als nötig zu ziehen. So kommt z.B. Thiede aufgrund seines Versuches, eine grundsätzliche Überlegenheit des christlichen Humors zu

1043 Vgl. *Thielicke*, Lachen, 128–180; *Thiede*, Lachen, 129–138; *Bukowski*, Lachen, 35.
1044 *Thielicke*, Lachen, 146.
1045 *Thiede*, Lachen, 137.
1046 *Bultmann*, Christentum, 209.
1047 Keiner der genannten Autoren thematisiert die Frage nach möglichen Differenzen oder Gemeinsamkeiten mit dem Judentum, Thiede tut dies jedoch zumindest indirekt.
1048 Vgl. *Gleixner*, Humor, 188, dort ohne Bezug auf die jüdische Religion.
1049 Aus meiner Sicht besteht kein theologisch bedeutsamer Unterschied zwischen dem Humor, den Christen und dem, den Juden haben können, da sie die Schriften (des Alten Testaments bzw. der hebräischen Bibel) teilen, in denen Gottes Gnade als Ermöglichungsgrund dieser Form des Weltabstandes bezeugt wird. Da auch die meisten anderen Menschen Humor haben, finde ich es nur dort nötig von Humor christlicher oder jüdischer Prägung zu sprechen, wo Bezug auf je christliche oder jüdische Spezifika genommen wird.

postulieren, zu dem Fazit, dass »das Alte Testament Humor lediglich als Ausdruck entfremdeten Selbstbewusstseins« kenne.[1050] Ich möchte die Gemeinsamkeiten der Religion Jesu mit der christlichen wahren und die Grenzlinie erst bei der Christologie, nicht bereits bei der Eschatologie ziehen. Zwar ist das Eschaton nach christlichem Verständnis durch das Erscheinen Jesu Christi qualifiziert, jedoch hat auch das Judentum mit seiner zentralen Hoffnung auf das Kommen des Messias der Sache nach eine ›Eschatologie‹, unabhängig von diesem christlich besetzten Begriff.[1051]
Da in jüdischen Predigten Humor seit jeher sehr viel weiter verbreitet ist als in christlichen, ist evident, dass das Potential des Humors für die Predigt nicht in seinem Christusbezug begründet sein kann. Den Christusbezug zu bedenken ist dennoch im Zusammenhang dieser Arbeit wichtig, nicht wegen des Potentials des Humors für die Predigt, sondern wegen der Frage seiner *Legitimität* auch für die christliche Predigt. Denn diese ist jahrhundertelang bestritten worden mit dem Argument, dass Jesus nicht gelacht habe.
Es ist anzunehmen, dass jüdische Predigten gerade deshalb immer schon von Humor geprägt waren, weil einerseits die schmerzhaften Erfahrungen, die Jüdinnen und Juden machen mussten, es erforderten, die Absurdität »der Ordnung« der Welt sichtbar zu machen und zu problematisieren und weil andererseits jüdisches Denken traditionell von einem freiheitlicheren Geist geprägt ist als christliches. So eliminiert der Talmud abweichende Meinungen nicht etwa, sondern bewahrt sie – in guter postmoderner Hochschätzung des Widerstreits – seit Jahrhunderten auf. In seinen erzählenden Teilen, der Hagada »gibt es eine Menge unterhaltsamer Anekdoten«[1052] und er enthält zahlreiche Texte, in denen Lachen oder Lächeln eine wesentliche Rolle spielen,[1053] und vor allem ist er aber Gott gegenüber sowohl von großer Demut als auch von einem erstaunlichen Selbstbewusstsein seines Volkes geprägt.[1054] Manche talmudische

[1050] *Thiede*, Lachen, 109.
[1051] Gerade die Hoffnung und das Warten auf den Messias ist ein verbreiteter Topos in jüdischen Witzen (vgl. *Landmann*, Witze, 47).
[1052] *Landmann*, Witze, 25.
[1053] Vgl. *Homann*, Christentum.
[1054] Das in der Literatur meistzitierte Beispiel ist folgende Legende aus dem Babylonischen Talmud, (Baba Mezia 59): Mehrere Rabbiner um Rabbi Akiba streiten sich um eine bestimmte Frage der Kaschrut (ob ein bestimmter Backofen koscher sei oder nicht). Dabei vertritt Rabbi Eliezer eine andere Meinung als alle anderen. Nachdem mehrere kleine Wunder, die jeweils die Mehrheitsmeinung oder die von Rabbi Eliezer beglaubigen sollten, von den Rabbinern als zu wenig eindeutig abgelehnt worden sind, wendet sich Rabbi Eliezer an den Himmel selbst. Als die Bath-Kol, die himmlische Stimme, also Gott selbst, Rabbi Eliezers Interpretation des Gesetzes zur richtigen erklärt, lassen sich die Rabbiner davon nicht einschüchtern und rufen zurück: »Im Himmel ist sie [die Thora] auch nicht!« Das Zitat wird »im Talmud von Rabbi Jirmeja so erläutert ...: ›Du hast uns am Sinai das Gesetz, die ›Thora‹ gegeben. Jetzt achten wir auf keine Stimme von oben mehr, sondern entscheiden, wie es unser Recht ist, nach der Mehrheit.‹ Der Prophet Elias, der das Privilegium hat, im Himmel und auf Erden zu wandeln, berichtet später dem Rabbi Nathan, der Allmächtige habe damals geschmunzelt und gesagt: ›Meine Kinder sind gescheiter als ich, meine Kinder sind

Antworten auf Fragen des Gesetzes, also der rechten Lebensführung, sind so erfinderisch, querstehend zur Frage und pointiert, dass sie auch als eine der meist heiteren rabbinischen Geschichten oder sogar als Witz gelten könnten; Landmann kann sogar von der »Talmudtechnik des jüdischen Witzes«[1055] sprechen und meint damit den besonderen Scharfsinn, der viele jüdische Witze auszeichnet.
Die meisten jüdischen Eltern erziehen ihre Kinder so, dass innerhalb eines bestimmten Rahmens viel Autonomie möglich ist. Der Rahmen wird weniger durch Gehorsamsforderungen als durch den Respekt gegenüber den Älteren abgesteckt.
Martin Buber nannte den Humor den »Milchbruder des Glaubens«[1056] und führte dazu aus: »Glaube allein macht bigott. Humor allein macht zynisch. Glaube und Humor zusammen ergeben jene rechte Mischung, mit der man leben kann«.[1057] Wenn Humor ein Gegenmittel gegen Bigotterie sein soll, muss er vor allem selbstkritisch sein und das ist der jüdische Humor von Anfang an.[1058]
Der jüdische Theologe Jakob Petuchowski kann sogar sagen: »Theologie ohne Humor ist Gotteslästerung«.[1059] Auch christliche Theologen, die sich mit Humor befassen, kommen in letzter Zeit verstärkt zu dem Schluss, dass Humor für die Theologie oder den Glauben[1060] oder den Christenmenschen[1061] unverzichtbar sei.
Ob die Welt tatsächlich eine »verbesserliche Welt« (Ernst Lange) ist, sei dahingestellt; auf jeden Fall ist sie eine verbesserungs*würdige*, und Christen haben von jeher verschiedene Wege beschritten, mit der Differenz von Proklamation und Realisation des Reiches Gottes in der Welt umzugehen, wie sich laut Bieber in der Problemlage der Postmoderne widerspiegelt. «Die traditionelle Reaktion ist die des pathetischen Ernstes, die konsequente Etablierung einer religiösen Gegenkultur ...[, also] Fundamentalismus«.[1062] Er schlägt als andere Möglichkeit vor, »im Akzeptieren der Postmoderne doch den religiösen Weg zu finden und zu gehen, im Zeichen der Tugend eines christlichen Humors.«[1063] Er versteht den Humor als »jene Subjektivität ..., jenes Feststehen im eigenen Weltbild, in der eigenen Lebensperspektive, die dann erlaubt, mit der Erfahrung des Anderen, mit der Negation der Welt spielerisch-gütig, eben humorvoll um-

gescheiter als ich«« (*Meyerowitz*, Witz, 32f). Vgl. zur theologischen Auslegung *Lenhardt / von der Osten-Sacken*, Akiva, 98–120.

1055 *Landmann*, Witze, 48.

1056 *Homann*, Milchbruder, 19.

1057 *Ben-Chorin*, Kirchenvater, 5.

1058 Vgl. *Landmann*, Witze, 47.

1059 Zitiert nach *Holtbernd*, Humorfaktor, 95.; vgl. *Homann*, Milchbruder, 19.

1060 Vgl. *Lübking*, Humor, 74.

1061 Ruddat/Schroeter sprechen von der »lebensnotwendigen Fähigkeit, über sich selbst zu lachen ... ganz und gar konfessionslos. Wer zuletzt lacht, lacht mit Gott« (*Ruddat/Schroeter*, Katechismus, 19f).

1062 *Bieber*, Humor, 287.

1063 Ebd.

zugehen. Tiefer christlicher Humor wäre so jene spielerische Poetik des Glaubens und der spirituelle Gegenbegriff zur postmodernen Ironie.«[1064]
Es ist Bieber darin zuzustimmen, den humorvollen Umgang mit der Erfahrung des Anderen, der Fremden als »spielerisch-gütig[en]« zu verstehen, aber wie er aus der ironischen Distanz eine »Negation der Welt« abzuleiten, deckt sich nicht mit dem Verständnis der Postmoderne, das in dieser Arbeit vertreten wird. Humor als Gegenbegriff zur postmodernen Ironie aufzufassen, ist aus meiner Sicht kein tatsächliches »Akzeptieren der Postmoderne«. »Tiefer christlicher Humor [...] verlangt ... diesen Glauben als Grundlage, als innerlich festes Verankertsein im Herrn. Echter Humor ist Frucht echten Glaubens.«[1065]
Bieber hat viel Richtiges gesehen, dennoch erscheint seine Engführung eines Umgangs mit der »Problemlage der Postmoderne« auf entweder »dumm-ernst[es] Pathos« oder »Tugend eines christlichen Humors« nicht schlüssig. Denn erstens können auch Nicht-Christen »echten Humor« besitzen und zweitens führt echter christlicher Glaube nicht notwendigerweise zu Humor.[1066] Nach Kierkegaard »[ist] Humor ... auch die Freude, welche die Welt überwunden hat«[1067]; diese Freude kann sich allerdings auch anders äußern als durch Humor.[1068] Ebenso ist zwar das völlige Fehlen der Fähigkeit, etwas als komisch zu erkennen, ein Zeichen eines psychischen Leidens, trotzdem kann auch einem daran leidenden Menschen der Glaube nicht grundsätzlich abgesprochen werden.
Zum Humor im Allgemeinen und also auch zum Humor christlicher Prägung gehört das Bewusstsein von der Endlichkeit, der Endlichkeit des Lebens, der Endlichkeit der Sprachfähigkeit, der Begrenztheit des menschlichen Erkenntnisvermögens, der Begrenztheit menschlicher und christlicher Tugend. Wenn, wie Aristoteles sagt, das Kriterium der Tugend Angemessenheit ist, ist dem christlichen Glauben mit Blick auf die Endlichkeit und Begrenztheit alles Menschlichen Demut angemessen.
»Zum Glauben gehört die Überzeugung mit einem Absoluten in Kontakt zu bleiben. Aber eben weil es sich um ein Absolutes handelt, ist auch das Bewusstsein unumgänglich, dass wir als an die Grenzen mannigfacher Endlichkeit gebundene Wesen dieses Absolute in unseren Aussagen und Vorstellungen nicht erschöpfend erfassen können. Von daher gehört zu jedem Glauben, der nicht schierer Dogmatismus ist, ein Bewusstsein der Relativität seines Aussagekorpus, seines theologischen Designs sowie der

1064 *Bieber*, Humor, 288.
1065 Ebd.
1066 Lauer kann sogar davon sprechen, dass »totale[r]« Glaube den Humor ausschließe, jedoch beruht diese Auffassung auf dem Irrtum, dass Glaube total sein könne (*Lauer*, Humor, 303).
1067 So in einer Tagebucheintragung Kierkegaards. Zitiert nach *Berger*, Lachen, 236.
1068 In der theologischen Literatur zum Thema Humor und Lachen wird gelegentlich die Meinung geäußert, dass es echten Glauben ohne Humor nicht geben könne (vgl. *Bukowski*, Humor, 35; *Bieber*, Humor, 288). Diese Frage kann hier nicht erörtert werden, weil dies eine Auseinandersetzung mit den jeweiligen Humor- und Glaubensdefinitionen voraussetzen würde.

Problematizität aller endlichen Momente, die zum entsprechenden Ritus und Habitus gehören.«[1069] Zum Potential des Humors gehört nicht, im eigenen Weltbild festzustehen, sondern das eigene Weltbild auch anfragen lassen zu können. Gewissheit kommt beim so verstandenen Humor nicht aus der Gewissheit der Richtigkeit des eigenen Weltbildes, sondern aus der Akzeptanz der Tatsache, dass alles menschliche Erkennen und damit auch der ›Gegenstand‹ des Glaubens Stückwerk ist. Darum ist nicht der Humor selbst eine Tugend, sondern die Haltung der zuversichtlichen Fehlerfreundlichkeit, Gelassenheit und »ursprünglichen Gelöstheit«,[1070] die aus dem Humor resultiert, ist die eigentliche Tugend.

3.6.8 ... in der Predigt

Was das Christentum der Postmoderne mit dem Judentum aller Zeiten gemeinsam hat, ist seine Machtlosigkeit. »As one[s] without authority«[1071] stehen christliche Predigerinnen auf den Kanzeln und sehen sich vor der Aufgabe, das Evangelium von Gottes Gnade und der Freiheit der Christenmenschen so zu kommunizieren, »dass sich seine Relevanz für den Alltag zwanglos erschließt«.[1072] Predigthörer prüfen bei allem, was sie hören, ob dies für ihr Leben zutrifft. Mit der bloßen Proklamation biblischer Zusagen (Jesus Christus ist für unser aller Sünden gestorben; das Blut Christi wäscht uns rein ....) ist heute kein Blumentopf und kein Gemeindemitglied zu gewinnen. Zum Glauben reizend kann die Botschaft von der freien Gnade nur kommuniziert werden, wenn sie anziehend ist. Ob sie das ist, entscheidet sich zwar letztlich an der Form einer Predigt, jedoch kann die Form nie vom Inhalt unabhängig gewählt werden.[1073] Nach Craddock »kommt die Art, *wie* jemand kommuniziert bei den Hörern an als das, *was* jemand kommuniziert, und sie bekommen einen sehr guten Eindruck davon, was der Sprecher [die Predigerin] von sich selbst denkt, von seinem Text, von seiner Predigt, seiner Gemeinde, und von der Welt«.[1074] »There is no avoiding the fact that the medium is a message, if not *the* message.«[1075]

So heißt es auch in Kol 4,6: »Eure Rede sei allezeit freundlich und mit Salz gewürzt, dass ihr wisst, wie ihr einem jeden antworten sollt.« Dies bedeutet, dass es passend und angemessen ist, mit Humor charmant von Gottes Gnade zu sprechen, denn die ursprüngliche Bedeutung des Wortes Gnade, im Griechischen charis, im Lateinischen gratia lautet: »Anmut, Grazie, Anziehungskraft, götttlicher Charme«.[1076]

1069 *Welsch*, Relativität, 734.
1070 *Thielicke*, Lachen, 105.
1071 Vgl. *Craddock*, Authority, passim.
1072 *Gräb*, Falltüren, 421.
1073 Vgl. *G. Otto*, Predigt, 22f.
1074 *Craddock*, Authority, 114.
1075 *Craddock*, Authority, 114.
1076 *Marti*, Gott, 101.

3.6.9 Die Rechtfertigung: Das Gutsein Gottes macht uns gut

»Glaube – das ist die Heiterkeit, die von Gott kommt.«
Papst Johannes XXIII[1077]

Der theologische Begriff der Rechtfertigung knüpft an Paulus an und bezeichnet eine bestimmte Einsicht in das Verhältnis von Selbst, Welt und Gott, das sich durch den christlichen Glauben erschließt.[1078] Die paulinische Rechtfertigungslehre besagt im Wesentlichen, dass der Mensch nicht durch Gesetzeserfüllung das Heil selbst erwerben kann, sondern dass er durch den Glauben gerechtfertigt wird. Der Glaube an die Gnade Gottes ist dabei der Modus der Partizipation am Heil. Für Paulus ist die Tora weiterhin »heilig, gerecht und gut«, jedoch nicht mehr als Heilsweg, sondern um die Grenze des Handelns und damit die grundsätzliche, menschlicherseits unüberwindliche Sündhaftigkeit erfahrbar zu machen.
Nach Luther ist der Glaube an die Rechtfertigung der Zentralgedanke der christlichen Theologie. Luther litt darunter, dass er auf der leidenschaftlichen Suche nach dem gnädigen Gott in immer tiefere Verzweiflung geriet, bis er beim Studium der paulinischen Schriften zu der »Einsicht [gelangte], dass Glaube wesentlich Vertrauen auf Gottes sich schenkende Liebe sei« und von dort »zu einer Neubestimmung des Heilsverständnisses und damit der gesamten Theologie«.[1079]
Vor Gott hat der Mensch eine doppelte Bestimmung, er ist simul justus et peccator, zugleich gerechtfertigt und Sünder. »Rechtfertigung wird dabei als passive Konstitution menschlicher Freiheit gedeutet.« Das heißt, der Mensch wird durch das rechtfertigende Handeln Gottes von dem Verkrümmtsein in sich selbst – incurvatus in se – befreit. Dies »ermögliche ihm eine Resistenz gegenüber allen innerweltlichen Verfügungsansprüchen. Gerade dies befähige ihn zu einer dem Wohl des Nächsten und des Gemeinwesens verpflichteten christlichen Lebensführung. Mit dieser personalistischen Deutung des Heilsgeschehens ist Luther einer der Wegbereiter der modernen Auslegung von Freiheit als Autonomie.«
Das ursprüngliche Anliegen der Rechtfertigungslehre war Befreiung aus Lebensängsten.[1080] Das Menschenbild der Hauptströmungen protestantischer Theologie hat das positive Potential des Menschen jedoch in den Hintergrund gedrängt, so dass man sagen kann, dass die »heilenden Zusagen, die uns gut machen und gut handeln lassen« heute eher in Therapien als von der Theologie zu erwarten sind.[1081]
»Die kirchliche Rede vom Sünder-sein hat aber längst die Botschaft, dass Menschen gut und gerecht vor Gott sind, überschattet.« Mit Moltmann-

1077 Zitiert nach *Bill*, Heiterkeit, 9.
1078 Vgl. *Graf*, Rechtfertigung, 1033.
1079 Dieses Zitat und die beiden folgenden: *Graf*, Rechtfertigung, 1034.
1080 Vgl. Gräb: »Die Lehre von der Rechtfertigung ... lehrt, dass die Würde eines Menschen der Grund dafür, dass er Anerkennung, Wertschätzung und Liebe verdient, nicht in dem besteht, was er hat, was er kann oder wie er aussieht, sondern in dem, *dass* er ist. [...] Du darfst sein, der du bist« (*Gräb*, Sinn, 344).
1081 *Moltmann-Wendel*, Rechtfertigungslehre, 354.

Wendel sehe ich den »Kern der reformatorischen Rechtfertigungslehre ... in Luthers Satz: » ...unsere Werke machen uns nicht gut, sondern unser Gutsein, ja mehr das Gutsein Gottes macht uns und unsere Werke gut‹«.[1082]
Martin Luther kann sogar sagen: »die Sünder sind schön, weil sie geliebt werden«.[1083] Nicht unter Absehung von der Sünde, sondern in ihrem vollen Bewusstsein, ist in dieser Aussage der freundliche, liebevolle Blick Gottes der Ausgangspunkt der Rechtfertigung des Sünders. Dies entspricht der paulinischen Aussage von der Rechtfertigung der »Gottlosen« [!] (Röm 4,5). In dieser Denkfigur ist noch einmal betont, dass die Gnade Gottes allem vorausgeht: »Denn es ist hier kein Unterschied: sie sind allesamt Sünder und ermangeln des Ruhmes, den sie bei Gott haben sollten, und werden ohne Verdienst gerecht aus seiner Gnade durch die Erlösung, die durch Christus Jesus geschehen ist« (Röm 3,22–24). Darum ist in der Predigt von beiden Seiten der Lebenswirklichkeit des Menschen zu sprechen: von der Sünde und von der gerechtmachenden Gnade Gottes. Humor nimmt an der Verkündigung der Gnade teil, als Darstellungsmedium des liebenden, das Nichtige und Verfehlte nicht ausgrenzenden Blicks Gottes. Damit diese Verkündigung aber Relevanz für den Alltag gewinnen kann, muss dieser Alltag in der Predigt zutreffend und konkret beschrieben werden, und das heißt in erster Linie: Es geht in der Predigt darum, die Sünde, unter der die Menschen leben, für sie so verständlich zu benennen, dass sie von jedem Hörer und jeder Hörerin bei sich selbst entlarvt werden kann.

3.6.9.1 Gerechtigkeit

Im Anschluss an das Ringen um den Sündenbegriff in der neueren feministischen Theologie nehme ich den Ausgangspunkt beim Begriff der *Gerechtigkeit* als Gemeinschafts- und Beziehungsbegriff. *Sedaka* ist nach Gerhard von Rad im Alten Testament nicht im forensischen Sinne zu verstehen, sondern als *Heilsgabe*. »Der Begriff einer strafenden *sedaka* ist nicht zu belegen belegt; er wäre eine contradictio in adiecto«.[1084]
So gehört also auch das Gemeinschaftsverhältnis, das in der Thora Israel und mittelbar auch der Christenheit angeboten wurde, unter das Vorzeichen der Liebe und Menschenfreundlichkeit Gottes. Vor Gott gerecht zu werden, ist so betrachtet nicht mehr in erster Linie eine Frage des Gehorsams, der in der Gefahr steht, den christlichen Glauben zu einer Leistungsreligion zu degradieren. Gerechtigkeit, die vor Gott gilt, als Beziehungsbegriff verstanden, leitet sich direkt aus der Gottebenbildlichkeit des Menschen ab. Weil Gott heilig ist und will, dass die Menschen auch

1082 *Moltmann-Wendel*, Rechtfertigungslehre, 354. Lutherzitat ist S. 353 angegeben. Berger kann den Kern von Luthers Rechtfertigungslehre sogar in dem Rat an den »allzu skrupulösen Melanchthon, er solle ›kräftig sündigen, doch noch kräftiger glauben‹ – *pecca fortiter sed crede fortius*« zusammenfassen (*Berger*, Lachen, 236).
1083 *Ficker*, Vorlesungen, 221.
1084 *Von Rad*, Theologie, 389; *sedaka* im Original in hebräischen Buchstaben.

heilig sind, darum hat er ihnen das Gesetz gegeben, das diese besondere Beziehung des Zu-Gott-Gehörens gestaltet. Die Brüchigkeit der Identität ist dann nicht mehr nur ein Mangel, sondern sie wird zum Ausgangspunkt der Veränderung. An der Heiligkeit des Menschen mangelt es zwar, doch scheint gerade dann ein Ausgangspunkt für die Erweiterung des Möglichkeitsraums auf, wenn diese Tatsache mit den Augen des Humors mit einer gewissen Leichtigkeit gesehen werden kann. Im Modus des Ernstes kann man nur die Sündenverfallenheit des Menschen erkennen und die vom Menschen aus betrachtete Ausweglosigkeit aus der Verkrümmung in sich selbst. Der *homo incurvatus in se* ist zu sehr auf sich selbst bezogen, nicht fähig zur Nächstenliebe oder zu »Gerechtigkeitstaten«.

3.6.9.2 Sünde

Der Gegenbegriff zur Gerechtigkeit ist »Sünde«. Der Begriff der Sünde ist für die meisten Menschen unverständlich geworden. Michael Welker hält es für eine der »großen Krisenerscheinungen unserer Kultur im allgemeinen und des christlichen Glaubens sowie der christlichen Theologie im besonderen, dass das Phänomen der Sünde und der Sachverhalt der Sündenvergebung ehrlichen Herzens einfach nicht mehr verstanden werden.«[1085] In dieser Arbeit werden Sünde und Gerechtigkeit als Beziehungsbegriffe verstanden. Sünde bedeutet demnach, zumindest partiell nicht in Beziehung zu Gott zu stehen, entfremdet zu sein. Was genau das von Gott Trennende ist, ist von Mensch zu Mensch verschieden.[1086] Nach Paul Tillich ist Sünde ein »Zustand der Entfremdung ... vom Grund des Seins« und damit auch von Gott und sich selbst. »Der Mensch als ein Existierender ist nicht, was er essentiell ist und darum sein sollte«.[1087] »Sünde als individueller Akt aktualisiert das universale Faktum der Entfremdung.«[1088]

Im christlichen Verständnis von der Sünde hat sich weitgehend die paulinische Auffassung durchgesetzt, dass Sünde im Singular einen Machtbereich benennt, während der Plural einzelne Tatsünden bezeichnet. Was Sünde sei, entfaltet Paulus durchweg mit dem Gegensatzpaar: »Sein unter der Macht der Sünde« versus »Leben unter der Macht des Geistes«.[1089] Die Partizipationsweise an diesem Leben unter der Macht des Geistes ist nach Paulus der Glaube und dieser ist »in erster Linie Erkennen der in Jesus Christus offenbarten *Gerechtigkeit Gottes* und Vertrauen in sie: ›Denn die Gerechtigkeit Gottes wird in ihm [s.c. dem Evangelium] offenbart aus Glauben zum Glauben‹ (Röm 1,17)«.[1090] Das Gegenmittel gegen

1085 *Welker*, Der Heilige Geist, 133.

1086 Die traditionellen Umschreibungen lauten: Superbia (Hochmut/Eitelkeit), Avaritia (Geiz/Habsucht), Invidia (Neid/Missgunst), Ira (Zorn/Wut), Luxuria (Wollust), Gula (Völlerei/Maßlosigkeit), Acedia (Trägheit/Faulheit).

1087 Beide Zitate: *Tillich*, ST II, 52f.

1088 *Tillich*, ST II, 65.

1089 Vgl. *Brandt*, Sünde, 19.

1090 *Brandt*, Sünde, 25.

die Sünde ist nach diesem Verständnis letztlich die Freiheit. Wenn Glaube, Hoffnung und Liebe einen Kommunikationszusammenhang bilden, »der als ›Herrschaft des Geistes‹ von der ›Herrschaft der Sünde‹ befreit, so lassen sich aus diesem Sachverhalt Aufschlüsse über das Verständnis der Sünde gewinnen. Sünde bzw. die Macht der Sünde lässt sich entsprechend als *der durch die ... Kommunikationsmedien ›Unversöhntheit‹ bzw. ›Misstrauen‹, ›Hoffnungslosigkeit‹ und ›Lieblosigkeit‹ bewirkte und bewirkende Kommunikations- und Lebenszusammenhang* definieren.«[1091]
Da Sünde ein Beziehungs- und Kommunikationszusammenhang ist, hat sie vielfältigste Ursachen und Wirkungen, die nicht immer genau unterschieden werden können, da man den Anfangspunkt einer Interaktion je verschieden festlegen kann.[1092] Die Konkretionen von Sünde, seien sie nun ursächlich oder bewirkt, können sein: Missverständnisse, Missachtung, Verletzung, mangelnde Solidarität, Arroganz, Unehrlichkeit, Selbstsucht, Egozentrik, Kommunikationsabbruch, unterlassene Hilfe, Gleichgültigkeit, Ungerechtigkeit, Sucht, Perversion u.a. Jeder dieser Konkretionen liegt eine Form von Mangel zugrunde. Die Mangelerfahrungen sind individuell verschieden und führen nicht nur zu Verfehlungen anderen Menschen gegenüber, sondern auch zu narzisstischen Selbstwertproblemen. Narzissmus kann definiert werden als ein Hin- und Herschwanken zwischen Vorstellungen der eigenen Wertlosigkeit und Größenphantasien, um dem Gefühl der Wertlosigkeit zu entrinnen.
Im Gefolge der Narzissmustheorie wird Sünde nicht mehr in erster Linie »vom Begriff der Schuld her ausgelegt, sondern eher von der Erfahrung der Scham: Der amerikanische Pastoralpsychologe Donald Capps unterscheidet im Zusammenhang gesellschaftlicher Veränderungen verschiedene Erfahrungsstrukturen von Scham: Das ›gespaltene Selbst‹ (devided Self) erlebt die Spaltung zwischen dem idealen und dem realen, dem falschen und den wahren Selbst und quält sich angesichts unerreichbarer Ansprüche. Das ›defensive Selbst‹ sucht andere zu beschämen, statt selbst beschämt zu werden. ›Die Erfahrung der Scham wird nicht als unsere Erfahrung, als integraler Teil unserer Selbst aufgenommen, sondern verleugnet, abgewehrt und auf andere projiziert.‹«[1093] Das ›leere Selbst‹ (›depleted Self‹) fühlt sich ausgelaugt und bedürftig. Die Überzeugung, es nicht geschafft zu haben, dem eigenen Leben Bedeutung zu verleihen, führt zu starken Schamgefühlen. Es ist Klessmann darin zuzustimmen, dass sich die Wahrnehmung von Sünde, von Entfremdung sich in diesen Formen der Scham artikuliert.[1094]
Gerade in der postmodernen Überbietungsgesellschaft versuchen Menschen, »sich selber zum Herrn des Lebens und der Welt aufzuschwingen«[1095] und leugnen damit ihre »schlechthinnige Abhängigkeit« (*Schleiermacher*). In

1091 *Brandt*, Sünde, 27. Kursivierung im Original.
1092 Vgl. *Watzlawick*, Kommunikation, 22.
1093 *Klessmann*, Pastoralpsychologie, 602. Capps-Zitat aus: *Capps*, Self, 96.
1094 Vgl. *Klessmann*, Pastoralpsychologie, 602. Capps-Zitat aus: *Capps*, Self, 98.
1095 *Klessmann*, Pastoralpsychologie, 600.

der christlichen Tradition ist diese Form der Sünde oft als Stolz interpretiert worden. Das Leben *in die eigene Hand nehmen* zu wollen, ist nach alttestamentlichem Verständnis der Inbegriff der Sünde, da er bedeutet »Sein wollen wie Gott« (Gen 3,5f). Mit Barth kann man diese Verhaltensform der Sünde als »Hybris« bezeichnen.[1096] Sie galt lange Zeit als die Sünde schlechthin. Dennoch ist zumindest für Frauen Hybris *nicht* die primäre Form der Sünde. Dies zeigen indirekt auch die bevorzugten Humorprodukte, die Frauen selbst produzieren oder an denen sie Vergnügen haben: selbstherabsetzende Scherze. Dieser gemeinschaftsstiftende Humorgebrauch hat eine wesentliche theologische Qualität, auf die noch zurückzukommen ist.

»Frauensünde« ist eher, sich selbst zu verleugnen, zu den eigenen Wünschen nicht zu stehen, die Sünde der Selbstverleugnung – »sin of hiding« (*Nelson Dunfee*) und fehlenden Selbstaneignung. Moltmann-Wendel nennt diese Sünde »Nicht-sich-selbst-sein-Wollen« und »Selbstverlust«.[1097] Diese ist in der Scham begründet, die aus dem Zweiten Blick resultiert. Frauen sehen sich sehr oft nicht mit den eigenen Augen, sondern mit denen der Männer, denen sie früher schon aufgrund ihrer wirtschaftlichen Situation gefallen *mussten.* Das Gefallenmüssen der Frauen ist durch die Erziehungsstrukturen der patriarchalen Gesellschaft tradiert worden und manifestiert sich heute oft in einem weiblichen Narzissmus, der eine krankhafte Eigendynamik entwickeln kann. Das Lebensgefühl einer narzisstischen Persönlichkeit ist im Grunde ein Gefühl von Leere und Selbstentfremdung.

Viele Frauen haben ein deutliches Bewusstsein von Mangelerfahrungen. Während Frauen über ihre Erfahrungen seit über dreißig Jahren öffentlich sprechen und schreiben, ist die von Männern verfasste Literatur zu diesem Thema deutlich geringer an Umfang. Dennoch ist davon auszugehen, dass die Erfahrungen der Männer ähnlich sind: alle Menschen haben »Hunger zu lieben und geliebt zu werden.«[1098] Das »leere Selbst« erlebt: Ich komme zu kurz, ich bin nicht gut genug, ich werde nicht geliebt, ich werde nicht gesehen, wenn ich das tue, was ich möchte, werde ich fallen gelassen, ich werde an dem gehindert, was ich tun möchte, meine Freiheit wird beschnitten. Was hinter diesen Mangelerfahrungen steckt und sich oft als Angst oder Schuldgefühl manifestiert, ist eigentlich Scham.

Während Angst (z.B. als Kleinglaube) und Schuld von der christlichen Theologie leicht als Sünde identifiziert werden, ist dies für die Scham schwieriger. Die Sünde des Sich-versteckens (»sin of hiding«) – betrifft sie nun Frauen oder Männer – muss jedoch aufgedeckt und als eine der virulentesten Sünden unserer Zeit benannt werden, weil Umkehr und Befreiung nur dann möglich sind, wenn das ihnen Entgegenstehende, die Sünde, aufgedeckt ist. Nur was diagnostiziert wurde, kann auch kuriert werden.

1096 *Barth*, KD IV. Auch Barth kommt zu einer Trias, die die Gesamtheit der Sündentaten umfasst: Hybris, Trägheit und Lüge.

1097 *Moltmann-Wendel*, Ich, 47.

1098 *Capps*, Self, 166.

Von der Sünde zu sprechen, heißt also von einer Beziehungsstörung zu sprechen, um ihrer Überwindung willen. Das Gegenmittel gegen die der Sünde zugrundeliegende Entfremdung und Leere ist die Zusage der Liebe und Gnade, theologisch: die Rechtfertigung des Sünders / der Sünderin durch Gott, die die Beziehung wieder in Ordnung bringt. Der Blick Gottes ist zwar auch ein fremder Blick, aber der Blick eines liebenden und freundlich zugewandten ›Fremden‹. Gott ist der »bedeutsame andere«,[1099] vor dessen Auge die Menschen Anerkennung finden und bestehen können. Weil Gott die Menschen besser kennt als sie sich selbst und ihnen auch da gnädig ist, wo sie mit sich selbst ungnädig sind. Die Freundlichkeit im Blick Gottes richtet sich auf die Sünderin als Person, als gottebenbildlicher Mensch. Während die *Sünde(ntaten)* in aller Deutlichkeit als Entfremdung(smanifestationen) und Verfehlungen gesehen werden, wird der Sünder als Person von Gott »schön geliebt«. Ein Beispiel ist hier wiederum Jona. Gott will – ob um Ninives oder um des Jona willen, steht noch dahin – nicht dulden, dass Jona sich seinem Auftrag widersetzt. Er bringt ihn durch den Sturm und die Zwangspause im Fisch auf den vorgesehenen Weg zurück; er verurteilt Jona auch dann nicht, als dieser später dem Untergang Ninives aus sicherer Entfernung wie einem Schauspiel zusehen möchte. Jona ist auch nach seiner zweiten Chance, zum guten Handeln zu finden, uneinsichtig und gönnt den Niniviten den Tod. Und doch ist es Gott, der bis zum Schluss das Gespräch zu ihm aufrecht zu erhalten sucht und ihn nicht durch Strafe, sondern mit Mitteln der Mäeutik zu überzeugen versucht.
Humor hat das Potential, diesen freundlichen Blick erlebbar zu machen, denn er durchbricht die Eindimensionalität des Weltbildes, sei es nun eindimensional auf die Sünde fokussiert oder eindimensional auf die Liebe Gottes mit dem Effekt, dass die Sünde ignoriert wird. Humor hat insofern teil an der Rechtfertigung des Sünders, als er mittels Bisoziation sowohl die Ambivalenzerfahrung des »zugleich« inszenieren kann als auch die Leichtigkeit und Lust erlebbar machen kann, die es bedeuten kann, sich selbst unter dem freundlichen Blick Gottes zu erleben.

3.6.10 Humor und Sündenerkenntnis

»Die Sache mit dem Humor ist eine ernste.
Zuweilen eine komplizierte. Manchmal eine groteske.
Auch eine tiefgründige. Und ganz oft eine widersprüchliche.
Und gesteht man sich diesen Widerspruch ein,
stolpert man immer und immer wieder über ihn,
man tut es nicht etwa, weil es lustig wäre,
sondern weil man darin erkennt:
Im Widerspruch findet die Begegnung statt.«
Corina Lanfranchi[1100]

Indem der Humor hauptsächlich vom Scheitern, den Problemen und Verfehlungen der Menschen erzählt, inszeniert er die Realität, in der sich die

[1099] *Hilgers*, Scham, 65.
[1100] *Lanfranchi*, Begegnung, 12.

Protagonisten dennoch auf ihre Weise behaupten. In den Humorprodukten wird der Protagonist meist nicht verurteilt. Stattdessen lacht man mit ihm über die mehr oder weniger erfolglosen Versuche, sich gegen die Widrigkeiten des Lebens und die Ansprüche anderer zu behaupten. Die Selbstbehauptung der Protagonistin wird durch die Trotzmacht des Humors inszeniert.

Die meisten Humorprodukte enthalten im Kern ein Stück Gesellschaftskritik oder zumindest Desillusionierung. In einer humorvollen Predigt lässt die Predigerin Figuren auftreten, in denen sich die Predigthörer wiederfinden können. Den Grad der Identifizierung bestimmen sie selbst. Narrative Passagen in der Predigt werden aufgrund ihrer Indirektheit der Darstellung – im Unterschied zu konstatierenden, dogmatisch »richtigen« Sätzen – eher als Angebot verstanden und daher leichter als Argument akzeptiert.

Im Zusammenhang von Rechtfertigung und Sündersein ist besonders das Schwanken zwischen den beiden Existenzweisen wichtig. Im Witz stimmen für den Augenblick der Pointe beide Sichtweisen, die des einen und die des anderen Protagonisten, obwohl sie logisch unvereinbar sind. Dank eines kurzzeitigen Ausstiegs aus der Logik kann beides gedacht werden: das Sein als Sünderin und als Gerechtfertigte, unter dem freundlichen Blick Gottes.

Humor basiert auf der Distanz, »auf dem Wissen um das eigene und fremde Zurückbleiben hinter der Ursprungsabsicht ..., [er lebt] von der Differenz zwischen Proklamation und Realisation«[1101] und erkennt deshalb nicht nur die Notwendigkeit zur *Metanoia* in besonderer Klarheit, sondern kann diese Notwendigkeit gerade deshalb vermitteln, weil er die Chance zur Nicht-Identifizierung und wenigstens partieller Verweigerung lässt. Mit Niebuhr ist anzunehmen, dass der im Humor gewonnene Abstand von uns selbst dazu führt, dass »wir ... unsere Ansprüche ein wenig lächerlich finden [müssen]. Dies bedeutet, dass die Fähigkeit, über uns selbst zu lachen, die Vorstufe für das Gefühl der Reue ist. Lachen ist der Vorhof zum Tempel des Bekennens.«[1102]

Sich über eigenes Fehlverhalten bewusst zu werden, ist noch nicht dasselbe wie Sündenerkenntnis, da *Sünden*erkenntnis immer auch eine religiöse Dimension impliziert, die Fehlverhalten, Entfremdung, Verbleiben unterhalb der eigenen Möglichkeiten als »Sünde« versteht. Insofern setzt Sündenerkenntnis einen wie immer gearteten Glauben voraus.

Der Glaube daran, dass das Vorfindliche nicht alles ist, sondern nur »vorletzte Dinge« (Dietrich Bonhoeffer) ermöglicht eine Distanznahme von den eigenen Wünschen. Der Transzendenzbezug des Humors kann denselben Effekt haben, indem er das Wichtige (Unbedingtes, letzte Dinge) vom weniger Wichtigen (Bedingtes, vorletzte Dinge) unterscheiden hilft und den Machtanspruch der eigenen Wünschen in die Schranken weist. Nach Karl Barth »[ist] Humor ... das Gegenteil von aller Selbstbestau-

1101 *Brakelmann*, Glaube, 222.
1102 *Niebuhr*, Humor, 79.

nung und Selbstbelobigung«[1103] und insofern ein Beitrag dazu, den Menschen Mensch und Gott Gott sein zu lassen und darin Gott die Ehre zu erweisen.

3.6.11 Humor und Gnadenerkenntnis: Werden wie die Kinder

Der freundliche Blick Gottes ist ein liebender Blick. Christlich ist dieses Verhältnis zwischen Gott und Mensch mit der Metapher »Vater und Kind« umschrieben worden.[1104]
Diese soll vor allem zwei Dinge ausdrücken: es geht um Personen, um ihr Verhältnis zueinander und um ihre Beziehung. Ein Vater bzw. ein Elternteil ist eine Person, die liebt, leidet, sich freuen, trauern, wütend werden und bereuen kann und die weiß, dass Kinder nicht vollkommen sind.
In der psychoanalytischen und therapeutischen Literatur wird häufig auf die Regressivität von Humorprozessen hingewiesen. Der momenthafte Ausstieg aus dem Zwang, allem einen dauerhaften Sinn abringen zu müssen (*Kamper/Wulf*), ermöglicht es, sich dem Vergnügen an einer gelungenen Dissoziation hinzugeben. Im günstigen Fall bringt Humorgebrauch in der Predigt Menschen für einen Moment dem Lebensgefühl nahe, das sie als Kinder hatten. »Die Euphorie, welche wir auf diesen Wegen zu erreichen streben, ist nichts anderes als die Stimmung... unserer Kindheit, in der wir das Komische nicht kannten, des Witzes nicht fähig waren und den Humor nicht brauchten, um uns im Leben glücklich zu fühlen«.[1105]
Im Neuen Testament gilt die Kindschaft als der Königsweg zum Reich Gottes: »Wenn ihr nicht umkehrt und werdet wie die Kinder, so werdet ihr nicht in das Himmelreich kommen« (Mt 18,3). Demnach lohnt sich zu betrachten, was mit dieser Metapher gemeint ist.
Zumindest sehr kleine Kinder sind noch jenseits der Entzweiung von Subjekt und Objekt. Sie betrachten sich nicht selbst bei ihrem Tun, sondern sind noch eins damit. Sie erleben sich in vielerlei Hinsicht als abhängig. Weil sie vieles noch nicht können, ist Scheitern für sie eine alltägliche Erfahrung, derer sie sich nicht schämen und die sie nicht zu vermeiden versuchen.
Sie sind noch un-verschämt in dem Sinne, dass sie keinen fremden Blick auf sich selbst haben und ihre Wünsche und Handlungen nicht bewerten. Während dies bei Kindern noch naiv unbewusst so ist, bedeutet das »Werden wie die Kinder« für erwachsene Christen, sich diese Haltung aktiv anzueignen. Menschen sollen sich der realen Größen- und Abhängigkeitsverhältnisse bewusst werden, sowohl in Bezug auf Gott als auch zueinander. Dieses Bewusstsein umfasst einerseits das Wissen darum, dass Menschen in Bezug auf Gott untereinander wie Geschwister sind und darum füreinander Verantwortung tragen (»meines Bruders Hüter«

[1103] *K. Barth*, KD III/4, 765.
[1104] Auf die patriarchalische Wirkungsgeschichte dieser Metapher sei in dieser Fußnote nur hingewiesen, ohne näher auf sie einzugehen.
[1105] *Freud*, Witz 269.

vgl. Gen 4,9) und andererseits dieser Verantwortung oft nicht gerecht werden. In der Metapher vom Kind Gottes ist die Sündhaftigkeit des Menschen nicht bzw. nur indirekt thematisiert. Die Rede von der Kindschaft betont die noch nicht manifeste Entfremdung auf Seiten des Kindes und den freundlichen, liebenden Blick auf der Seite Gottes. Sie ist Ausdruck der Gottebenbildlichkeit und insofern ein Nachklang des Paradieses.
Auch das Lachen oder die dem Humor eigene Neigung zum Lachen, sei es aus Jubel oder über etwas, das als komisch empfunden wird, ist ein »Nachklang des Paradieses«.[1106] Kinder sind dem Paradies anscheinend näher, denn sie lachen 400 Mal am Tag, Erwachsene im Durchschnitt etwa 15 Mal.[1107] Häufiger zu lachen wäre also auch eine Möglichkeit, sich in Richtung Kindschaft zu bewegen. Durch häufigeres Lachen gewinnt das Sein an Leichtigkeit. Natürlich ist die paradiesische Leichtigkeit des kindlichen Seins im Erwachsenenalter nicht mehr vollständig erreichbar, da Erwachsene mehr Verantwortung tragen und damit auch Lasten. Auch kommt ein Teil des kindlichen Lachens dadurch zustande, dass Kindern Dinge komisch vorkommen, weil sie sie nicht verstehen, so dass diese Quelle der Belustigung mit zunehmendem Alter weniger ergiebig wird. Jedoch gibt es auch eine Quelle des Humors, die mit zunehmendem Alter immer mehr hergibt: je älter man wird und je mehr man vom Leben erfährt, desto aufdringlicher wird die Erkenntnis, dass man eigentlich nur sehr wenig – im Fall größtmöglicher Weisheit: geradezu nichts – weiß (vgl. Röm 16,27). Humor ermöglicht es, Distanz zu nehmen von der Ineinssetzung eigener Erkenntnis und Lebenssicherung. Nicht Wissensanhäufung oder das Ansammeln materieller Werte (vgl. Lk 12,15.20f und Mk 8,36) retten einen Menschen, sondern das Vertrauen auf Gott. Für diese Metanoia können Kinder und Clowns als Vorbilder dienen: Der Clown geht davon aus, dass er nicht kompetent ist, aber er tut sein Bestes, um eine Aufgabe zu lösen ... Er ist das Scheitern gewohnt, die Krise ist sein täglich Brot und er meidet sie nicht, das hätte sowieso keinen Sinn.«[1108]
Sich dessen bewusst zu werden und es als tragfähig zu erleben, ermöglicht es, Vertrauen zu fassen.

3.6.12 Kindliches Urvertrauen als Gegenmittel gegen die Scham

Die Entwicklung von Urvertrauen ist, eine therapeutische Wirkung von Humor. Theologisch betrachtet ist Urvertrauen *fides qua creditur*, der Glaubensakt, das Vertrauen auf Gott als dem Grund des (Da)seins. Wenn

1106 Vgl. *Thiede*, 55.
1107 Vgl. *Uber*, Länder, Fotoseite gegenüber S. 144. Die Zahlen wurden ca. 1999 von Sultanoff (vgl. Goltz, Humor, 39) in Umlauf gebracht und werden seitdem in jedem Artikel über Humor und Lachen ohne Quellenangabe wiederholt; es scheint keine weitere zahlenmäßige Erhebung gemacht worden zu sein. Frauen lachen 30 Prozent mehr als Männer (vgl. *Uber*, Länder, Fotoseite gegenüber S.33). Kataria gibt die Häufigkeit des kindlichen Lachens mit 300 bis 400 Mal am Tag an (vgl. *Kataria*, Lachen, 15).
1108 Vgl. *Karnath*, Clownpädagogik, 74.

Humor in der paradoxen Intention angewendet dieses Urvertrauen (wieder-)herstellen kann, sollte er in der Kommunikation des Evangeliums, d.h. als Grundhaltung und rhetorisches Mittel der Predigt, Glauben zwar nicht herstellen, aber doch stark begünstigen können. Und zwar nicht lediglich im beruhigenden und tröstenden Sinne, sondern auch in der Entwicklung eines *komischen Pessimismus‹* (Frankl), einer Haltung, die die Realität nicht durch positives Denken oder die Hoffnung auf Besserung schönfärbt. So wie ein Angstneurotiker seine Symptome nicht dadurch loswird, dass er sie umwertet und relativiert, wird auch für einen gläubigen Menschen durch den christlichen Glauben das Leben nicht leichter oder erfolgreicher. In der Predigt werden ihm Sinndeutungsangebote gemacht, die ihn, wenn sich ihm ihre Plausibilität erschließt, der Sinnhaftigkeit seiner Existenz vergewissern, auch wenn einzelne Erfahrungen zu schwer sind, um als in sich sinnvoll erlebt werden zu können. So kann Humor in der Predigt dazu beitragen, das Scheitern und die Unvollkommenheit, unter denen Menschen leiden, zu entkatastrophieren. Für Kinder ist es eine alltägliche Erfahrung zu scheitern oder etwas erst beim wiederholten Versuch zu schaffen. Humorvolle Darstellung des Alltags kann die Erfahrung des Scheiterns entdramatisieren und die Würde des Scheiternden zu wahren helfen.

Durch Humor in der Predigt, der nicht funktionalisiert ist, sondern ein Ausdruck der Gnade des freundlichen Blickes Gottes auf seine Kinder, kann die narzisstische Scham gelindert werden. Titze bezeichnet den Humor als »vielleicht ... unmittelbarste[n] Weg, der aus der Schamangst herausführen kann«.[1109] Wenn in einer Predigt humorvolle Geschichten oder Witze erzählt werden, in denen der Protagonist scheitert, auf ganzer Linie versagt, sich als höchst imperfekter Mensch erweist, können sich die Predigthörerinnen damit identifizieren. Unabhängig davon, ob die Sache für den Protagonisten gut oder schlecht ausgeht, allein die Tatsache, dass der Hörer lachen oder schmunzeln muss, führt dazu, dass die eingefahrenen Gedankenmuster gestört sind und sich die Perspektive ein wenig verschiebt. »Mit Worten sind Bilder zu malen und Geschichten aufzubauen, die zum Nachdenken einladen, auf unterhaltsame Weise anregen, für einen Moment innezuhalten, die ein positives Gefühlsmuster vorgeben, in eine wohltuende Gestimmtheit versetzen, eine innere Bewegung auslösen.«[1110] Beim Hören humorvoller Geschichten in der Predigt gibt es die Chance zum szenischen Verstehen, zum Wiedererkennen der verbal dargestellten Szene als Szene aus dem eigenen Leben. Im günstigen Fall erkennt sich die Hörerin im Protagonisten wieder und erkennt ihre eigene Sünde in den fehlgeleiteten Handlungen des »Dummen«, von dem da erzählt wird. So wird durch das positive Gefühlsmuster, das eine humorvolle Erzählung intendiert, die Scham reduziert und dem Lustprinzip zum Durchbruch verholfen. Gerade der Zusammenhang von humor-

1109 *Titze*, Kraft, 288.
1110 *Gräb*, Falltüren, 425.

induziertem Lachen und Lust ist explizit oder implizit ein Grund, warum die christliche Kirche jahrhundertelang eine lachkritische Haltung eingenommen hat. Wenn Predigt auch nur ansatzweise mit humorinduziertem ›Spaß an der Freud‹ assoziiert werden könnte, wäre schon etwas gewonnen.

Lust ist nicht dasselbe wie Freude. Aber selbst letztere kommt nach Schröer in der protestantischen Theologie schlecht weg.[1111] Lust ist ein sowohl körperliches als auch kognitives Erlebnis. Lust kann sexuelle Komponenten haben, es kann eine Lust sein, ein Problem gedanklich oder praktisch zu lösen. Was den Humor betrifft, gibt es eine Witzlust, die daraus erwächst, dass das Unvereinbare bisoziiert und so ein Sieg über die Unlogik errungen werden konnte. Das Gegenteil von Lust ist Unlust. Beuscher stellt die Frage, warum der seelische Haushalt zwischen Lust und Unlust, Spaß und Ernst, Freude und Leid schwankt und sieht in dieser Frage die »dichtgesteppte Nahtstelle zwischen Psychoanalyse und Theologie in den Blick genommen«.[1112] Für Beuscher ist »Spaß an der Freud« die witzige Form von Lust und diese Lust versteht er »als fröhliche Variante des ängstlichen Harrens der Kreatur (Röm 8,19). Der Anteil authentischer, voller Erlösung bereits in dieser Welt besteht dagegen darin, sich den Spaß am Leben nicht erst verdienen zu müssen, was auch genau der Clou der Seligpreisungen ist, die ja keine schlechten Scherze darstellen«.[1113] Von »authentischer, voller Erlösung bereits in dieser Welt« möchte ich nicht sprechen, aber sich den Spaß am Leben nicht verdienen zu müssen, ist auch nach meiner Auffassung ein Geschenk, eine Spur der göttlichen Gnade, ebenso wie die sexuelle Lust Es gibt keine immerwährende Lust, weder im Spaß, noch in der Erotik, noch in anderen Bereichen, in denen man von Lust sprechen kann. Lust ist immer eine existentielle Erfahrung, die zwischen zwei Polen hin- und herpendelt: Hunger und Sattheit, Anspannung und Abspannung, Anspruch und Zuspruch. In der Lust scheint die Fragmentarität der menschlichen Existenz auf, indem sie für den Moment aufgehoben ist.

3.6.13 Humor als fröhlicher Wechsel

Im Blick auf das Weltganze – zumal in seiner zeitlichen Ausdehnung – ist jeder einzelne Mensch nahezu bedeutungslos, im Blick auf Gott ist jeder einzelne Mensch unendlich wichtig und unverzichtbar. Indem Humor als Haltung ermöglicht, »Abstand von sich selbst«[1114] zu nehmen und die eigene Bedeutungslosigkeit zu erkennen[1115] und zugleich das

1111 *Schröer*, Kirchentag, 89.
1112 *Beuscher*, Spaß, 521.
1113 Ebd.
1114 *Niebuhr*, Humor, 78.
1115 Hugo Rahner konstatiert diese Erkenntnis für das Spiel, wenn er schreibt: »[D]er Mensch, der die Transzendenz alles Geschaffenen zu Gott hin erfasst hat, nimmt auch die ernstesten Dinge nicht verfälschend ernst, er weiß – mit einem schmerzlichen Lächeln oft und weiser Bescheidung – dass auch die größten Taten des

Trotzdem geltend macht, das aus dem Bewusstsein der unantastbaren Würde jedes Menschen Kraft bezieht, ist der Humor die Basis für ein neues Selbstbewusstsein.
Ähnlich sieht es Jean Paul, man könnte seine Sicht eine inkarnatorische nennen: »Wenn der Mensch, wie es die alte Theologie tat, von der überirdischen Welt auf die irdische herabsah, so geht sie klein und nichtig dahin, ... wenn er mit der kleinen die unendliche ausmisst, so entsteht, so entsteht jenes Lachen, in dem noch eine Größe und ein Schmerz ist«.[1116] Das So-Sein der Menschen und das Gott-Sein Gottes sind nach christlicher Auffassung inkommensurabel. Menschen können diese Differenz nicht überwinden und brauchen dies auch nicht. Das Nichtkönnen aufgrund der Sündhaftigkeit des Menschen und das Nichtbrauchen aufgrund der Gnade Gottes zu Bewusstsein zu bringen, ist Aufgabe der Predigt. Denn der Mensch ist nicht nur klein und als zu leicht befunden angesichts der Schwere und Größe Gottes, sondern ist auch geborgen in Gottes Liebe. Die Liebe Gottes ist das Gegengewicht zur fragmentarischen, vom Mangel geprägten Existenz, zur Heimatlosigkeit, Sünde und Unvollkommenheit des Menschen. Inkarnation ist eine Metapher für die Annahme der Welt und die Transformation der Sünde.[1117] Im Kreuzestod, den Jesus Christus auf sich genommen hat, und in der Auferweckung, mit der Gott Jesu Leben und Verkündigung ins Recht gesetzt hat, ist eine Umwertung geschehen. In dieses Geschehen sind Menschen involviert: sie partizipieren im »fröhlichen (!) Wechsel« daran.

3.6.14 Erheiterung als fröhliche Erhebung

Die Auferstehung Jesu Christi war eine leibliche Auferstehung, und auch die Auferstehung, die denen bevorsteht, die an das Evangelium glauben, ist eine Auferstehung des Fleisches. Darum sollte sich Auferstehungsverkündigung darum bemühen, nicht unleiblich zu sein, sondern sich um Wiederaneignung des Körpers bemühen.
Ein Prozess, der explizit mit somatischen, d.h. in diesem Fall mit körperlich messbaren, durch Humorgebrauch/Komik[1118] induzierten Lustgefühlen verbunden ist die Erheiterung. Diese erhebende (»uplifting«) Emotion anzustreben, damit die Freude am Evangelium keine »blutleere Anmutung«[1119] bleibt, ist m.E. ein legitimes Predigtziel, wenn sich die Predigerin der Implikationen dieses Versuchs bewusst ist. Nicht-Theologen wie Plessner haben in diesem Zusammenhang weniger Berührungsängste: »Freude ohne Dehnungs- und Weitungsempfinden in der Brustgegend ist

Menschen nur wie ein Kinderspiel sind, verglichen mit dem, was wir ersehnen, oder mit dem, was in Gott ist« (*Rahner*, Mensch, 33).

1116 *Jean Paul*, Vorschule, 179.
1117 Vgl. *Webb*, Comedy, XX.
1118 Vgl. *Berger*, Lachen, 3.
1119 *Müller*, Homiletik, 232.

keine Freude.«[1120] Wiederholte Erfahrungen von Erheiterung haben Auswirkungen auf die Heiterkeit von Menschen und diese wiederum hat Auswirkungen auf die Gemeinschaft.[1121]

3.6.15 Der freundliche Blick des »bedeutsamen Anderen«

Gottes freundlicher Blick lässt Menschen sich ihrer Würde stärker bewusst werden. Humor ist dabei einerseits ein Stilmittel, mit dem dieser freundliche Blick inszeniert werden kann und andererseits dieser Blick selbst. Da dem Humor eine grundsätzlich zugewandte, liebevolle Haltung dem Leben gegenüber eignet, ist er Ermöglichungsgrund und Ausdruck dieser Haltung zugleich. Unter Gottes freundlichem Blick erscheint den Hörerinnen ihr Möglichkeitsraum größer und werden sie wirksamer zur Verantwortungsübernahme befähigt als durch strenge, fordernde Blicke. Insofern kann eine humorvolle Predigt als Ausdruck der Freundlichkeit dazu beitragen, dass Gottes Heiligkeit auf die Predigthörer ›abfärbt‹ in dem Sinne, dass sie nicht von sich aus ›heiliger‹ werden, sondern Heiligung zuerkannt bekommen. Dies wäre aber schon eine Wirkung der Predigt und daher unverfügbar. Was die humorvolle Predigt jedoch intendieren kann, ist eine Motivation zum guten Handeln aus Dankbarkeit. Nicht, weil man verpflichtet ist, sondern aus Freude über die Freiheiten eines größeren Möglichkeitsraumes. So nimmt Humor an der Rechtfertigung teil, indem er vorübergehend in die Regression führt.[1122] Wir werden wie

1120 *Plessner*, Lachen, 72. Neben der Weitung der Brustgegend ist hier noch auf die Aktivierung von »Glückshormonen« hinzuweisen (vgl. *Uber/Steiner*, Lach, 180).

1121 Mit Salcia Landmann kann man sagen, dass »jede Entlastung von Logik erholsam und erheiternd ist« (*Landmann*, Phänomen, 20). Erheiterung kommt nach dieser Definition dem sehr nahe, was in der amerikanischen Humorforschung mit »mirth« bezeichnet wird. Mirth bedeutet so viel wie Fröhlichkeit, Heiterkeit und Freude. Menschen an der Freude über das Evangelium teilhaben zu lassen, gehört zu den zentralen Aufgaben der christlichen Predigt. Humoreinsatz ist eine Möglichkeit, durch einen einfachen Verdrängungsprozess Belastendes durch Erfreuliches zu ersetzen, wie Steven M. Sultanoff ausführt: »Mirth is the experience of uplifting emotions such as joy, pleasure, or inner warmth associated with humor. Distressing emotions and mirth cannot occupy the same psychological space. As we experience mirth, our inner distresses dissolve and a pleasant, sunny spirit takes their place. We know this intuitively as illustrated by someone using humor ›instinctively‹ to reduce another's anger. Many of us have been in a situation where, in the midst of being angry at a friend, our friend uses humor to dispel our emotion intensity. Some of us have even known to say, ›Don't make me laugh! I want to be angry‹« (*Sultanoff*, Humor, 2).

1122 *Klaus Winkler* mahnt in seinem Buch »Werden wie die Kinder? Christlicher Glaube und Regression« zurecht an, zwischen »gutartiger« und »bösartiger« Regression (Balint) genau zu unterscheiden, damit nicht Christen angesichts der heute (1992) weit verbreiteten Katastrophenstimmung Gefahr laufen, sich in eine unreflektierte Kindlichkeit zu flüchten und die Verantwortungsübernahme (z.B. Vergebung oder Toleranz im Sinne von gegenseitigem Akzeptieren oder Ertragen) von sich zu weisen. Er betont die Notwendigkeit der Regression als Übergangsstadium zur Progression (a.a.O., 103) und interpretiert die Forderung Jesu, zu werden wie die Kinder (Mt 18,1–6) als »Arglosigkeit«, mit der die Christenmenschen der Welt gegenübertreten – »ohne in mystischer oder auch einfach naiver Vertrauensseligkeit stecken bleiben zu müs-

die Kinder und sind – vorübergehend – wieder un-verschämt, voller Selbstvertrauen, voller Gewissheit, geliebt zu sein.
In der durch humorvermittelte Kindlichkeit wiedergewonnenen, »un-verschämten« Gewissheit unserer Gottebenbildlichkeit gewinnen wir unsere Schönheit, Leichtigkeit und unser Gutsein. In diesem Bewusstsein könnte eigentlich jede/r für sich ohne Scham und »ohne Angst verschieden« (Adorno) sein.[1123]

Närrische Metanoia

»Heilige Narren« sind ein universell verbreitetes Phänomen, das fast alle Religionen kennen und das auch in der Bibel begegnet.[1124] David tanzt nackt vor der Bundeslade her und macht sich damit in den Augen seiner Frau Michal lächerlich (2Sam 6), Jesaja, Jeremia und Ezechiel üben sich in Zeichenhandlungen, aufgrund derer man sie für verrückt halten könnte (Jes 20, Jer 7, Ez 4) und Jesus reitet wenige Tage vor seinem Tod auf einem Esel, »welcher das antike Symbol der Narrheit ist«[1125] in Jerusalem ein (Mt 21); in Mt 27,27–30 wird er von römischen Soldaten spottgekrönt.
Nach Paulus bedeutet christliche Nachfolge in erster Linie, »Narren in Christo« (1Kor 4,10) zu sein. Diese Form christlicher Torheit hat ihren Grund in der Torheit des Kreuzes: »Denn das Wort vom Kreuz ist eine Torheit denen, die verloren werden; uns aber, die wir selig werden ist`s eine Gotteskraft« (1Kor 1,18). Da der Verstand der Verständigen nicht dazu ausreicht, diese *theologia crucis* zu erfassen, versucht Paulus, sie mit paradoxen Mitteln zu verkündigen. »Weil die Welt ... Gott durch ihre Weisheit nicht erkannte, gefiel es Gott wohl, durch die Torheit der Predigt selig zu machen, die daran glauben« (1Kor 1,21). Die Botschaft, die Paulus verkündigt, widerspricht dem so genannten gesunden Menschenverstand und trägt ihm Unverständnis (vgl. Apg 26,24) und vermutlich

sen« (a.a.O., 104). Winkler versteht den Kind-Status im Anschluss an Balint nicht nur als »Ausgangspunkt einer Weiterentwicklung zum vollen Menschsein. Er ist vielmehr – sozusagen bleibend als ›Kind im Manne‹ oder als ›Kind in der Frau‹ – ein ständiges Reservoir schöpferischer Kräfte« (a.a.O., 95f).

1123 Neben Angst und Scham wäre auch Schuld als menschliches Existential zu benennen. Jedoch ist aus meiner Sicht Humor kein Gegenmittel gegen Schuld, bzw. nur dann, wenn sich Schuldgefühle in Form von Scham oder Angst äußern. Die Schuld selbst kann durch Humor nicht verringert oder geheilt werden. Vielleicht bewirkt aber die ethische Motivation, die durch Humor gestärkt werden kann, auf dem Wege der vermehrten Verantwortungsübernahme indirekt doch eine Verringerung von Schuld.

1124 Vgl. *Schroeter*, Unterhaltung, 53. Belege aus verschiedenen Kulturen bei *Berger*, Lachen, 93f. Dass es Clowns auch im Judentum gab, belegt b.Ta'anith 22a (zitiert nach *Petuchowski*, Geschichten, 136). Dort wird erzählt, wie einem Rabbi auf einem Marktplatz der Prophet Elia erscheint und ihm sagt, dass keiner aus der anwesenden Menschenmenge Anteil an der kommenden Welt haben wird, bis zwei Menschen dazukommen und Elia zu dem Rabbi sagt, dass diese beiden Anteil an der kommenden Welt haben werden. Rabbi Baruka fragt sie nach ihrem Beruf, und sie antworten: «Wir sind Clowns. Wenn wir jemanden sehen, der traurig ist, dann erheitern wir ihn. Wenn wir zwei Menschen sehen, die sich zanken, versuchen wir, sie wieder zu versöhnen.«

1125 *Schroeter*, Unterhaltung, 53.

auch den als Schimpfnamen gemeinten Titel »Narr« ein (vgl. 2Kor 11,1.16). Ebenso wie die Verkündigung Jesu steht auch die Verkündigung des Paulus und anderer Apostel quer zu den traditionellen Verstehensmustern und zieht Ablehnung, Spott (vgl. Apg 2,13) und Verfolgung nach sich.[1126] Nach Matthiae macht der christliche Glaube Menschen grundsätzlich zum Gespött und zum Narren der anderen. »Dieses Narrentum basiert auf einer Verkehrung der herrschenden Ordnung, die einhergeht mit der Solidarität mit den sonst Verlachten und Verspotteten. Dann beinhaltet es die Inanspruchnahme einer Verheißung – Gerechtigkeit und Frieden – nicht in einem Jenseits, sondern im Hier und Jetzt. Das Närrische des christlichen Glaubens basiert also auf seinem widerständigen Potential und auf seiner Anspruchshaltung dem Bestehenden gegenüber. Weltflucht oder Weltanpassung würden diese Wesenszüge korrumpieren.«[1127] Nach Paulus haben Christen es »mit einem Gott zu tun, der den Spott nicht scheut und dem Gelächter sich aus freien Stücken aussetzt. Der in Christus, dem Gekreuzigten, erkannte Gott ist demnach der verlachte, verhöhnte und verspottete. [...] Weil Gott in Christus selber zu den Verlachten gehörte, werden Christen stets die Partei der Verlachten ergreifen, ja den Verlachten und Verspotteten ›um Gottes Willen‹ ihre Würde und ihr Recht zurückgeben.«[1128] Närrischer und clownesker Humor in der Predigt intendiert, die gesellschaftlichen – und kirchlichen – Normen, indem er mit ihnen spielt, zur Disposition zu stellen und so erst zum Vorschein zu bringen. Er entspricht damit dem Glauben, »der zu jeder Welt – und sei es die denkbar beste – in Distanz stehen [wird]. Denn nur diese gibt ihm die notwendige Freiheit der Welt gegenüber. ... Aus dieser Freiheit des Glaubens kommt es zur Solidarität mit dieser Welt – einer Haltung, die jenseits der Extreme Weltflucht und Weltversessenheit steht. Diese Solidarität wiederum äußert sich selbstverständlich in der Teilhabe am Kampf für die bessere, freiheitlichere, für die gerechtere, kurz für die humanere Welt.« »Narren wollen nicht zur Weltflucht, sondern zu einem ›Leben in der ganzen Fülle‹ (Joh 10,11) verhelfen. Sie suchen ... Erweiterung der Daseinsmöglichkeiten und führen diese auch vor. Das ist m.E. der Inbegriff von Metanoia und überhaupt das Wesen heiliger Narren«.[1129]

Es geht also beim christlichen Narrentum nicht um die Errichtung einer in sich geschlossenen Gegenwelt, in die man sich zurückziehen würde, sondern darum, in und vor der Welt zu zeigen, dass man sich auch anders verhalten kann. Weil der Vertreter des Unbedingten nicht ganz in der Welt aufgeht, »wegen seiner Unangepasstheit erscheint er ihr im Narren-

1126 Vgl. *Matthiae*, Clownin, 289.

1127 Ebd. Vgl. *Thielicke*, 169: »Solidarisch mit dieser Welt und ihr gleichwohl entrückt zu sein, dass ist genau die Position, die vom Heiligen, Narren – und Humoristen eingenommen wird.«

1128 *Kuschel*, Lachen, 153. Kuschel kann sogar sagen: »Für Christen gehören Gotteserkenntnis und Torheit, Christusnachfolge und Narrheit unlösbar zusammen« (ebd.).

1129 *Matthiae*, Clownin, 291.

kostüm, in der Verkleidung des Clowns«.[1130] »Der Clown ist ein Fachmann im Auflösen von verfestigten Strukturen. Die Prinzipien der Komik sind Werkzeuge um Starres in Bewegung zu bringen. Bewegung ist manchmal ein anstrengender Prozess, das Lachen darüber die entspannende Belohnung.«[1131]

Diese entspannende Belohnung kann den Weg der Umkehr für die Hörerinnen gangbarer machen oder – für die Spötter und Zweiflerinnen unter ihnen – überhaupt erst als Option ins Blickfeld rücken. Um das Evangelium eines Gottes zu kommunizieren, »der den Spott nicht scheut« kann in vorsichtiger Dosierung auch Spott als Mittel eingesetzt werden. Das Kriterium hierfür ist, wie wir schon sahen, die liebevolle Haltung gegenüber dem Gegenstand des Spottes und seine Wirkung. »Spott ist zynisch, wo er Trauriges lächerlich macht. Er ist aufklärerisch, wo immer er das, was lächerlich ist, blitzartig zum Vorschein bringt – es notfalls bis zur Kenntlichkeit entstellt.«[1132]

»Nicht am Spott vorbei, sondern im Aushalten der Spötter und Zweifler hat sich der christliche Glaube bewahrt und bewährt. Christliche Freude ist kein problemverdrängender Optimismus. Sie resultiert aus der Erfahrung, dass Gott die Schrecken des Karfreitags in Osterfreude verwandelt.«[1133]

3.6.16 Leben auf dem Zaun und die Heimatlosigkeit der Narren

»Die Zeit ist erfüllt, und das Reich Gottes ist herbeigekommen. Tut Buße und glaubt an das Evangelium!« In diesem Satz aus Mk 1,15 ist die Verkündigung Jesu zusammengefasst. In seiner Verkündigung geht es also im Wesentlichen um *Metanoia* als Voraussetzung zum Eintritt in das Reich Gottes. Das Wort Jesu «Wenn ihr nicht umkehrt und werdet wie die Kinder, so werdet ihr nicht in das Himmelreich kommen«, ist darum nicht als Drohung, etwas Ersehntes nicht zu erreichen, zu verstehen, sondern als Hinweis auf einen bestimmten Weg zu dem Ersehnten hin. Werden »wie die Kinder« – wie könnte das aussehen? Von dem Clown Johannes Galli stammt der Ausspruch: »Aus ganzem Herzen glaubt der Clown, das Leben wurde ihm geschenkt, damit er spielend die Welt erstaune«.[1134] Er fasst drei wesentliche Punkte zusammen, die Kinder und Clowns gemeinsam haben: etwas aus ganzem Herzen zu tun, das Leben als geschenktes zu verstehen – oder jedenfalls nicht als etwas, das man sich verdienen könnte oder müsste – und zu spielen.[1135]

1130 *Thielicke*, Lachen, 169. Historisch betrachtet, sind Narren und Clowns zwei durchaus verschiedene Verkörperungen von Unangepasstheit und Umwertung der Werte. Dieser Unterschied soll im Folgenden vernachlässigt werden, wie dies in der theologischen Literatur üblich ist.

1131 *Karnath*, Clownpädagogik, 75.

1132 *Türcke*, Blasphemie, 65, zitiert nach *Schroeter*, Unterhaltung, 109.

1133 *Harg*, Gott, 51.

1134 Zitiert nach *Matthiae*, Clownin, 302.

1135 Ob Kinder tatsächlich staunen oder nicht, darüber kann man streiten. Sehr kleine Kinder staunen nicht, alles, was sie zum ersten Mal sehen, ist eben so. Erst wenn sie

Clowns sind wie Kinder »Habenichtse«, sie unterscheiden sich jedoch in ihrem Bewusstsein von dieser Tatsache. Christliche Narren und Clowns wissen, dass sie nichts vorzuweisen haben, mit dem sie den Eintritt in das Reich Gottes erkaufen könnten. Kindschaft bedeutet, den Geschenkcharakter der Erlösung und des menschlichen Daseins überhaupt erkennen zu können. Wenn alles geschenkt ist, ist der Zugang zur Welt weniger ein aneignender als ein staunend wahrnehmender. Das christliche Narrentum könnte auch als *zweite Naivität* umschrieben werden, jedoch ist dieser Begriff missverständlich. Es geht nicht um tatsächliche Naivität, sondern um das spielerisch-kreative Tun-als-ob einer selbstbestimmten Erwachsenen, die, wann sie will, eine kindliche Haltung einnimmt. Humor in der Predigt kann dazu aufrufen, das scheinbar Selbstverständliche nicht mehr als selbstverständlich gelten zu lassen, sondern mit Fremd- und Eigenwahrnehmung zu spielen, sie einem Test der Lächerlichkeit zu unterziehen und so auf Wahrheitsgehalt und Veränderungswürdigkeit zu prüfen.
Wer solches tut, erstaunt die anderen und läuft Gefahr, nicht ernst genommen zu werden, wie es Kindern oft passiert und womit Clowninnen immer rechnen müssen. Es kann auch in den Augen mancher Predigthörerinnen einen Autoritätsverlust bedeuten, sich im Vollzug der Predigt die Welt zu er-staunen.
Nach Jean Paul ist der Clown der »personifizierte Humor«,[1136] nach Berger »eine prototypische Verkörperung des befreienden Humors«[1137] der alles nur spielen soll. Staunen als Modus der Weltaneignung hat etwas Spielerisches. Spielendes Verstehen ist eine induktive Herangehensweise. Den Einzelfall, das konkret Begegnende wahrnehmen und zu verstehen suchen, ohne zu meinen, alle anderen müssten es genauso verstehen, kann für einen erwachsenen Menschen, befreiend wirken.
Das Sprichwort »Kinder und Narren sagen die Wahrheit«, hebt darauf ab, dass beide nicht berechnend und auf ihren Vorteil aus sind, sondern entweder aufgrund von Naivität oder Unangepasstheit sagen, was sie meinen und beim Namen nennen, was ihnen begegnet.
Indem Jesus die Menschen zur Kindschaft aufrief, wollte er sie zu Veränderungen bringen, die ihr Leben freier machen würden, weniger den bestehenden Gesetzmäßigkeiten und Herrschaftsverhältnissen unterworfen. Diese Befreiung kann humorvoll sein, als Widerstand, als ironische Distanzierung, als Nicht-mehr-Funktionieren, als Verweigerung des Spiels nach den geltenden Spielregeln. Es ist eine Möglichkeit zur momenthaften Erlösung von »selbstauferlegten oder gesellschaftlich auferlegten Identitätsvorgaben.«[1138]

alt genug sind, um den Garten schon mit und ohne Schnee und das Wohnzimmer mit und ohne Weihnachtsbaum zu kennen, beginnen sie über solche Veränderungen zu staunen.

1136 *Jean Paul*, Vorschule, 160.

1137 *Berger*, Spuren, 106.

1138 *Matthiae*, Clownin, 302.

Die Narrheit wird zu einer Art Vorspiel zur Überwindung der empirischen Welt.[1139] Zum Narrentum in der Nachfolge Jesu gehört auch das »Nomadisieren«[1140] als Ausdruck der »Zurückweisung weltlicher Bindungen und Sicherheiten.«[1141] Clownerei ist wie der Humor insgesamt ein Grenzphänomen. »Der Clown oder Narr ist der, der dazwischen ist. Zwischen König und Volk, Klerus und Ungläubigen, Mächtigen und Ohnmächtigen, zwischen den Welten, der realen und der phantastischen. ... Er sitzt auf dem Zaun und kann zu beiden Seiten schauen. Diese Stellung prädestiniert ihn zu allen nur erdenklichen Interventionen.«[1142] Das Leben auf dem Zaun ist jedoch mit einer gewissen Unbequemlichkeit verbunden, mit Heimatlosigkeit.[1143]

Eng mit den selbst- oder gesellschaftlich auferlegten Identitätsvorgaben ist das Körperschema verbunden. Menschen haben einen Körper und eine Seele, d.h. sie können sich zu sich selbst ins Verhältnis setzen und sind insofern nicht nur ein Körper, sondern ein Leib.[1144] Der englische Neurologe Henry Head kam um 1920 zu der Auffassung, dass jeder Mensch im Lauf seines Lebens ein inneres Bild oder »Schema« seines Körpers entwickelt. Dieses Schema ist der Bezugsrahmen, anhand dessen die eigenen Körperbewegungen und die Körperhaltung reguliert werden; »gleichzeitig bildet es ein Bewertungsraster für viele andere Lebenserfahrungen, die mit der Körperlichkeit verknüpft sind«.[1145]

»Das Körperschema ist ein grundlegender Bestandteil der inneren Repräsentationen: Sie erwachsen aus den Erfahrungen, die ein Mensch in der Interaktion mit anderen macht, und sie ermöglichen und steuern ihrerseits weitere Erfahrungen. Das Körperschema ist also ein historisches, symbolisches Gebilde, durch das der Körper sich selbst konstituiert und dadurch zum Leib wird.«[1146] Das Körperschema ist kulturell geprägt – in anderen Kulturen herrschen beispielsweise andere Schönheitsideale – und wird innerhalb einer kulturellen Gemeinschaft von der sozialen Schicht und den individuellen Bedingungen der Familie, in die ein Kind hineingeboren wird, vermittelt durch den körperlichen Umgang, den die Bezugspersonen, also vornehmlich die Mütter, mit ihren Kindern pflegen.

Kleine Kinder sind noch ursprünglich in ihrem Körperausdruck, ihre Bewegungen sind noch nicht auf bestimmte Muster reduziert und vor allem haben sie noch nicht, oder nur ansatzweise, die gesellschaftlich normierten Ideale internalisiert, die de facto Stereotype sind. Im Humor eine kindlich-naive oder clowneske Haltung einzunehmen, wäre also eine

[1139] In diesem ethischen Sinn versteht auch Harvey Cox das christliche Narrentum (vgl. *Cox*, Fest 21f u. 29).

[1140] *Matthiae*, Clownin, 300.

[1141] *Berger*, Lachen, 228.

[1142] *Karnath*, Clownpädagogik, 74.

[1143] Zur christlichen Heimatlosigkeit vgl. *Cox*, Fest, 175.

[1144] *Klessmann*, Ethik, 82.

[1145] *Klessmann*, Ethik, 80f.

[1146] *Klessmann*, Ethik, 80f.

Möglichkeit durch Spielen mit den vorgegebenen Rollen eine positive Wiederaneignung des Körpers zu versuchen.[1147]

3.6.17 Moralpredigt und Predigtfehler als Schamverstärker

Wessen man »sich zu schämen hat«, ist kulturell bedingt und zeitabhängig. An der Bildung des schlechten Gewissens hat die Vermittlung des christlichen Glaubens stark mitgewirkt. Indem die Kirche sich Jahrhunderte lang bemüht hat, die Sündhaftigkeit des Menschen aufzudecken, hat sie wesentlich zur Vermehrung der Scham in der Welt beigetragen. In besonderem Maße geschah dies durch zwei Arten von Predigten: Predigten vom Endgericht, bei denen das Gericht mit bloßer Aburteilung verwechselt wurde und Moralpredigten, die durch Strafandrohungen ein Verhalten durchzusetzen versuchten, das von den Gläubigen selbst nicht eingesehen werden konnte. Zwar gibt es solche Predigten gegenwärtig im evangelischen Kontext kaum noch, sie wirken in der Bevölkerung aber noch deutlich nach, weil die heutige Großelterngeneration mit solchen Predigten aufgewachsen ist und diese Generation es vornehmlich ist, die den christlichen Glauben innerhalb der Familie tradiert. Schamgebundene Menschen, die mit einer rigiden kirchlichen Sexualmoral aufgewachsen sind und oft erst spät oder gar nicht aufgehört haben, sich ihres nackten Körpers und ihrer sexuellen Impulse zu schämen, und sie deshalb zu unterdrücken, nehmen an der Erziehung von Kindern teil und tradieren die mitlaufende Scham. Die auffällige Sexualisierung der Werbung trägt ihren Teil dazu bei, dass die individuell unterschiedlichen natürlichen Schamgrenzen häufig verletzt und langfristig verschoben werden. Auf sexuellem Gebiet schämen sich die Menschen heute scheinbar weniger, jedoch schämen sich auch viele ihrer Scham, so dass sie sich selbst überfordern, indem sie ihre Scham leugnen und sich sexuell offensiver verhalten als es ihren eigenen Bedürfnissen entspricht, weil dies gesellschaftlich gefordert scheint.[1148]

Zu den heutigen gesellschaftlich wichtigsten Normen gehören Leistungsfähigkeit, beruflicher bzw. finanzieller Erfolg, Schönheit und Jugendlichkeit. Diesen Idealen nicht oder nicht mehr zu entsprechen steht daher als Auslöser von Scham im Vordergrund. Gerade zur Hochstilisierung des Ideals ›Leistung‹ hat die Reformation durch ihr Arbeitsethos wesentlich beigetragen. Die Vorstellung von der doppelten Prädestination – zur Seligkeit und zur Verdammnis –, die das unbestreitbare Fehlen von umfassender Gerechtigkeit auf Erden für das Reich Gottes fortzuschreiben versuchte, hatte leider ›Erfolg‹. Das Arbeitsethos des Calvinismus hat sich

1147 Vgl. *Matthiae*, Clownin, 299.

1148 Auch bestimmte Fernsehshows, in denen sich Menschen mit ihren Beziehungsproblemen vor einem Millionenpublikum exhibitionieren, offenbaren einen eklatanten Mangel an Schamgefühl bei den beteiligten Personen: den Akteuren, den Talkmastern, dem voyeuristischen Publikum im Saal und bei den Fernsehzuschauerinnen, die zwar beim Anschauen dieser Sendungen selbst zum Teil Scham empfinden, sich aber auch an der Morbidität des Zurschaustellens von Intimitäten ergötzen.

verselbständigt und wirkt heute im gesamten so genannten christlichen Abendland fort, selbst da, wo Kirche und Christentum inzwischen nur eine marginale Rolle spielen.
Verschärfend kam hinzu, dass in der Wirkungsgeschichte der ›Magna Charta der neutestamentlichen Ethik‹, der Bergpredigt, die »bessere Gerechtigkeit« (Mt 5,20) der Gläubigen ein christliches Ideal als eine mit menschlichen Mitteln erfüllbare Forderung tradiert wurde, so dass das Zurückbleiben hinter der Vollkommenheitsforderung (Mt 5,48) als Versagen empfunden wurde und manche Zweige des Protestantismus autoritäre, genussfeindliche und freudlose Züge trug.
Die Wirkungsgeschichte des Christentums hat wesentlich dazu beigetragen, dass – neben der Feindschaft ›nach außen‹ gegen Andersgläubige (vor allem Antisemitismus) – auch ›nach innen‹ gegen die Christenheit mehr Strafe, mehr Strafandrohung und in der Folge mehr Versagensangst und Scham in die Welt gekommen ist.
Zeitgenössische Prediger wollen wohl kaum bewusst dazu beitragen, dass sich die Hörerinnen vermehrt schämen. Jedoch haben Predigten manchmal diesen Effekt. Und zwar, wenn sich die Predigthörer nicht ernst genommen fühlen.
Humor, wie er in dieser Arbeit verstanden wird, nimmt die Realität der Menschen ernst, sogar ernster als Predigten, in denen Humor keine Rolle spielt, weil Humor das Ausgegrenzte, das Absurde und Nichtige wahrnimmt und zur Sprache bringt. Der Wirklichkeitsausschnitt, den eine humorvolle Predigt darstellt, ist genauer als ein Ausschnitt aus der Wirklichkeit unter Ausblendung des Komischen.
Jedoch gibt es auch Auffassungen von Humor und daraus folgend einen Humorgebrauch, dem es mehr auf den witzigen oder heiterkeitserregenden Effekt ankommt als auf die präzise Darstellung der Realität. Wenn Humorprodukte in Überleitungen oder als Ausschmückungen verwendet werden, haben sie oft eine Art Pauseneffekt und sind meist unproblematisch. Wenn sie aber an empfindlichen Stellen der Predigt verwendet werden, d.h. an Stellen, an denen Hörerinnen potentiell eine Antwort auf eine wichtige Frage erhoffen, dann ist die Gefahr groß, dass das Humorprodukt das Gefühl evoziert, nicht ernst genommen zu werden. Manche Predigthörer sind selbstsicher genug, um die dann empfundene Peinlichkeit der Predigerin anzulasten, andere nehmen jedoch nur ein vages Gefühl einer Schieflage wahr, rechnen sich selbst einen Mangel zu und schämen sich dessen. Etwas Ähnliches passiert, wenn der Prediger in protestantischen »Jargon« verfällt. Auch hier empfinden die Hörerinnen, die noch nicht durch zu viele derartige Formulierungen abgestumpft sind, eine Schieflage. Die Aufforderung »Nimm dich wie du bist!« ist ohne Bezug darauf, dass Gott den Sünder annimmt, eine mögliche Folgerung aus der banalen Tatsache, dass eben jeder Mensch ist wie er ist. Dies hat aber keinen Verheißungscharakter und beinhaltet deshalb auch keinen Impuls zur Veränderung. Nach reformatorischer Theologie weiß Gott um die Sünde jedes einzelnen Menschen und übersieht sie gerade nicht, sondern nimmt den Menschen *in* seiner Sündhaftigkeit an. Die Sünde mit

Hilfe des Gesetzes als solche zu erkennen und zu benennen *und* die Annahme des Menschen durch Gott zweifelsfrei zu verheißen, wäre eine mögliche Definition für Evangeliumsverkündigung.
Den Unterschied zwischen den Allgemeinplätzen mancher Predigten und den klaren Unterscheidungen, die in biblischen Texten gemacht werden, empfinden die Hörer mehr oder weniger bewusst. Dies verursacht Peinlichkeit bzw. Scham, die, wenn sie ungeklärt bleibt, einen schalen Nachgeschmack der Predigt hinterlassen und dazu führen kann, dass sich die Hörerinnen abwenden.[1149]

3.6.18 Humor als Mittel zur Schamreduzierung

Wenn humorvolle Predigt an der Verminderung und nicht an der Erzeugung von Schamgefühlen teilhaben will, muss sie sich ihrer Möglichkeiten und Grenzen genau bewusst sein. Wo diese Möglichkeiten liegen, soll im Folgenden dargestellt werden.
Zwar hat ein Gottesdienst und damit auch die Predigt andere Ziele und Intentionen als eine Therapie, aber wenn man Predigt als Teil der »Inszenierung des Evangeliums« im Gottesdienst auffasst, gewinnt die von Scharfen berg gesehene »Analogie von Therapie und Textauslegung als gleichermaßen Wirklichkeit deutende (hermeneutische) Verfahren«[1150] Bedeutung. Zu den zentralen Aussagen der Heiligen Schrift beider Testament gehört die als Zusage gemeinte Aufforderung: »Fürchte dich nicht«. Für ebenso zentral halte ich das Anliegen christlicher Verkündigung, Scham dort, wo sie Menschen einengt und unfrei oder handlungsunfähig macht, abzubauen. Es geht dabei nicht um die lebensförderliche Scham, die Individuation erst möglich macht, sondern um Beschämungen, wie sie oben beschrieben sind, und wie sie im Laufe des Lebens zu vermehrter Schamangst führt.

1149 Fritz Riemann kann in diesem Zusammenhang sogar von »ekklesiogenen Neurosen« sprechen, wenn er auf Schädigungen der religiösen Persönlichkeitsentwicklung durch depressiv oder zwanghaft geprägte Predigten hinweist. Wenn auch nicht gerade ekklesiogene Neurosen, so doch Schamgefühle können als Effekte des Predigthörens immer dann auftreten, wenn etwas an der Predigt nicht stimmt. Das können Fehler wie »Scheinkommunikation« oder Realitätsleugnung sein, etwa ein fehlendes Bewusstsein der Predigerin für die »Begrenztheit der Möglichkeiten des Menschen« (*Engemann*, Homiletik, 220. Nach Engemanns Zusammenfassung gegenwärtiger Reflexionsperspektiven des Predigers als Subjekt (vgl. *Engemann*, Homiletik, 221) wären diese beiden Predigtfehler vor allem bei einem im Riemannschen Sinne »hysterischen« Prediger zu erwarten. Im Grunde handelt es sich bei den Predigtfehlern wie Scheinkommunikation etc. um kommunikative Doppelbindungen. Der Prediger steigt auf die Kanzel, um von der Liebe Gottes zu den Menschen zu predigen, unterlässt es aber von der Wirklichkeit ungeschönt zu sprechen, er »macht sich und anderen etwas vor, was der Realität nicht nur nicht standhält, sondern ihr auch keinen Widerstand entgegenzusetzen vermag, da es nicht aus der Auseinandersetzung mit der Lebenswirklichkeit der Hörer hervorgeht« (*Engemann*, Homiletik, 220).

1150 *Scharfenberg*, Seelsorge, 116.

Der therapeutische Ansatz Michael Titzes ist oben referiert worden. Für die Predigt könnte dieser Ansatz fruchtbar gemacht werden, indem Predigerinnen ihr Amt als Narren in der Nachfolge Jesu Christi sehen.
Wenn (Christen-)Menschen Humor haben, brauchen sie sich nicht selbst zu belobigen und sich selbst »schön zu lieben« (Moltmann-Wendel), sondern können gelassen davon ausgehen, dass sie in Gottes Augen bereits schön und gut sind und sich daraufhin entsprechend benehmen: befreit, un-verschämt, »keck« (Martin Luther) und solidarisch. Närrisches, clowneskes oder kindliches Selbstbewusstsein zieht seine Daseinsberechtigung und Würde nicht aus seinem Leistungsvermögen, sondern einfach aus seinem Dasein, theologisch formuliert: aus seinem Geschaffensein von Gott nach seinem/ihrem Bilde. Bejaht von Gott können Christenmenschen jeden fremden, nicht-bejahenden Blick dekonstruieren, was Matthiae als »Wiederaneignung des eigenen Ichs« beschreibt.[1151]

3.6.19 Zusammenfassung

Im Folgenden gebe ich eine Zusammenfassung des Potentials des Humors für die christliche Predigt in Form eines Schaubildes.
In der linken Spalte sind die Anforderungen und Schwierigkeiten der Predigtaufgabe und die Situation der christlichen Gemeinde benannt, in die hinein zu predigen ist.
In der mittleren Spalte sind die Funktionen, Modi und Wirkungsweisen des Humors aufgeführt, die ihn zur Teilhabe an der Predigtaufgabe qualifizieren.
In der letzten Spalte sind die erhofften und nach Auffassung dieser Arbeit möglichen Effekte des Humors aufgelistet.

Anforderung/Situation	**Funktion des Humors**	**(erhoffter) Effekt**
Reizung zum Glauben: Interesse wecken	Ergänzungsbedürftigkeit Indirektheit intellektuelle Herausforderung	Evidenz
Darstellung der rechtfertigenden Liebe Gottes	Wiederherstellung des Urvertrauens	Unterhaltung im nutritiven Sinn
Eschatologischer Bezug der Predigt	Lachen in der Gewissheit des Guten Ausgangs / Happy Ends	Weltabstand aufgrund der Hoffnung Erweiterung des Möglichkeitsraums
Was zu verkündigen ist: was Gott tut und will	Relevante Themen: Erzählt von dem, was im Leben zählt, fehlt, schmerzt, freut	Realitätsnähe

1151 *Matthiae*, Clownin, 249f.

Anforderung/Situation	**Funktion des Humors**	**(erhoffter) Effekt**
Unanschaulichkeit der christlichen Botschaft	Narrativität Bildhaftigkeit	Szenisches Verstehen
Ambivalenz der gottesdienstlichen Stimmung heilig – profan	Flüchtiger Modus des Ästhetischen	Begegnung wird möglich durch Flüchtigkeit des Humors
Kommunikation der Freude	Humor ist ganzheitlicher Prozess	Freude als intrinsische Motivation zum guten Handeln
Ambiguität	Metaphernförmigkeit der Humorprodukte	Neue Verstehens-möglichkeiten
Entmachtung des Vertrauten	Dekonstruktion durch Naivität	Kindlichkeit / 2. »Naivität«, die weiß, dass sie nichts weiß
Fremdheit der Predigtsprache	Konkretion/ Pathosreduktion	Alltagsnähe
Aufforderung zur Umkehr	Selbstkritik	Vorstufe zum Sündenbekenntnis
Schwere	Spielmodus/Umwertung/ Reframing	Erhebung Leichtigkeit Erheiterung
Aggression	Wird ermöglicht durch Identifizierung mit dem aggressiven Protagonisten	Wird bearbeitet: Integration
Scheitern	Empathie	Erfahrung des freundlichen Blicks Integration
Angst	Entängstigung (kognitiv und physiologisch)	Erweiterung des Möglichkeitsraumes auch körperlich erfahrbar
Scham	Körperliches Vergnügen	Schamreduktion

3.7 Humor in der Predigt als Unterhaltung zum Leben

»[D]arf ein Prediger Komödien machen?
Hierauf antworte ich, warum nicht? Wenn er kann.
Die zweite: Darf ein Komödiant Predigten machen?
Und darauf meine Antwort: Warum nicht? Wenn er will.«
Gotthilf E. Lessing[1152]

1152 So Lessing in einem Brief an den Theologen Johann Melchior Goeze, zitiert nach Homann, Christentum.

Die Hauptaufgabe der Predigt ist, ein Angebot zur Lebensdeutung zu machen, indem sie »sich *anhand* eines Textes und im Lichte des Evangeliums mit der Lebens*wirklichkeit* des Menschen einerseits und seinen sich durch den Glauben eröffnenden Lebens*möglichkeiten* andererseits«[1153] befasst. In allen drei Kapiteln von der Heiligkeit, der Eschatologie und der Rechtfertigung ist das Potential des Humors deutlich geworden, eine Ambivalenzerfahrung, die jeweils auf einem Kontrast (heilig-profan, schon jetzt-noch nicht, Sünder und Gerechtfertigter) beruhte, wahrzunehmen und nicht eins zu Gunsten des anderen aufzulösen. Humor kann also als »ein bewusster, aktiver Umgang, ein kreatives Betrachten der Welt« verstanden werden.[1154] Somit ist er an die Persönlichkeit derer gebunden, die Humor haben.[1155] Humor zu haben, bedeutet, das Komische, Inkongruente, Nichtstimmige und Danebenliegende erkennen zu können und zwar auch an sich selbst. Manche christlichen Autoren, die sich mit dem Humor befassen, weisen den von Freud im Humor entdeckten »Triumph des Narzissmus« ab zugunsten eines »über sich selbst lachen können«.[1156] Nach meinem Verständnis vereinigt ein christlich-theologisch begründeter Humor jedoch beides.

Über sich selbst lachen zu können, hat seinen Ermöglichungsgrund in der Gnade Gottes, aus der ein gläubiger Mensch »Weltabstand« (H. Luther) gewinnt. Dieser Weltabstand hat aber auch eine trotzige Seite, die man mit dem psychologischen Terminus »gesunder Narzissmus« bezeichnen könnte oder theologisch mit »Weltüberwindung«.[1157] Diese ist gemäß Joh 16,33 (»In der Welt habt ihr Angst, aber seid getrost, ich habe die Welt überwunden«) nicht so zu verstehen, als sei die irdische Wirklichkeit nichtig, sondern gerade als Weltbejahung inkarnatorisch. Humor als Form der Lebensbewältigung ist ein »Gleichnis des Himmelreichs«,[1158] das nicht mit Illusionen vertröstet, sondern »uns die Vision einer von Gott ins Dasein gerufenen, von ihm gehaltenen und seinem Ziel entgegengehenden Welt vor Augen [malt], die wirklicher ist als alle Wirklichkeiten *dieser* Welt«.[1159]

Humor als *eine* mögliche Form der Unterhaltung umfasst die drei aufgeführten Dimensionen guter Unterhaltung: die nährende, die kommunikative und die delektarische.

3.7.1 Humor in der Predigt ist nährend

Die nährende bzw. »nutritive« Dimension umfasst zwei Ebenen des Predigtgeschehens, die verkündigende und die der Aneignung durch die Hö-

[1153] *Engemann*, Homiletik, 421.
[1154] *Bieber*, Humor, 285.
[1155] Bieber u.a. nennen denjenigen, der Humor hat, einen »Humoristen« (ebd.), dieser Begriff wird aber im alltäglichen Sprachgebrauch eher für Comedians oder Kabarettisten verwendet.
[1156] Vgl. *Bieber*, Humor, 285.
[1157] *Thielicke*, Lachen, 96.
[1158] *Bukowski*, Humor, 33.
[1159] *Bukowski*, Humor, 34.

rerinnen. Auf der Seite der Verkündigung entfaltet der Humor sein Potential der Konkretion. Indem Humorprodukte – etwa Witze, pointierte Sentenzen oder kühne Metaphern – existentielle Probleme zugleich drastisch konkret und unpathetisch benennen oder darstellen, sind sie ein geeignetes Mittel, um von dem zu sprechen, wovon christliche Predigt zu sprechen hat: von der Lebenspraxis derer, die zugleich Gerechtfertigte und Sünder sind (*simul iustus et peccator*), vom Bleiben der Mangelerfahrung, die Menschen auch – und vielleicht gerade – dann machen, wenn sie Christen sind (Leiden an Gottesferne, Vergänglichkeit und Entfremdung), von der imperfekten kirchlichen Praxis (Reich-Gottes-Ferne der Kirche, Kirchenspaltung, Machtkampf) und der menschlichen Endlichkeit (Eschatologie). Weil Humor eine Trotzmacht ist, hat er das Potential, von beidem zu sprechen: ungeschönt von der Wirklichkeit, die – wie viele Witze – von der Diskrepanz zwischen Anspruch und Realität gekennzeichnet ist, und hoffnungsvoll-selbstbehauptend von den Lebensmöglichkeiten. So hilft er durch leichtfüßige Geschichten, einen Zugang zu Verdrängtem zu schaffen und erleichtert so das »Erinnern, Wiedererleben und Durcharbeiten«.

Zur nutritiven Dimension des Humors gehört auf der Ebene der Aneignung, dass die Hörer während der Kanzelrede in die vom Humor gelassenen »Lücken«, die durch Andeutungen oder Metaphern entstehen, Eigenes hinzufügen. Dies geschieht nicht nur, wenn die Lücken in der von der Predigerin intendierten Weise gefüllt werden, sondern auch, indem die Hörerinnen eingedenk ihrer eigenen Lebenserfahrung einer Aussage der Predigt innerlich widersprechen. Der Spielmodus des Humors unterdrückt den Widerspruch nicht, sondern lädt dazu ein, das Gehörte auf Plausibilität zu prüfen, wie man dies auch bei einem profanen Humorprodukt tun würde, um festzustellen, ob man zu Recht oder zu Unrecht gelacht bzw. nicht gelacht hat. Das Gehörte / eine Predigtaussage wird »durchgekaut«, das für gut Befundene »assimiliert«, der Rest zurückgewiesen.

Wenn Prophetie nicht als Voraussagen, dessen, was sein wird, sondern als »Heraussagen«[1160] dessen, was ist, verstanden wird, kann der Humor sogar eine prophetische Qualität erlangen. Er verfremdet die Wirklichkeit so, dass den Hörerinnen das, was sie von sich und von Gott denken, fraglich wird. Humor als Mittel der Befreiung hat das Potential, soziale Klischees und andere geronnene Denkfiguren zu verflüssigen, unzutreffende Selbstbilder und unterdrückende Gottesbilder zu relativieren. Gott als Clownin, Gott als glühender Backofen (M. Luther), Gott als Bäckerin, Jesus Christus als Schachtelmännchen[1161] – das sind humorvolle und ge-

1160 *Ebach*, Das Marginale, 30.

1161 Vgl. Zur »Clownin« *Matthiae*, Clownin, 264–304; zum »Schachtelmännchen« *Berger*, Lachen, 249: »Schachtel- und Stehaufmännchen sind überraschende, doch durchaus angemessene Symbole der Auferstehung. Christus war das erste ›Männchen‹, das wieder aufstand, und wie der Apostel Paulus erläuterte, ist dies der Grund für unsere eigene Hoffnung, wieder aufstehen zu dürfen, wenn wir (auf der Bananenschale des Lebens) ausgerutscht und hingefallen sind.«

wagt-kreative Sprachspiele, neue Metaphern, die eine Seite an Gott aufscheinen lassen, die durch traditionelle Gottesprädikate unbemerkt blieben. Die Fragmentarität und Unvollständigkeit dieser neuen Metaphern ist unübersehbar; darum entsprechen sie dem Bilderverbot, das verbietet, sich ein Bild von Gott zu machen, nicht aber verbietet, in immer neuen Umschreibungen und Bildern von Gott zu sprechen.
Ein Sprachspiel wie das von Gott als einer Clownin lässt etwas aufscheinen vom Ärgernischarakter des Humors. Gott ein bestimmtes – in diesem Fall weibliches – Geschlecht zuzuschreiben, verstößt bereits gegen die Auslegung des Bilderverbots als Verbot von Fest-Stellungen[1162] jedweder Art. Jedoch tut dies jedes Bild von Gott als einem männlich Vorgestellten ebenfalls (der Hirte, der Herr, der Vater), dies aber in einer Geläufigkeit, die die Geschlechtszuschreibung allzu unproblematisch erscheinen lässt. Der Ärgernischarakter des Humors ist eine wesentliche Komponente, die ihn als Mittel der Dekonstruktion qualifiziert.
Dabei ist humorvoll-aggressive Dekonstruktion als Teil des Predigtprozesses nicht nur ein Mittel, das auf dem Weg zur Lebensdeutung als einer konsistenten Re-Konstruktion angewandt wird, sondern hat zugleich eine theologische Dimension. Die Auferweckung Jesu Christi, der notwendigerweise die Auferweckung aller folgen muss (1Kor 15), ist eine grundsätzliche Infragestellung des Tun-Ergehen-Zusammenhangs; aus dieser eschatologischen Perspektive ist jeder kausal oder auch nur konsequent verstandene Zusammenhang von Tun und Ergehen zutiefst in Frage gestellt. Viele Witze handeln davon, wie Menschen trotz Fehlverhaltens noch einmal davon kommen oder trotz bester Absichten in Bedrängnis geraten. Die scheinbaren Selbstverständlichkeiten, sogenannte Sachzwänge und kausale Zusammenhänge des menschlichen Lebens können humorvoll als Konstrukte entlarvt und so relativiert werden. Die Auferweckung der Toten ist der eschatologische Fluchtpunkt, auf den hin der christliche Glaube die Welt uminterpretiert und als etwas Vor-Letztes relativiert. Der grundsätzlich vorhandene Transzendenzbezug des Humors – auch beim profan verstandenen Phänomen[1163] –, wird in der christlichen Predigt so verortet, dass er zum Fluchtpunkt wird, auf den hin die humorvolle Predigt das Augenscheinliche umdeutet. Der Humor als Grundhaltung verbindet sich auf Seiten der Predigerin mit der Hoffnung auf die Gnade Gottes. Diese manifestiert sich in dem, was Menschen Wirklichkeit nennen und wird mit unterschiedlichsten Sprachformen kommuniziert. Die christlich-traditionellen Theologumena bzw.

[1162] Vgl. *Marti*, Gott, 100.

[1163] Vgl. *Berger*, Lachen, 241 u.ö. Berger unterscheidet zwischen einer »niedere[n]« Transzendenz, »sie hat keine notwendigerweise religiösen Implikationen« und einer »höhere[n]« Transzendenz, im Sinne von »religiös im ganzen, wahren Sinne des Wortes. Es gibt keinen unvermeidlich vorgezeichneten Weg von der ersten zur anderen Transzendenz. Natürlich nicht – sonst wäre jeder Kabarettist ein Diener Gottes (wie Don Quijote das von sich dachte). Es gibt einen säkularen und einen religiösen Modus des komischen Erlebens, und der Übergang vom einen zum anderen erfordert einen Glaubensakt« (241f).

Symbole dafür sind Erlösung, Rettung, Auferstehung, Segen, Geist der Freiheit, Heilung, Offenbarung, Exodus/Befreiung, Heilung etc. Wie immer man diese menschlichen Erfahrungen benennt, ob mit theologisch oder psychologisch besetzten Begriffen, immer geht es um einen guten Ausgang, ein Happy End. Wenn auch in der alltäglichen Erfahrung, die Prediger und Predigthörerinnen miteinander teilen, diese Happy Ends immer nur temporär sind, wird doch nach christlichem Verständnis die menschliche Existenz insgesamt als eine mit gutem Ausgang – einem wie auch immer vorgestelltem »Sein bei Gott« (1Thess 4,17) – geglaubt. Sie ist also aufs Ganze betrachtet eine Komödie. Diese Betrachtungsweise in der Gewissheit des kommenden oder begleitenden Guten erlaubt einen neuen, hoffnungsvolleren Blick. Das im Humor aufscheinende gute Ende wird in humorvollen Predigten – wie in Kapitel 4 noch gezeigt wird – oft in irgendeiner Weise als freundlicher Blick Gottes dargestellt. Dieses freundliche Angesehenwerden ist der Ermöglichungsgrund zum Spiel mit Eigen- und Fremdwahrnehmung, Humor ist eine Weise es darzustellen und so das Evangelium zu kommunizieren.

Zum Evangelium gehört bereits in der Verkündigung Jesu die Dekonstruktion bzw. Verflüssigung von Klischees. Umwertung/Reframing von Hierarchien[1164] und unmögliche, undenkbare Beziehungen[1165] waren wesentlicher Inhalt seiner Verkündigung. Die Bibel beider Testamente ist reich an querstehenden Zugängen; quer zu gängigen gesellschaftlichen und religiösen Auffassungen,[1166] quer zur Hierarchie.[1167] Der Ausstieg aus der Zwanghaftigkeit einer bestimmten Blickrichtung ermöglicht einen genaueren, einen *gedehnten* Blick, der »frech ... das Kleine [achtet]« (*H. Luther*) und darin als heilsame Verunsicherung auch unbequem sein kann. Der Ärgernischarakter des Humors besteht also nicht nur darin, dass er sich – gerade wenn er gelingt – meist auf der Grenze zur Häresie bewegt, sondern vor allem darin, dass er »*bittere* Medizin fürs Volk«[1168] ist und für mich »... der ich mich so gefährlich mit Gott im Frieden wähne«.[1169] Es gibt Humorprodukte, die Gott, den anderen und die Welt als bleibend fremd und different darstellen. Sie könnten eine wichtige, von H. Luther betonte Funktion von Religion vermitteln, nämlich den »Protest gegen falsche Versöhnung«.[1170] In diesem Protest liegt eine produktive Verunsicherung, eine geschärfte Wahrnehmung für den Weltabstand.

1164 Vgl. Mk 12,13–17 (Kaisersteuer), Lk 1,46–56 (Magnifikat), Mk 10,13–16 (Kindschaft als Zugang zum Reich Gottes).

1165 Vgl. Lk 19,1–10 (Jesus und Zachäus), Joh 4,1–42 (Jesus und die Samariterin am Brunnen), Mt 22,23–33 (Saduzzäerfrage).

1166 Vgl. Gen 18,22–33 (Abraham feilscht mit Gott); Dtn 7,7 (Erwählung des kleinen Volkes); Hi 1,12 (Gott trifft Vereinbarungen mit Satan).

1167 Vgl. Aufstieg Josefs, Erwählung des jüngsten Kindes David zum König, Bevorzugung der scheinbar unfruchtbaren Frau (Sarah, Rahel, Hannah).

1168 *Beuscher*, Paradox, 128. Im Original in Kapitälchen geschrieben und »bitter« eingeklammert.

1169 *Jetter*, Predigt, 221.

1170 *H. Luther*, Schmerz, 247.

3.7.2 Humor in der Predigt ist delektarisch

Die delektarische Dimension des Humors ist von den beiden anderen untrennbar. Humor macht Spaß, ist vergnüglich, interaktiv, erhebend, erheiternd, befreiend. Die Erweiterung des Möglichkeitsraumes, die inhaltlich an die Gnade Gottes gebunden ist, wird mittels Humor kognitiv und körperlich kommuniziert und erlebt. Im Humorprozess wird der ganze Mensch angesprochen, Verstand, Gefühl und Körper. Wenn es zum Lachen kommt, wirkt es sich entspannend auf die Muskulatur, befreiend auf die Atmung und erhebend auf die hormonelle Situation aus. Beim Lachen wird das Blut mit Sauerstoff angereichert, was sich auf die Aufmerksamkeit der Hörer auswirkt, die Gefäße werden erweitert und so hat Lachen eine insgesamt entspannende, als angenehm empfundene Wirkung. Diese Effekte sind messbar ähnlich, selbst wenn nur Schmunzeln oder Lächeln die Humorreaktion sind. Die Ausschüttung von Endorphinen wie Dopamin und von Adrenalin rufen Empfindungen hervor, die der sexuellen Lust ähnlich sind und deshalb sowohl erhebend als auch in einem umfassenden Sinn erfreulich.

Untrennbar von den körperlichen Hochgefühlen ist das kognitive Erleben. Humor in der Predigt ermöglicht Genuss. Das Genießen kann aktiv sein, wenn dem Hörer bewusst wird, dass er neue Möglichkeitsräume durchschreitet oder beim lateralen Denken. Passiv kann man die Übereinstimmung von Form und Inhalt genießen, die manche Humorprodukte (besonders humorvolle Gedichte oder lautmalerische Ausdrücke) bieten, aber auch die demonstrative Diskrepanz von Form und Inhalt, mit der viele Humorprodukte spielen, kann sehr erheiternd sein.

Humor ermöglicht durch Dekonstruktion den Ausstieg aus der Zwanghaftigkeit von belastenden Bedeutungszuschreibungen und wirkt dadurch befreiend. Die Befreiung, und Leichtigkeit, die Predigthumor vermitteln kann, wird sowohl kognitiv vermittelt als auch durch das Körperempfinden, das sie verstärkt und erlebbar gemacht

Weil sich Humor in der Predigt, wenn er gut unterhalten soll, kurz fassen und/oder überraschend sein muss, befreit er auch von Langeweile, die durch exzessive Redundanz, falsches Pathos und Euphemismen entstehen können. Humor ist immer unpathetisch und nennt die Dinge beim Namen; Euphemismen werden entweder entlarvt oder demonstrativ benutzt, was auf dasselbe hinausläuft.

Das Befreiende am Humor in der Predigt befreit aber nicht nur *von* etwas, sondern auch *zu* etwas. Von der nährenden Gnade Gottes ausgehend, vermittelt die konkrete und zugleich entdramatisierte Beschreibung der Sündhaftigkeit etwas von der Fehlerfreundlichkeit Gottes. Wenn der Predigthumor darstellen kann, dass Gott sein mangelbehaftetes Ebenbild freundlich anblickt, befreit und ermutigt dies die Predigthörerinnen zu mehr Eigensinn und unangepasstem Verhalten – als Gegenmittel zur »sin of hiding« – und zu weniger Leistungsorientierung. Humor könnte mit seiner Leichtigkeit und seinem Spielmodus‹ zur Predigt als »Entpflichtungsdiskurs« beitragen, die das *sola gratia* und *sola fide* des protestantischen Glaubens zur Darstellung bringt.

3.7.3 Humor in der Predigt ist kommunikativ

Humor gilt allgemein als kommunikationsfördernd. In der Kirche ermutigt gemeinsames Lachen oder Schmunzeln zur Solidarisierung des Hörers mit den anderen Hörern, mit der Predigerin, besonders wenn sie weibliche, d.h. selbstkritische Formen von Humor benutzt, und mit den Protagonisten der humorvollen Erzählungen oder Bildern. Durch Lachen verändert sich die Atmosphäre in der Gottesdienstgemeinde, man nimmt den Sitznachbarn wahr und das Fremdheitsgefühl im sakralen Raum wird reduziert. Dieses wiederum ermöglicht einen leichteren Zugang zur Liturgie. Im Idealfall wird die Fremdheitserfahrung, die viele Menschen im Gottesdienst machen, so gemindert, dass die Alltagsrelevanz des Gottesdienstes inklusive der Predigt plausibel wird.
Wichtig für die kommunikative Dimension des Humors ist die Offenheit des Dialogs in der Kanzelrede. Zur Offenheit des Dialogs gehört die Transparenz der Perspektivität des Humors. Indem er alles einschließlich seiner selbst zur Disposition stellt, vertritt er keine absolute Position, sondern stellt sich den Ungereimtheiten, die sich aus der Kontingenz menschlichen Lebens ergeben. Prediger und Hörer treten in der Kanzelrede in eine als gemeinsam vorausgesetzte, nie endende Suchbewegung ein. In der Flüchtigkeit der Pointe wird die Unabschließbarkeit dieses Dialoges dargestellt.
Zur Offenheit des Dialogs gehört auch die Symmetrie der Beziehung. Obwohl manche Predigthörer sich eine Autorität auf der Kanzel wünschen, funktioniert Predigthumor als Gestaltungsmodus m.E. nur dann, wenn die Beziehung zwischen Prediger und Hörergemeinde als symmetrisch angenommen wird. Die existentiellen Fragen und Antworten sind auf beiden Seiten gleich virulent, zwar hat die Predigerin eine genauere Kenntnis der Bibel und der Tradition, aber keinen Vorsprung, was den Glauben oder die Sündhaftigkeit angeht. Die symmetrische Beziehung geht von einer »Atmosphäre der Partnerschaft unter Gleichberechtigten«[1171] aus, denn nur in einer solchen Atmosphäre kann – unter der Moderation des Humors – ein Dialog über Mangel und Schmerz eröffnet werden, in dem die menschliche »Intention fürs Unendliche«[1172] zu Bewusstsein kommen kann.
Zur kommunikativen Dimension gehört, dass die Ergänzungsbedürftigkeit der Predigt die Aktivität der Hörerinnen herausfordert. Sie werden in humorvoll erzählte Geschichten oder Szenen so verwickelt, dass die Hörer und Hörerinnen die Kanzelrede zum Ausgangspunkt eigenen Nachdenkens nehmen können. Humorvolle, schräge Geschichten, die auf keine »Moral von der Geschicht« zulaufen, sondern »Takes« und »Moves«

[1171] *Schroeter-Wittke*, Predigt, 96.
[1172] *H. Luther*, Schmerz, 251.

(Buttrick), die nicht nur etwas illustrieren, sondern Raum geben für Assoziationen und Phantasien, ermöglichen ein nicht nur logisches, sondern intuitives Verstehen. In der Psychoanalyse nennt man diese Art von Verstehensprozess »szenisches Verstehen« (*Lorenzer*). Wenn eine Predigerin einen etwas größeren, weiter gesteckten Rahmen als den von ihr bei den Hörern angenommenen anbietet, den diese als für sich akzeptabel oder nicht akzeptabel ausprobieren können, stellt er ein probates Mittel dar, zu neuen Deutungen von Situationen und Beziehungen zu kommen. Humor ist eine Möglichkeit, dieses szenische Verstehen zu befördern. Indem er Angebote im Spielmodus macht, den »schrägen Blick von unten und von der Seite«, einzuüben, der dem Kleinen, Unscheinbaren und Abweichenden Aufmerksamkeit schenkt.[1173]
Erst das von der Hörerin selbst Hinzugefügte vervollständigt das vom Prediger Gesagte. Beides zusammen, der ernstgenommene und konkret dargestellte Alltag und die Darstellung der im Glauben zu gewinnenden Gewissheit als nur vorübergehende bewirkt auf Seiten der Hörerinnen ein Reframing, eine Verschiebung (»shift«) der Deutung einer bestimmten Situation bzw. einen »Wechsel zweiter Ordnung« (*Watzlawick*). Wechsel zweiter Ordnung lösen ein Problem oder eine Frage nicht nach dem Prinzip »mehr davon«, sondern stehen quer zu gängigen Lösungsvorschlägen, was Edward De Bono »laterales Denken«[1174] nennt.
Langfristig rufen gelungene humorvolle Predigten ein Interesse an weiteren »inter-ess-anten«, ergänzungsbedürftigen Predigten hervor. Mit der Sensibilisierung der Wahrnehmung auch des Ausgegrenzten aus den vielen Perspektiven des Humors ist eine realistischere Wahrnehmung seiner selbst, der anderen und Gottes möglich und in der Konsequenz eine Erweiterung des Verhaltensrepertoires. Das im Humor eingeübte Bewusstsein des Weltabstandes wird zum geschärften »Möglichkeitssinn« und kann so zur Erweiterung des Möglichkeitsraumes beitragen.

3.8 Unwissenschaftliches Nachdenken über Gottes Humor

»26.
Gesetzt den Fall, Sie glauben an einen Gott:
kennen Sie ein Anzeichen dafür, dass er Humor hat?«
Max Frisch[1175]

»Gott hat Humor, er ist kein Fanatiker!«[1176]

[1173] *H. Luther*, Schmerz, 252.
[1174] Der Begriff wurde von De Bono als Gegensatz zum vertikalen Denken geprägt; er beschreibt eine bewusste Form des Querdenkens. Dominante Ideen werden als solche erkannt, auf spielerische Weise werden ungewöhnliche Betrachtungsweisen gesucht, die Strenge des logischen Denkens wird gelockert und dem Zufall eine Chance gegeben (vgl. *De Bono*, Denken, 49).
[1175] *Frisch*, Fragebogen, 42.
[1176] *Lübking*, Humor, 73. Ebach kann sogar von einem »Mangel an Konsequenz und Moralismus bei Gott« sprechen (*Ebach*, Gebote, 55).

In der Literatur zum Thema Humor und Glaube wird immer wieder die Frage nach dem Humor Gottes gestellt.[1177] Im Bewusstsein dessen, dass alle Antworten auf diese Frage spekulativ bleiben müssen, lassen sich dennoch mehrere Argumente für den Humor Gottes anführen:

1. Menschen haben Humor und sind zum Ebenbild Gottes geschaffen
Während die Sünde, die Sterblichkeit, die Unvollkommenheit und einige andere Eigenschaften, die mit menschlichen Begrenzungen zusammenhängen, wohl nicht auf Gott übertragbar sind, ist dies in Bezug auf einige Fähigkeiten des Menschen jedoch möglich: Gott kann lieben, zürnen, es sich gereuen lassen. Insofern Gott lebendig ist und fühlen kann, dürfte er/sie auch so etwas wie Humor haben.[1178] Mit der Metapher »Clownin Gott« beschreibt Gisela Matthiae die vielfältigen Erscheinungsformen von Gottes Bemühung um uns Menschen, die durchaus clowneske bis humoristische Züge trägt.

2. Gott kann von sich selbst absehen
Die Selbstzurücknahme Gottes ist ein wichtiges Motiv im Christentum wie im Judentum. Gott ist in Jesus Christus in Niedrigkeit auf die Welt gekommen (Lk 2,12), hat Knechtsgestalt angenommen (Phil 2,7f) und sich seiner Macht entäußert. Das Motiv der Selbstentäußerung Gottes, christlich-theologisch »Kenosis« genannt, gibt es auch im Judentum: »Zimzum«. Gott kann sich so weit zurücknehmen, dass er/sie keine Ausdehnung hat. Er/sie findet Platz zwischen den beiden Flügeln der Cheruben auf der Bundeslade. Die Selbstzurücknahme und der Verzicht auf die Macht ist bereits eine Form von Umwertung der menschlichen Werte, nämlich, dass Größe, Macht, Reichtum, körperliche Schönheit nicht das ist, worauf es in seinem Reich ankommt.
Ein anderes für Gottes Humor zentrales Beispiel der Selbstrelativierung ist die Sarah-Abraham-Geschichte. Wenn *Isaak* auch als *»Gott lacht«* verstanden werden kann, gibt es in der Bibel – wenn auch nur ein einziges, so doch an denkbar exponierter Stelle, der Ursprungsgeschichte des Volkes Gottes – nicht-hämisches Lachen Gottes. Ausgelacht von Abraham und Sarah ist Gott derjenige, der nicht humorlos auf Strafe sinnt, sondern das Lachen des Menschen über Gott zulässt und die Beziehung zu den zweifelnd lachenden werdenden Eltern mit einer Verstärkung der Verheißung bekräftigt. Gott hat es nicht nötig, wie später weite Teile des christlichen Mönchtums, das Lachen zu unterdrücken und moralisch zu verurteilen.[1179]

1177 Vgl. *Holthaus*, Lachen, 50–60; *Homann*, Christentum; *Hyers*, God, 9–23. Aber auch die säkularen Humorforscher fragen bisweilen nach Gottes Humor; vgl. *Handelman*, Religion, 30.
1178 Vgl. L. Steiger: »Weil der biblische Gott nicht nur νους ist, sondern auch Affekte hat ..., hat er selber Humor« (*L. Steiger*, Humor, 700). Vgl. *Sauer*, Humor(un)fähigkeit, 16.
1179 Vgl. *Kuschel*, Lachen, 99.

3. Gott braucht Humor
Wir Menschen sind unvollkommen, sündig, dem Willen Gottes widersetzlich, »böse von Jugend auf« (Gen 8,21). Aber Gott liebt uns trotzdem. In menschlichen Kategorien gesprochen ist auch Gottes Sein in der Menschenwelt von Ambivalenz geprägt. Er braucht daher Humor, um es mit uns auszuhalten. Er braucht die Trotzmacht des Humors, um die Hoffnung auf uns nicht aufzugeben.[1180]

4. Gott zeigt seinen Humor
Es mag sein, dass dies das schwächste aller Argumente ist, aber ich habe es oft zur Antwort bekommen, wenn ich nach dem Humor Gottes gefragt habe. Gott hat seinen Humor mit der Schöpfung unter Beweis gestellt, als er Tiere schuf, die Menschen lustig finden: Pinguine, Seepferdchen, Erdmännchen, Elefanten, Frösche, Affen usw. Nicht nur mit der Schöpfung aus dem Nichts, sondern auch mit ihrer Unterhaltung beweist Gott seine Kreativität und Liebe, die beide wichtige Bestandteile des Humors sind. Vieles von dem, was Gott erschaffen hat, hat keinen erkennbaren Nutzen, der nicht auch anderweitig erzielt werden könnte. Gott scheint vieles zu seinem eigenen oder seiner Geschöpfe Vergnügen erfunden und geschaffen zu haben, vielleicht aus Spaß an unserer Freud.

5. Jesus hatte Humor
So wenig die Frage zu klären ist, »ob Jesus gelacht hat, so offensichtlich ist, dass Jesu Sein in Wort und Tat nie witzlos war, sondern voller ›heiligem Esprit‹, wie es auch von den Jüngern heißt, sie ›waren aber voll der Freude und des heiligen Geistes‹ (Apg 13,52).«[1181]

1180 Marquard hat Unrecht, wenn er meint, dass für Gott alles durchsichtig sei, dass er nichts ausschließt, nichts verdrängt und darum »nichts zu lachen« habe (*Dietzsch/Marquard*, Lachen, 13). Weil Gott die Menschen liebt, reicht die Widersprüchlichkeit bis an seinen Thron (vgl. *Berger*, Lachen, 112).
1181 *Beuscher*, Spaß, 532.

4. Predigtanalysen

Im Folgenden werden Predigten analysiert, bei denen auf der Textebene Humorgebrauch zu erkennen ist. Solche zu finden, gestaltete sich schwieriger als erwartet. Nach meinen eigenen Erfahrungen und den Aussagen anderer Predigthörerinnen gibt es zwar Predigten, die zum Schmunzeln und vereinzelt sogar zum Lachen einladen, aber dieser Humor entsteht durch eine von Leichtigkeit geprägte, augenzwinkernde Vortragsweise (so auch zusätzlich bei den hier vorgestellten Predigern), durch gemeindeinterne Andeutungen, die für Außenstehende unverständlich bleiben oder unfreiwillig. Im Lauf der Zeit habe ich auch einige Predigten gelesen, die das Thema Humor, Lachen, Osterlachen oder die Heiterkeit der christlichen Freude behandeln, dabei jedoch selbst nicht von Heiterkeit, Spielmodus oder Leichtigkeit geprägt waren. Wegen des Auseinanderklaffens von Form und Inhalt habe ich solche Predigten nicht in meine Betrachtung aufgenommen.
Die vorliegende Arbeit ist eine reine Literaturarbeit, es haben keine systematischen Hörerbefragungen, etwa zur Wirkung von Humor in der Predigt, stattgefunden. Diese hätten – neben der Mitwirkungsbereitschaft von ausreichend vielen Hörerinnen – vorausgesetzt, im Voraus zu wissen, welcher Prediger, wann und wo eine humorvolle Predigt halten würde. Da Humor auch in der Predigt letztlich unverfügbar bleibt, muss ein solches Vorhaben wohl ein Desiderat bleiben.

Das homiletische Dreieck, das dieser Arbeit zugrunde liegt, ist daher das Dreieck

Text – Situation – Prediger.

Als *Bibeltext* wurde das Buch Jona gewählt, weil es aufgrund eigenen Humorgebrauchs humorvolle Predigten erwarten ließ. Da das Buch Jona keinen Platz in der Perikopenreihe hat, ist die Auswahl an Predigten dazu nicht sehr umfangreich. Als *Predigtsituation*, die ebenfalls humorvollere Predigten als andere Sonntage erwarten ließ, bot sich der Karnevalssonntag an, der in katholischen und zunehmend auch evangelischen Gemeinden des Rheinlands und einigen anderen Gegenden Deutschlands zu einem Kasus geworden ist.
Und schließlich werden Predigten von zwei ausgewiesen humorvollen *Predigern* analysiert und zwar dem Deutschen Henning Schröer und dem Amerikaner Joseph M. Webb. Beide haben sowohl Aufsätze oder Mono-

grafien zum Thema Humor geschrieben, Joseph M. Webb sogar direkt zum Thema Humor in der Predigt (siehe oben 3.1.2).
Das Hauptanliegen der Predigtanalysen ist es, aufzuzeigen, wie unterschiedlich in formaler Hinsicht Humorgebrauch sein kann und welche Möglichkeiten und Spielräume sich auftun, wenn Predigerinnen es wagen, der Spur des Humors zu folgen.

4.1 Die Analysemethode

Wie bereits erwähnt sind die zwei Hauptschwierigkeiten dieser Untersuchung die Seltenheit und die Unvorhersehbarkeit von humorvollen Predigten. Die Predigtanalysen müssen daher auf der Basis von Manuskripten oder veröffentlichten Predigten vorgenommen werden. Bestimmte Analysemethoden wie etwa die pastoral- oder die kommunikationspsychologische scheiden damit ebenso von vornherein aus wie die sprechakttheoretische, obwohl gerade diese Ansätze besonders geeignet erscheinen, den Humor in seiner Dimension als Beziehungsgeschehen zu beschreiben. Da diese Methoden jedoch die Mitwirkung von Predigerin und Hörern bei der Analyse voraussetzen, waren sie im Rahmen dieses Projektes undurchführbar.[1182]
»Es gibt nicht *die* Methode der Predigtanalyse.«[1183] Verschärft wird diese Einsicht noch, wenn man davon ausgeht, dass Mündlichkeit für Predigten konstitutiv ist und man daher mit Recht fragen kann, ob es sich bei den hier vorgestellten um Predigten im Vollsinn handelt.[1184] Jedoch soll an die Predigten kein Maßstab angelegt werden, der ihnen nicht entspricht. Die Predigten sollen »ausreden dürfen«, darum sind sie nach einer kurzen Einführung in die Predigt und vor der jeweiligen Analyse selbst im vollen Wortlaut abgedruckt.
Aus meiner Sicht sind Predigten unter anderem auch Kunstwerke, die sich einem letzten Analysiert- und Erklärtwerden entziehen. Diesen Charakter verlieren sie nicht, auch wenn sie nur in schriftlicher Form vorliegen und somit eines Teils ihrer Mündlichkeit beraubt vorliegen. Ich möchte darum die tatsächlich angewandten Kriterien für die Analyse aus den Predigten selbst entnehmen, indem ich mich bemühe, den Weg, den sie einschlagen, nachzuzeichnen. Bei jeder Predigt wäre es möglich gewesen, weitere Beobachtungen zu benennen und auszuwerten oder tiefergehende Fragen nach der zugrundeliegenden Dogmatik und anderen Faktoren zu stellen,[1185] dies hätte jedoch den Rahmen dieser Arbeit gesprengt.

1182 Nur zwei der analysierten Predigten (Koranyi und Webb) habe ich selbst gehört. Allerdings habe ich noch zwei weitere Karnevalspredigten von Max Koranyi sowohl gehört als auch im Manuskript vorliegen gehabt. In allen Fällen war der mündliche Vortrag viel stärker von Humor im Sinne von Leichtigkeit und Erheiterung geprägt. Der Kasus Karneval eignet sich denkbar wenig für ein Predigtnachgespräch.
1183 *Quade*, Ostern, 34.
1184 Vgl. *Quade*, Ostern, 35.
1185 Besonders bei Friedrich-Wilhelm Marquardt und Henning Schröer wäre dies aufgrund ihres Lebenswerkes möglich und in besonderer Weise lohnend gewesen.

Zwei Methoden, die allein auf der Basis von Manuskripten durchführbar sind, sind der rhetorische und der semantische Analyseansatz. Für die vorliegende Untersuchung wurde daher eine Kombination aus diesen beiden Methoden angewandt. Im Folgenden[1186] wird zunächst beschrieben, wie die beiden genannten Ansätze zu handhaben sind, damit transparent wird, wie der Fragehorizont abgesteckt ist, ohne dass jedoch an alle Predigten alle Fragen gestellt würden.

4.1.1 Die semantische Analyse

Der semantische Ansatz ist vor allem auf die inhaltlichen Aussagen der Predigt fokussiert und verfährt in fünf Schritten:[1187] 1. Analyse elementarer Verbindungen zwischen einzelnen Begriffen/Wörtern und ihren Interpretanten, 2. Analyse einzelner Strukturen, 3. Analyse des semantischen Systems, 4. Analyse der Verknüpfung verschiedener Systeme und 5. Analyse des operativen Codes. Die semantische Methode fragt also von kleineren ausgehend nach immer größeren Texteinheiten: zunächst nach einzelnen Wörtern (Substantive, Verben und Adjektive, die Signifikanten) und deren Bedeutungen (die Signifikate/Interpretanten), dann nach den Strukturen, mit denen sie untereinander vernetzt sind (Interpretationscodes), dann nach den Interpretationssystemen. Hier ist besonderes Augenmerk auf Abgrenzungen und Oppositionen zu legen, denen gegenüber bestimmte Wörter und Formulierungen gebraucht werden. Mittels Positionierung der Wörter oder Sätze auf einer »semantischen Achse« leitet die Predigerin die Blickrichtung, aus der heraus die Hörer zu bestimmten Interpretationen kommen und zu anderen nicht.[1188]
Im nächsten Schritt werden die Strukturen der Verknüpfungen betrachtet: »theologische, philosophische, anthropologische, psychologische, soziologische u.a. Systeme erscheinen in einer Predigt immer als untereinander vernetzt. Sie sind selbst das Resultat eines selektierenden und verknüpfenden Codes«.[1189] Mit der analytischen Erfassung entsprechender Theorie-Fragmente kann man »›das System‹ ... beschreiben, nach dem der Prediger seine Gesamttheologie bzw. seine Weltanschauung konstruiert«.[1190]
Die Ausführung aller Schritte ermöglicht schließlich Aussagen über die Argumentationsstrategie (den operativen Code), also die Bestimmung des Blickwinkels, »aus dem heraus das Gesagte ein geschlossenes Bild ergibt«.[1191] Hieraus ergeben sich Antworten auf die Fragen: »Zu welchem Leben leitet die Predigt an? [...] Welches Selbstbild soll der Hörer gewinnen? Welche Vorstellung hat die Predigt von gelingendem Leben?«[1192]

1186 *Engemann*, Homiletik, 447.
1187 Vgl. zum Folgenden *Engemann*, Homiletik, 443ff.
1188 Vgl. *Engemann*, Homiletik, 446.
1189 *Engemann*, Homiletik, 447.
1190 *Engemann*, Homiletik, 446.
1191 *Engemann*, Homiletik, 447.
1192 *Engemann*, Homiletik, 447f. Der operative Code ermöglicht auch »Hypothesen darüber ..., was der betreffende Prediger zu anderen Themen und Texten sagen würde« (447).

4.1.2 Die rhetorische Analyse

Zunächst wird nach den Teilfunktionen von Einleitung, Hauptteil und Schluss gefragt: Ist die Einleitung so gestaltet, dass der »Kontakt zwischen Prediger und Hörer sowie zwischen Hörer und Sache« hergestellt wird?[1193] Ist der Hauptteil dem zu kommunizierenden Inhalt angemessen und bietet er etwas zu denken, zu lernen, zu erfahren? Bietet der Schluss Impulse für das Handeln der Hörerinnen und/oder seelsorgliche Orientierung?
Mit Blick auf den Humor werden besonders folgende Fragen in Bezug auf die Haltung des Predigers, die narrativen Elemente und die Dialogizität der Predigt berücksichtigt:

Fragen zur Haltung des Predigers
Was lässt die Predigt erkennen über das, was die Predigerin bei den Hörern voraussetzt in Bezug auf das Interesse am Thema bzw. den Fragen, die in der Predigt begegnen? Welches Konzept von Identität hat der Prediger? Welche dogmatischen Entscheidungen lässt die Predigt erkennen?

Fragen zur sprachlichen Umsetzung der Inhalte
Wie geschieht die sprachliche Umsetzung der Inhalte: eher diskursiv erklärend oder eher narrativ? Werden hauptsächlich Tatsachen benannt oder Ereignisse und Erfahrungen beschrieben?[1194] Welche Zeitebenen begegnen in der Predigt: Vergangenheit, Gegenwart, Zukunft? »Argumentiert die Predigt nur mit thetischen Sätzen oder enthält sie auch erzählerische Elemente in argumentativer Funktion?«[1195] Bringt die Predigerin »Analogien, Vergleiche, Bilder«, die für den Hörer die Übertragung in seine eigene Erfahrungswelt erleichtern können?[1196] »Wird nur dort erzählt, wo es um die Problemdarstellung geht, oder vermag die Predigt auch das ›Lösungsangebot‹, ihren *Höhepunkt erzählerisch* zu fassen?«[1197]

Fragen zur Dialogstruktur der Unterhaltung zwischen Predigerin und Hörer
Lässt die Predigt ein tatsächliches Interesse des Predigers am Leben und an den Fragen der Hörerinnen erkennen, so dass es sich um eine ernstgemeinte Unterhaltung handelt? Welche sprachlichen Signale gibt es, die die Predigt als Bemühung um eine Unterhaltung mit der Hörerin ausweisen? Bemüht sich die Predigt darum, mögliche Einwände und Missverständnisse aufzunehmen und nicht die Auffassung des Predigers als selbstverständlich darzustellen?[1198] Ist die Position der Predigerin erkennbar oder bemüht sie sich um Neutralität?

1193 *Engemann*, Homiletik, 440.
1194 Vgl. *Engemann*, Homiletik, 442.
1195 Ebd.
1196 Vgl. ebd.
1197 Ebd.
1198 Vgl. ebd.

Wie offen wird der Dialog mit den Hörerinnen geführt? Erlaubt es die Predigt den Hörern wirklich, zu anderen Antworten auf die gestellten Fragen zu kommen oder wird ein enger Rahmen für die Antwortmöglichkeiten abgesteckt? Wie offen oder geschlossen sind die »sprachlichen Strukturen (Begriffe, Vergleiche, Sätze usw.)«?[1199] Welche Identifikationsangebote macht die Predigt? Welche Formen von Humor werden in welcher Funktion eingesetzt? Ist der Humoreinsatz dem Inhalt angemessen? Wird durch den Humoreinsatz etwas gewonnen?

4.2 Predigtanalysen zum Buch Jona

4.2.1 Friedrich-Wilhelm Marquardt: Gott ist heute wieder einmal anders

Zur Einführung

Die Predigt ist die sechste und letzte Predigt einer Reihe zum Buch Jona, die die beiden Systematischen Theologen Friedrich-Wilhelm Marquardt und Hellmut Gollwitzer abwechselnd 1962 in Berlin-Dahlem gehalten haben.

Die Predigt

(Textlesung Jon 4,1–4.6–11 nach der Lutherübersetzung von 1954)

Liebe Gemeinde!

Gott ist heute wieder einmal anders.

Zuerst war er eifrig und hat zu Jona gerufen: »Auf nach Ninive!« (Kapitel 1). Dann war Gott treu bis an den Rand des Erträglichen, treu bis in den Tod (Kapitel 2). Dann gewann Gott in seinem Schmerz Macht über Ninive und nahm die Stadt für sich ein (Kapitel 3).

Und nun steht Gott heute noch einmal ganz anders vor uns: beweglich, reaktionsfähig, elastisch – man könnte beinahe sagen: heiter. Er ist voll Phantasie, um am Ende auch noch den Letzten für sich zu gewinnen: diesen Jona, diesen ablehnenden und aufsässigen Mann, der sich hartnäckiger gebärdet als je zuvor – ein vergrämter Greis offenbar, der zum dritten und vierten Mal »lieber tot sein will als leben« (Vers 3).

Gott ist immer noch einmal anders. Seine Eigenschaften und Verhaltensweisen sind nie zu Ende beschrieben, nie auserzählt. Gott hat immer neue Einfälle und »weiß vieltausend Weisen, zu retten aus der Not!« Den Worten, mit denen die Theologen über Gott sprechen, weiß er neue Farben zu geben, neuen Sinn zu erschließen – oft in einer überraschenden Art, die auch die, die Ihn kennen, zuweilen verblüffend finden. Dann wirken Aussagen über Gott wie Anregungen an unsere eigene Phantasie und bringen uns in Bewegung.

Lasst uns im Rückblick die bisher erzählte Geschichte in der Erinnerung lebendig werden! Was kann man da nicht alles zusammenfassend über Gott sagen! Etwa: »Gott ist eifrig« oder »Gott ist treu« oder »Gott ist mächtig.« Wie oft haben wir alle solche Sätze gehört! Von Kindheit an sind sie uns vertraut. Aber in dieser Vertrautheit sind sie doch auch häufig ganz blass, nichtssagend und allzu geläufig. Wir sagen: »Gott ist eifrig.« Aber verbinden wir damit auch, dass Gott uns in seinem Eifer gerufen hat? Oder wir sagen: »Gott ist treu.« Aber verbinden wir damit auch das Wissen, dass wir Ihm nicht entfliehen und Ihm verhaftet bleiben als Seine Getreuen? Oder wir sagen:

[1199] *Engemann*, Homiletik, 440.

»Gott ist mächtig.« Aber bedenken wir damit zugleich, dass wir damit entsandt sind hinein in die große und feindliche Stadt Ninive?

Jona kennt auch solche zusammenfassenden Sätze über Gott und lebt mit solchen, von Kindheit an vertrauten Formeln. »Ich weiß«, sagt Jona hier, »dass Du gnädig, barmherzig, langmütig und von großer Güte bist und lässt Dich des Übels gereuen« (Vers 2). Dies ist ja ein richtiger Lernspruch für den Konfirmandenunterricht. In der Luther-Bibel steht er fettgedruckt; jedem soll er gleich in die Augen springen. Und Jona kann ihn ja auch auswendig: »Ich weiß«, meldet er sich zu Worte, »ich weiß, dass Du gnädig, barmherzig, langmütig bist und reich an Huld ...«.

Aber nun beginnt ein neuer Abschnitt der Erzählung, nun werden wir mit einem neuen Abschnitt der Geschichte bekannt gemacht, genau wie Jona. Da muss Jona, da müssen auch wir von vorne lernen, was denn der Sinn aller dieser vertrauten und altbekannten Worte über Gott ist. Ihr Sinn ist offenbar nicht ein für allemal schon festgelegt. Gott selbst will die Worte, mit denen wir von Ihm sprechen, wieder neu auslegen. Gott will mit Jona, Gott will mit uns aufs neue Theologie treiben!

Aber nun passt auf! Nun freut Euch darüber, wie Er das macht! Wusstet Ihr schon, dass Gott sich selber revidieren kann? Er kann ein einmal ausgesprochenes Todesurteil zurücknehmen. Er kann Gnadengesuche annehmen und positiv beantworten. Er muss es also nicht dahin kommen lassen, dass Verurteilte verbrannt und in die vier Winde des Meeres gestreut werden – wie es mit Eichmann in der vergangenen Woche geschehen ist. Er kann seinen früheren Standpunkt, sein Urteil aufheben. Davon erzählt der neue Abschnitt unserer Geschichte. »Da aber Gott sah ihre Werke, ... reute ihn des Übels, das er geredet hatte ihnen zu tun, und tat's nicht« (3,10).

Oder: wusstet Ihr schon, dass Gott spielen kann? Die Geschichte mit dem Rizinusbaum zeigt uns dies. Gott hat nicht nur ein barmherziges Wesen, nicht bloß die Eigenschaft der Barmherzigkeit, vielmehr kann Er auch barmherzig handeln. Er kann auch einmal mit leichter Hand argumentieren und kommt nicht immer nur mit schweren Worten und harten Ereignissen über uns. Er kann eingehen auf den anderen, so wie der gerade ist. Er kann eingehen auf den nicht ganz ernst zu nehmenden Ernst des Jona. Er rechnet nicht immer nur mit seinen himmlischen, sondern manchmal auch mit unseren irdischen Maßstäben.

Was will denn Gott eigentlich in diesem merkwürdigen vierten Kapitel des Jona-Buches?

Wir stellen eine kurze Antwort voran, die sich als Extrakt dieser Predigt jedem von uns einprägen kann: Gott will, dass der Glaube Spaß macht. Und Gott ist der Meinung, dass ein Glaube, der nicht Spaß macht, noch gar nicht richtig Glaube ist.

Das geht eben nicht, dass der Mensch ständig am Rande des Todes hockt, wie das Jona mit einer Verbissenheit ohnegleichen in unserer Geschichte tut. »Nehmt mich und werft mich ins Meer!« (Kapitel 1,12), so rief er früher den Matrosen zu. »Nimm doch, Herr, meine Seele von mir« (Kapitel 4,3), so heißt es jetzt. Und nachher muss es gleich noch einmal berichtet werden: »Da wünschte Jona seiner Seele den Tod und sprach: Ich wollte lieber tot sein als leben« (Kapitel 4,8). Aber wir sollen nicht ständig am Abgrund herumschleichen. Im Großen nicht und im Kleinen nicht.

Dass das im Großen nicht sein soll, hat sich inzwischen herumgesprochen: Gott will nicht die Selbstvernichtung der Menschen, und darum lehrt Er uns das Leben liebhaben. Darum gibt Er uns auch jeden Tag wieder neu Seine Friedensbefehle. – Was aber Gott im Großen nicht will, das will Er auch im Kleinen, Persönlichen nicht haben. Soviel innere, seelische Selbstvernichtung, soviel fromme und unfromme Melancholie, wie Jona sie hier an den Tag legt, will Gott nicht. Die Glaubenden sollen nicht schwermütig sein und unter den Anforderungen seufzen, die von der Bibel, von der Kirche, meist am härtesten: vom eigenen Gewissen kommen.

Viel zu oft geben wir dem Glauben ein gequältes Aussehen, das weder anderen noch uns wohl tun kann. Dann wollen wir Gott und uns ernst nehmen und sehen uns ständig vor letzte Alternativen gestellt. Rechts eine Position und links eine Position; hier ein

Nein, da ein Nein, hier hart und da noch härter. Dazwischen hasten wir etwas atemlos hin und her und sehen uns auch immerfort in die »Situation der Entscheidung« gedrängt, wie man in einem geläufigen Jargon sagt. Was soll das?
Gott will nicht, dass wir hin und her hasten zwischen den extremen Positionen. Er will überhaupt nicht diesen Theologenernst, diesen Christenernst, der uns immerzu auflegt, mit dem »Absoluten« umzugehen, und uns empfiehlt, immer nur letzte Standpunkte einzunehmen. Auch die »Ordnungen«, in denen wir leben, mit denen wir unser gesellschaftliches und kirchliches Leben regulieren, sind Ihm sicher lange nicht so interessant wie häufig uns, die wir uns in Verteidigung und Bestreitung solcher Ordnungen die Köpfe heiß machen oder innerlich reiben – voll Ärger an der Gesetzlichkeit, Engherzigkeit, Kleinlichkeit der Ordnungshüter. Wie viel gute Kraft geht an Ärger verloren!
Und dann soviel kirchlicher Krampf wegen der reinen Lehre auf Synoden, Pfarrertreffen, Gemeindediskussionen – auch in den Entwurf für ein neues Lehrbeanstandungsgesetz, das zur Zeit in unserer Landeskirche diskutiert wird.
Jona steht auf dem Standpunkt der reinen Lehre! Danach darf Gott keinen Augenblick die Grenzen Israels überschreiten. Jona will einfach nicht, dass Gott auch Ninive liebhat. Die »Solidarität mit den Gottlosen«, die uns Christus erlaubt, wollen ja viele auch bei uns nicht haben! Aber nun erzählt gerade das Jona-Buch, dass Gott offenbar auf diesem Standpunkt der reinen Lehre nicht so festgelegt ist wie Jona das will; oder: dass Gott nicht für alle Zeiten darauf festgelegt ist. Sondern: es macht Gott gar nichts aus, es ist Gott ganz leicht möglich und noch mehr: Gott möchte es sogar sehr gerne, dass dieser Standpunkt der reinen Lehre überschritten wird. Er will ihn selber überschreiten. Er will tun, was die Glaubenshüter nicht getan haben wollen. Und er würde es ganz gerne sehen, wenn Seine Leute ihm dabei nicht in den Arm fielen, sondern mitmachten und wenn möglich sogar Freude hätten an dem Fortschrittswillen Gottes. So darf es also neben der Rechtgläubigkeit ruhig auch ab und zu ein ganz klein wenig Ketzerei geben: jene, für die Gott persönlich sich stark macht. Neben der Rechtgläubigkeit darf es ruhig auch ab und zu passieren, dass der Fromme sich über seine eigenen Grenzen hinaus locken, hinaus rufen lässt. Und dabei soll er ruhig auch ein bisschen Freude bekommen an Aussagen, Tätigkeiten und Verhaltensrichtungen, die nun nicht völlig im Rahmen des Herkömmlichen und Üblichen liegen.
Und vielleicht muss man auch noch ein drittes Beispiel nennen: Gott will ja offenbar auch nicht jene schreckliche Verwechslung, bei der Er Jona hier ertappt und bei der Er auch uns dauernd ertappen könnte: jene schreckliche Verwechslung von Lehre und Leben. Man sagt das ja – nicht ganz zu Unrecht! – uns Deutschen nach, dass wir manchmal ganz ungenießbar sind, weil wir glauben, in jedem Augenblick irgendeinen »Standpunkt vertreten« zu müssen. Das macht unser Zusammenleben mit den anderen Völkern, aber auch unser Zusammenleben untereinander zuweilen recht beschwerlich. Da geht's humorlos und unerquicklich zu: wir geben uns nicht mehr natürlich, wir wollen gar nicht mehr einfach Mensch sein, sondern bloß noch »Vertreter« von irgendwas. Wir können gar nicht mehr ein ganz klein bisschen abseits von der Weltanschauung, ein ganz klein wenig abseits von unserer Überzeugung leben. Weil wir so oft meinen: Hauptsache ist der richtige Standpunkt, lassen wir das Herz nicht mehr sprechen. Ein ganz klein wenig Bereitschaft zum Kompromiss – das fällt uns schwer. Und dem anderen einmal etwas zugeben können, auch wenn es nach meiner Überzeugung nicht ganz so richtig ist – das sind wir gar nicht gewöhnt.
Aber Gott will nicht, dass wir uns so unmenschlich in eines setzen mit dem, was wir als richtig erkannt haben. Gott hat es manchmal ganz gerne, wenn wir nicht »Vertreter« sind, sondern schlicht lebendige, herzliche, unverkrampfte und aufgeschlossene Menschen. Warum will er diese Verwechslungen von Lehre und Leben nicht? Weil er merkt dass wir ja doch mit unseren Standpunkten und Überzeugungen letztlich doch nicht Seine Sache meinen, sondern nur uns selbst. Wir möchten uns ernstnehmen können, nicht Ihn. Das wird an der Gestalt des Jona ja ganz deutlich. Gottes Schonung

und Liebe gönnt er Ninive nicht. Er gönnt den andern nicht, dass Gott auch ihnen freundlich ist. Und da kommt es ja heraus, dass er mit seiner ganzen Ernsthaftigkeit und seinem Rechtsstandpunkt nur sich selber meint. »Ach, Herr, das ist es ja, was ich immer gesagt habe: Du bist viel zu weich« (Kapitel 4,2).

Und nun seht Ihr, liebe Gemeinde: genau dagegen argumentiert Gott in unserer Geschichte, und zwar argumentiert er dagegen mit leichter Hand.

Es kommt in unserer Geschichte jetzt etwas Wind in den Glauben; es kommt etwas Sonne, etwas Südliches, etwas Graziöses in unseren Glauben hinein. Der Rizinusbaum wächst über dem Haupt des Jona, über diesem vergrämten und in seiner Ernsthaftigkeit ständig am Rand des Abgrundes hockenden Mann. Der Rizinus wächst über diesem Jona, und der Rizinus verschwindet auch wieder über diesem Jona. Gott beginnt ein Spiel und wirbt um den »homo incurvatus in se«, den in sich selbst verkrümmten und verkrampften Frommen.

Was ist denn das nun mit dem Rizinus? Ganz einfach: Dieser Rizinus ist eine gar nicht misszuverstehende Anspielung auf den Kopf des Jona. Es werden da gewisse, nicht zu übersehende Ermattungserscheinungen in dem Kopf des Jona festgestellt: »Und die Sonne stach Jona auf den Kopf, dass er matt ward« (4,8). Jona wird hier unter dem Baum sitzend geschildert als einer, der nicht recht bei Troste ist, als einer, der ein bisschen verklemmt ist, als einer, der einmal himmelhoch jauchzend und im nächsten Augenblick dann auch wieder zu Tode betrübt – eben zwischen den Extremen schwankt. »Da freute sich Jona sehr, als Gott den Rizinus kommen ließ –; und da wurde er dann auch wieder sehr zornig, als der Wurm kam und der Baum über seinem Haupte wieder verschwand. Auf solche Extreme geht Gott nicht ein, eben gegen solche Extreme argumentiert Gott hier.

Und das ist nun das Herrliche und Köstliche an unserer Geschichte: Er argumentiert nicht mit den großen Schrecken und auch nicht mit den großen Heilstaten. Jona gegenüber kündigt er nicht eine solche Zerstörung an, wie er das vorher gegen Ninive getan hat. Und Jona gegenüber kündigt er auch keine große Heilstat an. Sondern mit kleinen Wohltaten und mit kleinen Schmerzen argumentiert hier Gott, mit der kleinen Wohltat eines schattigen Rizinusbaumes und mit dem kleinen Schmerz, dass der Wurm kommt und den Baum an seinen Wurzeln sticht, dass er verschwindet.

Wenn der Rizinusbaum wächst, dann kommt ein wenig Schatten über die Grundsätze des Jona, kommt ein wenig Schatten über den Glauben an die Buchstaben, kommt Schatten über die Alternativen, in denen Jona zu leben gewohnt ist. Dann wird diese strenge Kirchenpolitik ein wenig abgeblendet, die sich Jona ausgedacht hat und in der er erzogen worden ist. Dann kommt etwas Sonne, ein wärmeres Licht auf den Sinn der Dinge, den Jona nun lernen soll. An die Stelle der reinen Buchstaben tut sich die Möglichkeit einer etwas freieren Übersetzung auf dessen, was geschrieben steht. Dann darf man z.B. an Stelle des schweren Wortes »Gnade« einmal vom »Lachen Gottes« sprechen. Dann kommt es dazu, dass nicht immer so lange geredet werden muss, gepredigt werden muss, dann wird eine etwas heitere Tat möglich, wird Sonne auf die Gesetze und auf die Ordnungen in Israel gestrahlt – diese sind nun nicht mehr endgültige, letztgültige Maßstäbe, sondern gerade nur Zeichen dafür, dass Gott alle Menschen zusammen leben lassen will. Nun wird es möglich, dass Gott einmal experimentiert, dass er es einmal mit Nicht-Israel, dass er es eben einmal mit Ninive versucht. Damit werden die großen, die schwerfälligen Alternativen ausgeschaltet. Vielleicht könnte man am Ende unserer Geschichte sagen: »Das Leben ist stärker als die Politik.« Dies ist ein Satz, den ich in einem Lager von palästinensischen Flüchtlingen in Damaskus gehört habe. Als wir dort diskutierten und fragten, wie nun das Geschick der Flüchtlinge weitergehen sollte und wie die Zukunft für sie aussehen könnte, wurde uns geantwortet: »Nun, es wird eben so passieren: das Leben ist stärker als die Politik.

Mit Rizinusbaum und Sonne und Wind argumentiert Gott gegen die schwerfälligen Theologen und ihre unbewegliche Theologie und rückt uns seine Ziele in ein heiteres, belebendes Licht.

Schließlich macht Gott es selber vor, wie er alles meint. Er legt ein gutes Wort für Ninive ein bei Jona. Da rechtfertigt er nicht in gewaltigen Verteidigungsreden, dass er Ninive überwunden hat. Sondern ein freundliches Wort für Ninive genügt, ein sehr menschliches, ein gar nicht theologisches Wort. Gott sagt einfach: »120 000 Menschen in Ninive – sollte mich das kalt lassen?« Und dann sagt er zweitens zu Jona: »Kannst du dir das nicht vorstellen, ein paar ratlose, ahnungslose Leute, die nicht so richtig zwischen rechts und links unterscheiden können – sollte ich nicht ihre Unwissenheit übersehen können, und sollte nicht ihre Unwissenheit sie vor Strafe schützen können, anders als es normalerweise wäre, wo Unwissenheit vor Strafe nicht schützt?« Mit so leichten, so klaren, so menschlichen und noch dazu so vernünftigen Argumenten antwortet Gott dem Theologen und zeigt ihm, wie's eigentlich gehen soll.
Damit schließt das Jona-Buch. Es schließt ja eigentlich, ohne dass man richtig zufrieden sein könnte. Das letzte Wort des Jona heißt: »Ja, es ist recht, dass ich bis zum Tode zürne« (Kapitel 4,9). Der Theologe will offenbar nicht vom Rand des Abgrunds weg: seine finstere Ernsthaftigkeit fesselt ihn an die Schwelle des Todes. Gott andererseits schließt seine Rede damit, dass er eben diese befreienden, menschlichen Argumente aufbringt. Das Jona-Buch schließt also im Gegensatz von Gott und der Theologie oder von Gott und den Theologen.
Was soll man also machen? Soll man hoffen, dass Jona, dass die Frommen, dass die Theologen lernen, den Humor zu verstehen, den Humor Gottes, sein Wirken mit der leichten Hand, seine Beweglichkeit, seine Reaktionsfähigkeit, seine Phantasie – Gottes Heiterkeit?
Ich selber möchte mit einem Gebet schließen, das ich in einer Sammlung jüdischer Witze gelesen habe. In seiner Zartheit und in der Schönheit seiner Pointe wirkt es wie ein i-Tüpfelchen auf das Ende des Jona-Buches. Wir Jonasse alle können uns in dieses Gebet mit einschließen. Da betet ein Jude und sagt: »Lieber Gott, du erbarmst dich doch über ganz fremde Leute, warum nicht über mich?« Amen.

Die Gliederung der Predigt

Einleitung: Einleitende These (Gott ist immer wieder anders) und Rückblick auf Gottes bekannte Eigenschaften

Hauptteil: Hauptthese: »Gott will, dass der Glaube Spaß macht. Und Gott ist der Meinung, dass ein Glaube, der nicht Spaß macht, noch gar nicht richtig Glaube ist.«
Gott argumentiert mit leichter Hand gegen:
- den Ernst des Absoluten,
- die Enge der reinen Lehre,
- die Verwechslung von Lehre und Leben.

Am Ende ist das Leben stärker als die Politik.

Schluss: Es bleibt der Gegensatz von finsterer theologischer Ernsthaftigkeit und Humor Gottes. In einem Witz ist dieser Gegensatz für einen Moment aufgehoben.

Beschreibung des Predigtweges

Unmittelbar nach der Anrede benennt Marquardt die Hauptaussagen seiner Predigt: »Gott ist heute wieder einmal anders.« Die Worte klingen launig und durchaus erklärungsbedürftig, denn sie enthalten in größtmöglicher Kürze mehrere Implikate: erstens die Frage nach dem Anderssein im Vergleich wozu, zweitens die Behauptung, Gott sei zum wiederholten Male oder gar gewohnheitsmäßig anders und drittens das Implikat der Gleichzeitigkeit, mit der Jona und die heutigen Menschen vor Gott stehen. Folgerichtig setzt Marquardt bei den bekannten Eigenschaften Gottes ein: Gott sei eifrig, treu und mächtig. Dem stellt er Gott als »heute noch einmal ganz anders« gegenüber: »beweglich, reaktionsfähig, elastisch – man könnte beinahe sagen: heiter« stehe Gott »[nun] vor *uns*«. Dieser Satz vollzieht die Bewegung Gottes im Jonabuch nach und bezieht die Hörer ohne Umschweife ins Geschehen ein. Gott ist der Handelnde vom ersten Satz bis fast zum Schluss der Predigt. Das Wort ›Gott‹ begegnet 73 Mal und ist damit das zweithäufigste Wort dieser Predigt. Das Gegenüber Gottes ist Jona (41 Mal), noch häufiger jedoch die Gemeinde inklusive Prediger: das Personalpronomen 3. Person Plural in seinen beiden Konjugationen »wir« und »uns« ist das häufigste Wort: ca. 90 Mal. »Ich« begegnet auffällig selten: dreimal. Der Prediger hat viel stärker die Gemeinschaft von Individuen im Blick als den einzelnen.

Gott sei »voll Phantasie, um am Ende auch noch den Letzten für sich zu gewinnen: diesen Jona, diesen ablehnenden und aufsässigen Mann, der sich hartnäckiger gebärdet als je zuvor – ein vergrämter Greis offenbar, der zum dritten und vierten Mal ›lieber tot sein will als leben‹«.

Gottes Beweglichkeit wird hier von Marquardt nicht nur im Vergleich zu seinen bereits bekannten Eigenschaften behauptet, sondern im Gegensatz zur Unbeweglichkeit und sich steigernder Hartnäckigkeit des »Letzten«. In diesem Abschnitt nimmt der Prediger eine vermutete Ablehnung des Jona durch die Hörer auf, indem er ihn als »vergrämten Greis« bezeichnet.

Mit der Wendung: Gott »ist [!] voll Phantasie, um am Ende auch noch den Letzten für sich zu gewinnen« wird sehr subtil angedeutet, dass Gott sich nicht nur auf eine bestimmte Weise verhält, sondern dass dieses Verhalten bis in sein Sein hineinragt. Eigenschaften und Verhaltensweisen Gottes werden nicht unterschieden. Beide sind unendlich reich, was sich sprachlich in den Wendungen »immer noch einmal anders«, »nie zu Ende beschrieben«, »nie auserzählt«, »überraschend[...]«, »verblüffend« und im dreimal wiederholten »neu« ausdrückt. Der letzte Satz dieses Abschnitts drückt im Indikativ die Wirkung der göttlichen Vielfalt auf den Menschen aus: seine Phantasie wird angeregt und er wird beweglich.

Im nächsten Abschnitt weicht der bisher vorherrschende konstatierende Predigtstil einem dialogischen. Ein »Rückblick [auf] die bisher erzählte Geschichte« wird angekündigt. Marquardt greift erneut die Eigenschaften Gottes auf, wie sie in der Geschichte begegnet sind.

Auf zwei Weisen werden die heutigen Hörerinnen und Jona gleichzeitig gemacht. Erstens indem die Anfragen des Jonabuches als mit gleicher Intensität an die heutigen Predigthörer gerichtet dargestellt werden und zweitens, indem Jona in das Setting des Konfirmandenunterrichts eingefügt wird. Jona wie auch die heutigen Hörer kennen »zusammenfassende [...] Sätze über Gott« und sind mit ihnen »von Kindheit an vertraut«. Humorvoll wirken diese Sätze durch ihre scheinbaren Konkretionen, die eigentlich Abstraktionen sind: die heutigen Menschen werden als »in die große und feindliche Stadt Ninive« entsandte angesprochen und Jona wird den Hörern vor Augen gestellt, wie er sich (zu Wort) meldet und

sein Bekenntnis (Vers 2) »auswendig« aufsagt. Indem in den Nachbarsätzen vom »Lernspruch für den Konfirmandenunterricht«, der »in der Luther-Bibel fettgedruckt« sei, die Rede ist, drängt sich dem Hörer das Bild auf: Jona als Konfirmand. Zwei Dinge erzielen hier eine erheiternde Wirkung: das Anachronistische der Situation und die Vorstellung des eventuell greisen, mindestens aber deutlich erwachsenen Jona als pubertierenden Konfirmanden, der auf Nachfrage etwas Auswendiggelerntes aufsagt, ohne einen Bezug zu seinem eigenen Leben erkennen zu lassen. Ein weiterer Anachronismus ist die »Kirchenpolitik« des Jona.
Die erheiternde Darstellung trifft den Duktus des Bibeltextes genau, denn dort geht es darum, dass Jona von Gott »weiß« – im Sinne von mechanisch auswendig gelernt –, dass Gott »gnädig, barmherzig, langmütig und von großer Güte« ist und sich des Übels gereuen lässt. Die Aufzählung der lebensdienlichen und rettenden Eigenschaften Gottes bewirkt sprachlich einen ironisierenden Kontrast zur rechthaberischen Engstirnigkeit des Jona.
Der nächste Abschnitt fasst zusammen und sichert, was die Predigt bis jetzt erreicht hat: die mit Jona gleichzeitig gewordenen heutigen Hörerinnen müssen von neuem lernen, was der Sinn der »vertrauten und altbekannten Worte über Gott« sei, denn dieser sei »nicht ein für allemal schon festgelegt«. Viermal wird das Wort »neu« wiederholt. Der Abschnitt gipfelt in der Aussage, Gott wolle mit Jona, mit den Hörern »aufs neue Theologie treiben«. Schon vorher war von Theologen und denen, »die Ihn kennen« die Rede. Es bleibt auf subtile Weise offen, ob diese beiden Gruppen identisch sind, sich überschneiden oder keines von beiden.
Die beiden nächsten Abschnitte handeln von der Freiheit Gottes, ohne dass dieser Begriff fällt. Neunmal begegnet »er kann«, einmal »er muss ... nicht«. Im ersten dieser Abschnitte ist davon die Rede, dass Gott sich selbst und seine Todesurteile revidieren kann. Während Menschen Todesurteile fällen und sie auch ausführen, kann Gott sein Urteil über Ninive aufheben. Und spielen könne Gott, wie die Geschichte mit dem Rizinusbaum zeige. Der Rizinusbaum wird vom Prediger als ein Argument Gottes aufgefasst. Auch dieser Doppelabschnitt wirkt humorvoll, weil er durch Einleitung (»Gott will ... Theologie treiben«) und Schluss (»Er rechnet nicht nur mit seinen himmlischen, sondern manchmal auch mit unseren irdischen Maßstäben«) bei der Hörerin die Erwartung weckt, dass nun argumentiert würde, dann aber ausschließlich vom Handeln erzählt wird. Der Prediger greift erneut den Duktus des Bibeltextes auf: auch dort versucht Gott, Jona durch sein Handeln und nicht durch Reden zu überzeugen.
Am Anfang beider Abschnitte werden die Hörerinnen direkt angeredet: »wusstet Ihr schon, dass Gott ... kann?«. Indem Marquardt das ›wissen‹ aus Vers 2 wieder aufgreift, spielt er zumindest auf die Möglichkeit an, das neu über Gott Erfahrene in ein Glaubensbekenntnis nach Art des Jona (»Ich weiß, ...«) aufzunehmen. Es geht dem Prediger jedoch nicht darum, die Freiheit Gottes zu deklamieren, sondern darum, die Hörer zu einer

unvoreingenommenen Wahrnehmung zu reizen. Sie sollen zur Kenntnis nehmen (»Aber nun passt auf!«), dass Gott auch unerwartet handeln kann. Und darüber sollen sie sich auch noch freuen. Mit dieser Aufforderung ist implizit ihr Gegenteil als Möglichkeit angesprochen, Jona freut sich eben nicht, sondern will sterben, weil Gott sich nicht festlegen lassen will auf das, was Jona von ihm zu »wissen« meinte. Dieser Abschnitt führt aus, was oben angekündigt wurde: Nach Meinung des Predigers geht es sowohl für Jona als auch für heutige Menschen nicht um zu Formeln geronnenes Wissen über Gott, sondern um die lebendige Vielfalt seiner Handlungsmöglichkeiten.

Mit dem nächsten Abschnitt setzt Marquardt noch einmal neu an. Er fragt nach den Absichten, die Gott »eigentlich in diesem merkwürdigen vierten Kapitel des Jona-Buches« habe Und er gibt die Antwort auf diese Frage explizit »als Extrakt dieser Predigt« zum Einprägen: »Gott will, dass der Glaube Spaß macht. Und Gott ist der Meinung, dass ein Glaube, der nicht Spaß macht, noch gar nicht richtig Glaube ist.«

Marquardt beginnt seine Argumentation bei dem Menschen, der »ständig am Rande des Todes hockt«; Jona ist ihm dafür ein besonders verbissenes Beispiel. Ebenso wenig wie er, der sich wiederholt nach Enttäuschungen oder Misserfolgen den Tod wünscht, sollen heutige Glaubende »fromme und unfromme Melancholie« oder Schwermut an den Tag legen. Die Situation »am Rande des Todes« bzw. »am Abgrund« ironisiert Marquardt subtil, indem er sie durch das Adverb »ständig« und die Verben »hocken« und »herumschleichen« rahmt. Der Aufenthalt am Abgrund bekommt auf diese Weise den Anschein einer Gewohnheit oder Koketterie und nicht einer echten Notlage. Als vergleichbare Situationen heutiger Menschen führt Marquardt »letzte Alternativen«, das »Absolute [...]«, »letzte Standpunkte« und die »Situation der Entscheidung« an. Auch diese ironisiert er durch die Hinzufügung von »immerzu«, »immer nur« und »immerfort«.

Nachdem er »im Großen« die »extremen Positionen« in seiner Darstellung nachvollziehbar als anstrengend und belastend charakterisiert hat, kommt er auf alltäglichere Dinge, den »Theologenernst« und »Christenernst« »im Kleinen« zu sprechen: Ordnungen und die »Gesetzlichkeit, Engherzigkeit, Kleinlichkeit« ihrer Hüter, die Ärger und Kraftverlust verursachen.

In den nächsten Abschnitten ist der »Standpunkt der reinen Lehre« Leitbegriff. Ihm werden Christi Erlaubnis zur »Solidarität mit den Gottlosen«, der Gläubigen »Freude ... an dem Fortschrittswillen Gottes« und »ein ganz klein wenig Ketzerei« gegenübergestellt. Abwechselnd werden Jona und die »Glaubenshüter« bzw. Ordnungshüter als Opponenten Gottes vorgestellt, die ihn innerhalb bestimmter Grenzen halten wollen. Den Gegensatz von Unbeweglichkeit auf Seiten der Menschen und Lebendigkeit auf Seiten Gottes stellt der Prediger sprachlich dar, indem er den »Standpunkt der reinen Lehre« stereotyp wiederholt, das Verhalten Gottes jedoch konkret in einzelnen Handlungen beschreibt. Verstärkt wird

der Eindruck von Starre bzw. Lebendigkeit durch Häufung von Substantiven auf der einen und Häufung von Verben auf der anderen Seite.
Die Menschen beharren auf ihrem Standpunkt, Gott ist derjenige, der etwas »möchte«, der etwas tun will, etwas »ganz gerne sehen [würde]«. Marquardt stellt Gott als Pädagogen dar, der zwar Absichten (»Ziele«) in Bezug auf »Seine Leute« hat, diese aber zu nichts zwingen will. Gott geht nach der Darstellung Marquardts sehr behutsam vor: er ruft und lockt die Frommen über ihre eigenen Grenzen hinaus, in der Hoffnung, dass sie dabei »ruhig auch ein bisschen Freude bekommen an Aussagen, Tätigkeiten und Verhaltensrichtungen, die nun nicht völlig im Rahmen des Herkömmlichen und Üblichen liegen«. Die »Rechtgläubigkeit« und die »reine Lehre« stehen monolithisch da, während die laut Marquardt von Gott erwünschten Grenzüberschreitungen sehr vorsichtig und kleinschrittig eingeführt werden: »ruhig auch ein bisschen Freude«, »ruhig auch ab und zu ein ganz klein wenig Ketzerei«, »ein ganz klein bisschen abseits von der Weltanschauung«, »ein ganz klein wenig Bereitschaft zum Kompromiss«. So ahmt die Predigt mit sprachlichen Mitteln die sanfte Überredung nach, die Gott an Jona praktiziert: durch Fragen (14 Mal), durch Hochschätzung des Kleinen und Konkreten als Gegenmittel zur Prinzipienreiterei.
Marquardt spricht davon, dass Gott gegen die Ernsthaftigkeit und den Rechtsstandpunkt des Jona »argumentiert ... mit leichter Hand«.
Im folgenden Abschnitt begegnen dementsprechend lauter leichte Dinge: »Wind«, »etwas Sonne, etwas Südliches, etwas Graziöses«, der Rizinusbaum. Marquardt kann sogar sagen: »Gott beginnt ein Spiel«. Den Rizinus versteht er als Anspielung darauf, dass Jona »nicht recht bei Troste«, nicht klar im Kopf sei, da er unangemessenerweise ständig zwischen Extremen hin und her schwanke. Eingerahmt von einem Einleitungssatz, nach dem Gott »nicht mit den *großen* Schrecken und auch nicht mit den *großen* Heilstaten« argumentiere und einem Schlusssatz, der konstatiert, dass »die *großen*, die schwerfälligen Alternativen ausgeschaltet« werden, begegnet im Text viel Kleines: viermal das Adjektiv »klein«, je dreimal die Adverbien »ein wenig«, bzw. »etwas«, mehrere Komparative und dreimal das einschränkende »einmal« im Gegensatz zu generalisierenden Wendungen wie »immer«, »endgültig[...], letztgültig[...]«. In diesen Abschnitt ist Marquardts Vorschlag eingebettet, statt vom »schweren« Wort ›Gnade‹ einmal vom ›Lachen Gottes‹ [zu] sprechen«. Dass Gott lacht und »experimentiert«, gehört zu seiner Pädagogik, die laut Marquardt zu verstehen gibt, »dass Gott alle Menschen zusammen leben lassen will«, und dass ihn 120 000 Menschen in Ninive nicht »kalt lassen«. In einer Paraphrase des letzten Verses stellt der Prediger Gott dar als einen, der die Vergehen der Menschen relativiert und das bekannte Sprichwort, nach dem »Unwissenheit vor Strafe nicht schützt« zum Vorteil der Unwissenden wendet. Zur Beschreibung dessen, wie Gott handelt, verwendet Marquardt die Adjektive »heiter[...]«, »belebend[…]«, »freundlich[…], »sehr menschlich, ... gar nicht theologisch«.

Im letzten Abschnitt zieht Marquardt das Fazit aus Gottes Umgang mit Jona bzw. den »Theologen«. Die Frage danach, was nun also zu tun sei, beantwortet der Prediger mit seiner Hoffnung, dass die Frommen, die Theologen, lernen mögen, den »Humor Gottes, sein Wirken mit der leichten Hand« zu verstehen. Hier kommt der Prediger noch einmal auf die eingangs erwähnten Eigenschaften Gottes zurück: Gottes »Beweglichkeit, seine Reaktionsfähigkeit, seine Phantasie – Gottes Heiterkeit«. Dieser vorletzte Satz der Predigt ist als Frage formuliert, die erwartete Antwort ist positiv, wiederum in Analogie zum letzten Vers des Jonabuches.

Auf diesen Schluss setzt Marquardt nun noch ein »i-Tüpfelchen«, indem er ein Gebet ankündigt, das er in einer jüdischen Witzsammlung[1200] gefunden habe und von dem er meint, dass »[w]ir Jonasse alle ... uns in dieses Gebet mit einschließen [können]«. *Inhaltlich* greift das Gebet die Zentralaussage des Glaubensbekenntnisses des Jona und damit das eigentliche Thema der Predigt auf: die Barmherzigkeit Gottes; *formal* liefert der Text, der zwischen Witz und Gebet schwankt, eine Art Beweis für Gottes Humor und menschliche, übertriebene Ernsthaftigkeit. Das witzige Gebet bildet den Schluss der Predigt, so dass das folgende Amen eine doppelte Funktion erhält: Gebetsabschluss und Predigtschlussformel.

Die Bewegung der Predigt erfolgt also insgesamt in einem Vierschritt:

1. Sie setzt bei bekannten Gottesprädikationen ein: Gott ist eifrig. Gott ist treu. Gott ist mächtig. Gott ist gnädig, barmherzig, langmütig, von großer Güte, er lässt sich des Übels gereuen.

2. Sie erweitert sie um die Erkenntnis neuer Facetten: Gott ist immer wieder anders. Gott kann spielen, Gott kann sich selbst und seine Urteile zurücknehmen. Gott ist beweglich, reaktionsfähig, elastisch, heiter, phantasievoll, Gott hat Humor.

3. Sie leitet aus dem neu entstanden Ergänzungen zum Gottesbild Konsequenzen für den Glauben und die Lebensführung ab: Glaube soll um Gottes Willen Spaß machen, erst Glaube, der Spaß macht, ist richtiger Glaube. Der Standpunkt der reinen Lehre ist defizitär, insofern er dazu führt, dass Menschen nicht ihre eigenen Grenzen überschreiten. Der recht verstandene Humor Gottes erlaubt den Menschen kleine Überschreitungen der Grenzen, die sich, wenn man aufhört, Lehre und Leben zu verwechseln, als unnötig eng und schwer und außerdem menschengemacht entpuppen.

4. Sie kehrt zum Ausgangspunkt zurück: Der Konflikt mit Gott, das mangelnde Verstehen des Menschen ist die Situation, in der sich die Menschen befinden. Gott handelt und spricht auf vielfache Weise freundlich und befreiend, aber die Menschen beharren auf ihrem Standpunkt.

1200 An die Predigt schließt sich ein Fürbittgebet an. Dass man auch in einer (jüdischen) Witzsammlung ein – im Wortsinn vollgültiges – Gebet finden kann, kann als Beispiel dafür dienen, wie Gottes Heiterkeit erlaubt, dass Menschen genreübergreifend fündig werden und U und E nicht unbedingt trennen müssen.

Theologischer Gehalt und Humorgebrauch

Das Jonabuch ist im Erzähltempus des Imperfekts verfasst, lediglich die Dialoge zwischen Gott und Jona stehen als direkte Rede im Präsens. Der Prediger weicht von dieser Tempusstruktur wesentlich ab, indem er nahezu ausschließlich Präsens benutzt. Mit dieser Tempusverwendung negiert Marquardt das Vorhandensein eines zeitlichen Grabens zwischen dem Protagonisten des Bibeltextes und heutigen Menschen und wird damit dem Text insofern gerecht, als dieser ebenfalls nicht nur in eine bestimmte Zeit hinein spricht.[1201] Die Predigt ist in sich konsistent, ihr Anfang, ihre Mitte und ihr Schluss greifen wie Zahnräder ineinander: Der erste Satz fasst die Erkenntnis über Gott zusammen, die aus dem Bibeltext zu gewinnen ist, der Mittelsatz fasst zusammen, was die Predigt zu vermitteln versucht und das Gebet am Schluss setzt diese Erkenntnis in eine existentielle Glaubensäußerung um.

Das Predigtziel kann folgendermaßen formuliert werden: Marquardt will die Predigthörerinnen dazu ermutigen, »schlicht lebendige, herzliche, unverkrampfte und aufgeschlossene Menschen« zu sein, bei denen es nicht »humorlos und unerquicklich« zugeht, sondern wo »Aussagen über Gott wie Anregungen an unsere eigene Phantasie [wirken] und uns in Bewegung [bringen]«.

Zu den Spitzenaussagen der Predigt gehört die Aussage, dass man an der Jonageschichte lernen kann, dass »man z.B. an Stelle des schweren Wortes ›Gnade‹ einmal vom ›Lachen Gottes‹ sprechen [darf]« und dass daraus eine »etwas heitere Tat möglich [wird]«. Der Abschnitt endet mit der Hoffnungsaussage von palästinensischen Flüchtlingen: »das Leben ist stärker als die Politik«.

Diesen Abschnitt lohnt es sich näher zu betrachten, da er in mehreren Hinsichten zentral ist. Durchgängig ist in der Predigt die Rede davon, dass Gott argumentiere (achtmal): mit kleinen Wohltaten, mit kleinen Schmerzen, mit leichter Hand, mit »menschlichen und noch dazu vernünftigen Argumenten« und indem er eingeht »auf den nicht ganz ernst zu nehmenden Ernst des Jona«. Den Sachverhalt, dass Gott geschenkweise den Menschen gibt, wessen sie im Leben und in der jeweiligen Situation bedürfen, bezeichnet man theologisch mit Gnade bzw. Barmherzigkeit. Insofern handelt das ganze Jonabuch von der Gnade und Barmherzigkeit Gottes gegenüber Jona, dem Gläubigen, und Ninive, den Ungläubigen. Nach dem Jonabuch entspringt der Heilswille Gottes seiner Liebe zu allen Menschen (und Tieren), unabhängig von Wohlverhalten oder vermeintlicher Rechtgläubigkeit. Handlungsmotivation Gottes ist die Liebe, die ihn bis zum Ende des Buches in Beziehung hält zu Jona, der die Beziehung immer wieder abbrechen will. Ohne hier den Liebesbegriff des Alten Testaments näher erörtern zu können, ist für die implizite Dogmatik dieser konkreten Predigt festzuhalten: Gott handelt aus Liebe, denn er sagt: »120 000 Menschen in Ninive – sollte mich das kalt las-

[1201] Zu den hermeneutischen Voraussetzungen des Predigers gehört die Bejahung einer grundsätzlichen Strukturanalogie menschlichen Seins vor Gott damals wie heute.

sen?« Ebenso wenig lässt ihn der eine Mensch Jona kalt, was zwar nicht explizit behauptet wird, was aber aus den immer neuen Bemühungen Gottes unzweifelhaft gefolgert werden muss. Gott fühlt Schmerz über den schädlichen Lebenswandel der Niniviten, Freude über ihre Umkehr, Reue in Bezug auf seinen Vernichtungsbeschluss. So wie die – anthropomorphen – Gefühle Gottes Motivationen für sein Handeln sind, ist es das Gefühl der Freude und der Spaß, die den Menschen bewegen, ihn verstehen und sich ändern lassen. Der Weg, wie das geschehen soll, ist nicht immer vorhersehbar und in manchen Situationen aussichtslos. Trotzig macht sich Marquardt das Wort der Palästinenser zu eigen, das hoffnungsvoll die Stärke des Lebens mit der der Politik vergleicht. In diesem Satz werden unter Absehung von logischen Zusammenhängen zwei Dinge mit einander verglichen, die eigentlich nicht vergleichbar sind. Dadurch werden auf humorvolle – aber nicht zum Lachen reizende – Weise die Dimensionen zurechtgerückt. Dieser – einmal wiederholte – Satz zieht ein erstes Fazit der Predigt: Politik ist die Herangehensweise der Menschen, aber das Leben bzw. Gott hat noch andere Möglichkeiten. In diesem Satz ist die Hoffnungsaussage des Jonabuches zusammen gefasst. Die Hoffnungsaussage wäre ein denkbares Predigtende, das jedoch gegenläufig zur Offenheit des Jonabuches wäre.

Eine Leistung der Predigt besteht darin, dass sie die zentralen Begriffe des Glaubensbekenntnisses des Jona (Vers 2) nicht argumentativ erörtert, sondern inszeniert: durch narrative Abschnitte und argumentative Abschnitte. Die narrativen Abschnitte machen Gebrauch von den biblisch gegebenen Sprachhilfen der Bilder: Rizinus, Wind, Sonne, Wurm. Die argumentativen Abschnitte sind behutsam formuliert, anschaulich, abwechslungsreich, gespickt mit Andeutungen und knapp gefassten Beispielen, alternierend zwischen Abstraktionen und Konkretionen.

Die argumentativen Abschnitte zeichnen sich durch eine hohe Dichte von Fragen aus. Marquardt folgt mit diesem Stilmittel dem Duktus des Bibeltextes; wie Gott mit Jona mäeutisch spricht, lockt auch die Predigt die Selbsterkenntnis der Hörer durch Fragen heraus.

An vielen Stellen wird den Hörerinnen Gelegenheit gegeben, selbst etwas hinzuzufügen: die nur kurz benannten Beispiele weiter zu denken, eigene Situationen in die angebotenen Leerstellen (nach Ninive gesandt, Situationen der Entscheidung, Positionen, Ordnungen, Kirchenpolitik, Theologenernst, Christenernst, kleine Wohltaten, kleine Schmerzen u.a.) einzufügen.

Indem der Prediger auf subtile Weise offen lässt, ob z.B. die Theologen und »auch die, die Ihn [Gott] kennen« die gleichen sind oder nicht, gibt er den Hörerinnen verschiedene Möglichkeiten, sich von Jona oder von den Theologen zu distanzieren, wenn sie wollen. Auch sagt er nicht: die, die meinen, Gott zu kennen, sondern: »die Ihn kennen«. Bisher bekannte und tradierte Erkenntnis »über« Gott wird in keiner Weise diskreditiert oder auch nur als ergänzungsbedürftig dargestellt, sondern schlicht in der Sprachform des Indikativs ergänzt: Gott gibt den Worten der Theologen neue Farben, erschließt neuen Sinn.

Der Schluss der Predigt ist nach meiner Meinung besonders gut gelungen: Der Prediger konstatiert, dass das Jonabuch unbefriedigend schließt mit dem Gegensatz von Gott und den Theologen. Das mit leichter Hand geschriebene Jonabuch hat kein Happy End, sondern ist gerade darin realistisch, dass es eine Einheit zwischen Gott und Mensch oder auch nur bei den Menschen untereinander eben nicht gibt. Die Frage Gottes an Jona bleibt unbeantwortet. Dennoch: ratlos will der Prediger seine Hörer nicht zurücklassen und hebt darum mit der Frage: »Was soll man also machen?« noch einmal an. Er gibt eine Antwort, die sowohl mit seiner Eingangsthese korrespondiert als auch mit seinem Predigtziel: Gottes Humor verstehen und dadurch Spaß am Glauben haben. Aber selbst das Verstehen der Heiterkeit Gottes, für das der Prediger sich so engagiert, trägt er den Hörerinnen in Form einer Frage als Angebot, nicht als Aufforderung an: »Soll man hoffen ...?« Die erwartete Antwort in beiden Fällen (Gottes Frage an Jona und Marquardts Frage an die Hörer) ist positiv, in beiden Fällen besteht aber weiterhin die Möglichkeit der Verneinung. So endet der vorläufige Predigtschluss mit einer Frage, wie der Bibeltext selbst. Es scheint, dieser mögliche Schluss sei dem Prediger nicht offen genug gewesen, denn es handelt sich um eine geschlossene Frage, die nur mit Ja oder Nein beantwortet werden kann. Außerdem geht es in dieser Frage wieder um ein überwiegend kognitives Verstehen. Und beim Kognitiven will Marquardt erklärterweise nicht stehen bleiben, sondern Glauben soll nach Gottes – aus dem Jonabuch eruierten – Meinung Spaß machen. Und Spaß beginnt zwar im Kopf, erfasst aber auch den Leib.
Als besonders geglückten Kunstgriff kann man deshalb die Schlusssätze der Predigt bezeichnen. Das Gebet aus einer Sammlung jüdischer Witze hat in diesem Kontext eine doppelte Pointe: *innerhalb des Witzes* provoziert die Vorstellung Heiterkeit, dass ein Mensch seine egozentrische Auffassung, wer fremd sei in aller Selbstverständlichkeit auf Gott zu überträgt, noch dazu in Form eines Vorwurfs; *in Bezug auf die ganze Predigt* besteht die Pointe darin, dass der Beter den Vertretern der reinen Lehre gemäß argumentiert, indem er Gott Vorschriften zu machen versucht. Vom ersten Satz der Predigt an, hat Marquardt darauf hin gearbeitet, dass sich seine Hörerinnen selbst mit Jona identifizieren, nun fordert er sie dazu auf, sich selbst in dieses Gebet mit einzutragen: »Wir Jonasse alle können uns in dieses Gebet mit einschließen.«. Der Satz ist poetisch, die von Anfang an vorbereitete Wendung »wir Jonasse« wurde vom Prediger bis zu dieser exponierten Stelle aufgespart, so dass man ihm das Modalverb[1202] gern verzeihen möchte.
Der Prediger entlässt seine Gemeinde mit der Frage danach, wo und inwiefern jede(r) einzelne Gott Vorschriften zu machen versucht. Der Vorwurf des Beters bezieht sich direkt darauf, wem sich Gott zu erbarmen habe, indirekt aber auch darauf, wie. Denn es ist auch denkbar, dass Gott

1202 Modalverben wirken oft wie Konditionalsätze. Hier lautet der von mir unterstellte Konditionalsatz: Wer sich hier einschließen kann, ist vom Predigtziel erreicht worden.

sich des Beters erbarmt (hat), dieser es nur nicht erkennt. Aber Marquardt erklärt an dieser Stelle nichts, stellt nicht einmal selbst die Frage nach den Standpunkten, sondern die stellt sich jede Hörerin jetzt oder später selbst.

Die Predigt Marquardts ist nach meinem Empfinden zutiefst glaubwürdig in ihrer Akzeptanz der Widersprüchlichkeit des Menschen. Das hat sowohl mit seiner Gotteslehre[1203] als auch mit seiner davon untrennbaren Anthropologie zu tun.

Der Prediger ist nicht spekulativ an der Aseität Gottes interessiert. Alle Gottesprädikationen, die in der Predigt begegnen, haben unmittelbare Auswirkungen auf den Menschen: Freundlichkeit, Liebe, Erbarmen. Um dem Menschen entgegen zu kommen, kann Gott seine himmlischen Maßstäbe außer Acht lassen und menschliche benutzen. Gottes Einfälle, seine Phantasie setzt er dazu ein, die Menschen zu gewinnen, zu retten, ihnen Sinn zu erschließen, sie in Bewegung zu bringen. Marquardt kann sogar sagen, dass Gott diese Eigenschaften hat, »um zu ...«. Der Gott dieser Predigt ist implizit ein Allmächtiger und gerade, weil ihm alle Macht zur Verfügung steht, ist er souverän genug, mit Mitteln seine Ziele zu verfolgen, die Anstöße geben und nicht nötig haben, etwas zu erzwingen. Selbst die »Friedensbefehle« haben bei Nichtbefolgung keine verheerenden Folgen für die Befehlsverweigerer, Gott gibt diese Befehle »jeden Tag wieder neu«.[1204]

Neben den Gottesprädikationen gibt es in dieser alttestamentlichen Predigt nur eine einzige christologische Aussage: von der Solidarität mit den Gottlosen wird – in einem Nebensatz [!] – erwähnt, dass Christus sie erlaube. Dass Christus die Solidarität mit den Armen »erlaubt« und nicht etwa »vorlebt«, was implizieren würde, dass Christen ihm nachfolgen sollen, ist kein pädagogischer Kunstgriff, der »dürfen« sagt und »sollen« meint, sondern ist theologisch korrekter Ausdruck des Ermöglichungsgrundes: Jesus ermöglicht den Menschen, Solidarität zu üben. Was sie daraus machen, ist ihre Entscheidung.

Zur expliziten Anthropologie gehört, dass der Mensch in schlechthinniger Abhängigkeit von Gott lebt: »Verbinden wir damit [mit Gottes Treue] auch das Wissen, dass wir Ihm nicht entfliehen und Ihm verhaftet bleiben als Seine Getreuen?«. Menschen sind von Gott gerufen und damit zugleich in die Pflicht genommen, »entsandt«. Zur impliziten Anthropologie gehört die Auffassung, dass damals wie heute die Menschen nicht gezwungen, sondern überzeugt werden wollen. Das in der Predigt am häufigsten gebrauchte Verb im Zusammenhang mit Gott ist »argumentieren«. »Gott will mit Jona, Gott will mit uns aufs neue Theologie treiben!« Und zwar so, dass infolgedessen »der Glaube Spaß macht. Und Gott ist

1203 Da eine ausgeführte Dogmatik von Friedrich-Wilhelm Marquardt vorliegt, können die aus der Predigt gewonnenen dogmatischen Befunde zuverlässig überprüft werden.

1204 In der Gemeinde von 1962, keine 20 Jahre nach Kriegsende, hat das Wort »Friedensbefehle« und die ausbleibende Strafe bei Befehlsverweigerung vermutlich noch einen sehr viel merkwürdigeren und befreienderen Klang gehabt haben als heute.

der Meinung, dass ein Glaube, der nicht Spaß macht, noch gar nicht richtig Glaube ist.« So wie ein Verstehen, das nicht Spaß macht, noch gar nicht richtig Verstehen ist.[1205]

Der Einsatz von Humor geschieht auf vielfältige und subtile Weise. Marquardt übertreibt, ironisiert, verwendet Anachronismen, etikettiert Taten in Argumente um, verkehrt ein strafandrohendes Sprichwort in eine Aussage zugunsten des Angeklagten, spielt mit Sprache, behauptet, zu wissen, was Gott meint und ganz gern hätte, verkleinert, relativiert, wertet um.

Nach meiner Einschätzung sind die Distanzierungsmöglichkeiten so vielfältig, dass auch Menschen mit wenig Humor oder Ich-Stärke sich nicht verletzt fühlen müssen. Zwar springt Marquardt so durchgehend zwischen Jona und den heutigen Menschen hin und her, dass kaum ein Unterschied bestehen bleibt, jedoch bleibt z.B. die Ironisierung des ständigen Hockens am Abgrund auf Jona bezogen. Verletzt fühlen könnten sich meiner Meinung nach jedoch Predigthörerinnen, die sich in einer verzweifelten Lage befinden und dadurch in der Gefahr sind, Provokationen mit dem falschen Ohr zu hören, die für andere Adressaten bestimmt sind. An keiner Stelle wird Jona verurteilt oder beschämt; die ganze Predigt läuft darauf hinaus, dass die Hörer sich als Jonasse erkennen und akzeptieren mögen.

Das gewagteste Humorprodukt ist der Witz am Ende der Predigt; auch er erscheint mir nicht in der Gefahr zu stehen, jemandes religiöse Gefühle zu verletzen. Die gesamte Predigt ist von einer humorvollen Haltung getragen, so dass der Witz gut vorbereitet ist.

Der Prediger spricht von Anfang bis Ende performativ. Es wird bewirkt, dass sich beim Hörer ein Verstehen des Humors Gottes ereignet. Humor ist nach dieser Predigt das Gegenteil von Verbissenheit, von Unbeweglichkeit, von Verabsolutierungen. Gott ist beweglich, darum wirkt er auf seine Gemeinde repertoire-erweiternd. Zum Humor Gottes gehört aber auch zentral die Wahlmöglichkeit, machtpolitisch weit unter seinen/ihren Möglichkeiten zu bleiben und Fragen zu stellen, wo er/sie zwingen könnte. Weil die Predigt an keiner Stelle direktiv ist, transportiert sie durch ihre Form die Freiwilligkeit, die den Glauben zu einer Freude werden lässt. So wie Gott Jona in diesem Kapitel nichts aufträgt, sondern ausschließlich Fragen stellt, stellt auch der Prediger an Stellen, an denen er tadeln könnte, Fragen. In die Fragen, die in einen Tadel umgeformt werden können, schließt Marquardt sich mit ein. Im »wir« hat er durchgängig die ganze Gemeinde, bzw. Menschengemeinschaft im Blick. Er verwechselt nicht Verheißungen mit ethischen Appellen. An mehreren Stellen übt er implizit Kritik an kirchlicher oder politischer Praxis, jedoch versucht er nicht, die Meinung seiner Zuhörerinnen zu beeinflussen. Eher beiläufig erwähnt er den Kampf um ein neues Lehrbeanstandungsgesetz der Landeskirche, und dass Menschen es haben »dahin kommen lassen«, dass Todesurteile vollstreckt werden. Seine Position in beiden Fällen ist be-

1205 Vgl. *Beuscher*, Spaß, 525.

kannt und dennoch enthält er sich, in irgendeiner Form an seine Hörer zu appellieren. Marquardt bleibt im Modus des Indikativs, wie es dem Jonabuch entspricht. Der Prediger unterlässt jede appellative Äußerung, denn sie würde auf Kosten der Performanz der Predigt gehen. Marquardts erklärtes Predigtziel ist es, zu vermitteln, dass der Glaube – und infolgedessen auch das Predigthören, das nach lutherischem Verständnis Voraussetzung des Glaubens ist – Spaß mache. Es ist begründet zu vermuten, dass diese Predigt befreiend, zum Handeln ermutigend und erhebend wirkt.

4.2.2 Klaus-Peter Hertzsch: Die Geschichte von der schönen Stadt Ninive

Zur Einführung

Diese Predigt von Klaus-Peter Hertzsch ist nicht auf den ersten Blick als solche zu erkennen. An keiner Stelle wird die Gemeinde in der 2. Person direkt angeredet. Bis zum Schluss wird die Form der Ballade durchgehalten. Sie wurde ursprünglich für Kinder verfasst, wobei der Autor bemerkte, dass »[w]er für Kinder erzählt, ... offenbar von den Erwachsenen besonders gut verstanden [wird]«.[1206] Hertzsch selbst und nach ihrer Veröffentlichung auch andere haben die Ballade in Gottesdiensten als Predigt verwendet bzw. vorgetragen.[1207]

Die Predigt

> Wie schön war aus der Fern und Näh,
> wie schön war die Stadt Ninive!
> Sie hatte Mauern, stark und dick.
> Die Wächter machten Blasmusik.
> Ein Stadttor war aus blauen Ziegeln
> mit schwerer Tür und goldenen Riegeln,
> davor zwölf bärtige Soldaten
> von einem Bein aufs andre traten.
> Die Häuser waren schön und bunt,
> die Türme spitz, die Türen rund.
> Man konnte dort drei Tage wandern
> von einem schönen Platz zum andern.
> Da blühten Bäume in den Straßen,
> auf denen bunte Vögel saßen.
> Da gab es Teiche, voll von Fischen,
> auch schönen goldenen dazwischen.
> Die Kinder rannten um die Ecken
> und spielten Haschen und Verstecken.
> Dem König selbst gefiel es dort:
> er wohnte darum auch am Ort.
> Es gab ein goldenes Schloss für ihn,
> das glänzte, wenn die Sonne schien.

[1206] *Herztsch*, Nachwort, 77f.

[1207] Ich hatte sie nicht zweifelsfrei dem Genre Predigt zuordnen können und habe darum Klaus-Peter Hertzsch brieflich um die Zusendung einer Jonapredigt gebeten. Er antwortete mir, dass er sich über die Anfrage wundere, da er selbst die Ballade schon mehrfach als Predigt vorgetragen habe und dies auch von Kollegen gehört habe.

Und abends auf den Mauerzinnen,
da sangen oft die Sängerinnen.
Es standen Kühe in den Gärten,
wohin sie die Besitzer sperrten.
Auch sah man kleine Schafe weiden;
die blökten freundlich und bescheiden.
Und Gott sah aus von seiner Höh
und sah auf die Stadt Ninive.
Die schöne Stadt, sie macht' ihm Sorgen,
die Bosheit blieb ihm nicht verborgen.
Da tranken sie. Da aßen sie.
Die Hungernden vergaßen sie.
Der König schickte die Soldaten;
die plünderten in fremden Staaten.
Und ihre schönen bunten Kleider,
die nähten eingefangne Schneider.
Gott sprach, nachdem er das gesehen:
»Nein, so kann es nicht weitergehen.«
Und sprach: »Wenn sie sich nicht bekehrt,
wird bald die schöne Stadt zerstört.«
Und Gott sah aus von seiner Höh
und sah auf die Stadt Ninive.
Dann ließ er seine Blicke wandern
langsam von einem Land zum andern,
sah Wald, sah Meer, sah das, sah dies –
sah einen Mann, der Jona hieß.
»Los Jona«, sprach der Herr, »nun geh
auf schnellstem Weg nach Ninive!
Sag ihr mein Wort! Sei mein Prophet,
weil es dort leider übel steht.
Da hilft nur eine kräftige Predigt,
sonst ist die schöne Stadt erledigt!«
Doch Jona wurde blass vor Schreck
und sagte zu sich: »Nichts als weg!
Ich lösch mein Licht, verschließ mein Haus.
Ich mach mich fort. Ich reiße aus.«
Den Blick nach Westen wandte er.
Erst lief er nur, dann rannte er.
Am Feld entlang – am Wald entlang –
er sah sich um. Es war ihm bang.
Der Staub flog hoch. Er keuchte sehr,
als liefe einer hinter ihm her.
Gott aber, der den Weg schon kannte,
sah lächelnd zu, wie Jona rannte.
Am Ende kam der müde Mann
am weiten blauen Meere an.
Da roch die Luft nach Salz und Tang.
Da fuhrn die Fischer aus zum Fang.
Matrosen sah man lachend schlendern,
erzählten sich von fremden Ländern.
Noch lag ihr Schiff in festen Tauen.
Noch sangen die Matrosenfrauen.
Als Jona alles angestaunt,
da war er wieder gut gelaunt.

Er sagte zu dem Kapitän:
»Wohin soll denn die Reise gehen?«
»Nach Tharsis geht es«, sagte der,
»weit weg von hier, weit übers Meer«.
»Je weiter«, rief er, »desto besser!
Hört zu: Ich bin kein starker Esser,
ich nehme wenig Platz euch weg
und zahle gut. Lasst mich an Deck!«
So zahlte er und ging an Bord.
Und bald darauf, da fuhrn sie fort.
Das Meer war weit. Das grüne Land,
es wurde kleiner und verschwand.
»Ahoi!« rief Jona. »Klar bei See!
Ich gehe nicht nach Ninive!«
Dann langsam sank die Sonne unter.
So stieg er in das Schiff hinunter.
Und weil er nicht geschlafen hatte,
legt' er sich in die Hängematte.
Und Gott sah aus von seiner Höh
und sah auf die Stadt Ninive
und sah das Schiff, schon weit vom Hafen,
und sah: Jetzt geht der Jona schlafen.
Auf einmal gab es einen Stoß.
Das Schiff stand schief. Ein Sturm brach los.
Die Wellen schwappten über Deck
und spülten alle Bänke weg.
Das Ruder schlug und brach zuletzt.
Das große Segel hing zerfetzt.
Nun rollten Donner, zuckten Blitze.
Der hohe Mast verlor die Spitze.
Das Schiff, es wurde hochgehoben
und zeigte manchmal steil nach oben.
Den armen Leuten auf dem Schiff
war bange, als der Sturmwind pfiff.
Sie liefen ängstlich hin und her.
Ihr Boot schien ihnen viel zu schwer.
Sie nahmen alles, was sie hatten:
Den Anker und die Hängematten,
den Kompass und das Wetterhaus,
und warfen es zum Schiff hinaus.
Dann wollten sie in ihren Nöten
ein Lied anstimmen oder beten.
So riefen sie – weil sie nicht wussten,
zu wem sie wirklich beten mussten:
denn Gott war ihnen unbekannt – :
»Hilf, wer das kann, hilf uns an Land!«
Zu Jona lief der Kapitän
und bat ihn, endlich aufzustehn.
»Auf! Auf!« befahl er dem Propheten,
»wenn du es kannst, dann hilf uns beten!«
Inzwischen sagten die Matrosen,
sie wollten miteinander losen.
Wer nun das schwarze Los bekäm,
der wäre schuld an alledem.

Und Jona zog das schwarze Los.
Und jeder sprach: »Wer ist das bloß?«
»Ich bin«, sprach Jona, »ein Hebräer.
Ich flieh – und doch kommt Gott mir näher.
Ja, Gott, dem bin ich wohlbekannt.
Hat mich nach Ninive gesandt.
Da bin ich vor ihm ausgerissen
Und werd nun wohl ertrinken müssen«.
Zuerst versuchten die Matrosen
es noch mit Rudern und mit Stoßen.
Doch als es gar nicht anders ging
und schon das Schiff zu sinken anfing,
da nahmen sie den Jona her
und warfen ihn hinaus ins Meer.
Sie sahn ihm nach, wie er verschwand,
und riefen: «Gott, bring uns an Land!«
Und siehe da – die Winde schwiegen,
die Wolke schwand, die Sterne stiegen.
Es wurde still all überm Meer.
Das Schiff zog ruhig wie vorher.
Und sie erholten sich allmählich,
sie lobten Gott und wurden fröhlich.
Bald sahn sie auch ein Land von weitem
und kamen dort zu guten Leuten.
Der arme Jona schwamm inzwischen
im Meer herum mit lauter Fischen.
Es war nicht Schiff noch Insel da,
nur blaues Meer, soweit man sah.
Er war zum Glück kein schlechter Schwimmer;
doch bis nach Hause – nie und nimmer!
Da plötzlich teilten sich die Wogen.
Es kam ein großer Fisch gezogen.
Dem hatte Gott der Herr befohlen,
den nassen Jona heimzuholen.
Sein Maul war groß wie eine Tür.
Das sperrt' er auf und sagte: »Hier!«
Er saugte den Propheten ein.
Der rutschte in den Bauch hinein.
Dort saß er, glitschig, aber froh:
denn nass war er ja sowieso.
Da hat er in den Bauches Nacht
ein schönes Lied sich ausgedacht.
Das sang er laut und sang er gern.
Er lobte damit Gott den Herrn.
Der Fischbauch war wie ein Gewölbe:
das Echo sang noch mal dasselbe.
Die Stimme schwang, das Echo klang,
der ganze Fisch war voll Gesang.
Am dritten Tag im Abendlicht,
da kam das grüne Land in Sicht.
Der Fisch, der würgte sehr und spukte,
bis Jona aus dem Maul ihm guckte.
Nun sprang der Jona auf den Strand
und winkte, bis der Fisch verschwand.

Und Gott sah aus von seiner Höh
und sah auf die Stadt Ninive,
sah auch den guten Fisch und sah:
Jetzt ist der Jona wieder da.
Und sprach zu ihm: »Nun aber geh
auf schnellstem Weg nach Ninive!«
Da ging er los und floh nicht mehr.
Viel Tag und Nächte wandert' er.
Er kam ans Tor und ging hinein.
Die Stadt war groß, er war allein.
Und trotzdem fasste er sich Mut,
hielt seine Predigt, kurz und gut,
und rief auf Plätzen und auf Straßen,
wo Leute standen oder saßen:
»Noch vierzig Tage, spricht der Herr,
dann gibt es Ninive nicht mehr.
Die Stadt ist groß. Die Stadt ist schön.
Was böse ist, muss untergehn.«
Die Leute, wie man denken kann,
die hörten das mit Schrecken an.
Sie hatten nie daran gedacht
und schliefen nicht die nächste Nacht.
Und morgens war die Lust dahin,
die schönen Kleider anzuziehn.
Sie zogen einfach Säcke über
und eine alte Schürze drüber.
Es sang kein Mensch ein frohes Lied mehr.
Sie hatten keinen Appetit mehr.
Sie aßen nicht. Sie tranken nicht.
Sie dachten nur ans Strafgericht.
Und als der König das erfuhr,
erschrak er auch und nickte nur.
Er zog den Purpurmantel aus
und schickte seinen Koch nach Haus.
Er nahm nicht Schuh noch Fingerring,
weil er im Sack und barfuß ging.
Sein Herold rief mit Hörnerklang:
»Befehl: Ihr sollt drei Tage lang
bedenken in der ganzen Stadt,
was Jona euch gepredigt hat,
was jeder Böses hat getan
und wie er's besser machen kann.
Ihr sollt die Kleider und das Essen,
ja selbst das Vieh einmal vergessen.
Ihr sollt in Häusern und in Hütten
den Herrn um sein Erbarmen bitten.
Vielleicht ist es noch nicht zu spät,
dass unsre Stadt nicht untergeht.«
Und Gott sah aus von seiner Höh
und sah auf die Stadt Ninive
und sah die traurigen Gestalten
und sprach: Ich will die Stadt erhalten.«
Da waren alle Leute froh
und ihre Tiere ebenso.

Nur Jona nicht. Den packt' die Wut
Er sprach zu Gott: »Du bist zu gut!
Das hab ich nun von meiner Predigt:
Die böse Stadt bleibt unbeschädigt.
Ich hatte mir das gleich gedacht,
mich deshalb aus dem Staub gemacht.«
Gott aber sprach und wundert' sich:
»Mein lieber Jona, ärgert's dich?«
Da hatte Jona alles satt
und ging verdrießlich aus der Stadt.
Er hat sich auf dem freien Feld
ein kleines Häuschen aufgestellt.
Dort konnt er sehen aus der Nähe,
was weiter mit der Stadt geschähe.
Doch als er schlief die nächste Nacht,
hat Gott ihm ein Geschenk gemacht.
Als früh er vor die Türe trat
– ein heißer Morgen war es grad –
da traut' er seinen Augen kaum,
da war's gewachsen wie ein Baum,
ein Rizinus, ein grüner Strauch
mit festem Stamm und Zweigen auch;
und weil die breite Blätter hatten,
lag seine Hütte nun im Schatten.
Da freute sich der Jona sehr
und dacht an keinen Ärger mehr.
Er streckt' sich aus im Sommerwetter
Und sah die Sonne durch die Blätter.
Ja, sagte er, so ist's gemütlich!
Der ganze Tag war blau und friedlich.
Doch ach, schon in der nächsten Nacht,
noch ehe Jona aufgewacht,
da kam ein giftiger Wurm gekrochen,
der hat den Rizinus gestochen,
Als Jona vor die Türe trat
– ein heißer Morgen war es grad –,
erschrak er sehr und sah sofort:
Sein Rizinus war ganz verdorrt.
Die Blätter hingen schlapp und braun,
ganz kahl und traurig anzuschaun.
Die Sonne stach. Ein Wind ging heiß.
Der arme Jona stand in Schweiß.
Da weinte er. Da sagte er:
»Ach, wär ich tot! Ich kann nicht mehr.«
Gott sprach zu ihm ein gutes Wort:
»Jetzt weinst du, weil dein Baum verdorrt,
den du nicht wachsen lassen kannst
und den du nicht mal selbst gepflanzt.
Da sollte ich nicht traurig werden,
wenn meine Kinder dort auf Erden
verderben und zugrunde gehn,
weil sie mein Wort nicht gut verstehn?
Da sollte ich die Stadt nicht schonen,
in der so viele Menschen wohnen,

so viele Eltern, viele Kinder,
so viele arme, dumme Sünder,
so viele fröhliche Gesellen –
dazu die Tiere in den Ställen!
Vielleicht für dich zum guten Schluss
wächst bald ein neuer Rizinus.
Bestimmt, du wirst dich an dem neuen
genauso wie am alten freuen.
Dann denke: So in seiner Höh
freut sich der Herr an Ninive.«

Gliederung der Predigt

Einleitung:	Beschreibung Ninives (1–42)
1. Hauptteil:	1. Berufung und Flucht Jonas (43–186)
	Ereignisse auf dem Schiff (85–154)
	Jona im Meer und im Fischleib (155–186)
2. Hauptteil:	2. Berufung und Predigt Jonas (187–202)
	Umkehr Ninives und Heilsbeschluss Gottes (203–240)
Schluss:	Gott im Gespräch mit Jona (241–302)

Beschreibung des Predigtweges

In der Einleitung schildert Hertzsch ausführlich das Leben der Stadt Ninive, seine Prachtentfaltung und seine Schattenseiten, die sozialen Missstände: »Da tranken sie. Da aßen sie./ Die Hungernden vergaßen sie. [...] Und ihre schönen bunten Kleider/ die nähten eingefangne Schneider« (37f). Auch die Plünderungen und die Schuld des Königs werden klar benannt. Mit der Einleitung weicht der Prediger im Blick auf die Reihenfolge von der Jona-Erzählung der Bibel ab, die unmittelbar mit der Berufung des Jona einsetzt. Durch die Schilderung Ninives erreicht Hertzsch, dass sich die Predigthörer eine Vorstellung von den Motiven Jonas machen können, aus denen er die Flucht ergreift. Hertzsch selbst bleibt jedoch im Duktus des biblischen Buches, indem er selbst nicht über die Motive des Jona spekuliert. Er benennt nur den »Schreck« (55) und den sofortigen Fluchtimpuls.

Im ersten Hauptteil schildert Hertzsch breiter als das biblische Buch die Flucht des Jona und wie Gott ihn »lächelnd« beobachtet. Ausführlich wird die Hafenstadt und das Einschiffen dargestellt (Jon 1,3b). Ebenso ausführlich werden die Verse Jon 1,4–16 umgesetzt: der Sturm, die Seenot, die Rettungsversuche der Schiffsmannschaft, das Überbordgehen des Jona und seine Rettung durch den Fisch. In diesem Abschnitt hält sich der Prediger, was die erzählerischen Details angeht, eng an den Bibeltext, fügt außer den Gegenständen, die über Bord geworfen werden, nichts hinzu, lässt jedoch den Vorschlag Jonas, ihn ins Meer zu werfen, weg. Eine Akzentverschiebung dem biblischen Buch gegenüber stellt der Ausspruch des Jona dar: »Ich flieh – und doch kommt Gott mir näher« (134);

hier wird schon der Beginn einer Gotteserkenntnis des Jona angedeutet. Vom Psalm Jon 2,2–10 setzt Hertzsch ausschließlich den Lob-Aspekt sprachlich um, nicht die Erinnerung an die Todesnot. Ausführlicher wird er wieder bei der Schilderung des weiteren Weges und der Furcht, die Jona zu überwinden hat und der »Predigt« in Ninive. Diese umfasst nach dem biblischen Buch nur vier Worte und ist ein Unheilswort ohne Begründung und ohne Heilsansage im Falle der Umkehr. Nach dem biblischen Buch ist zwar nicht ausgeschlossen, aber auch nicht eindeutig erkennbar, dass Jona erstens willig und zweitens mehrmals das Wort Gottes ›predigte‹ (Jon 3,4). Auch Jonas »Predigt« nach Hertzsch ist ein Drohwort, jedoch wird nicht zweifelsfrei gesagt, dass ganz Ninive untergehen wird, sondern möglicherweise nur das Böse in ihr: »Die Stadt ist groß. Die Stadt ist schön. Was böse ist, muss untergehn« (201f).
Ausführlich schildert der Prediger die Bestürzung der Niniviter und die äußere Zeichen der Umkehr. Dabei gibt es nur eine fabulöse Stelle des Jonabuches, die Hertzsch nicht eigens erwähnt: das Fasten der Tiere, ihr Sich-in-Säcke-Hüllen und ihre Anrufung Gottes (Jon 3,8a).
Während das Jonabuch mit der Nichtzerstörung Ninives diesen Schauplatz sofort verlässt, erwähnt die Predigt von Hertzsch noch ihre Freude (239f). Etwas mehr als ein Fünftel der Predigt widmet sich nun dem Gespräch zwischen Gott und Jona, was den Proportionen des biblischen Textes entspricht: elf von 48 Zeilen (Jon 4). Auch in diesem letzten Teil bleibt Hertzsch sehr nah an der biblischen Vorlage. Seine Predigt endet jedoch in formaler Hinsicht nicht ganz so offen wie das Jonabuch mit der Frage Gottes (Jon 4,11), sondern mit einem Trostwort für Jona. In diesem Schlussteil der Predigt scheint Gott geradezu in Jonas Hütte eingekehrt zu sein, so alltäglich und ohne Umschweife ist ihr Zwiegespräch.
So legt also die Predigt einen Weg zurück, der in Ninive aus der Perspektive Gottes beginnt und in Sichtweite Ninives vor der Hütte Jonas endet: Alle Stationen dazwischen handeln von Jona auf seinem Weg von Ninive weg und nach Ninive hin. Das einzige Wegstück, auf dem der Name der Stadt nicht begegnet, sind die drei Tage im Fisch. Wie die Überschrift schon sagt, handelt sie von der einen »Geschichte von Jona und der schönen Stadt Ninive«, die in dieser Erzähl-Predigt als eine gemeinsame inszeniert wird.

Sprachliche Beobachtungen
Das Versmaß ist ein vierhebiger Jambus, der durch Schlichtheit und Art der Bewegung zur Hebung der Stimmung unter den Zuhörern geeignet ist. Der Paarreim wird ohne Ausnahme durchgehalten. Es begegnen keine holprig erscheinenden Betonungen oder störende Worte, die in den Verdacht kommen könnten, sie seien um des Reimes willen eingesetzt worden. Durch die hohe Kunstfertigkeit wird bei den Hörerinnen eine entspannte und freudvolle Atmosphäre erzeugt. Auffällig sind die kurzen Sätze. Nur in wenigen Fällen geht ein Satz über mehr als zwei Zeilen, während Sätze von einer halben bis zwei Zeilen der Normalfall sind. Die Erzählung gewinnt dadurch an Verständlichkeit und Eingängigkeit. Dass

sie ursprünglich für Kinderohren gedacht war, erweist sich dabei als qualitätsfördernd.[1208]
Das Gedicht beginnt mit dem doppelten Ausruf »wie schön« und widmet dann 43 Zeilen der Beschreibung der Stadt. Aus dem ersten Satz ist also bereits eine theologische Entscheidung des Predigers zu eruieren: Er belegt Ninive mit dem Adjektiv »schön«, während im biblischen Buch anfangs nur von der Bosheit die Rede ist. Hertzsch verwendet in den ersten 30 Zeilen lauter positiv besetzte Adjektive und Verben: stark, schön, bunt, golden, freundlich, blühen, spielen, glänzen, gefallen, singen.
Nach der Schilderung dieser Idylle begegnet zum ersten Mal der Refrain: »Und Gott sah aus von seiner Höh/ und sah auf die Stadt Ninive« (43f). Der Refrain begegnet in dieser Form fünfmal und stellt ein Gliederungselement auf der Textebene dar. Der erste Refrain stellt die Scharnierstelle zwischen der Beschreibung der Positiva und der Missstände in Ninive dar. Im Anschluss an den Zerstörungsbeschluss Gottes begegnet der Refrain zum zweiten Mal: Ninive ist der Ausgangspunkt, von dem aus Gott seine Blicke schweifen lässt, bis er Jona sieht. Das Verb »sehen« begegnet über die ganze Ballade gehäuft: 21 Mal »Gott [bzw. er] sah«, einmal »nachdem er das gesehen« (39), einmal »und siehe da« (148). Gottes Handeln wird an vier Stellen explizit nach dem Schema ›Gott sieht und spricht‹ inszeniert, und zwar in den Zeilen 41–42; 47–51; 186–190 und 234–237. Jeweils drei oder viermal begegnet dort »sah« und je einmal »sprach«. Implizit wird das gleiche Gestaltungsprinzip außerdem in 95–100 (ohne ausdrückliches Sprechen zu dem Sturm, das aber im Bibeltext im »da entbot Gott einen Sturm« vorhanden ist), in 246f und in 284 angewandt. An diesen beiden letzten Stellen ist Gott so deutlich in Jonas Nähe, dass das Sehen Gottes keiner ausdrücklichen Erwähnung bedarf.
Zum zweiten Mal begegnet der Refrain in 43f. Gott sieht die Stadt, deren Untergang naht, sieht ein Stück seiner Schöpfung (47: »sah Wald, sah Meer, sah das, das dies«) und sieht die mögliche Hilfe aus der Gefahr, den Mann Jona, den er durch seinen Auftrag zum Propheten macht (49–52).
Unmittelbar an die Berufung schließt sich der Fluchtbeschluss (55–58) des Jona an. Der erste, aus Jonas Sicht angstbesetzte Teil der Flucht (59–64), wird vom Sehen und Lächeln Gottes begleitet (65–66). Ab dieser Stelle, an die sich die Schilderung der Hafenstadt anschließt, wechselt die Stimmung wieder ins Positive: von Düften, lachenden, müßiggehenden Matrosen, deren singenden Frauen und von Jonas guter Laune berichtet Hertzsch (70–76). Die Verhandlungen mit dem Kapitän enden mit einem Jubelruf Jonas (89f).
An dieser Stelle begegnet der Refrain zum dritten Mal. Viermal wird das Sehen Gottes erwähnt, das den Überblick hat über das Große, nämlich Ninive und die Weite zwischen dort und dem Tharsisschiff und zugleich

1208 Kinder stellen an Texte erfahrungsgemäß hohe Qualitätsansprüche. Für sie zu schreiben ist keineswegs einfacher als das Schreiben für Erwachsene, weil sie sowohl ein intaktes Gefühl für Qualität als auch weniger Veranlassung haben, Misslungenes zu entschuldigen oder wegzuerklären.

über das Kleine, nämlich den schlafenden Jona im Schiffsrumpf. Von einem Beschluss oder Befehlen Gottes ist nicht die Rede. In aller Plötzlichkeit und Heftigkeit beginnt das Unwetter (99–144). An der Wendestelle, das heißt beim Hinauswurf des Jona und der Anrufung Gottes durch die Matrosen begegnet wiederum das Verb ›sehen‹: Sie sehen dem Jona nach, flehen um die eigene Rettung »[u]nd »siehe da – die Winde schwiegen« (147). In ein paar Zeilen erzählt der Prediger vom weiteren Schicksal der Schiffsmannschaft, deutet ihre Bekehrung zu Gott an (152) und führt diesen Erzählstrang unspektakulär zu einem Happy End.
Der vierte Refrain begegnet wiederum an einer Nahtstelle: Jona ist von einem Fisch, dem Gott Jonas Heimholung befohlen (163–167) hatte, gerettet worden, und stimmt im Fischbauch einen großen Lobgesang an. Diesen Abschnitt schildert der Prediger als eine Bekehrung. Zwar benennt er es nicht explizit, aber das Verhalten des Jona im Folgenden ist grundlegend anders als vor den drei Tagen im Fischleib: Jona ist »froh« (169) über seine Rettung, »lobt« Gott »laut« und »gern« (174f) und winkt dem Fisch nach, solange er ihn sehen kann. An dieser Stelle nimmt Jona zum ersten Mal in der Predigt Kontakt zu jemandem auf.
Der vierte Refrain leitet mit dem Satz: »Jetzt ist der Jona wieder da« (188) einen Neuanfang ein. Es folgt die zweite Beauftragung und die Reaktion des Jona: »Da ging er los und floh nicht mehr« (192). Der Prediger deutet an, dass Jona immer noch Angst hat, diese aber mutig überwindet und »seine Predigt, kurz und gut« (196) nicht nur einmal, sondern so oft hält, dass sich die Botschaft überall verbreiten kann. In der wörtlichen Rede lässt der Prediger Jona die Stadt als »groß« und »schön« bezeichnen (201) und sich damit die Ansicht Gottes zu eigen machen. Im Weiteren erzählt Hertzsch von den Reaktionen der Bewohner und des König: Bußhandlungen und Hoffnung auf Abwendung des Unheils.
Wiederum begegnet der Refrain: Gott »sah« die »traurigen Gestalten« und »sprach«, dass er die »Stadt erhalten« will. Noch mit zwei Zeilen bedenkt der Prediger die Freude der Niniviter (237f), danach geht es in der Predigt nur noch um das Gespräch und die Beziehung zwischen Gott und Jona.
Die beiden Schlusszeilen sind eine Umformulierung des Refrains mit Bezug auf Jona, der direkt angeredet wird: »Dann [wenn du dich wieder freust, GK] denke: So in seiner Höh/ freut sich der Herr an Ninive«. Die Schlusszeilen korrespondieren mit den Anfangszeilen. Während jedoch dort Ninive um seiner selbst willen beschrieben wird, ist die Erwähnung der Stadt am Schluss der Predigt Teil der Argumentation Gottes, mit der er Jona zu überzeugen sucht. Hertzsch lässt Gott sagen: »so viele arme, dumme Sünder ... [wohnen]« in Ninive (294). Die Sündhaftigkeit der Niniviter wird also im Präsens erwähnt, wie es dem biblischen Buch entspricht, und erweist eine mögliche Prognose des Predigers für das weitere Ergehen Ninives damit als keineswegs naiv. Auch falls in Ninive die Bosheit erneut zunehmen sollte, wird Gott nicht blind dreinschlagen, sondern eine neue Chance geben, denn auch seine Freude an der Stadt ist präsentisch.

Die Predigt hat fünf »Takes«, d.h. sie besteht aus fünf Episoden mit je eigenem Focus, Schauplatz oder Protagonist. Jeweils beim Refrain wechselt der Prediger entweder zwischen den beiden Protagonisten Jona und Ninive hin und her (Refrain II: 29f und Refrain V: 233f) oder der Refrain ist in Bezug auf denselben Protagonisten eine Wendestelle: Refrain I zwischen idyllischem und boshaftem Ninive, Refrain III (95f) Wende zwischen Gott als Beobachter und als Eingreifender in die Flucht Jonas, Refrain IV (185f) als Neuanfang nach dem Ende der Flucht. Auf diese Weise stellt Hertzsch mit sprachlichen Mitteln sowohl einen engen Konnex zwischen Jona und Ninive her als auch das Nebeneinander von Gut und Böse bzw. von Ungehorsam und Gehorsam des »Propheten«.

Theologischer Gehalt

Wie Hertzsch in seinem Nachwort schreibt, geht es ihm um ein »weiten Teilen des Alten Testamentes genau angemessen[es]« »Erzählen[...], bei der einst Geschehenes treulich wiedergegeben wird und für sich selber spricht«.[1209] Er bemüht sich, die eigene Person bei diesem »Nach- und Wiedererzählen«[1210] vollkommen zurücktreten zu lassen. Dennoch verschieben sich durch jede Nacherzählung notwendigerweise bestimmte Akzente und Gesichtspunkte. Indem Hertzsch das Jonabuch in Form einer Ballade umgesetzt hat, hat er bestimmte homiletische Entscheidungen getroffen, die wiederum Rückschlüsse auf seinen »operativen Code«, »›das System‹ ... beschreiben, nach dem der Prediger seine Gesamttheologie bzw. seine Weltanschauung konstruiert«.[1211]

Es wären mehr theologische Aussagen bzw. Argumentationsstrukturen aus der Predigt eruierbar; ich will mich hier auf das Gottesbild, das Menschenbild und das Thema Beziehung beschränken.

a) Gottesbild

Gott wird in erster Linie dargestellt als ein Gott, der »sieht«. Gott sieht »aus von seiner Höh« – mit diesen Worten ist er zugleich in seiner Transzendenz und in seiner ungeteilten Zugewandtheit zu den Menschen charakterisiert. Gottes Handeln in dieser Predigt besteht hauptsächlich darin, dass er »sah« und »sprach«. Indem Gott genau hinsieht, ist er im Kontakt mit den Menschen, seien es die Niniviter, über deren Glaubenszugehörigkeit nichts gesagt wird oder die Matrosen, denen »Gott war ... unbekannt« (121), oder der Hebräer Jona. Gott schaut nicht mit einem einzigen, alleserfassenden Blick, der alles schon wüsste, sondern lässt »seine Blicke wandern« »langsam von einem Land zum andern« (45f). Nach Darstellung dieser Predigt gibt es keinen Anhalt, einen Qualitätsunterschied in der Beziehung zwischen Gott und bestimmten Völkern oder Einzelpersonen gegenüber anderen anzunehmen. Gottes Blick ist weder verengt noch unscharf. Er kennt den Weg des Jona im voraus (65), und

1209 *Hertzsch*, Nachwort, 78 und 77.
1210 *Hertzsch*, Nachwort, 78.
1211 *Engemann*, Homiletik, 446.

»wundert' sich« (245) dennoch über Jonas Ärger über die Erhaltung der Stadt. Gott ist souverän genug, über den Ungehorsam des Jona zu lächeln. Dieses Lächeln ist ein humorvolles Lächeln, wie aus dem Kontext der ganzen Predigt zu entnehmen ist, nicht das überlegene Grinsen des Mächtigeren. Gott hat zwar die Macht, Jona zu lenken und setzt diese Macht mittels Fisch auch ein, jedoch zwingt er Jona zu nichts, wie der Schluss zeigt. Gott ist derjenige, der die Hoffnung nicht aufgibt, Jona werde sich noch freuen. Zur Freude kann Gott Jona naturgemäß nicht zwingen, darum lässt Hertzsch Gott argumentieren. Indem er von seinem eigenen Mitleid spricht und den von Jona Angeklagten ihre Unwissenheit (»arme, dumme Sünder«; 294) zugute hält. Gott wird nicht explizit als der benannt, der die Zerstörung Ninives verursacht, sondern Hertzsch legt Gott eine Passivformulierung in den Mund: »... Wenn sie sich nicht bekehrt,/ wird bald die schöne Stadt zerstört« (41f). Das Adjektiv »schön« deutet ein Bedauern Gottes an, das später (285ff) auch ausgeführt wird. Die Zerstörung Ninives wird vom Prediger also nicht eindeutig als Strafhandeln Gottes verkündigt, sondern vor allem als Konsequenz aus der menschlichen Bosheit. Gott ist vielmehr derjenige, der nach einem Ausweg aus der Gefahr sucht, indem er einen Propheten beruft. Jedoch lässt die Formulierung den Hörerinnen genug Spielraum, das Passiv »wird ... zerstört« als *passivum divinum* zu lesen. Analoges gilt für die korrespondierende Stelle in Zeile 236: »Ich will die Stadt erhalten« kann sowohl Gottes Fürsorge für sie bedeuten als auch die bloße Verschonung, die einen früheren Zerstörungsbeschluss Gottes voraussetzt.

In der ganzen Predigt wird Gott als allmächtig und zugleich in Beziehung mit den Menschen – und Tieren – dargestellt. Er erhört die Gebete sowohl der Matrosen als auch der Niniviten. Letzteren gegenüber wird Gott als großzügig dargestellt, denn er hat Geduld mit ihnen. Indem der Prediger Gott in der wörtlichen Rede die Niniviter als »meine Kinder« bezeichnen lässt, gibt er die Erklärung für dessen Liebe und Geduld. Beide Eigenschaften Gottes werden nicht mit Worten konstatiert, sondern durch die Erzählung inszeniert und dadurch plausibel für die Hörerinnen. Der Prediger stellt Gott nicht als unbewegten Beweger, sondern als geistig und emotional beweglichen Liebenden dar, der sich über die Menschen wundern (245), Sorgen machen (31), freuen (300) und über sie trauern (288) kann.

Die Predigt verzichtet ganz auf konstatierende Aussagen über Gott, sondern transportiert alle Gottesbilder ausschließlich in der Erzählung von Gottes Handeln. Damit bleibt Hertzsch im Duktus des Bibeltextes, verstärkt ihn sogar, indem er die vier bekenntnishaften Aussagen in Jon 4,2b auf den einfachen Vorwurf »Du bist zu gut!« (240) verkürzt.

Das Bild, das die Predigt von Gott zeichnet, ist in erster Linie ein mildes, ein von Liebe und Geduld geprägtes Bild. Gott wird dargestellt als humorvoller, zugewandter Erzieher, dessen Blick für das Gute und Schöne an den Menschen nicht durch ihre Bosheit getrübt ist. Nach Hertzsch ist Gott – zumindest für den Moment – erfolgreich in der Erziehung Ninives, um den Erfolg in der Erziehung des Jonas bemüht er sich noch, indem er argumentiert und indem er ihm Hoffnung auf kommende Freude macht. Das Bild vom liebenden Gott übertönt das Bild vom allmächtigen und strafenden bei weitem, dennoch wird kein Einheitsbild von Gott propagiert. Er wird als jemand dargestellt, der die Fehler der Menschen lieber korrigiert oder in Kauf nimmt als auf eine Weise bestraft, die einen Neuanfang verunmöglichen würde. Er ist jemand, der die Bösen sogar in Schutz nehmen kann, indem er ihnen zugute hält, sie könnten gut und böse nicht unterscheiden, obwohl sie durch ihr selbst angeleitetes Fasten gerade bewiesen haben, dass sie doch ein Gespür für das »rechte« Verhalten haben. Das Strafhandeln Gottes wird nicht negiert, aber Hertzsch legt sich in dieser Predigt nicht fest, ob nicht der Untergang doch allein in der Verantwortung der Menschen liegt, also eine natürliche Folge und somit keine göttliche Strafe ist.

b) Menschenbild

Auch die Umkehr der Niniviter ist nicht in erster Linie als Gehorsam gegen Gott dargestellt, sondern als natürliches Bedürfnis der Menschen, denen die eigene Bosheit zu Bewusstsein kommt: »Die Leute ... hörten das mit Schrecken an./ Sie hatten nie daran gedacht und schliefen nicht die nächste Nacht./ Und morgens war die Lust dahin./ [...] Sie hatten keinen Appetit mehr« (203–215).

Die »Predigt« des Jona in Ninive umfasst nach Hertzsch ausschließlich eine Untergangsansage für das, »was böse ist«. Was dies im einzelnen sei, scheinen die Bewohner Ninives einschließlich des Königs – gemäß Mi 6,8 – zu wissen, so dass sie sich ohne weitere prophetische Anleitung selbst besinnen und zu Gott beten können. Sie neigen nicht zur Resignation, denn sie ändern sich, obwohl ihnen keine Heilszusage für den Fall ihrer Umkehr gemacht wurde. Sie appellieren darum auch nicht an Gottes Gerechtigkeit, sondern an seine Barmherzigkeit (230). Es ist ihnen bewusst, dass sie unrecht gehandelt haben, ob dies nun in einer Sündenerkenntnis oder in einem menschlichen Rechtsempfinden begründet liegt, wird nicht gesagt.

Gott bestraft Jona nicht für die anfängliche Verweigerung des prophetischen Auftrags, vielmehr erteilt er ihn Jona zum zweiten Mal, nachdem dieser sich im Fisch besonnen hat, ausgedrückt in dem Lobgesang, den Jona »laut« und »gern« (173) sang und mit der Aussage: »Jetzt ist der Jona wieder da.« (188) Dieser Satz erinnert an das »seid ihr alle da?« des Kasperltheaters und markiert hier wie dort den Anfang eines neuen Stückes.

Jona wird nicht allein durch sein Handeln beschrieben, sondern auch durch konkrete Benennung seiner Befindlichkeit: bang, müde, gut gelaunt, froh, wütend usw. Hertzsch erzählt, worüber Jona erschrickt und woran er sich erfreut. Aus den wörtlichen Reden wird die Stimmung des Jona deutlich, je nachdem ob ihr Ton forsch ist, wie bei der Verhandlung mit dem Kapitän oder resignativ, wie bei der Antwort auf die Frage der Matrosen. Jona wird als lebendiger, fühlender Mensch beschrieben und ebenso wie im biblischen Buch als jemand, der nur auf sich selbst bezogen ist. Die Predigt von Hertzsch weicht in dieser Hinsicht vom Bibeltext ab, indem er behauptet, die »Predigt« des Jona sei »kurz und gut« gewesen. Im Bibeltext ist die Predigt auch denkbar kurz, lässt aber keinesfalls den Schluss zu, dass es Jona um die Menschen von Ninive zu tun wäre. Nach Hertzsch lässt das mehrfache, hörerorientierte »Predigen« des Jona den Schluss auf eine erfolgte Umkehr des Jona zu. Umso überraschender ist die plötzliche Wut des Jona. Nicht zuletzt in den anschaulich dargestellten Stimmungsschwankungen, wird die Ambivalenz erkennbar, in der Jona lebt.

c) Beziehung

Wie oben bereits angedeutet, geht diese Jonapredigt nicht von einer qualitativ unterschiedenen Nähe der verschiedenen Völker zu Gott aus. Über die Niniviter wird nicht ausdrücklich gesagt, an welchen Gott sie glauben, jedoch bietet die Predigt auch keinen Anhalt dafür, den Glauben Ninives an Gott in Frage zu stellen, denn Jona betreibt keine Glaubensverkündigung. Entweder sie glauben bereits an Gott oder erkennen seine Herrschaft nach der Predigt des Jona an, denn sie wollen »den Herrn um sein Erbarmen bitten« (230). An einer theologischen Diskussion, wer »Heide« sei oder wer sich zum Volk Gottes zählen darf, ist die Predigt nicht interessiert. Ihr geht es um konkrete, real existierende Beziehungen.
Da die Predigt an der geretteten Stadt Ninive fast genauso schnell das Interesse verliert wie das biblische Buch, kann man sagen, dass es ihr zwar nicht ausschließlich, aber in der Hauptsache um Jona geht. Die Schiffsepisode und die Episode mit dem Fisch sind schon als biblische Geschichte reich an Wundern bzw. Wunderlichem. Indem der Prediger diese Ungereimtheiten eher verstärkt als auflöst oder thematisiert, gibt er zu erkennen, dass er sie ausschließlich in ihrer Funktion für den Weg des Jona versteht. Diese beiden Episoden dienen als retardierende Momente der Geschichte; sie machen die Geschichte spannend und verstärken ihre Aussage, sind für sich genommen aber von untergeordnetem Interesse.
Die erste Erwähnung des Jona in der Predigt begegnet in Zeile 49f. Gott sieht ihn, spricht ihn mit Namen an und gibt ihm einen Auftrag. Doch Jona antwortet Gott nicht, sondern »sagte zu *sich*: Nicht als weg!« (56).[1212]
Mit dem Kapitän des Schiffes nimmt Jona zwar Kontakt auf, aber lediglich auf einer vertraglichen Ebene: er argumentiert, bis man ihn an Bord lässt; dafür bezahlt er und alles weitere ist ihm gleichgültig. Er sucht sich eine ungestörte Stelle im Schiff und schert sich um nichts. Er ignoriert das Unwetter und die Not der Matrosen. Als ihn die andern ansprechen, gibt er zwar wahrheitsgemäß Auskunft, bleibt dabei aber ganz auf sich selbst bezogen.
So wie Jona eine Rolle für Ninive zu spielen hat als Mahnredner, so spielt Ninive eine Rolle für Jona. Aus der Verschonung bzw. großen zweiten Chance Ninives – und den vielen kleinen zweiten Chancen, die Gott Jona persönlich einräumt – soll Jona etwas erkennen. Was? Dass

[1212] Kursivierung von GK.

Gott ein Liebender ist, dass ihm die Beziehung zu Jona wichtig ist. Dass er alle gleich liebt. Dass er *allen* nachläuft.
In drei Fällen schließt sich an den Refrain eine direkte Kontaktaufnahme Gottes mit Jona an. Obwohl es in ausgedehnten Passagen der Predigt um die Bewohner von Ninive und um die Menschen auf dem Schiff geht, ist aus der besonderen Nähe Gottes zu Jona und aus den Gesprächen zu ersehen, um wen es Gott in dieser Predigt eigentlich geht. Nur zu Jona spricht er direkt, zu den Matrosen gar nicht, über Ninive nur in der 3. Person (236). Die Schiffsmannschaft wird zwar gerettet, dennoch spielt sie in der Erzählung nur in Bezug auf Jona eine Rolle. Anders als der Bibeltext ist die Predigt von Hertzsch am Schicksal der Matrosen weiterhin interessiert. Indem Hertzsch von ihrem weiteren Ergehen erzählt, wendet er einen »gedehnter Blick an«, der das Marginalisierte um seiner selbst willen ansieht. Die Verzweiflung der Matrosen gehört zu Stellen der Predigt, die den Bibeltext am stärksten ausschmücken, sie opfern Jona nur widerwillig, nachdem sie ihn längst als Schuldigen erkannt haben und es gar nicht mehr anders geht. Auch nachdem sie ihn ins Meer geworfen haben, verdrängen sie nicht ihre Schuld, indem sie sich augenblicklich wieder an die Arbeit machen würden, sondern sehen ihm nach. Erst dann wenden sie sich wieder ihrem eigenen Schicksal zu und bitten Gott, an Land zu kommen. Auch an dieser Stelle fügt Hertzsch dem Bibeltext etwas hinzu: das Happy End für die Matrosen. Während im biblischen Buch von Schlachtopfern und Gelübden die Rede ist, nicht aber vom weiteren Ergehen der Schiffsmannschaft, ist bei Hertzsch nur von Bitten die Rede und vom Wiederherstellen des Zustands vor dem Sturm. In der Darstellung von Hertzsch ist das Ergehen der Menschen wichtiger als die Frage nach einem kultischen Handeln.

Zusammenfassung und Humorgebrauch
Die Ballade ist insgesamt ein Beispiel für den »gedehnten Blick« des Humors. Die detaillierte Beschreibung der Gebäude, Menschen und Tiere – sprachlich unterstützt durch die Kürze der Sätze – lenkt den Blick auf das Einzelne und Kleine. Die Darstellung Ninives als prächtig und zugleich idyllisch unterstreicht den Kontrast zur Bosheit (32). Der Blick auf Ninive (in den ersten 30 Zeilen) ist unbefangen und naiv, seine Perspektive kindlich. Vom Prediger wird die Kindlichkeit des Blicks u.a. durch die Formulierung hergestellt: »Dem König selbst gefiel es dort: Er wohnte darum auch am Ort.« (19f). Die Begründung für die Wahl des königlichen Wohnsitzes ist absichtlich naiv dargestellt. Die implizierte Option, dass ein König auch nicht »am Ort« wohnen würde, stellt den ersten Anachronismus des Textes dar.
Ein weiterer Anachronismus ist die Erwähnung des Kompasses (115), der erst 2000 Jahre später zur Standardausrüstung eines Schiffes gehört haben dürfte.[1213] Diese Stelle, die dem biblischen Buch nach eine der not-

1213 Die erste schriftliche Erwähnung dieses in China erfundenen Geräts stammt aus dem Jahr 1170 n.Chr.

vollsten ist, wirkt in Hertzschs Darstellung besonders lustig: das ängstliche Umherlaufen der Matrosen und die Wahllosigkeit, mit der sie alles von Bord werfen: den schweren Anker, dessen Abwurf wegen seiner Befestigung am Schiff unmöglich bzw. kontraproduktiv ist, die Hängematten, die mangels Gewicht keine Erleichterung bringen, den Kompass, der weder viel wiegt, noch im Falle des Überlebens entbehrlich wäre, das Wetterhaus als letzte Zuflucht bei solchem Wetter. »Dann wollten sie in ihren Nöten ein Lied anstimmen *oder* beten.« Dieser Satz lässt offen, ob sie sich als Gruppe uneins sind oder jeder für sich zu keiner Entscheidung kommen kann. Dieser scheinbar drolligen Formulierung liegt somit die Erfahrung der Überforderung zugrunde, die viele Menschen in existentiellen Notlagen überfällt und zu ohnmächtiger Untätigkeit oder zu irrationalem, kontraproduktivem Aktionismus führt. In diese Richtung weist auch das Losen. »Wer nun das schwarze Los bekäm,/ der wäre schuld an alledem.« Das Motiv des Losens begegnet in Jon 1,7, wird aber von Hertzsch komisch verfremdet: aus einem magischen Ritual, einen Schuldigen zu *erkennen*, wird ein Verfahren der Schuld*zuteilung*. Indem Hertzsch das Los zu einem schwarzen Los erklärt, ruft er die Assoziation des Kinderspiels »Schwarzer Peter« auf – für Kinder als Teil ihrer Erfahrungswelt, für Erwachsene als Metapher für Willkür. Während im Bibeltext der Kampf der Matrosen um die Bewahrung des Jona ausführlich geschildert wird, und der Vorschlag, ihn über Bord zu werfen, von ihm selbst kommt, geht der weitere Verlauf der Ballade eher in Richtung einer Sündenbock-Lösung: zwar erst in letzter Sekunde und »als es gar nicht anders ging« (141), werfen die Matrosen Jona ins Meer, nehmen aber billigend in Kauf, dass er umkommt. Es geht darum, den Schuldtragenden loszuwerden, ob er nun tatsächlich schuldig ist oder nur das betreffende Los zu tragen hat. Wieso das Los auf Jona gefallen ist, wird weder im biblischen Buch noch in der Predigt gesagt. Dass eine magische Praktik zum Erfolg führt, ist für viele Protestanten problematisch. Deshalb wäre für eine evangelische Predigt zu erwarten, dass sie diesen Umstand thematisiert. In einer Ballade, die für Kinder geschrieben ist, ist dies jedoch nicht notwendig. Da ihnen vieles zum ersten Mal begegnet, neigen Kinder nicht dazu, sich über irgendwie plausibel Erscheinendes zu wundern, sondern nehmen eher die Haltung ein: das ist eben so. Dadurch dass die Ballade als Predigt verwendet wird, ändert sich der Kontext und macht sich der Prediger angreifbar, wenn er den Erfolg des Losen nicht thematisiert. Dann gehört das erfolgreiche Losen[1214] einfach zu den drol-

1214 Wenn der Prediger dies thematisiert hätte, hätte er vielleicht auch den Fisch, den Sturm, den Rizinus, den Wind und den Wurm einer Plausibilitätsprüfung unterziehen müssen, was sterbenslangweilig geworden wäre und die Geschichte ihres Charmes beraubt hätte. Hertzsch führt nicht die Details aus, die einem theologisch vorgebildeten Predigthörer, sondern die, die den kindlich-naiven Adressaten interessant erscheinen. Ebenso wäre eine Problematisierung einer positiven, nämlich rettenden Reaktion Gottes auf das Menschenopfer Jona zu erwarten. Aber weder Menschenopfer noch magische Praktiken sind Thema der Erzählung, also brauchen sie auch in einer Nacherzählung nicht behandelt zu werden.

ligen Erfindungen, die Gott in Dienst nimmt, um Jona den Weg zu weisen und die einen großen Teil des Charmes des Jonabuches ausmachen.
Die humoristischen Mittel, von denen Hertzsch hier Gebrauch macht, sind in erster Linie die Reimform, Elementarisierungen, Konkretisierungen (Zum Beispiel wird das Bezahlen des Fährgeldes Jon 1,3b als Dialog inszeniert: »... Hört zu: Ich bin kein starker Esser,/ ich nehme wenig Platz euch weg/ und zahle gut. Lasst mich an Deck/ So zahlte er und ging an Bord.«), Kontrastierungen, Anachronismen, Naivität, Sprünge zwischen verschiedenen Sprachebenen (Beispiel: »Da hilft nur eine kräftige Predigt,/ sonst ist die schöne Stadt erledigt!«), ausschmückende Übertreibungen (»Der Fischbauch war wie ein Gewölbe:/ Das Echo sang noch mal dasselbe. Die Stimme schwang, das Echo klang, der ganze Fisch war voll Gesang.« (175–178). Hier liegt außer der Übertreibung auch eine Kontrastierung vor, da Fische im Allgemeinen mit Stummheit assoziiert werden.) Anspielungen und drollige Formulierungen (»Jetzt ist der Jona wieder da.«, 188). Bei aller scheinbarer Naivität der Darstellung kommt die Ambivalenz der jeweiligen Situation deutlich zum Ausdruck: Ninive ist idyllisch und boshaft, Jona ist bleibend widersetzlich (wiederholt flüchtig, verdrossen, bockig, beziehungslos, entfremdet) und lebt gleichzeitig unter der Gnade, die Gott mehrfach an ihm wirksam werden lässt und im Schlussvotum noch einmal verheißt.
Diese Predigt ist ein Beispiel dafür, dass Sprachform und Inhalt nicht zu trennen sind und dass gerade ein humorvoller Umgang mit existentiellen Phänomenen die ernste Auseinandersetzung damit ermöglicht. Gerade an den lustigsten Stellen der Predigt – in der Seenotpassage, dem Gebet im Fisch und den Passagen der Todessehnsucht des Jona – macht der Humoreinsatz eine punktuelle, selbstbestimmte Identifizierung mit dem »Helden«, der eigentlich ein Held im Scheitern ist, möglich und lässt im »Subtext« der Gelassenheit zugleich die andere, rettende Wirklichkeit Gottes präsent werden. Mit Blick auf sehr distanzierte Hörerinnen besteht vielleicht die Gefahr, dass sie sich nicht auf ein aktives Hören einlassen können und sie nur die Leichtigkeit und das Idyllische der Predigt rezipieren. Predigt ist immer bis zu einem gewissen Grad auch Geschmackssache. Gerade diese Predigt von Hertzsch ist jedoch so sehr von Charme geprägt, dass aus meiner Sicht ein unwiderstehlicher Sog entsteht, der die Hörer tatsächlich in die Geschichte verwickelt.
Diese narrative Predigt transportiert eine Vielzahl von Aussagen, aus denen die Hörerinnen auswählen können, an welchen Stellen sie sich besonders angesprochen fühlen und »etwas dazuzutun« haben (Goethe).

4.2.3 Zusammenfassung

In beiden Predigten spielen Phantasie, Spiel, Spaß, Leichtigkeit und Paradoxe eine Rolle. Beiden Predigten ist ein Absolutheitsanspruch fern, beide wagen zu ihrer Zeit etwas, was andere Predigten nicht wagen: Marquardt betont 1962, im Monat der Vollstreckung des Todesurteils an dem Verbrecher gegen die Menschheit Eichmann, dass Gott frei ist, auch sich selbst und seine Urteile zu revidieren und gerät mit dieser und anderen Aussagen seiner Predigt – z.B. der leichtfüßigen Ironisierung der alles beherrschenden Dialektischen Theologie und ihren Konsequenzen – an den damaligen Rand der Häresie. Für ihn hat die Wahrnehmung den Primat vor jeder Lehre. Darum ist diese Predigt postmodern: Zwar ist die Geschichte Gottes mit den Menschen auch nach dieser Predigt als Metaerzählung zu betrachten, jedoch nicht eine monistischen Typs. Die Geschichte Gottes mit den Menschen ist offen, und zwar am Ende und auch zu jeder Zeit vorher. Gemäß dieser Predigt ist die Wirklichkeit nicht digitalisierbar, sondern ausschließlich analog beschreibbar: Das Leben ist stärker als die Politik und wenn man als Predigthörerin meint, irgendetwas zu wissen oder verstanden zu haben, weil man sich damit auseinandergesetzt hat, wird man von Marquardt mit einem verwirrenden Witz im Kopf nach Hause geschickt, der die Frage noch einmal von Anfang an aufrollt.

Auch Hertzsch wagt mit seiner Predigt etwas, was am leichtesten an der Form seiner Predigt zu erkennen ist. Predigten in Reimform waren 1969 alles andere als üblich und sind es auch 40 Jahre später nicht. In der Form vollzieht er, was dem Inhalt nach auch seiner Predigt zugrunde liegt, nämlich die Auffassung, dass »Spaß« (Marquardt) bzw. kindliche Freude (Hertzsch) die intrinsische Motivation für das ethische Handeln von Christen ist. In solcher, vor allem durch die Leichtigkeit des Humors hergestellten Deutlichkeit wird diese Frage selbst in heutigen Predigten nicht oft angesprochen. Wo es doch einmal geschieht, ist es zum Häresievorwurf der »Natürlichen Theologie« nicht mehr weit.

Das Potential des Humors zeigt sich in diesen beiden Predigten vor allem darin, dass ein Vorgeschmack auf die Erlösung durch die Gnadenerweise Gottes in Form von Entpflichtung, Erleichterung und Erhebung auch emotional beim Hörer ankommt. Die Ambivalenzerfahrungen, die jeder Mensch kennt und die durch das menschliche Bekenntnis zu Gott nicht aufgehoben werden, werden in diesen Predigten als Hindernisse erkennbar, von denen Gott sich nicht abhalten lässt, weiter auf seine Menschen zu hoffen. Vor diesem Hintergrund der Gnadengewissheit ist die Aufforderung zur Sündenerkenntnis/Erkenntnis der Entfremdung und zur Verantwortungsübernahme, die in beiden Predigten deutlich ist, intrinsisch motiviert.

4.3 Predigtanalysen zum Kasus Karneval

4.3.1 Zur Einführung: Karneval und Karnevalisierung

4.3.1.1 Karnevalisierung

Der Begriff Karnevalisierung[1215] ist von der Institution Karneval abzugrenzen und meint »ausgelassen-festliche Ereignisse, bei denen Aufhe-

1215 Der Begriff wurde 1968 von Bachtin geprägt.

bung und Umkehrung, Parodierung und Persiflierung der gegebenen Ordnung stattfinden«.[1216] Diese Ereignisse finden innerhalb des Karnevals zeitlich begrenzt und im traditionellen Karneval auch in genau geordneten Abläufen statt. Auch die vielerorts stattfinden Paraden wie z.B. Christopher Street Day[1217] (New York, London, Köln, Berlin, Düsseldorf), Halloween Parade (New York), die »Love Parade« (Berlin 1989–2003) und der »Karneval der Kulturen« (Berlin) sind karnevaleske Veranstaltungen, bei denen sich die Menschen maskieren, verkleiden, Rollen einnehmen, mit ihrer Geschlechterrolle spielen, Crossdressing und Travestie präsentieren.

Mit der Institution Karneval haben diese Paraden wenig zu tun. Sie teilen jedoch mit dem Karneval bestimmte Kriterien: Aufhebung des Alltags, »Logik des Umgekehrten«[1218], Spiel mit Identität und Anders-Sein, außergewöhnliche Geselligkeitsformen, »geregeltes Über-die-Stränge-Schlagen«,[1219] zeitliche Begrenzung. Der hauptsächliche Unterschied zum Karneval ist die soziologische Zusammensetzung der Feiernden. Während Karneval immer ein lokal bezogenes Ereignis ist, treffen sich zu den erwähnten Paraden die Menschen überregional, bei den Groß-Events sogar international: Protagonistinnen aus verschiednen Jugend(sub)kultursektoren (z.B. Raver zur Loveparade), Homosexuelle bzw. aufgrund ihrer Sexualität marginalisierte Menschen (zum CSD).

4.3.1.2 Karneval

Karneval bzw. Fasching oder Fas(t)nacht gilt als das Fest, an dem die Welt »verkehrt« ist. Es gibt große regionale Unterschiede in der Morphologie des Festes, z.B. zwischen dem Rheinischen und dem Brasilianischen Karneval und der Alemannischen Fastnacht, auf die hier nicht eingegangen werden kann.[1220] Allen Formen des Karnevals gemeinsam sind bestimmte Kriterien: zeitliche Begrenzung, Aufhebung des Alltags, Umwertung der Werte, Spiel mit Identität und Rollen, Ausleben von Sehnsüchten.

Wolfgang Oelsner untersucht in seinen Buch »Fest der Sehnsüchte«, die psychologischen Wirkungen des Karnevals und kommt zu dem Ergebnis,

1216 *Braun*, Karnevalisierung, 53.

1217 Seit den frühen 1990er Jahren wird der Christopher Street Day (CSD) als Straßenumzug begangen. Der CSD hat seinen Ursprung in den politisch motivierten Demonstrationen der Homosexuellenbewegung in den USA, mit denen für rechtliche Gleichstellung gekämpft wurde. Er wird am 28. Juni gefeiert, zur Erinnerung an einen mehrtägigen Aufruhr im Anschluss an eine Polizeirazzia in einem New Yorker Homosexuellen-Lokal in der Christopher Street am 28.6.1969.

1218 *Bachtin*, Rabelais, 16, zitiert nach: *Hassan*, Postmoderne, 53.

1219 *Braun*, Karnevalisierung, 54f.

1220 Im Rheinland sind gerade der Donnerstag (»Weiberfastnacht«) vor dem Karnevalssonntag und der Montag danach (»Rosenmontag«) mit ihrem Straßenkarneval Höhepunkte der »tollen Tage«. Aber auch Samstag, am Karnevalssonntag selbst und am »Veilchendienstag« gibt es Festivitäten rund um die Uhr und Umzüge in den kleineren Orten, die die – aktive und passive – Teilnahme an den großen, auch in Funk und Fernsehen übertragenen Rosenmontagsumzügen zeitlich ermöglichen.

dass der Karneval ein Fest ist, an dem die Menschen viele ihrer Sehnsüchte ausleben, die zum Teil zutiefst ambivalent sind: Sehnsucht nach Ausgelassenheit und nach Melancholie, Sehnsucht nach Rausch und Grenzüberschreitung, nach Bedeutung, nach Beziehung und Nähe, nach Schmuck und Prunk, nach Erotik, nach Heimat und Geborgenheit und nach Exotik, nach Frieden und Harmonie, nach dem Kindsein, nach Spiritualität und Religion.

In der heutigen säkularisierten Zeit finden die meisten Menschen in der Kirche keine Heimat mehr. »Ihre Sehnsucht nach einer religiösen Heimat bleibt dennoch bestehen. Sie sehnen sich nach einer Liturgie, in der sie sich zu Hause fühlen.«[1221] Im Karneval ist diese Heimat temporär zu finden. Deshalb ist es nicht erstaunlich, dass sich seit vielen Jahrzehnten christlich-religiöse Motive in den Karnevalsliedern finden.[1222] In der Tat besteht eine hohe Affinität zwischen der christlichen Religion und dem Karneval:

Der wesentliche Punkt ist bei beiden eine Intensivierung des Lebensgefühls. Daneben geht es beiden um gesellschaftspolitische Kritik und um eine »Antistruktur und [ein] Inversionsritual, in dem sich Gesellschaften für die Dauer eines Augenblickes unter der Prämisse kollektiv selbst inszenieren, dass alles auch ganz anders sein könnte«.[1223] Nach Oelsner gehört es zur »Seele des Festes«, solidarisch mit den Verlierern zu sein.[1224] Im Karneval – und den anderen, oben genannten karnevalesken Veranstaltungen – wird die Ambivalenz der Wirklichkeitserfahrung in »geordneter Unordnung« inszeniert: »zwischen spielerischer Entgrenzung und grotesker Reglementierung, wilder Zwecklosigkeit und zwanghaft verplanter Ordnung, zwischen Subversion und Restauration, Kreativität und Konvention. Auf der phänomenologischen, der Erlebnisseite des Karnevals schlägt sich das ›Zusammenspiel und Ineinanderfallen der Gegensätze in der verkehrten Welt‹ in einem für den Moment des Augenblicks intensivierten Lebensgefühl nieder. Es scheint gerade diese für die Struktur des Karnevals konstitutive Ambivalenz zu sein, die Karneval und Fas(t)nacht in ihren Grundformen dynamisch hält und immer wieder neu und für immer neue soziale Gruppen attraktiv macht«.[1225]

1221 *Grün*, Sehnsucht, 152.

1222 Einige der bekanntesten Beispiele sind folgende Textzeilen: »Un deit d'r Herrjott mich ens rofe« (in: *Ostermann*, Heimweh nach Köln, 1936), »Fastelovent im Himmel« (*Karl Berbuer*, Fleuten Arnöldche, 1950), »Wir kommen alle in den Himmel« (*Jupp Schmitz*, Wir kommen alle in den Himmel, 1952), »Der liebe Gott weiß, dass ich kein Engel bin« (*De Höhner*, 1998), »Das mit dem Himmel, das kriegen wir schon hin« (*De Höhner*, 1998) (vgl. *Oelsner*, Fest, 67–69).

1223 *Knecht*, Perspektiven, 7.

1224 *Oelsner*, Fest, 50.

1225 *Knecht*, Perspektiven, 7. Gegenwärtig gibt es innerhalb des traditionellen Karnevals Tendenzen zur Entdisziplinierung und im Rahmen von alternativen Karnevalsveranstaltungen wie »Stunksitzung« und »Protssitzung« neu entstehende, weniger starr gehandhabte Ordnungen. Während die traditionellen Karnevalsvereine über Mitgliederschwund klagen, boomen die sich als alternativ verstehenden karnevalesken Veranstaltungen seit Beginn der 80er Jahre des 20. Jahrhunderts wieder.

In jeder guten Karnevalssitzung werden nicht nur einseitig bestimmte Strebungen des Menschen angesprochen, sondern immer beide Seiten: die Strebung nach Ausgelassenheit und Lachen *und* die Strebung nach Melancholie,[1226] die Sehnsucht nach Heimat *und* nach dem Fremden, die Sehnsucht nach Freiheit und Entgrenzung *und* nach Geborgenheit und Nähe.

4.3.1.3 Karnevalisierung des Gottesdienstes und Karnevalsgottesdienst

Auch der christliche Gottesdienst besteht sowohl aus frei formulierbaren als auch aus im Wortlaut vorgegebenen liturgischen Elementen. Die Gottesdienstbesucher sitzen meist in festen Bänken, woraus sich eine bestimmte Blickrichtung ergibt, Sitzen und Stehen folgen einer bestimmten Choreografie, der Ablauf der Liturgie ist weitgehend vorgegeben.
Vom äußeren Ablauf erscheint ein Gottesdienst aufgrund seines hohen Grads der Reglementiertheit wie eine 1 zu 1–Abbildung bzw. eine Spiegelung des alltäglichen Lebens der säkularen Gesellschaft. Aus theologischer Sicht jedoch ist er der Ort, an dem sich Gott und Mensch miteinander unterhalten, das Evangelium kommunizieren. Von daher ist es auch Aufgabe des Gottesdienstes, die Freiheit bzw. Befreiung, die vom Evangelium ausgeht, zu inszenieren. Das Evangelium verhält sich »subversiv gegenüber eingespielten Deutungsmustern und Wertekanons ..., [es] wirkt in der Tat in karnevalesker Weise, als es das Unterste zuoberst kehrt. [...] Predigt nimmt teil an der Subversion der bestehenden einheitlichen Konstruktion der Wirklichkeit als einer, in der alles zu Tode geordnet ist und eine Durchlässigkeit zwischen den Perspektiven zunehmend unmöglich zu werden scheint. Indem eine postmoderne Predigt den Hörer befähigt, in begrenzter Mehrdeutigkeit zu rezipieren, dass sich neue Perspektiven in dessen Leben eröffnen, wirkt sie mit«[1227] an der gelingenden Kommunikation des Evangeliums.
Weil nun einerseits Karneval eine Zeit ist, in der sich für viele entkirchlichte Menschen neue und vor allem andere (transzendente, subversive, gegenweltliche, vielleicht anarchische[1228]) Perspektiven eröffnen und andererseits viele Gottesdienstteilnehmerinnen in der Woche vor Aschermittwoch mehr oder weniger intensiv mit Karnevaleskem oder Karnevalistischem beschäftigt sind, bietet sich die Karnevalszeit als günstiger Zeitpunkt an, kirchliches und karnevalistisches Handeln zu verknüpfen. Es ist insofern kein Zufall, dass viele »Leistungsträger im Karneval aus kirchlichen Kreisen stammen«[1229] bzw. sich katholische – und geringerer Zahl auch evangelische – Theologen/Priester/Diakone im Karneval engagieren. Aber es nimmt nicht nur die Kirche Einfluss auf den Karneval, sondern auch umgekehrt dringt das Karnevalistische in die Kirche ein.

1226 Vgl. das Ergebnis einer Umfrage in der Session 2003 in Kölner Wirtshäusern nach den aktuellen Lieblingsliedern: »Melancholisch muss es sein.« (*Anja Katzmarzik*, Kölner Stadtanzeiger vom 5.2.2003, zitiert nach *Oelsner*, Fest, 27)
1227 *Reuter*, Predigt, 217 mit Verweis auf Klaus Wengst.
1228 Vgl. *Oelsner*, Fest, 53ff.
1229 *Oelsner*, Fest, 69.

In katholischen Gegenden etwa seit den 70er Jahren und in den evangelischen etwa seit den späten 80er Jahren ist es in manchen Gemeinden üblich geworden, dass es im Gottesdienst / in der Messe am Karnevalssonntag Berührungspunkte mit dem Karneval gibt.
Mancherorts gibt es ganze Messen in der jeweiligen örtlichen Mundart[1230] oder abwechselnd in Hochdeutsch und Mundart, je nach Vermögen derer, die die Gottesdienstelemente gestalten. Es beteiligen sich u.U. Funktionsträger von Karnevalsvereinen an katholischen Messen, die bis heute oftmals »in besonderer Meinung«[1231] gehalten werden. In manchen evangelischen Gottesdiensten wird die Predigt in Mundart oder in Reimform gehalten oder hat Themen wie Humor oder die Daseinsberechtigung des Karnevals zum Inhalt. Eventuell kommen die Teilnehmerinnen verkleidet zum Gottesdienst oder die Lieder sind zum Teil Karnevalslieder, die einen religiösen Bezug haben, manchmal auch nur religiöses Vokabular. Es kann auch sein, dass ein Konfirmand zur Ehre Gottes und zur Freude der Gemeinde seine Jonglierkünste vorführt. Insgesamt wird sich in diesen Gottesdiensten darum bemüht, spielerisch, kreativ, festlich, heiter *und* zugleich ernst liturgisch zu handeln.
Die im Folgenden analysierten Karnevalspredigten sollen exemplarisch den Formenreichtum zeigen, mit dem Predigerinnen zu sprechen wagen, wenn sie sich durch die besondere Gunst des Termins, eben der vorausgesetzten größeren Toleranz bei den Hörern, ermutigt fühlen.

4.3.2 Antje Kenntner: Maht üsch jet Freud. Predigt zu Lk 10,38–42*

Zur Einführung

Die Predigt ist mit einer Dauer von etwa zehn Minuten die kürzeste Ansprache. Sie wurde in einem Karnevalsgottesdienst in Rheinbach am Karnevalssonntag 1999 gehalten. Sie ist die einzige Mundartpredigt und die einzige von einer Frau gehaltenen unter den hier analysierten.

1230 Nur das Eucharistische Hochgebet und die Einsetzungsworte vor der Kommunion sind davon per Dekret ausgenommen, und werden ausnahmslos auf Hochdeutsch gesprochen. Emotional führt dies bei vielen Teilnehmenden an der Messe zu einem Fremdheitsgefühl ausgerechnet an diesem besonders innigen Moment. »Kölsche Mess«: Eine Gruppe von katholischen Geistlichen feiert mit Erlaubnis von Kardinal Meißner viermal im Jahr eine Messe in Kölner Mundart, jedoch bewusst nicht am Karnevalssonntag.

1231 »In besonderer Meinung« bedeutet, dass man einen bestimmten Obolus an die Gemeinde entrichtet, der einem guten Zweck zugeführt wird und dass die Namen derer, die dieses Messe »bestellt« haben, in der Fürbitte besonders erwähnt und bedacht werden; das können auch die »Lebenden und Verstorbenen des Karnevalvereins N.N.« sein.

* Zuerst erschienen in: *Detlev Prössdorf / Harald Schroeter Wittke* (Hg.) unter Mitarbeit von *Wolfram Behmenburg* (Klüngelbeutel): Rheinische Karnevalstheologie. Prot's Sitzungen & jecke Predigten, Rheinbach: © CMZ-Verlag 2002, 175–179.

Die Predigt

De Jnad vun usem Härrn Jesus Chrestus, un de Leev Jottes und de Jemeenschaff vum Hillije Jeis sei met us.
Leev Christeminsche! Die Jescheesch vum Maria un vum Marta künne mer so reschtisch nohfööhle. Am beste wat et Marta betreff. Mer künne us dat esu reschtisch beldlich vürstelle. Jesus is krüz un quer dürsch et hillije Land jetrocke, un jezz kütt he mit sing Jüngere un noch e paar Minsche mih bei de beede Schwestere vorbeij un möösch et sisch esu reschtisch jemöötlich maache: jet de Been huhleje un ens usschnuufe.
Klor: wenn Besök kütt, no dät m'r em jet Joots: dät Kaffee koche, hätt Kooche jebacke oder villeiks jet Joots jekauch. Un wenn de Reis lang wor, wie en dem Fall, mööte sisch de Lück ziiersch ens jet vresch maache. Un domols, en ener Zick, wo et no keen Badezemmere joov, mööt m'r alles do dofür ooch noch eranschleppe. Do hätt man als Jasjewerin ene janz schöne Brass! Domols no mieh als wie hückzedaach. Un dat Schmölzje, dat da bei die Marta en et Huus kom, dat möje joot un jähn so an die zwanzisch Mann jewess sin. Minstens. Äwwer – zom jood Jlöck – es ess jo nit alleijn. Zosamme mit sing Schwester Maria wääde se dat schon parat jemaht kreje.
Jo, un dann sezz sisch dat fuul Triena doch jeönischlisch be de Jäss un läss sisch net jet verzälle. Owieh, isch kann dat ald selws fööhle wat dat Marta do för en jlönije Woot an d'r Liev krett! – Ür och? – Äwwer – do es jo Jesus.
Dä ess doch esu ene jruuße Jeliehrte, dä wees doch esu joot Bescheid in de Jebote, der soll dem Trien do jezz ens reschtisch d'r Marsch bloose – un promp jeht et Marta bei ihn.
Un wat passeet? – Säät he villeiks: »Dat ess mir jo janit objefalle, dat do hee fuul erömsezz – jezz maach äwwer flück, datsde en de Jäng küss, wie et sisch för e Frauminsch jehööt, un esu ne thiologische Explezeer es suwisu no jet für die Männ!« – Dat wör doch jezz prima – da wör et och all wedder in d'r Reih. – Nix do!! – Jesus dät Maria en Schutz nemme, hä behaup sojar, et hätt et »bessere Deel usjesöök«!
Klor, dat dat dem Marta nit schmeck. Äwwer us Fraulück däht dat eijentlesch janz joot, ne: mir wääde net vun Jesus op su en altmodisch Beld festjelaht. Hach, esu reschtisch ene Tex för us!
Jo, ess jo prima, ne. Dann jeit jezz esu onjefähr de Hälf vun üsch all heem, un mir Fraulück maache dä Jottesdeenst unger us parat.
Eja – nää, esu einfach ess dat no och weeder nit! Jesus nemp zwar dat Maria en Schutz – äwwer umjekehrt däät hä nit för et Marta saje, et hätt all verkiehrt jemaaht. Hä däät de Arbeit, die et sisch jemaht hätt anerkenne.
Selwsverständlisch mööt ener all die Saache maache, die m'r för et täjschlische Lewwe bruch. Bloß: m'r solle se nit esu onwahrscheinlisch wischtisch nemme, dat m'r alles anere dodrüwwer verjesse. Joot müffele un drenke kann isch jedde Daach, un mihrmols dozo, äwwer dat Woot vun unserem Härjott tireck us däm Mund vun Jesus hüüre, su en Schanx krejen isch – wenn öwwerhaupt – esu flöck nit wedder. Jottes Woot jitt us die Kraff, dat mir jedde Daach dä Alldaach bestonn, un dodröm ess et och wischtijer als all anere Saache, un dat mäht och, dat sisch et Maria – en dem Fall – reschtisch entschiede hätt, un dat »bessere Deel usjesöök« hätt.
Dat zeisch äwwer och, dat et he janit om eene Jescheesch vun zwei Fraulück jeiht. Die stonn zwaa he em Mittelpunk, äwwer eijentlisch sin se quasi stellvertretend för zwei Soote Minsche. Die, die emme nur schaffe, raffe un sisch plooge, un die, die es verstonn, us jedem Oogeblick jet zo maache un dodovun Kraff kreje.
Die eezte Soot, dä Marta-Typ – die jitt et et meiss unger Chreste. Mir luure ald unentwääch op all dat, wat in dä Welt verkiehrt ess, all die Aufjabe, die noh nit jedonn sin, un fööhle us dofür zoständisch. Mir hann för all un jedes Bedenke, esu vill, dat mer ja nit mieh wesse, wie dat jeht, sisch jet uszorohe un wat Luff ze holle. Mir han eene unheimlische Bedrief, noh drusse hen alles picko-bello ze haale, domit de Lück

sinn künne, dat mir och dä rischtije, chresliche Jesinnung han. Un dodrüm kehre mir jede Samsdaach d'r Wääsch, schnigge de Jaadeheck, platte d'r Jaadewääsch schön em reschte Winkel, bringe dem Möpp et Föötschejewwe bei – un wä dobei laach, dä hätt öwwerhaup noh nit bejreffe, wie äänz de Sitwation ess!
Äwwer use ahle Vater Luther, dä jo keen Blatt für d'r Mungk näme däät, dä hätt ad jesaach: »Us enem verbiesterte Hingersch kütt neemols ene löstije Furz.« Domet hät hä jemeijnt: Eene, dä immer nor op dat Biestije und Druurije en d'r Welt luurt, esu wie en Kaning op en Schlang, dä weed am Engk esu bedröck, dat hä öwwerhaup keenem mieh helpe kann, sisch selws nit und och kennem aneren.
Zum chrestlische Lewwe jehüürt ooch, dat isch weeß, wann isch ens en Paus bruche, dat isch wedder nüh Kraff kresch un – vum wem isch die kreje. Un dodröm sinn mir ja hück morje ooch all he. Denn die Kraff, die Biesterei im Alldaach zo bestonn, die jitt us use Härjott, un hä mäht dat, indem hä us de Freud un et Laache jitt, dann kann sisch de Siel jet vermaache, un kritt widder ihr Kraff. – Ühr weßt jo: »... die Trane, die de laachs, bruchste nit kriesche ...«!
Wann use Här Jesus hück seu rischtisch leibhaftisch he wör, dann däten su e paar kirschlije Martas janz flöck bei In loofe un lamenteere: »Sach doch dene Jecke eens, dat et sisch nit jehüürt, Fastelovend ze fiere, wenn et do drusse, en d'r Welt Honger und Krieesch jitt, da kann mer sisch doch nit vermaache, do moß m'r doch stattdem jett dunn!«
Un isch künnt mer vürstelle, dat dä Här Jesus denne esu eene Antwort jööw: »Ühr hat jo reesch, Künder, äwwer sull isch üsch ens jett saaje? Stallt doch ens ühr Sorje für ein kleen Zick en d'r Eck. Die loofe üsch nit dovun! Die senn am Äschermettwoch noch jenau esu do. – Ühre Vatter em Himmel hätt üsch e Jeschenk jejowwe: Laache un Freud. Do künnt ihr nit saaje: »Dat wulle m'r nit!« Maht üsch jet Freud. Hollt ens Luff, un ühr sullt ens senn: Et jeht hingerher nomol esu joot met em Oprüme.«
Also, leev Marias, all, die ihr do sitt: Lammer erus jonn, un et Lewwe, wat mer als Jeschenk vun usem Härjott jekreesch hann, e beßche jenieße. Un dann krempele m'r wedder de Maue huh un helpen em bei singer Ärbeijd im Winget. Amen.

Gliederung der Predigt

Einleitung:	Wir können die Geschichte von Maria und Marta nachfühlen.
1. Hauptteil:	a) Nacherzählung des Besuchs Jesu bei Marta und Maria in direkter Bezugnahme auf heute: »Klor: Wenn Besök kütt ...«
	b) Argumentativer Teil: »Klor, dat dat dem Marta nit schmeck ...«
2. Hauptteil:	Es gibt zwei Sorten Menschen:
	Die, die immer nur arbeiten und die, die den Augenblick zu nutzen verstehen und daraus Kraft schöpfen
Schluss:	Aufforderung zur Freude am Geschenk Gottes und Konstatierung der selbstverständlichen Folge (Mitarbeit im Weinberg)

Beschreibung des Predigtweges

Die Predigt beginnt mit dem trinitarischen Kanzelgruß aus 2Kor 13,13, wobei die Predigerin das »sei mit euch allen« in »sei met us [uns]« umformuliert und so zu erkennen gibt, dass sie sich als Predigerin nicht im Gegenüber zur Gemeinde versteht, sondern als Teil der Gemeinschaft der Hörenden.

Nach der Anrede »Leev Christenminsche!« stellt sie in der kurzen Einleitung den unmittelbaren Gegenwartsbezug der biblischen Geschichte Lk 10,38–42 her. »Die Jescheesch vom Maria und Marta künne mer so reschtisch nohfööhle. Am beste wat et Marta betreff. Mer künne us dat esu reschtisch beldlich vürstelle«. Mit diesen wenigen Sätzen stellt die Predigerin sowohl direkten Kontakt zur Gemeinde her, indem sie sich und die Gemeinde zu gemeinsam Nachfühlenden der Geschichte erklärt bzw. dazu einlädt (»künne mer«). Sowohl das Einfühlungsvermögen der Predigthörerinnen wird angesprochen als auch die optische »beldlich[e]« Vorstellung. Die nun folgende anschaulich konkretisierte Schilderung der Situation im Hause der Schwestern ist damit auf das Kürzeste eingeleitet und zugleich ist bereits das Augenmerk auf die Sicht Martas gelegt: »Am beste (künne mer nohfööhle) wat et Marta betreff.«

Die Perspektive wird kurzzeitig verlassen und gesagt, Jesus habe sich mit seiner Gefolgschaft aus Jüngern und »noch e paar Minsche mih« im Haus der Schwestern ausruhen wollen. Die Predigerin schildert anschaulich die Situation, was Lebensmittel und Körperpflege anbetrifft und geht dabei selbstverständlich von der Vergleichbarkeit der damaligen mit der heutigen Situation aus: »Klor: wenn Besök kütt, no dät m'r em jet Joots«. Die Mühe (»Brass«), die Marta mit der Einkehr der Gruppe (»Schmölzje«) hat, und die Gedanken, die sie dabei hegt, werden geschildert: zunächst geht Marta laut der Predigerin davon aus, dass ihre Schwester ihr helfen wird und als sie erkennt, dass dies ein Irrtum war, gerät sie in Wut. Maria wird als »fuul Triena« betituliert und die Predigerin schildert wie sie die »jlöngije Woot« fühlt, die Marta »an d'r Liev krett« und welche Hoffnung sie auf Jesus setzt, nämlich dass er Maria »d'r Marsch bloose« wird. Im nächsten Abschnitt werden die möglichen Antworten Jesu durchgespielt und die tatsächliche Antwort Jesu, dass Maria »et ›bessere Deel usjesöök'« habe, für unbefriedigend für Marta erklärt.

An dieser Stelle verlässt die Predigerin die Innenperspektive der Marta und stellt der angenommenen Frustration der Marta das Wohlgefallen entgegen, dass Frauen an dieser Antwort Jesu haben könnten. Im Text begegnet nirgendwo die Aussage, für Frauen gehöre sich nur das fleißige Bedienen und theologische Gespräche seien ausschließlich Männersache.

Wenn die Predigerin dieses Thema hier kurz verhandelt, zeugt dies von ihren eigenen Erfahrungen – oder den Erfahrungen anderer Frauen, als deren Anwältin sie sich versteht, als Frau »op su en altmodisch Beld festjelaht« worden zu sein. Sie führt diese Erfahrungen nicht näher aus. Das könnte damit motiviert sein, dass ihre Erfahrungen als berufstätige Frau in einem – immer noch – männlich dominierten Beruf andere sind als die des Großteils ihrer Hörerinnen. An dieser Stelle wird deutlich, dass die Predigerin an Selbstdarstellung kein Interesse hat.

In dem Satz »Hach, esu reschtisch ene Tex fö us!« drückt sie ihre Freude über den Frauenbefreiungsaspekt aus, verlässt diesen jedoch sofort wieder zugunsten einer gesamtgemeindlichen Sicht. Die Predigerin geht der aus feministischer Sicht diesem Bibeltext durchaus naheliegenden Frage, ob Frauen sich überhaupt zu recht am theologischen Diskurs beteiligen, nicht weiter nach. Dass es Kenntner um die Stellung von Frauen in theologischen Auseinandersetzungen geht, ist dem Ausdruck »thiologische Explezeer« zu entnehmen. Da Jesus ausschließlich mit seinen eigenen Jüngern und Nachfolgerinnen und nicht mit Pharisäern oder Schriftgelehrten im Hause ist, dürfte der Inhalt der Unterhaltung im Haus der beiden Frauen das Reich Gottes gewesen sein und eben nicht theologische Streitgespräche, die darum hier dem Duktus des Textes folgend von Kenntner nicht weiter thematisiert werden. An dieser Stelle gibt die Predigerin sich als weibliche Person zu erkennen, die sich das feministisch begründete Anliegen der ausdrücklichen Anerkennung von Frauen zu eigen gemacht hat und davon nicht schweigt, wenn ihr Gerechtigkeitsempfinden sich regt. Auch wenn sie an dieser einen Stelle ihrer Predigt, die weiblichen Hörer exklusiv als solche anredet – »us Fraulück« und »mir Fraulück« – hat Kenntner als Adressaten die ganze Gemeinde aus Männern und Frauen im Blick. Darum ist ihr Satz »Jo, ess jo prima, ne«, ironisch als voreilige Schlussfolgerung bzw. Übertreibung in die andere, Männer ausschließende Richtung zu verstehen.

So wenig die Antwort Jesu das Tun der Marta herabsetzt, so wenig ist es Anliegen der Predigerin, einen Vorzug der weiblichen gegenüber der männlichen Gemeindehälfte zu behaupten. Sie vollzieht damit in ihrer Predigt ihr Verständnis der Bewegung des Textes nach, nach dem die Inschutznahme Marias nicht den Umkehrschluss zulässt, Marta hätte alles »verkiehrt jemaaht«.

Der Schluss, den die Predigerin aus dem Sachverhalt zieht, dass die alltagsnotwendigen Mühen durch Jesus nicht ausdrücklich in Frage gestellt werden, ist vielmehr: Man soll diese Dinge nicht verabsolutieren. Der irdische Lebensunterhalt ist wichtig, aber wenn sich die seltene – vielleicht im Leben einmalige – »Schanx« bietet, Gottes Wort aus Jesu Mund zu hören, soll man sich richtig entscheiden und den Kairos nicht ungenutzt vorübergehen lassen. Insofern hat Maria den besseren Teil gewählt.

Mit der Feststellung, dass Maria und Marta hier stellvertretend für zwei Typen von Menschen stehen, verlässt die Predigt die Erzählung und legt den Akzent auf die Situation »unger Chreste«. In drei Sätzen, die jeweils mit »Mir ...« beginnen erzählt sie von den Aktivitäten des Marta-Typs, die bis zum »unheimlische Bedrief« übertrieben werden und deren Motivation unklar bleibt. Es wird nicht deutlich, ob eine Pflichtethik im Hintergrund steh (»Mir luure ... op all ... die Aufjabe, die noh nit jedonn sin, un fööhle us dofür zuständisch.«) oder ob es mehr um die Befolgung eines Introjektes geht, nämlich dass es den rastlos Betriebsamen um die Außenwirkung geht, an der man – wer und nach wessen Maßgabe bleibt offen – die »rischtije, chrestlische Jesinnung« ablesen könne. Dann zählt die Predigerin die Auswüchse dieser vermeintlichen Pflichterfüllung auf: Straßenkehren, Pedanterie im Umgang mit Natur und Umwelt. Die Aufzählung steigert sich ins Absurde hinein, bis hin zu der Aussage, man bringe »dodrüm«, also hervorgerufen durch den Wunsch nach Erkennbarwerdung der christlichen Gesinnung, dem Hund das Pfötchengeben bei. Das Lachen oder Lächeln, mit dem man als Predigthörerin an dieser

Stelle antworten möchte, wird sogleich abgewehrt: »un wer dobei laach, dä hätt öwwerhaup noh nit bejreffe, wie äänz de Sitwation ess!« Hier wird der übertriebene Ernst mancher Christen nicht angeprangert, sondern sprachlich so inszeniert, dass man nicht gelangweilt abschaltet in dem Gedanken: diese Strafpredigt betrifft mich nicht, sondern lachen oder zumindest schmunzeln muss über die Abwegigkeit des Gedankens, das Pfötchengeben des Hundes mit der christlichen Gesinnung in Verbindung zu bringen. Nicht ganz so absurd ist im ländlich-kleinstädtischen Kontext das Kehren – zumal vor der eigenen Tür – mit dem Christentum in Zusammenhang zu bringen. In christlichen Gemeinden ist es durchaus heute noch üblich, andere Menschen aufgrund ihres Ordnungssinnes einzuschätzen und bestimmte Tugenden mit der christlichen Gesinnung in Verbindung zu bringen.
So wird an dieser Stelle durch den Humoreinsatz zweierlei erreicht: Erstens, wird das von vielen für selbstverständlich gehaltene wöchentliche Kehren in Frage gestellt, weil man am Ende der Aufzählung lachen muss und so nolens volens den Anfang mitbelacht. Und zweitens erlebt man durch das Lachverbot, das mit dem Argument des Ernstes der Lage erteilt wird, die Unnatürlichkeit dieser Situation geradezu körperlich, weil man wegen der Lächerlichkeit des Arguments nur umso mehr zum Lachen gereizt wird. Man empfindet körperlich die Ambivalenz zweier Impulse: Zustimmung durch Lachen und Auflehnung gegen das Lachverbot.[1232]
Die Befreiung aus dieser Ambivalenz folgt im nächsten Satz, in dem die Predigerin Luther anführt als Gewährsmann dafür, dass Traurigkeit und bedrückte Stimmung weder Kennzeichen von Christentum noch Motivation für hilfreiches Handeln an anderen Menschen sind. Sie übersetzt den drastischen Satz Luthers in den Rheinbacher Dialekt: »Us enem verbiesterte Hingersch kütt neemols ene löstije Furz.« In der Verneinungsform ist dieser Satz nicht nur eine Erlaubnis zum Lustigsein, sondern geradezu ein Verbot des tierischen Ernstes.
Das Diktum Luthers wird dahingehend ausgelegt, dass eine ausschließlich (»immer nor«) pessimistische Sicht auf das Traurige und Unrechte (»Biestije«) in der Welt zwangsläufig zu Depressionen führe. Psychologisch gesehen dürfte der Begründungszusammenhang umgekehrt sein, aber er wird auch hier nicht weiter ausgezogen. Das Lutherzitat leistet die Untermauerung der These, dass Christenmenschen auch lachen dürfen. Das Zitat bleibt dabei noch ganz im Deskriptiven und Immanenten. Erst im nächsten Abschnitt erfolgt eine theologische Qualifizierung des Lachens.
»Jottes Woot jitt us die Kraff, dat mir jedde Daach dä Alldaach bestonn, un dodröm ess et och wischtijer als all anere Saache« – auch an dieser Stelle geht die Predigerin von der Strukturanalogie zwischen der Situati-

1232 Dass an dieser Stelle ein Lachverbot angesprochen wird, ist vermutlich der aktuellen Situation der Predigerin geschuldet: In jeder Gemeinde gibt es Gegner der Praxis, dass sich die kirchlichen Amtsträger(innen) am Karneval beteiligen. Weiter unten wird das Thema noch einmal aufgegriffen: »kirschlije Martas ... lamenteere«.

on von Jesu Zeitgenossinnen und heutigen Predigthörern aus. Auch heute noch bekommen Menschen Kraft aus dem Hören des Wortes Gottes. Nach Auffassung der Predigerin bewirkt das Wort Gottes, was es besagt: »Ühre Vatter em Himmel hätt üsch e Jeschenk jejowwe: Laache un Freud«. Das ist nach der Vorstellung der Predigerin der Kern dessen, was Jesus an diesem Tag zu dieser Gemeinde sagen würde, wenn er »Hück esu rischtisch leibhaftisch he wör«. Jesu Präsenz im Gottesdienst ist damit nicht in Frage gestellt, jedoch wird sie von einer leibhaftigen Realpräsenz unterschieden. Gottes dreieinige Präsenz im Gottesdienst wurde zu Beginn der Kanzelrede im Segensspruch ausdrücklich erbeten. Es gibt nach Kenntner keinen qualitativen Unterschied in der Wirksamkeit zwischen dem Wort Gottes damals »tireck us däm Mund vun Jesus« und der Wirksamkeit des Wortes Gottes heute. Gott verleiht der Seele Kraft, dass sie sich »vermaache«, d.h. sich erquicken, ergötzen, erfreuen kann, indem er den Menschen die Freude und das Lachen schenkt. Zusammengefasst wird dieser Abschnitt in dem als bekannt vorausgesetzten Sprichwort, dass man die Tränen, die man lacht, nicht zu weinen braucht. Aus Sicht der Predigerin ist dieses Sprichwort evident. Es ist darin außerdem ein wesentlicher Aspekt des Karnevals angesprochen: Karneval und Lachen nicht als Negierung vorhandenen Leids, sondern als Modus eines distanzierteren Umgangs damit.

Gegen Ende des 2. Hauptteils greift Kenntner noch einmal die Argumentationsstruktur der Marta auf: Die »kirschlije Martas« bitten Jesus, sich gegen die Karneval feiernden »Jecke« auszusprechen. Die Antwort Jesu entspricht in der Struktur der Antwort in Lk 10,41f: Grundsätzliche Anerkennung des vorgetragenen Anliegens und zugleich Hinweis auf das besondere Geschenk dieser Stunde, das es anzunehmen gilt. Im Wort Jesu ist das Geschenk Lachen und Freude, im Kontext der Frage, auf die Jesus antwortet, bezieht sich dieses Geschenk auf den Karneval. Die Predigerin legt Jesus nicht direkt das Wort »Karneval« oder »Fastelovend« in den Mund, aber der Hinweis Jesu auf den christlichen Fastentag »Äschemettwoch« leistet dasselbe. Das fiktive Wort Jesu, das die Predigerin hier wagt, hat ein anderes Jesuswort auf seiner Seite: »Denn ihr habt allezeit Arme bei euch, und wenn ihr wollt, könnt ihr ihnen Gutes tun; mich aber habt ihr nicht allezeit« (Mk 14,7).

In dieser Predigt wird die Bewegung des ihr zugrundeliegenden Bibeltextes nachvollzogen: vom Identifizierungsangebot mit Marta kommt man schließlich zum Identifizierungsangebot mit Maria, die die besondere Gunst des »Oogeblick[s]« erkannt und entsprechend gehandelt hat. Im Schluss werden die Predigthörer direkt angeredet mit »Also, leev Marias, all, die ihr do sitt«. Diese Anrede ist als Verheißung an die Predigthörer und Predigthörerinnen gemeint: sie werden bereits als Marias angesprochen, die ebenfalls die Gunst der Stunde zur Kontemplation anerkennen und werden in dem – Predigerin und Gemeinde verbindenden – Adhortativ »Lasst uns« (»Lammer«) direkt dazu ermutigt, gerade die Karnevalszeit dazu zu nutzen.

In dieser Predigt wird keineswegs einem allgemeinen Hedonismus das Wort geredet, sondern vom ethischen Anspruch des Evangeliums geht die Predigerin aus: Sowohl im fiktiven Jesuswort (»Oprühme«), als auch bei der gemeinsamen Arbeit von »Härjott« und helfender Gemeinde im Weinberg (»Winget«) sind Arbeit und Fürsorge für andere nicht in Frage stehende Verhaltensweisen der Christen.
Jedoch legt die Predigt, wie es dem Bibeltext entspricht, den Schwerpunkt nicht auf die Aktion der Mitarbeit, sondern auf die Kontemplation, diese wird als abschließender Imperativ/Adhortativ formuliert: »Lammer erus jonn, un et ... Jeschenk ... e beßche jenieße. Un dann krempele m'r wedder de Maue huh un helpen em bei singer Arbeijt im Winget«. Die Mitarbeit wird im Indikativ ausgedrückt, sie findet zu ihrer Zeit als natürliche Folge der Kontemplation sowieso statt.
Durch die Verwendung der biblischen Metapher »Winget« (Weinberg) wird die Arbeit, von der in der Predigt schon früher die Rede war (»all die Saache ... die m'r su för et täjschlische Lewwe bruch«), am Schluss in ihrer eschatologischen Dimension erkennbar. Arbeit ist sowohl Bestandteil des unmittelbaren Alltagsleben, als auch auf das Reich Gottes, den Weinberg Gottes bezogen. Der Inhalt dessen, was Jesus im Hause von Marta und Maria geredet hat, wird in Lk 10,38–42 nicht benannt. Jedoch dürfte er schwerlich von etwas anderem als vom Reich Gottes gehandelt haben. Die eschatologische Dimension ist somit der vorgegebene Raum für die Predigt und den gesamten Lebenszusammenhang, den die Predigerin bei sich selbst und den Zuhörerinnen voraussetzt, wie auch in der anfänglichen Anrede der Gemeinde als »Leev Christeminsche« deutlich wird. Nicht erst das Hören der Predigt bewirkt den Glauben bei den Gemeindegliedern, sondern sie werden von Anfang an als vollgültige Christen angesprochen. Dennoch werden in der ganzen Predigt keine Theologumena verwendet, so dass auch zufällige, kirchenferne Gottesdienstbesucherinnen dieser Predigt ohne weiteres folgen könnten. Zuhörerfreundlich ist die Predigt auch in ihrer Kürze.
Diese Predigt bietet die vor allem seelsorgliche Orientierung, nämlich die ausdrückliche Erlaubnis, die Seele durch Freude und Lachen zu erquicken. Diese Erlaubnis kann in ihrer Notwendigkeit sogar als Pflicht (»Do künnt ihr nit saaje: ›Dat wulle m'r nit!'«) dargestellt werden. Sie ist also nicht nur legitim, sondern gehört nach Kenntner zur Gnade, d.h. zum »Jeschenk«, dass »[ü]hre Vatter em Himmel ... üsch ... jejowwe (hätt)«. Der göttlichen Gnade *darf* man sich nicht verweigern.
Karneval wird hier dargestellt als Unterbrechung des Alltags. Im Karneval kann man einmal Pause vom Ernst und von der Arbeit machen, um aus dem Lachen und der Freude, die gerade am Karneval erlebbar sind, wieder neue Kraft schöpfen. Dafür, wie dieses Kraftschöpfen geschieht, nennt die Predigt kein Beispiel. Eher könnte man sagen, indem sie für die Hörerinnen zu einer Erlaubnis, einem »Entpflichtungsdiskurs«, wird, vollzieht sie, wovon sie spricht. Sie motiviert so zum Handeln, dass die Kraft dazu von selbst da ist.

Humorgebrauch
Neben Ironie, Übertreibung, Groteske ist ein wesentliches Element des Humorgebrauchs in dieser Predigt die Dialektsprache. Der exakte Zusammenhang zwischen Humor und Mundart ist meines Wissens bisher nicht wissenschaftlich erforscht. So viel kann man jedoch sagen: viele Witze und Anekdoten funktionieren ausschließlich in bestimmten regional begrenzten Sprachen oder Dialekten. Auch wenn dies nicht so ausgeprägt der Fall ist, wird doch die Wirkung von humorvollen Erzählungen oder Witzen durch Lokalkolorierung und Dialekt erhöht, da sie beide zur Atmosphäre wesentlich beitragen. Für viele Menschen ist Dialekt die Sprache ihrer Kindheit. Im täglichen Umgang, besonders unter gebildeten Menschen, ist Dialektgebrauch jedoch verpönt. Wenn nun im ernsten bzw. lach-ungewohnten Raum der Kirche von Seiten der Amtsträger Dialekt gesprochen wird, ist Erheiterung die Folge.[1233] Diese Erheiterung entsteht wahrscheinlich aus der Mischung von Rückversetzung in eine aus der Kindheit vertraute Situation, also einem Anachronismus-Erlebnis, das im Moment nicht wirklich beantwortbar ist, aber als angenehm erlebt wird und aus dem Wunsch, sich in diese klangvolle, mit dem Verpönten, leicht Verbotenen spielende Sprachwelt einzutauchen.[1234] Ernst Öffner weist darauf hin, dass ein »Dialekt (oder auch Soziolekt) ... Zeichen einer bestimmten Gruppenzugehörigkeit [ist] ... Er produziert und reproduziert das dieser Gruppe eigene ›Wir-Gefühl‹. Darum schafft die Verständigung im Dialekt emotional Wärme und persönliche Beziehung, die in diesem Maße durch die – steifere und abstraktere – Hochsprache nicht so schnell erreicht wird.«[1235] Dem souveränen Umgang der Predigerin mit den Idiomen des Dialekts ist anzumerken, dass sie ihn nicht nur aus karnevalesken Zusammenhängen kennt. Die Predigerin hat nach eigener Aussage bereits beim Erstentwurf bestimmte mundartliche Formulierungen im Hinterkopf. Die Predigt gewinnt dadurch an Authentizität. Zwar hält Antje Kenntner auch zu anderen Anlässen (z.B. Hochzeiten) humorvolle Predigten, jedoch dann in Hochdeutsch. Auch für sie scheint der Karneval ein besonderer Kairos zu sein, an dem man den Gebrauch der Dialektsprache in der Kirche wagen darf. Zwar gibt es innerhalb der Kirche Interessengemeinschaften, die die Mundart pflegen, jedoch haben diese nur zufällige Berührungspunkte mit dem Karneval.[1236]
»Dialekt ist [...] ein gutes Hilfsmittel für einen konkreten Wahrnehmungsmodus, weil er ein Hinübergleiten ins Abstrakte erschwert.«[1237] »Geradezu ein Test, um die distanzierte Kühle ... [der Hochsprache, die

[1233] Die Erheiterung oder Gehobenheit der Stimmung ist in den Gottesdiensten der Arbeitsgemeinschaft »Kölsche Mess« atmosphärisch deutlich spürbar, ohne dass auch nur ein andeutungsweise komisches, ironisch oder lustig gemeintes Wort fällt.
[1234] Gerade im Rheinland ist dialektgefärbte Sprache, weil sie Züge des Informellen trägt, in formellen Situationen besonders verpönt.
[1235] *Öffner*, Kommunikationsproblem, 88.
[1236] Vgl. »Kölsche Mess« und Plattdütsch-Gottesdienste; vgl. *Thies*, Plattdeutsch, passim.
[1237] *Bukowski*, Humor, 39.

die meisten Predigerinnen sprechen,] zu erfahren, besteht darin, etwa eine Predigt, die man halten will, bzw. die Intention und Argumentation der Predigt, vorher in dem Dialekt zu sprechen, den man (noch) beherrscht. Einer direkten Übersetzung in den Dialekt sperren sich nämlich Begriffe, Abstrakta, Fremdwörter. Ein solcher Versuch kann für den Pfarrer ein heilsamer Zwang sein, seinen theologischen Fachjargon in konkretes Leben, in Vollzüge zu übersetzen. Der Dialekt ist konkret. [...] Der Dialekt, der mehr dem informellen ... Gebrauch dient, ist kommunikativ ebenso leistungsfähig wie die Hochsprache«, meint Öffner und fährt fort: »Wie insbesondere die moderne Mundartdichtung zeigt, enthält gerade der Dialekt ein gewaltiges kritisch-aufklärerisches Potential.«[1238] Ohne darauf näher zugehen, möchte ich hier auf Äußerungen anderer Mundart-Prediger hinweisen, die die Auffassung vertreten, dass sich manche Sachverhalte im Dialekt sogar präziser ausdrücken lassen als in der Hochsprache.[1239]

Die Übersetzung in eine Mundart ist eine Möglichkeit die »Probe der Lächerlichkeit« (Shaftesbury) durchzuführen in der Gewissheit, dass die Wahrheit jedes Licht verträgt. Was inhaltlich nicht stimmig ist, wird sich im Dialekt durch unschöne Verfärbungen auch formal zu erkennen geben.

4.3.3 Max Koranyi: Karnevalspredigt zu vier dogmatischen Topoi

Zur Einführung

Die Predigt ist in Reimform verfasst und behandelt vier dogmatische Topoi. Als Textgrundlage dienen vier Karnevalsschlager. Diese Predigt[1240] wurde in zwei Gottesdiensten gehalten: am Abend des 1.3.2003 im Rahmen eines Karnevalsgottesdienstes im Gemeindezentrum Birlinghoven, bei der die Konfirmandinnen und Katechumenen der Gemeinde mitwirkten und am Morgen des 2.3.2003 in der katholischen Kirche in Stieldorf. Ich habe an dem Gottesdienst am Samstag-Abend teilgenommen. Die Mitwirkenden (Konfirmanden, Katechumeninnen, Musiker, Presbyterinnen) und Teilnehmerinnen am Gottesdienst trugen Karnevalskostüme, der Raum war karnevalistisch geschmückt, nach dem Ende des Gottesdienstes wurden alle mit Saft und einem typischen Karnevalsgebäck bewirtet.

Zum liturgischen Zusammenhang ist anzumerken: Es wurde ein farbiges, mit Clownszeichnungen verziertes Liedblatt ausgeteilt, auf dem die in der Predigt begegnenden vier Karnevalslieder mit der vom Prediger jeweils neu verfassten (zweiten) Strophe abgedruckt sind.

[1238] *Öffner*, Kommunikationsproblem, 87.

[1239] Ich verdanke diesen Hinweis Anton Straeten und Detlev Prößdorf.

[1240] Von Max Koranyi liegen inzwischen zahlreiche weitere gereimte Karnevalspredigten als Manuskripte vor. Die Auswahl fiel hier aufgrund der Fülle von theologisch gleich gehaltvollen Predigten in gleichbleibender sprachlicher Qualität schwer. Die Überschrift lautet: »Karnevalspredigt 2003 – Theologie und Rheinisches Lied«. Die tatsächlich verwendete Anrede »Leeve Gemeindelück« steht nicht im Manuskript.

Die Predigt

Acht Jahre dauerts nun schon an,
dass jede Frau und jeder Mann
in Zeiten bunter Faschinstriebe
ganz neu entdeck'n ihr' Kirchenliebe
und mitten in dieser Gemeinde
vergessen alle Lebensfeinde
und zwischen Birlinghoven und Rauschen –
dorf einer Karnevalspredigt lauschen.
So war bis heut ich fest überzeugt,
dass sich die Mehrheit inzwischen gebeugt
vor der Christen Lachkultur,
bunt sich färben die Frisur
und es nicht erwarten können,
Ne Büttenpredigt sich zu gönnen.
Das war zumindest bisher meine Pflicht,
doch unumstritten ist all das nicht.
Sie werden es mir wirklich nicht glauben,
wie manche Fromme immer noch schnauben
und bei den obersten Behörd'chen
sich flott beschwer'n übers Pastörchen,
und jede Ehrfurcht scheint abhanden
gekommen samt seinen Probanden,
die munter in die Tasten hau'n
und outen sich als Kirchenclown.
Wird denn hier noch was ernst genommen
Oder ist alles schon zerronnen,
was unser'n Glauben charakterisiert?
Und werden gar Gläubige angeschmiert,
statt ihnen die wahre Botschaft zu geben,
die führen sie soll zum ewigen Leben?

Sie werden heut' Abend/Morgen alle versteh'n:
Ich fand dieses Kritteln nicht superschön.
Doch statt mich nun beleidigt zu geben,
begann plötzlich meine Seele zu schweben
und schenkte mir Einblicke voll Theologie,
darauf ich gekommen allein wäre nie.
In einer nächtlichen Traumvision
Erschien mir ein Engel vom himmlischen Thron
Und sprach zu mir armen Kirchenmann:
Jetzt muss ganz einfach die Wissenschaft ´ran,
um auch die letzten zu überzeugen,
dass sie sich vor der Wahrheit beugen,
dass Karneval und Fastnachtsfreude
recht gut gehör'n in dies Gebäude
und neben der Säule des rechten Glauben
Lachen und Freude nicht nur heimlich erlauben,
sondern in Zentrum der Kirche soll'n steh'n,
damit die Menschen nicht stiften geh'n.
Und dann sprach der Engel weiter zu mir:
Setz dich einmal an dein Klavier
Und blätter manch Karnevalslieder auf,

um in ihnen zu seh'n der Menschen Lauf,
der manchmal in der gleichen Manier,
wortwörtlich steht auf dem Bibelpapier.

Dieser Aufgabe hab' ich mich gestellt,
und tatsächlich, schließlich hat sie erhellt
den Bogen zwischen Kirche und Kunst,
dass mein Geist sich belebte mit Weihrauchdunst
und mir in vier Schritten dann wurde klar,
dass Glaube und Karneval sind beid' wunderbar,
weil sie innerlich tief verbunden sind
im Verständnis des Menschen als Gotteskind.
Dies möchte' ich an dieser Stelle beweisen,
damit die Gemüter nicht wieder vereisen,
und vier der wichtigsten Glaubenssätze
sich fangen wie in einem Netze
in vier der wichtigsten Karnevalsschlager,
dies wird dann beruhig'n den christlichen Frager.

Der Aufbau der Büttenpredigt geht so:
Zunächst übern Menschen: Who is' eigentlich who?
Dann muss als nächster Schritt schnell her
Ein kleiner Exkurs zur Rechtfertigungslehr'.
Anschließend bevor es jemanden stinkt
Wird dargestellt, was die Zukunft uns bringt,
um am Ende dann draufzuzulaufen,
wie Menschen sich lieben und weniger raufen.
Damit Sie auch beeindruckt sind,
und mich nicht halten für ein Kind,
verrat ich Ihnen die Wissenschaftsnamen,
die theologisch da zusammenkamen:
Also zunächst gibt's die Anthropologie,
die gefolgt wird von der Soteriologie,
der schließt sich an die Eschatologie,
um am Ende zu geh'n zur Ekklesiologie.

Fragt in der Bibel man munter an,
wie man versteh'n soll die Frau und den Mann,
dann findet man schnell ›ne ganz nüchtern' Bilanz:
Der Mensch, sagt die Schrift, ist bös', und zwar ganz.
Das Dichten und Trachten des menschlichen Herzen
Ist dunkel und lässt sich nicht so leicht ausmerzen,
und so ist der Mensch schon von Jugend auf
und bleibt leider auch so im Lebenslauf.
Von Paulus wird dieses voll unterstrichen,
weil er von dem Satze nicht abgewichen,
dass wir Menschen allzumal Sünder sind,
was bestätigen wird schon ein ganz kleines Kind.
Das Gute, sagt er, das ich will, tu ich nicht,
und seh es stattdessen als meine Pflicht,
das, was ich nicht will, munter zu treiben,
um nur ja in der Sünde ganz fest zu verbleiben.
Hört man sich diese Grundthese an,
denkt man sofort an ´nen Liedermann.

Ich rede von Millowitsches Will'
Bei ihm wurd's immer ganz innig und still,
wenn alle in das Lied fielen ein:
Wir sind alle kleine Sünderlein.
Dies woll'n wir nun auch gemeinsam wagen
Und auch vor der Stimmhöhe nicht verzagen,
denn dieses Liedlein erläutert ganz frisch
ganz wie die Bibel: Wä bist du und isch?

Wir sind alle kleine Sünderlein,
´s war immer so, ´s war immer so.
Der Herrgott wird es uns bestimmt verzeih'n,
´s war immer so, immer so.
Denn warum sollten wir auf Erden
Schon lauter kleine Engel werden?
Wir sind alle kleine Sünderlein,
´s war immer so, ´s war immer so.
Engelein können wir im Himmel sein,
´s war immer so, ´s war immer so.

Und wenn wir dies alles nun übertragen
auf die Kirche, was müssten wir singend da sagen:

Auch die Christen machen kräftig mit,
´s war immer so, ´s war immer so.
Geb'n dem Schienbein manchmal einen Tritt,
´s war immer so, ´s war immer so.
Denn auch in den frömmsten Kreisen,
könnt' man manchmal sich verspeisen.
Wir sind eben alle Sünderlein;
´s war immer so, ´s war immer so.
Engelein können wir im Himmel sein,
´s war immer so, ´s war immer so.

Geh'n wir einen Schritt nun weiter nun,
frägt man: Was wird unser Gott denn tun,
wenn er sieht auf dieser bösen Welt,
wie der Mensch sich Schlechtem zugesellt.
Wird er schreiten denn zu ´neu Gericht,
um zu verlieren nicht sein eigen Gesicht?
Oder wird er verkündigen Strafen,
dass die Menschen nie mehr richtig schlafen?
Oh nein, da sind wir falsch doch gewickelt,
denn Gott seinen Menschen niemals hat zerstückelt,
sondern vollständig aus Gnade und Liebe
verzichtete auf alle schmerzhaften Hiebe
und nimmt den Menschen an, wie er ist,
auch wenn er mal baut den perfektesten Mist.
Das macht auch Jesus zu ureigenen Pflicht:
So verdamme schließlich auch ich dich nicht!
Sagt er zur sündigen Kreatur
Und schneidet nicht ab ihre Lebensschnur.
Dem hat sich Paulus gleich zugesellt,
und bestätigt, dass Gott ganz rettet die Welt

und dem Menschen nicht will seine Zukunft rauben,
weil gerecht er wird werden nur durch den Glauben.
Und auch dazu gibt's ein Karnevalslied,
das singen könnte manch Jesuit:

Kinder, ich weiß ja, ihr habt es nicht leicht,
bis ihr im Leben das Soll erreicht.
Was ihr getan, steht im Buche des Zeit,
ob ihr nun Schmitz oder Müller seid.
Alle die Zahlen, die sauber geführt,
werden am Ende addiert.
Doch diese Rechnung bringt keinen Verdruss,
sie bringt uns allen nur Plus:
Wir kommen alle, alle, alle in den Himmel,
weil wir so brav sind, weil wir so brav sind.
Das sieht selbst der Petrus ein,
er sagt: »Ich lass gern euch rein,
ihr wart auf Erden schon die reinsten Engelein!«

Und wenn wir dies alles nun übertragen
auf die Kirche, was müssten wir singend dann sagen:

Auch die Gemeinde hat komische Leut',
geben sich manchmal als Therapeut.
Wollen dann andere heil'n und kurier'n,
merken oft nicht, wie sie selbst sich anschmier'n.
Was sie von andern fröhlich verlangen,
darin tun sie sich verfangen.
Doch diese Einsicht verzeiht Gott schon lange,
er macht uns sicher nicht bange:
Wir kommen alle, alle, alle in den Himmel,
weil wir so brav sind, weil wir so brav sind.
Das sieht selbst der Petrus ein,
er sagt: »Ich lass gern euch rein,
ihr wart auf Erden schon die reinsten Engelein!«

Kommen wir nun zu der Frage,
wo der Mensch nach mancher Plage,
landet nach des Lebens Lauf.
Steht er etwa wieder auf?
Wie sieht seine Zukunft aus,
landet er in Gottes Haus?
Dies und mehr möchte man schon wissen,
und so fragt man ganz beflissen,
ob das Leben weiter geht,
wenn der Grabstein senkrecht steht.
Hierauf findet man mit Schwung
Rechtgläubige Beantwortung,
wenn fest uns halten am Psalmwort wir:
Und dennoch bleibe ich stets an dir.
Egal, was auf mich zu wird kommen.
Jesus sagt, wenn sterben du wirst,
dein Leben nicht in Stücke birst,
denn so wie ich werd' ewig leben,
bleibst auch am Leben du recht kleben.

Und haargenau zu diesem Text,
es klinget wirklich höchst verhext,
gibt es im Karneval ´nen Song,
der klinget wie ein ewig' Gong:

Wenn mer morje kei Bier mih kritt,
weil es kei Wasser jitt,
wenn er morje kein Fleisch mih met Ääpele jöv,
dat wör e Verhängnis,
wör wie em Jefängnis,
d'r Anfang vum Äng, doch met uns läuft da nit.
Denn mir Kölsche, mir klääve
Wie d'r Düvel am Lääve;
Uns Kölsche nimp keiner, ejal wat och weed,
dä Spass für zu laache
dä Bock jet zu mache;
mir klääve am Lääve, uns kritt keiner klein.

Und wenn wir dies alles nun übertragen
auf die Kirche, was müssten wir frischfroh dann sagen:

Wenn am nächsten Wochenend'
Die Gemeind' den Gott'sdienst verpennt,
wenn Miesepeter die Kirche regier'n.
Dat wäre ne Plage
Wie ›ne ungeeicht' Waage,
die Kirche am Ende,
doch wir reg'n die Hände.
Denn mir Kölsche, mir klääve
Wie d'r Düvel am Lääve;
Uns Kölsche nimp keiner, ejal wat och weed,
dä Spass für zu laache
dä Bock jet zu mache;
mir klääve am Lääve, und kritt keiner klein.

Und damit, ob Sie's glaub'n oder nicht,
erglimmt nun am Ende der Kirche ihr Licht.,
denn jetzt nun woll'n wir zum Schlusse studieren,
wie die Christen sich soll'n nicht selber anschmieren,
sondern zusammensteh'n und zusammensein
wie Brüderlein und Schwesterlein.
Schon zu Beginn der Heiligen Schrift
wird festgehalten, was jeden Menschen betrifft.
Denn gegen das Einsamkeitseinerlei
Liest man, dass gar nicht gut sei,
wenn der Mensch würd' sein alle Tag ganz allein,
da kann wirklich niemand recht glücklich sein.
Und so werden überall auf der Welt
Dem Menschen andere zugesellt,
die für ihn soll'n sein als Freunde da,
was – wenn's funktioniert – ist ganz wunderba'.
Auch hier hat der kluge Paulus ´nen Spruch,
den man findet ganz hinten im Kirchenbuch.
Mensch, sagt er, lebe dir nicht selber,
das tun im Grunde nur die Kälber,

die meinen niemanden zu brauchen,
mit dem sie mal ein Pfeifchen schmauchen.
Gerad' im Glauben kommt's drauf an,
dass nicht allein ist Frau und Mann,
sondern man sich verlassen tut,
auf Menschen, die treu sind und voller Mut.
Auch hierzu – das wäre doch gelacht,
hat sich jemand ein Lied ausgedacht,
das wir nun mögen zusammen hören,
um der Vereinzelung abzuschwören.

Echte Fründe ston zesammen,
ston zusamme su wie eine Jott und Pott.
Echte Fründe ston zesamme
Es och die Jlöck op Jöck un läuf dir fott.
Fründe, Fründe, Fründe en d'r Nut
Jon èr hundert op e Lut.
Echte Fründe ston zesammen,
su wie eine Jott und Pott.

Und wenn wir das alles zum Schluss übertragen,
auf die Kirche, was müssen wir endlich da sagen:

Echte Christen ston zesamme,
ston zesamme wie der Peter un' der Paul.
Echte Christen ston zesamme,
is die Welt auch manchmal bös und schlecht und faul.
Christen, Christen, Christen en d'r Not
Bliev'n treu im Lääve un im Dood.
Echte Christen ston zesamme,
ston zesamme wie der Peter un' der Paul.

Ich denke, damit wurde hinlänglich bewiesen,
dass niemand kann uns mehr den Fasching vermiesen
und Glaubensgut und Heiterkeit,
zusammengehören jetzt und allezeit.
Seid also fromm und glaubet recht brav –
Aber vergesst auch nicht Helau und Alaaf!
Das ruft in Euer fröhliches Ohr,
Koranyis Max, Euer Pastor!

Gliederung der Predigt

Einleitung (1–068): a) Umstrittenheit der Karnevalspredigt am Predigtort (1–30)
b) Vision, These, Benennung des Predigtziels (31–67)

Hauptteil (69–282): a) Ankündigung der vier Teile der Büttenpredigt (68–83)
b) Durchführung
1. Anthropologie (85–132)
2. Soteriologie (133–184)
3. Eschatologie (185–235)
4. Ekklesiologie (236–282)

Schluss (279–286): Rekurs auf Einleitung: Beweis der anfänglichen These

Beschreibung des Predigtweges
Nach der Anrede der Gemeinde bietet die Predigt eine zweiteilige Einleitung. Im ersten Teil (1–30) geht der Prediger konkret auf die Geschichte der Karnevalspredigt in den beiden Orten Birlinghoven und Rauschendorf ein. Seit acht Jahren hält der Prediger es für seine »Pflicht«, eine »Büttenpredigt« zu halten, um den Hörern und Hörerinnen zu ermöglichen »ihr' Kirchenliebe« im Kontext der Karnevalszeit »ganz neu (zu) entdeck'n«. Er erwähnt in aller Kürze die Anfeindungen und Beschwerden, die »manche (f)romme« Gegner über ihn und seine Mitstreiter (»Probanden« – gemeint sind vor allem die Musiker und Presbyterinnen) bei der Kirchenleitung vorgebracht haben. Er zitiert die beiden Vorwürfe in Frageform: mangelndes Ernstnehmen des christlichen Glaubens und Vorenthaltung der wahren Botschaft.
Die Predigt ist nahezu durchgängig in vierhebigen Jamben formuliert, so dass ein hüpfender, heiterer Eindruck entsteht. Alle vom Prediger verfassten Zeilen enden in Paarreimen, männliche und weibliche Endbetonungen wechseln sich ab. Das Reimschema der fortlaufenden Zeilen der Predigt wird an vier Stellen unterbrochen. An diesen vier Stellen verfasst der Prediger eine auf die christliche Gemeinde fokussierte neue Strophe des jeweiligen vorher mit der ersten Strophe zitierten Karnevalsliedes und passt sich dem Reimschema des Liedes an. Da die beiden letzten Lieder in Kölner Mundart verfasst sind, sind auch die hinzukommenden Strophen in – allerdings abgemildertem – Dialekt formuliert.
Im zweiten Teil der Einleitung spricht der Prediger die Gemeindeglieder direkt an: »Sie werden heut' Abend/Morgen alle versteh'n: Ich fand dieses Kritteln nicht superschön. Doch statt mich nun beleidigt zu geben, begann plötzlich meine Seele zu schweben«. Nach diesem Einleitungssatz folgt die Erzählung von einer »nächtlichen Traumvision« von einem Engel, der ihm den Weg der »Wissenschaft« als geeignet empfiehlt, diejenigen von der Wahrheit zu überzeugen, die dem Konnex von Karneval und Kirche skeptisch bis ablehnend gegenüberstehen. Die »Wahrheit« bzw. die These Koranyis besagt, dass in der Kirche »Lachen und Freude nicht nur heimlich (erlaubt)« sein, sondern dass sie neben der »Säule des rechten Glaubens« ihren legitimen Platz gerade »im Zentrum der Kirche« (47) haben sollen. Mit der Umsetzung seiner These verfolgt der Prediger ein ekklesiologische Ziel: »damit die Menschen nicht stiften geh'n« (48). Aber Lachen und Freude sind für Koranyi nicht bloße Kommunikationsmittel oder public relation-Maßnahme, sondern sind theologisch qualifiziert, wie im Verlauf der Predigt deutlich wird. Beispielsweise stammt der Vorschlag, seine Überzeugungsarbeit mittels Karnevalsliedern zu leisten, nach Koranyi aus dem Mund des Engels. Der Grund dafür ist die »manchmal wortwörtlich[e]« Übereinstimmung zwischen den Liedtexten und der Bibel, was die Anthropologie anbetrifft. Im nächsten Abschnitt spricht der Prediger von »Weihrauchdunst«, der seinen Geist belebte und ihn zu neuen Erkenntnissen brachte. Die geradezu prophetisch anmutende Traumvision dient Koranyi als stilistisches Mittel zur Darstellung seiner Frömmigkeit, die durch die Kritikerinnen in Frage gestellt wurde (20f).

Am Ende der Einleitung wird das Ziel der Predigt explizit benannt: »Dies möchte' ich an dieser Stelle beweisen, damit die Gemüter nicht wieder vereisen ... dies wird dann beruhig'n den christlichen Frager« (63–69). Der Prediger möchte seine These, dass Glaube und Karneval aufgrund ihrer anthropologischen Gemeinsamkeiten zusammengehören, beweisen und zwar mit dem Ziel, die Skeptikerinnen zu überzeugen und so den Frieden in der Gemeinde wieder herzustellen.

Der Hauptteil beginnt mit einer doppelten Ankündigung des Aufbaus: »Zunächst übern Menschen: Who is' eigentlich who? Dann ... ein kleiner Exkurs zur Rechtfertigungslehr'. Anschließend ...was die Zukunft uns bringt, um am Ende dann draufzuzulaufen, wie Menschen sich lieben und weniger raufen« (72–76). Daran schließen sich die Reihung der »Wissenschaftsnamen« Anthropologie, Soteriologie, Eschatologie und Ekklesiologie an. Die Doppelung der Ankündigung ergibt sich aus dem Bestreben des Predigers besonders wissenschaftlich zu wirken, denn nach der Meinung des nächtlich geschauten Engels ist gerade die Wissenschaft das probate Mittel, wenn es darum geht, zu überzeugen. Gleichzeitig ironisiert Koranyi seine Auflistung der Fachbegriffe, indem er sie mit den Worten einführt: »Damit Sie auch beeindruckt sind« (77). Es ist zu vermuten, dass die Verächter des Karnevals bei den Gebildeten unter den Gemeindegliedern zu suchen sind und die Ballung von für Laien nicht geläufigen Fachbegriffen dazu dienen soll, ihnen ihre mangelnde Sachkenntnis zu suggerieren.

Nach diesem Seitenhieb widmet sich der Prediger nun den Topoi selbst. Das biblische Menschenbild wir zusammengefasst in dem Satz: »Der Mensch, sagt die Schrift, ist bös', und zwar ganz« (88). Die biblischen Belegstellen werden nicht explizit benannt, sind aber in ihrem Wortlaut eindeutig zuzuordnen: eine alttestamentliche Stelle aus Gen 8 und als neutestamentliche Stelle Röm 7,2. Diese Auffassung von der Sündenverfallenheit des Menschen bezeichnet der Prediger als »Grundthese« und fühlt sich spontan an das Lied erinnert »Wir sind alle kleine Sünderlein« (111ff). Den Verfasser des Liedes gibt er in der volkstümlichen und im Kontext erheiternd wirkenden Umstellung von Vor- und Nachname als »Millowitsches Will'« an.

An dieser Stelle wird die Predigt zum ersten Mal durch den Gemeindegesang unterbrochen. Zunächst wird die erste Strophe des Karnevalsschlagers originalgetreu gesungen; nach der zweizeiligen Überleitung durch den Prediger »Und wenn wir dies alles nun übertragen/ auf die Kirche, was müssten wir singend da sagen« singt die Gemeinde die vom Prediger »übertragen[e]« zweite Strophe. Diese Strophe ist als Sündenbekenntnis gestaltet und endet genau wie die erste Strophe mit der Aussage: »Engelein können wir im Himmel sein, `s war immer so, immer so«. Dem Prediger kommt es lediglich auf die Sündenerkenntnis an, die Frage nach der Heiligung, die eine Besserung des eigenen Verhaltens zumindest anstrebt, kommt hier nicht in den Blick. Die auf die Kirche gewendete Strophe des Liedes unterscheidet sich von der Originalstrophe (»Denn warum sollten wir ...?«) lediglich dadurch, dass nicht behauptet wird, es gebe zur Bemühung um Besserung keinen Grund. Die zweite Strophe enthält einen Euphemismus zur Umschreibung der Aggression unter Christen (»Denn auch in den frömmsten Kreisen,/ könnt' man manchmal sich verspeisen«), der an dieser Stelle erheiternd wirkt und vermutlich dem Willen zum Reim zu verdanken ist.

Ohne weitere Umschweife fragt der Prediger nun nach der Soteriologie: Gericht oder Gnade? Subjekt der Soteriologie ist Gott (134.142.152). In dem Satz »Wird er schreiten denn zu 'nem Gericht, um zu verlier'n nicht sein eigen Gesicht?« ist eine Anspielung an die Anselmsche Satisfaktionslehre, der zu Folge Gott die Majestätsbeleidigung, die ihm durch den Ungehorsam der Menschen widerfährt nicht dulden *kann* und deshalb *gezwungen* ist, ein Strafgericht zu halten. Diese Lehre wie auch die Frage nach Strafandrohung, »dass die Menschen nie mehr richtig schlafen« (140) werden vom Prediger abgewehrt, indem er »Gnade und Liebe« als die Gründe angibt, aus denen Gott auf Bestrafung verzichtet und stattdessen »den Menschen an(nimmt), wie er ist, auch wenn er mal baut den perfektesten Mist«. Das Pathos, das die Vorstellung von der bedingungslosen Annahme des Sünders aus Gnade und Liebe mit sich bringt, wird hier drastisch mit dem Kraftausdruck »Mist« kontrastiert. Durch das unmögliche Adjektiv, den Superlativ von ›perfekt‹, wird der »Mist« sowohl etwas abgemildert als auch ironisiert; insgesamt wirkt die Formulierung erheiternd. Sie stellt sowohl den unendlichen Unterschied zwischen Schöpfer und Geschöpf dar und nutzt zugleich das rhetorische Mittel, nach einem pathetischen Höhepunkt die Gespanntheit der Stimmung durch eine Burleske aufzufangen.

Jesus spielt in der Soteriologie, wie sie aus dieser kurzen Passage der Predigt zu eruieren ist, nur eine untergeordnete Rolle: »Das [Gottes Verzicht auf Bestrafung, GK] macht auch Jesus zur ureignen Pflicht: So verdamme auch ich dich nicht« (148) Hier ist deutlich ein Zitat aus Joh 8,11 zu erkennen. Dieser Vers bezieht sich auf eine konkrete Situation, in der Jesus eine Ehebrecherin nicht verdammt. Durch Auslassung des Reflexivpronomens ›sich‹ nach ›Jesus‹, wird die ureigne Pflicht jedoch im Sinne von Mt 7,1 auf die Christen ausgedehnt. Dieser Gedanke bleibt jedoch nur angedeutet, da sich der Prediger jeglicher expliziter ethischer Appelle enthält.

Die Bibelstellen, die in diesem Abschnitt zur Verkündigung herangezogen werden, sind die beiden neutestamentlichen Joh 8,11 und Röm 1,17 und die alttestamentliche Metapher für Gottverlassenheit (vgl. Jes 38,12 u.ö.): das Abschneiden der »Lebensschnur«, das die Christinnen nicht mehr fürchten müssen.

Die Liedstrophe des Karnevalsschlagers führt Koranyi mit einer kleinen Apologie ein, indem er sie als für Jesuiten akzeptabel bezeichnet. Sinngemäß wird im Lied davon gesprochen, dass zwar Buch geführt werde über die irdischen Taten der Menschen, dass aber das Ergebnis der Addition unabhängig davon feststehe: alle kommen in den Himmel. Die Liedstrophe ist in sich widersprüchlich, weil im Refrain (165–169) als Begründung für den Einlass in den Himmel das untadelige Wohlverhalten der Menschen angegeben wird, während eben dieses vorher in Frage gestellt wurde. Auch hier begegnet wieder das Engelmotiv als Inbegriff des Gutseins des Menschen.

Es folgt die refrainartige Überleitung des Predigers zur zweiten Strophe, die dann von allen gesungen wird. Innerhalb der Gemeinde verhält es sich nach Aussage dieser Strophe ebenso wie außerhalb (»Auch die Gemeinde ...«). Die ersten Zeilen der Strophe (172–177) bringen ein Beispiel dafür, wie Christinnen andere zu ändern versuchen, ohne zu merken, dass sie ihren eigenen Maßstäben nicht genügen. Man kann diese Zeilen als Übertragung von Mt 7,3–5 verstehen, jedoch ist der Bezug zur Aufforderung »richtet nicht« (Mt 7,1) nur indirekt. Auch hier scheint dem Prediger mehr an der Verkündigung der Botschaft von der göttlichen Gnade gelegen zu sein als an der Verkündigung des Glaubens als Medium der Partizipation an der Rettung oder des Verbotes über andere zu urteilen.

Im eschatologischen Teil (185–208) findet explizite Christusverkündigung statt: »denn so wie ich (Jesus) werd' ewig leben, bleibst auch am Leben du recht kleben«. Als biblischen Hintergrund kann man Joh 10,28 (vgl. Joh 3,15.16 und 17,2) und 1Kor 15 vermuten, wo die Auferstehung Jesu Christi in untrennbaren Zusammenhang mit der Auferstehung der Christen gestellt wird.

In der folgenden Liedstrophe wird eine der angeblich schlimmsten Vorstellungen mancher Karnevalisten thematisiert: kein Bier, kein Fleisch, keine Kartoffeln mehr. Die schlimmste Vorstellung aus Gemeindesicht wird in der zweiten Strophe formuliert: alle verschlafen den Gottesdienst, ob zu Hause oder in der Kirche sitzend wird nicht unterschieden, und Miesepeter regieren die Kirche. Ob damit die Karnevalsverächter gemeint sind oder nicht, wird ebenfalls nicht gesagt. Das Kleben am Leben wird durch das umgeformte Jesuswort (200ff) mit dem ewigen Leben gleichgesetzt und durch Jesus selbst verheißen. Der eschatologische Teil der Predigt ist insofern reiner Zuspruch und wird in der Singularformulierung »du« auf den einzelnen, die einzelne zugespitzt.

Nach dem ekklesiologischen Teil, kommt ein kurzer Schlussteil (279–286), indem der Prediger seine Predigtaufgabe als erledigt (»hinlänglich bewiesen«) bezeichnet. In diesen Zeilen setzt er Heiterkeit und Fasching gleich und beides in einen Zusammenhang mit dem Glaubensgut. In den drei Imperativen: »Seid also fromm und glaubet recht brav – aber vergesst auch nicht Helau und Alaaf!« begegnet die gleiche Reihenfolge wie durchgängig in der Predigt: zuerst der Glaube und dann der Fasching.

Die gesamte Predigt zeichnet sich durch ihren klare Struktur aus. Formal ist sie aufgebaut wie ein wissenschaftlicher Vortrag und löst damit ein, was die Einleitung angekündigt: »Jetzt muss ganz einfach die Wissenschaft 'ran« (40). Der Ausgangspunkt ist für den Prediger immer die christliche Glaubensaussage, die er jeweils gesamtbiblisch theologisch belegt. Der christlichen Aussage wird je die erste Strophe eines Karnevalsliedes – gemeinsam singend – gegenübergestellt und dann eine beides verbindende zweite Strophe zur bekannten Melodie von der ganzen Gemeinde gesungen. Wenn Luthers Auffassung, dass ein Lied doppelt betet, auch für das Predigen zutrifft, wendet Koranyi ein sehr wirksames Mittel an. Die zwischendurch gesungenen Strophen vermitteln den Eindruck, die Predigt sei kurz, weil die Zuhörer nicht zu langer Passivität gezwungen werden. Nach dem Gemeindegesang ist die Aufmerksamkeit jeweils wiederhergestellt.[1241]

Selbst wenn die »auf die Kirche (übertragenen)« Strophen nicht gleich im Gedächtnis bleiben, nehmen doch die interessierten Gottesdienstbesucher die Texte auf den Liedblättern mit nach Hause. Und es bleibt auf jeden Fall der Refrain des letzten Liedes im Gedächtnis haften: »Echte Christen ston zesamme«. Damit hat die Ekklesiologie – die Lehre von der Kirche – als Lehre davon »wie Menschen sich lieben und weniger raufen« (76), das Achtergewicht. Sie steht am gewohnten hinteren Platz innerhalb einer dogmatischen Abhandlung und ist mit 30 Zeilen der längste Abschnitt. Der Abschnitt über die Eschatologie (insgesamt 24 Zeilen, davon vier Zeilen Überleitung zum Lied) ist im fragenden Teil der längste (185–195), im antwortenden, den der Prediger dann mit dem Karnevalslied in Einklang zu bringen hat, der kürzeste (196–203). Dass die Fragen die Antworten bei weitem übertreffen, ist auch innerhalb der Theologie eine realistische Sichtweise.[1242] Vermutlich ist dies darin begründet, dass Karnevalslieder zu diesem Thema nicht viel beisteuern. Zwar beschäftigen sie sich ausgiebig mit dem Leben im Himmel,[1243] aber die Einlassbedingungen weichen doch sehr stark vom christlichen Erlösungsmodell der Auferstehung ab. Ähnlich verhält es sich mit der Soteriologie. Dass die Soteriologie der Karnevalslieder auf Christus bezogen wäre, kann man nicht erwarten, jedoch bietet das Karnevalslied eine Vorstellung eines individuell gedachten Endgerichts, ohne Nennung des Richters. Immerhin begegnet im ›säkularen‹ Karnevalslied die Petrusgestalt als Vollstreckungsfigur mit Schlüsselgewalt. Darum kann Koranyi den Refrain (180–184) unverändert übernehmen und trägt in die Neudichtung lediglich Gott ein als den, der den Menschen verzeiht, weil nach theologischer Auffassung die Stelle des Richters nicht unbesetzt sein kann. Dies steht zum theologisch konsistenten soteriologischen Abschnitt davor in keinem direkten Widerspruch, da auch hier Gott Subjekt der Rettung ist und Jesus zwar vorkommt, sein Kreuzestod jedoch nicht thematisiert wird. Wenn man davon ausgeht, dass jeder Bibeltext eine Aussage hat, die in keinem anderen gefunden werden kann und dies der Grund für die Predigt verschiedener Texte und nicht nur einiger weniger Skopoi ist, dann ist die Vorgehensweise Koranyis, den Kreuzestod Jesu in einer Predigt auch einmal völlig unerwähnt zu lassen, legitim.

Der Schwerpunkt dieser Predigt liegt, wie der Prediger mehrfach ankündigt (52, 62, 82) auf der Anthropologie, die sowohl in der Predigt selbst

1241 Unterstützt wurde dieser Eindruck im Samstagabend-Gottesdienst durch die ungewöhnliche Instrumentierung mit Querflöte, Gitarre, Klavier.

1242 Friedrich-Wilhelm Marquardt hat seine gesamte Dogmatik als Eschatologie verstanden und selbst die Gotteslehre in diesem Rahmen verhandelt.

1243 Auch in Witzen spielen Himmel und Hölle eine wichtige Rolle.

wie auch im Lied mit einer Harmatiologie/Sündenlehre weitgehend identisch ist. Nach Auffassung Koranyis ist also der Karneval ein Kairos der Sündenerkenntnis.[1244] Die Betonung der Sündhaftigkeit ergibt sich aus den Karnevalsliedern und ist homiletisch legitim, da andere Aspekte des Menschseins, z.B. die Fähigkeit zu Solidarität und das Ewige Leben, in den anderen Kapiteln angesprochen werden.

Das Ziel der Predigt, nämlich durch wissenschaftliche Argumentation *aufzuzeigen*, dass und inwiefern Karneval und christlicher Glaube in ihrem »Verständnis des Menschen als Gotteskind« (62) konvergieren, dürfte erreicht worden sein. Ob damit Karnevalsgottesdienste und Büttenpredigten auch legitimiert sind, ist eine andere Frage. Für Koranyi ist Karneval eine Kunstform (57), die er fruchtbar macht für seine Predigtaufgabe. Er nutzt die mit dem Karneval einhergehende Heiterkeit der Stimmung der Gottesdienstteilnehmerinnen und verstärkt sie durch Liturgie und Predigt. Die Predigt profitiert von der Beliebtheit, dem Bekanntheitsgrad und dem Bilderreichtum der Karnevalslieder. Das Engelmotiv, das in den beiden ersten Lieder begegnet, wird auch im Eingangsteil der Predigt eingesetzt. Einerseits wird dadurch der Eindruck der Parallelität weltlicher und christlicher Engelvorstellungen erweckt, andererseits wird dem Usus der Karnevalslieder, ›Engel‹ als Synonym für sündlose Menschen zu verwenden das christliche Verständnis von Engeln als Boten Gottes entgegengesetzt.

Nach dieser Struktur arbeitet der Prediger durchgängig. Das christliche Glaubensgut wird den Hörerinnen unterbreitet und in Parallelität zu den Inhalten der Karnevalslieder gesetzt. Die Überschneidungen werden hervorgehoben, die Unterscheidungen werden vernachlässigt, weil sie nicht auf der Linie des Predigtziels liegen. Erwartungsgemäß enthält die Predigt keine ausgeprägte Christologie. Sie verkündigt das Evangelium von der freien Gnade Gottes und ordnet diesem weiteren Verständnis von Evangelium die Christologie unter.

Sprachhilfe zur Verkündigung bei anderen Kunstformen (Literatur, Dichtkunst, Bildende Kunst, Musik, Tanz, Film) zu nehmen, hat meistens die Implikation, dass es bei der Predigt im Vergleich zur traditionellen Theologie zu einer Verschiebung des Blickwinkels, zu Verdichtungen, zu unerwarteten Zusammenstellungen kommt. Dass so nicht alle Gebiete der traditionellen Theologie mit gleicher Genauigkeit dargestellt, d.h. In der jeweiligen Kunstform neuformuliert werden können, ist ebenso evident wie wünschenswert. Wozu sollten sonst die Anleihen nützen? Koranyi verzichtet auf konkrete Beispiele. Seine hinzugedichteten Strophen haben den gleichen Abstraktionsgrad wie die Liedertexte selbst. So bleibt es den Hörerinnen überlassen, die Leerstellen mit eigenen Erfahrungen zu füllen.

Koranyis Predigt dürfte ermutigend wirken, indem sie die Liebe Gottes zu den zweifellos sündigen Menschen als Gottes Motivation zum Gna-

[1244] In anderen Karnevalspredigten von Koranyi wird dies auch explizit angesprochen.

denhandeln verkündigt. Für die Menschen ergibt sich daraus – in *dieser* Reihenfolge von Evangelium und Gesetz –: die Menschen sind gerettet, weil ihr Leben durch die Bindung an Gott und Jesus Christus die Qualität der Ewigkeit hat. Daraus ergibt sich Solidarität und gegenseitige Treue der Christinnen untereinander.
Diese Predigt zeugt von einer profilierten, in sich konsistenten Dogmatik. Koranyi wagt es, Lachen und Freude zu theologischen Notwendigkeiten zu erklären (45–47) und nutzt den Kasus Karneval zu dem Versuch, die Skeptikerinnen seiner Gemeinde von dieser Auffassung zu überzeugen. In seinen Augen ist der Karneval keine Flucht vor der Realität, sondern weil unter der Prämisse *etsi deus daretur* der Sündenbegriff der Karnevalslieder seine theologische Dimension zurück bekommt, wird er geradezu zum Predigthelfer für die Predigten, die sich die Hörerinnen während und nach der Predigt selbst halten: wir sind »allzumal« Sünder und doch stehen wir als »echte Christen ... zesamme«.

Zusammenfassung und Humorgebrauch
Obwohl in dieser Predigt auch auf der Textebene Humorgebrauch feststellbar ist, erscheint die Predigt gemäß dem vorliegenden Manuskript wesentlich ernster als bei der tatsächlich stattgefundenen Kanzelrede. Heiterkeit wird vor allem durch folgende sprachliche Mittel erzeugt: Reimform, Ironie, Wechsel der Sprachebenen, drollige Formulierungen, erwartbare Reime an unerwarteten Stellen, Hinüberziehen von Halbwörtern in die nächste Zeile, gewaltsame Wortangleichungen beim Endreim, Ausschmückungen. Durch die Verkleidung des Predigers mit Frack und Klappzylinder, im Kontext des gesamten Gottesdienstes, vor allem aber durch die augenzwinkernde, zum Teil dialektgefärbte Vortragsweise gewinnt die Predigt an Leichtigkeit und vermittelt eine Spielfreude und Gelassenheit, die auf der Textebene nicht in dieser Deutlichkeit erkennbar ist. Auf der Textebene ist trotz des Themas und geradezu im Gegenteil dazu eher ein ernster Ton festzustellen, der dem expliziten Predigtziel, der Apologie des Karnevals in der Kirche, geschuldet ist. Die seelsorgliche Dimension der Predigt, die in der Gnadenverkündigung besteht, scheint hinter die Apologie zurückzutreten. Wer sich an der Apologie nicht stört, kann viel Zuspruch aus dieser Predigt ziehen.
Da ich mehrere Jahre hintereinander die Karnevalsgottesdienste in Birlinghoven und Stieldorf und die wachsende Zahl der Teilnehmer gesehen habe, kann ich sagen: Die große Mehrheit der Teilnehmerinnen ist erfreut bis begeistert von diesen Gottesdiensten samt Predigt, während die Gegner bei ihrer ablehnenden Haltung und den Karnevalsgottesdiensten fern bleiben. Wenn es aus homiletischer Sicht etwas Kritisches anzumerken gibt, dann dies: apologetische Interessen tun keiner Predigt gut. Aber wenn sie vorhanden sind, ist es nur redlich, sie auch auszusprechen, wie Koranyi dies tut.[1245]

1245 Bezeichnenderweise endet die Predigt, die sich als theologischer Lehrvortrag gibt, nicht mit »Amen«, sondern mit dem Namen des Predigers. Und doch endete die

4.3.4 Anton Straeten: Karnevalspredigt zum Karnevalssonntag

Zur Einführung

Diese Predigt ist zum Teil in Reimform, zum Teil in Prosa verfasst. Ihr dienen als Textgrundlage einige Liedzeilen aus einem Karnevalsschlager und ein Gedicht über Engel. Sie ist eine von zwei katholischen Predigten, die hier untersucht werden und die einzige eines Priesters. Außerdem ist sie die einzige Predigt, die (vorformulierte) Witze enthält. Sie wurde am Karnevalssamstag (24.2.2001) in der Vorabendmesse in Düren St. Marien und am Karnevalssonntag (25.2.2201) im Krankenhaus in Düren gehalten. Am Gottesdienst in der Marienkirche haben viele Vereinskarnevalisten nebst dem amtierenden Prinzenpaar und vielen anderen Kostümierten teilgenommen. Der Prediger[1246] selbst trägt auch in diesen Gottesdiensten das normale, liturgisch vorgeschriebene Messgewand.

Die Predigt

1. Ihr lieben Christen, alt und jung!
Der Karneval hält uns in Schwung
und lässt in diesen tollen Tagen
der Narren Herzen höher schlagen.
Wir können froh und herzlich lachen
und eine Menge Späße machen.

2. Doch sollen wir auch mal bedenken,
welch Weisheit uns die Narren schenken,
die uns mit Geist und viel Humor
nun halten ihren Spiegel vor;
und die in Reimen klar benennen,
was sie als ungereimt erkennen,
was uns in unsrer Alltagswelt
sonst unentwegt in Atem hält.
Sie sagen, was in unserer Stadt
so manchen schon geärgert hat
und üben tiefgründige Kritik
an Kirche, Staat und Politik.

Das Lied der Kölner Gruppe »De Höhner« steht in diesem Jahr für mich im Mittelpunkt. »Der liebe Gott weiß, dass ich kein Engel bin, so'n kleiner Teufel steckt doch in jedem drin. Der liebe Gott weiß, dass ich kein Engel bin, das mit dem Himmel, das kriegen wir schon hin ...«[1247]

Engel haben Konjunktur, Engel auf T-Shirts, auf Einkaufstüten und Kaffeetassen, dazu im Kino »Der blaue Engel«, die »Eiskalten Engel« oder auch die »Gelben Engel« als Hilfe bei den Staus auf der Autobahn und jetzt auch das Engellied der Höhner im Kölsche Karneval. Welche Botschaft steckt darin und welche Engel und Engelchen

obige Predigt an dem Abend in Birlinghoven so, wie das Amen nach der Predigt ursprünglich gemeint war: Einige Hörer antworteten von sich aus mit »Amen.«

1246 Anton Straeten ist Krankenhausseelsorger im Dürener Krankenhaus, Roonstraße und Priester an der Pfarrkirche St. Marien.

1247 Der Teil in Anführungszeichen ist im Manuskript fett gedruckt. Die Punkte zeigen keine Auslassungen meinerseits an, sondern sind aus dem Manuskript übernommen.

kommen aus dem Karneval als Hilfe für uns als Christen im Alltagsleben. Die Höhner behaupten: »Liebe, Sünde, Leidenschaft, das ist meine Welt ...«
Ist das auch unsere Welt? Ich meine ja – oder?

1. Der Engel mit Schwachheit und Sünde, der sich über meine Umkehr freut
Im Karneval spüren, dass wir Menschen mit Schwächen sind und auch mit Sünde behaftet sind, ist sehr ehrlich und menschlich. Sag mir, wie du mit deinen Schwächen umgehst, und ich sage dir, wer du bist.
Die eigenen Schwächen sogar auf die Schippe nehmen und darauf hoffen, dass wir zur Einsicht kommen, ja sogar zur Umkehr, dafür haben wir 40 Tage Zeit in der Fastenzeit.
»Ein kleiner Teufel steckt doch in jedem drin ...« so de Höhner.
Ich führte in dieser Woche ein Gespräch mit einer Ordensschwester, die sagte mir: – In unserer Gemeinschaft steckt der Teufel drin. Ja, das kommt vor in Ordensgemeinschaften, Gruppen und Kreisen und in jedem von uns ... Oder?
Eine Schwäche ist das Protzen, der Neid und die Eifersucht.
Ein passender, klerikaler Witz dazu:
Drei Mütter sitzen zusammen und protzen mit ihren Söhnen.
Die erste Mutter erzählt: Mein Sohn hat studiert und ist Pfarrer geworden und alle Leute sagen zu ihm »Hochwürden«.
Die zweite Mutter sagt, das ist doch noch gar nichts. Mein Sohn ist nicht nur Priester, sondern Bischof und wenn er kommt, sagen alle Leute »Eminenz«.
Die dritte Mutter druckst ein bisschen herum und erzählt dann, dass ihr Sohn ein sehr gut gebauter junger Mann ist und 1,95 m groß. Er ist Stripper geworden und wenn er erscheint rufen alle Leute »O Gott«.

2. Der Engel der Leidenschaft
De Höhner singen: Leidenschaft, das ist meine Welt ...
Leider ist heute Leidenschaft negativ besetzt. Viele denken an Machtmenschen oder sex-hungrige Mitmenschen. Doch »Der Engel der Leidenschaft« soll uns die Kunst lehren, mit den natürlichen Antriebskräften in uns so umzugehen, dass sie Antreiber zum Leben werden. Also kurz: Vom Triebmenschen oder getriebenen Menschen zu Personen, die in ihren Leidenschaften die Quelle zum Leben und zur Verwandlung sehen. Wer sich leidenschaftlich auf etwas einlassen kann, der kann auch leidenschaftlich für das Leben kämpfen, bei dem wird auch seine Spiritualität leidenschaftlich sein.
Ein passender, klerikaler Witz dazu:
Zwei Männer mit großen Leidenschaften in ihren kirchlichen Engagement treffen sich: Kardinal Meisner aus Köln, ein Mann mit Leidenschaft für eine konservative Kirche. Drewermann, ein Mann mit Leidenschaft für eine Kirche von unten.
Kardinal Meisner geht im Fringsvedel zu seinem Friseur. Beim Haareschneiden sagt der Friseur mehrmals: Drewermann, Drewermann, Drewermann. Der Kardinal fragt, was ist los? Der Friseur antwortet knapp: »Da stehen Ihnen wohl so wunderschön die Haare zu Berge! Jetzt kann ich besser schneiden.«

3. Der Engel der Liebe
De Höhner singen: Liebe, das ist meine Welt ... Wo ist das Problem?
Viele Karnevalsschlager singen von Liebe ... Alles dreht sich um die Liebe. Und viele verbinden mit dem Wort Liebe gleich die Vorstellung von erfüllter Sexualität. Das ist ein Aspekt, ... aber der Engel der Liebe will dich einführen in die Ursehnsucht aller Menschen: Lieben und geliebt werden.
Zu dem, der mich liebt, sage ich: Du bist ein Engel. Wenn ich Liebe erfahren habe, habe ich das Gefühl, ein Engel ist in mein Leben getreten.
Phil Bosmans meint, ein Engel sei jemand, »den Gott dir ins Leben schickt, unerwartet und unverdient, damit er dir, wenn es ganz dunkel ist, ein paar Sterne anzündet«. Wie schön, im Karneval und darüber hinaus den Engeln der Liebe zu begegnen und Anselm Grün schreibt in: 50 Engel für das Jahr: »Halte deinem Engel der Liebe alles

hin, was in dir ist, auch die Wut und den Ärger, auch die Eifersucht und die Angst, auch die Unlust und Enttäuschung. Denn alles in dir möchte von der Liebe verwandelt werden. Lass dich vom Engel der Liebe überall hin begleiten. Nimm ihn mit in deine Konflikte am Arbeitsplatz, in deine Auseinandersetzungen in der Familie, in der Ehe oder Freundschaft. Der Engel der Liebe ist kein frommer Zuckerguss, der auf alles gestreut wird, sondern er möchte dein Leben verwandeln.«
Meine Frage an die Engel der Liebe: Können sie den Himmel machen oder schaffen? De Höhner meinen: Das mit dem Himmel, das kriegen wir schon hin ... Irrtum, liebe Höhner, das kriegt Gott allein hin, das mit dem Himmel. Wir können uns den Himmel nicht verdienen, das ist allein Gottes Geschenk an uns. Aber der Engel der Liebe kann in mir so viel verwandeln, dass es »himmlisch« werden kann in den Augenblicken des Glücks.
Apropos Himmel: »Wollen Sie keine Seelenmesse für Ihren verstorbenen Mann lesen lassen?«, fragt der Pfarrer eine verwitwete Bäuerin aus Bayern. »Na«, sagt die unerschütterlich. »Is er im Himmel, dann braucht er's nit, is er in der Höll, dann nutzt's ihm nix und is er im Fegefeuer – wie mein Seliger gebaut war: Das hält er aus.«

4. Engel haben schmutzige Füße ...
In der Negation liegt die Anfrage an uns ... De Höhner haben recht: »Ein kleiner Teufel steckt doch in jedem drin ...« Auch im Engel? ... Ist das nicht ein Widerspruch? Margh Malina verfremdet die Engel in ihren Kurzpredigten einer Unbefugten als Anfrage in der Negation:

> Engel haben schmutzige Füße
> Engel sind in Drückerschwärze,
> Engel sind im Blütenstaub,
> Engel sind im Licht der Kerze
> und im herbstlich roten Laub,
> ja: Engel sind die Sprache Gottes.
> Engel haben schmutzige Füße
> und oft einen strengen Geruch
> Engel haben Hunger
> Engel gehen an Krücken
> Andere Engel sind blind.
> <u>Denn sie sind die Sprache Gottes</u>
> <u>und er begegnet uns</u>
> <u>in jedem der Geringsten</u>
> Engel betteln an den Stufen
> Der Kirchen aus Marmor und Gold
> Engel sind im Rot der Rosen
> Und im Saft der Äpfel
> Und im Rauschen der Kastanienblüte. –
> <u>Engel sind die Sprache Gottes</u>
> <u>Überall hören wir ihn</u>
> Engel sind im Rauch der Schlote
> und in den Auspuffgasen.
> Im giftigen Schaum auf den Flüssen
> Und in den Ölteppichen auf den Ozeanen
> Engel sind in Reaktoren,
> in den Wolken aus atomarem Staub
> und im Ozonloch über der Antarktis
> <u>Engel sind die Sprache Gottes</u>
> <u>Immer wieder warnt er uns</u>
> Engel bauen Vögel Nester

Und sprechen die Sprache der Bienen
Sie spielen mit den Delphinen
Und die Gazellen sind ihre Schwestern.
Engel sind die Sprache Gottes
Immer wieder sagt er uns:
Ich bin der Da-ist
Und das Da-ist
Ist auch für immer da. Wer auf meine Stimme hört,
dem bin ich nah.
Hören wir? Und antworten wir?

5. Der Engel des Humors
Der Engel des Humors gehört zum Karneval – Im religiösen Bezug heißt er: Sei heiter, Gott hilft weiter. Humor ist, wenn man trotzdem lacht.
Der Engel des Humors leitet dich an, gelassen zu reagieren, wenn du dich schon wieder über dich ärgern möchtest. Er möge dich leiten, in Leid und Not trotzdem zu leben und vielleicht auch zu lachen, denn nochmals mit dem entscheidenden Punkt im Lied der Höhner und im Glauben an den humorvollen Engel bzw. dem lebensspendenden Gott: Das mit dem Himmel, das kriegen wir nicht hin, aber Gott kriegt es hin.

Deshalb lasst uns lachen mit dem Humor eines Osterengels:
Deshalb der Schluss im österlichen Sinn und Humor:

Denn Ostern lehrt aufs Neue hin,
dass Christus gibt für uns sich hin.
Was Christen Grund zur Freude ist,
Das Wissen, Mensch, du bist erlöst.
Aus tiefstem Herzen kommt das Lachen,
will froh das *ganze Leben* machen.

Man braucht's nicht nur im Karneval,
nein, man braucht es überall.
Der Christ, der lacht und Lachen macht,
in seiner Welt ein Licht entfacht,
das Menschen führt zur Quelle hin,
aus der entspringt der frohe Sinn.
Auf dass sie trinken und sich laben
an Gottes reichen Gnadengaben.

So freut euch denn in Gottes Namen
Und sprecht ein christlich-rheinisches *Amen.*

Gliederung der Predigt

Einleitung: Karneval als besondere Zeit
Weisheit der Narren: Hinweis auf Kritikwürdiges
Hauptteil: Thema: Engel – Teufel – Himmel

1. Engel der Schwachheit und Sünde
2. Engel der Leidenschaft
3. Engel der Liebe
4. Engel haben schmutzige Füße
5. Engel des Humors

Schluss: Die Ostern geschehene Erlösung als Grund zur Freude, zum Lachen und zum Genuss.

Beschreibung des Predigtweges
Die Einleitung ist wie der Schluss in Reimform verfasst. Das Reimschema ist der Paarreim und das Versmaß sind vierhebige Jamben. Die Einleitung umfasst 18 Zeilen und ist in zwei Teile geteilt, von denen der erste die Anrede »Ihr lieben Christen, alt und Jung!« bringt und die Situation benennt, in die hinein diese Predigt gehalten wird: Karneval als Fest der Narren.
Es geht um Freude, Lachen und Spaß und gemäß dem zweiten Teil der Einleitung zugleich darum, sich von den Narren den Spiegel vorhalten zu lassen und sich in Reimform auf Ungereimtes hinweisen zu lassen. Die Kritik, die die Narren üben, umfasst die gesellschaftlichen Größen »Kirche, Staat und Politik«.
Die Textgrundlage dieser Predigt bildet ein Zitat aus dem 2001 aktuellen Karnevalslied der »Kölner Gruppe ›De Höhner‹«: »Der liebe Gott weiß, dass ich kein Engel bin, so'n kleiner Teufel steckt doch in jedem drin. Der liebe Gott weiß, dass ich kein Engel bin, das mit dem Himmel, das kriegen wir schon hin ...«. Nach diesem Einstieg, in dem das Verhältnis von Engeln und Teufeln zum »lieben Gott« und dem Himmel thematisiert werden, geht der Prediger zunächst auf die zeitgenössische »Konjunktur« der Engel ein und fragt danach, was die Botschaft der Engel im Allgemeinen und der Engel im besonderen des Karnevals »als Hilfe für ... Christen im Alltagsleben« leisten können und antwortet auf diese Frage mit einem weiteren Zitat aus dem Höhner-Lied und der Frage danach, ob die Liedzeile »Liebe, Sünde, Leidenschaft, das ist meine Welt ...« auch für die christliche Welt gilt. Die vorläufige Antwort des Predigers ist positiv, jedoch stellt er sie mit der Frage »oder?« sofort wieder zur Disposition.
Die These, dass es auch im christlichen Leben um Liebe, Sünde und Leidenschaft gehe, erörtert der Prediger nun in fünf Abschnitten.
Aus dem sonstigen Genitivschema fällt der »Engel mit Schwachheit und Sünde, der sich über meine Umkehr freut« heraus. Anscheinend war es dem Prediger zu gewagt, vom ›Engel der Sünde‹ zu sprechen. Angemessener erscheint ihm ein Engel, der sich mit Schwachheit und Sünde auskennt oder mit Schwachheit und Sünde in Berührung kommt. Indem Straeten davon spricht, dass Teilnehmer »[i]m Karneval spüren, dass [... sie] Menschen mit Schwächen sind und auch mit Sünde behaftet sind«, gesteht er dem Karneval die hermeneutische Funktion der Sündenerkenntnis zu. Mit der Sentenz »Sag mir, wie du mit deinen Schwächen umgehst, und ich sage dir, wer du bist« wird der Karneval zu einer Art vorläufigen Bewältigungsstrategie für erkannte eigene Schwächen. Wie der Umgang mit den Schwächen aussehen soll, wird im Kontext Karneval jedoch noch nicht explizit benannt. Dass es um gelassenes Akzeptieren und dann um Umkehr geht, wird aus dem nächsten Satz deutlich: »Die eigenen Schwächen sogar auf die Schippe nehmen und darauf hoffen, dass wir zur Einsicht kommen, ja sogar zur Umkehr, dafür haben wir 40 Tage Zeit in der Fastenzeit.« Der Karneval ist hier nicht scharf getrennt von der anschließenden Fastenzeit: während schon im Karneval die

Sünde erkannt werden kann, darf es noch in der Fastenzeit einen spielerischen Umgang (»auf die Schippe nehmen«) mit ihnen geben. Umkehr muss gerade nicht von einem Tag auf den anderen geschehen, sondern darf sich 40 Tage Zeit lassen. So ermöglicht gerade der gelassene Umgang mit der Sünde eine Veränderung.
Eine weitere Textzeile aus dem Höhner-Lied – »Ein kleiner Teufel steckt doch in jedem drin ...« wird zur Überleitung für das folgende Beispiel aus einer klösterlichen Gemeinschaft: Eine Ordensschwester hat davon gesprochen, dass in ihrer »Gemeinschaft ... der Teufel drin [steckt]«. Ordensgemeinschaften genießen in christlichen Kreisen immer noch ein hohes Ansehen. Zwar ruft das monastische Leben bei durchschnittlich oder gar nicht kirchlich sozialisierten Menschen oft Unverständnis hervor jedoch ist gerade im Kontext von Krankenhäusern die Hochschätzung der Ordensschwestern und eine Form von Bewunderung ungebrochen. Deshalb erscheint die Aussage der Nonne besonders drastisch und liefert ein gutes Argument zur Verifizierung der Behauptung, dass der Teufel überall »drin« sein könne: »Ja, das kommt vor in Ordensgemeinschaften, Gruppen und Kreisen und in jedem von uns ... Oder?«
Wieder stellt der Prediger seine eigene Auffassung, dass jeder Mensch ein Sünder sei, zur Disposition. Innerhalb der katholischen wie evangelischen Theologie steht zwar die radikale Sündenverfallenheit des Menschen außer Frage, Straeten trägt aber der Tatsache Rechnung, dass gerade dies auch unter regelmäßigen Gottesdienstbesucherinnen kein Konsens mehr ist. Nicht er als Prediger will die Hörer als Sünder deklarieren, was sie dann zu ›schlucken‹ hätten. Selbst wenn die Behauptung bei den Hörern ankäme, bliebe sie ein bloßes Introjekt und hätte keine Erkenntnisfunktion. Aus seelsorglicher Perspektive kann nur ein selbst erkanntes und *assimiliertes* Verständnis seiner selbst als Sünderin für die Hörerinnen von Nutzen sein. Statt allgemein das Thema Sünde zu ventilieren oder ein konkretes und bei diesem Thema erfahrungsgemäß mit gewisser Wahrscheinlichkeit langweiliges Beispiel für eine Sünde zu bringen, erzählt Straeten einen »passende[n], klerikale[n] Witz«. Bis zu diesem Witz ist der Predigt nicht anzumerken, ob sie von einem katholischen oder evangelischen Prediger gehalten wird. Der Witz ist jedoch eindeutig aus dem katholischen Kontext (»Priester«) entnommen und lebt gerade von dem als besonders stark empfundenen Kontrast zwischen katholischem Klerus und dem Bereich der Sexualität. Witzig oder eher humorvoll ist an diesem Witz und seiner Verwendung in der Predigt darüber hinaus, dass er als Beispiel für eine Sünde aus dem Bereich Neid und Eifersucht (»Protzen«) erzählt wird. Nicht die Thematisierung eines Tabus aus dem Bereich Sexualität ist nach Straeten das Anstößige, sondern das Protzen. Der Witz bekommt so eine zweite Pointe. Dennoch weiß man nicht genau, warum man selbst eigentlich gelacht hat. Es gibt sehr viele Witze zum Thema Protzen, die meisten von ihnen funktionieren über die Nennung von verschiedenen Nationalitäten und sind – wenn überhaupt – witzig auf Kosten einer bestimmten Nationalität. Da es nicht im Sinne Straetens ist, Klischees zu bedienen oder Vorurteile durch Wiederholung in-

nerhalb einer Predigt quasi kirchlich abzusegnen, sondern gerade Klischees aufzuweichen, wählt er einen Witz, der sowohl selbstironisch ist, als auch drastisch genug, um die Hörer tatsächlich zum Lachen zu bringen. In der Kirche einen Witz zu erzählen, in dem ein Stripper besser abschneidet als ein Bischof, ist für einen katholischen Priester durchaus ein Wagnis. Die durch Drastik und Tendenz bestimmte Qualität des Witzes, die mit großer Wahrscheinlichkeit zustimmendes Lachen gewährleistet, wirkt wie eine schützende Verpackung für den anstößigen Inhalt. Beim Nachdenken über den Witz, was nach dem Gottesdienst bei denjenigen, die sich Witze überhaupt merken können, zwangsläufig einsetzt, wird der Grund für das eigene Lachen immer fragwürdiger: die dritte Mutter ist sich der Zwielichtigkeit des Berufes ihres Sohnes durchaus bewusst und »druckst« deshalb herum. Aber ihr Stolz auf die – scheinbare – Ehrerbietung, die ihm erwiesen wird, lässt sie doch der Versuchung zu protzen, nicht widerstehen. Ob das »O Gott« von den »Leute[n]« im bewundernden Sinne gemeint ist, ist fraglich; in der Interpretation der stolzen Mutter jedoch nicht. So hat die Pointe Gefälle nach beiden Seiten: einerseits ein Aufstieg vom »Hochwürden« über »Eminenz« zu »O Gott«, andererseits ein Abstieg von der Eminenz zu den Absurditäten, auf welche sich Menschen in ihrem Bedürfnis nach Anerkennung berufen. Wie auch immer das »O Gott« gemeint sein mag, die vermutlich an Herabsetzung gewohnte Mutter deutet es in ihrem Sinne, so dass ihr mittels Reframing (hier: absichtliches Missverstehen) ein Akt der Selbstbehauptung gelingt, der – zumindest als Nebeneffekt – im Lachen der Predigthörer honoriert wird. Der Witz dürfte bei ihnen die Frage nach dem eigenen – und sei es auch nicht kommunizierten – Protzverhalten provozieren.

Der nächste Abschnitt ist mit «Der Engel der Leidenschaft« überschrieben und nimmt wieder Bezug auf eine Liedzeile: »Leidenschaft, das ist meine Welt ...«. Der Prediger bemüht sich um eine Ehrenrettung der Leidenschaft, die er jenseits der sexuellen Konnotation als »Antreiber zum Leben« verstanden sehen möchte. Nicht Getriebenheit, sondern Motivationen für lebensdienliches Handeln und lebendige »Spiritualität« soll aus der recht verstandenen Leidenschaft entspringen. In diesem Abschnitt zeigt sich wieder die seelsorgliche und homiletische Kompetenz des Predigers: er berücksichtigt, dass die Hörer nach dem Witz vermutlich noch beim Thema Sexualität verweilen, das ihnen in katholischen Gottesdiensten normalerweise ausschließlich auf einer hohen Abstraktionsebene begegnet. Die Tatsache, dass die Sexualität in vielen Fällen nicht der unproblematischste Bereich im eigenen Leben ist und das Wissen und meist auch ein Fremdheitsgefühl darüber, dass die Prediger, die einem auf der Kanzel gegenüberstehen, zölibatär lebende Priester sind, dürfte den meisten Teilnehmerinnen an katholischen Gottesdiensten dauernd bewusst sein. Gerade Sätze, die sich mit Sexualität und Leidenschaft befassen, werden deshalb mit besonderer Aufmerksamkeit und Kritikbereitschaft gehört. Besonders ältere katholische Frauen, zum Teil auch Männer, haben ja oft eine eigene leidvolle Unterdrückungserfahrung mit den Moralvorschriften der römisch-katholischen Kirche hinter sich oder hadern noch mit der äußerst rigiden Ehe-, Geschlechtsverkehr- und Schwangerschaftsverhütungspolitik des Vatikans. Priester, die sich zu den Fragen in diesem existentiellen Lebensbereich der Gläubigen liberal, verantwortungsbewusst *und* glaubwürdig äußern, werden von kirchennahen wie – fernen Katholikinnen meist als rühmliche Ausnahme empfunden und genießen besonderes Ansehen.

Obwohl Straeten hier den einseitigen Bezug von Leidenschaft auf die Sexualität abweist und sie umdeutet in eine allgemeine Motivation zum Engagement, setzt er die Sexualität nicht herab, sondern spricht statt von Sexualisierung oder Sexsucht wertungsneutral von »sex-hungrig[...]« und der Natürlichkeit dieser Antriebskraft.

Zur Illustration der Leidenschaft als »Antreiber zum Leben« bringt er wiederum einen »klerikale[n] Witz«, der vom Kölner Kardinal Meisner handelt, dem beim Hören des Namens Drewermann »die Haare zu Berge« stehen. Mit diesem Witz gelingen dem Prediger zwei Dinge gleichzeitig: Erstens spricht er indirekt an, dass die Leidenschaften von Menschen sich auf höchst unterschiedliche Ziele richten können, ohne dass es möglich wäre, ein Urteil über die Legitimität des jeweils verfolgten Ziels zu fällen und zweitens macht er einen Witz über den an der Basis der katholischen Gemeinden höchst unbeliebten Kardinal, ohne ihn herabzusetzen. Der Witz deutet lediglich an, dass es dem Kardinal in der Drewermannfrage nicht nur um die Sachebene zu tun ist, sondern dass auch die Emotionalität des Kardinals stark angesprochen ist.

Im dritten Abschnitt, der sich mit dem »Engel der Liebe« beschäftigt, wird die vorher erkannte und direkt und indirekt für notwendig erklärte Umkehr positiv geschildert. Der Begriff »Liebe« wird von der Verengung auf den vom Prediger positiv aufgefassten Aspekt der »erfüllte[n] Sexualität« gelöst und auf die »Ursehnsucht aller Menschen: Lieben und geliebt werden« zurückgeführt. Die Liebe wird als Engel, den Gott den Menschen schickt, personifiziert.

Die Angelologie des Predigers scheint nicht ganz konsistent zu sein. Einerseits ist ein Engel jemand, den Gott einem Menschen schickt, unerwartet und unverdient »damit er ..., wenn es ganz dunkel ist, ein paar Sterne anzündet«, andererseits ist gerade die Karnevalszeit eine Zeit, in der den Menschen Engel besonders begegnen. Vielleicht kommt diese Unklarheit aus der Assoziation mit dem Gefühl eines Menschen, der geliebt wird und der den, von dem er geliebt wird, als Engel bezeichnen kann. Falls die Karnevalszeit eine besonders günstige Zeit sein sollte, um sich zu verlieben, wäre damit das vom Prediger angenommene gehäufte Auftreten von Engeln erklärbar. Jedoch erscheint die Verbindung von Karneval und Engel der Liebe hier eher zufällig und nicht theologisch begründet. Falls der gemeinschaftsstiftende Effekt von karnevalistischen Veranstaltungen gemeint sein sollte, ist dies hier jedoch nicht ausgeführt.

Der Engel der Liebe wird von Straeten als ein mahnender und ermutigender Begleiter dargestellt, dem man »alles hin[halten soll], was in [... einem] ist«, damit es von der Liebe »verwandelt« wird. Der Prediger nennt hier die Orte von möglichen Konflikten und Auseinandersetzungen, ohne

näher auf sie einzugehen. Die Situationen mit selbst Erlebtem zu füllen, ist hier Aufgabe der Predigthörerinnen. »Der Engel der Liebe ist kein frommer Zuckerguss, der auf alles gestreut wird, sondern er möchte dein Leben verwandeln«, lautet die Zusammenfassung dieses Abschnitts. Es ist anzunehmen, dass hier gemeint war, dass der Engel den Zuckerguss streut bzw. nicht streut und nicht, dass er sich selbst in Zuckerguss verwandelt. Die sich seit etlichen Jahren häufenden Engeldarstellungen sind oft sehr süßlich oder sogar kitschig. Straeten geht mit seiner Metapher »kein frommer Zuckerguss« gegen dieses süßliche und niedliche Klischee der Engel an. Mit frommem Zuckerguss ist die Verniedlichung oder Bagatellisierung von Konflikten gemeint, die zugleich auch ein Klischee ist, dass an die Kirche und insbesondere die katholische Kirche herangetragen wird.
Mit dem letzten Halbsatz »... er möchte dein Leben verwandeln«, spricht der Prediger die Grenze der Einflusssphäre des Engels an. Nur wenn die Menschen dem Engel erlauben, sie zu begleiten, können sie ihr Inneres (»alles in dir«) verwandeln. Mit dem Hinweis auf die Grenze der Machtssphäre der Engel schafft Straeten den Übergang zu seiner Kritik an dem Lied der Höhner. »De Höhner meinen: Das mit dem Himmel, das kriegen wir schon hin ... Irrtum, liebe Höhner, das kriegt Gott allein hin, das mit dem Himmel ... Wir können uns den Himmel nicht verdienen, das ist allein Gottes Geschenk an uns«. Straeten vertritt hier die Lehre von der Rechtfertigung des Sünders allein aus Gnade. Gott allein verfügt über den Himmel. Die »Frage an die Engel der Liebe: Können sie den Himmel machen und schaffen?« am Ende des letzten Abschnitts ist schon formal keine wirkliche Frage »an die Engel«, denn dann hätte es heißen müssen: ›könnt ihr ...?‹ Die Frage wird an die Hörer direkt gestellt und zunächst offen gelassen. Mit dem Hendiadyoin »machen und schaffen« deutet Straeten bereits an, dass das Schaffen, das über ein Machen hinausgeht, das *Er*schaffen Gottes ist. Während es bei den Engeln noch fraglich war, ob sie am Himmel mitwirken, ist es in Bezug auf die Menschen eindeutig ein »Irrtum«. Das »Aber« setzt den Engel der Liebe in einen gewissen Gegensatz zu Gott, indem der Engel an der Schaffung des Himmels nicht mitwirkt. Dass »es ›himmlisch‹ werden kann durch die verwandelnde Tätigkeit des Engels, ist als eine Art Angeld auf den Himmel schon auf Erden zu verstehen, wie es bei Paulus mehrmals begegnet (vgl. Röm 8,23; Kor 15,23).
Nachdem sich die Predigt bis zu diesem Spitzengedanken emporgeschwungen hat, die keine Steigerung mehr zulässt, setzt der Prediger ein rhetorisches Kontrastmittel ein. Lapidar mit »Apropos Himmel« eingeführt, erzählt er einen Witz über die bis heute gepflegte Praxis der »Seelenmessen«. Den Witz kann man als Kritik an dieser Praxis verstehen, aber auch als Beispiel für den gesunden Pragmatismus oder den gut unterrichteten römisch-katholischen Glauben einer bayerischen Bäuerin. Der Witz ist wieder eindeutig dem katholischen Kontext zuzurechnen da man bei heutigen evangelischen Gottesdienstbesucherinnen nicht mehr

davon ausgehen könnte, dass sie die Institution Fegefeuer eindeutig genug zuordnen könnten, um die Pointe zu verstehen.

Im vierten Abschnitt zitiert der Prediger ein Gedicht der Österreichischen Dichterin Margh Malina und kommt damit zur »Anfrage an uns«, an die Gemeinde. Unter der Überschrift »Engel haben schmutzige Füße« erzählt Straeten von der Ambivalenz des Lebens. Nur lose ist dieser Abschnitt an das Lied der Höhner angebunden: »›Ein kleiner Teufel steckt doch in jedem drin ...‹ auch im Engel? ... Ist das nicht ein Widerspruch?« Die Frage des Predigers bleibt letztlich unbeantwortet; ob Engel von Ambivalenz betroffen sind, bleibt offen. Es geht Straeten darum, die Predigthörerinnen empfänglich zu machen für die Verfremdungen und Verkleidungen, in denen Gott den Menschen begegnet. Nach dem zitierten Gedicht spricht Gott auch aus der atomaren Wolke. Dieser Gedanke ist ebenso ernst wie anstößig. Die Predigt ist ein Beispiel dafür, wie sehr ernste Dinge gerade in und zwischen humorvollen Formulierungen angesprochen werden können.

Der besondere Reiz dieser Karnevalspredigt liegt in ihrem Reichtum an Analogien, Bildern, bekannten und eingängigen Textversatzstücken, die teils aus dem Karnevalslied, teils aus fremden Texten und Gedichten, teils aus der Feder des Predigers stammen und das Thema aus verschiedenen Perspektiven betrachten. In katholischen Gottesdiensten sind Themapredigten üblicher als in evangelischen. So kommt auch diese Predigt ohne Bezug auf einen konkreten Bibeltext aus. Sündenerkenntnis und die Einladung zur Umkehr sind ihre Hauptthemen, die anhand der unter den Gläubigen beliebten Figur des Engels inszeniert werden. Nach dem Engel der Sünde, der sich über die Umkehr der Gläubigen freut, treten der Engel der Leidenschaft und der Engel der Liebe auf. Nach diesen beiden Positivbildern, die Spiritualität und ethisches Handeln untrennbar verschränken und damit seelsorgliche Orientierung auf einladende Weise anbieten, wird eine weitere, bisher nicht gesehene Seite am Engelsymbol betrachtet: das Gedicht handelt von der Fülle des menschlichen Lebens und auch von seinen Schattenseiten. Dem Gedicht liegt Mt 25,35–45 zu Grunde. Der Prediger setzt es ein, um die »Anfrage«, den ethischen Auftrag an die Christen zu formulieren. Die Engel werden theologisch als »die Sprache Gottes« qualifiziert und am Schluss des Gedichts mit dem Namen Gottes als dem für die Menschen Da-Seienden verbunden. Straeten führt das Gedicht mit der Formulierung »Kurzpredigten einer Unbefugten« ein. Es komme der Autorin auf die Verfremdung an. Folgerichtig lässt er das Gedicht für sich selbst sprechen, kommentiert es nicht, sondern richtet nur zwei Fragen an die Gemeinde »Hören wir?« und nach einer Sprechpause: »Und antworten wir?« Die Antwort ist völlig offen. Und auch der Fokus der Fragen ist nicht eindeutig. Beziehen sie sich auf die Zusage des Mitseins Gottes oder auf die impliziten ethischen Anfragen, die das Gedicht transportiert? Die Zuhörerinnen müssen und können selbst entscheiden, wie sie die Fragen verstehen wollen.

Humorgebrauch
Keine andere der untersuchten Predigten stellt einen so ausdrücklichen Konnex her zwischen dem Humor und dem Karneval als dessen Spezialfall. Die Predigt als Ganze erweckt den Eindruck, seelsorglich das tägliche Leben der Gläubigen Revue passieren zu lassen, es genau zu betrachten und mit Gelassenheit das Defizitäre anzunehmen. Symbolfigur für die Gelassenheit ist wiederum ein Engel, der Engel des Humors. Dieser gehört zum Karneval und ebenfalls zu Ostern. Zwar ist den Menschen, wie der Karneval beweist, der Zugang zur Gelassenheit bereits gegeben, jedoch ist es der göttliche Bote, der Osterengel, der den Menschen den tiefsten Grund zur Gelassenheit vermittelt: die Hingabe Christi zur Erlösung der Menschen. So schlägt die Predigt den Bogen vom Karneval, in dessen Kontext Lachen, Spaß, Heiterkeit, Genuss (»trinken und sich laben«), Weisheit, »tiefgründige Kritik« am Bestehenden und Humor als Eigenschaften genannt werden, über die Umkehr als immerwährender Prozess und die Frage nach dem ethischen Handeln bis hin zum Osterereignis. Ostern ist gemäß dieser Predigt der innere Grund des Karnevals. Diese österliche Freude, die sich im Lachen ausdrückt, soll sich auf »das ganze Leben« ausbreiten. Der Predigtschluss ist mit dem Wiederaufgreifen des Karnevalsmotivs ein Rekurs auf den Anfang.
Zusammenfassend kann man sagen: Obwohl in dieser Predigt drastische und gewagte Witze erzählt und ein Karnevalslied auf seinen – sich als eher dürftig erweisenden – Wahrheitsgehalt geprüft wird, ist der Karneval eher ein Nebenthema. Er ist der Kasus, über den der Prediger nicht hinweggehen möchte, und dessen Spielraum er mit spürbarem Vergnügen ausnutzt. Dennoch ist sein primäres Predigtanliegen die seelsorgliche Orientierung, die Verkündigung der Gnade Gottes und daraus folgend Sündenerkenntnis und Einladung zur Umkehr.
Erstaunlicherweise wagt es ausgerechnet ein zölibatär lebender Priester – vielleicht aufgrund seines speziellen Seriositätsbonus – in der Predigt einen Witz zu bringen, der Gott mit Männer(!)striptease in einen Konnex bringt. Humor wird in dieser Predigt zwar auch thematisiert, aber vor allem wird er praktiziert. Die Witze werden nicht um ihrer Lustigkeit willen erzählt, sondern sie werden zur Veranschaulichung der Argumentation der Predigt zweckentfremdet und insofern mit einer weiteren Pointe versehen. Der ursprünglichen Pointe wird dadurch etwas von ihrer Aggressivität genommen, zumindest oberflächlich betrachtet. Es ist Anton Straeten aber auch zuzutrauen, dass er über die Illustrierung des Themas »Leidenschaft als positiver Begriff« hinaus auch einfach Spaß daran hat, einen Witz über den Bischof seiner Nachbardiözese, Kardinal Joachim Meisner, in einer vollbesetzten Kirche zu erzählen und so in einem immerwährenden lokalen Konfliktfall der Kirche seinen eigenen Standpunkt in einer indirekten Mitteilung bekannt zu geben.

4.3.5 Zusammenfassung

Zwei der drei Predigten gehen direkt vom Kasus Karneval aus, eine kommt lediglich am Schluss auf diesen zu sprechen. Die Predigenden bemühen sich darum, die Bemerkbarkeit des Karnevals innerhalb der Kirche zu legitimieren (Koranyi) und ihn als besondere hermeneutische Gelegenheit erkennbar zu machen (Kenntner) und/oder die von Seiten der Narren kommende Kritik auf Wahrheitsgehalt zu prüfen und für das tägliche Leben fruchtbar zu machen (Straeten).
Zusammenfassend kann gesagt werden, dass die drei untersuchten Karnevalspredigten je auf ihre Weise den durch den Kasus Karneval gegebenen Spielraum ausnutzen. Je nach Temperament und Persönlichkeit des Predigers sind die Predigten unterschiedlich gestaltet: eine Mundartpredigt, eine Reimpredigt mit umgedichteten Liedstrophen, eine Predigt in Prosa mit gereimten Passagen und eingeflochtenen Witzen.
Alle drei Predigten sehen im Karneval einen wichtigen Beitrag zur Gegenwartsbewältigung, und stellen ihn als eine Zeit dar, die die Predigthörerinnen dazu nutzen können, das Immer-so-weiter zu unterbrechen, zum Ausruhen und neue Kraft schöpfen (Kenntner), zum Ausprobieren ungewohnter und freiheitlicher Verhaltensweisen, zur Kritik am Etablierten (Kenntner, Straeten), zur Selbstfindung (Kenntner, Straeten) und zur Sündenerkenntnis (Straeten, Koranyi). In einer Predigt wird der Karneval ausdrücklich als Kunstform bezeichnet, deren Potential für die vorliegende Predigt fruchtbar gemacht wurde (Koranyi).
In allen Predigten wird der Verheißungsüberschuss des Evangeliums und damit auch die Relativität des irdischen Lebens deutlich: Alle drei Predigten wirken ermutigend, sie sprechen vom Evangelium und gehen dabei von der bedingungslosen Liebe Gottes als dem Grunddatum des christlichen Glaubens aus. Weil auf die Gnade Gottes Verlass ist, sind Lachen, Gelassenheit, Heiterkeit, Freude, Großzügigkeit mit sich und anderen, Akzeptanz von Ambivalenz und anderslautenden Meinungen, selbstironische Distanz, clowneske oder narrenhafte Infragestellung von Selbstverständlichkeiten – kurz gesagt Humor – nach diesen Predigten nicht nur zulässig, sondern dem christlichen Glauben verwandt/analog/wesensähnlich und daher als Lebensäußerung von Christen und der Kirche insgesamt wünschenswert bis unverzichtbar. Eine der Predigten hat einen explizit ekklesiologischen Fokus (Koranyi), während die zwei anderen den Fokus primär auf die einzelnen richten, die Folgen für die Gemeinschaft jedoch keineswegs außer Acht lassen (Straeten, Kenntner).
Allen Predigten gemeinsam ist die postmoderne Auffassung, dass die menschliche Identität nicht statisch und geschlossen, sondern von Brüchen durchzogen und damit ein prozesshaftes Geschehen ist. In allen Predigten wird die Vielfalt und Ambivalenz der menschlichen Lebenserfahrung angesprochen: Sünder – Geretteter/Gerechtfertigter, Teufel – Engel, Erlösung – Unerlöstheit der Schöpfung, Aktion – Kontemplation, Arbeit – Ruhe, Individualismus – Gemeinschaft, Hunger/Armut/Gewalt – gegenseitige Hilfe/Solidarität.

In manchen zeitgenössischen Predigten kommt die Auseinandersetzung der Menschen mit ihrer Sündhaftigkeit zu kurz, wodurch der Ausgangspunkt zu einer möglichen Veränderung verschüttet wird. Dies ist jedoch in keiner der untersuchten Karnevalspredigten der Fall. Allen Predigten kann man als Hörerin gut folgen. Sie haben neben ihren seelsorglichen und zum Glauben einladenden Zielen auch ein pädagogisches Ziel: die Menschen zu mehr Gelassenheit und Offenheit für andere Auffassungen zu ›erziehen‹. Der innere Grund für diese Erlaubnis oder sogar Pflicht zur Gelassenheit ist die Gnade Gottes und das sich schon jetzt partiell ereignende Reich Gottes.
Alle untersuchten Predigten genügen den Kriterien guter Unterhaltung: sie sind unterhaltsam im nutritiven und im kommunikativen Sinne. Zu ihrer Unterhaltsamkeit im delektarischen und im kommunikativen Sinne trägt der Einsatz von Humor mit positivem Effekt bei.

4.4 Analysen von Predigten zweier humorvoller Prediger

4.4.1 Henning Schröer: Animation zum Beten – Predigt zur Brotbitte des Vaterunsers

Zur Einführung
Die Predigt ist vorab im ersten Heft der Zeitschrift für Gottesdienst und Predigt 1995 veröffentlicht worden.

Die Predigt

Unser tägliches Brot gib uns heute
»Beten will gelernt sein«, das sagt die Hauptperson in dem Roman »Stiller« von Max Frisch. In der Sorge um seine Frau wird er zum Beten aufgefordert. Aber er kann nicht mehr oder will noch nicht wieder beten, »Beten will gelernt sein«.
Das ging den Jüngern Jesu nicht anders. Sie baten Jesus: »Herr, lehre uns beten.« Und er gab ihnen, als Hilfe, das Gebet, das wir alle kennen, um beten zu lernen. Gerade auch die vierte Bitte zu lernen, die im Vaterunser steht, die Brotbitte: »Unser tägliches Brot gib uns heute!«
Diese Bitte ist etwas Besonderes im Vergleich zu den anderen Bitten, denn in ihr kommt zusammen, was Gott tut und was wir tun können. Brot fällt nicht vom Himmel, sondern ist menschliches Werk, es wird gebacken und verkauft. Eine Bitte für unsere materialistisch irdischen Bedürfnisse.
Es gibt da harmlose erlaubte Umstellungen wie in der bekannten Geschichte von dem Pfarrer, der bei seinem Patron, einem Grafen, zu einem guten Mahl eingeladen war und das Tischgebet sprechen sollte, woraufhin er betete: »Unser heutiges Brot gib uns täglich!« Er hat immerhin nicht das »unser« verändert. Denn das ist der erste Punkt aufzumerken. Zum Vaterunser gehört das »unser Brot«. Es heißt da nicht »*mein* Brot«, sondern es geht um Brot für alle, für die ganze Welt. Das Vaterunser ist ein soziales Gebet, wir sollen es nicht zu einer Privatfrömmigkeit verkehren. Die gerechte *Verteilung* der Nahrungsmittel unserer Erde, wenn sie richtig genutzt wird, ist gefragt, also ist in diesem Gebet ein Gebot, unsere Aufgabe mit eingeschlossen. Wir hörten als Schriftlesung die Erzählung von Elia und der Witwe mit ihrem Sohn in Sarepta zur

Zeit der Hungersnot. Sie enthält bereits diese Perspektive, die *geteilten* Reste sind dort der Anfang bleibender Bewahrung vor dem Hungertod.
Zum zweiten sollen wir nicht am Schluss der Bitte ›morgen‹ denken oder sagen, statt ›heute‹; erst recht nicht ›übermorgen‹ oder sogar ›am St. Nimmerleinstag‹. Jesu Gebet ist dringlich und dringend. Sein Gegenwort: »ich aber sage euch« zielt auf die Gegenwart. Immer wieder hören wir dieses betonte Heute: »Heute ist diese Botschaft derBefreiung erfüllt vor euren Ohren«, heißt es in seiner ersten Predigt. »Heute, so ihr seine Stimme höret, so verstocket euer Herz nicht«, heißt es im Hebräerbrief. Und das Wort am Kreuz zu dem Schächer heißt: »Heute wirst du mit mir im Paradiese sein«. Unsere Bitte will die Nähe Gotte und nicht die unendliche Ferne späterer Vertröstung. Wer betet, findet sich nicht ab mit der Resignation.
Eine dritte unpassende Veränderung ist möglich. Weil wir Brot schon haben, bitten wir um Kuchen oder Brötchen. Verändern wir nicht insgeheim die Bitte in ›Unsere tägliche Brotsorte gib uns heute‹? Seit gestern gibt es sogar WM-Brot für die Fußballweltmeisterschaft. Aber nicht Brot für die Welt.
Ich habe nichts gegen eine Vielfalt, aber wir tendieren leicht zur Überheblichkeit. Wenn alle Brot haben, kann man auch über Sorten reden. Es heißt aber nicht: Unser tägliches Zubrot gib uns heute. Freilich müssen wir hier noch genauer hinhören. Martin Luther hat gesagt, dass wir bei dieser Bitte nicht nur an den Brotkasten denken sollen, sondern an alles Notwendige zum Leben wie Arbeit, Wohnung, Gesundheit und Friede, gute Freunde und getreue Nachbarn. Brot meint Brotkultur. Brot meint also auch Brot und Rosen; meint Brot und Spiele; meint Gemeinschaft am Tisch des Herrn und der Welt. Ich denke an Bertolt Brecht, der über sein Theater sagte: »Ich liefere Kuchen und soll ernähren wie Brot.« Simone Weil forderte eine »Poesie wie Brot«.
Und doch ist damit noch nicht der spezifische Sinn des Wortes getroffen, das wir geläufig mit »täglich« übersetzen. In der griechischen Überlieferung steht dort ein ganz seltenes Wort. Leider lässt sich nicht 100%ig sagen, was es bedeutet. Die Übersetzungen sind zahlreich, und alle haben ein Stück Wahrheit für sich. Es könnte heißen, ›das kommende, das unbedingt nötige, das morgige, das himmlische, das tägliche Brot‹.
Ich meine, es muss mit der Verkündigung Jesu vom Reich Gottes und dessen Nähe in der Tischgemeinschaft zusammenhängen, was er in der Urfassung aramäisch gesagt hat. Er sagte vermutlich das kommende, morgige Brot des Reiches Gottes: sozusagen Reich-Gottes-Brot, Zukunftsbrot, Hoffnungsbrot. Es gab ja die Seligpreisung, die wir am Anfang des Gottesdienstes hörten: »Selig ist, wer das Brot isst im Reiche Gottes«. Es geht also nicht nur um das Brot als Lebensmittel, sondern um die Perspektive, wohin das Brot weist.
Zurück auf Gott als Geber aller guten Gaben, auf die Schöpfung, und vorwärts auf die Mahlgemeinschaft im Reiche Gottes, die Jesus vorwegnahm im Mahl mit den Zöllnern und Sündern. Jenes kommende Brot, durchaus real und spirituell zugleich, gib uns heute! So fügt sich die Bitte in der Verkündigung Jesu, und wir verstehen die besondere Pointe des Heute. So wie Jesus mit heutigen Gleichnissen von den Lebensverhältnissen im Reiche Gottes erzählt, so ist auch das Brot Wahrzeichen für diese Lebensperspektive. Wir bitten darum, dass wir das Brot empfangen als reale Vorausgabe dessen, was unsere Zukunft im Sinne Gottes ist. Und damit sind wir auch schon bei dem möglichen vierten und letzten Fehler angekommen, nämlich diese etwas altertümliche und gar nicht so leicht verständliche Bitte de facto überhaupt auszulassen und nur noch aus frommer Tradition mitzusprechen. Ist Brot denn nicht nur eine Angelegenheit unserer Ökonomie, unserer Landwirtschaft, unserer Kaufkraft? Beten wir nicht faktisch: ›Lass uns unser Brot selber machen!‹? Aber damit ahnen wir, wie wichtig es ist, das ›Tun des Gerechten‹ und das Gebet zu verbinden. Denn eben diese Brotkultur, diese Perspektive, Brot als Wahr- und Vorzeichen dessen, was Gott mit uns in der Weltgeschichte will, das kann nicht von uns selbst kommen, das ist notwendig Gegenstand einer Bitte. Wir können lernen, was Brot uns lehrt. »Es geht durch

unsere Hände, kommt aber her von Gott!« und *weist* auf die Verantwortung für Zukunft hin – wir leben nicht vom Brot allein. Also, warum sollen wir beten?
Ich gebe drei Antworten:
1. Weil diese Bitte uns davon befreit, nur an das Brot als Zwang zu denken. Kurt Marti hat es eindrücklich so formuliert: »Unser tägliches brot/ gib uns heute/ damit wir nicht nur/ für brot uns abrackern müssen/ damit wir nicht/ von brotgebern erpresst werden/ damit wir nicht/ aus Brotangst gefügig werden.« wir bitten mit der Brotbitte um Befreiung von der Brotangst.
2. Zum anderen beten wir, weil wir damit unsere Verantwortung für die Zukunft bejahen. Ich finde das vorbildlich ausgedrückt in den Sätzen von Jens Reich, dem man ruhig mehr Stimmen bei der Wahl zum Bundespräsidenten hätte geben können: »Wir werden in zehn oder zwanzig Jahren nicht danach gefragt werden, ob wir Ossis oder Wessis sind oder Proteste gerechtfertigt waren. Wir werden danach gefragt werden, warum wir nicht rechtzeitig an die Zukunft gedacht haben.« Unser Beten um das tägliche Brot kann uns in die Verantwortung zur Zukunft weisen und bewahrt uns vor Kurzsichtigkeit. Wir überwinden die Zeitangst.
3. Schließlich ist das Beten eine Einübung in unser Vertrauen in Gott. Das ist dem biblischen Beten eigentümlich, das Recht, Gott anzurufen und frei in Anspruch zu nehmen. So war es bei Abraham, Mose, Elia und Jesus. Es darf dann sogar Humor dabei sein, wie ich ihn in dem Gebet eines Anglers fand: »Herr, beschere mir einen Fisch, und so groß sei deine Gabe, dass sogar ein Mensch wie ich keinen Grund zum Lügen habe.« Das Beten will uns vor Kleinkrämerei – auch mit Gott – und vor gedrücktem Wesen bewahren. Der Brotverbrauch sinkt. Aber die Bitte um das Brot als Unterpfand und Vorausgabe des Lebens wird mehr gebraucht als je und damit die Einübung in das Gebet. Das Beten um das tägliche Brot will gelernt sein. Wir lernen nicht zaubern, darum geht es nicht. Wir sollen lernen Brot zu teilen, zu verteilen, Schöpfung zu achten und die Zukunft wahrzunehmen, ehrlich zu werden über unsere wahren Bedürfnisse. Im Beten und Tun des Gerechten fängt Gottes Reich schon beim Frühstück an. Ich habe keine satte Erklärung zu bieten, sondern lade ein, Brot zu sehen, wie es ist, und wahrzunehmen als köstlich und kostbar, als frischer Duft gelingenden Lebens. Wir können lernen: Beten ist keine brotlose Kunst, Beten um Brot ist Freiheit von Eigenbrötelei, Gott sei Dank, heute schon.

Gliederung der Predigt

Einleitung:	Beten will gelernt sein, gerade anhand der Brotbitte des Vaterunsers
1. Hauptteil:	In der Brotbitte kommen Gottes Tun und menschliches Tun zusammen: Menschen bitten Gott um Brot: 1. heute und für alle auf Erden 2. als Wahrzeichen und Vorausgabe auf die Zukunft bei Gott
2. Hauptteil:	Drei Antworten auf die Frage: warum sollen wir beten? 1. Befreiung, 2. Verantwortung, 3. Einübung in das Vertrauen in Gott.
Schluss:	Beten ist keine brotlose Kunst, Beten um Brot ist Freiheit von *Eigenbrötelei.*

Beschreibung des Predigt-Weges

Die Predigt beginnt mit einem Zitat aus Max Frischs »Stiller«: »Beten will gelernt sein«. Dieser kurze erste Satz enthält die beiden Leitworte der Einleitung: *beten* (sechsmal beten, einmal Gebet) und *lernen* (fünfmal). Damit ist indirekt auch das Predigtziel angegeben: Es geht Schröer darum, anhand der vierten Bitte des Vaterunsers die Frage zu beantworten, warum wir beten sollen oder gemäß der Formulierung aus Stiller: warum das Beten gelernt sein will. Die Einleitung endet mit dem Übergang des Leitwortes *beten* in *bitten/Bitte* und der ersten Nennung des Wortes »Brot«.

Brot ist mit 53 Nennungen das häufigste Wort der ganzen Predigt und kommt allein, als zusammengesetztes Wort und in verschiedenen Wortschöpfungen des Predigers vor, auf die später noch einzugehen ist.

Der erste Hauptteil beginnt damit, die »Brotbitte« als besondere des Vaterunsers herauszuheben, weil in ihr göttliches *und* menschliches Tun thematisiert werden. Schröer arbeitet mit mehreren Variationen der Brotbitte aus dem Gebet, »das wir alle kennen«. Mit diesem Relativsatz ist die Analogie der Situation der Jünger Jesu und den heutigen Menschen angesprochen. Als selbstverständlich vorausgesetzt wird sie weiter unten, wenn es heißt, Jesus habe mit »heutigen Gleichnissen von den Lebensverhältnissen im Reiche Gottes« erzählt.

Die erste »harmlose erlaubte Umstellung[...]« entnimmt Schröer einer »bekannten Geschichte von einem Pfarrer«: »Unser heutiges Brot gib uns täglich!« Ohne weiter entfaltet zu werden, ist mit dieser Variante das Thema *arm und reich*, das später explizit aufgegriffen wird, bereits angedeutet. Das, worauf Schröer eingeht, ist der Gegensatz zwischen dem kollektiven »unser« in dieser Variante und einem individualisierenden und nach Schröer abzulehnenden »mein«. Schröer spricht die Frage nach der gerechten Verteilung der Nahrungsmittel an und bezeichnet sie als »unsere Aufgabe«, die im »Gebet ein Gebot« einschließt.

An dieser Stelle begegnet der erste Verweis auf den liturgischen Gesamtzusammenhang des Gottesdienstes, die Schriftlesung von 1Kön 17,7–16. Mit der Erinnerung an die Errettung der Familie durch Elia wird die Hoffnungsperspektive der »bleibende[n] Bewahrung vor dem Hungertod« eingeführt, die im zweiten Teil des Hauptteils wieder aufgegriffen wird.

Auch der zweite Hauptteil korrespondiert mit den Lesungen des übrigen Gottesdienstes. In der Eingangsliturgie wurden offenbar Seligpreisungen vorgetragen, unter denen sich wohl auch Lk 14,15 befunden haben wird: »Selig ist, wer das Brot isst im Reiche Gottes«. Der eschatologische Bezug, der u.a. in der Metapher vom »Reich Gottes« in der gesamten Predigt präsent ist, wird hier durch Verknüpfung von Eschaton und Brot in einer Seligpreisung noch einmal verstärkt.

Als zweite abzulehnende Variante führt Schröer die Möglichkeit an, »am Schluss der Bitte ›morgen‹ [...], ›übermorgen‹ oder sogar ›am St. Nimmerleinstag‹« zu sagen. Zur Veranschaulichung der Dringlichkeit des Vaterunsers führt Schröer drei neutestamentliche Bibelstellen (aus Lk 4,21; Hebr 3,7f; Lk 23,43) an.

Das Dringende und Dringliche der Brotbitte wird von Schröer durch die Auswahl der Bibelstellen deutlich vor Augen geführt; in allen dreien ist das Wort »heute« pointiert vorangestellt. Das Verheißungswort aus der Antrittspredigt Jesu in Nazareth eröffnet den Horizont der »Befreiung« und das letzte der drei angeführten Bibelworte, das Wort, das Jesus nach dem Lukasevangelium zu dem schuldig gewordenen Schächer spricht, steigert die Verheißung noch durch das Versprechen, dass der Schächer trotz seiner Schuld ins Paradies gelangen wird. Zwischen diese beiden Verheißungsworte ist die dringliche Aufforderung des Hebräerbriefes – im Zitat aus Ps 95 – gesetzt, sich die Verheißungen zu Herzen zu nehmen.

Die Dreizahl der Bibelstellen ist offenbar mit Bedacht gewählt. Wie in einem Sandwich ist das Tun des Menschen, das darin besteht, die Verheißungen an sich heranzulassen, ihnen das Herz als Sitz des Willens und der ethischen Entscheidungen nicht zu verschließen und ihnen Vertrauen zu schenken, eingebettet in zwei Verheißungen aus dem Munde Jesu. Die zu Anfang des Hauptteils erwähnte Verschränkung von göttlichem und menschlichem Tun ist hier formal veranschaulicht.

»Unsere Bitte will die Nähe Gottes und nicht die unendliche Ferne späterer Vertröstung.[1248] Wer betet, findet sich nicht ab mit der Resignation.« Mit diesem Satz wird das Vorangehende zusammengefasst: Die »Nähe Gottes« in der Gegenwart des »Heute« (fünfmal in diesem Abschnitt) anstatt am ewig fern bleibenden »St. Nimmerleinstag« ist für die Bibelfesten unter den Predigthörern im Kontext aller drei Bibelstellen gegeben. Auch die Nöte, aus denen hier Befreiung verheißen wird, sind dem Kontext nach konkret: Armut, Gefangenschaft, Blindheit, Unterdrückung (nach Lk 4) und schwere menschliche Schuld angesichts des unmittelbar bevorstehenden Todes (nach Lk 23). Jesus vertröstet nicht, sondern verspricht die Befreiung für heute. Für die Menschen ergeben sich daraus ethische Konsequenzen, die der Prediger hier aber nicht ausführt. Im Abschnitt davor heißt es: »Die gerechte Verteilung der Nahrungsmittel unserer Erde wenn sie richtig genutzt wird, ist gefragt, also ist in diesem Gebet ein Gebot, unsere Aufgabe mit eingeschlossen.« Zwar wird die Aufgabe hier konkret benannt, aber es werden hier noch keine Aufforderungen daraus abgeleitet, sondern mit dem Verweis auf 1Kön 17,7–16 ein Positivbeispiel dafür angeführt, wie durch Teilen (»geteilte Reste [als ...] Anfang bleibender Bewahrung vor dem Hungertod«) Gerechtigkeit geübt werden kann. Im ersten Abschnitt des Hauptteils fällt die Häufung des Possessivpronomens »uns/unser« auf; (zwölfmal plus zweimal als Teil des Wortes »Vaterunser«) im Vergleich zu einem einzigen »mein«. Das Vaterunser ist nach Schröer »ein soziales Gebet«, ein Gebet, das die »materialistisch irdischen Bedürfnisse« thematisiert und dabei die »ganze Welt« im Blick hat.

In der dritten »unpassenden« Variante der Brotbitte wird um etwas gebeten, dass dem Prediger nicht legitim erscheint, solange noch Hunger auf

1248 Hier ist anzunehmen, dass nicht »spätere(r) Vertröstung«, sondern Vertröstung auf später gemeint ist. Der Sprachgebrauch Schröers zeichnet sich im Allgemeinen bei aller Kreativität durch äußerste Präzision aus.

der Welt herrscht. »Weil wir Brot schon haben, bitten wir um Kuchen oder Brötchen. Verändern wir nicht insgeheim die Bitte in ›Unsere tägliche Brotsorte gib uns heute?‹ Seit gestern gibt es sogar WM-Brot für die Fußballweltmeisterschaft. Aber nicht Brot für die Welt. [...] Wenn alle Brot haben, kann man auch über die Sorten reden.« Schröer verändert die dringliche Bitte um Brot als dem Lebensnotwendigsten in: »Unser tägliches Zubrot gib uns heute.« Der Standpunkt des Predigers wird deutlich, aber er prangert die seiner Meinung nach illegitime Bitte nicht direkt an, sondern trägt ihre Ablehnung als rhetorische Frage vor, die zwar eine einverständliche Antwort erwartet, diese aber nicht von vornherein festschreibt.

So erörtert Schröer in diesem ersten Teil des ersten Hauptteils »erlaubte Umstellungen« des Wortlauts der Brotbitte und »unpassende Veränderungen«. In das »Wir« derer, die diese Veränderungen »insgeheim« vornehmen und zur »Überheblichkeit« neigen, schließt er sich ein. »Wir« begegnet 37 Mal in der Predigt, im Vergleich zu neunmal »ich«. Dreimal begegnet »ich« in Zitaten, die anderen sechs beziehen sich auf Schröer als Subjekt, drei von diesen leiten Zitate bzw. den Schlussteil der Predigt ein.

An den drei übrigen Stellen mit »ich« lässt der Prediger etwas von sich als handelnder Person erkennen: »Ich habe nichts gegen ... ich meine, ... Ich habe keine satte Erklärung zu bieten, sondern lade ein ...« Der Prediger zeigt sich als jemand, der wie die Hörer nach dem Zusammenhang des Ganzen fragt, der keine fertige – im Bild bleibende – »satte« Erklärung bieten kann, der mit den Hörern auf der Suche nach Wegen ist, das »Tun der Gerechtigkeit und das Gebet zu verbinden«.

Während im ersten Abschnitt des ersten Hauptteils Brot als Konkretum benutzt wird, beginnt der zweite Abschnitt mit dem Hinweis: »Freilich müssen wir hier noch genauer hinhören. [...] Brot meint Brotkultur. Brot meint also auch Brot und Rosen; meint Brot und Spiele; meint Gemeinschaft am Tisch des Herrn und der Welt.« Hier weist Schröer auf das Abendmahl als eschatologisches Mahl und als Gemeinschaftsmahl hin. Mit »Brot und Spiele« leitet er über zum Zitat von Brecht, der mit seinem Schaffen eine im Vergleich mit Brot verfeinerte Speise – »Kuchen« – anbot. Vom Kuchen Brechts wird jedoch zu unrecht verlangt, dass er Unterhalt gewähre. Grund-Unterhalt liefern kann nur Brot im wirklich nährenden Sinn und der geht über das rein Materielle hinaus. Es geht also nicht nur um das Brot im wörtlichen Sinn, symbolisiert durch den »Brotkasten«, sondern um »Brotkultur« und noch darüber hinaus um »Reich-Gottes-Brot«.

Mit den Worten »das kommende, das unbedingt nötige, das morgige, das himmlische, das tägliche Brot« führt Schröer zurück auf den Wortlaut der Brotbitte aus Jesu Mund. Der Prediger bleibt nicht bei den Übersetzungen stehen, sondern kommt zu eigenen Metaphern, die den Gehalt des ursprünglichen Jesuswortes zu erfassen suchen: »Reich-Gottes-Brot, Zukunftsbrot, Hoffnungsbrot«. Die hier implizierte eschatologische Konnotation begründet er mit dem Kontext der »Tischgemeinschaft Jesu«, der

»Mahlgemeinschaft im Reiche Gottes« und den eschatologisch zu verstehenden Seligpreisungen. Das Brot wird zu einem Hinweis, einem »Wahrzeichen« auf die eschatologische Lebensperspektive hin. »Wahrzeichen« wird nicht weiter ausgeführt, aber zumindest implizit klingt das Problem der Bewahrheitung mit an: Brot ist »reale Vorausgabe dessen, was unsere Zukunft im Sinne Gottes ist«.

In der vierten und letzten fehlerhaften Veränderung der Brotbitte bringt Schröer das Zusammenwirken von menschlichem und göttlichem Tun erneut explizit zur Sprache: »Beten wir nicht faktisch: ›Lass uns unser Brot selber machen‹?« Wieder gibt der Prediger den Fehler in Frageform zu bedenken. Gibt zu bedenken, dass Menschen trotz der sündhaften Neigung, alles selbst können und schaffen zu wollen, »ahnen ..., wie wichtig es ist, das ›Tun des Gerechten‹ und das Gebet zu verbinden« und eben die Perspektive, dass die irdische Realität nicht absolut zu setzen ist, wahrzunehmen. Diese eschatologische Perspektive ist es, was das Brot zu *lernen* gibt. An dieser Stelle greift Schröer das Leitwort der Einleitung kurz wieder auf und zitiert aus EG 508 »Wir pflügen und wir streuen«: »Es geht durch unsere Hände, kommt aber her von Gott!« Schröer kommt hier auf seine eingangs wie nebenbei aufgestellte These zurück, dass die Bitten des Vaterunsers nicht nur das Beten lehren, sondern auch zu lernen aufgeben. Am Schluss der Einleitung hieß es: »[Jesus] gab ihnen, als Hilfe, das Gebet, das wir alle kennen, um beten zu lernen. Gerade auch die vierte Bitte zu lernen ...« Beim einmaligen Hören fällt die krause Syntax dieses Satzes vermutlich nicht auf, beim mehrmaligen Lesen jedoch gibt sie einen Hinweis auf den Doppelsinn. Jesus gibt nach Schröer nicht ein fertiges Gebet als Antwort auf die Frage der Jünger, sondern ein Bittgebet als Hilfe, das Beten und das Bitten selbst zu lernen, sich darin einzuüben. Beten ist also mehr als das Hersagen von Worten. Was beten ist, und warum Menschen es tun sollen, beantwortet Schröer im Schlussteil der Predigt: Beten ist ein menschliches Bitten um Befreiung, das diese Befreiung auch herbeiführt: »[wir sollen beten], weil diese Bitte uns ... befreit«, Beten ist Bejahung der menschlichen Verantwortung und damit nicht losgelöst von einem entsprechenden Handeln zu sehen. Und »[s]chließlich ist das Beten eine Einübung in unser Vertrauen in Gott« und damit sowohl Beziehungsgeschehen als auch Glaubensakt. Im Beten nimmt der Mensch Beziehung zu Gott und sich selbst auf, indem er »ehrlich« wird »über [seine ...] wahren Bedürfnisse.

»Im Beten und Tun des Gerechten fängt Gottes Reich schon beim Frühstück an.« In diesem Satz setzt Schröer voraus, dass das Reich Gottes etwas ist, das anbricht (»fängt an«), an dem der Mensch jedoch selbst beteiligt ist. Wirklich beten gelernt hat erst der, der erkennt, dass zum Beten um Brot das Teilen und gerechte Verteilen untrennbar dazugehört. An keiner Stelle formuliert Schröer hier negativ: wenn ihr/wir nicht das Gerechte tun ... Durch die ganze Predigt zieht sich der Verheißungshorizont, dass das irdische Brot schon »Unterpfand und Vorausgabe« des Lebens ist (Röm 8 u.ö.).

Die zentrale Metapher der Predigt »Brot« für alle »materialistisch irdischen Bedürfnisse« wird von der Einleitung bis zum Schlusssatz durchbuchstabiert, immer wieder im Blick auf das Immaterielle, kommende Brot, das »real und spirituell zugleich« ist: »Reich-Gottes-Brot, Zukunftsbrot, Hoffnungsbrot«. Die Hörer zum Beten einzuladen, damit sie »Befreiung von der Brotangst«, Überwindung der »Zeitangst« und »Einübung in unser Vertrauen in Gott« ist sein zentrales seelsorgliches Predigtziel. Dann erfolgt nach Schröer das ethische Handeln aus sich von selbst bzw. im Gebet ergebender Großzügigkeit (Bewahrung vor Kleinkrämerei) und Freiheit. Schröer vertritt keine Pflichtethik, sondern sieht ethisches Handeln darin begründet und motiviert, dass die Menschen schon heute in der Perspektive der Befreiung leben und handeln können. Darum erscheint die Predigt nicht schwer und unter die Sorge gedrückt, die an mehreren Stellen in aller Klarheit benannt wird, z.B. die »Sorge (Stillers) um seine Frau«, die das Beten verunmöglicht, der Hungertod vieler, weil es »nicht Brot für die Welt« gibt bzw. dieses nicht gerecht verteilt wird.

Zusammenfassung und Humorgebrauch
Schröers Predigt ist ein Beispiel dafür, wie eine Predigt ein »Entpflichtungsdiskurs« sein kann. Die Predigt ist ein kunstvoll durchkomponierter Text: die Themen *beten* und *lernen* werden in größtmöglicher Kürze in der Einleitung benannt, im Hauptteil anhand der Brotbitte des Vaterunsers entfaltet und im Schlussteil aus seelsorglicher Perspektive motiviert aufgezeigt, wie wichtig es ist, dementsprechend zu handeln: zu beten, zu lernen und beten zu lernen. Die Entfaltung des Themas geschieht in zwei Schritten: zuerst im Blick auf die konkreten materiellen Bedürfnisse von Menschen und dann im Blick auf das Reich Gottes. In beiden Hauptteilen werden Beten und verantwortliches Handeln in Beziehung zueinander gesetzt. Von Anfang bis Ende sind in dieser Predigt der materielle Unterhalt und die spirituelle Unterhaltung durch »Reich-Gottes-Brot« zusammen verhandelt. Von Anfang bis Ende sind das Schwere und das Leichte, der Mangel und die Befreiung vom Mangel thematisiert.
Der Schlusssatz fasst sämtliche angesprochenen Themen und Unterthemen auf: »Wir können lernen: Beten ist keine brotlose Kunst, Beten um Brot ist Freiheit von Eigenbrötelei. Gott sei Dank, heute schon.« Es begegnen die Worte beten, lernen, Brot, Freiheit, Gott – als Adressat des Dankes der Menschen und damit indirekt auch das Thema Bitten – und ›heute‹. Das »heute« weist auf die Eschatologie des Predigers hin. Schon heute gibt es ein »Unterpfand und Vorausgabe des Lebens«, so dass Schröer sagen kann, dass »Gottes Reich schon beim Frühstück an(fängt)«. Diese Stelle ist ein Beispiel dafür, wie Schröer durch eine kühne Formulierung die Ebenen von täglichem Brot und Reich-Gottes zu einer untrennbaren Einheit verwebt und dem Kommen des Reiches Gottes die Konnotation von Leichtigkeit gibt.
Schröer setzt auch sonst Humor vor allem dazu ein, Leichtigkeit zu evozieren: Die zu Beginn des Hauptteils erzählte Anekdote wird als »be-

kannte (...) Geschichte von dem Pfarrer, der ...« eingeführt. Sie wird weder erklärt noch mit Blick auf den mitangesprochenen Arm-Reich-Konflikt ausgewertet. Schröer gesteht den Hörerinnen zu, das Fehlende selbst zu ergänzen und sich an der Pointe zu erfreuen. Die Anekdote wird eingesetzt, um den Reigen der Variationen einzuleiten, indem Schröer sie als Positivbeispiel den drei folgenden Negativbeispielen gegenüberstellt. Die beiden Variationen »Unsere tägliche Brotsorte gib uns heute« und »Unser tägliches Zubrot gib uns heute« haben einen ironischen Unterton. Schröer formuliert das, was tatsächlich oft geschieht, in einer Sentenz, die leicht behalten werden kann und die man sich als Hörerin als eine Art Gewissensspiegel selbst vorhalten kann.
Das Tischgebet des Pfarrers zu Beginn des Hauptteils korrespondiert mit dem Gebet des Anglers im Schlussteil der Predigt. Auch hier wird es dem Hörer überlassen, das Eigentliche selbst einzutragen: der Angler will nicht nur überhaupt einen Fisch, sondern einen großen. Als Hörerin hat man die Möglichkeit, eine distanzierte Haltung einzunehmen und die Formulierung »ein Mensch wie ich« ganz auf den Protagonisten zu beziehen und an die sprichwörtliche Gewohnheit von Anglern zu denken, mittels Anglerlatein selbstgefangene Fische großzulügen. Man hat aber auch die Möglichkeit, sich mit dem »ein Mensch wie ich« zu identifizieren und sich die eigene Sündhaftigkeit zu vergegenwärtigen: Auch ich neige dazu, mich selbst größer und besser darstellen zu wollen, als ich bin; auch ich bin so dreist, vom Leben nicht nur um das Notwendige zu verlangen, sondern etwas darüber hinaus. Das Festmahl des Pfarrers bei seinem Patron, die eigens für die Weltmeisterschaft herausgebrachte Brotsorte und der mehrfach erwähnte Kuchen klingen wieder an.
Das Gebet des Anglers ist in mehreren Hinsichten anstößig. Schon, dass es als »Gebet« bezeichnet wird und nicht Bitte genannt wird oder als Quasigebet ironisiert wird, könnte manchen Predigthörer befremden. Schröers Einleitung zum Gebet des Anglers legitimiert diese dreiste Art zu beten ausdrücklich: Biblisches Beten mache Gebrauch vom »Recht, Gott anzurufen und frei in Anspruch zu nehmen«. Nach der Auflistung von vier großen Betern des Alten und Neuen Testaments, die allesamt besonders viel für andere Menschen getan haben, erklärt Schröer den Humor beim Beten für erlaubt: »Es darf dann sogar Humor dabei sein ...«. Im Anschluss an das unkommentierte Zitat des Gebetes um den Fisch macht Schröer eine generelle Aussage über das Beten: »Das Beten will uns vor Kleinkrämerei – auch mit Gott – und vor geducktem Wesen bewahren.« Nach Schröer ist es wünschenswerter, dass Menschen Gott auch um etwas Luxus bitten, als dass sie kleinkrämerisch sind. Die Ethik, die dahinter steht, besagt also, dass es ist wichtiger ist, »das Brot für die Welt« gerecht zu verteilen als eine ständige Bescheidenheitshaltung. Solange Menschen noch »geduckt« sind, haben sie noch Brotangst, sind noch gefügig und erpressbar durch andere Menschen. Insofern kann gerade die Dreistigkeit des Gebets des Anglers sogar als Ausdruck von Befreiung gewertet werden.

Das Gebet lässt zudem etwas vom Humor des Anglers erkennen. Er weiß, was für ein sündhafter, zu Luxus und Lügen neigender Mensch gerade er (»sogar«) ist und er weiß, dass er dennoch vor Gott kommen und ihm seine Bitten vortragen darf. Insofern ist das Gebet ein angemessenes Stilmittel, »das Beten als Einübung in unser Vertrauen in Gott« zu inszenieren.

Anders als Elia und Jesus sind Abraham und Mose bis zu dieser Stelle in der Predigt noch nicht begegnet. Beide bieten jedoch Beispiele dafür, wie Menschen im Gebet mit Gott verhandeln, geradezu mit ihm feilschen können: Gen 18,23–33 und Ex 32,11–14. Etwas Ähnliches tut der Angler, indem er Gott dreist ein Argument liefert, den Fisch besonders groß ausfallen zu lassen, tritt er als sehr selbstsicherer Gesprächspartner vor Gott. Wenigstens implizit sagt der Beter: ›Wenn der Fisch zu klein ausfallen sollte, liegt der Grund zum Lügen mindestens zum Teil an dir, Gott, und nicht nur an mir als potentiellem Lügner.‹ Hier appelliert der Beter an die Pädagogik Gottes auf dem Hintergrund der Erfahrung, dass gerade »böse« Kinder besonders zugewandt behandelt werden müssen.

Das Gebet des Anglers hätte also in mehreren Hinsichten erörtert werden können. Schröer unterlässt dies und gewährt somit den Hörern das Vergnügen, selbst zu ergänzen und heranzutragen, was durch es angestoßen wurde. Je nach dem, ob die Hörer sich eher für Theater oder Literatur oder Gedichte oder die Fußballweltmeisterschaft oder Wirtschaftspolitik oder Statistiken zum weltweiten Brotverbrauch oder für humorvollen Umgang mit dem Gebet interessieren, fällt ihr »Auredit« verschieden aus. Es gibt viele Stellen, an denen die Hörer Gelegenheit haben, eigene Gedanken und Erfahrungen einzutragen in die Andeutungen oder knappen Einführungen, die der Prediger gibt.

Im Schlusssatz fasst Schröer mit der Wortschöpfung »Beten um Brot ist Freiheit von Eigenbrötelei« die zentrale Predigtaussage zusammen. Der Predigtschluss bietet eins der raren Beispiele dafür, wie ein pointiertes Sprachspiel, also eine Ausdrucksform des Humors, mit der theologischen Pointe der gesamten Predigt konvergiert, ihren Hauptgedanken zusammenfasst und so zugleich eine Merkhilfe mit auf den Weg gibt.

4.4.2 Joseph M. Webb: Sizing Up the Beasts (Apk 12/13)

Zur Einführung

Diese Predigt wurde 1998 im Rahmen einer Predigtreihe über das Buch der Offenbarung des Johannes gehalten. Webb predigt vollkommen frei, ohne Manuskript oder Stichwortzettel. Eine veränderte Version dieser Predigt ist auf seiner Homepage als Video zu sehen und hören. Seine Vortragsweise ist spannend und vom inszenatorischen Standpunkt aus von – auch für amerikanische Verhältnisse – denkbar hoher Professionalität.

Die Predigt

What a Story! This text from Revelation conjures up giant dragons and beasts from other worlds, metaphoric animals able to destroy whole sections of galaxies with the swish of a tail, beasts and dragons, behemoths and leviathans, reptilian-like creatures that go to war against each other, creatures with – what was it? – seven heads and ten horns, or ten heads and seven horns, creatures that rise up out of the seat or out of the land, beasts with heads like lions and feet like a bear's, beasts that breathe out fire.

It's difficult to feel anything but awe at the dynamic imagination that produce this writing with its heady mix of cosmic splendor and terror. Here is the unspeakable being spoken, the dark and awful reaches of death called up for the living, a nightmare verbalized in the daylight. Ironically, this is also comic writing of the highest order. Here is the *Star Wars* saga of the first and second centuries. Greek mythology christianized. Here are the space age comic, video games, dungeons and dragons. Here are the Superheroes and the Supermonsters. Here the world is not just black and white: it is technicolor black and white, filled with all of horror, gore, and gallactica that Hollywood's best could possibly dream up.

But while the writing – scholars call it apocalyptic, as in *Apocalypse Now* – while it may have a distinct comic edge to it, which it does, it is also profoundly serious. It is an effort to talk about evil, and it is very difficult for us to know how to talk about evil in our world, very difficult for us – for humans past or present – to know how to even conceptualize evil. Oh, we can describe it sometimes, we can take pictures of it, but still, it is difficult for us to grasp it, to get hold of it, to experience it on its most monstrous scales, or even, at the other end of the scale, on its subtilest, smallest, and yet no less pervasive scales. So while the beasts are metaphorical, they are certainly not abstract. The beasts and dragons, those demonic, Satanic creatures, were the Romans and Roman Empire; they were Caesar and his armies. For Christians, the dark days of arrest, torture, and murder had arrived. Evil was rearing its monstrously ugly head and swishing its deadly tail through both earth and heaven.

Evil is as difficult to think about, to conceptualize, to understand, today as it was then. Most of our efforts to do so concentrate on evil at two levels that were certainly in the mind of the writer of the apocalypse. The first is what we know as institutionalized evil. It is evil that becomes a part of the very fabric of an social or political order, or some part of that order. It is the evil that was Roman and that persecuated and murdered Christians. It is the evil of oppression, as when a minority in power holds masses of human beings in servitude. It is organized evil, the evil of military power run amok. It is the evil of the Nazis and the extermination camps, not only in the first century with its barbarian hoards, but in the twentieth century with its technicological forms of genocide. It is the evil of the Japanese torture and massacre of 300,000 Chinese civilins who swept through the city of Nanking in 1937 – a story finally documented in a new book by Iris Chang, called *The Rape of Nanking*. She calls it the forgotten holocaust of World War II. It is the evil described in last week's newspaper, whether in another story of a massacre of civilians in Rwanda or the murder of Roman Catholic Bishop Juan Concedera, head of the Guatemala City archdiocese's human rights office; just a few days before his head was crushed with a concrete block, he had issued a scathing report on human rights violations carried out by both sides in Guatemala's long civil war. The nameless, faceless, institutional beasts of evil. They still roam the earth today as they have in centuries past.

The second kind of evil that haunts us are the Big Beasts with faces. They are the Caesars and the Hitlers, those vicious individuals with vast power at their disposal, yes. And we wonder about the relationship between their power and their evil. But on a different scale, too, there are the mass killers, though whose only power is the deadly weaponry. Just unthinkable evil in their hearts end the wherewithall to carry out. When I was a young newspaper reporter, I remember when they began uncovering the bodies of young boys, really young kids, under the house of John

Wayne Gacy in Chicago. By the time they stopped digging, they had uncovered more than thirty youngsters that he had murdered. Why?
The Hillside Strangler in Los Angeles killed young woman after young woman. Why? Jeffrey Dahmer lured young people to his apartment, torturing them, killing them, and finally dismembering them. Why? Teenagers now with guns, opening fire in school, killing three classmates in Paducah, Kentucky – Paducah, Kentuckey? – another three or four in rural Arkansas? Why? What is going on?
What kinds of beasts are living among us – Big Beasts, terrifying beasts? Beasts with faces and names. We see their pictures. We know what they have done. We turn law enforcement on them. We hope reactivated death penalty will finally put an end to such evil. So we execute the Hillside Strangler and John Wayne Gacy, and we feel relief, when Jeffrey Dahmer is murdered in prison, and we try to figure out whether children who commit mass murder should be treated as adults or not.
After Jeffrey Dahmer was finally caught and put away, I remember tuning in on Oprah one afternoon for her interview with Dahmer's father. That would surely be a way to finally get some answer to the kind of mass killer that Dahmer was. Instead, it was an interview with a kindly, sincere man, one who reminded me of my own dad. He told Oprah with both grief and horror that he had no idea what went wrong with Jeffrey. He obviously did something very wrong someplace along the line, he said, but he did not know what or where or how. I believed him. He didn't know. And I came away from that sure that he did not cause the evil with his son. I came away wanting Oprah to set up an interview with the beast itself, or himself. «Tell me beast, how did you get into this beastness« – or something like that. Oprah is not bad at getting answers, and maybe she could help. We need answers, but all of the talk shows host and all of the shrinks in the world seem unable to provide us with any.
Just a few weeks ago I was in a fast food restaurant and overheard a group of four young people – they appeared to be college age – talking very animately about the killing of the teacher and two students in the Jonesboro, Arkansas, schoolyard, the one carried out by the eleven-year-old and the thirteen-year-old. Their conversation centered on a theory that they all found very plausible: that the evil picked certain people to take up residence in, and those people, whether they killed it or not, became the evil people. Their new insight, in that jack-in-the-box conversation, was that the devil seemed to be making choices among younger and younger people. If you're picked be the devil, you cannot help it. You will kill as much as you are instructed to kill. There are voices in the heads of those who kill; there have to be voices, and the voices are those of the devil. Something in me wanted to go over and argue against the theory of those kids, to join their conversation and somehow correct such simple-minded, naïve thinking. But I couldn't do that. I sat there realizing how much sense their devil theory actually made when you came right down to it.
I have a good friend back in the Midwest who specializes in training lay Christians to carry out ministry within prisons and jail settings. It's a complicated business, and one has to learn how do to that. He was preparing a videotape series designed to provide that instruction, and he took me on as the director of that series of video programms. As a part of that process, he lined up interviews with three prisoners on death row – on death row – at the Tennessee State Penitentiary just outside of Nashville. We would be in the penitiary for two full days. I have never been subjected to such procedures as we went through to get not just all of our camera equipment, but even ourselves into that prison's inner sanctum. Search upon search, clangy door upon clangy door. Finally we were in a room – a large cage, really. We got our lights set up, cameras positioned, everything ready, and Tom, my friend, disappeared. When he returned, he had Frank with him, a prisoner a few month from scheduled execution, who had been convicted of killing two police officers in the course of a botched armed robbery. I don't know what I was expecting. I do know that the butterflies in my stomach were not caused by being afraid of anything; they were caused, instead, by a vague sense

that I was finally going to be able to look – I was very concious of this – into the face of evil. I was going to be close-up, and I was determined to look deeply into the eyes and the expressions of this killer in order to get some sense of what made him tick, of what made him what he was.
The interview began. Tom sat just outside of the lights. Frank sat about six feet away under the full glare of the lights. Frank was young, in his mid-thirties, not large but muscular and very good-looking, clean-shaven, with an easy smile, a sly smile, really, with deep-set, piercing eyes. I could walk around, so I moved up close since I knew that under those ligths he could not see me. I knelt down. I peered. I studied his face. I heard him describe how he had shot those two cops; he told it all as … matter-of-factly; and he talked about being visited by a preacher in prison and how he had given his life to Christ, and now he was forgiven, and he was ready to die. I didn't trust the words. I don't know if my friend Tom did or not; he said later that he was ambivalent about that. But I didn't. I wanted to know what was behind that handsome, but oddly upsetting face. I wanted to get inside that. Needless to say, I guess, I didn't. I came away skeptical about the words that had been said. I don't know why, exactly; maybe that says more about me than it does about that man on death row. We interviewed two others on death row, neither of whom made the deep impression on me that Frank did. Faces, I realized, often do not tell the story of what is behind them. Frank could have gone with us to Denny`s for coffee afterward; but would we have wanted that? I wish I knew.
The following day, through, late in the afternoon, as our van was loaded and we were driving away, I looked back at the great medieval castle of a building in the yard of that penitentiary and I remember thinking to myself: I am glad I am not staying there. I am glad that I am not like those people in there, people like Frank. In a sense, I was thinking, and crying out with myself, that I am glad I am not a beast, with capital B. I am not a Beast. That is not me. I can contemplate evil and search for its meaning on a variety of levels, but I am not evil. I am not one of the Beasts of our world. And that, I suspect, is you, too. You are not a beast, you who sit with me here today. We are not evil – are we?
Certainly we are not in any senses conjured up by the Great Beasts of Revelation. They may be all around us still, but, well, we are different. That is a fair statement. It is a true statement, and we need to say it and remember it and be honest ourselves. But – let's slow down, too. Saying what we are not may be a bit too easy. It may get us off the hook just a little too quickly. Does this mean that there is no evil in us? That we are absolved? That we have nothing to worry about, as far as our own lives are concerned? Is there another way for us to think about evil, one that might let us acknowledge, and even work against the Big Beasts of institutional and individual evil – but one that lets us think about evil on a scale that is more appropriate to what and who we are – those of us in this sanctuary today? Let me try something out on you. Our problem with evil is not, shall we say, the Big Beast problem, but we might describe it as the Little Beast problem. The problem with evil let's say, is more like a mice problem.
Has anybody here ever had trouble with mice? Is everybody here being honest about that? I may have had fewer problems with mice over the years than most of you because I have more cats at home than most of you have, or had. But when I was growing up, we had mice problems. You don't want 'em in your house. Something about them makes us all squeamish. You usually don't see them, even when you have a lot of them, but you know they've been there, and you know where they've been because of what they leave behind. Their little tracks shall we say. They come out in the dark. That's when they like to do their exploring, their eating their – whatever they do when you are not around. Mice like it under things, usually in the kitchen though under sofas and chairs and beds can be fine, too. It can be dark and you come in and flip on a light and you can catch 'em. But they scatter so fast and hide so well that you can't go after them. You can set traps, of course, but my experience is that most mice

are lot smarter about traps than those who set the traps think they are. You can catch young ones usually, but those older ones, those with, well, more experience, can pick the cheese off a trap without so much as a whisker on the trigger.
The evil that finds its way into our lives is like the mice. We don't have to put up with a loud banging on the front door, and you go to the door, open it and there stands a behemoth growling down at you. Slam the door, throw all the dead bolts and chains, and keep the evil Behemoth out. No, that's not us. Instead, in our lives we walk into the kitchen, open up a cabinet and say – uh oh, mice have been there. There are the tracks. I thought everything was clean, but I must have missed some things. There are parts of our hearts and lives where one can open up a cupboard or look under the sofa and find a spot of real hatred. Most of the time it's out of sight, but if you look in the right place, it's there. I am not a racist – you and I can probably say that: We are not racists – but if one should walk into our lives and throw on a light at just the right moment, there are some tracks, tiny tracks, of racism. The mice are still there. And even though our friends and fellow church folk may not think of us all as racists, if they were to look under the stove in the kitchen, well, let's hope they don't, because mice still are there, leaving their tracks.
I was in a meeting not long ago, ten or fifteen were there, my Christian colleagues. Things were not going on the way I wanted them to. I was outspoken, and the more I spoke the more barbed my speech became. I was not only angry, I grew downright unkind. I am not an unkind person, but I was unkind, and I hurt some feelings around that table, and I knew I was doing so at the time I was doing it. Sure, I was tired – I told myself later. And I was a bit out of control – I told myself later. My mice had gotten loose. I had turned them loose around that table. Unkindness is not just a little fault; it is evil. Love is *kind*, Paul wrote to the Corinthians; it was near the top of his list. Evil comes as a little Beast in our lives. But it is a beast nonetheless.
That's us. That's us. It is not the Big Beasts but the Little Beasts that work their way into our lives and make us miserable. Something we should have taken care of, but didn't. A lie we told that no one, we tell ourselves, will ever discover; and we tell it to get ourselves out of some jam we've gotten into. A deceitful act toward a loved one who did not deserve to have us pull such a thing. On and on the list can go. Mice. Little Beasts. But when mice take over a house, when the Little Beasts are allowed to run rampant with no one concerned about them – whew! – that house can go bad fast.
What we are called on to do, it seems to me, in the midst of all of the Big Beasts of the world in which we live – and we have responsibility as Christians for battling against those Big Beasts. But that we are also called on to do is to take stock of the houses in which we live our lives. We are faced with constantly searching ourselves, under the furniture and in the cabinets to find all of those little tracks of evil that sneak in when we are not looking and that mess things up. We can sweep the tracks under a rug or back under the stove, but the mice will still be there, and eventually the mice will take us over. So the next time – and it is going to happen – when you find myself in the midst of some little but pernicious sin, some little bit of evil of some kind, remember the mice. And when you see a mouse – or, better when you come across mouse tracks in your life – what you'd better do, and do quickly, is to pray that the spirit of God will come in like a cat and clear the mice away.

Gliederung der Predigt

Einleitung:	Die Monster im Text erscheinen wie ein großes Filmspektakel *und* das Böse ist tief ernst
Hauptteil:	1. Das Böse im Großen 2. Das Böse im Kleinen
Schluss:	Was wir tun sollen: Verantwortung übernehmen und beten gegen das Böse

Beschreibung des Predigt-Weges
Der Prediger setzt mit einem Ausruf ein: »What a Story!« und bleibt in der gleichen Textgattung, der dramatischen Erzählung, indem auch er gigantische Drachen und Tiere aus anderen Welten »heraufbeschwört« (»conjures«). Vor dem inneren Auge der Predigthörerinnen erscheinen Drachen von solcher Größe, dass sie ganze Regionen einer Galaxie mit einer Schwanzbewegung hinwegfegen könnten. Die ersten Sätze der Predigt schildern so viele Details dieser monströsen Tierwelt wie nur möglich (13 Mal »beast«, »creature«, »animal«, »lions«, »dragons« etc.) und bleiben auch damit im Duktus des Bibeltextes.
Furcht und Scheu sind die primären Gefühle, die der Prediger angesichts dieser Szenerie benennt und die ihn dazu veranlassen, sie mit der Kino-Film-Trilogie Star Wars zu vergleichen und die biblische Schrift für die Predigthörer zeitlich zu verorten als »*Star Wars* saga of the first and second centuries«. Er führt den Vergleich nicht näher aus, aber da dieser Film im Jahr seines Erscheinens der erfolgreichste Film aller Zeiten war und inzwischen die zweite Generation von Zuschauerinnen erreicht hat, ist anzunehmen, dass nahezu alle Predigthörer eine Vorstellung von den galaktischen Größendimensionen bekommen, die der Text Apk 12/13 beschreibt. Das in der Vision Geschilderte fasst Webb in die Metaphern »Alptraum« (»nightmare«) und »Weltraum-Comic-Strip« (»space age comics«). Die Erkennbarkeit von Gut und Böse lässt in solchen Dimensionen nicht zu wünschen übrig, denn ihre Darstellung ist nach Webb wenig subtil, nicht einmal einfach schwarz-weiß, sondern »technicolor black and white«. Gerade für diese Art der Darstellung ist der zitierte Film Star Wars ein Paradebeispiel.
Indem der Prediger den Bibeltext in seiner Nacherzählung noch weiter dramatisiert, verstärkt er das Gefühl von (Ehr-)Furcht und Scheu, das sich seiner Meinung nach beim Lesen von Apk 12/13 einstellt. Jedoch bewirkt gerade die überdeutliche Darstellung durch den Prediger – wie auch schon der Bibeltext selbst – ein Gefühl von Komik, das er im nächsten Abschnitt aufgreift: zwar habe die Schrift, die Apokalypse des Johannes, eine komische Seite, aber sie sei auch zutiefst ernst. Nach Ansicht des Predigers macht es sowohl Mühe, über das Böse zu sprechen und es begrifflich zu erfassen, als auch es zu fassen zu bekommen, ihm zu begegnen. Beide Extreme sind schwer zu fassen: das Böse im Großen und das Böse im Kleinen, Subtilen. Das Böse im Kleinen ist nach Aussage Webbs keineswegs weniger beherrschend und durchdringend als im Großen. Zwar sind die Tiere, von denen der Bibeltext handelt, metaphorisch zu verstehen, jedoch mit Sicherheit nicht abstrakt. (»So while the beasts are metaphorical, they are certainly not abstract.«) Mit diesem Satz kommt Webb zum Schluss seiner Einleitung dazu, die Tiere des Bibeltextes mit Cäsar und dem Römischen Reich zur Zeit der Christenverfolgung zu identifizieren. Damit ist die für den Hauptteil beherrschende Frage gestellt: Wie steht es mit dem Bösen heute?
Während im ersten Teil der Einleitung die Tiere in all ihren monströsen Erscheinungsformen das Leitwort bildeten, leistet der zweite Teil der

Einleitung die Verschränkung des bisherigen (»Beasts«) mit dem kommenden Leitwort: »evil«.
Im ersten Abschnitt des Hauptteils (ab Zeile 28: »Evil is as difficult ...«) begegnet »evil« zwölfmal. Webb beginnt damit, theoretisch nach dem Bösen zu fragen und unterscheidet zwischen dem institutionalisierten und dem individuellen Böse. Als Beispiele für das institutionalisierte Böse führt er das antike Römische Reich, den Nationalsozialismus, die Gräueltaten Japans in Nanking, den Völkermord in Ruanda und die Völkerrechtsverletzungen in Guatemala an. Die Beispiele sind so gewählt, dass sie das Böse als universales und zu allen Zeiten vorhandenes Phänomen erweisen, wie sowohl der erste wie auch der letzte Satz dieses Abschnittes konstatieren:
»Evil is as difficult to think about, to conceptualize, to understand, today as it was then. [...] They still roam the earth today as they have in centuries past.«
Im nächsten Abschnitt geht es um das individuelle Böse, zunächst von mächtigen Männern, auch hier werden die Beispiele – Cäsar und Hitler – aus dem ersten und dem letzten Jahrhundert gewählt. Es folgt eine kurze Erzählsequenz aus der Zeit des Predigers als Zeitungsreporter, in der sich Webb an die Berichte über einen Massenmörder erinnert.
Er nennt die Namen von anderen Massenmördern, die Jungen oder junge Mädchen getötet haben, die in Städten oder in ländlichen Gebieten lebten. Auch hier belegen die Beispiele die Universalität des Phänomens und die Unmöglichkeit, die Frage nach dem Warum zu beantworten. Viermal fragt Webb: »Why?« und versucht zunächst keine Antwort zu geben.
Nachdem Webb in dem letzten Beispiel, das von einem jugendlichen Amokläufer handelt, die Präsenz des Bösen bis in den Erfahrungsraum seiner Predigthörerinnen geholt hat, fragt er: »What kinds of beasts are living among us – Big Beasts, terrifying beasts? Beasts with faces and names.« In diesem Abschnitt ist »we« das häufigste Wort. Webb greift die vermuteten und bei sich selbst wahrgenommenen Gedanken und Gefühle auf, die sich angesichts solcher Medienberichte einstellen. An dieser Stelle gibt er auch einen Aspekt seiner persönlichen Haltung der Todesstrafe gegenüber und eventuell eine Form von Patriotismus (?) zu erkennen, indem er die Exekution der Massenmörder ebenfalls als Mord bezeichnet, sich selbst aber als Mit-Subjekt der Exekution benennt: »So we [!] execute the Hillside Strangler and John Wayne Gacy, and we feel relief when Jeffrey Dahmer is murdered in prison ...«. An dieser Stelle gibt der Prediger zu erkennen, dass er Ambivalenzen sowohl ertragen als auch darstellen kann: die Todesstrafe ist seinem Empfinden nach Mord *und* kann zugleich Erleichterung bei ihm auslösen. Er sagt nicht: wir exekutieren/morden im Gefängnis, *aber* wir empfinden Erleichterung darüber, so dass die Erleichterung die Hauptaussage wäre und die Exekution/Ermordung per Gerichtsurteil völlig in den Hintergrund treten würde. Und er sagt auch nicht: Wir empfinden zwar Erleichterung, *obwohl* wir morden/exekutieren, was die Ermordung/Todesstrafe in den Vordergrund

stellen würde. Webb verbindet beide Aussagen mit *und*, so dass sie in seiner Darstellung gleiches Gewicht erhalten.
Webb benennt die Emotion, ohne sie zu bewerten. So fällt er weder ein moralisches Urteil über die Anhänger der Todesstrafe, noch provoziert er Schuldgefühle bei sich selbst oder den Predigthörerinnen wegen des angenehmen Gefühls, das durch die Exekution bei ihnen ausgelöst wird. Indem er seine eigene und die bei den Hörern angenommene Empfindung als ambivalent und legitim darstellt, ebnet er den Weg für eine freie Kommunikation. Er stellt keine Kommunikationsbarriere auf, wie sie unvermeidbar gewesen wäre, wenn er etwa die Todesstrafe hier explizit als ethisches Problem oder gar als Beispiel für die Präsenz des Bösen innerhalb der Gemeinde angeführt hätte. Die Kommunikation bleibt eine Kommunikation unter gleichen, obwohl Webb seine eigene Minderheitenposition nicht leugnet, sondern seine eigene Haltung als ambivalente anspricht und sich damit in möglichen Diskussionen angreifbar macht
Webb wirft auch die Frage auf, ob Kinder, die Massenmord begehen, wie Erwachsene behandelt werden sollten. Jedoch stellt er diese Frage nicht in direkter Form, sondern formuliert wiederum in der Wir-Form: »Wir versuchen uns darüber klar zu werden, ...«. Sein eigener Standpunkt darf hier wiederum als ablehnend angenommen werden, denn er spricht von »Kindern« und nicht von »Jugendlichen«. Man fragt sich unwillkürlich, wie man selbst darüber denkt. Anstatt die Frage explizit weiter zu verfolgen, fährt Webb mit einem neuen »take« fort. Er erzählt von einem Interview mit dem Vater eines Massenmörders in der allnachmittäglichen Talkshow »Oprah«, die in den USA geradezu eine Institution ist. Das Ergebnis des Interviews war nur noch mehr Ratlosigkeit, was die Frage nach der Herkunft des Bösen betrifft.
Auch der nächste »take«, der von einem mitangehörten Gespräch in einer Schnellimbisskette erzählt, bringt keine Antwort, sondern vertieft nur die Frage: woher kommt das Böse? Die jungen Leute, die sich dort über das Böse anlässlich des Amoklaufs zweier Kinder/Jugendlicher (elf und dreizehn Jahre alt) unterhalten. Sie kommen zu dem Schluss, dass der Teufel in manchen bis dahin unauffälligen Menschen Wohnung nehme, sie – überraschend wie ein Schachtelteufel (»jack-in-the-box«) – geradezu anspringe, so dass sie dem nichts entgegenzusetzen haben, sondern den Instruktionen des Teufels zu töten, Folge leisten müssten. Der Prediger erzählt davon, wie »etwas in ihm« korrigierend in diese »simple« und »naive« Argumentation eingreifen wollte, aber dann habe er es nicht gekonnt, weil ihm die »Teufel-Theorie« doch irgendwie sinnvoll erschien, wenn man es »recht bedachte«.
Dass die Teufel-Theorie durch die Verwendung des Teufelsmotivs zur Darstellung einer bösen Macht eine gewisse Nähe zum christlichen Weltbild hat, theologisch korrekt verstanden dann aber doch nicht, ist dem Prediger keine Erwähnung wert. Er findet die Erklärung zu simpel und naiv, aber da er keine bessere zu bieten hat, – und nicht etwa aus Gleichgültigkeit – lässt er sie unkommentiert stehen. Die Fragen, die Webb aufwirft, sind indirekte. Die Antwort, die die jungen Leute im Schnellre-

staurant geben, wird als eine mögliche, aber nicht als seine eigene gegeben.
Auch der nächste, längste »take« der ganzen Predigt, vertieft hauptsächlich die Frage, ohne eine Antwort geben zu können.
Mit diesem Abschnitt erreicht Webb, plausibel zu machen, dass noch so viel und intensive Beschäftigung mit der Frage nach der Herkunft des Bösen zu keinem schlüssigen Ergebnis führt. Der narrative Abschnitt, in dem Webb von der Begegnung mit den Todesstrafen-Kandidaten erzählt, endet mit der lapidaren Feststellung, dass Gesichter oft nichts von dem preisgeben, was hinter ihnen ist und mit der Feststellung der eigenen Verunsicherung angesichts dessen, dass einem das Böse in einem alltäglichen Gewand begegnen kann: »Frank could have gone with us to Denny's for coffee afterward; but would we have wanted that? I wish I knew.«
Zusammenfassend ist über den bisherigen Weg der Predigt zu sagen: im ersten Abschnitt hat Webb vom institutionalisierten Böse (Christenverfolgungen und Genozide) und vom individuellen Böse mit den genau benennbaren Namen (»the Caesars and the Hitlers« »John Wayne Gacy«, »Jeffrey Dahmer«) erzählt. Schon hier ist die Bewegung der von Webb angeführten Beispiele deutlich vom zeitlich wie räumlich Fernen (Caesar) über das zeitlich Nähere (Hitler und Nanking) zum zeitlich noch Näheren (Ruanda 1995) zum auch räumlich Näheren (Guatemala) bis in die eigene Zeit und das eigene Land hinein: Massenmörder in anderen Bundesstaaten und Amokläufe von immer jüngeren Tätern in den Schulen.
Wenn nun das Böse ebenso schrecklich wie unerklärlich wie auch durch seine unmittelbare Nähe bedrohlich ist, besteht die Gefahr, dass sich die Predigthörerinnen von ihm so weit distanzieren, dass sie das Böse ganz abspalten, indem sie sagen: Ich bin froh, dass ich nicht so bin. Genau dies, nämlich die emotionale Mischung aus Erleichterung und Sorge greift Webb nun auf; Erleichterung über die Tatsache, anders als die zum Tode Verurteilten niemanden umgebracht zu haben und eine diffuse Sorge über die Gegenwart des Bösen in der eigenen Umgebung, Er berichtet von seinen Gefühlen und Gedanken beim Verlassen des Gefängnisses. »I looked back at that great medieval castle of a building ... and I remember thinking to myself: I am glad I am not staying there. I am glad that I am not like those people in there, people like Frank […] I am glad I am not a beast, with a capital B. I am not a Beast. That is not me.« Diese Textpassage erinnert an das Gleichnis von dem Pharisäer und dem Zöllner[1249] in Lk 18,9–14. Die eigene Rechtschaffenheit wird nicht in Frage gestellt und erscheint umso deutlicher auf der dunklen Folie des soeben Erlebten. Dennoch wird die Assoziation des Gleichnisses durch die Formulierung: »Ich bin nicht wie diese Leute, Leute wie Frank« so nahe, dass auch die Überheblichkeit dieser Haltung, die der Prediger als sein eigenes Erleben noch deutlich in Erinnerung hat, schon deutlich mitschwingt. Dargestellt

1249 Genaugenommen ist es das Gleichnis von dem *einen* Pharisäer und dem *einen* Zöllner.

wird die Abgrenzung vom Bösen mit dem Bild vom mittelalterlichen Schloss als Symbol für etwas Hermetisches. Im Amerika des 20. Jahrhunderts ist ein mittelalterliches Schloss ebenso anachronistisch wie utopisch und deshalb eine Metapher für – zeitliche und räumliche – Abspaltung. Webb gelingt es an dieser Stelle mithilfe der Metapher vom Schloss den Hörer in seine Abwehrversuche hineinzuziehen. Mit der Verdrängung des Bösen beginnt dieser kurze Abschnitt und endet mit der expliziten Einbeziehung der Gemeinde in die Überlegungen Webbs beim Verlassen der Gefängnissituation: »I can contemplate evil and search for its meaning on a variety of levels, but I am not evil.« Das Nachdenken über Herkunft und Bedeutung des Bösen war bisher Gegenstand der Predigt, also genau das, was die Hörerinnen bis zu diesem Moment getan haben und zugleich ist dieser Satz die Inszenierung der Möglichkeit, sich das Böse durch Rationalisierung vom Leibe zu halten. »I am not one of the Beasts[1250] of our [!] world. And that, I suspect, is you, too. You are not a beast, you who sit with me here today.« Hier und heute – mit diesem Satz ist der Prediger wieder zurückgekehrt von seinem Ausflug in die ferne und fremdartige Welt des Bösen, zurück aus dem »inner sanctum« des Gefängnisses. Auch diese Metapher verweist nicht nur auf die konkrete Situation der vielen verschlossenen Türen, die auf dem Weg zum Hochsicherheitstrakt zu passieren sind. Das »Allerheiligste« als Innerstes eines Gefängnisses suggeriert auch eine gewisse Kultvorstellung, die Vorstellung, dass dort ein unergründbares Geheimnis wohnt, das neben seinem Schrecken für manche Menschen auch eine Faszination ausübt. Die Metapher vom »inner sanctum« lässt das Bedeutungsspektrum von Unzugänglichkeit, Fremdartigkeit und geheimnisvoller Macht aufziehen.

Alle drei narrativen Passagen ließen das Böse als etwas Unergründliches vor den Augen der Hörerinnen erstehen, je aus verschiedener Perspektive: aus der Perspektive des Vaters eines Massenmörders, aus der beobachtenden Perspektive der jungen Leute im Schnellrestaurant und aus der Perspektive derer, die sich darum bemühen, dass »Laien-Christen« die Todeskandidaten im Gefängnis seelsorglich begleiten. Während in dem Bericht vom Erlebnis im Schnellrestaurant, das Böse / »the evil« personifiziert und durch das »devil« ersetzt wird und dann noch immerhin fünfmal begegnet, begegnet in den beiden anderen Erzählpassagen nur je einmal. Auch daran ist abzulesen, wie konkret und lebensnah die Auseinandersetzung mit dem Bösen in den Erzählungen durchgeführt wird. Webb verpackt denn auch eine argumentative Annäherung an das Thema, die sich auf Beobachtungen (»the devil seemed to be making choices among younger and younger people«) stützt, mit pseudopsychologischen Annahmen (»there have to be voices«) die Erklärungslücken zu schließen sucht und schließlich zu einem monokausalen Ergebnis kommt, in eine formal angemessene Erzählung: die schnelle Erklärungsformel »devil theory« kommt als »Jack-in-the-box (fast food re-

[1250] An dieser Stelle wäre es interessant zu wissen, ob und wie der Prediger das »capital B« von beasts beim Sprechen erkennbar machen konnte.

staurant) conversation« daher. Das Böse als plötzlich einfach Da-Seiendes mit einem Schachtelteufel zu vergleichen, gibt dem Namen der Fast Food Kette eine Doppelbedeutung. Webb lässt zugleich offen, in welchem Fast Food Restaurant die Szene tatsächlich stattgefunden hat.[1251] Keine dieser drei Perspektiven erbringt eine Antwort auf die Frage: Woher kommt das Böse und was können wir ihm entgegensetzen?

An dieser Stelle gibt es eine Wende im Predigtverlauf. Während Webb sich bisher darauf konzentriert hat, die Frage nach dem Bösen an sich und in vielen seiner Erscheinungsweisen zu stellen, ist er nun an dem Punkt angelangt, an dem es ihm darum geht, dass die Distanzierung vom Bösen in seinen großen Erscheinungsformen nicht zur Verweigerung der Sündenerkenntnis führt. »Certainly we are not in any senses conjured up by the Great Beasts of Revelation […] we are different. […] Does this mean that there is no evil in us? That we are absolved? That we have nothing to worry about, as far as our own lives are concerned?« Die Reframing-Methode, die Webb hier anwendet, ist »Heraufchunken«:[1252] er verallgemeinert von der Frage nach der Absolution / dem Freispruch in Bezug auf das Böse im Ausmaß von (Massen-)Mord zu der Frage der völligen Sorglosigkeit (»nothing to worry«) in Bezug auf das ganze Leben. In dieser Zuspitzung bzw. auf diesem Niveau von Generalisierung kann kein Predigthörer mehr anders als mit dem vom Prediger intendierten »nein« antworten. Nachdem Webb so die Ausgangsbasis seiner weiteren Überlegungen gefestigt hat, lädt er dazu ein, das Böse mit Hilfe eines für die Gemeinde passenderen Maßstabs zu betrachten als dem aus Apk 12/13. Die einladende Sprache wird deutlich in Wendungen wie: »Let me try something out on you«, die quasi um Erlaubnis bitten, ein kleineres Maßband anzulegen. Auch das zweimalige »shall we say« bzw. »let's say« formuliert das behutsame Annähern an die Größenverhältnisse des Bösen bei der Hörerschaft.

Der Wendepunkt in der Predigt ist der Punkt, an dem Webb nicht mehr nach dem Bösen fragt und es als Objekt behandelt, sondern es als selbstverständlich gegeben voraussetzt, und zwar auch bei sich und den Gemeindegliedern: »those of us in this sanctuary today«. Wieder ist er im Hier und Jetzt und noch dazu im »Altarraum« angelangt, also in dem Raum, in dem man zusammen Gottesdienst feiert. Sanctuary ist ein Synonym für »inner sanctum« / «Allerheiligstes« und korrespondiert insofern mit der im Zusammenhang mit dem Geheimnis des Bösen verwendeten Metapher. Mit »sanctuary« ist der genaue Ort der Gemeinde benannt, aber darüber hinaus wird auch auf den Sinn des Gottesdienstes verwiesen: das Sein des Menschen im Angesicht Gottes.

Das »sanctuary« ist etwas Erhabenes, Großes und bis jetzt ging es in der Predigt um große und sehr große Bestien. Umso wirkungsvoller ist der Vergleich, den Webb nun einführt: »Our problem with evil is not, shall

1251 Nach Webb wäre es wohl auch legitim, Geschichten um ihrer Prägnanz bzw. Pointe willen etwas zu verändern (»make up«) (vgl. *Webb*, Comedy, 71).

1252 Vgl. *Dilts*, Magie, 214.

we say, the Big Beast problem, but we might describe it as the Little Beast problem. Our problem with evil let's say, is more like a mice problem.« So lautet die These, die im Weiteren entfaltet wird.

In zwei direkten Fragen konkretisiert Webb das »Mäuseproblem«: hatten Sie jemals eines und sind Sie auch ehrlich? Keine der angesprochenen Predigthörerinnen wird aufgefordert, zuzugeben, *derzeit* Mäuse im Haus zu haben, denn auch der Prediger schildert sein Mäuseproblem als ein vergangenes und relativiert es damit. Es folgt eine längere Erzählpassage über die Gewohnheiten und die Raffinesse von Mäusen und über die – geradezu ontologische – Unmöglichkeit, ihrer endgültig Herr zu werden. Das Fazit, das Webb aus diesem Abschnitt zieht, ist: Mäuse wirken im Verborgenen, sie sind nicht direkt zu fassen oder zu sehen, aber ihre Hinterlassenschaften beweisen ihr Vorhandensein.

Und so ist es nach Webb auch mit dem Bösen: »The evil that finds ist way into our lives is like the mice«. Im Kontrast zu den großen und ernsthaften Problemen, von denen vorher die Rede war, wirkt der Vergleich mit den Mäusen komisch. In seiner Darstellung verharmlost Webb keineswegs die Unannehmlichkeiten, die Mäusebefall mit sich bringt, jedoch übertreibt er auch nicht und so ist die Wirkung, die die Erzählpassage beim Hörer hinterlässt, eher eine erheiternde: Mäuse sind zwar lästig, aber sie selbst sind ebenso putzige wie gerissene kleine Tiere, die im Normalfall nicht zu fassen sind.

Webb intensiviert die Erheiterung noch weiter, indem er die unmögliche Szene phantasiert, dass ein Urtier der biblischen Mythologie, ein Behemoth an die Haustür klopft und man ihm öffnet und wie es dann tatenlos dasteht und knurrt (das Englische »growling« ist ebenso lautmalerisch wie die deutschen Übersetzungen), so dass man noch Zeit und Gelegenheit hat, ihm die Tür vor der Nase zuzuschlagen und die Kette vorzulegen, so dass das böse Behemoth draußen bleiben muss. »No, that's not us.« Das Entsetzen angesichts des Bösen im Mäuseformat ist wesentlich milder (»uh – oh, the mice have been here«), jedoch ist es immer ein Zeichen dafür, dass etwas nicht in Ordnung (»clean«) ist. In diesem Abschnitt gibt es vier Worte, die in gleicher Häufigkeit auftreten: »mice«, »tracks«, »we/us« und »racism«. Als Beispiel für die unmerkliche Verstrickung in das Böse führt Webb den nicht offenbaren, sondern den schleichenden Rassismus an, den Webb bei sich selbst feststellen muss. Er zeigt etwas von seinen eigenen, nicht so glänzenden Seiten und bietet damit eine Identifikationsmöglichkeit für die Hörer, die sie annehmen oder abweisen können. »I was not angry, I grew downright unkind ... I hurt feelings ... I knew I was doing so at the same time I was doing it.« Die Zustimmung der Hörerinnen dazu, ähnliches auch schon erlebt zu haben voraussetzend, geht er wieder zum »wir« über.

Der Schluss der Predigt dient der ethischen Orientierung. Aber wiederum nicht so, dass er eine Orientierung, etwa am Willen Gottes, vorgäbe, sondern indem er Orientierungspunkt gibt. Nachdem er vorher ausführlich über das Böse in allen Variationen gesprochen hat, begegnet hier ein einziges Mal das Wort Sünde. Was mit Sünde gemeint ist, ist längst vorbereitet: alltägliche, tatsächlich winzige (»tiny«) Spuren von Rassismus, alltägliche, verletzende Lieblosigkeit im Umgang.

Alle Erzählpassagen sind im Präteritum formuliert. Damit weicht Webb vom Tempus des Bibeltextes ab, der in den letzten zehn Versen vom Präteritum ins Präsens wechselt und so die Gefahr des Bösen als aktuell und nah darstellt. Das Präteritum ist das normale Tempus für Erzählungen. Die erzählenden Passagen berichten von Erlebnissen, die Webb selbst gemacht hat und die Fragen und Gefühle in ihm ausgelöst haben. In diesen Erzählungen gibt der Prediger Raum für die Phantasie der Predigthörerinnen. Hätten sie dem Vater des Mörders geglaubt? Wie wäre es gewesen, wenn sie im Hochsicherheitstrakt des Gefängnisses selbst unbeobachtet dem Todeskandidaten ins Gesicht geschaut hätten? Die Erzählungen nehmen die Hörer in den Gedankengang des Predigers hinein und bieten zugleich Distanzierungsmöglichkeiten oder Raum für eine eigene Ergänzungen, Meinungsbildung, Ausstieg und Wiedereinstieg in die Predigt.
Die Predigt ist emotional sehr bewegend. Webb lässt seine Hörer an den Gefühlen und Assoziationen partizipieren, die der Predigttext bei ihm ausgelöst hat. Er entfernt sich dabei so weit vom Text, dass man eher von einer Themapredigt sprechen kann als von einer Textpredigt.

Zusammenfassung und Humorgebrauch
Webb zieht als Prediger sämtliche Register des poetischen Humorgebrauchs: er berichtet mit großer Sachlichkeit von seinen genauen Beobachtungen (beim Gefängnisbesuch) und stellt dem geradezu comic-hafte Passagen gegenüber (das Behemoth klingelt an der Tür), er erzählt lebendig, schildert plastisch, lässt Bilder und Szenen vor dem inneren Auge der Hörerinnen entstehen, er übertreibt, malt aus, wechselt zwischen auf Präzision ausgerichtetem und charmantem Ton, er setzt Anachronismen ein (»dungeon«, »medieval castle of a building«) und stellt diametrtal entgegengesetzte Dinge gegenüber (»the prison's inner sanctum« – »sanctuary«) und lässt so ein ganzes Bedeutungsspektrum entstehen. Was diese Predigt auszeichnet, ist ihr sehr spezifischer Metapherngebrauch: alle Metaphern – mittelalterliches Schloss, Allerheiligstes des Gefängnisses, das Böse als Mäuseproblem – sind nicht nur neu, sondern auch kühn und von großer Prägnanz. Ein mittelalterliches Schloss hat in einem Land wie den USA, in dem es kein einziges so altes Gebäude gibt,[1253] absurde Konnotationen. Das Böse als Mäuseproblem inszeniert ist ausgesprochen komisch, besonders in der Art, wie Webb es halb verschämt, halb streng (»be honest«) einführt, der Hochsicherheitstrakt als Allerheiligstes ist nicht nur kühn, sondern auch anstößig. Ebenfalls anstößig ist wohl der Vergleich zwischen Gottes Geist und einer Katze, die zum Mäusefangen

1253 Abgesehen von den aus dem »Alten Europa« importierten und in Museen wieder aufgerichteten.

kommt, jedoch hat Webb bis dahin den Spielmodus so deutlich gemacht, dass er dieses Bild auch wagen kann.
Er benutzt die Metaphern nur an zentralen Punkten und konzentriert so die Gedanken und Gefühle auf das Wesentliche, um das es ihm geht: die Auseinandersetzung mit dem Bösen. Er stellt sehr viele Fragen und fügt relativierende Floskeln ein. Wenn er Fragen beantwortet, dann immer als ein Angebot, als *eine* mögliche Antwort, die aber bestenfalls eine Teilantwort sein kann. Seine Rede ist keine abschließende, sondern eine die Unterhaltung in Gang setzende, eine, mit der die Hörerinnen etwas »anfangen« können. Mit leichter Hand erzählt er, wo es um etwas besonders Schweres geht: um das Böse und was es anrichtet in der Welt, im Großen und im Kleinen. Obwohl die Auseinandersetzung mit dem Bösen den weitaus größten Raum einnimmt, liegt das Predigtziel auf einer weit persönlicheren Ebene: Sündenerkenntnis, die Erkenntnis eigener konkreter Verfehlung. Diese wird durch die Predigt jedoch nur angeregt, und zwar durch Identifikationsangebote aus Webbs eigenem Verhalten.
Obwohl die einzelnen Passagen (»Takes«) der Predigt auch in sich konsistent sind, laufen sie erkennbar auf die ethische Orientierung am Schluss hinaus: Was immer das Böse sei, wir kriegen es nicht insgesamt in den Griff, aber was wir tun können und *sollen*, ist vor der eigenen Haustür zu kehren. (»and we have responsibility as Christians for battling against those Big Beasts. But what we are also called on to do is to take stock of the houses in which we also live our lives«) Der Orientierungspunkt, den Webb gibt, ist seit Beginn dieser Passage vorbereitet: «Their little tracks, shall we say.« Wo entsprechende Zeichen, Spuren und Hinterlassenschaften sind, kann man auf die Wirksamkeit des Bösen schließen. Zu wissen, was dann zu tun ist, traut Webb seinen Hörern selbst zu. Ganz zum Schluss macht er den Vorschlag, zu beten, am besten schnellstens zu beten (»what you'd better do, and do quickly, is to pray«), dass Gottes Geist wie eine Katze kommen möge und die Mäuse vertreibt. Zwar ist dies durchaus ein konkret orientierender Vorschlag zum Umgang mit der Sünde, jedoch so charmant vorgetragen, dass man als Hörerin das Wohlwollen und die heitere Gelassenheit hinter dem spielerisch erhobenen Zeigefinger des Predigers erkennen kann. Die Predigt bleibt bis zum Schluss leichtfüßig und einladend und entspricht damit der Einsicht, dass »[e]thische Predigt indikativischen Charakter«[1254] haben soll, weil sie aus dem Evangelium kommt. Webb spricht nicht explizit von der Gnade Gottes, die den Menschen ermöglicht, gelassen zu sein und vom Ausgangspunkt des Bewusstseins des eigenen Gerechtfertigtseins aus die eigene Sündhaftigkeit in den Blick zu nehmen. Er *spricht* nicht von Gnade und Rechtfertigung, sondern setzt sie selbstverständlich voraus und *bewirkt* sie mit seiner Predigt. Das Wort »Gott« kommt nur ein einziges Mal, und zwar im Schlusssatz vor, der dadurch ein umso größeres Gewicht bekommt und die Selbstverständlichkeit des *etsi deus daretur* umso deutlicher hervorhebt.

1254 *Hoffmann*, Orientierung, 162.

4.4.3 Zusammenfassung

Obwohl ein direkter Vergleich von deutschen und amerikanischen Predigten im Blick auf ihren Humorgebrauch hier nicht stattfinden kann, fällt doch auf, dass in fast allen untersuchten deutschsprachigen Predigten *Humor* oder *Lachen* dem Wort nach begegnet, in der amerikanischen jedoch nicht. Humorgebrauch in Predigten bedarf in Deutschland der Verteidigung oder zumindest der begründenden Erwähnung, denn er ist offenbar für die Hörerinnen weniger selbstverständlich – wie es etwa Pathos ist – als sich dies manche Prediger und auch Hörerinnen wünschen. Über die Ursachen, warum dies bei den Amerikanerinnen anders ist, kann man begründet vermuten, dass es mit Lebensnähe, vorherrschenden theologischen und homiletischen Traditionen und mit der großen Bedeutung des Humors für die sozialen Beziehungen von Amerikanern im Allgemeinen zu tun hat.

Um die Lebensnähe ist die amerikanische Homiletik bereits länger bzw. mit schnellerem Erfolg bemüht als die deutschsprachige. Diese Lebensrelevanz kommt aber nicht primär durch homiletische Bemühungen zustande, sondern dadurch, dass der Alltag in den USA stärker von der christlichen und jüdischen Religion durchdrungen ist als hierzulande, wo der Einfluss der christlich-jüdischen Tradition sehr viel weniger explizit ist. Dies wiederum hat geschichtliche Wurzeln.

Nicht bei Webb, aber bei vielen anderen amerikanischen Predigern ist Humor vor allem ein rhetorisches Mittel. Offenbar hat US-amerikanische Theologie weniger Vorbehalte gegen Rhetorik und Inszenierung von Texten,[1255] während in der deutschen Theologie, besonders nach den schrecklichen Erfahrungen, die die Menschen mit dem Rhetorikmissbrauch in der Nazidiktatur gemacht haben, der alte Vorbehalt noch virulent ist.

1255 Z.B. spricht auch Webb nicht von einer Kanzel, sondern in ein Handmikrophon von einer Art Barhocker aus, auf dem er halb sitzt, halb steht.

5. Ausblick

»Schenke mir eine gute Verdauung, Herr, und auch etwas zum Verdauen.
Schenke mir Gesundheit des Leibes, mit dem nötigen Sinn dafür,
ihn möglichst gut zu erhalten.
Schenke mir eine heilige Seele, Herr, die das im Auge behält,
was gut ist und rein, damit sie im Anblick der Sünde nicht erschrecke,
sondern das Mittel finde, die Dinge wieder in Ordnung zu bringen.
Schenke mir eine Seele, der die Langeweile fremd ist,
die kein Murren kennt und kein Seufzen und Klagen,
und lass nicht zu, dass ich mir allzu viel Sorgen mache
um dieses sich breit machende Etwas, das sich »Ich« nennt.
Herr schenke mir Sinn für Humor, gibt mir die Gnade,
einen Scherz zu verstehen, damit ich ein wenig Glück kenne im Leben
und anderen davon mitteile.«
Thomas Morus[1256]

»Humor setzt Wunden voraus, er ist eine Vernarbungserscheinung.«
Siegmund Graff[1257]

In der Predigt geht es um Lebensdeutung. Es geht nicht darum, einen Bibeltext zu verstehen, sondern darum, im Lichte des Evangeliums sich selbst und die Welt besser zu verstehen, und zwar einerseits die Lebens*wirklichkeit* und andererseits die Lebens*möglichkeiten*, die sich durch den Glauben an Gottes Verheißungen eröffnen.
Zu den Aufgaben der Predigt gehört deshalb, dass sie die Hörerinnen in das Gespräch Gottes mit den Menschen verwickelt. Dies kann dann geschehen, wenn die Gegenwartsrelevanz des Evangeliums in der Predigt plausibel wird, was mit Rücksicht auf heutige Rezeptionsästhetik bedeutet, die Relevanz muss sich *zwanglos erschließen*. Predigt im Sinne dieser Arbeit ist nicht nur die Kanzelrede, sondern das »Auredit«[1258], d.h. die Predigt, die sich die Hörerinnen während und nach der Kanzelrede selbst halten.
Die existentielle Situation von Menschen in der Postmoderne ist durch drei Faktoren wesentlich geprägt: durch Fragmentarität, auch der eigenen Identität, durch Individualisierung und durch Ambivalenzerfahrungen. Diese Situation gilt es in der Predigt anzusprechen, aber nicht so, dass dem Hörer Antworten gegeben würden, die schon feststünden, sondern gerade so, dass er sich in seiner Widersprüchlichkeit als Glaubender und zugleich Zweifelnder, in seiner Schwäche und seiner Stärke ernst genommen und nicht in einem Teil seiner Befindlichkeit abgelehnt fühlt.

1256 »Das dem Th. Morus zugeschriebene Gebet um Humor, das im katholischen »Gotteslob« (Nr. 8/3 [Seite 35]) abgedruckt ist, wird von der philologischen Forschung als Fälschung aus dem 20. Jahrhundert bezeichnet. Siehe dazu Hubertus SCHULTE HERBRÜGGEN, Gebete und Meditationen des Thomas Morus. München Kösel, 1983, 51.« (*Gleixner*, Humor, 179)
1257 *Graff* zitiert nach *Seibert/Wittmann/Zöpfl*, Humor, 13.
1258 *Engemann*, Predigen, 10.

Predigt soll nicht Antworten *geben*, sondern Antworten *finden helfen*. Als Glaubender hat der Prediger den Hörern nicht grundsätzlich etwas voraus, sondern lediglich im Blick auf den auszulegenden Text und auf die Frage, was gerade an diesem Text das Hörenswerte sein könnte. Dies gilt es, als Angebot zu vermitteln. In dem Bewusstsein, keine fertigen Antworten zu haben, sondern in »Solidarität mit den Fragenden ... gewinnt Predigt wieder den gesellig-kommunikativen Charakter, auf den der Wortsinn von ›homilia‹ verweist.«[1259] Nicht der Prediger allein ›macht‹ die Predigt, sondern sie entsteht zwischen Predigerin und Hörer. Denn alles Verstehen setzt ein Inter-esse (Dazwischensein) am Gegenstand voraus. Das *Dazwischen*sein, also eigene Gedanken und Gefühle einfügen zu können, ist notwendig, damit die Worte für die Hörerinnen plausibel sind, damit sie etwas damit *anfangen* können, in dem Sinne, dass sie etwas daraus folgen lassen. Die Folgen einer guten Predigt sind ähnlich wie die Folgen einer guten Unterhaltung: eine kleine Veränderung der eigenen Perspektive, eine Erweiterung – und dann auch Nutzung – des Möglichkeitsraums.

Damit es dazu kommt, müssen Hörer aus der Predigt einerseits Halt und Trost gewinnen können, andererseits aber auch eine *heilsame* Verunsicherung, die ihnen neue Sichtweisen und ein neue Wahrnehmung der Wirklichkeit zu ermöglichen. Dazu müssen zu Erfahrungen verfestigte Erlebnisse in Bewegung gebracht und eingefahrene Denkmuster dekonstruiert werden. Zu diesen Denkmustern gehören auch die Gottesbilder und Gottesprädikationen, in denen seit biblischer Zeit das Evangelium von der Gnade Gottes kommuniziert wird. Auch sie müssen in Frage gestellt – dekonstruiert – und mit eigenem Erleben gefüllt – rekonstruiert/umgedeutet – werden, damit sie zu etwas eigenem »assimiliert« (Fritz Perls) werden können. Auch hier muss die Predigt auf jeden Absolutheitsanspruch verzichten, weil jede Verabsolutierung von Gottesvorstellungen unter das Bilderverbot fällt. Gisela Matthiae findet hierfür die Metapher von den »Gottesbildern im Wechselrahmen«[1260].

Der vorliegenden Arbeit geht es darum, zum Humorgebrauch in der Predigt einzuladen. Predigerinnen brauchen Mut zur Unvollkommenheit, um das Wagnis, neue und – günstigenfalls – kühne Metaphern zu finden für die pluralen Glaubenserfahrungen, die sie und ihrer Hörer machen. Predigt soll ein »Weg in die Freude« (Rudolf Bohren) sein, wobei die Freude eine angemessene Antwort des Menschen auf die Gnade ist, die die christliche Predigt »an alles Volk« (Barmer Theologische Erklärung) auszurichten hat.

Die vorfindliche Wirklichkeit ist nicht die einzige, sondern lediglich die dominante Wirklichkeit. Die Grundannahme, dass es »mehr als alles« (Dorothee Sölle) gebe, teilt der Glaube mit dem Humor.

1259 *Schroeter-Wittke*, Predigt, 95.
1260 *Matthiae*, Clownin, 39.

Diesem nähert sich die Arbeit im zweiten Teil. Humor ist ein komplexes Phänomen. Er partizipiert als eine Erscheinungsform von Unterhaltung an deren drei Dimensionen: der »nutritiven«, nährenden Dimension, der kommunikativen und der delektarische Dimension.[1261] Er ist ein rhetorisches Mittel, vor allem aber ist er eine Haltung und ein menschlicher Wesenszug, der universal verbreitet und gleichzeitig sehr individuell ist. Humor ist ein Prozess, sowohl im Blick auf den Einzelnen als auch im Blick auf soziale Gruppen. Als soziales Schmiermittel ist er unverzichtbar, weil er die Kommunikation erleichtert. Er kann Dinge indirekt oder im Spielmodus ansprechen, die direkt angesprochen jemanden verletzen oder einer Peinlichkeit aussetzen könnten. Auch im Blick auf das Individuum erweist sich der Humor als kommunikationsförderlich, denn er bringt die verschiedenen Ebenen Geist, Seele und Leib miteinander ins Gespräch. Bei der sozialen Betrachtung des Humors haben sich bestimmte Unterschiede zwischen Männern und Frauen gezeigt, was die Funktion und die Art des Humoreinsatzes betrifft. »Männlicher« Humor, der aber nicht nur von Männern benutzt wird, dient zur Behauptung des eigenen Status, während selbstherabsetzender »weiblicher« Humor, der auch bei Männern und besonders im jüdischen Humor zu finden ist, stärker gemeinschaftsbildend und Solidarität bekundend eingesetzt wird.
Nicht erst in der theologischen Betrachtung, sondern bereits in der profanen Sicht auf den Humor als Alltagsphänomen hat sich erwiesen, dass er insofern ein »Signal der Transzendenz« ist, als er immer einen Bezugspunkt außerhalb des vorfindlichen Systems hat. Teils resignativ, teils trotzig selbstbehauptend stellt er die Wirklichkeit dar und besteht gleichzeitig darauf, dass alles auch ganz anders sein könnte. Er stellt alle Positionen in Frage, indem er mit Verschiebung, Verdichtung, Umdeutung/Reframing Dinge komisch macht. So zeigt sich denn auch, dass Komik nicht in erster Linie im Gegenstand selbst, d.h. im Objekt liegt, sondern im Subjekt das ein Objekt als komisch betrachtet. Humor ist daher die Infragestellung jeglichen Absolutheitsanspruches des Faktischen. Er stellt alle Positionen zur Disposition, einschließlich der eigenen.
Für die christliche Predigt bedeutet dies, dass der Humor sich einerseits als relativierende, sich mit der eigenen Unvollkommenheit abfindende Perspektive auf die Welt in die Rezeptionsgewohnheiten heutiger Hörerinnen einfügt, andererseits liegt das Potential des Humors aber nicht in erster Linie auf der funktionalen Ebene, sonder hat seinen tieferen Grund in seinen strukturellen Analogien mit dem Glauben. Sowohl Humor als auch der Glaube sind Ambivalenzphänomene.

Humor ist eine Möglichkeit, den Hiatus zwischen sündigem, »profanen« Menschen und der Heiligkeit Gottes zu überwinden und in der Heiligkeit den Ermöglichungsgrund zur Heiligung und des »Von-Gott-schön-geliebt-werden« (*Martin Luther*) des Menschen zu sehen. Humor als »Signal der Transzendenz« hat das Potential, einen momentweisen Vor-

1261 Vgl. *Schroeter-Wittke*, Predigt, 95.

geschmack auf das Paradies der Kommenden Welt, des Reiches Gottes zu vermitteln. Da er den ganzen Menschen erfasst – Körper, Geist und Seele – bringt er die Leiblichkeit des *Seins bei Gott* zur Darstellung, das – wie Christen glauben – allen Christen bevorsteht und – in der Konsequenz der biblischen Gottesvorstellungen – auch allen anderen Menschen. Humor ist kein genuin christliches Phänomen, aber ein genuin menschliches, weil er ein Bewusstsein der eigenen Endlichkeit und damit Sterblichkeit voraussetzt. Von der eigenen Endlichkeit und Sterblichkeit zu wissen, ist für Menschen beängstigend. Die Erfahrung von existentieller Ambivalenz ist gerade in der Postmoderne nicht mehr zu verdrängen. Prediger können nicht mehr vorgeben – oder schlimmer noch: tatsächlich in dem Irrtum leben –, der christliche Glaube würde Menschen von der Erfahrung der Ambivalenz – und in deren Folge Verunsicherung, Angst, Scham – entheben. Predigerinnen können, wenn es um das Evangelium geht, keine Eindeutigkeit kommunizieren und haben dies auch in früheren Zeiten, wenn, dann zu unrecht getan, denn das Evangelium ist ›im Kern‹ plural, also mehrdeutig. An der Kommunikation dieser Mehrdeutigkeit beteiligt sich der Humor. Er arbeitet mit Verfremdung (Paradoxie, Übertreibung, Verallgemeinerung, Verzerrung, erkennbarer Einseitigkeit, Vergröberung, Störung, Verwirrung, Umdeutung, »gedehntem Blick«), um das Darzustellende bis zur Kenntlichkeit zu ent-stellen, d.h. von Fest-stellungen zu befreien und ein »Neues Sehen« (Michael *Meyer-Blanck*) zu ermöglichen. Folge des neuen Sehens ist eine Erweiterung des Möglichkeitsraumes: dieselben Widerfahrnisse können anders gedeutet und damit *anders* erfahren werden, so dass aus ihnen *andere* Handlungen resultieren. So ist der Humor eines, was ihm oft vorgeworfen wird, gerade nicht: ethisch irrelevant. Humor in der Predigt hat Teil an der Rechtfertigung des Sünders, indem er im Lachen die momentweise Aufhebung des Risses bewirkt, die durch das Innere des Menschen geht[1262] und ihm einen Ausblick auf das eigene Gerechtfertigtsein gibt und damit die *Grundlage* zu Gelassenheit, Demut und ethischen Handeln.

Die Analysen der Predigten zeigen, dass genau dies tatsächlich geleistet werden kann. Auf formal unterschiedlichste Weise wecken sie Inter-esse und ermöglichen es dem Hörer, selbst zu bestimmen, inwieweit sie sich mit dem Protagonisten (Witzprotagonisten, Jona, Bewohner von Ninive, Maria, Martha, Mensch mit Lieblosigkeits-»Mäuseproblem«, »Eigenbrötelei«-Betreiber) identifizieren oder Distanz bewahren wollen. Nicht Behauptungen, sondern Angebote, dass man es so oder auch so sehen kann, stellen den Hörer vor intellektuelle Herausforderungen, die reizvoll und zugleich noch bewältigbar sind, so dass sich die Evidenz zwanglos erschließt. Der das Entfremdete nicht übersehende, freundliche Blick Gottes, der als Hintergrund der Predigten in den Analysen erkennbar wird, ist ein Darstellungsmittel der rechtfertigenden Liebe Gottes.

1262 Vgl. *Kamper/Wulf*, Ausdruck, 8.

An den Predigtanalysen hat sich außerdem gezeigt, dass eine humorvolle Predigt weitestgehend unabhängig ist vom Kasus (nicht nur am Karnevalssonntag, sondern auch Ostern, am Erntedankfest und an jedem beliebigen anderen Sonntag kann humorvoll gepredigt werden) und vom Text (auch über das Buch Jona kann sehr ernst und ohne alles Spielerische gepredigt werden). Es ist in erster Linie eine Entscheidung des Predigers, ob er mit Humor predigen möchte. Eine zweite Frage ist es, ob er dies auch kann. Es ist also eine Frage, ob humorvolles Predigen angemessen ist. Es muss zuallererst der Predigerin angemessen sein, die dann die Aufgabe hat, angemessene Formen der Umsetzung zu finden. Wenn Quantität, Intensität (Drastik[1263]) und die Balance zwischen Ernst und Spiel im Humor angemessen gefunden werden können, sollte es auch gelingen, durch dessen Metaphernförmigkeit (Bisoziation), einen Weg des Umgangs mit Ambivalenz zu finden und neue Verstehenshorizonte zu erschließen. Humorgebrauch erfordert nicht nur Mut zum Wagnis, auch einmal etwas Ungeschütztes zu sagen, sondern auch Fingerspitzengefühl. Dieses zu erwerben erfordert wiederum Übung und im Fall des Scheiterns Fehlerfreundlichkeit, also wiederum Humor (und Glaube).[1264]
Alle untersuchten Predigten sind überwiegend oder in wesentlichen Passagen narrativ. Erzählungen, in denen andere die Protagonisten sind, sind eine Art von indirekter Mitteilung. Sie machen es möglich, die Balance zwischen Nähe und Distanznahme dem Hörer zu überlassen, so dass er sich weder vereinnahmt noch unnötig auf Distanz gehalten fühlen muss.
Bei mindestens drei der untersuchten Predigten ist es gelungen, die theologische Pointe in einem einzigen Satz oder einer zentralen Metapher so zu verdichten, dass man die Zentralaussage der Predigt memorieren und mit in die neue Woche nehmen kann.[1265] Bei den anderen Predigten werden jeweils Abschnitte mit prägnanten Formulierungen zusammengefasst. Letzteres ist auch an gelungenen Predigten im ausschließlich ernsten Modus beobachtbar, jedoch bewirkt der Humoreinsatz hier, dass die Hörerin es sich noch besser merken kann.
Keiner der untersuchten Predigten mangelt es an theologischem Gehalt, an – direkter oder indirekter Aufforderung zum verantwortlichen Handeln und insofern an Ernst.[1266] Indem menschliche Ängste, schambelastetes Verhalten, Konflikte und Belastungen angesprochen werden, zeigen die

1263 Vgl. im »Gebet um Humor« die direkte Nebeneinanderstellung von Verdauung und Gottesanrede. Die enge Beziehung zwischen Heiligem und Profanem wird im gesamten Gebet augenfällig.

1264 Da nach Auffassung dieser Arbeit nahezu jeder Mensch über ein gewisses Maß an Humor, zumindest im Sinne von Wahrnehmung des Komischen, verfügt, ließe sich streiten, ob und auf welchem Wege dieses Maß vergrößert werden kann.

1265 Ich meine damit das Gebet des Jona, in dem er Gott Vorschriften machen will, wie dessen Erbarmen auszusehen habe bei Marquardt, das Böse als Mäuseproblem bei Webb und das Beten um Brot als Freiheit von der Eigenbrötelei bei Schröer.

1266 Das ist zugegebenermaßen ein Zirkelschluss, weil ich theologisch mangelhafte Predigten bewusst nicht einbezogen habe. Die untersuchten Predigten erbringen aber den Erweis, dass Humor und Ernsthaftigkeit sich keineswegs ausschließen.

Predigten, dass im Humor auch das Schwere in die Wahrnehmung einbezogen werden kann. Herrmann Hesse konnte sagen, »Humor [ist], ein Kristall, der nur in tiefen und dauernden Schmerzen wächst.«[1267] Humor ist also eine »vitale Art der Trauerarbeit«[1268], denn im Spiel- und Distanznahmemodus des Humors können auch in der Predigt schmerzhafte Dinge in homöopathischer Dosis hervorgeholt, thematisiert und sogar Tabus angesprochen werden.[1269] Die komische Darstellung reizt zum Lachen und damit öffnet sie die Schleusen, dass sich Menschen überhaupt emotional einlassen können. »[B]estimmte Dinge, die besonders ernst sind, [kann man] nur scherzhaft sagen ...; denn nur so hält man sie aus«.[1270] Auch dafür bieten die Predigten Beispiele.

Recht verstandener, theologisch begründeter Humor wäre demnach ein »demütiger Humor eines heiteren Menschen«; ein solcher Humor wäre nicht gutmütig-harmlos, sondern heilsam verunsichernd, wissend, dass es Wirklichkeit *und* Wahrheit nur im Plural geben kann. Er könnte den Predigern und Predigerinnen zu etwas mehr Selbstzurücknahme[1271] verhelfen und dazu, »den Dialog als Instrument der Wahrheitsfindung ernstzunehmen«.[1272]

In der Gewissheit menschlicher Endlichkeit das Schwere leicht zu sagen[1273] und die Hoffnung auf Gottes Verheißung *trotz allem*, was offensichtlich der Fall ist, nicht aufzugeben – vielleicht ist der Humor eine gute Möglichkeit zu dieser Art Freiheit etwas beizutragen.

1267 Zitiert nach *Titze/Eschenröder*, Humor, 150.

1268 *Gruhl*, Lachen, 31.

1269 Gruhl erörtert dies in Bezug auf die Filmkomödien »Der große Diktator« (Charlie Chaplin), »Das Leben ist schön« (Roberto Benigni) u.a. (vgl. *Gruhl*, Lachen, 28–31.); vgl. *Marquard*, Lachen, 11 u.12.

1270 *Dietzsch/Marquard*, Lachen, 11. So auch Niels Bohr: »Es gibt Dinge, die so ernst sind, dass einem nichts anders übrig bleibt, als über sie zu lachen« (*Bohr* zitiert nach *Gruntz-Stoll/Rißland*, Schule, 9).

1271 So wird als leitende Maxime des weithin als humorvoll bekannten Papstes Johannes XXIII. die folgende Selbstaufforderung überliefert: »Johannes, nimm dich nicht so wichtig!« (*Lehmann*, Kirche, 19).

1272 Lexutt, Humor, 20.

1273 *Hüsch, Hanns Dieter*, Das Schwere leicht gesagt, Freiburg i.Br. 1994.

6. Literatur

Quellen

Die Bibel. Nach der Übersetzung Martin Luthers, mit Apokryphen, Deutsche Bibelgesellschaft Stuttgart 1985

Evangelisches Gesangbuch, Ausgabe für die Evangelische Kirche im Rheinland, die Evangelische Kirche von Westfalen und die Lippische Landeskirche, in Gemeinschaft mit der Evangelisch-reformierten Kirche (Synode evangelisch-reformierter Kirchen in Bayern und Nordwestdeutschland), Güthersloh / Bielefeld / Neukirchen-Vluyn 1996 (EG)

Evangelisches Gottesdienstbuch, Bd. I, UEK und VELKD, Luther Verlag 1999

Literatur

Adams, Doug, Humor in the American Pulpit: From George Whitefield through Henry Ward Beecher, Austin/Texas, 1975

Adler, Alfred, Menschenkenntnis, Frankfurt a.M., 1966 [[1]1927]

– Zusammenhänge zwischen Witz und Neurose, in: Psychotherapie und Erziehung, Band 1, Frankfurt a.M. 1982, 155–188 [[1]1927]

Adloff, Kristlieb, (Kein) Gottesdienst für nette Leute. Theologische Frage- und Ausrufezeichen zur gegenwärtigen Diskussion um den Gottesdienst, PTh 79, 1990, 26–41

Adorno, Theodor W., Minima Moralia. Reflexionen aus dem beschädigten Leben, Frankfurt a.M. [20]1991 [[1]1951]

Ahuis, Ferdinand, Die Kinderbischofspredigt – eine wiederentdeckte Gattung der Kinderpredigt, in: Pth 88, 1999, 123–140

Albert, Jürgen Peter, Humor als Autonomie und als Christonomie. Eine systematisch-theologische Untersuchung zum Humorbegriff, Erlangen 1975

Alphen, Ingrid C. van, Wie die Jungen das Lachen lernten – und wie es den Mädchen wieder verging ... in: *Kotthoff, Helga* (Hg.), Das Gelächter der Geschlechter. Humor und Macht in Gesprächen von Frauen und Männern, Frankfurt a.M. 1988, 197–208

Apte, Mahadev L., Humor and Laughter. An Anthropological Approach, Ithaca/London 1985

Aristoteles, Nikomachische Ethik, hg. v. *Günther Bien*, Hamburg 1985

– Rhetorik, hg. v. *Franz G. Sieveke*, München 1989

– Poetik, 17, Stuttgart 1986

Asch, Otto, Bildsprache und Humor als Ausdruck geistiger Reife, Würzburg 1937

Attardo, Salvatore, Liguistic Theories of Humor. Berlin / New York 1994

Auchter, Thomas, Die Bedeutung der Scham für den Umgang mit seelisch kranken Menschen, WzM 50/3, 1998, 144–160

Austin, John L., Zur Theorie der Sprechakte. How to do things with words, Stuttgart [2]1989

Bader, Michael J., The Analyst`s Use of Humor, in: Psychoanalytic Quaterly 1.62, 1993, 23–51

Bäder-Butschle, Ivo, Der Witz über den Glauben und der Witz des Glaubens, in: Oliver, Roland (Hg.), Humor in der Kirche. Der christliche Witz. Anthologie für Religion 4, Mannheim 2006, 23–32

Bahrdt, Hans Paul, Wie weh das tut ...! Gedanken zur Genealogie des surrealistischen Witzes, in: Deutsche Universitätszeitung, H. VII/20, 1952, 12–15

Balint, Michael, Therapeutische Aspekte der Regression. Die Grundstörung, Stuttgart [2]1997

Bandler, Richard / Grindler, John, Reframing, Neuro-Linguistic Programming, Moab 1979
Barblan, Giacomo, Eine andere Realität, in: Dimitri, Humor. Gespräche über die Komik, das Lachen und den Narren, hg. von *Lanfranchi, Corina*, Dornach/Schweiz, [2]1997 [[1]1995], 98–102
Barreca, Gina, Triste Herrenklos ..., in: Emma 1/2005, Dossier: Humor, 66–67
Bartelmus, Rüdiger, Artikel שחק in: ThWAT VII, 730–745
Barth, Karl, Die Kirchliche Dogmatik III/4, Zürich 1951, 765f (KD)
– Das Wort Gottes als Aufgabe der Theologie, in: *Moltmann, Jürgen* (Hg.), Anfänge der dialektischen Theologie. 1. Teil, München 1962 [[1]1923], 197–218
Bateson, Gregory, The Position of Humor in Human Communications, in: Cybernetics, Transitions of the Ninth Conference, Marach 20–21, 1952, New Work, ed. by *Hein von Foerster*, New York 1953, 1–47
– The Role of Humor in Human Communication, in: *Foerster, Hein von* (Hg.), Cybernetics, New York 1953
– The message »This is play«, in: Group Processes, Transactions of the 2nd Conference, ed. by *Bertram Schaffner*, New York 1956
Bauer, Joachim, Warum ich fühle, was du fühlst. Intuitive Kommunikation und das Geheimnis der Spiegelneurone, Hamburg [5]2005
Bauer, Steffen, Karfreitag predigen. Wirklichkeit und Möglichkeit der Karfreitagspredigt in unserer Zeit, dargestellt an exemplarischen Predigten über 2. Kor 5, 14b–21 (Wechselwirkungen, Ergänzungsreihe 7), Waltrop 1997
Bausinger, Hermann, Lachkultur, in: *Vogel, Thomas* (Hg.), Vom Lachen, Tübingen 1992, 9–23
Beattie, James, On Laughter and Ludicrous, Edinburg 1776, in: Haberland, Paul M., The Development of Comic Theory in Germany during the Eighteenth Century, Göppingen 1971
Belussi, Felix, Störung der Ordnungszusammenhänge, in: Dimitri, Humor. Gespräche über die Komik, das Lachen und den Narren, hg. von *Lanfranchi, Corina*, Dornach/Schweiz, [2]1997 [[1]1995], 107–112
Ben-Chorin, Schalom, Vom Kirchenvater Abraham und anderen Ungereimtheiten. Randerlebnisse im christlich-jüdischen Dialog, Wuppertal 1983
BenGerschom, Ezra, Der Esel des Propheten. Eine Kulturgeschichte des jüdischen Humors, Darmstadt 2000
Benhabib, Seyla, Kritik des ›postmodernen Wissens‹ – eine Auseinandersetzung mit Jean-Francois Lyotard, in: *Huyssen, Andreas / Scherpe, Klaus R.* (Hg.), Postmoderne. Zeichen eines kulturellen Wandels, Hamburg [5]1997, 103–127
Benjamnin, Walter, Einbahnstraße, Frankfurt a.M. 1969, 59
Bergen, Doris, Development of the sense of humor, in: Ruch, Willibald (Hg.), The Sense of Humor. Explorations of a Personal Characteristic (Humor Research 3), Berlin / New York 1998, 329–358
Berger, Peter L., Der Zwang zur Häresie, Frankfurt a.M. 1980
– Erlösendes Lachen. Das Komische in der menschlichen Erfahrung, Berlin / New York 1998
– Auf den Spuren der Engel. Die morderne Gesellschaft und die Wiederentdeckung der Transzendenz, Freiburg i.Br. 2001 [[1]1969]
– / *Luckmann, Thomas*, Die gesellschaftliche Konstruktion der Wirklichkeit, Frankfurt a.M. 1996
Bergler, Edmund, Laughter and the Sense of Humor, New York 1956
Bergson, Henri, Das Lachen, Meisenheim am Glan 1948 [franz. 1899]
Berlyne, Daniel E., Laughter, humor and play, in: *Lindzey, G. / Aaronson, E.* (Hg.), Handbook of Social Psychology, Vol. 3, MA: Adison-Wesley 1954, 795–852
– Humor and Its Kin, in: *Goldstein, J.H. / McGhee, Paul E.* (Hg.), The Psychology of Humor, New York 1972, 43–62

Bernhardt, Juan A., Humor in der Psychotherapie, Weinheim 1985

Bernack, Friedrich, »Es ist besser zu lachen als sich zu ärgern!« Vom Humor in der Bibel, Stuttgart 2007

Betz, Otto, Der Humor Jesu und die Fröhlichkeit der Christen. Vorsichtige Anfrage, ob der Christ noch etwas zu lachen hat, Ulm ²1981

Beuscher, Bernd, Verstehen Sie Spaß? Zur Hermeneutik des Humors in praktisch-theologischer Perspektive, in: *Zilleßen, Dietrich* (Hg.), Praktisch-theologische Hermeneutik: Ansätze – Anregungen – Aufgaben, Rheinbach-Merzbach 1991, 519–533

– Positives Paradox. Entwurf einer neostrukturalistischen Religionspädagogik, Wien 1993

– Artikel Postmoderne – Praktische Theologie, TRE 27, 1996, 89–95.

– Religion in der Schule der Postmoderne. Eine Zeit-Schrift, in: *Gerber, Uwe* (Hg.), Religiosität in der Postmoderne, Frankfurt a.M. u.a. 1998, 233–247

– / *Schroeter, Harald* / *Sistermann, Rolf*, Vowort: »Postmodern(e) wahrnehmen« – was soll das?, in: *Beuscher, Bernd / Schroeter, Harald / Sistermann, Rolf* (Hg.), Prozesse postmoderner Wahrnehmung. Kunst – Religion – Pädagogik. Wien 1996, 15–17

Bieber, Marianus, Humor – die vergessene christliche Tugend. Anmerkungen zum Verhältnis von Lachen und Spiritualität, Una Sancta 4/1997, 275–288

Biehl, Peter, Erfahrung, Glaube und Bildung. Studien zu einer erfahrungsbezogenen Religionspädagogik, Gütersloh 1991

Bierbaum, Otto Julius, Die Yankeedoodle-Fahrt und andere Reisegeschichten, München 1910

Bieritz, Karl-Heinrich, Spielraum Gottesdienst. Von der »Inszenierung des Evangeliums« auf der liturgischen Bühne, in: *Schilson, Arno / Hake, Joachim* (Hg.), Drama »Gottesdienst«. Zwischen Inszenierung und Kult, Stuttgart u.a. 1998, 69–101

– Die eigensinnige Predigt, in: *Pohl-Patalong, Uta / Muchlinsky, Frank* (Hg.), Predigen im Plural. Homiletische Perspektiven, Hamburg 2001, 103–115

Bill, Josef, Heiterkeit von innen. Bildmeditationen, Stuttgart ³1975 [¹1974]

Birkenbihl, Vera F., Humor. An Ihrem Lachen soll man Sie erkennen, Offenbach 2002

Birkenmeier, Michael, Humor ist ein schillerndes Phänomen, in: Dimitri, Humor. Gespräche über die Komik, das Lachen und den Narren, hg. von *Lanfranchi, Corina*, Dornach/Schweiz ²1997, 113–118

Bizer, Christoph, Das Osterlachen, in: Das Baugerüst 56, Wer lacht denn da? Humor in der Spaßgesellschaft 1/2004, 34–39

Blanke, Fritz, Luthers Humor. Scherz und Schalk in Luthers Seelsorge, Hamburg 1954

Blankertz, Stefan / Doubrawa, Erhard, Artikel Introjekt, in: Lexikon der Gestalttherapie, Wuppertal 2005

Bloch, Peter, Der fröhliche Jesus. Die Entdeckung seines Humors in den Evangelien, Stuttgart 1999

Bohren, Rudolf, Predigtlehre, München 1971

Bokun, Branko, Wer lacht lebt. Emotionale Intelligenz und gelassene Reife, Kreuzlingen ⁵1997 [engl. 1986]

Bolz, Norbert, Gibt es intelligentes Lachen?, Junge Kirche 6/2003, 52f

– Der Sinn des Unsinns, in: *ders.*, Die Konformisten des Andersseins. Ende der Kritik, München 1999, 154–164

Boskin, Joseph, Humor and Social Change in the Twentieth Century, Boston 1980

Brakelmann, Günter, Glaube und Humor, WPK 60, 1971, 218–225

Brandt, Sigrid, Sünde. Ein Definitionsversuch, in: *Brandt, Sigrid / Suchocki, Majorie H. / Welker, Michael* (Hg.), Sünde. Ein unverständlich gewordenes Thema, Neukirchen-Vluyn 1997, 13–34

Braun, Heinrich Suso, Vom Humor des Christen. Ein Kapitel über frohe und unfrohe Frömmigkeit, Paderborn 1940

Braun, Klaus, Karnevalisierung des Geschlechts. Die Auflösung sexualbiologischer Sicherheit und die Inszenierbarkeit von Gender, in: Berliner Blätter. Ethnographische und Ethnologische Beiträge: Karnevalisierung, 26/2002, 51–60
Bremmer, Jan / Roodenburg, Herman, Humor und Geschichte. Eine Einführung, in: *dies.* (Hg.), Kulturgeschichte des Humors: von der Antike bis heute, Darmstadt 1999, 9–17
Brenner, Athalya, On the Semantic Field of Humor, Laughter and the Comic in the Old Testament, in: *Radday, Yehuda T. / Brenner, Athalya,* On Humor and the Comic in the Hebrew Bible, Sheffield 1990, 39–58
Bubner, Rüdiger, Ästhetische Erfahrung, Frankfurt 1989
Bukowski, Peter, Predigt wahrnehmen. Homiletische Perspektiven, Neukirchen-Vluyn ^{3}1995
– Humor in der Seelsorge. Eine Animation, Neukirchen-Vluyn / Wuppertal 2001
Bukowski, Silvia / Bukowski, Peter, Ri 16, 4–22 Wege und Umwege der Liebe, in: *Korenhof, Mieke / Stuhlmann, Rainer* (Hg.), Wenn Eva und Adam predigen. Ein anderes Perikopenbuch. Neue Predigten von Frauen und Männern, Teil 2, Düsseldorf 1999, 150–158, (Dialogpredigt)
Bultmann, Rudolf, Was ist der Sinn des Weihnachtsfestes heute?«, in: Glauben und Verstehen IV, Tübingen 1965, 138–140
– Das Christentum als orientalische und als abendländische Religion, in: Glauben und Verstehen. Gesammelte Aufsätze, Bd. 2, Tübingen ^{6}1993, 187–210
Burgsmüller, Alfred / Weth, Rudolf (Hg.), Die Barmer Theologische Erklärung. Einführung und Dokumentation, Neukirchen-Vluyn ^{5}1993, These VI
Buttrick, David, Teaching Preaching in a New Century, in: Preaching on the Brink. The Future of Homiletics, FS Henry H. Mitchel, hg. von *Martha J. Simmons,* Nashville 1996, 75–83
Cann, Arnie / Holt, Kitty / Colhorn, Lawrence, The Roles of Humor and Sense of Humor in Responses to Stressors. in: International Journal of Humor Research 12/2, 1999, 177–193
Cann, Arnie / Colhorn, Lawrence / Nance, Jamey, Exposure to humor before and after an unpleasant stimulus. Humor as a preventive or a cure, in: International Journal of Humor Research 13/2, 2000, 177–191
Capps, Donald W., Reframing. A new Method in Pastoral Care, Augsburg Fortress 1990
– The Depleted Self in a Narcisstic Age, Mineapolis 1993
Campenhausen, Hans Freiherr von, Christentum und Humor, in: *ders.,* Aus der Frühzeit des Christentums. Studien zur Kirchengeschichte des ersten und zweiten Jahrhunderts, Tübingen 1963, 308–330
– Ein Witz des Apostel Paulus und die Anfänge des christlichen Humors, in: *ders.,* Aus der Frühzeit des Christentums. Studien zur Kirchengeschichte des ersten und zweiten Jahrhunderts, Tübingen 1963, 102–108
Chesterton, Gilbert Keith, Die besten Pater Brown-Geschichten, Leipzig 2000
Chorherr, Thomas, Über das Lachen, St. Pölten / Wien / Linz 2000
Chrysostomos, Matthäus-Kommentar, 6. Homilie, in: Bibliothek der Kirchenväter, Bd. XXIII, München 1915
Cicero, De oratore. Über den Redner (Erstes, Zweites und Drittes Buch), in: *ders.,* Ausgewählte Werke, Bd. IV, hg. U. übersetzt von *Theodor Nüßlein,* Düsseldorf 2008 [Redner 2]
Comte-Sponville, André, Ermutigung zum unzeitgemäßen Leben. Ein kleines Brevier der Tugenden und Werte, Reinbek bei Hamburg 2001
Coser, Rose Laub, Lachen in der Fakultät. Eine Studie über die sozialen Funktionen von Humor unter den Fakultätsmitgliedern einer psychiatrischen Klinik, in: *Kotthoff, Helga* (Hg.), Das Gelächter der Geschlechter. Humor und Macht in Gesprächen von Frauen und Männern, Frankfurt a.M. 1988, 95–122
Cousins, Norman, Der Arzt in uns selbst, Reinbeck 1981

Cox, Harvey, Das Fest der Narren. Das Gelächter ist der Hoffnung letzte Waffe, Stuttgart 1969

Craddock, Fred B., As One Without Authority, St. Louis / Missouri, 2001

Critchley, Simon, On Humour. Thinking in Action, London 2002

Daiber, Karl-Fritz, Predigen und hören. Ergebnisse einer Gottesdienstbefragung, München 1991

Dannowski, Hans Werner, Kompendium der Predigtlehre, Gütersloh 1985

Davis, H. Grady, Design for Preaching, Philadelphia 1958

De Bono, Edward, Das spielerische Denken, Reinbek bei Hamburg 1972

Denecke, Axel, Persönlich predigen. Oder: »Wenn die Predigt endlich zu sich selbst kommt«, in: *Pohl-Patalong, Uta / Muchlinsky, Frank* (Hg.), Predigen im Plural. Homiletische Perspektiven, Hamburg 2001, 195–204

Detje, Robin, Warum Komik? Drei Gedanken zu einem todernsten Thema, in: Lachen. Über westliche Zivilisation, Merkur Sonderheft 9/10, 2002, 925–931

Dietzsch, Steffen / Marquard, Odo, »Das Lachen ist die kleine Theoldizee«. Odo Marquard im Gespräch mit Steffen Dietzsch, in: *Dietzsch, Steffen* (Hg.), Luzifer lacht. Philosophische Betrachtungen von Nietzsche bis Tabori, Leibzig 1993, 8–21.

Dilts, Robert B., Die Magie der Sprache: Sleight of Mouth. Angewandtes NLP, Paderborn 2001

Dimbath, Oliver, Sklave, Büttel oder Partisan der Spaßgesellschaft? Jugendarbeit im Spannungsfeld produktiver und konsumptiver Angebotsstrukturen, in: Das Baugerüst 56, Wer lacht denn da? Humor in der Spaßgesellschaft 1/2004, 80–87

Dimitri, Denn eine Erhebung ist das Lächeln und das Lachen, in: *ders.*, Humor. Gespräche über die Komik, das Lachen und den Narren, hg. von *Lanfranchi, Corina*, Dornach/Schweiz ^{2}1997 [1995], 37–61

– Humor, in: *ders.*, Humor. Gespräche über die Komik, das Lachen und den Narren, hg. von *Lanfranchi, Corina*, Dornach/Schweiz ^{2}1997 [1995], 119–122

Dopychai, Arno, Der Humor. Begriff, Wesen, Phänomenologie und pädagogische Relevanz, Bonn 1988

Drehsen, Volker, Artikel Frömmigkeit, Wörterbuch des Christentums, Gütersloh 1988, 375–377

Driessen, Henk, Humor, Lachen und die Feldforschung.: Betrachtungen aus dem Blickwinkel der Ethnologie, in: *Bremmer, Jan / Roodenburg, Herman*, Kulturgeschichte des Humors: Von der Antike bis heute, Darmstadt 1999, 167–183

Drösser, Christoph, Wo ist der Witz?, in: Die Zeit, 31/2007 vom 26.7.2007, http://images.zeit.de/text/2007/31/Humorforschung, 12.8.2007

Dürr, Renate, Verstehen Sie Spaß?, in: Das Baugerüst 56, Wer lacht denn da? Humor in der Spaßgesellschaft 1/2004, 24–27

Ebach, Jürgen, Die Zehn Gebote. Bibelarbeit über 2. Mose 20, 1–17, in: *ders.*, Theologische Reden, Frankfurt a.M. 1998, 53–71

– Kabod – Versuch über die Schwere Gottes, in: *Neuhaus, Dietrich / Mertin, Andreas* (Hg.),Wie in einem Spiegel ... Begegnungen von Kunst, Religion, Theologie und Ästhetik, Frankfurt a.M. 1999, 13–32

Ebach, Jürgen, Das Marginale als Chance, in: Theologische Reden, mit denen man keinen Staat machen kann, Bochum 1989, 19–36

– »Nein, du hast doch gelacht«. Annäherung an eine biblische Wundergeschichte – zugleich: eine weitere Ecce-homo-Variation, in: Einwürfe Bd. IV, München 1987, 54–78

Eco, Umberto, Der Name der Rose, München 1982 [ital. 1980]

– Das offene Kunstwerk, Frankfurt a.M. 1977

Ekman, Paul, Gesichtsausdruck und Gefühl, Paderborn 1988

Ekmann, Bernhard, Wieso und zu welchem Ende wir lachen, in: Text und Kontext 9, 1981, 7–46

Engemann, Wilfried, »Und dies habt zum Zeichen …«. Spezifische Gesichtspunkte der Semiotik Umberto Ecos in praktisch-theologischer Engführung, in: *Dressler, Bernhard / Meyer-Blanck, Michael* (Hg.), Religion zeigen. Religionspädagogik und Semiotik, Münster 1988, 300–324
– Semiotische Homiletik, Prämissen – Analysen – Konsequenzen, (THLI 5), Tübingen/Basel 1993
– Predigen und Zeichen setzen. Eine homiletische Skizze mit Beispielen, in: *Pohl-Patalong, Uta / Muchlinsky, Frank*, Predigen im Plural. Homiletische Perspektiven, Hamburg 2001, 7–24
Erasmus von Rotterdam, Lob der Torheit, in: *ders.*, Ausgewählte Schriften, Lateinisch und deutsch, 2. Bd., hg. von *Werner Welzig*, Darmstadt 1975 [lateinisch 1509]
Erdmann, Jürgen, Von der Frechheit eines Christenmenschen, in: *Ruddat, Günter / Schroeter, Harald* (Hg.), Kleiner Kabarettistischer Katechismus. Sketche, Satiren, Sentenzen zur Kirche und allen anderen Fragen des Glaubens, Rheinbach 1998, 27–46
Fabritius, Rudolf M., Das Komische im Erzählwerk G.B. Chestertons, Tübingen 1964, bes. 192–208 (Über die Berührung des Komischen mit dem Heiligen)
Failing, Wolf-Eckart / Heimbrock, Hans-Günter, Gelebte Religion wahrnehmen. Auf dem Wege zu einer methodologischen Neuorientierung Praktischer Theologie, in: *Beuscher, Bernd / Schroeter, Harald / Sistermann, Rolf* (Hg.), Prozesse postmoderner Wahrnehmung. Kunst – Religion – Pädagogik, Wien 1996, 159–181
Fant, Clyde, Die Heidelberger Methode der Predigtanalyse: Eine Reaktion, in: *Bohren, Rudolf / Jörns, Klaus-Peter* (Hg.), Die Predigtanalyse als Weg zur Predigt, Tübingen 1989, 104–115
Fechtner, Kristian / Friedrichs, Lutz, Predigt als Exorzismus?, Überlegungen zum Umgang mit einer umstrittenen Tradition, in: *Fechtner, Kristian* u.a. (Hg.) Religion wahrnehmen (FS Daiber), Marburg 1996, 307–319
Feuerstein, Georg, Heilige Narren. Über die Weisheit ungewöhnlicher Lehrer, Frankfurt a.M. 1996 [amerik. 1990]
Ficker, Johannes (Hg.), Luthers Vorlesungen über den Römerbrief 1515/1516, Leipzig 1908
Fietz, Lothar (Hg.), Semiotik, Rhetorik und Soziologie des Lachens. Vergleichende Studien zum Funktionswandel des Lachens vom Mittelalter zur Gegenwart, Tübingen 1996
Focus, Wieder richtig lachen. Die Sehnsucht nach einem Ur-gefühl. In: Focus 18/2001 (Focus-Humortest), 145–158, ohne AutorInnenangabe
Frankl, Viktor E., Ärztliche Seelsorge, München 1975 [1946]
– Der leidende Mensch. Anthropologische Grundlagen der Psychotherapie, Bern 1984
– Grundriss der Existenzanalyse und Logotherapie, in: *ders.*, Logotherapie und Existenzanalyse. Texte aus sechs Jahrzehnten. Neue, erweiterte Ausgabe, Berlin/München 1994, 57–184
– Hunger nach Brot – und Hunger nach Sinn, in: *ders.*, Logotherapie und Existenzanalyse. Texte aus sechs Jahrzehnten. Neue, erweiterte Ausgabe, Berlin/München 1994, 259–264
Freud, Sigmund, Der Witz und seine Beziehung zum Unbewussten, in: *ders.*, Gesammelte Werke VI, Frankfurt [3]1961 [[1]1905]
– Der Humor, in: *ders.*, Gesammelte Werke Bd. XIV, Frankfurt a.M. [3]1963, 383–389 [[1]1928]
Frisch, Max, Fragebogen, Frankfurt a.M. 1992 [[1]1972]
Fry, William F., Sweet Madness. A Study of Humor, Pao Alto 1968
– The Physiologic Effects of Humor, Mirth, and Laughter, in: The Journal oft the American Medical Association 267, 1/1992, 1857f
Führ, Martin, Humor als soziale Kompetenz. Ergebnisse eines Forschungsprojektes, in: *Gruntz-Stoll, Johannes / Rißland, Birgit* (Hg.), Lachen macht Schule. Humor in Erziehung und Unterricht, Bad Heilbrunn 2002,79–91

Galli, Johannes, Clown. Die Lust am Scheitern, Freiburg i.Br., 1999
Gardemann, Joachim, Geleitwort des deutschen Herausgebers, in: *Robinson, Vera,* Praxishandbuch Therapeutischer Humor. Grundlagen und Anwendungen für Gesundheits- und Pflegeberufe, VII–XVIII
Gauger, Hans-Martin, Das Persönliche, Menschliche und Historische des Lachens (und des Lächelns), in: Lachen. Über westliche Zivilisation, Merkur Sonderheft 9/10, 2002, 839–846
Geest, Hans van der, Du hast mich angesprochen. Die Wirkung von Gottesdienst und Predigt, Zürich 1978
Geier, Manfred, Worüber kluge Menschen lachen. Kleine Philosophie des Humors, Reinbek 2006
Gelfert, Hans-Dieter, Max und Monty. Kleine Geschichte des deutschen und englischen Humors, München 1998
Genazino, Wilhelm, Der gedehnte Blick, München/Wien 2004
Gleixner, Hans, Humor – eine Erscheinungsform der Religion, ThGl 2005, 174–189.
Goethe, Johann Wolfgang von, Maximen und Reflexionen, Berlin 1982
Goltz, Werner, Humor und Burnout. Einflussfaktoren von Humor auf Burnout, Wien 2002, www.wu.ac.at/lg/ismos/downloads/DA/MASGoltz.pdf, 11.11.2006
Gräb, Wilhelm, Predigt als Mitteilung des Glaubens. Studien zu einer prinzipiellen Homiletik in praktischer Absicht, Gütersloh 1988
– Falltüren, Hochseilakte und Punktlandungen. Öffentliche Verkündigung in postmodernen Zeiten, in: Pth 92, 2003, 420–435
– Sinn fürs Unendliche. Religion in der Mediengesellschaft, Gütersloh 2002
Graf, Friedrich Wilhelm, Artikel Rechtfertigung, in: Wörterbuch des Christentums, Gütersloh 1988, 1033–1035
Grasskamp, Walter, Glanz und Elend des Humors, in: Lachen. Über westliche Zivilisation, Merkur Sonderheft 9/10. 2002, 778–788
Greiner, Bernhard, Die Komödie. Eine theatralische Sendung: Grundlagen und Interpretationen, Tübingen 1992
Greshake, Gisbert, Glück und Heil, in: *Böckle, F.* (u.a. Hg.) Christlicher Glaube in moderner Gesellschaft, Teilband 9, Freiburg i.Br. 1981, 101–146
Gritsch, Eric W., Martin – God's Court Jester. Luther in Retrospect, Philadelphia 1983
– Der Humor bei Martin Luther, in: Lutherjahbuch 63, 1996, 19–38
Grözinger, Albrecht, Predigt als Unterhaltung. Bemerkungen zu einer verachteten homiletischen Kategorie, PTh 76, 1987, 425–440
– Praktische Theologie und Ästhetik. Ein Beitrag zur Grundlegung der Praktischen Theologie, München 1991
– Die Predigt soll nicht Antworten geben, sondern Antworten finden helfen. Zum Verständnis der Predigt bei Henning Luther, in: ThPr 27, 1992, 209–218
– Das Heilige in der Erlebnisgesellschaft, Wechsel-Wirkungen 18, Waltrop 1986
Großmann, Siegfried, Das Charisma des Humors, in: Una Sancta 4/1997, 289–293
Grotjahn, Martin, Vom Sinn des Lachens. Psychoanalytische Betrachtungen über den Witz, das Komische und den Humor, München 1974
Gruber, Franz, Ironie: Grenzgang zwischen Aufklärung und Verzweiflung, in: *Sauer, Hanjo / Gruber, Franz* (Hg.), Lachen in Freiheit. Theologische Skizzen, Regensburg 1999, 71–79
Grün, Anselm, Demut und Humor als Grundzug christlicher Existenz, in: *Dufner, Meinrad,* Spiritualität von unten, Münsterschwarzach 1994, 94f
– Buch der Sehnsucht, Freiburg 2003
Gruhl, Boris Michael, Lachen befreit. Lachende sind nicht beherrschbar, in: Das Baugerüst 56, Wer lacht denn da? Humor in der Spaßgesellschaft, 1/2004, 28–32
Gruntz-Stoll, Johannes / Rißland, Birgit, Schule des Humors. Einleitung, in: *Gruntz-Stoll, Johannes / Rißland, Birgit* (Hg.), Lachen macht Schule. Humor in Erziehung und Unterricht, Bad Heilbrunn 2002, 9–14

Günter, Andrea, Geschlechterdifferenz, Postmoderne und Theologie. Ein Problemaufriss, in: *dies.* (Hg.), Feministische Theologie und postmodernes Denken, Stuttgart u.a. 1996, 11–26

Gurjewitsch, Aaron, Bachtin und seine Theorie des Karnevals, in: *Bremmer, Jan / Roodenburg, Herman* (Hg.), Kulturgeschichte des Humors: von der Antike bis heute, Darmstadt 1999, 57–63

Habermas, Jürgen, Der philosophische Diskurs der Moderne. Zwölf Vorlesungen, Frankfurt a.M. 1985

Haecker, Theodor., Über Humor und Satire, in: Dialog über Christentum und Kultur, mit einem Exkurs über Sprache, Humor und Satire, Hellerau 1930

Haendler, Otto, Die Predigt, Tiefenpsychologische Grundlagen und Grundfragen, Berlin [3]1960 [[1]1941]

Haig, Robin Andrew, The Anatomy of Humor. Biopsychosocial and Therapeutic Perspective, New York 1988

Handelman, Stanley Myron, From the Sublime to the Ridiculous – the Religion of Humor, in: *McGhee, Paul E. / Goldstein, Jeffrey H.* (Hg.), Handbook of Humor Research, Bd. II, Applied Studies, New York u.a. 1983, 23–31

Harg, Joseph, ... und Gott lachte. Biblische Spurensuche nach dem Humor Gottes, in: Das Baugerüst 56, Wer lacht denn da? Humor in der Spaßgesellschaft, 1/2004, 46–51

Hartung, Martin, Ironische Äußerungen in privater Scherzkommunikation, in: *Kotthoff, Helga* (Hg.), Scherzkommunikation, Opladen 1996, 109–143

Hassan, Ihab, Noch einmal: Die Postmoderne, in: *Hoffmann, Gerhard* (Hg.), Der zeitgenössische amerikanische Roman. Von der Moderne zur Postmoderne, München 1988 [amer. 1985], Bd. 3, 365–373

Haug, Frigga / *Hauser*, Kornelia, Marxistische Theorien und feministischer Standpunkt, in: *Knapp, Gudrun-Alexi / Wetterer, Angelika* (Hg.), Traditionenbrüche. Entwicklungen feministischer Theorie, Freiburg i.Br. 1992, 115–149

Hauke, Rainer, Ratgeber Trauerfall. Informationen aus christlicher Sicht, Berlin 1907

Hauptmann, Peter, Die »Narren um Christi willen« in der Ostkirche, in: Stupperich, Robert (Hg.), Kirche im Osten. Studien zur osteuropäischen Kirchengeschichte und Kirchenkunde, Stuttgart 1959, 27–49

Haury, Walter, Unterhaltung als Gegenstand theologischer Überlegung, in: MPTh 53, 1964, 442–456

Hauschildt, Praktische Theologie – neugierig, graduell und konstruktiv. Verabschiedungen, Trends und Optionen, in: *Hauschildt, Eberhard / Schwab, Ulrich* (Hg.), Praktische Theologie für das 21. Jahrhundert, Stuttgart 2002, 79–99

Hauser, Kornelia, Privatform und Identität, in: Haug, Frigga / Hauser, Kornelia (Hg.), Subjekt Frau. Kritische Psychologie der Frau, Bd. 1, Hamburg 1988, 65–98

Hegel, Georg Wilhelm Friedrich, Vorlesungen über die Ästhetik III, in: *ders.*, Werke in zwanzig Bänden 14, Frankfurt a.M. 1970 [[1]1835] (Vorlesungen II)

– Vorlesungen über die Ästhetik III, in: *ders.*, Werke in zwanzig Bänden 15, Frankfurt a.M. 1970 [1835]. (Vorlesungen III)

Heimbrock, Hans-Günter, Alltag, Außeralltäglichkeit, kreative Wahrnehmung. Ansatzpunkte Phänomenologischer Zugänge in der Praktischen Theologie, in: *Bizer, Christoph / Cornelius-Bundschuh, Jochen / Gutmann, Hans Martin* (Hg.), Theologisches geschenkt (FS Josuttis), Bovenden 1996, 85–92

Heinrich, Klaus, »Theorie des Lachens«, in: *Kamper, Dietmar / Wulf, Christoph* (Hg.), Lachen – Gelächter – Lächeln. Reflexionen in drei Spiegeln, Frankfurt a.M. 1986, 17–38

Heinz-Mohr, Gerd, Sermon, ob der Christ etwas zu lachen habe, Stuttgart 1972

Henkel, Arthur, Was ist eigentlich romantisch? , in: FS f. Richard Alewyn, hg. v. *Herbert Singer* und *Benno von Wiese*, Köln 1967, 292–308

Helmstetter, Rudolf, Vom Lachen der Tiere, der Kinder, der Götter, der Menschen und der Engel, in: Lachen. Über westliche Zivilisation, Merkur Sonderheft 9/10, 2002, 763–773

Herlyn, Okko, Theologie der Gottesdienstgestaltung, Neukrichen-Vluyn [2]1992
– Hauptsache locker? Kirche und Humor – eine Beziehung voller Missverständnisse, in: Das Baugerüst 56, Wer lacht denn da? Humor in der Spaßgesellschaft, 1/2004, 40–45
Hermelink, Jan, Ausmalen und Hindurchsehen. Das diskurssemiotische Konzept des »mentalen Bildes« in der Predigtarbeit, in: *Pohl-Patalong, Uta / Muchlinsky, Frank* (Hg.), Predigen im Plural. Homiletische Perspektiven, Hamburg 2001, 36–45
Hertzsch, Klaus-Peter, Nachwort des Verfassers, in: *ders*., Der ganze Fisch war voll Gesang. Biblische Balladen zum Vorlesen, Stuttgart 1988, 77f
Heumann, Pierre, Die nahöstliche Flucht in den schwarzen Humor, in: *Dachs, Gisela* (Hg.), Humor. Jüdischer Almanach, Frankfurt a.M. 2004, 83–88
Hiddemann, Frank, Das protestantische Idiom. Was macht die Religion der Moderne in der Postmoderne?, in: *Beuscher, Bernd / Schroeter, Harald / Sistermann, Rolf* (Hg.), Prozesse postmoderner Wahrnehmung. Kunst – Religion – Pädagogik, Wien 1996, 149–158
Hilgers, Micha, Scham. Gesichter eines Affekts, Göttingen [2]1997
Hirsch, Eike Christian, Der Witzableiter: oder Schule des Lachens, erw. u. überarb. Neuauflage, München 2001
Hobbes, Thomas, Leviathan, Frankfurt a.M. / Berlin / Wien 1976 [[1]1651]
Hodgkinson, Liz, Smile Therapy, London, 1991
Höffding, Harald, Humor als Lebensgefühl. Eine psychologische Studie, Leipzig/Berlin 1918
Höfner, Eleonore / Schachtner, Hans-Ulrich, Das wäre doch gelacht! Humor und Provokation in der Therapie, Reinbek 1995
Höhn, Irmtraud, Artikel Heilig, in: Wörterbuch des Christentums, hg. von *Drehsen, Volker* u.a., Gütersloh 1988, 462–463
Hoffmann, Martin, Ethische Orientierung als Predigtaufgabe, in: *Pohl-Patalong, Uta / Muchlinsky, Frank* (Hg.), Predigen im Plural. Homiletische Perspektiven, Hamburg 2001, 160–174
Holtbernd, Thomas, Der Humorfaktor. Mit Lachen und Humor das Leben erfolgreich meistern. Ein Handbuch für Manager, Trainer, Lehrer, Coachs, Berater, Eltern und andere Menschen, Paderborn 2002
Holthaus, Stephan, Das Lachen der Erlösten. Warum Glaube und Humor zusammengehören, Basel 2002
Homann, Ursula, Ein Milchbruder des Glaubens. Christen ohne Humor geraten leicht in Bigotterie, in: Lutherische Monatshefte 7/93, 1993, 19–21
– Das Christentum und der Humor, in: www.ursulahomann.de/DasChristentumUndDerHumor/komplett.htm, 4.9.2005
Hübner, Kurt, Meditation über Humor und Christentum, ZThK 96, 1999, 508–524
Huizinga, Johann, Homo Ludens: Vom Ursprung der Kultur in Spiel, Reinbek 1956
Hunter, Edward Gordon, Humor in the Pulpit, A Professional Project Presented to the Faculty of the Claremont Graduate School and Claremont School of Theology 1978 (Typoskript)
Hyers, Conrad, And God Created Laughter. The Bible as Divine Comedy, Atlanta 1987
– (Hg.), Holy Laughter, Essays on Religion in the Comic Perspective, New York 1969
Illies, Joachim, Darf ein Christ lachen? Ernsthafte Betrachtungen über den christlichen Humor, in: Sexualethik und Seelsorge, 3/1981, 3f
Jacobelli, Maria Caterina, Ostergelächter. Sexualität und Lust im Raum des Heiligen, Regensburg 1992 [[1]1990]
Jacobi, Gerhard, Langeweile, Muße und Humor und ihre pastoral-theologische Bedeutung, Berlin 1952
Jaffin, David, Humor in der Bibel, Bad Liebenzell 1998
Jager, Okke, Die Bibel hat Humor – und wir?, Zürich 1956

Janda, Josef, Das Lachen des Dogmatikers, in: *Sauer, Hanjo / Gruber, Franz* (Hg.), Lachen in Freiheit. Theologische Skizzen, Regensburg 1999, 58–62

Japp, Uwe, Theorie der Ironie, Frankfurt a.M. 1983

Jauß, Hans Robert, Über den Grund des Vergnügens am komischen Helden, in: *Preisendanz, Wolfgang / Warning, Rainer* (Hg.), Das Komische (Poetik und Hermeneutik VII), München 1976, 103–132

Jecklin, Hans, Das stille Lächeln und das schallende Lachen, in: *Dimitri*, Humor. Gespräche über die Komik, das Lachen und den Narren, hg. von *Lanfranchi, Corina*, Dornach, Schweiz [2]1997 [[1]1995], 119–122

Jenkins, Mercilee M., Was ist daran so lustig? Scherzen unter Frauen, in: *Kotthoff, Helga* (Hg.), Das Gelächter der Geschlechter. Humor und Macht in Gesprächen von Frauen und Männern, Frankfurt a.M. 1988, 33–53

Jetter, Werner, Die Predigt als Gespräch mit dem Hörer [1966], in: *Beutel, Albrecht / Drehsen, Volker / Müller, Hans Martin*, Homiletisches Lesebuch. Texte zur heutigen Predigtlehre, Tübingen [2]1989, 206–221

Jörns, Klaus-Peter, Predigen ist Hörensagen. Zum Zusammenhang von Predigtanalyse und Predigtgestaltung, in: *Bohren, Rudolf / Jörns, Klaus-Peter* (Hg.), Die Predigtanalyse als Weg zur Predigt, Tübingen 1989, 155–175

Jónsson, Jakob, Humour and Irony in the New Testament. Illuminated by Paralles in Talmud and Midrash, Leiden 1985

Joraschky, Peter, Das Körperschema und das Körper-Selbst als Regulationsprinzipien der Organismus-Umwelt-Interaktion, München 1983

Josuttis, Manfred, Theologische Erwägungen zur Osterpredigt, in: *Breit, Helmut / Nörenberg, Klaus-Dietrich* (Hg.), Festtage. Zur Praxis der christlichen Rede, München 1975, 100–117

Josuttis, Manfred, Gesetzlichkeit in der Predigt der Gegenwart (1966), in: *ders.*, Gesetz und Evangleium in der Predigtarbeit. Homiletische Studien, Bd. 2, Gütersloh 1995, 94–181

– Über die »Wut des Verstehens« als homiletisches Problem, in: *Engemann, Wilfried* (Hg.), Theologie der Predigt. Grundlagen – Modelle – Konsequenzen, Leipzig 2001, 35–50

Jüngel, Eberhard, Metaphorische Wahrheit. Erwägungen zur theologischen Relevanz der Metapher als Beitrag zur Hermeneutik einer narrativen Theologie in: *ders.*, Entsprechungen: Gott – Wahrheit – Mensch. Theologische Erörterungen, München 1980, 103–157 [[1]1974]

– Tod, Gütersloh [4]1990 [[1]1971]

Jünger, Friedrich Georg, Über das Komische (Auszug aus: Über das Komische, Hamburg 1936), in: *Dietzsch, Steffen* (Hg.), Luzifer lacht. Philosophische Betrachtungen von Nietzsche bis Tabori, Leipzig 1993, 70–92

Jurzik, Renate, Der Stoff des Lachens. Studien über Komik. Frankfurt a.M. / New York 1985

– Die zweideutige Lust am Lachen. Eine Symptomanalyse, in: *Kamper, Dieter / Wulf, Christoph* (Hg.), Lachen – Gelächter – Lächeln. Reflexionen in drei Spiegeln, Frankfurt a.M. 1986, 39–51

Kamper, Dieter / Wulf, Christoph, Der unerschöpfliche Ausdruck. Einleitende Gedanken, in: *Kamper, Dietmar / Wulf, Christoph* (Hg.), Lachen – Gelächter – Lächeln. Reflexionen in drei Spiegeln, Frankfurt a.M. 1986, 7–14

Kant, Immanuel, Kritik der Urteilskraft, in: Kant-Werke, Bd. VIII, Darmstadt 1975 [[1]1790]

Karnath, Sigrid, Clownpädagogik? Das kann ja heiter werden!, in: Das Baugerüst 56, Wer lacht denn da? Humor in der Spaßgesellschaft, 1/2004, 74f

Kaspaer, Walter, Postmoderne Dogmatik? Zu einer nordamerikanischen Grundlagendiskussion IkaZ 19, 1990, 298–306

Kassner, Dieter, Lachend Unterrichtsziele erreichen, in: *Gruntz-Stoll, Johannes / Rißland, Birgit* (Hg.), Lachen macht Schule. Humor in Erziehung und Unterricht, Bad Heilbrunn 2002, 43–56

Kataria, Madan, Lachen ohne Grund, Petersberg 2002

Kehlmann, Daniel, Die Tränenlieferanten kommen näher, in: *Dachs, Gisela* (Hg.), Humor. Jüdischer Almanach, Frankfurt a.M. 2004, 34–39

Keith-Spiegel, Patricia, Early Conceptions of Humor. Varieties and Issues, in: *Goldstein, J.H. / McGhee, Paul E.* (Hg.), The Psychology of Humor, New York 1972, 3–39

Keuler, Uli / Vogel, Thomas, Über Komiker, das Publikum und den Erwartungshorizont. Ein Werkstattgespräch mit Uli Keuler, in: *Vogel, Thomas* (Hg.), Vom Lachen, Tübingen 1992, 60–78

Keupp, Heiner, Auf dem Weg zur Patchwork-Identität?, in: Verhaltenstherapie und psychosoziale Praxis 20, 1988/4, 425–438

Kierkegaard, Sören, Philosophische Brosamen und Unwissenschaftliche Nachschrift, hg. von *Hermann Diem* und *Walter Rest*, Köln/Olten ^{2}1959

Kinder, Ralf / Wieck, Thomas, Zum Schreien komisch, zum Heulen schön. Die Macht des Filmgenres, Bergisch Gladbach 2001

Klaus, Bernhard, Homiletische Orientierung: Die Predigt als Kommunikationsmedium, in: *Klaus, Bernhard* (Hg.), Kommunikation in der Kirche, Gütersloh 1979, 111–144

Klein, Stefan, Die Glücksformel oder Wie die guten Gefühle entstehen, Reinbek ^{10}2002

Klessmann, Michael, Zur Ethik des Leibes – am Beispiel des Körperschemas, in: *ders. / Liebau, Irmhild* (Hg.), Leiblichkeit ist das Ende der Werke Gottes. Körper – Leib – Praktische Theologie (Stolberg), Göttingen 1997, 80–90

– Predigt als Lebensdeutung. Pastoralpsychologische Überlegungen zu einem offenen homiletischen Problem, in: *Pohl-Patalong, Uta / Muchlinsky, Frank*, Predigen im Plural. Homiletische Perspektiven, Hamburg 2001, 25–35

– Pastoralpsychologische Perspektiven – am Beispiel ausgewählter Predigtmeditationen von Klaus Winkler, in: *Vouga, Francois* (Hg.), Wort und Dienst. Jahrbuch der Kirchlichen Hochschule Bethel, 27, 2003, 407–417

– Pastoralpsychologie. Ein Lehrbuch. Neukirchen-Vluyn ^{2}2004.

Klie, Thomas, Zeichen und Spiel. Semiotische und spieltheoretische Rekonstruktion der Pastoraltheologie, PThK 11, Gütersloh, 2003

Knecht, Michi, »Who is carnivalizing whom«? Ethymologische Perspektiven auf neue Karnevalsformen, in: Berliner Blätter. Ethnographische und Ethnologische Beiträge: Karnevalisierung, 26/2002, 7–18

Knieling, Reiner, Predigtpraxis zwischen Credo und Erfahrung. Homiletische Untersuchungen zu Oster-, Passions- und Weihnachtspredigten, CThM.PT 29, Stuttgart 1999

Köhler, Wiebke, Artikel Humor, RGG 3, ^{4}2000, 1957

– Homiletik – feministisch?! Predigerin und Hörerin als überfälliges Thema der Homiletik, in: WzM 48, 1996, 132–150

König, Klaus, Humor und Spiritualität. Bezüge unter religionspädagogischen Vorzeichen, in: *Deuser, Hermann / Schmalenberg, Gerhard* (Hg.), Christlicher Glaube und religiöse Bildung (FS Kriechbaum), Gießen 1995, 287–301

– Humor in der Gruppentherapie. Gruppenpsychotherapie & Gruppendynamik 31, 1995, 16–22

Koestler, Arthur, Der göttliche Funke. Der schöpferische Akt in Kunst und Wissenschaft, Bern/München/Wien 1966

– Der Mensch – Irrläufer der Evolution. Eine Anatomie der menschlichen Vernunft und Unvernunft, Bern/München 1978

Körtner, Ulrich H.J., Reformiert und ökumenisch. Brennpunkte reformierter Theologie in Geschichte und Gegenwart, Salzburger Theologische Studien 7, Innsbruck/Wien 1998

Kohut, Heinz, Narzißmus. Eine Theorie der psychoanalytischen Behandlung narzistischer Persönlichkeitsstörungen, Frankfurt a.M. 1973

Kotthoff, Helga (Hg.), Spaß Verstehen. Zur Pragmatik von konversationellem Humor, Tübingen 1998

– Über witzige Weiber und komische Kerle, in: Emma 1/2005, Dossier: Humor, 68–74

Kortzfleisch, Siegfried von, Frömmigkeit in dieser Zeit, in: Lutherische Monatshefte 1/1972, 654–658

Kranz, Gisbert, Was Menschen gern tun. Essen und Trinken, Singen, Lachen, Dichten und Denken, Lieben und Erkennen, München 1979

– Das göttliche Lachen, Würzburg 1970

Kreitzscheck, Dagmar, Zeitgewinn. Theorie und Praxis der erzählenden Predigt, Leipzig 2004

Kretz, Louis, Witz, Humor und Ironie bei Jesus, Olten-Freiburg i.Br. 1981

– Der Reiz des Paradoxen bei Jesus, Olten-Freiburg i.Br. 1983

Korenhof, Mieke, Mit Eva predigen. Ein anderes Perikopenbuch, Düsseldorf 1996

Kubie, Lawrence S., The Destructive Potential of Humor in Psychotherapy. American Journal of Psychatrie, 127, 1971, 861–866

Küng, Eberhard, Theologie im Aufbruch, München 1987

Kuipers, Giselinde, Good Humor – Bad Taste. A Sociology of the Joke, Humor Research 7, Berlin / New York 2006

Kunstmann, Joachim, Christentum in der Optionsgesellschaft. Postmoderne Perspektiven, Weinheim 1997

Kunz, Ralph, Der christliche Gottesdienst als religiöse Inszenierung, in: Medienheft Dossier 18 – 2. Oktober 2002, 38–45. in: www.medienheft.ch/dossier/bibliothek/d18_KunzRalph.html, 1.8.2006

Kuschel, Franz-Josef, Lachen. Gottes und der Menschen Kunst, Freiburg i.Br. 1994

– Zu einer Theologie des Lachens, in: *Vogel, Thomas* (Hg.), Vom Lachen. Einem Phänomen auf der Spur, Tübingen 1992, 105–129

Lämmermann, Zeitgenössisch predigen. Homiletische Analysen mit Predigtbeispielen, Stuttgart/Berlin/Köln 1999

Landmann, Salcia, Jüdische Witze, München 1963

Lanfranchi, Corina, Keine theoretische Begegnung, in: *Dimitri*, Humor. Gespräche über die Komik, das Lachen und den Narren, hg. von *Lanfranchi, Corina*, Dornach/Schweiz [2]1997 [1995], 11f

Lange, Ernst, Was nützt uns der Gottesdienst?, in: Beutel, Albrecht / Drehsen, Volker / Müller, Hans Martin, Homiletisches Lesebuch. Texte zur heutigen Predigtlehre, Tübingen [2]1989, 332–340

– Zur Aufgabe christlicher Rede (1968); in: *ders.*, Predigen als Beruf. Aufsätze zur Homiletik, Liturgie und Pfarramt, München 1982

Lassek, Reinhard, Um Lotte weinen. Lächelnde Kinder, frohe Schurken, tränenloser Gram, in: Lutherische Monatshefte 8/1995, 31–35

Latta, Robert L., The Basic Humor Process. A Cognitive-Shift Theory and the Case against Incongruity, Humor Research 5, Berlin / New York 1999

Laubach, Thomas, Artikel Humor, LThK 5, 1996, 334f

Lauer, Werner, Humor als Ethos. Eine moralpsychologische Untersuchung, Bern/Stuttgart/Wien 1974

Le Goff, Jacques, Lachen im Mittelalter, in: *Bremmer, Jan / Roodenburg, Herman*, Kulturgeschichte des Humors: von der Antike bis heute, Darmstadt 1999, 43–56

– Das Lachen im Mittelalter, Stuttgart 2004 [[1]1999]

Lehmann, Karl Kardinal, Kirche und Humor, in: *Oliver, Roland* (Hg.), Humor in der Kirche. Der christliche Witz. Anthologie für Religion 4, Mannheim 2006, 19–22

Lenhardt, Pierre / von der Osten-Sacken, Peter, Rabbi Akiva. Texte und Interpretationen zum rabbinischen Judentum und Neuen Testament, Berlin 1987

Leuenberger, Michael, Dimitri im Interview mit Leuenberger, Michael, Lachen bringt uns in Bewegung, in: Weleda-Nachrichten 242/2006, 22–25

Levinas, Emmanuel, Die Spur des Anderen. Untersuchungen zur Phänomenologie und Sozialphilosophie. Freiburg/München 1983

Lexutt, Athina, Humor und Theologie bei Ersamus und Luther, in: Luther 71, 2000, 4–21

Löw, Reinhard, Ontologische Aspekte der Postmoderne. Kommentar zu Kurt Hübner, in: *Koslowski, P.* u.a. (Hg.), Moderne oder Postmoderne?, Weinheim 1986, 79–86.

Luck, Georg, Artikel Humor, in: Reallexikon für Antike und Christentum hg. v. *Ernst Dassmann*, Band XVI, Stuttgart 1994, 753–773

Lübking, Hans-Martin, Humor, in: *ders.* (Hg.), Gott im Alltag, Düsseldorf 1996

Lützeler, Heinrich, Philosophie des Kölner Humors, Honnef/Rh. 1962

– Über den Humor, Zürich 1966

– Kölner Humor im Vergleich, in: *Lützeler, Heinrich / Steinberger, Josef*, Heitere Christen am Rhein. Schon widder e Wunder!, Freiburg i.Br. [2]1979, 61–88

– Rheinischer Humor. Nicht nur für Rheinländer, Hanau 1988

Luther, Henning, Predigt als inszenierter Text. Überlegungen zur Kunst der Predigt, in: ThPr 18, 1983, 89–100

– Predigt als Handlung. Überlegungen zur Pragmatik des Predigens, in: *Beutel, Albrecht / Drehsen, Volker / Müller, Hans Martin*, Homiletisches Lesebuch. Texte zur heutigen Predigtlehre, Tübingen [1]1989 [[1]1983], 222–239

– Frech achtet die Liebe das Kleine. Biblische Texte in Szene setzen, Stuttgart 1991

Luther, Henning, »Ich ist ein Anderer«. Zur Subjektfrage in der Praktischen Theologie, in: *Luther, Henning*, Religion und Alltag. Bausteine zu einer Praktischen Theologie des Subjekts, Stuttgart 1992, 62–87

– Religion als Weltabstand, in: *Luther, Henning*, Religion und Alltag. Bausteine zu einer Praktischen Theologie des Subjekts, Stuttgart 1992, 22–29

– Schmerz und Sehnsucht. Praktische Theologie in der Mehrdeutigkeit des Alltags, in: *Luther, Henning*, Religion und Alltag. Bausteine zu einer Praktischen Theologie des Subjekts, Stuttgart 1992, 239–256. [1987]

– Subjektwerdung zwischen Schwere und Leichtigkeit – (auch) eine ästhetische Aufgabe?, in: *Neuhaus, Dietrich / Mertin, Andreas* (Hg.),Wie in einem Spiegel ... Begegnungen von Kunst, Religion, Theologie und Ästhetik, Frankfurt a.M. 1999, 33–53

– Praktische Theologie des Subjekts, in: *Luther, Henning*, Religion und Alltag. Bausteine zu einer Praktischen Theologie des Subjekts, Stuttgart 1992, 9–20

Luther, Martin, Heilige Dinge. Neue Zeitung vom Rhein 1542, in: Magazin für Theologie und Ästhetik, Heft 19, www.theomag.de/19/lut1.htm vom 03.11.2006

– Werke. Weimarer Ausgabe, Bd. 1ff Weimar 1883ff [WA]

Lyotard, Jean-Francois, Das postmoderne Wissen. Ein Bericht, Bremen 1982

Lyotard, Jean-Francois, Beantwortung der Frage: Was ist postmodern?, in: *Welsch, Wolfgang* (Hg.), Wege aus der Moderne. Schlüsseltexte der Postmoderne-Diskussion, Weinheim 1988, 193–203

– Philosophie und Malerei im Zeitalter ihres Experimentierens, Berlin 1986

März, Claus-Peter, Büttenpredigten. Narren brauchts heut überall, nicht nur am heil'gen Karneval!, Leipzig 2003

Mangoldt, Ursula von, Buddha lächelt, Maria weint. Die zwei Weisen des Heils, München/Planegg 1958

Manaster, Guy J. / Corsini, Raymon J., Individual Psychology. Theory and Practice, Itasca 1982

Marquard, Odo, Exile der Heiterkeit, in: *Preisendanz, Wolfgang / Warning, Rainer* (Hg.), Das Komische, Poetik und Hermeneutik VII, München 1976, 133–151
– Abschied vom Prinzipiellen. Philosophische Studien, Stuttgart 1991
– Skepsis und Zustimmung, Stuttgart 1994
Martenstein, Harald, Die Spaßgesellschaft: Warum sie si verhasst ist und wie man sie kritisieren könnte, in: Lachen. Über westliche Zivilisation, Merkur Sonderheft 9/10. 2002, 906–911
Marti, Kurt, Zum Geleit, in: *Kretz, Louis*, Der Reiz des Paradoxen bei Jesus, Olten-Freiburg i.Br. 1983, 7–10
– Ist Gott weiblich?, in: *Marti, Kurt*, Der Gottesplanet. Aufsätze und Predigten, Darmstadt 1988, 100–104
– Lachen – Weinen – Lieben. Ermutigungen zum Leben, Stuttgart ^{3}1989
Martin, Gerhard Marcel, Zur Idee einer Theologie des Lachens. Eine Skizze nach vorn, in: *Krieg, Carmen / Kucharz, Thomas / Volf, Miroslav / Lösel, Steffen* (Hg.), Die Theologie auf dem Weg in das dritte Jahrtausend (FS Moltmann), Gütersloh 1996, 376–388
– Predigt als »offenes Kunstwerk«? Zum Dialog zwischen Homiletik und Rezeptionsästhetik, in: EvTh 44, 1984, 46–58
– Zu einer Theologie des Lachens, in: Una Sancta 4/1997, 266–274
– Zwischen Eco und Bibliodrama. Erfahrungen mit einem neuen Predigtansatz, in: *Garhammer, Erich / Schöttler, Heinz-Günther* (Hg.), Predigt als offenes Kunstwerk. Homiletik und Rezeptionsästhetik, München 1998, 51–62
Matthiae, Gisela, Clownin Gott. Eine feministische Dekonstruktion des Göttlichen, Stuttgart u.a. ^{2}2001
Mayer-List, Irene, Lachen. Ursprung, Sinn und Macht einer seltsamen Regung, in: GEO Nr. 8/1997, Hamburg, 8–29
McGhee, Paul E., The Role of Arousal and Hemispheric Lateralization in Humor, in: *McGhee, Paul E. / Goldstein, Jeffrey H.* (Hg.), Handbook of Humor Research, Bd. I, New York u.a. 1983, 13–37
– Humor Development: Toward a Life Span Approach«, in: *McGhee, Paul E. / Goldstein, Jeffrey H.* (Hg.), Handbook of Humor Research, Bd. I, New York u.a. 1983, 109–134
– 8-Step Humor Development Program, in: *ders.*, How to develop your sense of humor, Dubuque/Iowa 1994
Mechsner, Franz, Die Lust am Wissen, in: GEO 11/2004, 167–194
Meyer-Blanck, Michael, Inszenierung des Evangeliums. Ein kurzer Gang durch den Sonntagsgottesdienst nach der Erneuerten Agende, Göttingen 1997
– Reden, hören, neu sehen lernen. Didaktische Aspekte der Predigt, in: *Pohl-Patalong, Uta / Muchlinsky, Frank* (Hg.), Predigen im Plural. Homiletische Perspektiven, Hamburg 2001, 133–142
– Theorie und Praxis der Zeichen. Praktische Theologie als Hermeneutik christlicher Praxis, in: *Hauschildt, Eberhard / Schwab, Ulrich* (Hg.), Praktische Theologie für das 21. Jahrhundert, Stuttgart 2002, 121–132
– »Der Zwang zur Häresie«. Grenzen und Chancen von Lehre im christlichen Unterricht, in: *Lexutt, Athina / von Bülow, Vicco* (Hg.) Kaum zu glauben. Von der Häresie und dem Umgang mit ihr, AthG 5, Rheinbach 1998, 314–327.
Meyerowitz, Jan, Der echte jüdische Witz, Berlin ^{2}1997
Miller, Henry, Das Lächeln am Fuße der Leiter. Mit Illustrationen von Joan Miró, Reinbeck 1997 [^{1}1948]
Moltmann-Wendel, Elisabeth, Ein eigener Mensch werden. Frauen um Jesus, Gütersloh 1980
– Ich bin gut, ganz und schön, in: *Gutmann, H.M.* (u.a. Hg.), Er stößt die Gewaltigen vom Thron. Festschrift Hannelore Erhart, Berlin 1987
– Gibt es eine feministische Rechtfertigungslehre?, EvTh 60, 2000, 348–359

Moody, Raymon A., Lachen und Leiden. Über die heilende Kraft des Humors, Reinbek 1979

Morreall, John, Taking Laughter Seriously, New York 1983

– The Philosophy of Laughter and Humor, New York 1987

Morris, David B., Geschichte des Schmerzes, st 2529, Frankfurt a.M. 1996

Morus, Thomas, Gebet um Humor, in: Gotteslob, Katholisches Gebet- und Gesangbuch für das Bistum Aachen, hg. von den *Bischöfen Deutschlands und Österreichs und der Bistümer Bozen-Brixen und Lüttich*, Katholische Bibelanstalt Stuttgart 1975

Muck, Otto, Abenteuer der Philosophen. Oder: das Lob des Paradoxen, in: *Sauer, Hanjo / Gruber, Franz* (Hg.), Lachen in Freiheit. Theologische Skizzen, Regensburg 1999, 64–69

Mück, Herbert, Was ist Scham?, www.dr-mueck.de/HM_Scham/HM_Scham-Allgemein.htm, 08.06.2005

Müller, Klaus, Homiletik. Ein Handbuch für kritische Zeiten, Regensburg 1994

Musil, Robert, Der Mann ohne Eigenschaften, Reinbek 1967

Nembach, Ulrich, Predigen heute – ein Handbuch, Stuttgart/Berlin/Köln 1996

Neudecker, Reinhard, Artikel Liebe (III. Judentum), in TRE, Bd. 21, Berlin / New York 1991, 133–138

Nicol, Martin, Einander ins Bild setzen. Dramaturgische Homiletik, Göttingen 2002

Niebuhr, Reinhold, Humor und Glaube, in: *ders.*, Die Zeichen der Zeit. Predigten für heute und morgen, München 1948, 73–85

Niemand, Christoph, Wenn schon nicht wahr, dann doch wenigstens gut erfunden. Über historisch-kritische Rekonstruktion, bibeltheologische Modellbildung und die Rede von Wahrheit, in: *Sauer, Hanjo / Gruber, Franz* (Hg.), Lachen in Freiheit. Theologische Skizzen, Regensburg 1999, 44–56

Nietzsche, Friedrich, Also sprach Zarathustra, in: *ders.*, Werke, hg. von *K. Schlechta*, Bd. 2, München 1966, 275–561

– Zur Genealogie der Moral, in: *ders.*, Jenseits von Gut und Böse. Zur Genalogie der Moral. Kritische Studienausgabe Bd. 5, hg. von *Giorgio Colli* und *Mazzino Montinari*, Berlin / New York ³1993

Nigg, Walter, Der christliche Narr, Zürich 1993 [¹1956]

Noller, Annette, »Ich reite auf einer Wolke aus Worten« – Überlegungen zu einer feministischen Predigtpraxis im volkskirchlichen Sonntagsgottesdienst, in: *Jost, Renate / Schweiger, Ulrike* (Hg.), Feministische Impulse für den Gottesdienst, Stuttgart/Berlin/Köln 1996, 146–158

Novak, William / Waldoks, Moshe (Hg.), The Big Book of Jewish Humor, New York 1990

Obermann, Heiko A., Luther. Mensch zwischen Gott und Teufel, Berlin 1982

Oehmann, Richard, Freude schenken, Direktiven untergraben. Was Ehrenamtliche aus den Vorgaben von Hauptamtlichen machen, und warum man dazu dringend Humor braucht, in: Das Baugerüst 56, Wer lacht denn da? Humor in der Spaßgesellschaft, 1/2004, 88–90

Oelsner, Wolfgang, Fest der Sehnsüchte. Warum Menschen Karneval brauchen, Köln 2004

Öffner, Ernst, Kirche als Vermittlungsinstanz. Intension – Funktion – Kommunikation, in: *Klaus, Bernhard* (Hg.), Kommunikation in der Kirche. Gütersloh 1979, 25–50

– Pastoralsoziologische Grundlegung: Der Pfarrer und sein Kommunikationsproblem, in: *Klaus, Bernhard* (Hg.), Kommunikation in der Kirche. Gütersloh 1979, 57–110

Orth, Stefan, Zeit des Lachens? Das Komische in der jüngeren theologischen Literatur, in: Herder Korrespondenz 54, 2/2000, 93–97

– Zwischen Lachen und Komik. Theologische Annäherungen an die Filmkomödie, in: *Orth, Stefan / Valentin, Joachim / Zwick, Reinhold* (Hg.), Göttliche Komödien. Religiöse Dimensionen des Komischen im Kino, Berlin 2001, 15–28

Ottmer, Hans-Bernhard, Humor ist nicht in der Predigt. Ein fast unwissenschaftliches Plädoyer für das Lachen in der Predigt, in: werkstatt predigt 5, 1977/23, 41–62

Otto, Gert, Predigt als Rede: über die Wechselwirkungen von Homiletik und Rhetorik, Stuttgart/Berlin/Köln/Mainz 1976

– Zur Zukunft des Gottesdienstes. Erörterung eines Dilemmas, in: PrTh 32, 1997, 132–144

– Rhetorische Predigtlehre. Ein Grundriss, Main/Leipzig 1999

Otto, Rudolf, Das Heilige. Über das Irrationale in der Idee des Göttlichen und sein Verhältnis zum Rationalen, München 1991 [[1]1917]

Palmer, Erl F., The Humor of Jesus. Sources of Laughter in the Bible (2001)

Paul, Jean, Vorschule der Ästhetik, in: *ders.*, Werke, hg. von *Norbert Müller*, München 1963, Bd. 5

Paulos, John Allen, Ich lache, also bin ich. Einladung zur Philosophie, Frankfurt a.M. / New York 1988

Perls, Frederik S., Das Ich, der Hunger und die Aggression. Die Anfänge der Gestalt-Therapie, München [2]1991 [[1]1947]

Piper, Hans-Christoph, Predigtanalysen. Kommunikation und Kommunikationsstörungen in der Predigt, Göttingen 1976

Plessner, Helmuth, Lachen und Weinen. Eine Untersuchung nach den Grenzen menschlichen Verhaltens, Bern [3]1961 [[1]1941]

– Grenzen der Gemeinschaft. Eine Kritik des sozialen Radikalismus Frankfurt a.M. [2]2002 [[1]1924]

Preisendanz, Wolfgang, Humor als dichterische Einbildungskraft, München 1976

Prößdorf, Detlev / Schroeter-Wittke, Harald (Hg.), Rheinische Karnevalstheologie, Prot's Sitzungen & jecke Predigten, Rheinbach 2002

Provine, Robert R., Laughter. A Scientific Investigation, New York 2000

– Contagious laughter. Laughter is a sufficient stimulus for laughs and smiles. Bulletin of the Psychosomatic Society, 30, 1992, 1–4

Quade, Andreas, Ostern in Bremen gepredigt. Theologische Predigtanalysen, Bremen 1994

Rad, Gerhard von, Theologie des Alten Testaments, Bd. 1, München [3]1957

– Das erste Buch Mose (Genesis), Gütersloh 1981

Radecki, Sigismund von, Tendenzen beobachten. Wissenschaft am Objekt Spaß. Interview mit Eva Ullmann, in: node 13, 2/2006

Radday, Yehuda T., On Missing the Humor in the Bible. An Introdution, in: *Radday, Yehuda T. / Brenner, Athalya,* On Humor and the Comic in the Hebrew Bible, Sheffield 1990, 21–38

Raeithel, Gert, Deutsche Humorlandschaften, in: Lachen. Über westliche Zivilisation, Merkur Sonderheft 9/10, 2002, 920–924

– Die Deutschen und ihr Humor, München 2005

Rahner, Hugo, Der spielende Mensch, [4]1957 [[1]1952]

Reik, Theodor, Lust und Leid im Witz, Sechs psychoanalytische Studien, Wien 1929

Rengstorf, Heinrich, Artikel γελάω, καταγελάω, γέλως in: ThWNT 1, 1957, 656–660

Reuter, Ingo, Predigt verstehen. Grundlagen einer homiletischen Hermeneutik, APTh 17, Leipzig 2000

Riedl, Alfons, Ethik und Humor – eine Beziehung im Aufwind, in: *Sauer, Hanjo / Gruber, Franz* (Hg.), Lachen in Freiheit. Theologische Skizzen, Regensburg 1999, 29–37

Rieger, Jaqueline, Der Spaßfaktor. Warum Arbeit und Spaß zusammengehören, Offenbach 2000 [1999]

Riemann, Fritz, Grundformen der Angst. Eine tiefenpsychologische Studie, München 1996 [1961]

– Die Persönlichkeit des Predigers aus Tiefenpsychologischer Sicht, in: *Riess, Richard* (Hg.), Perspektiven der Pastoralpsychologie, Göttingen 1974, 152–166

Rishel, Mary Ann, Writing Humor. Creativity and the Comic Mind, Detroit o.J.

Rißland, Birgit, Humor und Lachen. Was verbirgt sich hinter den Begriffen?, in: Lachen macht Schule. Humor in Erziehung und Unterricht, Bad Heilbrunn 2002, 17–28

– Humor und Stressbewältigung im beruflichen Alltag, in: Lachen macht Schule. Humor in Erziehung und Unterricht, Bad Heilbrunn 2002, 118–128.

Ritter, Joachim, »Über das Lachen«, in: *ders.*, Subjektivität. Sechs Aufsätze, Frankfurt a.M. 1974 [1940], 62–92

Rivel, Charlie, Armer Clown, in: Dimitri, Humor. Gespräche über die Komik, das Lachen und den Narren, hg. v. *Lanfranchi, Corina*, Dornach/Schweiz [2]1997 [[1]1995], 47f

Robinson, Vera M., Humor and Health, in: *McGhee, Paul E. / Goldstein, Jeffrey H.* (Hg.), Handbook of Humor Research, Bd. II, New York u.a. 1983, 109–122

– Praxishandbuch therapeutischer Humor. Grundlagen und Anwendungen für Gesundheits- und Pflegeberufe, Bern u.a. 1992

Rorty, Richard, Kontingenz, Ironie und Solidarität, Frankfurt a.M. 1989

Roth, Eugen, Für Zeitgenossen, Reinbek 2006

Roth, Michael, Sinn und Geschmack fürs Endliche. Überlegungen zur Lust an der Schöpfung und der Freude am Spiel, Leipzig, 2002

Rubinstein, Henri, Die Heilkraft Lachen. Mit einem Vorwort von Emil, Bern 1985

– Lachen macht gesund: über die Heilkraft von Lachen und Fröhlichkeit, Landsberg am Lech, 1987

Ruch, Willibald, Witzbeurteilung und Persönlichkeit. Eine trimodale Analyse, in: Zeitschrift für differentielle und diagnostische Psychologie 2/4, 1981, 253–256

– Die Emotion Erheiterung. Ausdrucksformen und Bedingungen, Düsseldorf 1990

– »Sinn für Humor« als Persönlichkeitsmerkmal: vergessen, fehlkonstruiert, neukonzipiert, in: *Pawlik, K.* (Hg.), Bericht über den 39. Kongress der Deutschen Gesellschaft für Psychologie in Hamburg 1994, Göttingen 1995, 689–694

– Humor, Heiterkeit und Lachen aus psychologischer Sicht, www.pfingstsymposion.de/bilder/lachen/ willibald_Ruch.pdf, 4.11.2006

– / *Köhler, Gabriela*, A Temperament Approach to Humor, in: Ruch, Willibald (Hg.), The Sense of Humor. Explorations of a Personal Characteristic, Humor Research 3, Berlin / New York 1998, 203–228

– / *Zweyer, Karen*, Heiterkeit und Humor. Ergebnisse der Forschung, www.uni-duesseldorf.de/WWW/MathNat/Ruch/Texte/Hirsch.doc, 17.01.2004

– / *Zweyer, Karen*, Humor, in: www.der-andere-laden.de/data/humortexte.htm, 11.11.2006.

Ruddat, Günter / *Schroeter*, Harald (Hg.), Kleiner Kabarettistischer Katechismus. Sketche, Satiren, Sentenzen zur Kirche und allen anderen Fragen des Glaubens, Rheinbach 1998

Ruddies, Günther H., Vergnügliche Seelenkunde. Eine Psychologie des Humors, München 1983

Rusch, Caroline, Der kleine Lachtherapeut. Eine Psychologie des Humors, Stuttgart 2005

Sailer, Johann Michael, Handbuch der christlichen Moral, Bd. II, München 1817, 359–382

Salameh, Waleed A., Laughter and Emotional Liberation, in: Humor &Health Letter, IV/1, 1995

– Humor Immersion Training, in: *Titze, Michael*, Die heilende Kraft des Lachens. Frühe Beschämungen mit Therapeutischem Humor heilen, München 1996, 327–353

Salisch, Maria von, Einleitung, in: *Ekman, Paul*, Gesichtsausdruck und Gefühl, Paderborn 1988, 7–13

Saner, Hans, Das Spiel – eine Ahnung der Ewigkeit. Wenn Menschen spielen, geht es nicht nur um Gewinnen und Verlieren. Ein Gespräch mit Hans Saner, in: Spiel und

Religion. Hartmut Meesmann im Gespräch mit Hans Saner, Harald Schroeter-Wittke, Susanne Wolf-Withöft, Wechsel-Wirkungen 44, Waltrop 2003, 10–17

Sauer, Hanjo, Von der Humor(un)fähigkeit der Theologie, in: *Sauer, Hanjo / Gruber, Franz* (Hg.), Lachen in Freiheit. Theologische Skizzen, Regensburg 1999, 7–17

Sauter, Gerhard, Einführung in die Eschatologie, Darmstadt 1995

Schibler, Gina, Kreativ-emanzipierende Seelsorge. Konzepte der intermedialen Kunsttherapien und die feministische Hermeneutik als Herausforderung für die Praxis, Stuttgart/Berlin/Köln 1999

Schleiermacher, Friedrich Daniel Ernst, Der christliche Glaube nach den Grundsätzen der evangelischen Kirche im Zusammenhange dargestellt BThK 13, Gotha 1889 [1821/1822]

– Die gottesdienstliche Gemeindepredigt als Rede an Christen, in: Wintzer, Friedrich (Hg.), Predigt. Texte zum Verständnis und zur Praxis der Predigt in der Neuzeit, TB 80, München 1989, 49–57

– Hermeneutik und Kritik. Mit einem Anhang sprachphilosophischer Texte Schleiermachers, hg. u. eingeleitet von *Manfred Frank*, Frankfurt a.M. ^{5}1993 [^{1}1838]

Schmidt-Hidding, Wolfgang (Hg.), Europäische Schlüsselwörter, Bd. 1, Humor und Witz, München 1963

Schmitz, Gerhard, Ein Narr, der da lacht ... Überlegungen zu einer mittelalterlichen Verhaltensnorm, in: Vogel, Thomas (Hg.), Vom Lachen. Einem Phänomen auf der Spur, Tübingen 1992, 129–153

Schorn, Ulrike, Und Sara lachte. Kommunikation als Theologie am Beispiel von Genesis 18, in: *Greschat, Katharina / Omerzu, Heike* (Hg.), Körper und Kommunikation. Beiträge aus der theologischen Genderforschung, Leipzig 2003, 13–33

Schröer, Henning, Die Denkform der Paradoxalität als theologisches Problem. Eine Untersuchung zu Kierkegaard und der neueren Theologie als Beitrag zur theologischen Logik, FSThR 5, Göttingen 1960

– Kirchentag als evangelische Wallfahrt, in: EvErz 35, 1983, 88–90.

– Artikel Paradox II, TRE 25, Berlin / New York 1995, 731–737

– Lachend ins gelobte Land. Auf dem Weg zu einer Theologie des Komischen, PTh 91, 1/2002, 2–11

Schröter, Michael, Wer lacht, kann nicht beißen. Ein unveröffentlichter »Essay on Laughter« von Norbert Elias, in: Lachen. Über westliche Zivilisation, Merkur Sonderheft 9/10. 2002, 860–873

Schroeter, Britta, Wir haben das Nachsehen – bei Gott. Meine Ordinationspredigt, in: *Beuscher, Bernd / Schroeter, Harald / Sistermann, Rolf* (Hg.), Prozesse postmoderner Wahrnehmung. Kunst – Religion – Pädagogik, Wien 1996, 79–82

Schroeter, Harald, Das geht zu z/weit. Frömmigkeit und Blasphemie als Problem theologischer Ästhetik, in: *Wintzer, Friedrich / Schröer, Henning / Heide, Johannes* (Hg.), Frömmigkeit und Freiheit. Theologische, ethische und seelsorgerliche Anfragen, Rheinbach-Merzbach 1995, 93–116

– Semper aliquis haeresis. Dreieinhalb Grenzgänge im Labyrinth von Predigt und Häresie, in: *Lexutt, Athina / von Bülow, Vicco* (Hg.) Kaum zu glauben. Von der Häresie und dem Umgang mit ihr, AthG 5, Rheinbach 1998, 328–342

– Unterhaltung. Praktisch-theologische Exkursionen zum homiletischen Bibelgebrauch im 19. und 20. Jahrhundert anhand der Figur Elia, Frankfurt a.M. u.a. 2000

Schroeter-Wittke, Harald, »Denn die Lehre feiert auch, und die Feiert lehret.« Prospekt einer liturgischen Didaktik, Wechsel-Wirkungen 38, Waltrop 2000

– Ahnung von der Predigt. Konturen homiletischer Didaktik, Wechsel-Wirkungen 39, Waltrop 2000

– Predigt als Unterhaltung. Ein Plädoyer für homiletisches Entertainment, in: *Pohl-Patalong, Uta / Muchlinsky, Frank*, Predigen im Plural. Homiletische Perspektiven, Hamburg 2001, 94–102

– Im Spiel üben wir, verlieren zu können. Über den Zusammenhang von Spielkultur, Spieleentwicklung und theologischem Spielwitz – Ein Gespräch mit Harald Schroeter-Wittke, in: Spiel und Religion. Hartmut Meesmann im Gespräch mit Hans Saner, Harald Schroeter-Wittke, Susanne Wolf-Withöft, Wechsel-Wirkungen 44, Waltrop 2003, 18–40

Schüepp, Guido, Grundverständnis der Predigtkommunikation, in: *ders.* (Hg.), Handbuch zur Predigt, Zürich/Einsiedeln/Köln 1982, 391–432

Schumacher, Eckhard, Das Stolpern der Banalität. Über Helge Schneider, Merkur 52/1998, 995–998

Schwarz, Gerhard, Humor und Liebe, Wien 1961

Schwarze, Bernd, Wie klein ist das, woran wir glauben? Bausteine zu einer Mikrotheologie des Alltäglichen, in: *Beuscher, Bernd / Schroeter, Harald / Sistermann, Rolf* (Hg.), Prozesse postmoderner Wahrnehmung. Kunst – Religion – Pädagogik, Wien 1996, 73–77

Schwarzer, Alice, Frauen lachen über sich selbst. Gespräch mit Franziska Becker, Maren Kroymann und Hella von Sinnen, in: Emma 1/2005, Dossier: Humor 2005, 54–65

Schwienhorst-Schönberger, Ludger, »Zum Lachen sprach ich: Wie dumm! Und zur Freude: Was bringt sie ein?« (Koh 2,2), in: Una Sancta 4/1997, 295–303

Seel, Martin, Humor als Laster und als Tugend, in: Lachen. Über westliche Zivilisation, Merkur Sonderheft 9/10, 2002, 743–751

Seibert, Norbert / Wittmann, Helmut / Zöpfl, Helmut unter Mitarbeit von *Franz Igerl*, Humor und Freude in der Schule, Donauwörth [2]1994 [[1]1990]

Seibt, Gustav, Der Einspruch des Körpers. Philosophie des Lachens von Platon bis Plessner – und zurück, in: Lachen. Über westliche Zivilisation, Merkur Sonderheft 9/10, 2002, 751–762

Shaftesbury, Ein Brief über den Enthusiasmus, Hamburg 1980 [[1]1708]

– Essay on the Freedom of Wit and Humor, London, 1709

Sloterdijk, Peter, Kritik der zynischen Vernunft, 2 Bde, Frankfurt a.M. 1983

– Auf der Suche nach der verlorenen Frechheit, in: *Schöttker, Detlev* (Hg.), Philosphie der Freude. Von Freud bis Sloterdijk, Leipzig 2003, 46–55

Sölle, Dorothee, Es muss doch mehr als alles geben. Nachdenken über Gott, Hamburg 1992

Sonnenmoser, Marion, Echt witzig, oder?, in: Das Baugerüst 56, Wer lacht denn da? Humor in der Spaßgesellschaft, 1/2004, 8f

Spencer, Herbert, The Physiology of Laughter, In: Essays Vol I, London 1883, 194–209 [[1]1860]

Spiegel, Yorick (Hg.), Erinnern – Wiederholen – Durcharbeiten. Zur Sozialpsychologie des Gottesdienstes, Stuttgart 1972

Steiger, Lothar, Det er jo meine Zuthat (SV IV 210). Kierkegaards Erfahrung über Hegel oder Etwas über des Johannes Climacus Philosophische Bissen, EvTh 38, 1978, 372–386

– Artikel Freude, TRE 11, 1983, 586–589

– Artikel Humor, TRE 15, 1986, 696–701

Steiger, Johann Anselm, Die communicatio idiomaticum als Achse und Motor der Theologie Luthers. Der ›fröhliche Wechsel‹ als hermeneutischer Schlüssel zu Abendmahlslehre, Anthropologie, Seelsorge, Naturtheologie, Rhetorik und Humor, in: NZSTh, 38, 1996, 1–28

Steinberger, Emil, Vorwort von Emil, in: *Rubinstein, Henri*, Lachen macht gesund: über d. Heilkraft von Lachen und Fröhlichkeit, Landsberg am Lech 1987, 7–9

Stocking, Holly / Zillmann, Dolf, Humor von Frauen und Männern. Einige kleine Unterschiede, in: *Kotthoff, Helga* (Hg.), Das Gelächter der Geschlechter. Humor und Macht in Gesprächen von Frauen und Männern, Frankfurt a.M. 1988, 210–231

Streeck, Jürgen, Seniorinnengelächter, in: *Kotthoff, Helga* (Hg.), Das Gelächter der Geschlechter. Humor und Macht in Gesprächen von Frauen und Männern, Frankfurt a.M. 1988, 54–77

Strotzka, Hans, Witz und Humor, in: Die Psychologie des 20. Jahrhunderts, Bd. 2, Zürich/München 1976, 237–268

– Theorien über Witz und Humor, in: *Eicke, D.* (Hg.), Die Psychologie des 20. Jh., Bd. II: Freud und die Folgen (1), Zürich/München 1976, 305–321

Sully, James, Essay on Laughter, its Forms, its Causes, its Development and its Value, London 1963 [1902]

Sultanoff, Steven M., Where Has All My Humor Gone; Long Time Passing … Humor from Children to Adults: In: Therapeutic Humor, Vol. 13–4/1999

Theißen, Gerd, Zeichensprache des Glaubens. Chancen der Predigt heute, Gütersloh 1994

– Über homiletische Killerparolen – oder die Chancen protestantischer Predigt heute, in: PrTh 32, 1997, 179–202

– Exegese und Homiletik. Neue Textmodelle als Impulse für neue Predigten, in: *Pohl-Patalong, Uta / Muchlinsky, Frank*, Predigen im Plural. Homiletische Perspektiven, Hamburg 2001, 55–67

Thiede, Werner, Das verheißene Lachen: Humor in theologischer Perspektive, Göttingen 1986

– Karl Barth als »theologischer Humorist«. Nachdenkliches anläßlich seines 100. Geburtstages am 10. Mai, in: Deutsches Pfarrerblatt Nr. 4, 1986, 166ff

Thielicke, Helmut, Das Lachen der Heiligen und Narren. Nachdenkliches über Witz und Humor, Stuttgart 1988

Thies, Johannes., Plattdeutsch in der Kirche, in: DtPfrBl 74, 1974, 842f

Thomas von Aquin, Summa theologica, Salzburg/Heidelberg 1933ff

Tillich, Paul, Auf der Grenze, Stuttgart 1962

– Systematische Theologie, Bd. I–III, Stuttgart 1956ff (Theologie I, II, III)

– Wesen und Wandel des Glaubens, Berlin 1966

– Protestantische Gestaltung, in: *ders.*, Gesammelte Werke, Bd. VII, Der Protestantismus als Kritik und Gestaltung, Schriften zur Theologie I, Stuttgart 1962, 54–69

– Korrelationen, in: Gesammelte Werke, Band VI, hg. v. *Henel, I.C.*, Stuttgart 1975

Timm, Hermann, Zwischenfälle. Die religiöse Grundierung des All-Tags, Gütersloh 1983

Titze, Michael, Heilkraft des Humors. Therapeutische Erfahrungen mit Lachen, Freiburg i.Br. 1985

– Humor und Lachen: Spekulationen, Theorien und Ergebnisse der Lachforschung, Praxis Spiel + Gruppe, 1/1988, 3–12

– Die heilende Kraft des Lachens. Mit Therapeutischem Humor frühe Beschämungen heilen, München [5]2004 [[1]1995]

– Humor, in: www.der-andere-laden.de/data/humortexte.htm, 11.11.2006

– Humor und Postmoderne, www.Michael-titze.de/content/de/texte_d/text_d_05.html, 10.06.2007

– / *Eschenröder, Christof. T. / Salameh, Waleed A.*, Therapeutischer Humor – ein Überblick. Integrative Therapie, 3/1994, 200–234

– / *Eschenröder*, Christof T., Therapeutischer Humor. Grundlagen und Anwendungen, Frankfurt a.M. [4]2003 [[1]1998]

Trenkle, Bernhard, Das Ha-Handbuch der Psychotherapie. Witze – ganz im Ernst, Heidelberg [4]1999

Trömel-Plötz, Senta,Vorwort, in: *Kotthoff, Helga* (Hg.), Das Gelächter der Geschlechter. Humor und Macht in Gesprächen von Frauen und Männern, Frankfurt a.M. 1988, 7–17

Trueblood, Elton, The Humor of Christ. A Bold Challenge to the Traditional Stereotype of a Somber, Gloomy Christ, New York 1964

Türcke, Christoph, Götter lachen, Gott nicht, in: Lachen. Über westliche Zivilisation, Sonderheft, 56. Jg., Heft 9/10, Sept./Okt. 2002, 774–778

Uber, Heiner, Länder des Lachens, Reisen zu heiteren Menschen, München ²2002

– */ Steiner, André*, Lach dich locker. So lachen Sie sich erfolgreich, glücklich und gesund, München 2006

Uhl, Florian, Mittelalterliches Lachen und postmoderne Ironie, in: *Sauer, Hanjo / Gruber, Franz* (Hg.), Lachen in Freiheit. Theologische Skizzen, Regensburg 1999, 81–89

Usinger, Fritz, Zur Metaphysik des Clowns, in: *ders.*, Tellurium. Elf Essays, Berlin 1966, 99–106

Ustinov, Sir Peter, auf: www.sinnsprueche.de/daten/s66htm, 04.08.2007 (Sinnsprüche)

Verbeckmoes, Johann, Das Komische und die Gegenreformation in den Spanischen Niederlanden, *Bremmer, Jan / Roodenburg, Herman*, (Hg.), Kulturgeschichte des Humors: von der Antike bis heute, Darmstadt 1999, 77–87

Vischer, Friedrich Theodor, Über das Erhabene und Komische. Ein Beitrag zu der Philosophie des Schönen, Stuttgart 1837

Vischer, Wilhelm, »Der im Himmel Thronende lacht«, in: *Stamm, Johan Jakob / Wolf, Ernst* (Hg.), Freude am Evangelium. FS Alfred de Quervain, München 1966, 129–135

Voeltzel, René, Das Lachen des Herrn. Über die Ironie in der Bibel, Hamburg 1961

Vogel, Heinrich, Der lachende Barth, in: Antwort. FS Karl Barth zum 70. Geburtstag, Zollikon-Zürich 1956, 164–171

Vogel, Thomas / Braitenberg, Valentin, Über das Lachen und die Lust an der Erkenntnis, in: *Vogel, Thomas* (Hg.), Vom Lachen. Einem Phänomen auf der Spur, Tübingen 1992, 93–105

Volp, Rainer, Liturgik. Die Kunst, Gott zu feiern, Bd. 1, Einführung und Geschichte, Gütersloh 1992

Waechter, Johannes, Hohoho. Lachen, das kann ja heiter werden, Süddeutsche Zeitung Magazin 07.03.2003, 16–20

Wardlaw, Don M., Artikel Homiletics and Preaching in North America, in: *Willimon, William H. / Lischer Richard* (Hg.), Concise Encyclopedia of Preaching, Louisville 1995, 243–252

Warnock, Peter, You Don't Have To Be Funny To Use Humor, www.joe.org/joe/1988summer/fl.html, 04.01.2007

Watzlawick, Paul / Beavin, Janet H. / Lackson, Don D., Menschliche Kommunikation. Formen Störungen, Paradoxien, Bern u.a. ⁸1990

Webb, Joseph M., Comedy and Preaching, St. Louis / Missouri 1998

– Preaching for the Contemporary Service, Nashville 2006

Weinrich, Harald, Was heißt »Lachen ist gesund«?, in: *Schöttker, Detlev* (Hg.), Philosophie der Freude. Von Freud bis Sloterdijk, Leibzig 2003, 208–217

Welker, Michael, Der Heilige Geist, in: EvTh 49, 1989, 126–141

– Gottes Geist. Theologie des heiligen Geistes, Neukirchen 1992

Welsch, Wolfgang, Unsere postmoderne Moderne, Berlin 1993

– Ästhetisches Denken, Stuttgart 1993

– Relativität aushalten, EvKomm 27/1994, 734

Wende-Ochsenbein, Gabriele / Brugger, Michael, Humor hinterlässt Spuren- auch in der Schule. Ein Weiterbildungsangebot für pädagogische Berufe, in: *Gruntz-Stoll, Johannes / Rißland, Birgit* (Hg.), Lachen macht Schule. Humor in Erziehung und Unterricht, Bad Heilbrunn 2002, 144–154

Wetz, Franz Josef, Die Kunst der Resignation, München 2003

Weyel, Birgit, Der Wirklichkeitsbezug der Osterpredigt, in: PTh 88, 95–109

Wickberg, Daniel, The Senses of Humor. Self and Laughter in Modern America, Ithaca 1998

Wicki, Werner, Humorentwicklung. Kognitive, sozio-emotionale und sprachliche Aspekte, in: *Gruntz-Stoll, Johannes / Rißland, Birgit* (Hg.), Lachen macht Schule. Humor in Erziehung und Unterricht, Bad Heilbrunn 2002, 70–78

Winkler, Klaus, Artikel Humor, EKL 2, Göttingen [3]1989, 579f

– Vom Not-wendigen Humor in der Krankenhausseelsorge, in: *Köhler, Margarete / Winkler, Klaus*, Vom Not-wendigen Humor in der Krankenhausseelsorge, BHEKS 56, 1990, 7–14

– Werden wie die Kinder? Christlicher Glaube und Regression, Mainz 1992

– Ambivalenz als Grundmuster der Seele, in: *Stollberg, Dietrich /Heyl, Andreas von* u.a. (Hg.), Identität im Wandel in Kirche und Gesellschaft, Göttingen 1998, 110–117

Winnicott, Donald W., Vom Spiel zur Kreativität, Stuttgart 1973 [[1]1971]

Woschitz, Karl M., Artikel Heilig/Heiligkeit, in: Bauer, Johannes B. (Hg.) Bibeltheologisches Wörterbuch, Graz [4]2001, 290–294

Wuchterl, Kurt, Artikel Paradox I, TRE 25, 1995, 726–731

Wulf, Christoph, Das Lächeln des Kindes, in: *Kamper, Dietmar / Wulf, Christoph*, Lachen – Gelächter – Lächeln. Reflexionen in drei Spiegeln, Frankfurt a.M. 1986, 313–321

Wurmser, Leon, Die Maske der Scham, Berlin u.a. 1990

– Die innere Grenze. Das Schamgefühl – ein Beitrag zur Überich-Analyse, in: Jb.D. Psa 18, Stuttgart / Bad Cannstatt 1986

Zander, Hans Conrad, Darf man über Religion lachen? Eine Kreuzfahrt von Voltaire über Wilhelm Busch bis zu Joachim Kardinal Meißner, Köln 2005 [2004 unter dem Titel: Joachim, mir graut's vor dir! Von der unwiderstehlichen Komik der Religion]

Zijderveld, Anton C., Humor und Gesellschaft, Graz 1976 [niederl. 1971]

Zilleßen, Dietrich, Religionspädagogische Lernwege der Wahrnehmung, in: Praktisch-theologische Hermeneutik. Ansätze, Anregungen, Aufgaben (FS Schröer), Rheinbach-Merzbach 1991, 59–85

– Lachen weinen. Warum wir Gott nicht so eng sehen, in: EvErz 47, 1995, 365–370

Ziv, Avner, Personality and Sense of Humor, New York 1984

Zwerling, Israel, The favourite joke in diagnostic and therapeutic interviewing, in: The psychoanalytic Quarterly 24, 1955, 104–114

Predigten

Hertzsch, Klaus-Peter, Die Geschichte von Jona und der schönen Stadt Ninive, in: *ders.*, Der ganze Fisch war voll Gesang. Biblische Balladen zum Vorlesen, Stuttgart 1988, 50–63

Kenntner, Antje, Maht üsch jet Freud. Predigt zu Lk 10,38–42 in Rheinbach 1999, in: *Prößdorf, Detlev / Schroeter-Wittke, Harald* (Hg.), Rheinische Karnevalstheologie. Prot's Sitzungen & jecke Predigten, Rheinbach: CMZ-Verlag2002, 175–179

Koranyi, Max, Karnevalspredigt zu vier dogmatischen Topoi, Predigt vom 1.3.2003, unveröffentlichtes Manuskript

Marquardt, Friedrich-Wilhelm, Gott ist heute wieder einmal anders – Jona 4,1–4.6–11, in: Ninive ist überall. Das Buch Jona in Predigten ausgelegt von Helmut Gollwitzer, Theodor Jänicke, Friedrich Wilhelm Marquardt, Gelnhausen/Berlin 1962, 36–44 [inzwischen Jünger Verlag Offenbach]

Schröer, Henning, Animation zum Beten. Predigt zur Brotbitte des Vaterunsers, in: ZGP 1/1995, 30f

Straeten, Anton, Karnevalspredigt zum Karnevalssonntag 25.2.2001, unveröffentlichtes Manuskript

Webb, Joseph M., Sizing Up the Beasts. Revelation 12–13, in: *ders.*, Comedy and Preaching, St. Louis / Missouri 1998, 182–188